일본문화사

일본문화사

초판 1쇄 펴낸날 | 2011년 3월 25일
초판 3쇄 펴낸날 | 2020년 11월 30일

지은이 | 폴 발리
옮긴이 | 박규태
편집 | 김성천, 김인숙
관리 | 김세정

펴낸이 | 박세경
펴낸곳 | 도서출판 경당
출판등록 | 1995년 3월 22일(등록번호 제1-1862호)
주소 | 04002 서울시 마포구 월드컵북로5나길 18 대우미래사랑 209호
전화 | 02-3142-4414~5
팩스 | 02-3142-4405
이메일 | kdpub@naver.com

ISBN 978-89-86377-42-2 03910
값 28,000원

* 잘못 만들어진 책은 구입처에서 바꾸어드립니다.

폴 발리 지음 · 박규태 옮김

경당

도널드 킨에게 바친다

'정당한 평가'와 '있는 그대로의 인식' 사이에서 일본 읽어내기

한 나라의 문화사를 기술한다는 것은 분명 일반적인 역사나 정치사를 다루는 것과는 다르리라 본다. 무엇보다도 문화사는 정치경제사와 달리 해당 문화를 일구어내고 살아온 이들의 감수성이나 상상력의 세계까지 그려낼 수 있을 때 그 역할을 다하는 것이라고 여기기 때문이다. 그렇다면 서구 연구자의 입장에서 일본문화사를 다루고 있는 이 책은 이런 역할을 얼마나 충실히 해내고 있을까? 옮긴이가 번역하면서 느꼈던 이 책의 장점 몇 가지를 짚어봄으로써 이 물음에 대한 답변의 단서를 찾아보고자 한다.

첫째, 옮긴이에게 가장 인상 깊었던 측면은 일본인의 미적 감수성에 대한 저자의 관점이다. 우리는 이 책 곳곳에서 일본문화에 대한 저자의 애정 어린 시선과 각별한 공감 또는 깊은 경탄의 마음을 엿볼 수 있는데, 그런 저자의 관심은 특히 일본인의 미학에 집중되어 있다. 저자가 볼 때 일본인들은 '자연스러운 아름다움' (beauty in nature)에 최고의 미적 가치를 부여해왔다는 것이다. 여기서 '자연스러움' (naturalness)이란 물론 특수한 일본 문화적 맥락을 내포한 개념이다. 가령 그것은 지속적이고 영원한 것보다는 '덧없는 것' (the fleeting), '스러져가는 것' (the perishable), '깨어지기 쉬운 것' (the fragile), '단순하고 소박한 것' (the simple and plain), '우아한 것' (the elegant), '절제된 것' (the restrained), '미묘하게 암시적인 것' (the subtly suggestive) 등과, 그리고 더 나아가 '시들고 차갑고 외로운 것' (the withered, cold, and lonely), '불규칙한 것' (irregularity), '비대칭적인 것' (asymmetry) 등과도 미학적인 깊이에서 서로 이어져 있다. 그런 '자연스러운 아름다움' 을 선호하는 일본인의 감수성에는 "시간의 흐름에 대한 예민한 감각"이 깔려 있는데, 저자는 바로 이와 같은 감수성에서 일본인의 미학적, 예술적 천재성을 들여다보고 싶어 하는 듯싶다(이 책 86쪽 참조). 이는 "일본에서는 (논리보다) 감정이 일차적인 사회적 현실을 구성한다"[1]는 지적과 통하는 예리한 이해라 하지 않을 수 없다.

물론 일본인의 미적 관념은 이 책에서 관심을 기울이는 미야비, 모노노아와레, 사비, 와비, 유현, 여정, 마코토, 무상 외에도 오카시, 유심(有心), 아다, 이키, 스이, 쓰, 가루미, 허실(虛實), 기리(義理), 닌조(人情), 골계, 시호리, 불역유행(不易流行), 풍광(風狂), 호소미, 마스라오부리, 다오야메부리, 시부이, 야쓰시 등 그 스펙트럼이 매우 다채롭고 폭넓어서 저자의 시야가 일본인의 미적 관념 전체를 포괄한다고 말하기는 어렵다. 그럼에도 불구하고 '미야비' 라든가 '모노노아와레' 및 '유현미' 등 저자가 특히 강조하는 미적 관념들이 일본인의 감수성을 대표하는 측면이 있음도 부정할 수 없다. 게다가 이 책의 본래 목적이 일본인의 미학보다는 일본문화사를 기술하는 것이니만큼 일본적 미학의 다양성을 충분히 수렴하지 않았다 해서 큰 허물이 되는 것도 아니다.

둘째, 이 책은 이와 같은 미학적 관점에 입각하여 고대에서 현대에 이르기까지 건축, 조각, 회화, 문학, 음악, 연극, 대중문화를 망라하는 일본문화의 주요 장면들을 거의 빠짐없이 깊고 넓게 파헤쳐 보여주는 데에 놀라운 성공을 거두었다.

셋째, 이 책은 문화사와 정치사가 서로 따로 노는 것 같은 인상을 주지 않는다. 말하자면 이 책은 양자 사이의 적절한 균형을 유지함으로써, 독자들이 일본사의 중심적 사건들과 문화사적 시대정신이 어떻게 연관되어 있

---

1) 百川敬仁, 『日本のエロティシズム』, ちくま新書, 2000, 12쪽.

는지를 쉽게 이해할 수 있도록 도와주고 있다.

넷째, 무엇보다도 1973년에 초판을 낸 이래 이 번역서의 대본이 된 제4판(2000)에 이르기까지 끊임없이 대폭적인 수정과 보완을 거듭해온 저자의 성실성이야말로 이 책의 가장 빛나는 장점이다. 사실 일본문화사에 대한 이해와 지식이 여러모로 부족하기 짝이 없는 옮긴이가 출판사의 의뢰를 받고 무모하게도 이 책의 번역을 결심하게 된 '감성적인' 동기는 바로 이런 저자에 대한 경의였다.

이 밖에 이 책이 간직하고 있는 더 많은 장점들을 읽어내는 일은 독자들의 몫으로 남겨두고, 이제 특히 한국인 독자로서 비판적 시각을 가지고 이 책의 가장 취약한 측면 한 가지만 첨언하고자 한다. 즉 전반적으로 이 책은 일본문화의 토대로 중국문화를 강조하고 있는데, 지나치게 호도하고 있는 경우가 종종 눈에 띈다. 가령 저자는 "중국의 영향 아래 조몬인이 야요이인으로 바뀌었다"(24쪽)라고 하든가 호류지 금당벽화의 보살도를 "당나라풍 회화의 가장 뛰어난 사례"(66쪽)로 언급하는가 하면, "한반도와의 관계가 소원해졌던 7세기에 일본인들은 한반도를 거치지 않은 채 직접 남중국을 향해 더 멀고 어려운 항해를 해야만 했다"(53쪽)고 하여 한반도와의 연관성을 배제한 채 근거가 희박한 중국과의 직접적인 관련성에 집착하고 있다. 그런가 하면 이미 일본학계에서도 하나의 상식이 되어 있는 역사적 사실들, 예컨대 시텐노지(四天王寺)와 호류지(法隆寺)가 백제식 가람형식으로 지어졌다든가, 일본국보 제1호 보관미륵보살사유반가상이 한국인의 손으로 만들어졌다든가, 또는 도다이지(東大寺) 건립 및 대불 주조를 한국인들이 주도했다는 점은 전혀 다루지 않는 등[2] 고대 일본문화의 형성을 이야기

2) 이 밖에 아스카데라(飛鳥寺)의 석가여래상, 호류지의 백제관음상, 구세관음상, 옥충주자, 금당 삼존불 등을 비롯한 수많은 미술품의 기원이 한반도에 있으며, 나아가 남쪽에서 북쪽으로 탑과 금당과 강당이 일직선상으로 배치된 시텐노지식(백제식) 가람 외에 고대 일본의 주요 가람양식으로 일컬어지는 아스카데라식 가람양식은 고구려식(일탑삼금당)이며, 야쿠시지(藥師寺)식 가람양식도 실은 신라의 경주사천왕사(慶州四天王寺)식(이탑일금당)이라는 사실도 저자는 전혀 언급하지 않고 있다. 고대 일본문화의 형성과 한반도의

할 때 빼놓을 수 없는 한반도와의 밀접한 연관성을 거의 무시하거나 축소, 간과하는 명백한 오류를 범하고 있다.

이와 같은 오류는 어디서 비롯된 것일까? 그것은 전술했듯이 특히 미학적 측면에서 일본문화에 대한 예찬과 애정을 숨기지 않는 저자의 태도와, 더 나아가 고고학적으로 "신석기시대 일본인들이야말로 세계에서 가장 먼저 토기를 만든 장본인"(20쪽)이라고 하든가, 고분시대를 중심으로 확인되는 기마술, 갑옷, 마구(馬具) 등이 "대륙의 침입자들에 의해 일본에 전해진 것이 아니라, 일본인들 스스로 수입한 것임에 틀림없어 보인다"(41쪽)고 단정 짓는 저자의 이를테면 '일본문명의 독자성'에 대한 지나친 확신과 관계가 있어 보인다. 아니면 "한국은 문자와 종교 및 선진기술을 비롯한 중국문화가 일본에 전래되는 과정에서 하나의 경유지에 불과하다"는 뿌리 깊은 일본학계의 왜곡된 주장이 서구학계에 여과 없이 수용된 결과일 수도 있고, 혹은 고대 한일관계에 대한 저자의 무지를 반영한 것인지도 모르겠다. 어떤 경우이든 이는 오늘날 서구학계의 일본과 한국에 대한 일반적인 인식을 보여준다는 점에서 우리의 현주소를 자각하도록 도와주는 반면교사로서 의의가 있다.

하지만 이런 치명적인 오류에도 불구하고 저자는 간략하게나마 "중국문명의 일본 전파에 한국이 끼친 영향에 대해서는 학계에서 아직 정당한 평가가 이루어지지 못하고 있다"(53쪽)는 일언을 남기고 있어, 향후 학계의 '정당한 평가'가 필요하다는 문제의식을 시사하기도 한다. 근래에 일본학계 일각에서도 고대 일본 최대의 한반도계 도래씨족인 하타씨(秦氏)나 헤이안 시대 초기까지 정관계에서 크게 활약한 백제왕씨(百濟王氏)에 관한 체계적인 연구라든가 한반도와 관련된 신사 및 사원에 대한 연구 등 고대 한반도계 도래인들의 결정적인 역할을 심도 있게 다룬 연구들이 속속 책으로

연관성은 우리의 상상을 훨씬 뛰어넘을 정도로 밀접하다. 이 점을 고려한다면 아마 일본문화사는 처음부터 다시 쓰지 않으면 안 될 것이다. 존 카터 코벨, 김유경 편역, 『일본에 남은 한국미술』, 글을읽다, 2008 ; Dr. Jon Carter Covell & Alan Covell, *Korean Impact on Japanese Culture: Japan's Hidden History*, Hollym, 1986 ; 瀬川芳則, 『樂しい古代寺院めぐり』, 松籟社, 1998 참조.

출간되고 있는바,[3] 향후 일본문화사 서술에서 한반도와의 연관성과 관련된 오류가 수정되어 '정당한 평가'가 이루어지기를 기대해본다. 물론 이와 같은 오류를 바로잡는 데에 무엇보다 한국학계의 자성과 분발이 필요함은 말할 나위 없다.

고대 일본문화의 형성과 한반도의 연관성은 지나치게 과장할 필요도 없지만, 마찬가지로 지나치게 축소, 왜곡해서도 안 될 것이다. 그러므로 지금 우리가 확인할 수 있는 문헌적, 고고학적, 역사적 사실을 근거로 '정당한 평가'를 이루어내야 할 과제가 우리 앞에 놓여 있음을 유념하면서, 일본문화의 독창성을 예리하게 파헤치고 있는 이 책의 장점을 수용해야 한다.

그렇다면 일본문화의 독창성과 관련하여 특히 일본 중세사 전문가이자 다도의 역사에도 일가견이 있는 미국의 역사학자인 저자가 이 책을 통해 던지고 싶어 한 궁극적인 메시지는 무엇일까? 그것은 이 책의 마지막 몇 구절에 집약적으로 표현되어 있다. 즉 일본인들은 고대로부터 근현대에 이르기까지 항상 외국문화의 차용을 적극적으로 시도해왔는데, 이때 그들은 외국에서 배운 것을 자신의 취향과 목적에 맞도록 응용하여 자국의 핵심적인 사회적, 윤리적, 문화적 가치들을 창안해내고 그것을 유지, 보존하고자 노력해왔을 뿐만 아니라, 근현대기의 일본인들은 자국의 독특한 문화를 해외에 수출하여 세계문화사에도 공헌하는 측면을 보여주고 있다는 말이다. 이런 일본인의 특질은 흔히 탁월한 모방능력이라 하여 소극적으로 평가해오기도 했지만, 저자는 이를 좀 더 적극적으로 해석하여 뛰어난 창조적 능력이자 일본문화의 실체적인 힘으로 보고 있다.

이 책은 서구 각국의 많은 대학에서 일본문화 강의의 주요 텍스트로 사용되어왔는데, 그런 만큼 이와 같은 메시지가 서구의 젊은 일본학도들에게

---

3) 대표적으로 大和岩雄, 『秦氏の研究』, 大和書房, 1993; 大坪秀敏, 『百濟王氏と古代日本』, 雄山閣, 2008; 出羽弘明, 『新羅の神々と古代日本』, 同成社, 2004; 沖浦和光 他, 『渡來の民と日本文化』, 現代書館, 2008; NHK 編, 『日本と朝鮮半島2000年』 上, NHK出版, 2010 등을 비롯하여 상당한 연구가 이루어지고 있다.

깊은 인상을 던져주었으리라는 점을 상상하기란 그리 어렵지 않다. 한편 똑같은 메시지가 한국의 일반독자들 및 젊은 일본학도들에게는 어떻게 받아들여질지 궁금하다. 앞에서 옮긴이는 고대 일본문화의 형성과 한반도의 연관성에 대한 '정당한 평가'가 중요한 과제임을 상기시킨 바 있는데, 이를 문화수용 양상의 맥락에서 보자면 역으로 "일본문화의 독창성을 있는 그대로 인식하는 일" 또한 우리에게 매우 필요한 과제임을 깨닫게 된다. 모쪼록 이 책이 이런 깨달음을 위한 조그마한 계기라도 될 수 있다면 옮긴이에게 그보다 더 큰 보상은 없을 것이다.

이 책의 원제는 『일본문화』(*Japanese Culture*)이지만, 통시적인 서술방식 및 관점을 감안하여 한국어판의 제목을 『일본문화사』로 했으며, 독자의 이해를 돕기 위해 원서와는 달리 각 장 내에서 절을 나누어 소제목을 달고 필요한 경우 옮긴이 각주를 붙였음을 밝혀둔다. 끝으로 이 책의 번역을 권유해주신 '경당'의 박세경 대표님에게 이 자리를 빌려 심심한 사의를 표한다. 원고의 꼼꼼한 교정과 교열은 물론이고 특히 결정적인 오역까지 세세하게 바로잡아준 김성천 씨에게는 어찌 감사의 뜻을 전해야 좋을지 모를 만큼 큰 빚을 진 기분이다. 이번 작업을 통해 책이란 필자(역자)와 출판인이 함께 만들어내는 산물이라는 지극히 당연한 사실을 새삼 절실하게 느낄 수 있었다. 어쨌든 여러 가지 의미에서 이 책과의 만남은 옮긴이에게 하나의 도전이자 행운이었음이 분명하다. 독자 여러분과도 이런 경험을 공유할 수 있기를 기대해 마지않는다.

2011년 2월 13일

하얀이와의 시간을 추상하며

과천 관악산 기슭에서 박규태

차례

| 8 | 이단적 사상들 _327

| 9 | 서양과의 만남 _373

| 10 | 근대화의 열매 _429

| 11 | 현대 일본문화 _483

머리말

『일본문화사』 초판이 발행된 지 어언 사반세기가 훌쩍 지나갔다. 판이 거듭되면서 분량도 점점 늘어났다. 그래서 초판에서는 제2차 세계대전 시기까지만 다루었으나 제2판에 이르러 전후(戰後)를 다루는 장(책에서 가장 긴 분량)을 추가했다. 그러다가 1984년 하와이대학교 출판부에서 제3판을 내면서 전체적인 구성을 새롭게 짰고 내용도 많이 보완했다. 그리고 이번 제4판에서 다시금 전체 틀을 재조정하면서 무사적 가치, 선불교, 다도, 도쿠가와 시대의 유교, 47인의 로닌 이야기, 19세기 초의 수호학(水戶學), 현대 대중문화 및 만화(망가) 등의 주제에 관련된 새로운 내용들을 대폭 추가했다.

초판 머리말에서 언급했듯이, 이 책은 일반독자들을 위해 종교, 사상, 시각예술, 문학, 연극, 영화 및 다도라든가 정원 같은 일본의 독특한 예술을 비롯한 일본문화 전반을 다루는 개론서로 기획한 것이다. 특히 나는 문화적 전개과정을 당대의 정치적, 사회적, 제도적 배경과 연관시켜 기술하는 한편, 그런 시대적 배경에 대해서는 가급적 인명이나 연대 및 기타 세부사항들을 최소한도로 기술함으로써 독자들의 부담을 줄이고자 했다.

이 자리를 빌려 하와이대학교 출판부의 편집자 퍼트리샤 크로즈비(Patricia Crosby) 씨에게 감사드리고 싶다. 그는 이 책 증보4판의 출판을 내게 권해주는 등 다년간 여러 출판기획을 지원하고 도와주었다.

1999년 2월

호놀룰루에서 폴 발리

일본사 시대구분

조몬(繩文) 시대	기원전 10,000경~300경
야요이(彌生) 시대	기원전 300경~기원후 300경
고분(古墳)시대	300경~552
아스카(飛鳥) 시대	552~645
하쿠호(白鳳) 시대	645~710
나라(奈良) 시대	710~784
덴표(天平) 시대(8세기 중엽)	
헤이안(平安) 시대	794~1185
조간(貞觀) 시대(9세기 중엽~말엽)	
후지와라(藤原) 시대(10세기~11세기 말엽)	
가마쿠라(鎌倉) 시대	1185~1333
겐무(建武) 중흥기	1333~1336
무로마치(室町) 시대=아시카가(足利) 시대	1336~1573
기타야마(北山) 시대(14세기 말엽~15세기 초엽)	
히가시야마(東山) 시대(15세기 후반)	
아즈치모모야마(安土桃山) 시대	1568~1600 또는 1615
난반(南蠻) 시대(16세기 말엽~17세기 초엽)	
에도(江戶) 시대=도쿠가와(德川) 시대	1600~1867
겐로쿠(元祿) 시대(1675경~1725)	
분카분세이(文化文政) 시대(18세기 말엽~19세기 초엽)	
메이지(明治) 시대	1868~1912
다이쇼(大正) 시대	1912~1926
쇼와(昭和) 시대	1926~1989
헤이세이(平成) 시대	1989~현재

1
일본문명의 출현

일본인의 기원은 많은 부분이 베일에 싸여 있으며 논쟁의 여지가 많다. 2차대전 이전까지만 해도, 일반적으로 일본에 사람이 거주하게 된 시기는 기껏해야 기원전 4000년경까지 거슬러 올라가며, 신석기시대에 최초의 거주자가 살기 시작했다고 여겨졌다. 그런데 1949년 새로운 고고학적 발견에 따라 이보다 훨씬 오래전인 구석기시대부터 일본에 사람이 살고 있었음이 극적으로 밝혀졌다. 오늘날 구석기시대가 시작된 시기는 대략 기원전 5만 년에서 3만 년 사이였을 것으로 조심스럽게 추정되고 있다. 하지만 몇몇 고고학자들은 구석기시대가 기원전 60만 년경에 시작되었다고 주장하기도 한다.[1]

일본은 지구 북반구의 물이 대부분 얼음으로 변한 빙하시대(기원전 100만 년~기원전 1만 년) 동안, 서쪽으로는 규슈와 북쪽으로는 혼슈 북부 및 홋카이도가 아시아대륙과 연결되어 있었으며, 현재의 동해(=일본해)는 호수였다고 한다. 일본 최초의 거주자는 분명 걸어서 대륙에서 일본으로 들어갔을 것이다. 어쨌든 2차대전 종전 이후 방사성탄소연대측정법을 비롯하여 고고학 유물에 대한 과학적인 연대측정법이 이전보다 많이 발달한 결

1) Keiji Imamura, *Prehistoric Japan*, p.26.

과, 구석기시대는 언제 시작되었건 간에 기원전 1만 년경 빙하시대와 더불어 끝났으며 이어서 신석기시대로 넘어갔다는 사실이 밝혀졌다.

구석기시대 문명이 최초로 발견된 이래, 일본 전역에서 5000여 개소의 구석기시대 유적지가 발굴되었다. 거기서는 전형적인 질박한 석기들과 여러 종류의 인골 조각들이 나왔다. 현재까지 한 사람의 전체 인골이 온전하게 발굴된 적은 없기 때문에 고고학자들이 구석기시대 일본인의 인종을 정확히 판단하기란 쉽지 않다. 하지만 그들의 기본적인 생활수준은, 적어도 그들이 토기를 제작할 수 있을 만큼 문화적으로 발달하지는 않았다는 점에서 가장 잘 엿볼 수 있다. 고고학자들이 그들을 투박하게 '무토기인'이라고 부른 것도 이런 이유에서이다.

조몬 시대

신석기시대가 시작된 시기는 오늘날 기원전 1만 년경으로 추정된다. 당시 북반구에서는 기온이 상승하여 다량의 빙하가 녹았으며 그에 따라 일본 열도가 생성되었다. 그에 앞선 구석기시대에 사람들은 돌을 깎아낸다든지 얇게 조각내어 석기를 만들어 쓰거나 혹은 자연 그대로의 돌을 도구로 사용했다. 그러다가 기원전 1만 년경부터는 정교하게 갈고 닦은 도끼, 칼, 화살촉, 낚싯바늘 등 더 세련된 석기들을 만들어 사용했는데, 이야말로 신석기시대로의 전이를 보여주는 주요한 지표라 할 수 있다.

토기의 생산은 신석기시대에서 중요한 또 하나의 발전이라 할 수 있다. 오늘날 고고학자들은 일본에서 토기 제작이 시작된 시기를 신석기시대 초기 혹은 기원전 1만 년경으로 잡는다. 세계 여타 지역의 토기 제작의 기원에 관해 우리가 알고 있는 점에 비추어볼 때, 이는 신석기시대 일본인들이야말로 세계에서 가장 먼저 토기를 만든 장본인이라는 점을 의미한다. 물론 앞으로 중국이라든가 한국 등 아시아대륙에서 일본보다 시기적으로 앞서거나 혹은 일본의 신석기시대 토기 제작의 모델이 되었던 토기가 발견될 가능성도 있다. 하지만 현재로서는 신석기시대 일본인들이야말로 동아시

:: **그림 1** 조몬 토기(브루클린박물관)

아뿐만 아니라 세계에서 최초로 토기를 만든 사람들이라 할 수 있다.

일본의 신석기시대 토기는 '코일링'(coiling) 과정을 통해 손으로 빚은 진흙토기이다. 코일링이란 끈을 사용하여 진흙을 아래로부터 위로 나선형으로 둘둘 돌리면서 그릇 모양을 만드는 것을 가리킨다. 그런 다음 토기 표면을 부드럽게 다져서 코일링 흔적을 숨기는 것이다. 이런 식으로 만들어진 가장 오래된 토기는 아주 단순한 작은 공 모양의 식기인데, 그것은 모래나 부드러운 흙 사이에 파묻혀 있었음이 분명하다. 후대의 토기는 훨씬 더 세련되고 표면이 정교하게 다듬어져 있으며, 토기 위쪽 가장자리가 바깥쪽을 향해 넓게 돌출되어 있고 손잡이처럼 생긴 것이 양쪽으로 나 있다(그림 1). 신석기시대 토기의 가장 일반적인 형태는 끈이나 새끼줄로 부드러운 진흙을 눌러 문양을 만든 것이므로, 고고학자들은 기원전 400~300년경까지 지속된 일본의 신석기시대를 '새끼줄 문양'을 뜻하는 조몬(繩文) 시대라고 불렀다.

조몬인들은 기본적으로 수렵채취를 하거나 물고기를 잡아 생활했다. 그들은 계절에 따라 여기저기 이동하는 경향이 있었다. 조몬인들의 정착지는 많은 경우 해안가 근처였다. 바다로부터 쉽사리 먹을 것을 구할 수 있었기 때문이다. 그들은 특히 조개를 좋아했다. 근대에 조몬 시대 유적을 최초로 발견한 사람은 미국인 모스(E.S. Morse)인데, 그는 1877년에 도쿄 남쪽의 오모리(大森)에서 음식물 쓰레기더미를 발굴했다. 그 쓰레기더미는 대부분 조개껍질들로 이루어져 있었기 때문에, 고고학자들은 이를 '패총'(貝塚)이라 불렀다. 패총은 몇 가지 점에서 매우 중요한 가치가 있다. 우선 패총은 조몬인들의 식생활에 대한 정보를 알려준다(그 쓰레기더미에서는 조개껍질뿐만 아니라 작은 동물들의 뼈도 많이 나왔다). 나아가 패총에서는 조몬인들이 사용했던 도구라든가 토기 및 기타 물건들도 발견되었다.

조몬인은 처음에는 동굴 안에서 살다가 후에는 위쪽을 짚 같은 것으로 덮은 얕은 구덩이 안에서 살았다. '수혈'(竪穴)이라 불리는 이 구덩이 주거는 모두 작다. 전형적인 수혈은 깊이 0.5미터에 직경 5미터 정도로, 기껏해야 4, 5명(즉 핵가족)가량을 수용할 만한 크기이다. 조몬인의 무덤 또한 조그맣다. 그것은 단지 시신을 구부러지거나 웅크린 자세로 집어넣을 정도의 구멍일 뿐이다. 구덩이 주거와 더불어 이와 같은 소박한 형태의 무덤들은 신석기시대 일본이 본질적으로 무계급사회였음을 보여주는 증거라 할 수 있다.

조몬 시대에 출토된 가장 두드러진 유물 가운데 토우(土偶)라는 토제품이 있다. 반수반인(半獸半人) 모양의 기이한 형상을 보건대, 아마도 원시시대의 미신과 주술적 사고에서 나온 것으로 보인다(그림 2). 수많은 토우들이 여자 모양을 하고 있는데, 특히 두드러진 유방과 임신한 복부가 강조되어 있다. 이는 토우가 일종의 풍요의례에 사용되었음을 시사한다. 그런데 어떤

:: **그림 2** 토우상(메트로폴리탄박물관, 제롬 코이짐 부부 기증, 1978)

토우는 팔다리가 잘려 있기도 하다. 이는 주의(呪醫)가 팔다리의 질병을 주술적으로 치료하는 데 쓰기 위해 의도적으로 그렇게 한 것으로 보인다.

야요이 시대

조몬 시대는 대륙으로부터 받은 새로운 문화적 영향으로 기원전 400~300년경에 끝났다. 대륙의 영향 가운데 무엇보다 가장 중요한 것은 수전도작법(水田稻作法)이었다. 수전도작법은 중국 중부 및 남부(중국 북부의 추운 날씨는 수전도작에 적합하지 않다)에서 많이 행해지던 농경법인데, 이것이 한반도 남부와 서일본 지역에 거의 동시기에 전해진 것으로 보인다.[2] 기원전

2) 벼가 어떤 경로로 일본에 들어왔는지, 예컨대 중국 남부나 중부에서 들어온 것인지, 아니면 한반도를 경유해 들어왔는지 등을 둘러싸고 학자들의 논쟁이 계속 진행 중이다. Ibid., pp.130~131.

300년경은 역사적으로 황하를 중심으로 한 북중국의 위대한 문명이 진나라에 의해 최초로 통일되었던 때(기원전 221)와 가깝다. 그러니까 진의 통일에 따른 자극과 충격이 오랜 시일에 걸쳐 한국과 일본으로 퍼져 나갔을 것으로 추정된다. 일본의 경우 그 충격이 야요이 시대(기원전 300경~기원후 300경)를 초래한 것으로 보인다. 야요이라는 시대명칭은 이 시기의 일본 문명 유물들이 처음으로 발굴된 도쿄의 '야요이'(彌生)라는 동네 이름에서 따 붙인 것이다.

2차대전 전에는 일반적으로 야요이 시대가 아시아대륙으로부터 한국을 거쳐 일본에 들어온 이주민들이 초래한 것이며, 또한 먼저 일본 동부(혼슈의 간토 지방)로 이동한 후 다시 북부로 이동한 새로운 '야요이인'이 점차 조몬인을 몰아내고 그 자리를 대신함으로써 이루어진 일본사의 한 시기라고 여겨졌다. 그러나 근래 학자들은 조몬 시대에서 야요이 시대로의 이행이 본질적으로 문화적인 것이라고 생각하기도 한다. 다시 말해 중국의 영향 아래 조몬인이 야요이인으로 바뀌었다는 것이다(조몬인과 야요이인의 관계는 3장의 앞부분 참조).[3)]

농경법의 도입으로 일본인들은 충적토지역으로 이동하여 영구적인 농경공동체를 형성하였으며, 사회계층이 분화되었다. 이 시기부터 쌀이 압도적으로 경제의 주요 산물이 되었다. 또한 이는 사회에 결정적인 영향을 끼쳤다. 왜냐하면 논농사 생산양식은 노동집약적인 것이기 때문이다. 이리하여 농가 및 농촌과 같은 농경사회의 단위가 견고한 조직이 되어, 오늘날에 이르기까지 일본인의 생활에 지속적인 안정성을 제공하게 되었다.

청동이라든가 철과 같은 금속의 사용 또한 야요이 시대 초기에 일본에 도입되었다. 이 중 청동은 주로 장식용이었고 철은 주로 실용적인 목적으

3) 최근에 몇몇 학자들은 이와 같은 '문화적 변형'이 오랜 기간에 걸쳐 대륙으로부터 엄청난 수의 사람들이 일본에 유입되면서 초래된 것이라는 가설을 내세우기도 한다. 가령 어떤 학자는 야요이 시대가 시작된 이후 오랜 세월 동안 수백만 명의 도래인들(대부분 한국인이었을 것이다_옮긴이)이 일본에 들어왔다고 추정한다. Ibid., p.155.

:: **그림 3** 야요이 토기(브루클린박물관)

로 사용되었다. 하지만 이하에서도 알 수 있듯이, 금속의 가장 중요한 용도는 무기 제작이었다. 무기 제작은 전쟁의 급속한 증가를 초래했고, 야요이 시대 후기에 이르러서는 지역합병이 더욱 확장되었다.

조몬 시대에서 야요이 시대로의 이행은 토기 제작에서도 중요한 변화를 낳았다(그림 3). 더 세련되고 우아한 새로운 야요이 토기의 출현은, 당시 일본에 새로운 기술을 초래한 대륙문명의 영향이 일본인에게 정신적인 성숙을 가져다주었음을 시사한다. 그리하여 이제 야요이 장인들에 의해 조몬 토기라든가 토우상의 형태와 장식에서 엿볼 수 있는 투박한 정신성이 사라지거나 혹은 약화되었다. 그러나 아마도 조몬 토기와 야요이 토기의 가장 현저한 차이는, 전자가 장식성에 초점이 맞추어져 있다면 후자는 형식이 강조된다는 점에서 찾을 수 있을 것이다. 많은 야요이 토기는 장식이 전혀 없다. 혹은 대부분의 야요이 토기는 가늘고 섬세한 기하학적 문양이 들어가 있는데, 그 단순성에서 장식이 많은 전형적인 조몬 토기와 분명한 대조를 보여준다.

일본의 도기 제작의 본격적인 기원은 야요이 시대에 있다. 이는 문화사적으로 매우 중요한 사실이다. 왜냐하면 야요이 토기는 그 고유한 예술적 가치가 뛰어날 뿐만 아니라, 또한 일본의 미학전통에서 가장 본질적이고 지속적인 가치에 기초하고 있기 때문이다. 대부분의 경우 도기제작술이 유약을 바르지 않은 단순한 형태의 토기로부터 세련된 자기로 이행되면서 초창기의 도기들은 그저 과거의 것으로 치부하는 경향이 일반적이다. 그런데 일본인들은 달랐다. 그들은 오랜 시간이 흐른 뒤까지도 원시적인 도기에 대한 사랑을 간직해왔다. 심지어 그들이 주로 중국의 영향 아래 더욱 세련된 도기를 만들 수 있게 된 때조차 그랬다. 우리는 원시적 도기에 대한 이와 같은 애정의 가장 인상적인 사례를 일본 중세에 발전한 다도문화에서 찾아볼 수 있다.

미학적 관점에서 원시적 도기에 대한 일본인의 애정은 자연스러운 것을 가치 있게 여긴다든지 혹은 본래적인 것, 변하지 않는 것을 선호하는 태도에서 기인한 듯싶다. 예술가와 장인에게 자연스러움은 원재료에 충실하다는 것을 의미한다. 그러므로 원시적 도기의 제작자는 자신이 사용하는 진흙을 가지고 꾸미려 하지 않는다. 그는 있는 그대로의 자연스러운 질감뿐만 아니라 자신이 '원시적으로' 만든 도기의 불완전성을 사랑한다. 이런 자연스러움에 대한 일본인의 미학적인 취향은 신도(神道)의 신사 건축에서도 찾아볼 수 있다. 신사 건축에 사용되는 나무는 통상 옻칠을 하지 않는다. 이 경우 심미적 측면이 앞선 나머지 실용성은 희생되고 만다. 왜냐하면 자연 그대로의 목재로 지은 신사는 그렇지 않은 건축물보다 기후 때문에 파손될 가능성이 훨씬 더 크기 때문이다.

거의 모든 조몬 토기는 입이 크게 벌어진 사발 모양을 하고 있으며, 주로 조리라든가 음식물을 담는 데에 사용되었던 것 같다. 야요이 시대에는 다양한 형태의 새로운 토기가 생산되었다. 예컨대, 특히 건조된 쌀을 저장하는 항아리와 단지라든가 사발과 비슷하게 생긴 조리용 그릇 혹은 제사용 음식을 담는 굽 달린 '다카쓰키'(高坏) 등이 있다. 이런 모든 새로운 토기형식은 야요이 시대 일본에서 발전된 농경사회의 수요에 따라 출현했다. 쌀 저장용 토기의 생산은 특히 주목할 만하다. 조몬 사회는 아직 계층이 분화되지 않은 사회였다. 그때만 해도 잉여생산물이 전혀 존재하지 않았기 때문이다. 그런데 야요이 시대에 이르러 쌀이 잉여생산물로 축적되면서 그런 잉여 곡물을 소유하느냐 못하느냐에 따라 계층별 차이가 발생하게 된 것이다. 그 이래 일본의 전근대시대에 쌀은 줄곧 부의 주요한 기준이었다.

히미코와 야마타이왕국

고고학적인 발굴 외에, 기원후 초기의 일본에 대한 지식은 중국왕조사에서도 확인할 수 있다. 당시의 중국인들에게 일본인은 위대한 중화세계의 변방 저 너머에 사는 여러 오랑캐 족속 가운데 하나일 뿐이었다. 따라서 중국인들은 일본에 대한 기술을 오랑캐 역사편에 수록했다.

중국인들은 일본을 왜(倭, '왜소함' 혹은 '난쟁이'를 뜻하는 말)라고 불렀다. 기원전 1세기경에 쓰인 문헌[4]에서 그들은 왜에 대해 '100여 개(아마도 많다는 뜻으로 쓴 듯하다)의 소국 혹은 부족'으로 구성되어 있다고 적고 있다. 중국의 사서에 따르면, 왜인들은 기원후 1, 2세기에 정기적으로 중국에 사신을 파견했다. 그 가운데 한 번은 기원후 57년 후한(後漢)에 사신을 파견하여 광무제(光武帝)로부터 왜를 조공국가로 책봉하는 황금 옥새를 하사받았다고 한다. 18세기 후반(1784) 북규슈의 하카타만(博多灣) 근처에서 한 농부가 광무제가 수여한 것으로 보이는 황금옥새를 발견했다. 그 옥새를 진품으로 보는 많은 학자들은 그것을 왜에 대한 중국왕조의 기술이 역사적

4) 『한서』(漢書) 지리지(地理志)를 가리킨다. _옮긴이

사실임을 뒷받침해주는 중요한 증거로 여긴다.[5]

2세기 말 3세기 초의 왜국은 혼란기를 거쳐 히미코(卑彌呼, 혹은 피미코)라는 이름의 여왕이 주변 소국들을 통합하여 정치적 주도권을 장악했다. 중국 사서[6]는 이 히미코에 대해 다음과 같이 적고 있다.

> (히미코는) 주술적인 귀도(鬼道)에 능하여 사람들을 현혹했다. 나이가 많이 들었으나 남편이 없었고, 남동생이 보좌하여 나라를 다스렸다. 히미코가 왕이 된 다음에는 그녀를 본 사람이 드물었다. 1000명의 여자 노예들이 그녀의 시중을 들었지만, 단지 한 남자만이 히미코가 먹을 음식을 준비하고 그녀의 말을 전달했다. 히미코가 거주하는 궁전은 망루와 성책을 견고하게 구축하고 언제나 무장한 병사들이 지키고 있었다.[7]

히미코의 권위는 그녀의 종교적 혹은 주술적 힘에 토대한 것이었음이 틀림없다. 그 권위는 아마도 선사시대 일본에 널리 퍼진 것으로 알려진 동북아시아의 샤머니즘에서 비롯된 것으로 보인다. 위 인용문에서 히미코는 인간과 신 사이의 중개자(샤먼)로 기술되어 있다. 어쩌면 그녀는 후대에 가장 성스러운 일본 통치권의 기능을 수행하게 된 최초의 무녀적 존재였을지도 모른다. 일본신화에 따르면, 일본의 지배왕권은 신도 만신전 가운데 최고신인 태양의 여신(아마테라스)으로부터 비롯되었으며, 오직 그 정통계보에 속한 자만이 일본을 다스리는 데 필수적인 아마테라스와의 합일의례를 주관할 자격이 있다고 한다.

---

5) 『후한서』(後漢書) 동이전(東夷傳)에는, 57년에 왜의 나노국(奴國) 왕이 후한의 수도인 낙양(洛陽)에 사신을 보내어 조공하였고, 이에 후한 광무제가 나노국 왕에게 '한위노국왕'(漢委奴國王)이라는 금인(金印)을 하사했다는 기록이 나온다. 나노국은 지금의 규슈 후쿠오카 지역에 있었던 소국으로 추정된다. 에도 시대인 1784년에 지금의 후쿠오카현 시카노시마(志賀島)에서 이 금인이 출토되었는데, 거기에는 '漢委奴國王'이라는 글자가 새겨져 있었다. 구태훈, 『일본고대 · 중세사』, 재팬리서치21, 2008, 53쪽 참조. _옮긴이

6) 『삼국지』(三國志) 위지왜인전(魏志倭人傳)을 가리킨다. _옮긴이

7) Ryūsaku Tsunoda, William T. deBary, and Donald Keene, eds., *Sources of Japanese Tradition*, p.8에서 재인용.

히미코가 주재했던 통치영역은 야마타이왕국이라 불린다. 오늘날까지도 학자들은 이 야마타이왕국이 어디에 위치했는지를 둘러싸고 뜨거운 논쟁을 벌이고 있다. 그런데 중국왕조의 사서(특히 297년에 편찬된 『위지』〔魏志〕)에 기록된 루트, 즉 대륙(한국)으로부터 야마타이왕국에 이르는 노정이 잘못 기술되어 있다는 점이 문제이다. 물론 대한해협을 건너 북규슈에 이르는 노정 자체에 대한 『위지』의 기술에는 오류가 없어 보인다. 하지만 이어지는 기술대로 남쪽을 향해 '먼 거리'를 가면 야마타이왕국이 아니라 태평양이 나온다. 이와 관련하여 오랫동안 학자들은, 이 기록이 원래는 남쪽이 아니라 동쪽, 그러니까 현재 일본 중앙부의 나라와 교토 지역으로 이어지는 방향이었어야 한다고 주장해왔다. 그렇지 않다면 먼 거리를 운운하는 부분은 오류이며, 야마타이왕국은 북규슈 어딘가에 있었을 것이라는 말이다.

만일 야마타이왕국이 북규슈가 아니라 일본 중앙부에 위치했다면, 이는 최소한 230년대 후반에 중앙부로부터 북규슈에 걸쳐 이미 왕권이 확립되어, 야마타이의 명목상 권력자인 히미코가 왜를 대표하여 중국에 사신을 파견할 수 있었으리라는 점을 말해준다. 다른 한편 야마타이가 북규슈에 위치했다면, 이는 히미코의 영향력이 북규슈라는 한정된 지역을 넘어 중앙부까지 뻗어나갔음을 시사한다.

가미 신앙과 신도

왜의 관습에 관한 중국왕조 사서의 몇몇 기술은 흥미롭게도 오늘날 일본의 관행과 유사하다. 가령 왜인들이 땅바닥에 양손을 대고 쪼그려 앉거나 혹은 무릎을 꿇음으로써 복종을 표시하거나, 신을 예배할 때 손뼉을 치거나, 혹은 정화의례용의 큰 창고를 지었다거나 하는 것들 말이다.

참배할 때 손뼉을 친다든지 정화의례를 거행한다든지 하는 것에 관한 중국인들의 관찰 이외에, 우리는 고대 일본의 종교신앙 발전에 관해 아는 것이 거의 없다. 고대 일본의 종교신앙은 6세기 중엽에 한국으로부터 일본에 전해진 불교와 구별하여 신도(神道, 신의 길)라고 총칭되었다.[8] 우리는 지금도 이 신도에서 일본의 원시적 종교성을 엿볼 수 있다. 세계의 여타 지역에서 이런 원시종교는 보편종교에 동화되어버렸다. 하지만 일본의 외진 지방에서는 오늘날에도 그런 원시종교가 일부 원형을 유지하고 있다. 신도의 핵심적인 특징은 '가미'(神) 신앙에 있다. 한편으로 가미는 애니미즘 신앙과 마찬가지로 자연에 깃들어 있다고 믿어지는 다신교적인 존재이다. 다른 한편으로 가미는 일본인에게 친근한 존재로서 가족이라든가 농촌 같은 사회조직의 가장 기본적인 단위와 밀접한 관계가 있다(그림 4). '가미'라는 말 자체는 '위'〔上〕를 뜻하는 말이다.[9] 하지만 그것은 '초월'과는 거리가 먼 개념이다. 가미가 무엇인지에 관해서는 18세기의 국학자인 모토오리 노리나가(本居宣長, 1730~1801)의 다음과 같은 정의가 가장 많이 알려져 있다.

> 가미란 고전문헌에 나오는 천지간 신들을 비롯하여 그런 신을 모시는 신사에 깃든 영들을 가리킨다. 또한 인간을 비롯하여 조수초목(鳥獸草木)과 해산(海山)에 있어 특히 진귀하고 심상치 않게 뛰어난 덕(德)을 지닌 두려운 존재를 가미라 한다. 여기서 뛰어나다는 것은 존귀하고 선하고 공덕이 있어 뛰어나다는 것만을 뜻하지 않는다. 악하고 기괴한 것이라 할지라도 뛰어나고 두려운 것이면 무엇이든 가미라고 한다.[10]

신도에서는 사후 생명의 운명에 대한 관념이 전혀 발달하지 않았다. 그 대신 신도의 관심은 처음부터 오직 이 지상세계의 삶에 집중되어 있었다. 따라서 가미 또한 대체로 활력 혹은 생성력으로서의 생명과 관련되어 있을

---

8) 하지만 오늘날 우리가 말하는 신도는 7세기 후반에서 8세기 초 율령체제의 확립과 더불어 형성된 것이므로, 엄밀히 말해 6세기경의 신도를 오늘날의 신도와 동일시하는 데에는 각별한 주의가 필요하다. _옮긴이

9) 일본어로 '위'〔上〕는 '가미'라고 읽는다. _옮긴이

10) Agency for Cultural Affairs, ed., *Japanese Religion*, pp.37~38에서 재인용.

:: **그림 4** 12, 13세기의 목조 신도 신상(호놀룰루미술학회. 로버트 앨러턴 기증. 1964)

따름이다. 이런 의미에서 신도는 불교와 현격한 대조를 보인다. 불교는 이 세상을 고통과 비참함이 가득 찬 곳으로 보는 어둡고 염세적인 세계관을 내세운다. 한편 신도에서는 인간행위에 대한 판단수단으로서의 윤리적 관념도 거의 발달하지 않았다. 그 대신 신도는 이런저런 물리적인 오염이나 자연재해와 마찬가지로 인간의 잘못된 행위 또한 본질적으로 외부로부터 비롯된 것으로 본다. 따라서 그런 것들은 악령추방(exorcism)이라든가 정화의례(추정컨대 최소한 중국 사서에서 왜인 관련 기록들이 등장한 시대까지 거슬러 올라간다)와 같은 적절한 의식을 통해 다스려야 할 문제에 속한다고 본다. 신도에서 정화의례는 특별히 중요한 의미를 가진다. 사실상 정화의례는 신사에서 신직과 참배자 모두가 행하는 주된 행위라 할 수 있다.

신도에는 기본적으로 두 종류의 정화의례, 즉 외적인 것과 내적인 것이 있다. '겟사이'(潔齋)라 불리는 외적 또는 물리적 정화의례는 참배자들이 신사를 방문할 때 행하는 가장 일반적인 의식이다. 이는 물로 입과 손을 가시는 상징적인 행위를 통해 이루어진다. 한편 '하라이'(祓い)라 불리는 내적 정화의례 혹은 악령추방의례는 오직 신직들만이 행하는 의식이다. 이는 통상 특정한 나뭇가지를 흔드는 의식을 통해 이루어진다. 이런 의식을 통해 신직이 참배자를 정화하면, 그 참배자의 영이 본래의 깨끗한 본성으로 회복된다고 여기는 것이다.

일본인의 사회생활에서 항상 중요시되는 신도관행으로 '마쓰리'(祭り)라는 축제가 있다. 이 마쓰리에서는 이동식 신전[11]에 가미(특정한 상징물[12]로 표상된다)를 안치하여 퍼레이드를 벌이는 행사가 가장 기본이 된다. 이때 통상 일군의 젊은 청년들이 어깨에 그 이동식 신전을 메고 신사의 중앙무대 주변이나 마을을 돈다. 마쓰리가 거행되는 동안 사람들 사이에서는 환희와 축하의 분위기가 넘쳐나며, 여흥과 즐거움의 현장이 연출된다. 젊은 이들은 점점 고조되어 종종 탈것에다 명예로운 손님을 태우고 좌우로 흔들

11) '미코시'라는 가마를 가리킨다. _옮긴이
12) 해당 신사에서 모시는 제신이 깃들어 있다고 여겨지는 '신타이'(神體)를 가리킨다. _옮긴이

며 함성과 함께 활기차게 달려 나가곤 한다.

모든 가미가 다 선한 것은 아니다. 개중에는 '다타리가미'(祟り神)라 불리는 사악한 신과 정령들이 있다. 이들은 조심스럽게 다루어야만 하며 필요하다면 비위를 맞추어 달래야만 한다. 하지만 대부분의 가미는 온화하고 자애롭다. 어쨌거나 사악한 정령에 대한 습합적인 민간신앙은 신도라는 고유종교와 반드시 일치하지는 않는다. 이런 민간신앙 또한 고대의 이른 단계에 대륙으로부터 일본에 들어온 것이다. 아마도 샤머니즘이야말로 그 대표적인 사례라 할 수 있을 것이다. 우리는 앞에서 3세기의 히미코 여왕이 신과 인간의 중재자인 샤먼이었을 것이라고 언급한 바 있다. 그런데 사악한 정령들을 다루는 좀 더 민간신앙적인 형태의 샤먼들 또한 일본역사를 통해 줄곧 있어왔다. 대개의 경우 이런 샤먼은 여성으로서, 전형적으로 '가미가카리'(神憑り)라 하여 빙의(憑依)상태에 빠지는 엑스터시의 전문가라 할 수 있다. 이와 같은 샤먼은 악령을 자기 몸에 빙의시켜 그 악령으로 하여금 문제의 원인이 무엇인지를 말하게 함으로써 악령을 위무하는 방법을 알고 있다. 일본 사료 및 문학서 등에는 이런 유형의 샤먼이 많이 등장한다. 근현대에는 이들 가운데 신종교 교조가 된 샤먼도 적지 않다. 그들은 빙의상태에서 신의 계시를 전달하곤 한다.

신도에는 개인윤리에 관한 교의가 없다고 한다. 하지만 신도는 항상 '마코토'(誠, sincerity)라는 관념과 연관성이 있다. 이 '마코토'라는 관념은 일본역사상 가장 중요한 지침이 되어왔다. 전근대 일본에서 가장 대표적인 종교 및 신앙체계로 신도와 불교 그리고 유교를 들 수 있다. 이 중 불교와 유교는 6세기 중엽에 중국으로부터 들어온 것인 데 비해, 신도는 일본 고유의 종교이다.[13] 후대에 사람들은 이 세 가지 종교시스템을 도식적으로 단순화하여 분류하게 되었다. 예컨대 불교가 '타계지향적'(other-worldly) 혹은

13) 일본 학자들뿐만 아니라 서구의 일본연구자들 사이에는 신도를 일본에서 독자적으로 생겨난 고유의 민족종교, 일본만의 순수한 전통으로 보는 이해가 하나의 상식처럼 통용되고 있다. 그러나 신도는 결코 초역사적이고 불변적인 일본인의 기층신앙이 아니다. 신도의 기원은 대륙 또는 한반도의 샤머니즘, 산악신앙, 조상숭배, 불교, 도교 등과 밀접한 관계가 있다. _옮긴이

'형이상학적' 이라면, 유교는 '합리적'이고 '이성적' 이며, 이에 비해 신도는 '감성적'이라는 식으로 말이다. 이와 관련하여 17세기 말에서 18세기의 학자들[14]은 일본인의 '본래적인' 특성은 신도적, 감성적이라고 규정하는 반면, 불교의 형이상학 및 유교의 합리성을 외래적인 것이라 하여 부정했다. 이와 같은 네오-신도학파[15]의 주장을 차치하더라도, 우리는 일본인들이 항상 인간본성의 감성적 차원을 중시해왔다는 점을 확인할 수 있다. 다시 말해 일본인들은 종종 '진리' 라든가 '정의' 또는 '선' 과 같은 가치들보다도 그때그때의 느낌과 행위에 충실한 삶을 더 추구해온 것이다. 물론 그렇다고 해서 일본인들에게 '진리', '정의', '선' 등의 가치가 '마코토' 와 양립 불가능하다는 말은 아니다. 다만 이는 일본인들의 정조가 오랫동안 주로 감정의 윤리라 할 만한 '마코토' 에 의해 지배받아왔다는 것을 시사한다.

신도의 신화

신도는 매우 풍부한 신화를 가지고 있다. 그것은 대표적으로 『고지키』(古事記)와 『니혼쇼키』(日本書紀)라는 두 고전문헌에 수록되어 있다. 이 문헌들은 8세기 초(전자는 712년, 후자는 720년)에 편찬되었으며, 일본인이 쓴 기록 가운데 현존하는 가장 오래된 사서로 일컬어진다. 이에 관해서는 다음 장에서 다시 언급할 것이다. 여기서는 신도전통에 나오는 몇몇 주요한 신화에 대해 언급하고 넘어가자.

일본신화의 처음 장면인 창조 이야기는 아마도 비교적 후대인 7세기 무렵에 중국 우주론의 영향하에서 편집된 것으로 보인다. 태초에 세계는 카오스의 상태였는데, 점차 가벼운 입자가 위로 올라가 하늘이 되고 무거운 입자는 아래로 내려가 땅(더 정확히 말하자면 끈적끈적한 유동액으로 이루어진 바다 같은 상태)이 되었다고 한다.[16] 물론 이는 중국의 음양이원론을 모델로

14) 모토오리 노리나가(本居宣長)를 비롯한 국학자들을 가리킨다. _옮긴이

15) 국학(國學, 고쿠가쿠)을 가리킨다. _옮긴이

16) 태초의 상태에 관한 이 기술은 중국의 영향을 받은 『니혼쇼키』에만 나오며, 『고지키』에는 보이지 않는다. _옮긴이

하여 기술된 것이다. 이윽고 신들이 나타났으며, 일곱 세대[17]가 경과한 뒤 남매신 이자나기와 이자나미가 천신들로부터 '표류하는 땅'을 굳히라는 명을 받는다. 그리하여 이자나기가 긴 창을 가지고 하계의 바다를 휘젓자 창끝에서 흘러내린 소금물이 마르면서 작은 섬[18]이 만들어졌다. 이에 이자나기와 이자나미는 천상의 다리를 통해 그 섬으로 내려가 일본열도와 수많은 신들을 낳는다. 그런데 이자나미는 마지막에 불의 신[19]을 낳다가 심하게 화상을 입어 죽은 후 지하세계로 가버리고 말았다. 다정다감한 이자나기는 죽은 아내를 지상으로 다시 데려오고자 지하세계로 내려간다. 이는 오르페우스와 에우리디케 신화를 연상시킨다. 어쨌거나 지하세계로 내려간 이자나기는 그곳에서 심하게 부패하여 구더기가 들끓는 이자나미의 추한 모습을 보고 놀란 나머지 급히 도망쳐 나온다. 이렇게 해서 지상으로 되돌아온 이자나기는 지하세계의 부정을 씻어내기 위해 강가로 가서 몸을 씻었다(이런 정화의식은 가장 순수한 신도전통이다). 이때 그의 몸과 벗어던진 옷가지로부터 새로운 신들이 나타난다. 태양의 여신과 폭풍의 신 스사노오(須佐之男命)는 이런 과정에서 태어난 신이다. 즉 태양의 여신은 이자나기가 왼쪽 눈을 씻었을 때, 그리고 스사노오는 코를 씻었을 때 태어났다고 한다.

이 중 천상계[20]를 지배하도록 명받은 태양의 여신은 신도 만신전에서 최

17) '가미요나나요'(神世七代)라 한다. 이는 열두 명의 기능신들을 가리키는데, 그중 두 신은 단독신이고 남녀 다섯 쌍은 부부신이다. 즉 일본 국토가 영원히 지속된다는 뜻의 구니토코타치(國常立神)와 대자연에 풍요로움을 가져다준다는 뜻의 도요쿠모노(豊雲野神)는 단독신이다. 이에 비해 진흙이 점차 굳어져 가는 것을 뜻하는 우히지니(宇比地邇神)와 그의 누이인 스히지니(須比智邇神), 싹트는 나무의 기능을 나타내는 쓰누구이(角杙神)와 그의 누이인 이쿠구이(活杙神), 남녀의 생식기능을 상징하는 오오토노지(意富斗能地神)와 그의 누이인 오오토노베(大斗乃辨神), 대지의 표면이 완성되었음을 뜻하는 오모다루(於母陀琉神)와 그의 누이인 아야카시코네(阿夜訶志古泥神), 그리고 음양의 끌고 당기는 기능을 신격화한 이자나기(伊耶那岐神)와 그의 누이인 이자나미(伊耶那美神) 등은 부부신이다. 이 '가미요나나요' 신들의 출현에 앞서 천상계에 지고신 아메노미나카누시(天御中主神)를 비롯하여 우주만물의 생성력을 표상하는 다카미무스비(高御産巣日神)와 가미무스비(神産巣日神), 갈대들을 신격화한 우마시아시카비히코지(宇摩志阿斯訶備比古遲神) 및 대지의 기초가 마련되었음을 상징하는 아메노토코타치(天之常立神) 등이 나타났다가 사라져버린다. 이 다섯 천신을 '고토아마쓰가미'(別天神)라 한다. _옮긴이

18) '오노고로시마'(淤能碁呂嶋)라 한다. _옮긴이

19) '히노카구쓰치'(火之迦具土神)라 한다. _옮긴이

20) '다카마노하라'(高天原)라고 한다. _옮긴이

고신이 되었다. 한편 그녀의 남동생 스사노오는 바다를 다스리도록 명받았다. 그런데 성마르고 거친 성격의 스사노오는 자신의 지위에 불만을 품은 나머지 천상계를 떠나려 했다. 그러기에 앞서 태양의 여신에게 작별인사를 하러 갔다가 누이의 논밭을 망쳐놓고 베틀을 부수며 궁전에다 똥을 싸뭉개는 등 온갖 만행을 저지른다. 이에 격분한 태양의 여신은 동굴[21] 속에 숨어버리고 만다. 그러자 세상이 흑암에 빠져버렸다. 이는 말할 것도 없이 일식과 관련된 신화유형이다. 어쨌거나 이 태양의 여신을 동굴 밖으로 끌어내기 위해 천상계의 다른 천신들은 시끌벅적한 향연을 마련하여, 이제 잔치가 시작되었음을 알리기 위해 '도리이'(鳥居)라는 횃대에다 닭을 올려 울게 했다. 이에 호기심이 발동한 태양의 여신이 바깥을 내다보았을 때, 동굴 옆에 숨어 있던 괴력의 신[22]이 그녀를 끌어내는 데에 성공함으로써 세상이 다시 밝아졌다는 것이다.

이 신화에 나오는 횃내, 즉 '도리이'는 오늘날 신도 신사의 입구가 되어 있다. 그것은 가장 친근한 신도적 상징으로, 아무리 작은 규모의 신사라 하더라도 모든 신사에서 찾아볼 수 있다(그림 5). 실제로 지방에는 도리이만 있는 신사들도 많이 있다.

'풍요로운 논밭의 땅'(=일본)[23]을 차지한 지방 신들을 항복시킨 후,[24] 태양의 여신은 그곳에 손자인 니니기(邇邇藝命)를 파견하면서 이렇게 명한다.[25]

> 그대 황손(皇孫)이여, 가서 다스려라. 나아가라. 그대의 황실에 나의 축복이 함께하리니, 하늘과 땅〔天壤〕처럼 영원무궁하리라.[26]

---

21) '아마노이와토'(天岩戶)라 한다. _옮긴이

22) '아메노타지카라오'(天手力男神)라 한다. _옮긴이

23) 『니혼쇼키』에 나오는 일본의 미칭 '도요아시하라노나카쓰쿠니'(豊葦原中國)를 가리킨다. _옮긴이

24) 아마테라스가 수차례 천신을 지상에 파견하여 오쿠니누시(大國主神)가 다스리는 이즈모(出雲)왕국을 항복시키고 국토를 이양받은 이야기를 가리킨다. _옮긴이

25) 아마테라스가 손자 니니기를 지상에 파견하면서 명한 이 신칙을 '천양무궁(天壤無窮)의 신칙'이라 한다. _옮긴이

26) W.G. Aston, tr., *Nihongi*, p.77.

:: **그림 5** 히로시마시 앞바다에 있는 미야지마신사(宮島神社)의 도리이(뉴욕 주재 일본영사관)

이 명령을 내리면서 태양의 여신은 니니기에게 성스러운 상징물[27]인 중국풍의 청동거울과 검, 그리고 '마가타마'(勾玉)라는 곡옥을 하사했다. 이 세 가지 상징물과 유사한 것이 야요이 시대 중기까지 거슬러 올라가는 무덤 유적에서 발굴되었는데, 이는 지방 부족장의 통치권을 상징하는 물건으로 보인다. 그러나 역사상 거울과 검과 곡옥은 오로지 황실의 통치권을 나타내는 상징으로 사용되었다. 이 중 특히 거울이 중시되었다. 왜냐하면 거울은 2차대전 종전까지만 해도 태양의 여신의 신체(神體, kami-body)[28]를 표상하는 것으로 여겨졌기 때문이다. 신화에 따르면, 이 거울은 원래 궁중에 모셔져 있었는데, 이를 불편하게 여긴 한 천황[29]이 이세(伊勢)에 있는

27) 일본 천황가의 왕권을 상징하는 이른바 '삼종의 신기(神器)'를 가리킨다. _옮긴이
28) 신이 깃들어 있다고 여겨지는 상징물로서 오늘날 대개 각 신사의 본전에 안치되어 있다. _옮긴이
29) 제10대 스진(崇神) 천황을 가리킨다. _옮긴이

한 신사[30]에 안치했다고 한다. 이세신궁(伊勢神宮)이 가지는 지고한 신성성은 바로 그곳에 신성한 거울이 안치된 시기(최소한 문헌에 알려진 바에 의하면)부터 부여된 것으로 보인다.

니니기는 천상으로부터 규슈 남동부에 있는 어떤 산[31] 위로 내려왔다. 하지만 처음에는 아직 '풍요로운 논밭의 땅'에 대한 통치권을 확보하지 못한 듯싶다. 그 통치권은 니니기의 증손자인 진무(神武) 천황대에 이르러 확립되었다. 진무 천황은 일본열도 중앙부[32]의 원주민들을 정복한 후, 일본의 초대 천황직을 수임한다는 표지로서 그의 조상인 태양의 여신에 대한 의식을 거행했다고 나온다. 초기 역사의 어느 때인가(6세기 말 혹은 7세기 초) 일본인들은 중국 책력의 계산법[33]을 차용하여 진무 천황의 즉위 시기를 기원전 660년으로 잡았다. 또한 『고지키』와 『니혼쇼키』의 저자들은 '한 번도 끊어진 적이 없는 통치권'[34]의 계보를 작성했다. 만일 이것이 사실이라면 현재의 아키히토(明仁)는 초대 진무 천황부터 쳐서 제125대 천황이 되는 셈이다. 하지만 고고학적인 증거에 따르면, 일본에서 천황의 통치권이 확립된 것은 역사적으로 빨라야 6세기 초엽부터이며, 아마도 그 이전에 최소한 두 개의 다른 왕조가 존재했을 것으로 추정된다.

고분시대

이와 같은 초기 왕조에 대한 증거는 대략 기원후 300년경까지 거슬러 올라간다. 이 무렵은 이른바 고분(古墳)시대에 해당된다. 기원후 300년경부터 7세기 초에 이르기까지 일본 각지에는 흙이나 돌로 된 수많은 고분들이

---

30) 미에현(三重縣) 이세시(伊勢市)에 있는 일본 전국 신사의 총본산인 이세신궁(伊勢神宮)을 가리킨다. 이세신궁 내궁(內宮)에는 황조신(皇祖神) 아마테라스가 모셔져 있다. _옮긴이

31) 쓰쿠시(筑紫) 히무카(日向)에 있는 다카치호(高千穗)의 구지후루타케(久士布流多氣)라는 봉우리를 가리키는데, 이는 가야의 가락국 신화에 나오는 '구지봉'을 일컫는 것으로 보인다. _옮긴이

32) 현 나라(奈良) 근방의 야마토(大和) 지방을 가리킨다. _옮긴이

33) 60년을 한 주기로 하는 역법을 가리킨다.

34) 종래(패전 전) 일본에서는 이를 천황의 황통이 한 번도 바뀌지 않은 채 이어져 내려왔음을 뜻하는 표현인 '만세일계'(萬世一系)라 하여, 일본의 우월성을 나타내는 증거로서 금과옥조처럼 여겨왔다. _옮긴이

만들어졌다. 그중 어떤 것들은 단순히 작은 언덕이나 둔덕을 자연 그대로 차용해서 지었으며, 또 어떤 것들은 엄청난 노동력을 동원하여 어마어마하게 거대한 규모로 조영하기도 했다. 이런 거대 고분들은 열쇠 모양의 형태가 많은데,[35] 이는 아마도 아시아대륙의 고분을 모델로 한 듯싶다. 어쨌거나 거대 고분들은 주로 일본열도의 중앙부에 세워졌으며, 일반적으로 당시 권력을 행사한 통치자들의 무덤으로 여겨진다. 어쩌면 그들은 중앙부 및 서일본 지역의 대부분을 통치했던 야마타이왕국 히미코 여왕의 후계자들이었을지도 모른다.

미술사의 관점에서 볼 때, 고분시대의 가장 중요한 유물로서 수십 센티미터에서 수 미터 높이의 '하니와'(埴輪)라 불리는 진흙형상에 주목할 필요가 있다. 고분 위나 경사면에 세워진 하니와는 사람, 동물, 집, 배 등의 다양한 형태를 띠고 있다(그림 6). 신화에 따르면, 고대의 어떤 천황이 죽은 황족의 무덤에 함께 순장되던 수행원들의 고통에 마음이 움직인 나머지, 황실의 장례식 때 사람 대신 진흙형상을 사용하도록 지시했다고 한다. 이런 이야기는 하니와의 기원을 말할 때 종종 인용되곤 하지만, 실제로는 이를 입증할 근거가 거의 없다. 순장 관습은 고대 중국에서 일반적이었지만,[36] 일본인들이 역사상 저 끔찍한 순장 관습을 시행한 적이 있었다는 객관적인 증거는 어디서도 찾아볼 수 없다. 게다가 하니와의 발달과정에서 인물상이 나타난 것은 비교적 후기의 일이었다. 이는 하니와가 순장 관습과 무관하다는 점을 시사하는 더욱 중요한 근거라 할 수 있다. 사실 초기의 하니와는 그저 밋밋한 원통 모습이었다. 아마도 이런 원통형 하니와는 고분의 부식을 막거나 혹은 제의적인 목적으로 고분 위에다 특정한 지역을 표시하기 위해 사용한 것으로 보인다. 한편 후기의 형상형 하니와는 살아있는 생물이나 여러 가지 친근한 사물들을 본떠 만들었다. 이런 형상을 사용한 까닭은 아마도 죽은 자에게 친근한 세상을 사후에까지 재현시키기 위

35) 이런 형태의 고분을 '전방후원분'(前方後圓墳)이라 한다. _옮긴이
36) 고대 가야에도 순장 관습이 있었다. _옮긴이

:: **그림 6** 여자 샤먼의 형상을 한 하니와(브루클린박물관. 스탠리 마커스 부부 기증)

해서였던 것이 아닐까 싶다.

그런데 여성 샤먼의 모습을 한 것을 제외한다면, 그 밖에 대부분의 하니와들은 아주 세속적인 모습을 하고 있다. 다시 말해 전혀 종교적이거나 주술적인 의미를 담고 있지 않은 것이다. 이런 하니와들은 단순히 고대 일본인들의 외형을 그대로 묘사한 것일 수도 있다. 일본의 많은 학자들은 하니와가 유교적 합리주의나 불교의 복잡한 종교적 교리의 영향을 받기 이전의 소박한 고대 일본인들의 정신세계를 반영한다고 주장해왔다. 그들은 이런 소박한 정신세계를 소탈하고 정직하다는 뜻의 '헤이메이'(平明)라고 부른다. 이것이 사실이건 아니건 우리가 앞서 야요이 토기에 대해 언급했듯이, 일본인들은 자연 그대로의 재료나 혹은 질박하고 단순하게 정돈된 형식을 선호하는데, 하니와 또한 바로 그런 미적 감수성을 잘 보여주는 탁월한 사례라 할 수 있다.

기마민족설

5세기 초엽 일본에서는 고분에 수장된 장례용 기물에 변화가 생겨났다. 그 이전 고분들에서는 청동제를 비롯하여 주로 장식적이거나 혹은 제의적인 목적으로 사용된 기물들이 수장품으로 발굴되었다. 그런데 5세기에 들어서면 고분의 수장품으로서 도구라든가 철제무기와 같은 더 실용적인 기물들이 다수 나타난다. 그중 전사와 말〔馬〕 하니와가 고분 위에 등장한 것은 특히 주목할 만하다. 고대 중국왕조의 사서에는 왜에 말이 있다는 기술이 전혀 나오지 않는다. 그렇다고 해서 5세기 이전에 말과 같은 동물이 일본에 존재하지 않았다는 것은 아니다. 2차대전 직후 일본에서는 이 시기에 한국에서 침입해 들어온 기마전사들이 일본을 정복하여 새로운 지배자가 되었다는 설이 등장했다. 말 하니와는 이런 이론에 설득력을 더해주었다.

이와 같은 기마민족설은 특히 같은 시기에 동북아시아의 중앙부에서 '오랑캐' 족의 대이동이 있었다[37]는 사실과 관련하여 우리의 흥미를 유발한다. 그러나 이런 이론을 발전시킨 학자들이 모든 고고학적 증거에 충분히 주의를 기울인 것 같지는 않다. 기마민족설을 처음 내세운 에가미 나미오(江上波夫)의 주장대로, 이 이론은 무엇보다 4세기 후반에 거대 고분 안팎에 말 탄 사람 모양의 수장품 및 전사와 말 하니와가 '갑자기' 등장했다는 사실에 근거하고 있다. 하지만 전술했듯이, 사실상 5세기 이전에는 그런 수장품과 하니와는 보이지 않는다. 게다가 기마인 모양의 수장품과 하니와의 출현은 갑작스러운 것이 아니라 점진적인 것이었다. 이 시기에 일본인들은 기마술에 관한 새로운 지식뿐만 아니라 갑옷과 투구 등을 비롯한 여러 마구(馬具)를 받아들였다. 하지만 이것들은 대륙의 침입자들에 의해 일본에

37) Gari Ledyard, "Galloping Along with the Horseriders: Looking for the Founders of Japan" 참조.

전해진 것이 아니라, 일본인들 스스로 수입한 것임에 틀림없어 보인다.[38)]

정말 외국의 기마민족에 의한 것인지 아닌지는 몰라도, 5세기 초 일본의 중앙부에 새로운 왕조가 들어선 것은 분명하다. 가장 거대한 고분들(그중 원사〔原史〕시대의 닌토쿠〔仁德〕 천황릉이 가장 거대하다. 이는 전장 500여 미터에 달하며 현재 오사카시 외곽에 위치하고 있다)이 바로 이 시기로 소급된다는 사실에서 보건대, 그 새로운 왕조는 상당한 권력과 세력을 가지고 있었을 것이다. 그러니까 최소한 이런 세력이 부분적으로나마 한반도에서의 군사적 팽창정책을 추구하는 데에 사용되었을 가능성이 있다. 당시 한반도에서는 신라, 백제, 고구려의 세 국가가 쟁탈전을 벌이고 있었다. 일본은 그런 한반도 남부에 '임나일본부'(任那日本府)라는 군사적 식민지 내지 전초기지를 운영하고 있었던 것 같다.[39)] 일본의 통치자들은 5세기에 최소한 다섯 차례나 중국에 왜왕 칭호의 인준을 요청한 바 있다.[40)] 즉 일본은 한반도 삼국간의 쟁탈전에 관여하면서 '왜국왕'(倭國王)이라든가 '안동대장군'(安東大將軍) 등과 같은 칭호를 필요로 했던 것이다.[41)]

5세기의 왕조는 6세기 초에 이르러 역사시대의 천황가를 형성한 지배적인 씨족에 의해 대체되었다. 태양의 여신 계보를 형성한 이 최종적인 왕조

---

38) Walter Edwards, "Event and Process in the Founding of Japan: The Horserider Theory in Archaeological Perspective".

39) 하지만 한국의 역사학자들을 비롯하여 많은 학자들은, 한국인들이 '가야'라고 부르는 지역에 있었다고 하는 임나일본부가 실은 존재한 적이 없다고 주장한다. 다시 말해 일본은 당시 한반도에 식민지를 가진 적이 없다는 말이다.

40) 중국 사서인 『진서』(晉書), 『송서』(宋書), 『양서』(梁書)에 따르면, 413년부터 100여 년 동안 찬(讚), 진(珍), 제(濟), 흥(興), 무(武) 등 왜의 다섯 왕이 차례로 중국 남조에 조공하면서 왕의 칭호를 인준해 줄 것을 요청했다. _옮긴이

41) Tsunoda, deBary, and Keene, *Sources of Japanese Tradition*, pp.9~11.

이와 더불어 왜왕은 '육국제군사'(六國諸軍事)라든가 '칠국제군사'(七國諸軍事)와 같은 칭호를 승인받고자 했다. 가령 왜왕 진은 남조에 조공하면서 '육국제군사, 안동대장군, 왜국왕'이라는 칭호를 요청했으나, 송 문제는 '안동장군, 왜국왕'의 칭호만을 허락했다. 그 후 왜왕 제에 이르러 '육국제군사, 안동장군, 왜국왕'이라는 칭호가 허락되었다. 나아가 왜왕 무 시대에는 송에 '칠국제군사, 안동대장군, 왜국왕'의 칭호를 승인해달라고 요청했으나, 송 순제는 '육국제군사, 안동대장군, 왜국왕'이라는 칭호를 수여했다. 여기서 '육국'은 '使持節都督, 倭, 百濟, 新羅, 任那, 秦韓, 慕韓' 또는 '使持節都督, 倭, 新羅, 任那, 加羅, 秦韓, 慕韓'을 가리키며, '칠국'은 '使持節都督, 倭, 百濟, 新羅, 任那, 加羅, 秦韓, 慕韓'을 가리킨다. 구태훈, 『일본고대 · 중세사』, 63쪽. _옮긴이

:: **그림 7** 이세신궁(뉴욕 주재 일본영사관)

교체는 6세기 중엽 일반적으로 신뢰할 만한 일본 사서가 등장한 시기에 일어났다.

이세신궁

이세신궁(그림 7)은 태양의 여신을 모신 중요한 기념비적 건축물이다. 전술했듯이 여기에서는 황실의 가장 중요한 상징물인 거울로써 태양의 여신을 표상하여 모시고 있다. 부드러운 질감의 삼나무 원목으로 지은 이세신궁은 '자연스러움'을 간직한 놀라운 사례이다. 고대 이래 일본에서는 관례적으로 매 20년마다 본전 근처에 새로운 본전을 재건축해왔다(가장 최근의 재건축은 1993년에 이루어졌다).[42] 이는 원목의 신선함을 유지하고 뒤틀리거나 휘는 것을 막기 위한 관습으로 추정된다. 하지만 이런 특이한 관습을 지켜온 정확한 이유는 알 수 없다. 지상과 분리되어 세워진 마루와 이엉지붕 및 X자로 교차시킨 서까래[43] 등 매우 단순한 신사 건축양식은 그것이 최상의 신도 건축물임을 보여준다. 아름다운 숲에 둘러싸인 이세신궁은 지극히 자연스럽고 고요한 느낌을 불러일으킨다. 그것은 6세기에 불교가 수용되기 이전의 일본을 표상하는 어떤 영적인 정신성을 느끼게 해준다.

이와 같은 건축양식의 기원은 야요이 시대 중기의 대형 청동방울인 동탁(銅鐸)을 그린 선화(線畵) 및 고분시대의 가옥형 하니와 양식에까지 거슬러 올라갈 수 있다. 그것은 때로 곡물창고를 뜻하는 '구라'(倉)식 건축이라고 불리기도 한다. 왜냐하면 이세신궁과 같은 건축구조물은 원래 쌀을 저장하는 창고로 사용되었던 것으로 보이기 때문이다. 후대에 가면서 이와 동일한 양식의 건축물이 신전뿐만 아니라 궁정 건축에도 채용되었다.

42) 이를 '식년천궁'(式年遷宮)이라 한다. _옮긴이

43) 이를 '치기'(千木)라 부른다. 치기는 신사의 본전 건축양식을 특징짓는 가장 중요한 요소 중 하나이다. _옮긴이

2
불교의 전래

6세기는 동아시아에 대단히 역동적인 시대를 열었다. 220년 한(漢)왕조의 멸망에 이어 3세기 반 동안 열방의 각축시대[1]가 계속된 이후, 중국은 589년 마침내 수(隋)왕조에 의해 다시금 통일되었다. 618년에 수왕조에서 당(唐)왕조로 바뀌기는 했지만, 향후 3세기 동안 중국에서는 안정된 통일국가가 이어졌다.

그 이전의 각축시대는 중국에서 불교가 확장되는 데에 유리한 조건을 형성해주었다. 중국에는 기원후 1세기에 인도로부터 불교가 전래되었다. 그 후 중국불교는 주로 당왕조(618~907)에 이르러 전성기를 맞이했다. 중국에서 불교는 수많은 종교 개종자들을 확보했을 뿐만 아니라, 제도적 측면에서도 중앙집권화에 필수불가결한 요인으로 간주되었다. 나아가 중국불교는 특히 회화 및 조각 등의 시각예술계를 지배하기에 이르렀다.

당왕조시대의 중국은 역사상 가장 위대한 번성기를 구가했다. 국가의 영토가 먼 변방까지 확장되었으며, 중국문화가 수많은 이웃 나라에까지 명성을 떨쳤다. 동아시아에서, 한국과 일본은 모두 이런 당나라로부터 결정적

---

1) 삼국시대(220~280), 서진 및 동진(265~420), 오호십육국시대(304~439), 남북조시대(420~589) 등을 가리킨다. _옮긴이

인 영향을 받았으며, 중국을 모델로 한 중앙집권적 개혁을 단행했다.

6세기의 고대 천황제와 불교 전래

6세기 중엽에 일본은 '우지'(氏)라 불린 귀족적 씨족들이 지배하는 여러 영역으로 나뉘어 있었다. 그중 황실씨족이 중앙부에 정착하여 대부분의 지역에 막강한 영향력을 행사하는 제1인자의 지위를 획득하게 된다. 이 황실씨족은 서쪽으로는 규슈로부터 동쪽으로는 간토(關東) 지방에 이르기까지 세력을 확장했다. 다만 당시 혼슈(本州) 북부지역은 아직 이들의 지배권 바깥에 있는 미개상태에 있었다.

그럼에도 불구하고 일본사에서 이 시기에는 황실 이외의 다른 호족 수장들이 궁정의 고급관리로서 전부는 아니라 해도 황실 정치권력의 상당 부분을 좌지우지하는 경향이 두드러지게 나타났다. 향후 수 세기 동안 많은 강력한 군주들이 있었다고는 하나, 당시 일본의 천황들은 일반적으로 최고 통치권자이면서도 직접 지배하지는 않았다는 점에서 주목할 만하다.

여기서 '천황'이라는 표현은 일본의 고대를 논할 경우 엄밀히 말해 잘못된 것이다. 왜냐하면 6세기 중엽 야마토 조정의 여러 연합호족들을 느슨한 형태로 관장했던 천황은, 원시신도에서의 '가미'처럼 다른 호족 수장들에 대해 오직 상대적인 우월성이나 권위를 행사했을 뿐이기 때문이다. 일본은 다음 세기에 들어서야 비로소 중국 군주제의 영향을 받아 초월적이고 신성한 왕권을 확립함으로써 '덴노'(天皇)라는 호칭을 사용하게 되었는데, 이 호칭은 중국에서 비롯된 것으로 영어권에서는 통상 '엠퍼러'(emperor)라고 번역된다.

일본은 이렇게 중국을 본떠 고귀한 천황상을 만들어냈지만, 천명(天命)에 의한 황제의 통치권이라는 중국의 핵심적인 유교이념을 채용하지는 않았다. 천명설에 따르면, 천명은 덕 있는 군주에게만 주어지며, 만일 그 군주가 덕을 잃게 되면 천명을 거둘 수도 있다. 중국은 이 설에 근거하여 역사상 수많은 왕조의 교체를 정당화하거나 설명해왔다. 하지만 일본에서는 앞 장에서 언급한 대로, 태양의 여신이 천황가에게 영원한 통치권을 부여했다는 신화의 주장을 고수해왔다. 그리하여 6세기에 확립된 천황계보가 놀랍게도 오늘날에 이르기까지 역사적으로 단절되지 않은 채 줄곧 이어져 내려왔다는 것이다.

전승에 따르면, 불교가 일본에 공식적으로 전래된 것은 552년[2] 백제를 통해서였다. 당시 일본 귀족 중 3분의 1가량이 외국인 계통이었던 만큼,[3] 일본인들은 이미 불교를 비롯한 대륙의 선진문명에 대해 잘 알고 있었을 것이다. 그럼에도 6세기 후반 일본 궁정에서는 불교를 수용하느냐 마느냐의 문제를 넘어서서 국가개혁을 둘러싼 더욱 광범위한 논쟁이 일어났다.

동아시아의 대승불교

일본에 전래된 시점에 불교는 이미 최소한 1000여 년의 역사를 가지고 있었다. 불교는 원래 북인도에서 역사적 붓다인 고타마(기원전 563~483경)의 가르침에 의해 출현했다. 그 후 인도대륙에 퍼졌다가 동남아시아 및 동아시아로 전파되었다. 그러면서 불교는 창시자의 기본교의와 매우 상이한 이념들을 포괄하는 복합적이고 우주적인 종교로 발전했다. 고타마는 '사성제'(四聖諦) 교의에서 다음과 같이 설했다. 첫째, 이 세상은 모두가 괴로움이다. 둘째, 괴로움의 근원은 자아가 추구하는 욕망에 있다. 셋째, 이 욕망 추구를 근절하면 종교적 이상이 실현된다. 넷째, 이를 위해서는 팔정도(八正道), 즉 올바른 견해〔正見〕, 올바른 의도〔正思惟〕, 올바른 말〔正語〕, 올바른 행위〔正業〕, 올바른 생활〔正命〕, 올바른 노력〔正精進〕, 올바른 사념〔正念〕, 올바른 명상〔正定〕 등의 생활규칙을 실천해야만 한다. 그러면 해탈 또는 불성(佛性, buddhahood)을 획득함으로써 괴로움에서 벗어날 수 있다.[4] 대부분

---

2) 이 연대는 『니혼쇼키』에 따른 것이다. 다른 문헌에서는 불교의 일본 공전(公傳) 시기를 538년으로 잡고 있다.

3) 815년에 성립한 고대 호족의 계보집인 『신센쇼지로쿠』(新撰姓氏錄)는 당시의 수도였던 헤이안(平安, 지금의 교토)과 기나이(畿內) 소재의 1182개 성씨를 가계에 따라 신별(神別), 황별(皇別), 제번(諸蕃)의 세 종류로 분류하고 있는데, 이 중 '제번'은 한반도 출신의 도래계 호족에 해당된다. _옮긴이

4) 이 네 가지 거룩한 '제'는 각각 고제(苦諦), 집제(集諦), 멸제(滅諦), 도제(道諦)라 부른다. 여기서

의 일반인들이 이런 사성제를 따르기란 쉽지 않을 것이다. 카르마(karma, cause and effect), 즉 업(業)의 교의에 따르면, 사람들은 전생의 업(=행위)으로 인해 욕망과 고통의 그물망에 얽히기 십상이며, 그 결과 누구든지 여러 차례의 윤회전생을 운명적으로 피할 수 없다는 것이다.

현대 서구인들은 이와 같은 불교의 근본 가르침에서 일종의 심리학적인 매력을 느낀다. 어쨌거나 그것은 고타마 사후 5세기가 지난 뒤 마하야나(Mahayana, Greater Vehicle), 즉 대승(大乘)불교가 등장하면서 크게 발전했다. 대승불교의 신봉자들은 종래의 불교를 비난조로 히나야나(Hinayana, Lesser Vehicle), 즉 소승(小乘)불교라고 불렀다.[5] 왜냐하면 그들이 보기에 종래의 불교는 어떻게 하면 삶과 죽음의 사이클로부터 벗어날 수 있을지에 대해서만 가르치는 개인 중심의 교의체계였기 때문이다.

대승불교도들에게 이런 소승불교의 가르침은 오직 엄격하게 팔정도를 실천할 수 있는 특별한 능력의 소지자들만이 불성을 얻을 수 있음을 의미했다. 이에 반해 대승불교도들은 고타마가 죽기 직전에 모든 살아 있는 것들은 하나도 빠짐없이 불성을 얻을 만한 잠재적인 가능성을 가지고 있다는 궁극적인 진리를 설했으며, 고대 불교경전들도 이 점을 입증한다고 주장했다. 여기서 더 나아가 대승불교도들은 점차 고타마를 그저 죽을 수밖에 없는 인간존재로서가 아니라 초월적인 존재로 간주하면서, 새로운 이상적 인간상인 '보디사트바'(bodhisattva, buddha-to-be), 즉 보살(菩薩)을 추구하게 되었다. 이 '보살'은 불성을 획득할 모든 조건들을 다 갖추었음에도 불구하고 중생에 대한 큰 연민과 자비의 마음으로 해탈의 때를 연기한 자를 가리킨다. 이는 다른 사람들도 삶과 죽음의 사이클에서 해방되도록 도와주기 위한 것이다. 이와 대조적으로 소승불교는 '이기적'인 가르침이라 할 수 있다. 오직 자기 자신의 해탈만을 추구하도록 가르치기 때문이다. 이에 반해 대승불교는 보살의 이상을 내세우면서 인간과 동물을 포함한 모든 존

'제'란 '진리'를 뜻하는 산스크리트어 '사티아'(satya)를 한역한 용어이다. _옮긴이

5) 소승불교는 '장로들의 교의'(Doctrine of the Elders)를 뜻하는 '테라바다'(Theravada)라고도 한다.

재에 대한 우주적 사랑을 설했다.

동아시아에서 활짝 만개한 대승불교는 방대한 불보살의 만신전(萬神殿, pantheon)을 만들어냈다. 그 만신전에는 힌두교를 비롯하여 심지어 근동 지역의 여러 종교에서 차용된 신들도 많이 포함되어 있었다. 이런 무수한 신격들의 기능과 역할을 설명하고 범주화하고자 노력하면서, 대승불교도들은 세 유형의 부처, 즉 '삼신불'(三身佛)에 관한 이론을 창출해냈다. 법신불(法身佛), 보신불(報身佛), 응신불(應身佛, 또는 화신불〔化身佛〕)이 그것이다. 법신불이란 모든 것을 품어 안는 우주적이고 보편적인 부처를 가리킨다. 한편 보신불은 초월적인 부처로서, 약사불, 미래불인 미륵불, 무한한 광명의 부처인 아미타불 등과 같은 여러 천상적 존재로 그 모습을 드러낸다. 이에 비해 응신불은 고타마처럼 인간의 몸을 입고 세상에 화육신한 부처를 뜻한다. 이와 같은 삼신불 이론을 알지 못한다면, 우리는 일본역사상 단속적으로 나타난 여러 불교종파들 간의 상호관계를 이해하기 어렵다.

일본인의 불교수용 양상

불교 전래 후 한 세기 동안 일본에서 불교가 끼친 영향을 정확히 규명하기란 쉽지 않다. 당시 중국의 경우에는 이미 대승불교 및 소승불교 종단 내에서 수많은 형이상학적 비의(秘儀)종파들이 널리 확산되어 있었다. 하지만 일본에서 불교는 궁중의 소수 지식인 집단을 제외하고는 거의 퍼지지 않았다. 그러다가 소수 엘리트 집단을 넘어서서 일반인들 사이에 불교가 알려지게 되었는데, 처음에 그것은 풍요로운 수확이라든가 재난방지를 보장해주는 새로운 형태의 강력한 주술로서 받아들여졌음에 틀림없다. 이와 더불어 일본인들은 조각, 회화, 사원 건축 등의 경이로운 불교예술에 직접적이고 직관적으로 반응했다. 나아가 일본인들은 가장 근본적인 불교교의의 가치를 주저 없이 수용했던 것으로 보인다. 모든 것은 덧없으며 고통은 우주적인 것이고 인간은 피할 수 없는 운명의 희생자라는 교의가 그것이다. 다양한 계층의 많은 이들이 이런 교의를 진리로 받아들였다. 이 시기의 일본인들이 이처럼 불교의 설득력 있는 교의에 승복했다 해서 그리 놀랄 만한 일은 아닐 것이다.

7, 8세기 일본인들이 불교에 대해 품었던 가장 강렬한 느낌은 아마도 불교가 차원 높은 문명의 정수라는 인식이었을 것이다. 본래 불교는 극단적인 페시미즘적 관점에서 세상을 보았으며, 사회적 혹은 정치적 개혁에는 별 관심이 없었다. 그럼에도 불구하고 이런 종교가 일본에 들어간 후 중앙집권의 이상을 비롯하여 다방면에 걸친 문명의 운반자로서 기능했다는 점은 아이러니가 아닐 수 없다.

불교가 수용되면서 원시신도가 어떻게 살아남을 수 있었는지를 간단히든 상세히든 설명하기란 쉽지 않다. 물론 부분적인 설명은 가능할 것이다. 가령 동양 종교사상이 일반적으로 '단편적인' 혹은 '대안적인' 진리에 대단히 관용적이며, 따라서 일견 이질적인 신앙이나 신성의 현현을 종합하는 능력에 뛰어나다는 점을 그 이유로 들 수 있겠다. 그 결과 일본의 경우에는 신도의 주요 가미(神)들이 상이한 형태의 불교적 신격으로 간주되었으며, 신도 신사와 불교사원이 습합하여 공존하게 되었다. 그리하여 일본인들은 오랫동안 별 어려움 없이 자신을 신도 신자이자 동시에 불교도로 여겨왔다. 이는 일본인들이 신도와 불교의 교의를 교묘하게 상호 보완적인 것으로 병존시켰기 때문에 가능한 일이었다. 신도는 자연 및 그 생산력에 대한 단순하고 직접적인 애정을 표출하면서, 죽음을 오염의 일종으로 간주한다. 한편 불교는 삶을 고통의 연속으로 파악하면서 인간들이 그런 고통으로부터 해방될 수 있도록 인도하는 데에 관심을 기울인다. 오늘날에도 일본에서는 출생이라든가 결혼 같은 축하의례는 신도식으로, 그리고 장례라든가 사자(死者)와 관련된 의례는 불교식으로 거행하고 있다.

불교 수용 및 국가개혁을 둘러싸고 벌어진 6세기 중엽의 논쟁은 일본 궁정을 대립적인 두 파로 갈라지게 했다. 신도 제사를 담당하는 씨족 및 조정의 엘리트 귀족들로 구성된 집단은 무엇보다 불교 수용에 따른 변화를 두려워했다. 이에 반해 소가씨(蘇我氏)를 비롯한 또 다른 집단은 불교 수용 및 정치개혁을 추구하는 진보적 입장을 취했다. 580년대 후반에 소가씨는 군사적으로 반대파를 제압한 후, 황실과의 혼인을 통해 권력을 공고히 하면서 일본사상 위대한 개혁의 시대를 열었다.

쇼토쿠 태자

이런 개혁시대 초기의 가장 중요한 지도자로 쇼토쿠(聖德) 태자(574~622)를 들 수 있다(그림 8). 그는 소가씨의 후원에 힘입어 황태자가 되었으며, 이어서 이름뿐인 여제 대신 섭정이 되어 일본을 통치했다. 그런데 쇼토쿠 태자는 일본사에서 지나치게 이상화되었다. 따라서 그가 시행했다고 하는 많은 법안과 정책들이 얼마만큼 역사적인 사실성을 지니는지 판단하기란 쉽지 않다. 어쨌거나 그는 새로운 지식을 섭렵하는 데에 열심이었던 모양이다. 아마도 그는 당대 일본문명의 발전에 그리 우호적이지 않았던 중국 수왕조와의 관계를 확장하는 데에 힘썼던 것으로 보인다. 또한 쇼토쿠 태자가 607년에 "해 뜨는 나라의 황제가 해 지는 나라의 황제에게"라는 말로 시작되는 국서를 수왕조에 보냈던 것도 역사적 사실이었던 것 같다. 수나라 황제는 이런 무례한 국서를 인정하지 않았으며, 그래서 답서를 보내지 않았다. 어쨌거나 이 국서는 중요한 의미를 가진다. 이전에 야마타이국의 히미코와 같은 왜국 통치자들은 중국에 조공사절단을 파견했다. 그런데 이제부터 일본은 왜국의 독립성을 주장하면서 강대한 중국에 공물을 바치는 조공국의 낮은 지위를 거부하려 했던 것이다.

종래 일본인들은 자신의 나라를 '야마토'(大和)라 불렀다. 하지만 7세기 무렵의 언제부터인가 그들은 '태양'과 '근원'을 뜻하는 한자를 빌려 '니혼'(日本)이라는 호칭을 채택했다. 이는 '태양이 떠오르는' 동쪽 바다 끝이라는 지정학적 위치에서 비롯된 호칭이었을 것이다. 이런 호칭을 통해 일본인들은 중국에 대해 더 우월한 위상을 주장하고 싶어 했음이 분명하다. 하여간 '니혼'의 중국어식 발음 '지펜'은 13세기에 마르코 폴로에 의해 유럽에 전해져 오늘날 영어 '저팬'(Japan)의 기원이 된 것으로 보인다.

:: **그림 8** 쇼토쿠 태자 옻칠목상. 에도 시대(호놀룰루미술학회. 네이선 V. 해머 기증. 1953)

일본은 600년에서 614년 사이에 총 네 차례 견수사(遣隋使)를 파견했으며, 630년에서 838년 사이에 15차례 견당사(遣唐使)를 파견했다. 대규모 조공사절단의 경우는 통상 외교사절과 유학생 및 불교승려와 통역가 등을 포함하여 500여 명 이상을 태운 약 네 척의 선박으로 이루어졌다. 이들은 길게는 30년 이상 중국에 체류했으며 일본에 귀국하지 못한 자들도 있었다. 이들의 뱃길은 대단히 위험했다. 그런 위험을 무릅쓸 정도로 당시 일본인들은 중국으로부터 지식과 문화를 습득하고자 열심이었던 것이다.

견수사 및 견당사가 사용한 선박의 사본이나 그림은 남아 있지 않다. 하지만 우리는 그들의 항해술이 원시적인 것이었으며, 계절풍에 의존할 수밖에 없었다는 점을 알고 있다. 그들은 통상 동풍이 부는 봄에 출발하여 서풍이 부는 겨울에 돌아왔다. 대륙으로 이어진 가장 짧은 항로는 규슈와 한반도 남부 사이의 약 185킬로미터에 이르는 뱃길이었다. 때때로 일본 배들은 이 항로를 벗어나 남중국 해안에 표착하기도 했다. 한반도와의 관계가 소원해졌던 7세기에 일본인들은 한반도를 거치지 않은 채 직접 남중국을 향해 더 멀고 어려운 항해를 해야만 했다. 통상 양쯔강 하구에서 출발하던 귀로야말로 무엇보다 위험한 항로였다. 조금만 실수하거나 잘못 들어서면 태평양으로 빠지기 십상이었기 때문이다. 그들은 종종 류큐(琉球)에 표류하곤 했으며, 그런 때마다 귀향길을 최대한 서둘러야만 했다.

이처럼 위험한 바닷길이었지만, 7세기에서 9세기 중엽에 걸친 견수사 및 견당사 파견은 일본 최초의 중앙집권적 국가 건설에 필수불가결한 것이었다. 일본은 물질적, 기술적으로 자신들보다 훨씬 더 우수했던 대륙문명으로부터 많은 것을 차용했다. 한편 일본의 문화적 차용은 비록 많은 것을 중국에 빚졌음에도 불구하고 대단히 선택적으로 이루어짐으로써, 일본만의 독특성을 체현한 사회를 발전시켜나갔다.

중국문명의 일본 전파에 한국이 끼친 영향에 대해서는 학계에서 아직 정당한 평가가 이루어지지 못하고 있다. 기원후 1세기 무렵에 일본과 한국의 관계는 매우 밀접했으며, 일본의 많은 부족국가들은 한반도에 설치되어 있던 한사군(漢四郡)을 통해 중국에 조공사절단을 파견했다. 앞 장에서 언급했듯이, 4세기 후반에 일본은 한반도 남부에 임나일본부를 두고 있었다.[6] 그 후 200여 년간 일본은 백제, 신라, 고구려 삼국 간의 끊임없는 쟁탈전에 군사적으로 관여했다. 6세기 무렵까지 일본은 대체로 백제를 지지했다. 백제는 552년 야마토 조정에 공식적으로 불교를 전해주었는데, 이는 당시 강대한 세력으로 대두하기 시작한 신라를 견제하기 위한 조처였다. 하지만 일본의 관여는 한반도의 역사적 기류를 바꾸기에는 역부족이었다. 신라는 562년에 임나일본부를 정복했으며, 이어서 663년에는 백제를, 그리고 668년에는 고구려를 무너뜨렸다. 이리하여 신라는 당 제도를 본떠 중앙집권적인 통일국가를 형성했다. 동시대 일본에 출현한 혁신국가도 이와 매우 유사한 형태였다.

한국인과 중국인들이 일본에 이주하기 시작한 것은 최소한 5세기 초엽부터였다. 그러나 신라가 크게 발흥한 시내에 수많은 이주자들이 대륙에서 일본으로 건너갔다. 이들은 특히 백제와 고구려의 유민들이 대부분이었다. 우리는 문헌을 통해서 이들이 일본열도 곳곳에 정착한 경위를 알 수 있다. 위대한 개혁의 시대였던 7세기를 통해 이 한국인 이주자들은 문사(文士), 기술자, 예술가로서 일본문명과 문화 발전에 결정적인 역할을 수행했다.

17조 헌법

이 개혁시대 초기에 쇼토쿠 태자를 비롯한 일본의 지식인들은 불교와 유교를 배웠다. 불교와 마찬가지로 유교 또한 그것이 일본에 전래된 시점에 이미 1000여 년의 연륜을 지니고 있었다. 당시의 유교는 창시자인 공자(기원전 551~479)와 그 제자들의 소박한 휴머니즘을 훨씬 넘어서서 확장되어

6) 그러나 최근(2010년 3월 23일) '한일역사공동연구위원회'는 2007년 6월 이래 진행해온 양국 역사학자들의 공동연구 최종보고서를 발표하면서, 임나일본부설은 사실이 아니며, 따라서 향후 '임나일본부'라는 용어 자체도 사용하지 않는 편이 좋겠다는 데에 의견일치를 보았다. 하지만 이 위원회의 연구결과가 실제적인 구속력은 없으므로 향후 일본의 역사교과서에서 임나일본부설이 완전히 사라지기까지는 좀 더 시간이 필요할 것으로 보인다. _옮긴이

있었다. 초기 유학자들은 주로 사회 속의 인간에게 관심을 기울였을 뿐, 아직 형이상학적인 사색에 이르지는 못했다. 그들은 덕성의 함양 및 그 공공적 적용에 대해 가르쳤다. 604년 쇼토쿠 태자에 의해 제정된 유명한 '17조 헌법' 은 일본인들에게 불교에 대한 숭경심과 더불어 유교적 가치를 널리 각인시켰다.[7] 실로 17조 헌법은 유교적 문서라 할 만하다. 예컨대 화(和)를 중시하라든가(1조), 관리들은 조정의 명령에 복종해야만 한다든가(3조), 예의 바르게 행동하라든가(4조), 탐욕을 버리라든가(5조), 아침 일찍 조정에 출근하라든가(8조) 등의 조항에서 보건대, 이는 일견 지극히 단순한 격문들을 모아놓은 문서로 비칠지도 모른다. 하지만 17조 헌법은 일본 역사상 윤리적인 정부의 필요성을 제시한 최초의 문서라 할 수 있다. 17조 헌법은 무엇보다 고급관료들을 대상으로 하여 유교적인 방식으로 일반적인 원칙을 제시하고 있다. 그것은 처벌을 위한 상세법령을 필요로 하는 강제조항이 아닌, 도덕적 설득을 목적으로 하는 규정원칙이라 할 수 있다.

학자들은 이 17조 헌법이 정말로 쇼토쿠 태자가 작성한 것인지에 대해 오랫동안 의문을 품어왔다. 왜냐하면 쇼토쿠 태자 시대로부터 한 세기 이상이나 지난 뒤에 편찬된 『니혼쇼키』에 나오는 17조 헌법에는 7세기 후반 혹은 8세기 초엽에나 채용했을 법한 이념 내지 원칙들이 내포되어 있기 때문이다. 사실상 7, 8세기 이후가 되어서야 대륙에서 차용된 중앙집권적 국가가 형성되었다. 그런데 17조 헌법에는 중앙에서 파견된 지방장관에 대한 언급이 나온다. 이는 분명 시대착오적이다. 왜냐하면 지방장관 제도가 성립된 것은 600년대 후반이기 때문이다. 그뿐만 아니라 다음과 같은 17조 헌법 조문에 제시된 지고한 군주통치권의 원칙에 대해 그것이 과연 604년의 시점에서 제시될 수 있는 것인지 의문을 제기하는 학자들도 있다. "군주의 명령은 반드시 성실하게 복종해야만 한다. 군주는 하늘이며, 신하는 땅이다. 하늘은 땅 위의 모든 것을 품어 뒤덮으며, 땅은 하늘을 우러러 받

7) '17조 헌법' 의 영어 번역은 Tsunoda, deBary, and Keene, *Sources of Japanese Tradition*, pp.50~53을 참조하라. 본문에서의 인용은 이 영역문에 따른 것이다.

치고 있다. 이처럼 하늘과 땅이 제자리에 있을 때, 사계절이 올바르게 순행하며, 대자연이 그 효력을 발휘한다."(3조) "한 나라에 두 군주가 있을 수 없다. 백성은 두 주인을 섬길 수 없다. 군주는 온 나라 백성들의 주인이다."(12조)

이런 조항들은 군주통치권에 관한 중국적인 지고 이념을 보여준다. 그것은 군주가 모든 백성들에 대해 절대적인 권위를 가진다는 점, 그리고 군주의 통치권이 정위치에 있을 때라야 비로소 자연 또한 올바르게 순행된다는 점을 주장하고 있다. 사실 17조 헌법에는 일본 고유의 가미에 대한 언급이 전혀 나오지 않는다. 반면에, 전술했듯이 『고지키』 및 『니혼쇼키』는 천황가의 영원한 통치권이 최고의 가미이자 태양의 여신인 아마테라스로부터 위임받은 것이라고 적고 있다. 그러니까 17조 헌법은 일본에 있어 만세일계의 천황통치권에 대한 부정할 수 없는 근거로 제시된 아마테라스의 신칙에 관해서는 일언반구도 비치지 않고 있는 것이다. 7세기 초엽에서 중엽에 걸쳐 일본은 천황가의 통치를 정당화하기 위해 신도뿐만 아니라 유교와 불교로부터 끌어온 다양한 이념들을 실험했다. 그러다가 아마테라스의 신칙에 반영된 신도적 해석이 최종적으로 확립된 것은 7세기 후반에서 8세기 초엽에 이르러서였을 것으로 보인다. 그리고 『고지키』와 『니혼쇼키』의 성립에 의해 마침내 그런 해석이 체계적으로 성문화된 것이다.

다이카 개신과 다이호 율령

쇼토쿠 태자는 중앙집권적 개혁을 위해 많은 노력을 기울였다. 하지만 이런 노력에도 불구하고 별 효과를 거두지는 못했다. 왜냐하면 귀족들은 늘상 자신이 지배하는 토지와 인민들에 대한 거의 완전한 자율권을 행사했기 때문이다. 622년 쇼토쿠 태자가 죽은 후, 소가씨는 탈중앙집권적인 우지(氏) 시스템의 개혁에 주된 장애물이 되었다. 원래 소가씨는 반세기 전에 불교 및 중국문화 수용을 적극적으로 추진했던 진보적 집단이었다. 그런데 640년대 초엽에 이르러 조정 내에 반(反)소가씨 파벌이 형성되었다. 그중에는 황자를 비롯하여 여러 대신가문의 지도자들 및 중국 유학생 출신들이 포함되어 있었다. 이 파벌이 645년에 소가씨를 무력으로 무너뜨리고 왕권을 재확립했으며(소가씨는 황실에 대한 모반을 꾀했다는 죄목으로 비난받았다), 나아가 다이카 개신(大化改新)을 이루어낸 것이다.

다이카 개신은 본질적으로 중국 당나라 제도를 본뜬 토지개혁이었다. 남아 있는 관련기록이 별로 없어서 그것이 어떤 규모로 시행된 것인지를 규명하기란 불가능하다. 하지만 모든 농경지를 국유화하여 천황의 토지로 삼음으로써 모든 백성들을 왕권지배하에 직접 귀속시키려는 것[8]이 다이카 개신의 주된 내용이었음은 분명하다. 그런 다음 토지를 농민들에게 균등하게 배분하여 평생 농사지을 수 있게 했다. 그러다가 해당 농부가 죽으면 그 농토를 국가가 다시 회수하여 다른 농민에게 배분하는 시스템이었다.

이상은 다이카 개신의 내용을 지극히 단순화하여 정리해본 것이다. 하지만 이것만으로도 우리는 다이카 개신이 의거했던 이상적인 토지균등 개념을 충분히 엿볼 수 있다. 이 개념은 유교적 평등주의에서 발전된 것이었다. 유교적 평등주의는 토지의 균등한 배분을 통해 백성들의 만족과 조화를 이루어낼 수 있다고 주장한다. 그러나 이와 같은 평등 개념은 오직 사회적 하층민인 농민계층에만 적용되었다. 귀족들의 경우에는 관등서열이나 지위 혹은 공적 등에 따라 주어진 토지로부터 특별한 수입을 얻을 수 있었다. 이 점에서 귀족들은 다이카 개신 이전과 마찬가지로 경제적 특권을 유지할 수 있었다.

그런데 다이카 개신이 내세운 이런 균전제(均田制, equal-field system)[9]는 실제로는 일부 인민들에게만 균일하게 적용되었다. 게다가 이 제도를 제대로 이행하려면 더욱 정교한 행정조직이 필요한데, 당시 일본에는 아직 그럴 만한 행정체계가 형성되어 있지 않았다. 그런데도 이런 제도가 효과

---

8) 이를 공지공민제(公地公民制)라 한다. _옮긴이

9) '균전제'는 중국의 제도를 가리키는 용어이다. 이 균전제를 모델로 하여 성립된 일본의 제도는 반전수수법(班田收授法)이라 한다. 여기서 '반전'이란 경작지를 각인에게 분배하는 것을 뜻한다. _옮긴이

적으로 작동되었다고 한다면 놀랄 만한 일일 것이다. 어쨌거나 이 제도는 한 세기가 채 못 되어 쇠퇴하기 시작했다. 불교사원이나 신사들이 그랬듯이 귀족들 또한 여러 측면에서 다이카 개신 이전 귀족들이 토지를 사유(私有)했던 것과 유사한 방식으로 개인사유지를 축적하기 시작했기 때문이다(우리는 균전제가 그 원조인 중국 당나라에서조차 성공적으로 이행되지 못했다는 사실에 주목해야 할 것이다. 균전제의 실패 이후, 중국에서는 전근대시대까지 토지를 국유화하여 각 지방의 인민들에게 분배하려는 시도를 한 적이 없다).

또 하나의 주된 개혁 프로그램으로서 702년에 공표된 다이호 율령(大寶律令)[10]을 들 수 있다. 이 율령은 신정부의 중앙 및 지방 관료체계를 규정하고(일부는 종래부터 이미 기능하고 있었다), 인민들의 일반 행위규범을 제시한 것이다. 마찬가지로 당나라 제도를 본뜬 이 다이호 율령은 중국에서 1000여 년 넘게 발전해온 정교하고 균형 잡힌 관료체계를 일본에 이식했다. 다이호 율령은 대체로 8세기 내내 순조롭게 기능했다. 하지만 결과적으로 그것은 일본의 초기 역사적 발전단계에 너무 과중하고 경직된 것으로 드러났다. 그리하여 9세기에 들어서면서 다이호 율령에 규정되지 않은 새로운 관료체계가 성공적으로 형성됨으로써 일본 국가권력의 실제적인 핵심으로 자리 잡게 되었다.

아스카 시대의 예술

710년에 조정은 새롭게 조성한 나라(奈良)로 천도했다. 나라는 784년까지 일본의 수도였다. 이 천도 이전에 조정의 궁성은 기나이(畿內) 지역 내 이곳저곳으로 자주 옮겨 다녔다. 혹자의 주장에 따르면, 이와 같은 빈번한 이동의 주된 이유는 죽음을 오염으로 간주하는 신도적 관념 때문이라고 한다. 즉 통치자의 죽음을 전체 공동체의 오염으로 본 것이다. 하지만 이보다

10) 다이호(大寶) 원년(701)에 완성되었는데, 이 연호를 따서 다이호 율령이라 한다. 이는 당나라의 영휘(永徽) 율령을 모방한 것으로, 일본에서 율(형법)과 영(행정법, 민법, 상법, 민사소송법 등)이 함께 편찬된 최초의 법전이라고 한다. 현재에는 전해지지 않지만, 그 내용은 요로 율령(養老律令)을 통해 알려져 있다. _옮긴이

는 각 지방의 귀족세력을 철저히 장악하지 못한 야마토 정권이 전략적인 목적으로 빈번히 궁성을 옮겼다고 보는 관점이 더 설득력 있어 보인다. 6세기 후반에 소가씨가 정치를 좌지우지하게 되었을 때, 그들은 오늘날 나라의 남쪽에 위치한 아스카(飛鳥)에 궁성을 두었다. 이는 아스카가 소가씨 세력의 거점이었기 때문이다.

불교가 전래된 552년부터 645년의 다이카 개신에 이르는 시기는 미술사에서 일반적으로 아스카(飛鳥) 시대라고 부른다. 전부는 아니라 할지라도 이 아스카 시대의 불상, 불화, 사원 건축물은 대부분 중국 및 한국의 장인들에 의해 제작되었다.[11] 그러므로 참된 의미에서 일본 불교미술의 시작을 말하려면 좀 더 후대까지 내려가야만 한다. 그럼에도 불구하고 중국 육조 시대(220~589)의 양식을 본뜬 아스카 시대의 예술품들은 헤아릴 수 없이 귀중한 가치를 지니고 있다. 이는 개개의 작품들이 지닌 탁월한 장점 때문이기도 하지만, 나아가 현존하는 육조 양식의 작품 가운데 수적으로 가장 많이 남아 있는 것이 바로 아스카 시대의 예술품이기 때문이기도 하다. 전쟁이라든가 기타 재난으로 인해 현재 중국이나 한국에는 육조 양식의 작품들이 별로 남아 있지 않다.

일본 최초의 불교사원들은 6세기 후반에 소가씨에 의해 건축되었는데, 현재 남아 있는 것은 하나도 없다. 현존하는 고대 불교사원 가운데 단연코 가장 오래된 건축물은 나라 동남부에 위치한 호류지(法隆寺)인데, 이는 실로 세계에서 가장 오래된 목조건축물로도 유명하다. 원래 쇼토쿠 태자의 후원 아래 607년에 세워진 호류지는 670년에 화재로 전소되었고 8세기 초에 재건되었다. 그렇다 해도 호류지에는 일본의 다른 사원들보다 시대적으로 가장 오래된 건축물들이 많이 남아 있다.

이 시기의 불교사원들은 이른바 '가람배치'[12] 양식에 따라 건축물들이

11) 실은 아스카 시대의 불교미술품들은 거의가 한국 장인들에 의해 제작되었다. _옮긴이

12) 가람(伽藍)은 산스크리트어 saṃghārāma(僧伽藍摩)의 준말로, 원래 승려들이 거주하면서 불도를 수행하는 장소를 가리키던 말인데, 후대에 사원 건축물을 총칭하는 용어가 되었다. 가람배치는 사원의 주요한 불당과 탑의 배치양식을 가리킨다. _옮긴이

:: **그림 9** 호류지의 가람배치(뉴욕 주재 일본영사관)

:: **그림 10** 호류지 금당(조지프 슐먼 사진)

배치되었다. 가람배치 양식은 당탑의 숫자라든가 그 배치구조가 다양하다. 하지만 대체로 몇몇 공통된 특징을 보여준다. 가령 모든 사원에는 정사각형 혹은 장방형의 회랑이 있으며, 그 회랑의 남쪽 중앙부에 입구가 있고, 사원의 중심건축물들이 이런 회랑에 둘러싸여 있다. 여기서 사원의 중심건축물이라 함은 금당(金堂), 강당, 탑을 가리킨다. 금당에는 해당 사원의 주신앙대상인 본존불이 안치되어 있으며, 인도의 스투파에서 비롯된 탑은 원래 불교 성자의 사리를 보관하기 위해 세운 것이다. 호류지의 경우에는 금당이 입구 안쪽의 우측(동쪽)에, 그리고 오층탑이 좌측(서쪽)에 각각 자리잡고 있으며, 강당은 그 북측 후면에 배치되어 회랑의 일부를 구성하고 있다(그림 9, 10). 호류지 금당의 주된 특징으로는 지면 위로 높이 올린 석조기단[13] 및 합각(合閣)지붕[14] 형식을 들 수 있다. 아마도 호류지 건축물 가운데 가장 오래된 것으로 추정되는 이 금당은 특히 육조시대의 불교건축양식을 잘 보여준다.

금당에는 후면에 불꽃 모양의 광배(光背)가 부조되어 있는 청동 석가삼존상[15]이 안치되어 있다. 비문에 따르면, 이 삼존상은 622년에 작고한 쇼토쿠 태자의 죽음을 기념하기 위해 그다음 해인 623년에 주조한 것이라고 한다(그림 11). 좌우에 협시보살이 배치된 이 석가불은 역사상의 인물인 고타마 붓다를 표현한 것이다. 붓다는 낙수 모양을 한 육조시대 양식의 주름잡힌 법의를 입고 대좌(臺座) 위에 결가부좌 자세로 앉아 있다. 그는 또한 불교도상학에 보이는 특수한 무드라(mudra)[16] 혹은 수인(手印)을 짓고 있다(위로 치켜든 손은 두려움으로부터의 자유를 표현하고 있으며, 아래쪽으로 펼친 손바닥은 자비를 상징한다). 붓다의 초인간적 특질을 나타내기 위해 대승불

---

13) 아랫단은 낮고 윗단이 높은 이중기단으로 되어 있는데, 이런 기단형식은 고구려의 금강사와 정릉사 및 백제인이 세운 아스카데라(飛鳥寺)에서 찾아볼 수 있다. _옮긴이

14) 위 절반은 건물 모서리에 추녀가 없이 용마루까지 측면 벽이 삼각형으로 된 박공(牔栱)지붕에다, 아래 절반은 네모꼴 추녀마루로 되어 있는 지붕. _옮긴이

15) 금당의 본존불로, 백제인 사마달등(司馬達等)의 후손인 도리(止利)가 만들었다. _옮긴이

16) '상징적 몸짓'을 뜻하는 산스크리트어. 불교에서는 손 무드라를 수인(手印)이라 한다. _옮긴이

:: **그림 11** 호류지의 석가삼존상(아스카원)

교도들이 차용했던 23가지의 불상 기호[17]에 속한 두부(頭部)의 나발(螺髮)[18]과 제3의 눈은 비상한 지혜와 통찰력을 표상한다. 삼존상의 얼굴표정은 하나같이 '시원적 미소'를 보여준다. 이 미소들이 전달하는 비인격성과 어렴풋한 신비는 고대 일본의 인물형 하니와의 얼굴에서 찾아볼 수 있는 노골적인 솔직성과 현저하게 대조적이다.

한편 연꽃대좌 위에 서 있는 협시보살들은 고타마가 속세를 떠나기 전까

17) 불교도상학에서 불상이 갖추어야 할 32가지 모습인 32길상(吉相)을 저자가 잘못 안 것 같다. _옮긴이
18) 소라껍질처럼 틀어 올린 모양의 불상 머리카락. _옮긴이

:: **그림 12** 호류지의 백제관음(아스카원)

:: **그림 13** 미륵보살상(아스카원)

지 입고 있었을 법한 왕자의 의상으로 치장하고 있다. 가장 탁한 물 위에 피어나는 연꽃은 불교전통에서 순수를 상징한다. 또한 그것은 우주를 상징하기도 하는데, 이때 낱낱의 꽃잎들은 우주를 구성하는 무수한 개체의 세계를 표상한다.

아스카 시대의 목조조각을 대표하는 두 가지 탁월한 사례로, '백제관음'(百濟觀音, 구다라간논)으로 불리는 호류지의 관음보살상(그림 12)과, 호류지 옆의 비구니 사찰[19]에 안치되어 있는 미래불인 미륵보살좌상(그림 13)을 들 수 있다. 이 두 개의 불상 또한 육조시대의 양식을 보여준다. 가령 백제관음상의 뻣뻣하고 들쭉날쭉한 톱니 모양을 한 주름 의상이라든가, 미륵보살상의 낙수 모양 의상에서 이 점을 확인할 수 있다. 하지만 두 불상에서 우리는 후대 당나라 조각에서 나타나는 세속적인 관능성도 엿볼 수 있다. 어쨌거나 이 중 미륵보살상은 수 세기 동안 분향하면서 문질러댄 탓인지 표면이 반들반들해져 마치 금속처럼 보일 정도이다. 이 불상은 부드럽고 꿈꾸는 듯한 표정과 얼굴 쪽으로 들어 올린 손동작의 우아함으로 인해 특히 많은 찬탄을 불러일으켜왔다. 그것은 미륵보살상에 특징적인 무드라를 취하고 있다.[20]

하쿠호 시대의 예술

645년의 다이카 개신으로부터 710년 나라 천도에 이르는 시기를 일본미술사에서는 통상 천황의 연호를 따서 하쿠호(白鳳) 시대라 부른다. 이는 일본에서 천황들이 직접 개혁을 시도했던 활기찬 시대였다. 일본사에서 몇몇 강력한 천황들이 이 하쿠호 시대를 이끌었다. 그중 덴무(天武) 천황(재위 673~686)은 국토와 황실의 위대한 수호자로서 불교를 발전시킨 최초의 천황이었다. 종래에 불교에 대한 후원은 쇼토쿠 태자라든가 소가씨 등의 개인에 의해 이루어져왔다. 그러다가 덴무 천황 및 그 후계자들에 의해 불교는 조정의 공식적인 후원을 받게 되었다. 그 결과 7세기 후반 및 8세기에 걸쳐 수많은 거대 불교사원들이 속속 건립되었다.

조각 및 회화 분야에서 하쿠호 시대는 하나의 전환점을 보여주었다. 즉 반세기가량의 지체기를 거친 후, 중국 육조시대의 불교미술양식에서 당나라의 양식으로 전환된 것이다. 현재 나라 야쿠시지(藥師寺)에 소장되어 있

19) 쇼토쿠 태자가 모친을 위해 세웠다는 주구지(中宮寺)를 가리킨다. 미륵보살좌상은 이 주구지의 본존불이다. _옮긴이

20) 반가사유상을 가리킨다. 이는 결가부좌의 자세에서 왼쪽 다리를 풀어서 늘어뜨리고 왼손으로는 오른쪽 발목을 잡고 있다. 또한 오른손은 팔을 오른쪽 무릎에 괸 다음 손을 볼에 댄 채로 머리를 약간 숙여 사색에 잠긴 자세를 취한다. 이는 미래불인 미륵보살이 도솔천에서 중생제도를 사념하는 모습인데, 중국 북위에서 크게 유행했고 우리나라에서도 삼국시대(특히 신라)에 크게 유행했다. _옮긴이

:: **그림 14** 야쿠시지의 약사여래 삼존상(아스카원)

는 청동 약사여래 삼존불의 약사여래(병을 낫게 해주는 여래) 및 그 협시보살들은 일본에서 만들어진 당나라 양식의 조각을 대표한다(그림 14). 이런 양식의 주요 요소는 이 중 특히 관능적인 동체의 곡선 및 틀어 올린 머리모양, 그리고 매우 자연스러운 주름 의상을 한 협시보살상에서 가장 잘 엿볼 수 있다.

한편 하쿠호 시대 회화 중에서 가장 뛰어난 사례로는 호류지 금당벽화를 들 수 있다. 비록 1949년의 화재로 심각하게 훼손되기는 했지만, 다행히도 남아 있는 사진을 통해 원래의 모습을 알 수 있다. 하지만 한 삼존불의 협시보살도(그림 15)는 용케 보존되어 당나라풍 회화의 가장 뛰어난 사례로서 널리 찬탄을 불러일으켜왔다. 방금 언급한 청동 약사여래 삼존불의 협

:: **그림 15** 협시보살도. 호류지 금당벽화의 상세도 일부(아스카원)

시보살과 모습이 흡사한 이 보살도는 당대 화가의 놀랄 만한 선 처리 테크닉을 보여준다. 그 균질적인 선 처리술은 굵은 선과 가는 선을 교차시키는 방식과 대조를 이루는 것으로서 흔히 철사세공 같다는 평가를 받아왔다. 이처럼 정밀하고 예리한 선 처리술은 후대에 중국과 일본의 화가들이 선호한 서예 화풍에서 비롯된 것이다.

나라(奈良)의 성립

나라(奈良) 터는 중국식 점술에 의해 선정되었다. 즉 주변 구릉의 배치나 풍수의 상서로움에 기초하여 적절한 지형을 고른 것이다. 당나라 수도 장안의 축소판인 나라에는 북쪽 중앙의 담으로 둘러싸인 궁성을 비롯하여 남쪽의 정문으로 이어지는 대로 및 동서남북을 종횡으로 가로지르는 소로들이 정연하게 갖추어져 있었다. 하지만 중국과는 달리 일본인들은 성벽을 쌓지 않았다. 8세기 무렵의 나라는 인구가 20만 명 정도로, 아마도 일본 최초의 중심도시였을 것이다. 하지만 오늘날 학자들은 건축물 사이사이로 많은 전답들이 산재했던 열린 공간의 도시로 나라를 묘사하고 있다.

원래 나라의 정연한 도시설계는 다이호 율령에 따라 편성한 정부관청과 기관들의 균형 잡힌 배치에 입각하여 이루어졌는데, 이는 근본적으로 대칭성에 대한 중국적 취향을 반영한 것으로 보인다. 하지만 일본인들 또한 원래부터 대칭성을 선호했다고 보는 이들도 있다. 어쨌거나 일본인들은 결과적으로 중국의 균형 잡힌 관료제도를 도입하는 데에 실패했던 것과 마찬가지로 처음 설계대로 나라를 건설하지는 못했다. 현재의 나라시는 8세기 당시의 나라로부터 상당히 벗어난 동북부 외곽에 위치하고 있다. 우리는 최근에 세워진 이정표를 통해서만 원래 나라의 궁성 및 주요 유적지가 위치한 자리를 알 수 있을 뿐이다. 일본은 794년 나라에서 교토로 천도했는데, 이 교토 역시 당나라 장안을 모델로 하여 대칭적으로 기획되었다. 하지만 결국에는 교토 또한 주로 동북부 외곽으로 뻗어나가는 등 원래의 설계도를 벗어나버리고 말았다. 그 후 교토는 중세기에 잦은 전란과 재난으로 황폐화되면서, 오늘날 교토시내에는 16세기 이전까지 거슬러 올라갈 만한 건조물이 거의 남아 있지 않게 되었다. 이에 반해 나라시에는 8세기 무렵에 지어진 찬란한 역사적 건조물들이 손상되지 않은 채로 많이 남아 있다.

그리하여 지금까지도 나라를 찾는 방문객들은 일본문명의 뛰어난 광채를 쉽사리 느낄 수 있을 정도이다. 하지만 후대의 일본사회가 내향화되면서, 8세기의 나라가 얼마만큼 대단한 국제도시였는지를 상상하기가 점점 어렵게 된 듯싶다. 나라 시대의 일본인들은 당시 세계에서 가장 거대한 제국이었던 당나라를 통한 중국문명의 섭취에 누구보다도 열심이었다. 일본이 배우려고 무던히 애썼던 중국의 불교미술은 다양한 문화의 영향을 받은 혼합물이었다. 예컨대 인도를 비롯하여 멀리는 페르시아, 그리스, 비잔틴

제국 등의 문화가 실크로드라고 알려진 대상들의 무역로를 통해 중국에 전해진 것이다. 나라에는 이런 외국에서 들어온 미술작품들이 아직도 많이 남아 있다. 8세기의 일본 조정은 인도 및 중국 바깥의 여타 아시아 나라에서 온 방문객들을 환영했다. 그렇게 다양한 국적의 방문객들이 일본을 찾은 적은 근대기 이전에는 다시 없었다.

가나의 발명

그런데 중국 문자에 대한 일본인들의 높은 의존도는 나라 문화의 기이한 측면이라 할 수 있다. 당시 일본인들이 독자적으로 자신의 문자를 고안하고자 시도했다는 어떤 고고학적 증거도 찾아볼 수 없다. 분명 이는 단순히 당대 일본인들이 중국의 세련된 문자시스템을 알게 되었기 때문일 것이다. 혹은 문명화의 도정에서 그들은, 마치 중세 유럽에서 라틴어가 차용되었듯이, 말하기 이외의 다른 목적, 즉 문자표기에 한자를 사용하는 것에 만족했기 때문일 것이다.

하지만 그렇다고 해서 언제까지나 한자 차용에 안주할 수만은 없었다. 왜냐하면 중국어와 일본어는 구조적으로 크게 다르기 때문이다. 중국어는 단음절언어로서 간결하며 문법적으로 어형변화가 전혀 없다. 또한 시제와 화법이 무시되거나 혹은 한 문장 내에서의 구문배열 및 단어 위치의 변화를 통해 표현된다. 이에 반해 일본어는 다음절언어로 장황할 뿐만 아니라 인도유럽어처럼 변화가 매우 많다.

이리하여 일본은 나라 시대에 초보적 수준의 시도를 거친 후, 9세기에 이르러 마침내 '가나'(假名)라는 (한자로부터 차용된) 50여 개의 기호로 구성된 음절표를 가지게 되었다. 이후 일본인들은 가나만으로도 모든 말을 다 표기할 수 있게 되었지만, 그럼에도 계속해서 일본어 어휘에 수많은 한자어를 차용했다. 그럼으로써 일본어로 다르게 발음되기는 하지만 중국의 한자로 표기할 때 가장 잘 전달되는 어휘와 단어들이 무수하게 생겨난 것이다.

그 결과 일본은 한자와 가나를 병용하게 되었다. 현대 일본어에서 한자는 주로 명사와 형용사 및 동사 어간 등에 사용되며, 가나는 주로 문법적 표지(grammatical marker)라든가 부사 및 외국어 표기에 사용되고 있다. 오늘날 일본어가 세계에서 가장 복합적인 언어라는 점에는 의문의 여지가 없어 보인다. 따라서 실용제일주의의 현대인이라면 일본어가 한자시스템이라는 무거운 짐을 지고 가게 된 것을 한탄하지 않을 수 없을 것이다. 하지만 미학적 관점에서 한자는 대단히 풍요로운 문자임에 틀림없다. 그리고 수 세기 동안 한자는 중국인과 일본인(마찬가지로 한자를 사용하는 한국인들을 포함하여) 사이의 친밀한 문화적 연대감을 가능케 해주었다. 이는 실로 동아시아문명이 가지는 가장 의미 깊은 특징 중 하나일 것이다.

『고지키』와 『니혼쇼키』

앞에서도 나왔지만, 현존하는 가장 오래된 일본 문헌으로 『고지키』와 『니혼쇼키』가 있다. 두 책 모두 신화와 역사에 관한 문헌으로 각각 712년과 720년에 완성되었다. 이보다 1세기 앞서 쇼토쿠 태자가 불교와 역사에 관한 서책을 썼다고 하는데, 이는 645년 다이카 쿠데타가 일어났을 때 소가씨 문고가 불타버리는 바람에 함께 전소해버렸다.

일본이 중국문명의 강력한 영향 아래 있었을 때 편찬된 이 최고(最古) 문헌들이 역사서의 성격을 내포하게 된 것은 어찌 보면 당연할 것이다. 유교 전통에서는 역사기술이 항상 가장 높은 평가를 받아왔다. 왜냐하면 유학자들은 과거로의 교훈이 현재와 미래에 윤리적 규범의 가장 훌륭한 안내자가 되어준다고 믿기 때문이다. 어디까지나 형이상학적이고 종교적인 사색에 깊이 몰두하면서 역사에는 거의 무관심했던 인도인과는 대조적으로, 중국인들은 세계에서 가장 위대한 문자기록자 중의 하나로 꼽힐 만하다. 그들은 표의문자인 한자가 지닌 환기적 본질 때문에 더할 나위 없이 문자표기를 존숭했다. 중국인들은 바로 글쓰기에 대한 이와 같은 존경심을 이른 시기에 일본인들에게 전해주었던 것이다.[21]

『고지키』는 신화적 기원으로부터 대략 기원후 500년경까지의 일본에 대한 기사 및 그 후 7세기 초 무렵까지의 황실에 관한 추가적 계보자료로 구성되어 있다. 역사서로서는 신뢰하기 어려운 이 『고지키』는 8세기 일본어의 발음을 한자를 차용하여 표기하고 있다는 점에서 상당히 복합적이다. 이에 따른 해독의 어려움 때문에 『고지키』는 1000여 년 이상 동안 거의 주목을 받지 못했다. 그러다가 18세기의 저명한 학자 모토오리 노리나가(本居宣長)에 이르러서야 비로소 일본인들 사이에 그 내용이 널리 알려지게 되었다. 노리나가는 30여 년 이상을 『고지키』 해독에 매달린 국학자였다.

첫 장의 내용이 상당 부분 중첩되는 『고지키』와 『니혼쇼키』는 전술했듯이 놀랄 만큼 풍부한 일본신화의 주된 보고(寶庫)라 할 수 있다. 거기에 수록된 일본신화는 고대가요와 전설, 어원, 계보, 종교의례 등이 포함된 다양한 자료들에서 비롯된 것이다. 물론 위 두 책에는 서로 상이한 버전의 이야기들이 많이 나온다. 하지만 기본적으로 『고지키』와 『니혼쇼키』는 역사시대의 전야라 할 만한 6세기에 이르기까지의 일본에 대해 동일한 기사 내용을 전해준다. 20세기의 일본 학자들은 결론적으로 이런 일본신화의 핵심이 천황가의 정통성에 관한 이데올로기적 이야기에 있음을 밝혀냈다. 즉 역대 천황들은 전능한 태양의 여신[22]으로부터 지상의 통치권을 위임받았다는 것이다. 하지만 학자들에 따르면, 이는 6세기 후반 및 7세기에 걸친 개혁기의 한 시기에 천황가 통치의 정당성을 주장하기 위해 꾸며낸 허구적인 조작에 불과하다. 이 밖에도 두 책(특히 『고지키』)은 당대 조정의 지배적 귀족들의 계보에다 고색창연하고 영광스러운 연륜과 광채를 부여하기 위해 편찬한 것이기도 하다.

『고지키』와는 대조적으로 『니혼쇼키』는 한문으로 기록되어 있으며, 수

---

21) 그러나 저자는 한자가 한국인을 통해 일본에 전수되었다는 사실을 간과하고 있다. _옮긴이

22) 저자는 태양의 여신 아마테라스를 '전능한'(omnipotent) 신으로 묘사하고 있는데, 이런 이해는 서구의 유대·그리스도교적인 신 관념을 염두에 둔 선입견에 불과하다. 아마테라스는 전혀 전능하지 않다. 일본신화는 전능한 신에 대해 아무런 관심도 할애하지 않는다. _옮긴이

세기 동안 널리 읽히고 연구되어왔다. 또한『니혼쇼키』는『고지키』보다 분량이 훨씬 더 많으며, 신화 외에도 일반적으로 신뢰할 만한 6, 7세기 역사 기술들을 포함하고 있다.[23] 사실상 당대 일본에 대한 유일한 문헌기록이라 할 만한『니혼쇼키』는 887년까지의 역사적 사건들을 다룬 '육국사'(六國史, 릿코쿠시)[24]의 첫 번째 역사서로 일컬어진다.

나라 불교와 도다이지

나라 문화는 쇼무(聖武) 천황(재위 724~749)기의 덴표(天平)[25] 시대에 그 정점에 이르렀다. 아마도 쇼무 천황은 일본사에서 가장 독실한 불교 신봉자로 기억될 것이다. 확실히 불교는 쇼무 천황 재위 때에 유례없는 전성기를 누렸다. 하지만 불교에 대한 당대의 호감은 깊이 있는 불교 이해보다는 일종의 동경심에 기초했던 것으로 보인다. 이른바 나라 시대의 남도육종(南都六宗)[26]은 중국에서 수입된[27] 매우 복합적인 형이상학적 교학체계였다. 이는 일본에서 아직 소수에 불과했던 승려들을 지적으로 훈련시키는 역할을 수행했다. 이 남도육종 중에는 독립된 종파로 확립되지 않은 것도 있으며, 또한 일본인들 사이에서 어떤 의미 있는 추종자를 획득하지 못한 종파도 있었다.[28]

---

23) 이런 평가는 현대 일본사학계의 연구성과를 도외시한 데서 비롯된 것이다. 오늘날 일본사학계에서는『니혼쇼키』의 역사 관련 기사 중 상당 부분이 조작되었음을 인정하고 있다. _옮긴이

24) 나라 시대 및 헤이안 시대의 조정에서 편찬된 여섯 권의 일본역사서인『니혼쇼키』,『쇼쿠니혼키』(續日本紀),『니혼코키』(日本後紀),『쇼쿠니혼코키』(續日本後紀),『니혼몬토쿠텐노지쓰로쿠』(日本文德天皇實錄),『니혼산다이지쓰로쿠』(日本三代實錄)를 총칭하는 말. _옮긴이

25) 쇼무 천황조의 연호. _옮긴이

26) 일종의 대학이라 할 수 있는 학파불교의 성격을 지닌 삼론종(三論宗), 법상종(法相宗), 화엄종(華嚴宗), 율종(律宗), 성실종(成實宗), 구사종(俱舍宗)을 가리킨다. _옮긴이

27) 실은 중국에서 직수입된 것이라기보다는 대개 한반도를 거치거나 혹은 한반도계 씨족 출신의 승려들을 통해 수입되었다고 하는 편이 더 정확한 표현일 것이다. 가령 나라 불교 교학을 대표하는 법상종의 개조는 백제 왕인의 후손인 도쇼(道昭, 629~700)이며, 삼론종은 고구려 도래승 혜관(慧灌, 생몰연대 미상)에 의해 처음으로 일본에 전래되었다. 화엄종의 실질적인 개창자로서 나라 도다이지(東大寺) 초대 별당을 지낸 료벤(良弁, 또는 로벤, 689~773) 또한 백제계 도래씨족 출신이었다. _옮긴이

28) 가령 성실종은 삼론종에, 그리고 구사종은 법상종에 의거한 종파로서 취급될 뿐 특별히 주목할 점이 없다. _옮긴이

나라 시대에는 너도나도 건강과 풍요를 얻기 위해 불전을 사경(寫經)하려는 경향이 팽배했다. 이 점에서 보건대, 당시의 불교는 일종의 강력한 주술로서 받아들여진 것으로 여겨진다. 그래서 특히 치유의 붓다인 약사여래가 크게 유행했던 것이다. 이처럼 약사여래와 같은 대중적인 대승불교 신격이 널리 퍼진 것은 고대 일본인들의 원시적인 치유신앙 때문이었다.

그러나 덴표 시대 나라 불교가 수행했던 가장 중요한 역할은 무엇보다 국가진호에 있었다. 쇼무 천황은 나라 도다이지(東大寺)에 국가불교의 거점을 창건했으며, 나아가 각 지방마다 수많은 국분사(國分寺) 및 국분니사(國分尼寺)를 조영했다.[29] 그럼으로써 반세기 전에 덴무(天武) 천황에 의해 시작된 국가불교화 정책이 그 정점에 이르게 되었다. 그런데 역설적으로 이와 같은 쇼무 천황의 위대한 사업은 과중한 조세부담으로 인해 나라(奈良) 조정의 공적 재원을 고갈시키는 결과를 초래했다. 그리하여 이는 쇼무 천황이 기대했던 중앙집권제의 강화는커녕, 오히려 향후 한 세기 반 동안 국가경영의 후퇴를 조장한 가장 대표적인 요인으로 작용하고 말았다.

도다이지 건립사업은 장기간에 걸쳐 크고 작은 정치적 사건들에 지속적인 영향을 미쳤다. 그러면서도 다른 한편으로 도다이지는 일본에서 가장 위대한 불교사원 가운데 하나로서 덴표 예술사의 찬란한 시대를 이끈 중심점이 되었다(그림 16). 광대한 사원부지를 자랑하는 도다이지는 전술한 호류지(法隆寺)보다 훨씬 웅장한 규모로 조영되었다. 나아가 세계에서 가장 크고 높은 목조건축물인 대불전(大佛殿)에 안치되어 있는 청동 대불(일본어로는 '다이부쓰'라 한다)이야말로 도다이지를 대표하는 불상이라 할 수 있다. 이 대불은 우주적 붓다인 비로자나불(毘盧舍那佛)로서 높이가 16미터가 넘는데, 일곱 차례나 실패했다가 여덟 번째 시도에서 비로소 성공적으로 주조(鑄造)되었다(그림 17). 752년에 거행된 개안식(開眼式)에서는 한

---

29) 741년 쇼무 천황의 칙원에 따라 오곡풍양 및 국가진호를 위해 각 지방에 국분사(비구사찰) 및 국분니사(비구니사찰)가 건립되었다. 정식 명칭은 금광명사천왕호국지사(金光明四天王護國之寺)라 했으며, 도다이지는 총국분사(總國分寺)라 칭해졌다. _옮긴이

:: **그림 16** 도다이지(뉴욕 주재 일본영사관)

:: **그림 17** 도다이지 대불(뉴욕 주재 일본영사관)

인도 승려[30]가 이른바 화룡점정(畵龍點睛)을 찍음으로써 대불에 상징적인 생명을 부여했다. 이때 승려 1만여 명을 비롯하여 먼 외국에서 온 방문객들이 많이 참석했다고 한다. 많은 이들은 이 대규모 개안식이 일본 고대사에서 유례를 찾기 힘든 일대 장관(壯觀)이었다고 입을 모아 칭송한다.[31]

---

30) 보다이센나(菩提僊那)라는 이름의 승려이다. _옮긴이

31) 저자는 도다이지 및 대불 조영에 다름 아닌 한국인들이 결정적인 역할을 수행했다는 사실은 전혀 언급하지 않고 있다. 743년 쇼무 천황의 발원으로 시작된 이래 여섯 차례의 실패를 거쳐 747년부터 749년까지 3년여 만에 완성된 도다이지 대불은 바로 구니나카노기미마로(國中公麻呂, 대불조영 감독자)와 교키(行基, 재정모금 및 인력조달 총책임자) 등과 같은 백제계 한국인의 손에 의해 만들어진 것이었다. 게다가 당시 대불 도금을 위해 749년 황금 900냥을 조정에 바친 이 또한 백제 의자왕의 4대손인 구다라노고니키시 교후쿠(百濟王敬福)였다. 당시 무쓰국(陸奧國, 지금의 미야기현) 태수였던 교후쿠는 동북지방을 개척하면서 일본 최초로 황금광을 채굴한 인물이었다. 이뿐만이 아니다. 대불이 안치되어 있는 대불전을 비롯한 도다이지의 7당가람도 고구려계 고려복신(高麗福信, 가람조영 총책임자)과 신라계 저명부백세(狙名部百世, 가람조영 현장책임자) 등과 같은 한국인에 의해 건축된 것이었다.

이는 552년 백제로부터 일본에 불교가 공전된 이래 꼭 200년 만의 일이다. 또한 그것은 백제와 고구려의 멸망(660년 및 668년) 이래 90여 년이 지난 후에 일본땅 한가운데에서 신라뿐만 아니라 백제와 고구려의 후예들이 힘을 합쳐 이루어낸 일본불교사상 최대의 대업이었다. 실로 도다이지 및 대불 조영은 한국인의 기술 없이는 애당초부터 불가능한 작업이었다.

쇼무 천황은 740년 당시 신라계 이주민들이 많이 모여 살던 가와치(河內, 지금의 오사카부) 오아가타군(大縣郡)의 지시키지(知識寺)라는 사찰을 방문하면서 이런 대사업의 기획을 결심하게 된다. 한국인들이 세운 그 절에서는 석가불이나 아미타불 혹은 약사불을 모신 다른 사찰들과는 달리 비로자나불을 본존으로 안치하고 있었는데, 쇼무 천황은 대광명으로 세계를 비추고 중생을 구제한다는 이 비로자나불을 본 후 당대의 국가적 위기를 극복하고자 도다이지 대불 건립의 꿈을 키우게 된 것이다. 한국계 이주민들의 높은 문화적 수준과 뛰어난 기술력 및 자본과 인력 동원의 가능성을 엿본 쇼무 천황은 그런 꿈을 현실화할 수 있으리라는 기대에 가슴 부풀었을 것이다. 그 기대는 결코 빗나가지 않았다.

한편 비로자나불에 대해 쇼무 천황이 품었던 이와 같은 기대에서 우리는 신라 화엄사상의 영향을 엿볼 수 있다. 사실 도다이지의 전신이라 할 만한 긴쇼지(金鍾寺, 현 도다이지 삼월당 자리)를 세우고 신라의 고승 심상(審祥, 의상대사의 제자)을 초빙하여 3년간 신라의 화엄불교를 강설하게 했던 료벤(良弁)도 백제계 승려였다. 일본 화엄종의 총본산인 도다이지의 창설자이자 초대 별당(別堂, 주지승)을 지낸 이 료벤 스님은 오늘날 일본 화엄종의 개조로 널리 추앙받고 있다.

도다이지 대불과 한국의 인연은 여기서 끝나지 않는다. 『도다이지요로쿠』(東大寺要錄)에 따르면, 대불 주조에 사용된 재료 및 그 수량은 열동(熱銅, 제련한 동) 73만 9560근, 백갈(白鑞, 아연과 주석의 합금) 1만 2618근, 연금(錬金) 1만 436냥, 수은 5만 8620냥, 목탄 1만 6656곡(斛)에 이르며, 또한 대불 주조 및 도다이지 건축에 동원된 인원은 목수 5만 1590명, 토목인부 166만 5071명, 주물사 37만 2075명, 주조인부 51만 4902명이라고 나온다.

그렇다면 이렇게 엄청난 분량의 구리는 도대체 어디에서 조달된 것일까? 그 주요 조달원은 규슈 북동부에 위치한 가와라(香春)의 구리광산이었다. 가와라는 당시 첨단 제철기술을 가진 신라계 이주민들의 집단거주지였다. 그들은 광산의 신을 모신 신사를 세웠는데 그것이 현재의 가와라신사이다. 이 신사의 신직은 대대로 신라계 이주민의 후손인 아카조메씨(赤染氏)가 맡아왔다. 이처럼 한국인과 떼려야 뗄 수 없는 인연으로 얽힌 도다이지 대불이건만, 오늘날 대부분의 일본인들은 그 깊은 인연을 알지 못한다. 더욱 안타까운 것은 이 인연을 모르지 않을 도다이지의 총명한 스님들조차 한국과의 관계에 대해서는 일체 입을 다물고 있다는 점이다. 그러니 서양인인 저자가 침묵하는 것도 무리가 아닐 것이다. _옮긴이

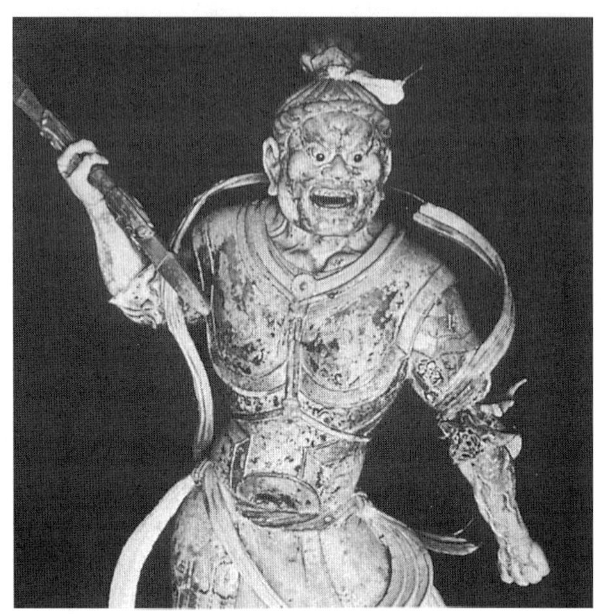

:: **그림 18** 도다이지의 옻칠한 사천왕상(찰스 E. 터틀출판사)

749년, 이 개안식이 거행되기 직전에 황위를 딸[32]에게 물려준 쇼무 천황은 대불 앞에 나아가 겸허하게 스스로를 삼보(三寶, 불〔佛〕·법〔法〕·승〔僧〕)의 종복이라고 선언했다. 이는 나라 조정의 불교 심취를 보여주는 극치라 할 만하다. 물론 후대의 통치자들 중에도 개인적으로 독실한 불교도는 많이 있었다. 하지만 쇼무 천황 이후의 통치자들은 신도를 제외하고는 불교를 비롯한 어떤 종교에 대해서도 이렇게 공식적으로 귀의와 복종의 제스처를 취한 적이 없었다.

도다이지에 소장되어 있는 많은 탁월한 덴표 시대 미술품 중에는 점토와 마른 옻칠이라는 새로운 매체를 이용한 조상(彫像)들이 있다. 당시로서는 드물게 옻칠을 이용한 조각수법을 쓰면서, 예술가는 점토나 나무로 틀을 짠 다음 거기에다 대마와 같은 직물을 덧입히고 옻칠을 했다. 이와 같은 재

32) 여제 고켄(孝謙) 천황을 가리킨다. _옮긴이

료를 사용한 작품은 그 몸체와 사지 등이 무언가 딱딱하다는 느낌을 줄 수 밖에 없다. 그럼에도 불구하고 도다이지에 소장된 무서운 형상의 사천왕상에서 엿볼 수 있듯이, 조각가는 옻칠 기법을 통해 더욱 사실적인 세부묘사를 할 수 있었다. 이는 바로 당나라의 영향을 받은 덴표 시대 미술품의 주된 특징이라 할 수 있다(그림 18).

옻칠 기법으로 만들어진 가장 유명한 작품은 도다이지에 소장된 감진(鑑眞, 688~763) 좌상이다. 감진은 위험한 뱃길에서 수차례 실패를 거듭한 끝에 754년 마침내 일본으로 건너오는 데 성공한 중국의 맹인 승려로서, 전

:: **그림 19** 도다이지 감진 좌상(아스카원)

술한 나라 남도육종 중의 한 종파[33]를 창시했다(그림 19). 이 감진상은 일본사에서 실재했던 인물을 모델로 삼은 현존 최고(最古)의 조상이다. 물론 7세기 후반에 두 아들과 함께 묘사된 쇼토쿠 태자 인물화가 있지만, 그것은 태자 사후 수십 년이 지난 다음에 나온 것으로 실제 인물을 대상으로 삼지 않는 중국풍의 초상화작법에 따라 그려졌다. 이에 비해 감진상은 대단히 사실적이며, 고도의 집중상태에 들어간 승려의 모습을 보여준다. 그것은 정서적 감동을 불러일으키는 사실주의라 할 만하다. 후대의 일본 조각가들은 영감을 얻기 위해 덴표 시대의 고전예술을 회고할 때마다 이런 사실주의적 묘사에서 깊은 인상을 받곤 했다.

쇼소인

한편 도다이지 옆에, 원래 경내의 일부를 구성했던 것으로 쇼소인(正倉院)(그림 20)이라는 주목할 만한 건축물이 있다. 지면으로부터 약 2미터 75센티미터 정도 높이의 굵직한 나무기둥에 의해 받쳐진 마루에다 횡으로 길게 이어진 장대한 통나무집 모양을 하고 있는 쇼소인 건물은 서로 연결된 세 부분으로 이루어져 있으며, 각 부분은 독자적인 입구를 가지고 있다. 실로 이는 8세기 이래 세계 각지의 예술품을 보관해온 보고라 할 수 있다. 그 예술품들은 무려 11세기 이상 고스란히 보존되어왔다. 근대 이전까지는 매우 드물게만 개방되었으며, 혹은 한 세기 이상 봉인된 적도 있었다. 쇼소인은 마루가 지상 위로 올라와 있는 데다 벽면이 통나무로 되어 있어서 내부의 온도와 습도가 적정한 수준으로 유지된다. 이와 같은 특수한 건축양식으로 인해 쇼소인은 수많은 유물들을 거의 완벽한 상태로 보존해올 수 있었던 것이다.

쇼소인에 소장된 1만여 점 남짓한 유물 가운데, 600여 점 이상은 쇼무 천황의 개인적 소지품이었다. 그중에는 서책류, 의복류, 칼과 각종 무기류,

---

33) 율종을 가리킨다. 감진은 12년간 다섯 차례나 도일에 실패한 끝에 754년 일본에 들어와 도다이지에 계단(戒壇)을 설치하고 일본불교사에서 최초로 수계(授戒)를 베풀었다. _옮긴이

:: **그림 20** 쇼소인(아스카원)

불교의례용 염주, 악기, 거울, 병풍, 게임기구 등이 있다. 또한 쇼소인에는 대불 개안식 때 사용된 의식용품을 비롯하여 다수의 고지도와 행정문서, 의약품, 그리고 기악(伎樂, 기가쿠)용의 옻칠한 목제가면 등도 소장되어 있다. 여기서 기악이란 나라 시대 불교사원에서 유행했던 중국풍의 춤을 가리킨다.[34)]

이 밖에 주목할 만한 쇼소인 소장품으로, 중국, 동남아시아, 중앙아시아, 인도, 아라비아, 페르시아, 아시리아, 이집트, 그리스, 로마 등 당시 일본에 알려져 있던 아시아와 유럽 각지에서 전래된 수입품들을 들 수 있다. 그 중에는 가지가지의 수많은 직물류, 가사용품, 탁마세공한 도자기류, 회화, 조각품 등이 있다.

---

34) 사찰 옥외에서 일종의 불교공양의례로서 상연된 무언의 가면무용극인 기악은 612년 백제인 미마지(味摩之)가 중국 오(吳)나라의 악무를 일본에 전래한 데에서 비롯되었다. _옮긴이

『만요슈』

덴표 시대에는 회화라든가 조각 등의 시각예술품들이 폭발적으로 분출되면서 일본시가(詩歌) 또한 최초의 전성기를 맞이하게 되었다. 물론 일본인들은 이보다 훨씬 이전의 고대부터 시와 노래를 지어왔고 『고지키』와 『니혼쇼키』에도 시가가 많이 수록되어 있지만, 그것들은 대개 단순하고 예술적 가치가 떨어진다. 이에 비해 일본시가 전통의 참된 시작은 바로 8세기 중엽에 편집된 『만요슈』(萬葉集)로부터 비롯되었다고 말할 수 있다. 무려 4500여 수의 시가를 모아놓은 『만요슈』는 일본 최초의 시선집으로, 많은 이들은 그렇게 이른 시기에 이처럼 세련된 시가들이 만들어졌다는 사실에 경탄을 금치 못한다. 『만요슈』 시가 중 일부는 그 작자가 4, 5세기의 설화적인 여러 천황 및 귀족들로 되어 있는데, 이는 물론 작위적으로 가탁(假託)된 것이다. 또한 작자 미상의 시가도 아주 많다. 사실상 『만요슈』는 7세기 중엽에서 8세기 중엽에 나온 시가들의 표본으로 보인다. 하지만 이 표본이 과연 당시 일본에서 쓰인 모든 시가들을 얼마만큼 대표할 수 있는지는 알 수 없다.

『만요슈』는 후대의 시선집과는 구별되는 특징을 많이 가지고 있다. 첫째, 『만요슈』에는 후대에 일본문화가 대륙문명의 영향으로 큰 변형을 겪으면서 상실해버린 일본 고유의 고대적 신선함과 발랄한 생기가 넘쳐난다.[35)]둘째, 『만요슈』 시가들은 다양한 사회계층에 속한 저자들이 썼다. 그중에는 전근대시대를 통틀어 시가 창작을 완전히 독점했던 귀족계층뿐만 아니라, 농부라든가 변방의 국경수비대 병사 및 심지어 거지도 있다. 그런데 현대의 몇몇 연구자들은 저자가 비귀족계층으로 추정되는 이런 『만요슈』 시가들이 실은 '낙향한' 조정귀족들이 지은 것이라고 보기도 한다. 어쨌거나 그 시가들은 비귀족적인 관점을 보여주는데, 이는 향후 일본에서 수 세기에 걸쳐 나온 시가들과 질적으로 구분되는 특징이라 할 수 있다.

35) 저자는 『만요슈』 자체가 이미 대륙문화의 영향하에서 나온 것임을 모르는 듯하다. 실제로 알려진 『만요슈』 작가의 3분의 1 정도는 한반도계 도래인이다. _옮긴이

『만요슈』의 세 번째 특징으로는 그 시가형식의 다양성(일본을 기준으로 했을 때)을 들 수 있다. 『만요슈』에는 제법 웅대하고 열정적인 장가(長歌)들도 많이 있다. 하지만 일본인들은 이 시기에 이미 단가(短歌)에 대한 두드러진 취향성을 보여주었다. 실제로 『만요슈』는 5·7·5·7·7의 총 31음절로 이루어진 이른바 와카(和歌)[36]가 많은 부분을 차지한다. 『만요슈』 이후의 시인들은 향후 500여 년 동안 오직 이런 와카 형식만 고집했다. 설혹 다른 형식을 취할 때조차 그들은 통상 와카의 변형된 형태를 선택할 정도였다. 14세기 무렵부터 널리 유행한 렌가(連歌)의 경우를 예로 들어보자. 렌가는 세 명 이상의 시인들이 지었는데, 그들은 와카를 두 부분(하나는 와카의 전반부에 해당하는 5·7·5 구절이고, 다른 하나는 후반부에 해당하는 7·7 구절이다)으로 나누어 그것을 연속적으로 끝없이 이어나갔다. 또한 17세기에 유행하기 시작한 하이쿠(俳句)도 좋은 사례라 할 수 있다. 오늘날 널리 알려져 있는 대로 17음절로 이루어진 하이쿠는 단지 와카의 전반부인 5·7·5 구절만을 취한 것이다.

일본인들이 왜 단가를 편애하는지 완벽하게 설명하기란 쉽지 않다. 하지만 이는 분명 일본어의 속성과 밀접한 관계가 있어 보인다. 일본어는 모음이 매우 적으며, 거의가 아·이·우·에·오와 같은 단모음 및 하나의 자음과 하나의 모음으로 구성된 단음절(가령 카, 스, 모 등)만으로 구성되어 있다. 따라서 일본어에는 시적 리듬을 풍부하게 만드는 데에 필요한 다양성이 결여되어 있다. 실제로 일본어의 운율은 너무 단순해서 운율에 사용되는 또 다른 요소인 악센트가 거의 없다. 이처럼 일본어에는 리듬과 악센트가 발달되어 있지 않기 때문에, 일본의 시인들은 일반적으로 장시를 짓기가 쉽지 않았다. 그래서 시가 길어지면 길어질수록 산문풍이 될 위험이 더 많아진다. 이런 연유로 일본의 시인들은 일찍부터 통상 5·7음절의 배합으로 이루어진 짧은 형식의 시를 선호해온 것이다. 왜 5·7음절인지 그 이유를 설명하기는 어렵다. 다만 그것이 비대칭성에 대한 일본인들의 기호를

---

36) 와카는 '단카'(短歌)라고도 한다.

반영한 것이 아니냐는 추측 정도가 가능할 뿐이다.

요컨대 와카로는 이야기풍으로 확장할 수도 없고 복잡한 사상을 담기 어려웠기 때문에, 일본의 시인들은 이미지 표현에 집중함으로써 독자들의 직접적인 감성적 반응을 끌어내고자 했다. 나아가 그들은 미묘한 변화라든가 뉘앙스 표현에 강한 일본어의 특별한 속성을 최대한 이용하는 한편, '가케코토바'(掛詞)[37]와 같은 장치를 사용함으로써 시구의 어감을 풍부하게 하고 이중 혹은 삼중의 의미표현을 가능하게 만들었다. 가령 이런 가케코토바의 사례로 '어쩔 도리가 없다' 라는 뜻의 어구인 '센카타나쿠'(せんかたなく)를 들 수 있다. 여기서 '나쿠'(なく)는 부정을 뜻하는 말이지만, 동시에 독립어로 쓰면 '울다'(泣く)를 의미하는 단어이기도 하다. 그러니까 절망이나 포기의 뜻이 담긴 이 표현은 동시에 울고 싶을 만큼 큰 슬픔의 감정을 전달해주기도 한다.

헤이안 시대(794~1185)에 시가가 귀족계층의 전유물이 되었을 때, 시작(詩作)에서 주제라든가 무드의 범위를 엄격하게 제한하는 규칙들이 많이 발달되었다. 그리하여 시가는 감동을 불러일으키되 너무 압도적이거나 강렬한 것이 되지 않도록 규제받았다.

그런데 『만요슈』의 시가들은 이런 원칙과는 대조적이다. 즉 『만요슈』는 후대의 시인들이 우아한 궁정풍의 기준에 맞지 않거나 지나치게 조야하다고 여긴 주제들을 많이 다루고 있다. 예컨대 사랑하는 사람의 죽음으로 인한 위로할 길 없는 슬픔이라든가 가난 혹은 쓸쓸하고 황량한 삶의 고통 등과 같은 주제가 그것이다. 『만요슈』에 나오는 다음 시가는 아내를 잃은 한 시인의 슬픔을 표현한 '장시' 이다.

가루(輕)[38]의 길은 내 아내의 마을,

---

37) 동음이의어(同音異義語)를 이용하여 하나의 단어에 둘 이상의 뜻을 갖게 하는 수사법. 주로 운문에 많이 사용되었다. _옮긴이

38) 나라현 가시하라시(橿原市) 오가루(大輕) 부근. _옮긴이

자세히 보고자 하나,
줄곧 가게 되면 남의 눈이 많을 터이고
자주 가게 되면 남들이 알 것이니 나중 가서 만나리라.
큰 배를 믿는 심정으로 만나지 아니하고
마음속에서만 그리워했더니,
하늘 지나 서쪽에 지는 해같이,
비추는 달이 구름에 숨듯,
한데 얼려 지낸 아내가 낙엽 지듯 죽었노라고
심부름꾼이 와서 이르네.
그 말 듣자 무어라 말하며 어찌할 바를 몰라,
기별만을 듣고서 잠자코 있지 못해
그리운 마음 천분의 일이나마 달랠까 하여,
내 아내가 언제나 나아가서 보고 있었던
가루 저자에 나도 나가 우뚝 서서 귀 기울이지만,
님의 소리 아니 들리고
길 가는 사람들 한 사람도 닮은 이 없어,
하릴없이 아내의 이름만 부르며
소매를 흔들었다네.[39]

한편 다음과 같이 시작되는 「빈곤 문답의 노래」는 『만요슈』 중 가장 유명한 시가 중의 하나로 꼽힌다.

바람 섞어 비 오는 밤의,
비 섞어 눈 오는 밤은 부질없이 추워서,
덩어리 소금 뜯어내어 조금씩 갉아 먹고,

---

39) Donald Keene, ed., *Anthology of Japanese Literature*, pp.37~38(출처는 제2권 207번 노래_옮긴이).

찌끼술 마시면서 연거푸 기침하며,

코를 노상 씰룩씰룩,

엉성한 수염 쓰다듬으면서,

나를 제쳐놓고는 사람다운 사람 없다 뽐내어보건마는,

너무나 추워서 삼이불 뒤집어쓰고,

솜 없는 포견의(布肩衣)[40]를 있는 대로 다 껴입어도,

이처럼 추운 밤인데,

나보다도 가난한 사람들의 부모는 굶주림에 떨고 있겠지.

그 처자들도 힘없이 흐느껴 울고 있겠지.

이러할 때 그대는 어떻게 이 세상을 살고 있는가.[41]

위에서 인용한 두 시 가운데 아내의 죽음을 주제로 다룬 첫 번째 시의 작자는 가키노모토노 히토마로(柿本人麻呂, 생몰연대 미상)라는 시인이다. 그는 『만요슈』의 시가 작자 가운데 가장 뛰어난 시인이자, 나아가 아마도 일본문학사 전체를 통틀어서도 가장 탁월한 시인이라 할 만하다. 히토마로의 생애에 대해서는 알려져 있는 것이 거의 없다. 다만 하급귀족 출신으로 지방에 관직을 가지고 있으면서 7세기 후반에서 8세기에 걸쳐 궁정시인으로 활동했다는 정도가 알려져 있을 따름이다. 히토마로가 활동한 시대에 궁정시인의 역할에는 귀족들의 소풍이나 황실 사냥의 기념시 및 찬송시 혹은 황족 장례식에서의 송덕시 등을 짓는 일도 들어 있었다. 이와 같은 공식적인 행사나 의식에 수반되는 격조 높은 정조의 표현에 시가를 사용한 관례가 중국풍속의 영향을 받은 것이었음은 말할 나위 없다. 하지만 일본에서 이런 관습은 대체로 히토마로의 시대에 한정되었다. 일본의 시인들은 항상 사적인 서정주의에 깊이 침잠하는 경향이 있었기 때문이다. 다시 말해 그

40) 소매가 없이 어깨만 가리는 옷. _옮긴이

41) Keene, *Anthology of Japanese Literature*, pp.46~47.
『만요슈』 3대 가인 중의 한 사람으로 백제 출신의 도래계라고 하는 야마노우에노 오쿠라(山上憶良, 660~733경)의 작품. 출처는 제5권 892번 노래. _옮긴이

들은 엄밀한 의미에서 도덕적이지는 않았고, 사회적으로 더욱 고양된 감정과 관련된 선언적 시가에는 별 관심이 없었다. 고대 일본어는 특히 서정적 표현에 적합했다. 일본의 시인들은 이런 특징을 발전시키고자 애썼다. 이는 그들이 추상적이고 복잡한 한자차용어 대신 구상적이고 묘사적인 고유의 시적 어휘들을 애용하고자 세심한 신경을 썼다는 점에서 잘 드러난다. 아내의 죽음에 대한 깊은 비탄의 감정을 노래한 앞의 인용 시에서 잘 엿볼 수 있듯이, 가키노모토노 히토마로는 서정시 시작에 매우 뛰어난 능력을 가지고 있었다. 하지만 그는 후대 시인들이 별로 중시하지 않았던 사회 및 국가에 관련된 주제를 가지고 특히 '장가' 형식의 긴 호흡을 지닌 운문을 작시하기도 했다.

와카와 일본인의 감수성

이에 비해 후대의 궁정시를 지배한 것은 주로 와카였으므로, 『만요슈』에 나오는 와카 하나를 살펴보자.

> 내 사랑 그대를 생각하노라,
> 골풀 위로 잿빛 안개가
> 피어오르는 저녁,
> 청둥오리의 울음소리가
> 처량하게 들려올 때.[42]

국경수비대 병사가 지었다는 이 시에서 우리는 와카의 두 가지 중심주제인 낭만적 사랑과 자연이 잘 배합되어 있음을 본다. 이와 관련하여 다음 장에서는 궁정시 전통에서 발전한 낭만적 사랑이라는 와카의 중요한 특징을 살펴볼 것이다. 이에 앞서 여기서는 자연에 대한 일본인의 태도와 관련된

---

42) Ibid., pp.51~52.

몇몇 측면을 언급하고 넘어가겠다.

일본인들은 지속적이거나 영원한 것이 아닌, 깨어지기 쉽고 빨리 지나가 버리며 사멸하기 쉬운 것 안에서 자연의 아름다움을 추구한다. 고래로 자연에 대한 그들의 감정은 무엇보다 계절의 변화에 민감하게 반응해왔다. 사계절 가운데 그들은 특히 봄과 가을을 선호했다. 일본인들에게 봄은 생명의 시작 혹은 재생을 기념하는 계절로, 그리고 가을은 모든 생명과 아름다움의 궁극적인 소멸을 예감시켜주는 계절로 받아들여졌기 때문이다. 하지만 사계절 모두가 변화의 계기를 함축하고 있다는 점이 무엇보다 가장 중요시되었다. 이런 정서와 관련하여, 14세기의 한 궁정인[43]은 삶과 자연이란 불확실하고 끊임없이 변하기 때문에 모든 사물이 우리를 감동시키는 힘을 가지게 되는 것이라고 적고 있다.[44]

봄과 가을에 대한 일본인의 선호는 일견 엇비슷해 보이기는 하지만, 실은 사물들이 소멸해가는 계절인 가을 쪽이 더 강렬한 매력으로 일본인들을 사로잡았다. 특히 전쟁과 무질서의 중세시대인 12세기 후반에 가을(또한 그것이 지닌 겨울의 징후)에 대한 일본인의 선호도는 최고조에 이르렀다. 뒤에서 다시 언급하겠지만, 이리하여 시인을 비롯한 많은 일본인들은 그들의 감수성을 '아름다움의 피안'에까지 밀어붙여 외로움과 차가움과 시듦의 영역에서 미적 가치를 추구하게 되었다.

사멸하기 쉬운 아름다움을 선호하는 일본인의 감수성에는 시간의 흐름에 대한 예민한 감각이 깔려 있다. '시간의 전제적인 폭압성'이야말로 줄곧 일본문학과 예술사에 편만한 주제였다. 일본인들은 상식적인 아름다움의 범주를 넘어서서 문자 그대로 시간에 의해 황폐화되고 시들어 소진된 것들에까지 이런 주제를 확장시켰다. 이런 능력은 실로 일본인들이 가진 미학적, 예술적 천재성으로 찬사받아 마땅하다.

---

43) 이 책 5장에서 다루고 있는 수필집 『쓰레즈레구사』(徒然草)의 저자 요시다 겐코(吉田兼好)를 가리킨다. _옮긴이

44) Donald Keene, tr., *Essays in Idleness: The Tsurezuregusa of Kenkō*, p.7.

고대 일본인들은 가나로 시가를 지었을 뿐만 아니라 한시(漢詩)도 썼다. 외국어로 시가를 쓴다는 것은 대단히 어려운 일이다. 하지만 일본인들은 일찍이 중국문화에 더할 나위 없는 존경심을 품고 있었다. 그래서 특히 9세기 초엽만 해도 궁정귀족들은 가나 가요 대신 전적으로 한시에만 몰두했음 직하다. 물론 다행히도 일본 고유의 문화가 발전하면서 그런 일은 일어나지 않았지만 말이다. 그러나 일본인들은 여전히 한문에 많은 매력을 느꼈다. 한문은 고전언어일 뿐만 아니라, 한시를 통해 와카로는 도저히 표현할 수 없는 복잡하고 추상적인 이념들을 전달하는 수단이었기 때문이다. 이와 관련하여 『만요슈』와 거의 동시대인 나라 시대 중엽에 『가이후소』(懷風藻)라는, 일본인이 쓴 현존하는 최고(最古)의 한시집이 편찬되었다는 사실에 주목할 만하다. 다음에 소개하는 사례는 이 시집에 실린 한시 가운데 '임나 파견사절을 위한 환송 노래' 라는 작품이다.

산 굽이굽이 깊은 계곡마다
소나무 관목숲을 따라 저녁빛이 깔릴 때,
우리는 먼 길 떠날 사절을 연회에 초대하여
시를 읊으며 여흥을 즐겼노라.
귀뚜라미 울음소리 잠잠해지고
차가운 밤바람이 소슬한데,
청명한 가을 달 아래로
기러기 떼가 줄지어 날아가네.
꽃잎 띄운 술잔을 건네며,
그대의 근심을 달래고
무사귀환을 축원하노라.[45]

45) Keene, *Anthology of Japanese Literature*, p.80.

3
궁정문화의 개화

헤이안 천도

794년 나라 북쪽으로 45킬로미터 정도 떨어진 헤이안(平安, 지금의 교토)으로 천도가 이루어졌다. 나라로부터의 천도 결정이 내려진 명백한 이유로 다음 몇 가지를 들 수 있다. 우선 조정 내에는 불교에 대한 귀족들의 과도한 편향성 및 국가 대소사에 대한 불교승려들의 지나친 간섭에 대경실색하는 이들이 많이 있었다. 이들은 특히 당시 천황(쇼무 천황의 딸)이 도쿄(道鏡, ?~772)[1]라는 치병기도사 승려를 깊이 신임하게 된 것에 우려를 감추지 못했다. 770년 천황이 죽기 전까지, 강력한 후원자를 등에 업은 도쿄는 최고 승직에다 최고 관직에 올랐으며, 심지어 신탁을 빙자하여 황위까지 노릴 정도였다. 이리하여 도쿄는 일본역사상 평민 신분으로 주제넘게 일본을 통치하는 신성불가침의 황위에 도전했다는 악명을 남겼다. 이와 같은 도쿄 사건으로 인해 궁정귀족들은 다음 두 가지를 확신하게 되었다. 즉 수많은 불교기관 및 약방의 감초 같은 승려들이 득실거리는 나라(奈良)는 더 이상 국사를 돌보기에 적합한 수도가 아니며, 향후 황위승계는 오직 남성 황족

1) 나라 시대의 승려. 쇼토쿠(稱德) 여제의 병환을 낫게 한 공로로 깊은 신임을 얻어 태정대신선사(太政大臣禪師) 및 법왕(法王)의 지위에까지 올랐다. 이어 우사하치만 신의 신탁을 빙자하여 황위계승을 꾀하였으나 귀족들의 반대로 저지당했고 쇼토쿠 여제 사후에 좌천되어 유배지에서 죽었다. _옮긴이

에게만 한정되어야 한다는 것이다.

헤이안 천도를 결행한 두 번째 이유는 나라가 중앙 기나이 지방의 남쪽 산악지대에 위치해 있어 수도로는 너무 비좁고 답답하다는 데에 있었다. 이에 비해 헤이안에서는 육로와 수로를 통해 다른 지방에 훨씬 수월하게 접근할 수 있었다. 특히 헤이안을 수도로 삼을 경우 동북지방에 대한 지배가 더 용이해진다는 이점이 있었다. 동북지방은 당시 에미시(蝦夷)[2]라는 반골부족이 점유하고 있었다.

고대 문헌에 '털이 많은 족속'으로 나오는 에미시족은 통상 홋카이도에 거주하는 코카서스 계통의 인종인 아이누족과 동일시되어왔는데, 이 아이누족은 오늘날에는 기껏해야 수천 명 정도만 남아 있다. 신석기 조몬 시대에는 아이누족이 일본열도 전역에 퍼져 있었다고 여겨져왔다. 다시 말해 아이누족이 곧 조몬인이었고, 그러다가 야요이 시대에 들어와 문명이 발달하면서 이들이 점차 동북지방으로 밀려났다는 것이다. 마치 아메리카 인디언들이 겪었던 운명처럼 말이다. 코카서스 인종과 마찬가지로 아이누족 또한 일본인보다 몸에 털이 많기 때문에 『니혼쇼키』를 비롯한 사료에 종종 '털이 많은 에미시족'으로 기록된 것이다. 그러나 이처럼 아이누족이 곧 에미시족이라고 동일시할 수 있는지는 의문이다. 그렇게 의심할 만한 이유가 몇 가지 있다. 가령 '털이 많은 족속'이라는 표현은 중국이나 일본에서 통상 야만인을 가리킬 때 경멸적으로 써온 말이었다. 즉 이 표현은 세련되지 못한 더럽고 거친 족속을 지칭하는 말로, 반드시 인종적으로 몸에 털이 많은 족속을 의미하지는 않았다. 한편 후대에 북부지방에서 모계가 에미시족이라고 보도된 일본인 무사 족장들의 미라가 발굴되었는데, 그것들을 조사해보니 아이누족의 신체적 특성은 전혀 찾아볼 수 없었다.

그렇다면 아이누족은 홋카이도의 남쪽 지역에 걸쳐 광범위하게 정착한 적이 전혀 없었을 가능성이 많다. 사실 아이누족의 정확한 기원은 아직도

2) '에조'의 옛 명칭. _옮긴이

밝혀지지 않고 있다. 또한 에미시족은 분명 일본인과 같은 인종이기는 하지만, 그들이 4세기에서 6세기에 중서부지방에 세워진 야마토 정권에 복속되지 않았을 가능성이 크다. 어쨌거나 수차례의 원정 실패 끝에 9세기 초 헤이안 조정에서 파견된 군대가 마침내 에미시족에 결정타를 가함으로써 동쪽 변방지대에 살던 이 사나운 부족으로부터의 위협을 일소하게 되었다.

천태종과 엔랴쿠지

헤이안 천도 이후 조정은 세속적인 문제보다는 종교적인 문제에 더 신경쓰도록 불교 고위성직자들의 활동을 장려하는 정책을 폈다. 이와 같은 조정의 후원을 받은 최초의 승려는 사이초(最澄, 767~822)였다. 그는 804년에 중국을 여행했으며 귀국 후 엔랴쿠지(延曆寺)에 천태종(天台宗, 텐다이슈) 본산을 창립했다. 이 엔랴쿠지는 그가 일찍이 교토 북동부에 위치한 히에이산(比叡山)에 개창한 사원이었다. 엔랴쿠지는 특별히 중요한 거점이었다. 왜냐하면 그곳은 북동부로부터 악령들이 침범하지 못하도록 교토를 지키는 수호사원으로 간주되었기 때문이다.

천태종은 널리 대승불교, 즉 마하야나의 가르침에 입각한 교파였다. 소의경전(所依經典)인 『법화경』(法華經)은 고타마 붓다의 마지막 설법을 담은 불경으로 알려져 있다. 거기서 붓다는 제자들에게 잠재적 붓다(buddha potential)의 우주적 보편성을 가르쳐 보여주었다. 붓다는 지금까지는 개개인에게 소승불교, 즉 히나야나의 실천을 통해 각자의 개인적 해탈을 추구하도록 허용해왔지만, 이제부터 인류 앞에는 모든 사람이 불성을 획득할 수 있는 마지막 진리가 준비되어 있노라고 설했다. 이런 붓다의 설법을 『법화경』은 다음과 같이 기록하고 있다.

모든 고통에 빠진 자들에게
나는 처음에는 자신의 노력으로 얻을 수 있는

열반을 설했노라.

이는 그들을 붓다의 지혜로 인도하기 위해

내가 채용한 방편적 수단이었다.

때가 이르지 않아 그대의 성불을 말하지 않았지만,

이제 때가 무르익어

대승의 근본진리를 전하노라.[3)]

여기서 우리는 우주적 대승관념이 다음 두 가지 특징을 수반한다는 사실에 주목할 필요가 있다. 첫째, 대승관념은 붓다를 지상적인 존재가 아니라 초월적 존재로 간주하는 경향이 있다. 둘째, 대승관념은 사람들이 성불할 수 있도록 도와주는 보살(bodhisattva, buddha-to-be) 이념을 강조한다.

『법화경』은 천태종의 근본경전일 뿐만 아니라, 모든 대승불교의 중심적 문헌이다. 그것은 소승과 대승을 포함한 모든 불교사상을 총체적으로 묘사한다 하여, 일승(一乘), 곧 종교적 진리의 유일하고 궁극적인 원천이라고 일컬어져왔다. 이와 같은 『법화경』의 영향력은 특히 동아시아 제국(諸國)에서 두드러진다. 동아시아에서 『법화경』은 종교연구의 텍스트로서 높이 숭경되어왔을 뿐만 아니라 그것 자체가 신앙적 봉헌의 대상이기도 했기 때문이다. 예컨대 몇몇 불교종파에 따르면, 우리는 『법화경』을 이해하려고 노력할 필요가 없으며 다만 그것을 예배드리기만 하면 된다. 그리하여 불교신자들은 오랜 세월 동안 『법화경』을 필사함으로써 공덕을 쌓고자 애썼다. 『법화경』은 대단한 분량의 경전이므로, 그 사경(寫經)은 상당한 노고를 필요로 하는 작업이었다.

천태종 본산인 엔랴쿠지는 전근대의 일본사에서 매우 중요한 역할을 수행했다. 그것은 3000개소를 넘는 거대한 사원군을 형성했다. 거기서 승려들은 불교뿐만 아니라 일반학문에 이르기까지 방대한 영역에 걸쳐 연구에

---

3) Tsunoda, deBary, and Keene, *Sources of Japanese Tradition*, p.122.
이 구절은 『법화경』 방편품(方便品)의 한 구절이다. _옮긴이

전념했다. 가장 뛰어난 극동의 전통 안에서 천태승려들은 알려진 모든 종교적 진리와 의례를 종합하고자 시도했다. 그리하여 헤이안 시대 후기에 시작된 천태종으로부터 다양한 대중적 종파들이 생겨났고, 그것들이 마침내 일본 전역의 일반인들 사이에 불교를 전파하기에 이르렀다.

한편 엔랴쿠지는 전근대시대에 난폭한 악승(惡僧)들의 소굴로도 악명 높았다. 나라 시대까지만 해도 조정은 오직 귀족들만 불교승려가 될 수 있도록 엄격하게 제한했다. 그러나 헤이안 천도 이후 이런 규제가 완화되었고, 당시 이미 사원령(寺院領)을 통해 엄청난 부를 축적하고 있던 유력사원들은 수많은 농민들을 사병(私兵)으로 고용하는 데에 갈수록 혈안이 되어 있었다. 10세기에서 11세기에 이르기까지 이런 악승의 무리들이 사원들 간의 분쟁에 자주 동원되었을 뿐만 아니라, 심지어 조정 내 승직이라든가 장원 소유권리 등의 요구를 관철하고자 교토를 압박하기까지 했다.

엔랴쿠지 승려들이 조정에 어떤 요구를 하는 통상적인 방식은 종래에 발전해온 불교사원과 신사의 유대를 보여준다. 즉 그들은 히에이산 기슭에 위치한 히에(日吉)신사의 성스러운 신체(神體, kami emblem)를 미코시(神輿)에 싣고 교토로 운반하여 황궁 근처의 번화한 사거리에 놓아두었다. 그러면 아무도 감히 그 미코시를 만질 수 없었으므로, 승려들이 요구조건을 관철한 후 한껏 치켜들었던 꼬리를 내리고 미코시를 다시 산으로 철수시킬 때까지 그 부근의 모든 도시기능이 마비되고 말았다.

진언종과 비의불교

천태종 엔랴쿠지는 당대 일본에서 탁월한 국가적 불교연구센터가 되었지만, 초기 헤이안 시대에 조정에서 특히 가장 강력한 영향력을 가졌던 불교종파는 밀교(Tantrism)였다. 밀교는 원래 600년경 인도에서 독립적으로 형성된 대승불교의 한 종파였는데, 그 후 중국과 일본에까지 전해졌다. 그런데 밀교는 주문과 부적 및 원시적 주술을 강조했기 때문에, 외부인들은 종종 그것을 역사적으로 불교가 전성기에 도달한 이후에 나타난 세기말적인 부패의 국면으로 간주하곤 했다. 물론 이와 같은 견해는, 일부 밀교가 죽음과 파괴 및 산 제물을 바치는 희생공희 등을 다루는 인도 샥티(Shakti)와 연루되었다는 점에서 타당성이 있다. 하지만 극동 지역에 전파된 밀교 형식은 그렇게 그로테스크한 의례와는 무관했다. 일본에 수용된 밀교는 비밀스러운 교의 전수를 강조함으로써 비의불교라고 알려지기도 했다. 그래서 일본의 밀교는 헤이안 궁정귀족들에게 특별한 관심을 끌었고, 9세기에서 10세기에 걸쳐 일본예술에 강렬한 자극을 제공해주었다.

밀교는 승려 구카이(空海, 774~835)의 진언종(眞言宗, 신곤슈)으로서 일본에 소개되었다. 구카이는 사후에 붙여진 고보다이시(弘法大師)라는 칭호로 더 친숙하게 알려져 있는데, 그는 804년에 사이초와 함께 같은 사절단에 끼어 중국으로 건너갔다. 오늘날 오사카 근방에 있는 고야산(高野山) 정상에 진언종 본산을 개창한 구카이는 의심할 나위 없이 일본사에서 가장 탁월한 인물 중의 한 사람이라 할 수 있다. 영국의 뛰어난 일본연구자인 조지 샌섬 경(Sir George Sansom)은 일찍이 구카이에 대해 다음과 같이 말한 적이 있다.

> 구카이에 대한 기억은 일본 전역에 생생하게 살아 있다. 그의 이름은 가장 외진 곳에서조차 일상어처럼 불리고 있다. 그는 성자라기보다는 설교자이자 학자였고 화가이자 발명자였으며 또한 탐험가이자 명성에 걸맞은 불후의 위대한 서예가이기도 했다.[4]

무엇보다 구카이는 가나(假名)[5] 음절을 창안한 인물로 알려져 있다. 하지만 가나는 창안물이라기보다는 오히려 진화의 산물이라고 보는 편이 더 적절한 듯싶다. 또한 흔히 산스크리트어 지식이 가나 형성에 다소간 영향

---

4) G.B. Sansom, *Japan, A Short Cultural History*, p.228.

5) 가나에는 히라가나와 가타카나 등 두 종류가 있다. 히라가나는 한자와 함께 일본어 표기에 사용되는 주된 가나 형식이다. 한편 가타카나는 주로 외국어라든가 이름 등의 음성학적 재현 및 공적 기호 등의 인쇄체에 한정되어 사용된다.

을 미쳤으리라고 여겨지는데, 구카이는 중국에 3년간 체류하는 동안 산스크리트어 학습에 열성적이었다고 한다.

구카이의 학문적 업적은 매우 인상적이다. 가령 『십주심론』(十住心論)이라는 소책자에서 그는 더 높거나 혹은 더 낮은 '마음의 단계'에 따라 다양한 종교적 신앙을 종합하거나 평가하고 있는데, 이는 일본사에서 가장 유명한 시도로 알려져 있다. 이때 구카이는 동물적 욕정을 최하위에 놓았다. 거기에는 종교적 심성이 전혀 존재하지 않기 때문이다. 더 높은 단계로는 유교, 도교, 다양한 소승불교 종파 및 유사 대승불교 종파, 충분히 숙성한 대승불교 등을 순차적으로 포진시키면서, 가장 높은 단계로서 진언종의 궁극적인 종교심성을 상정하고 있다.

진언종의 핵심은 우주적 비로자나불(buddha Vairochana), 즉 대일여래(大日如來)에 대한 신앙이다. 역사적 붓다인 고타마, 치유의 붓다인 약사여래, 무한한 광명의 붓다인 아미타불 등을 포함한 다른 모든 것은 그저 이 보편적 실재인 대일여래의 현현에 지나지 않는다는 것이다. 이와 같은 대일여래와 합일하여 모든 존재의 본질적인 '하나'를 깨닫기 위해, 탄원자는 언어, 몸, 마음의 세 가지 신비를 사용해야만 한다. 적절한 의례는 이 세 가지 신비의 조화로운 실행을 필요로 한다. 하지만 그중 가장 중요한 것은 언어의 신비일 것이다. 그러려면 진언(眞言, 산스크리트어로는 '만트라'〔mantra〕라 한다)이라는 주문을 외워야 한다. 사실 주문의 사용은 역사상 언제나 인간을 사로잡아왔으며, 비의불교에서의 진언은 고대적 전통에서 비롯된 것이다. 아마도 가장 유명한 진언은 '옴마니파드메훔'('보석은 연꽃 안에 있다'는 뜻)이라는 티베트어 구절일 것이다. 물론 이 밖에도 비의종교의 기도문에 차용된 수많은 진언들이 있다.

몸의 신비는 주로 '무드라'(mudra)라 알려진 수인(手印, 상징적인 손 모양)에 의존한다. 무드라는 도상학적 목적으로 조각 및 회화에서 붓다상과 보살상을 표현하는 데에 널리 사용되어왔다. 한편 진언종 의례에서는 신자들이 무드라를 대면하거나 떠올리면서 붓다 혹은 보살과 소통하기도 한다.

:: **그림 21** 만다라(브루클린박물관)

또한 진언종에서는 우주적 도상인 만다라를 명상의 도구로 사용했다(그림 21). 만다라는 간단히 땅 위에다 그린 다음 의례가 끝나면 지우기도 한다. 혹은 만다라를 조각하거나 그림으로 그려 영구적으로 보관하기도 한다. 일본에서 가장 일반적인 것은 족자 형태의 만다라이다. 물론 사원 벽에 부조나 회화 형태로 묘사된 만다라도 많이 있다. 그것들은 통상 진언종 만신전에서 수많은 하위 수호신들에 둘러싸인 대일여래의 형상으로 묘사되곤 한다. 이와 같은 만다라는 종종 뛰어난 예술작품의 면모를 보여준다. 실제로 헤이안 시대에는 심미안이 뛰어난 교토의 많은 귀족들이 탁월한 만다라 및 기타 진언종계 도상들이 풍기는 비의적 매력에 푹 빠졌다고 한다.

이처럼 헤이안 궁정에서 만다라 등이 널리 유행하게 된 이유는 단지 진언종의 시각적 즐거움 때문만은 아니었다. 다이카 개신 시대에 군주제에 입각한 유교적 능력주의를 정착시키고자 한 노력에도 불구하고, 일본의 지배층은 여전히 대다수가 귀족들이었다. 다시 말해 능력이나 업적보다는 출신성분이 압도적인 우위성을 가지고 있었던 것이다. 나라 시대만 해도 불교성직자가 되거나 혹은 한문에 뛰어나기만 하면 귀족 출신이 아니더라도 승진할 기회가 없지 않았다. 그러나 헤이안 시대의 궁정은 오직 출신성분에 의해 정해진 엄격한 사회적 계급질서로 되돌아갔다. 그러니까 헤이안 귀족들이 진언종 같은 종파를 선호하게 된 것도 그리 놀랄 일은 아니다. 왜냐하면 진언종 또한 불보살체계에서 대일여래를 정점으로 하는 엄격한 피라미드식 만신전을 강조했기 때문이다. 흥미롭게도 대일여래라는 명칭은 '위대한 태양'〔大日〕을 뜻하는 말이다. 그리고 일본인들은 일찍부터 이 대일여래를 신도 만신전의 최고 신격인 태양의 여신과 동일시했다. 한 걸음 더 나아가 일본인들은 진언종의 불보살들을 각각 특정 가미(神)와 대응시켰으며, 모든 고위급 귀족가문들은 이런 가미의 후손이라고 주장되었다.

또한 헤이안 귀족들은 진언종의 배타적이고 독점적인 비의를 열렬히 환영했다. 대승불교 일반과 마찬가지로 진언종도 불성의 보편성을 설하기는 했지만, 현실적으로 진언종의 의례 및 수행체계는 너무 복잡하고 많은 시간을 요하는 것이라서 전문승려라든가 혹은 시간적 여유가 많은 귀족들만이 실천할 수 있었을 뿐이고 일반평민들은 엄두도 내기 어려웠다. 그리하여 일반민중들에게는 진언종의 의례 및 수행체계를 접할 기회가 거의 차단되어 있었다. 그것들은 소수에게만 허용된 비의체계였을 따름이다. 이와 같은 진언종의 비의체계는 오로지 '구루', 즉 스승에 의해 직계제자들에게만 교의적으로 전달되었다. 그 밖의 사람들은 그저 외경심을 품은 채 진언종의 오묘한 신비를 명상하는 정도로 만족을 구할 수밖에 없었다. 하지만 비의에 접하지 못한 초보자인 그들에게는 진언종 교의가 약속하는 최고의 보상을 받을 길이 전혀 없었다.

이처럼 진언종이 궁정귀족들 사이에서 인기를 누리게 되자, 그 경쟁상대인 천태종 또한 비의체계를 발전시켰다. 그리하여 특히 9세기와 10세기에는 비의불교가 헤이안 귀족들의 일거수일투족을 지배했다고 말해도 과언이 아닐 정도이다. 무엇보다 예술적인 심미주의 및 심원한 의례와 수행체계를 통해 현세에서의 성불을 약속하는 비의불교는 귀족들에게 거부할 수 없는 매력으로 다가섰기 때문이다. 이런 비의불교는 주로 구카이 및 그의 직계제자들에 의해 확립되었다. 하지만 비의불교에는 본질적으로 타락하기 쉬운 측면이 내포되어 있었다. 가령 헤이안 시대 후기에는 불교성직자들이 건강과 명성과 번영을 보장해준다고 선전하면서 평신도들에게 돈을 받고 손쉬운 의식을 거행해주는 타락의 지경에 이르기도 했다.

조간 시대의 예술

한편 헤이안 불교의 신종파 사이에서 번잡한 속세의 생활과 정치활동을 떠나 외딴 산속에 은거하는 주목할 만한 현상이 나타났다. 당시 교토에는 나라만큼이나 사원들이 곳곳에 번창했다. 그런데 개중에는 사원이 소재한 위치상 세속적 쾌락의 유혹으로부터 어느 정도 자유롭고 그래서 승려들이 참된 명상과 종교생활을 엄격하게 지키는 경우도 있었다.

사실 불교는 중앙집권화를 지향하는 대개혁과정의 일부로서 일본에 수용되었다. 이런 불교 수용 후 2세기가 지난 다음 조정활동(행정기구로서의 활동)의 영역과 불교사원 사이에 선을 긋는 것이 얼마나 중요한지를 인식하게 된 정치지도자 및 종교지도자들이 점차 늘어나게 되었는데, 이는 분명 불교의 성숙화를 보여주는 현상이라 할 수 있다. 물론 당시 헤이안 불교 종파들은 국가진호의 불교라는 이념을 내세웠고, 많은 난폭한 승려들은 세속사를 둘러싸고 추잡한 분쟁에 휩쓸리기 일쑤였다. 그런 와중에 이제 불교사원과 국가 사이에 뚜렷한 경계를 설정해야 할 필요성을 널리 인식하게 된 것이다.

이리하여 산속에 사원이 건립되면서 불교건축에도 중요한 변화가 생기게 되었다. 가령 교토에서 64킬로미터나 떨어진, 하늘을 찌를 듯한 삼나무들이 울창한 숲속에 위치한 진언종 사원 무로지(室生寺)[6]에는 헤이안 시대 초기의 두 건축물, 즉 금당과 오중탑이 현존하는데, 후대에 재건된 여러 건축물과 더불어 거기서 우리는 당시 건축상의 새로운 기법이 어떤 것이었는지를 헤아려 알 수 있다. 즉 이 산악사원의 경우는 통상적인 가람배치 대신 험준하고 경사진 산악지형에 맞도록 건물 형태와 배치가 이루어져 있다. 일본인들은 이처럼 자연환경과 조화를 이루는 건축양식을 선호해온 것이 아닌가 싶다. 그것은 고대 신도의 건축양식을 연상시킨다. 동시에 그것은 자연을 정복하기보다는 자연과 동화하려는 극동 지역의 성향을 드러내 보여준다. 마찬가지로 일본의 문화전통에는 자연에 대한 민감한 감수성 및 그런 자연과 인간의 합일을 추구하는 경향이 매우 현저하게 나타난다.

미술사적 시대구분에서 헤이안 전기에 상당하는 조간(貞觀) 시대의 사원 및 일반건축물에 도입된 신도 건축기법의 또 다른 특징으로, 지면 위에 올린 고대(高臺)마루 및 토제기와 대신 나무껍질과 이엉으로 엮은 지붕을 들 수 있다(1장 말미의 신사 및 궁정 건축물에 곡물창고 양식이 끼친 영향에 관한 언급을 참조). 이런 특징은 고대 교토의 왕궁인 시신덴(紫宸殿)[7]에서도 분명하게 엿볼 수 있다(그림 22). 이 왕궁 건축물들은 빈번한 화재로 소실되었는데, 대부분 9세기에 세워진 현재의 건축물은 원래와는 다른 위치에 재건되었다. 그럼에도 불구하고 그것들은 원본에 충실하게 복원된 것이므로, 우리는 이를 통해 최소한 헤이안 시대 초기의 교토가 어떠했으리라는 것을 짐작할 수 있다.

---

6) 나라현 무로촌(室生村)에 있는 진언종 무로지파의 대본산. 8세기 말에 창건된 이 사원은 현재 유일하게 남아 있는 산악사원이다. _옮긴이

7) 헤이안쿄(平安京) 다이리(內裏, 천황이 거하는 황거)의 정전. _옮긴이

:: **그림 22** 교토 왕궁의 시신덴(조지프 슐먼 사진)

조간 시대의 불교조각은 덴표(天平) 시대의 사실적이고 숭고하며 웅장한 작품들과 일획을 긋는 변화를 보여주었다. 조정은 이제 불교에 대한 직접적인 후원을 거두었다. 비록 많은 사원들이 사원령을 획득함으로써 사적인 부를 축적하게 되었지만, 수많은 장인들이 혼신의 힘을 기울여 공동작업으로 해내는 대불 주조와 같은 장대한 예술적 기획은 더 이상 이루어지지 않았다. 조간 시대의 불상들은 일반적으로 덴표 시대의 불상에 비해 훨씬 작으며 아마도 각각의 조각가들이 단독으로 작업한 작품들로 추정된다. 또한 이들은 덴표 시대에 널리 사용되었던 청동이라든가 점토 혹은 마른 옻칠 등의 재료는 거의 쓰지 않았으며, 그 대신 주로 목재를 선호했다. 이렇게 나무를 선호하게 된 이유 중의 하나로 당시 중국에서 수입된 백단향(白檀香) 목조상이 궁중에 유행하면서 불러일으킨 관심을 들 수 있다.

조간 시대의 많은 불상들은 통나무를 깎아 만들었다. 그래서 대체로 크기가 작은 것이다. 또한 그것들은 단청을 하지 않은 채 원목 색깔 그대로이거나 아니면 입술과 눈 부위만 채색되어 있다. 이는 나무의 자연스러운 향내를 없애지 않기 위한 기법이었다.

교토 진고지(神護寺)의 약사불은 이와 같은 조간 시대 목조상의 뛰어난 사례라 할 수 있다. 이 불상의 엄격한 자세와 양식화된 의상 표현은 이전 시대의 덜 세련된 조각기법으로 복귀한 듯한 인상을 준다. 하지만 이는 실상 심원한 비의적 감수성에 의해 비세속적이고 신비스런 형상을 창출하고자 하는 바람을 반영하고 있다. 불상의 얼굴 표현은 단호하고 무섭기조차 하다. 그리고 동체는 전형적인 덴표풍의 불상에 비해 훨씬 무겁고 거칠게 보인다. 의상의 물결 주름들은 조간풍 조각의 특징을 잘 보여준다. 무로지의 석가모니좌상에는 이런 물결 주름들이 더 세밀하게 표현되어 있다.

만다라를 차치한다면, 현존하는 조간 시대의 유일한 회화로서 무시무시하고 섬뜩한 부동명왕(不動明王) 그림들을 들 수 있다. 종종 여러 개의 머리와 팔을 지닌 존재로 묘사되는 부동명왕은 실은 우주적 붓다인 대일여래의 변형판으로, 그 역할은 불교의 적들을 겁주어 물리치는 데에 있다. 통상 이 부동명왕의 형상은 동체 후면에 화염 모양의 후광이 있으며, 한 손에 칼을 쥐고 다른 손에는 밧줄을 거머쥐고 있다.

비의적 도상은 일부 조간 시대의 예술가들로 하여금 최초로 신도 가미의 조형적 표현을 시도하도록 자극했다. 이런 가미 신상들은 아직도 여러 개 남아 있다. 하지만 당시 새로운 형식의 신도예술을 발전시킬 만한 어떤 실제적인 동향이 있었다는 증좌는 보이지 않는다.

9세기 초의 조정은 한 세기 이전의 나라조보다도 훨씬 더 대외적으로 중국문명의 수입에 열중했던 것으로 보인다. 특히 사가(嵯峨) 천황(재위 809~823) 및 그 주변인물들 사이에서는 중국 시문이 크게 유행했다. 이들은 사실상 와카(和歌)를 무시한 채 앞 다투어 한시에 열중했으며, 『가이후소』(懷風藻)풍의 한시집들을 펴냈다. 구카이(空海)가 궁중에 처음 발을 들여놓은 것도 사가 천황 시대였다. 탁월한 학자이자 문사로 한문에도 능통했던 구카이는 사가 천황 및 다치바나노 하야나리(橘逸勢)와 더불어 당대 최고의 3대 서도가 중 하나로 명성이 높았다. 이 중 다치바나노 하야나리는 804년 사이초와 구카이가 동승했던 견당사의 총책임자였다. 중국에서 구카이는 당나라 수도인 장안을 방문하는 한편, 귀국 시에는 수많은 책과 예술작품뿐만 아니라 비의불교의 유행을 비롯한 후대 당풍(唐風)과 관련된 지식을 가져와 일본에 전파했다. 이 점에서 사가 천황이나 구카이와 같은 궁중지도자들의 성향을 통해 오늘날 연구자들이 9세기 초의 일본을 중국의 축소판으로 보는 것도 매우 자연스러운 귀결일 것이다.

하지만 돌이켜보건대 당시 일본인들이 단순히 중국문명을 그대로 베낀 것은 아니었음을 알 수 있다. 예컨대 중요한 몇몇 제도는 결코 일본적 토양에 뿌리를 내리지 못했으며, 또 어떤 제도는 일본식으로 상당 부분 개조되었다. 또한 일본인들은 실력 위주의 근본적인 유교적 통치원리를 포기했으며, 궁극적으로 당나라의 균전제적 토지배분 시스템을 부정했다. 그리하여 몇 세기 안에 거의 모든 농경지가 귀족의 사유지 및 사원령이 되어버렸다. 이 과정과 더불어 조정의 지방행정력이 쇠퇴함에 따라, 헤이안 시대 중후기에 이르러 각 지방에서는 무사계급의 출현 조건(이는 다음 장에서 살펴볼 것이다)이 형성되었다.

후지와라씨의 등장

9세기의 조정에서 가장 중요한 정치적 발전은 후지와라씨(藤原氏)의 등장과 관계가 있다. 후지와라씨의 조상은 다이카 개신을 기획한 주모급 인사 가운데 하나였는데, 이들 일족은 황실과의 혼인관계를 통해 소가씨보다도 훨씬 더 철저하게, 그리고 훨씬 더 오랜 기간 동안 황실을 지배하게 되었다. 후지와라씨는 서서히 왕권에 접근하면서 858년에 이르러 황실의 섭정직[8]을 장악했으며(이전에는 쇼토쿠 태자와 같은 황족만이 섭정직을 맡았다), 한 세기 내로 조정에서 절대권력을 휘두르는 확고한 통치자가 되었다.

후지와라씨의 황실지배는 상당 부분 헤이안 시대의 독특한 혼인관습 때

8) 섭정직에는 두 종류가 있었다. 하나는 어린 천황에 대한 섭정직인 셋쇼(攝政)이고, 다른 하나는 성년에 이른 천황에 대한 섭정직인 간파쿠(關白)이다.

문에 가능해진 것이었다. 예외가 있기는 하지만, 당시 귀족들은 공식적으로 부인 집에서 거주하는 것이 관례였다.[9] 당시의 문헌들을 보자면, 한두 명의 후실 또는 첩을 두고 있으면서, 한 달에 한두 번 정도만 드문드문 정실부인을 찾아 처갓집으로 가는 것이 귀족들의 전형적인 행태였다. 하지만 공식적으로는 정실부인이 있는 처갓집이 부부 공동의 처소였고 자녀양육도 그곳에서 이루어졌다. 물론 천황의 경우 후지와라씨 부인과 함께 처갓집에서 사는 일은 없었다. 단, 천황의 후손들은 모계 쪽 친척집에서 양육되었다. 9세기 후반에서 11세기 후반 사이에 천황의 모계는 예외 없이 후지와라씨 가문이었다. 그러니까 모계 쪽 집안에서 양육된 그들은 스스로의 정체성을 황실과 마찬가지로 후지와라씨 가문에 속한 것으로 여기지 않을 수 없었다.

후지와라씨가 권력을 잡기 시작할 무렵, 조정은 중국과 공식적인 관계를 단절하기로 결정하기에 이르렀다. 838년에 마지막 견당사가 파견된 지[10] 얼마 뒤에 이루어진 이런 정책결정은 일면 당시 당왕조가 쇠퇴하면서 중국 여행이 더 이상 안전하지 않게 되었다는 판단에서 비롯된 것으로 보인다. 하지만 아마도 더 결정적인 원인은 일본인들이 이전처럼 중국으로부터 지도와 영감을 기대할 필요성을 느끼지 않게 되었다는 사실에서 찾아야 할 것이다. 2세기 반에 걸친 오랜 기간의 문화적 차용이 마침내 그 끝을 보게 된 것이다.

이리하여 9세기 후반의 일본 조정은 중국과의 공식적인 관계를 끊어버리고 말았다. 또한 조정은 점차 일본 내 각 지방과의 가장 필수적인 관계까지도 끊어버렸다. 나라 시대의 국제성과 비교하건대, 10세기의 조정은 일본의 지방사회로부터 대단히 고립되어 있었다. 이와 같은 고립에는 여러 원인이 있는데, 그중에서도 가장 결정적인 요인은 조정의 관위제도에서 찾

9) 이를 무코이리콘(壻入り婚)이라 한다. 더 정확히 말하자면, 고대 일본에서는 일상생활은 따로 하고 합방만 처갓집에 가서 하는 가요이콘(通い婚)의 형태가 일반적이었다. _옮긴이

10) 894년에도 견당사 파견계획이 있었지만 실현되지는 않았다.

아볼 수 있다. 즉 당시에는 지방관료보다 중앙관료들에게 엄청나게 큰 명예와 특권이 주어졌다. 이에 비해 어떤 귀족이 지방관직을 맡게 될 경우, 그는 수도 헤이안에서 누릴 수 있는 모든 안락과 문화적 혜택을 포기해야 할 뿐만 아니라, 직위도 깎이고 나아가 사회적 불명예까지 감수하지 않으면 안 되었다. 교토에서 얻을 수 있는 관직의 기회가 한정되어 있었기 때문에 일부 귀족들은 어쩔 수 없이 지방으로 내려가야만 했다. 물론 지방에서 부를 축적할 가능성도 있었는데, 이는 한편으로 매력적인 측면을 내포하고 있었다. 그러나 상층귀족들에게 수도로부터 멀리 떨어진 곳에서의 생활은 생각조차 하고 싶지 않은 것이었다. 그래서 설령 중요한 지방장관직이라 해도, 자기 대신 대리인을 보내거나 아니면 해당 지방의 유력자를 차관직으로 세워 행정일을 맡기려 했다.

10세기 및 11세기는 후지와라씨 섭정가에게 '권력과 영광'의 시대였다. 이는 또한 일본인들이 고전문화를 성숙시킨 시대이기도 했다. 비록 이전의 당풍 문화에 많은 것을 빚지고 있기는 해도 이 시기의 고전문화는 매우 독특한 고유성을 지니고 있으며, 일본적 천재성이 낳은 산물이라 할 수 있다.

『고킨슈』

후지와라 섭정기에 조정에서 융성했던 모든 예술 가운데 가장 창조적인 정신을 발현했던 장르는 문학, 특히 시가 부문이었다. 9세기에 만연했던 한시에 대한 열광은 중국과의 관계가 소원해지면서 점차 사라졌고, 대신 귀족들은 다시금 와카에 관심을 돌리게 되었다. 전통적인 시가에 대한 이와 같은 관심은 머지않아 뜨겁게 불타올랐고, 귀족들은 개인적이건 집단적이건 와카 경연대회에 앞 다투어 몰두하게 되었다. 집단 경연대회의 경우에는 좌우팀으로 나누어 주어진 주제로 와카를 짓는 형식으로 진행되었다. 이들에게는 와카를 암시적으로 이해하는 능력, 그리고 최소한 감동적인 시구를 즉흥적으로 노래할 수 있는 능력이 절대 필수적이었다. 이는 비단 귀족들의 공식적인 와카 경연대회뿐만 아니라 일상적인 사회적 관계에서도 필히 요청되는 능력이었다. 아마도 일본역사상 이런 능력을 중시하고 장려했던 시대는 또 없을 것이다.

가나 음절의 발전은 이와 같은 와카의 복권 및 나아가 후지와라 시대 문학 일반의 발전과 떼려야 뗄 수 없는 관계에 있다. 9세기 초 사가 천황기의 조정에서 한시에 대한 열광이 최고조에 달했을 때조차, 모국어 표기수단으로서 가나는 상당 부분 완성되어 있었다. 앞서 언급한 대로 구카이는 가나의 '발명'과 밀접한 관계가 있다.

사가 천황기 동안 황실은 세 권의 관찬 한시집을 펴낸 바 있는데, 905년 조정은 최초의 관찬 와카집으로 『고킨슈』(古今集)를 펴냈다. 물론 이보다 앞서 비(非)관찬 와카집인 『만요슈』가 줄곧 최고의 자리를 고수해왔지만, 고전적인 일본시가의 기준을 확립한 것은 역시 『고킨슈』였다. 『만요슈』는 중국 표의문자를 사용해서 일본어 음절을 표현했는데, 이는 헤이안 귀족들이 읽기 쉽지 않았고 또 이해하기도 어려웠다. 게다가 『만요슈』는 무언가 전혀 다른 시대적 정서를 담고 있었다. 하지만 새로운 시대의 『고킨슈』는 『만요슈』풍의 진솔하고 강력한 감정표현보다 세련되고 고상하며 예의 바른 정서를 선호했다. 아래와 같은 『고킨슈』의 와카에서 엿볼 수 있듯이, 당대의 시인은 적절한 시간에 적절한 방식으로 작시할 것을 요청받았다.

> 이처럼 고요한 봄날
> 부드러운 햇살에 몸을 담그고 있노라니,
> 저만치 펼쳐진 하늘에서
> 벚꽃잎이 그칠 새 없이
> 흩날리는 까닭은 무엇일까?
>
> 님이 오시지 않으리라는 것을
> 잘 알면서도,
> 매미소리 요란한 해질녘

문가로 나가 기다리노라.[11)]

이 와카의 작자는 매혹적인 봄날에 민감하게 반응하면서 수심에 잠긴 채 흩날리는 벚꽃을 바라보며 그것이 상기시키는 인생의 덧없음을 탁월하게 표현하고 있다. 나아가 자신에게 무심한 연인에 대한 분노와 고뇌의 느낌을 적절히 통제하면서, 사랑하는 사람에 대한 갈망과 외로움을 매우 적절하게 묘사하고 있다.

『고킨슈』 편자의 한 사람으로 당대를 이끌었던 시인인 기노 쓰라유키(紀貫之, 868?~946)라는 인물이 있다. 그는 『고킨슈』의 서문을 쓴 시인인데, 이 서문은 일본역사상 최초의 중요한 문학비평이라 할 수 있다. 또한 그것은 와카 작시에 관한 조정의 취향을 선도한 기준에 대해서도 뛰어난 설명을 제시하고 있다. 즉 이 서문의 서두에서 쓰라유키는 10세기 초 헤이안 귀족계층의 대변자로서 그가 와카에 부여한 심원한 심리학적, 사회적, 미학적 의미에 대해 다음과 같이 언급하고 있다.

일본의 시가는 인간의 마음 안에 뿌리를 내리면서 무수한 언어의 이파리들 안에서 화사하게 피어난다. 모름지기 인간존재란 온갖 종류의 것들에 관심을 쏟기 마련인데, 그중에서 눈앞에 보이는 풍경과 귀에 들리는 소리의 맥락을 좇아 마음으로 명상한 바를 표현해내는 것이 바로 시가라 할 수 있다. 꽃들 사이에서 지저귀는 새 소리하며 고요한 연못에서 노니는 개구리 소리 등, 대저 모든 살아 있는 것들은 다 노래가 될 수 있다. 자연스럽게 하늘과 땅을 움직이고 눈에 보이지 않는 신들과 정령들의 감수성을 뒤흔들며, 남자와 여자의 관계를 부드럽게 만들고 거친 전사의 마음을 차분하게 가라앉히는 것, 그것이 바로 시가인 것이다.[12)]

---

11) Keene, *Anthology of Japanese Literature*, p.80.
『고킨슈』 편자의 한 사람인 기노 도모노리(紀友則)의 와카. _옮긴이
12) Earl Miner, ed., *Japanese Poetic Diaries*, p.26에서 재인용.

여기서 쓰라유키는 '언어'와 '마음'의 관점에서 시가를 논하고 있다. 이때의 언어란 한문으로 오염되지 않은 야마토(大和)어를 가리킨다. 그것은 『만요슈』에 의해 일본시가를 표현하기 위한 고전적 매체로서 확립된 일본어이다. 그러나 쓰라유키 및 그의 동료들인 『고킨슈』 시인들에게 시가의 중심적인 주제 내지 소재로 간주된 마음이라든가 느낌은 『만요슈』의 주제와 매우 이질적이다. 『만요슈』를 대표하는 시가들은 주로 죽음이라든가 가난 혹은 굶주림과 같은 엄정한 주제를 다루고 있기 때문이다. 『고킨슈』 시대에 느낌의 범위는 매우 제한적이었으며 상당히 세련된 것이었다. 쓰라유키에 따르면 다음과 같은 때에 비로소 시인들은 시를 써야겠다는 영감에 사로잡히게 된다.

> 시인이 봄날 아침의 흩날리는 벚꽃을 볼 때, 가을날 저녁에 떨어지는 낙엽 소리를 들을 때, 번번이 한 해를 보내면서 거울에 비친 눈〔雪〕과 물결에 그리워하며 탄식할 때, 풀밭에 맺힌 이슬이나 수면 위의 물거품을 보면서 인생의 덧없음에 놀라워하며 생각에 잠길 때, 지난날 너무나 자랑스럽고 영화로웠던 것들이 사라지고 이제 외로움만이 남았을 때, 그리고 수많은 사랑을 받았지만 이제는 잊힌 이름이 되었을 때…….[13]

미야비와 모노노아와레의 미학

헤이안 귀족들은 모든 면에서 '미야비'(雅), 즉 세련된 궁정미에 고취되었다. 이런 특질은 일본 고전시대의 가장 지속적인 미학적 유산이 되었다. 12세기 후반에 각 지방에서 거친 무사들이 흥기하여 토지의 새로운 지배자가 된 이후에도, 그들은 본능적으로 미야비라는 미의식에 집약된 궁정의 전통을 유지하고자 애썼다. 중세의 격동기에는 무사계급을 비롯하여 상인과 농민 등 다양한 사회계층의 취향에 부합하는 새로운 문화적 시도들이

---

13) Keene, *Anthology of Japanese Literature*, p.76.

많이 생겨났다. 하지만 이런 모든 시도들 가운데 단연 빛나는 것은 역시 미야비였다. 미야비는 우아한 것, 절제된 것, 그리고 미묘하게 암시적인 것을 선호하는 일본인들의 근본적인 취향을 반영한 미의식이었기 때문이다. 이리하여 『고킨슈』 와카에서 처음으로 체계화된 미야비야말로 일본인의 미의식에서 가장 중요한 주제를 구성한다는 주장이 널리 퍼지게 되었다. 한 권위 있는 서구 연구자의 말대로, "서구의 어떤 것도 헤이안 시대 이래 일본인의 삶과 역사에서 미학이 차지했던 역할에 견줄 만한 것은 없었으며, (중략) 세련된 감수성에서 비롯된 미야비의 정신은 지금도 여전히 (현대미학비평에서) 매우 두드러지게 나타나고 있다."[14)]

이런 미야비와 밀접하게 관련된 미의식으로 '모노노아와레'(物の哀れ)의 미학이 있다. 이는 "사물이나 사건 등에 예민하게 반응하는 감수성" 혹은 "사물이나 사건에 감동할 줄 아는 능력"으로 정의할 수 있다. '모노노아와레' 혹은 줄여서 '아와레'라는 말은 나라 시대 『만요슈』 시가에도 등장한다. 하지만 모노노아와레라는 말이 그 주된 미학적 의미를 드러낸 것은 『고킨슈』 시대에 시작된 헤이안 문화의 전성기에 이르러서였다. 앞의 1장에서 신도에 관해 논할 때, 우리는 전체 역사를 통해 일본인들이 본성적으로(즉 유교라든가 불교와 같은 사상 및 종교체계가 외부로부터 들어오기 이전의 본성) 원래 감성적인 민족이라는 점을 언급한 바 있다. 일본인은 인간본성의 감성적 측면을 강조하면서 항상 '마코토'(誠, sincerity)를 감성의 윤리로 간주하여 높은 가치를 부여해왔다. 이와 같은 감성적 삶은 마코토의 윤리를 내포하는 것이었는데, 헤이안 시대에 모노노아와레의 전개 또한 이 마코토의 윤리에 하나의 미학을 제공했다. 기노 쓰라유키는 『고킨슈』 서문에서 이와 같은 미학의 작용에 대해 기술한 최초의 인물이었다. 예를 들자면 그는 (앞서 인용한 서문의 서두에서) "꽃들 사이에서 지저귀는 새 소리하며 고요한 연못에서 노니는 개구리 소리"를 들을 때 과연 누가 노래나 시를 짓지

---

14) Tsunoda, deBary, and Keene, *Sources of Japanese Tradition*, p.180.

않을 수 있겠는가 묻고 있다. 그러면서 쓰라유키는 사실상 인간이란 정서적 존재라서 어떤 사물을 지각하고 마음이 동하게 되면 이에 반응하여 자연스럽게 직관적으로 노래와 시를 짓게 마련이라고 말했다. 마찬가지로 모노노아와레의 가장 핵심적인 감수성은 바로 자연의 아름다움이건 사람의 느낌이건 어떤 사물이나 상황에 접하여 감동할 줄 아는 능력이라 할 수 있다. 쓰라유키는 바로 이런 능력이 직접 미학적 표현으로 이어진다고 여겼던 것이다.

전술한 바와 같이 스러져가는 자연의 아름다움에 대해 일본인들이 가지고 있는 특별한 취향으로 인해, 그리고 시간의 흐름에 대한 일본인의 예민한 감수성으로 인해, 모노노아와레는 항상 슬픔과 멜랑콜리의 색조를 띠어왔다. 그래서 어떤 평론가들은 모노노아와레를 '사물의 파토스'[15]로 해석함으로써 이와 같은 일본인들의 정조를 설명하고자 했다. 하지만 그런 설명은 오해에서 비롯된 것이다. 왜냐하면 모노노아와레를 '사물의 파토스'로 해석하게 되면, 이는 어떤 사물 자체가 원래부터 그런 파토스라든가 비애의 아름다움을 내포하고 있음을 뜻하기 때문이다. 그러나 일본의 전통에서 모노노아와레란 오직 인간이 사물 안에서 어떤 아름다움을 '지각'함으로써 비로소 성립되는 그런 것이었다. 다시 말하자면, 일본인들은 전통적으로 아름다움이란 대상 안에 있는 것이 아니라 주체(즉 지각하는 인간)에 의해 환기되는 것으로 여겨왔다.

후지와라 시대의 산문문학

일본시가에 대한 관심의 부흥과 더불어, 가나의 사용은 일본의 산문문학 발전을 가능케 했다. 후지와라 시대에 성숙한 산문문학의 기원은 분명치 않다. 하지만 초기의 주요한 장르로 이야기, 즉 '모노가타리'(物語) 장르와 '닛키'(日記) 장르를 꼽을 수 있다. '모노가타리'라는 용어는 일본역사에서

---

15) 여기서 '파토스'(pathos)는 연민의 정을 자아내는 공감적인 비애 또는 비감의 정서를 가리키는 말이다. _옮긴이

매우 광범위한 작품군에 포괄적으로 사용되어왔다. 그것은 순수한 픽션 산문으로부터 의사-역사기록물에 이르기까지 다양하다. 그러나 초기의 용법에서 모노가타리는 구전 민간설화 및 한문으로 쓰인 불교 기적담에서 비롯된 초자연적이고 환상적인 이야기를 의미했다. 이런 유형 가운데 현존하는 가장 오래된 작품으로 9세기 후반 혹은 10세기경의 작품으로 추정되는 『다케토리모노가타리』(竹取物語)가 있다. 이는 대나무에서 어린 공주를 발견한 한 노인에 관한 이야기부터 시작된다. 이윽고 공주는 아름다운 처녀로 성장하여 수많은 구혼자들이 청혼을 했지만, 그때마다 그녀는 도저히 이룰 수 없는 과제를 주어 구혼자들을 애먹이는 방식으로 모든 청혼을 거절했다. 마침내 천황까지 다정다감하게 구애하게 되었는데, 이것까지 거절하기 힘들었던 공주는 달나라로 승천했다는 줄거리이다.

헤이안 시대 초기 산문작품의 두 번째 장르는 사적인 일기이다. 한문으로 기록된 공적인 일기라든가 일지는 최소한 나라 시대부터 존재했다. 하지만 더 은밀하고 개인적인 방식으로 하루에 일어난 일들을 적은 사적인 일기는 가나가 확립되어 이제 사람들이 당대의 모국어로 일기를 쓸 수 있게 된 이후부터 시작될 수 있었다.

『도사닛키』

935년경에 쓰인 기노 쓰라유키의 『도사닛키』(土佐日記)는 현존하는 가장 오래된 사적 일기이다. 이는 당시 도사(土佐)[16] 지방장관직의 임기를 막 끝마친 쓰라유키가 도사부터 교토까지 배를 타고 여행하면서 썼던 일기이다. 헤이안 시대의 모든 문학작품 및 문학적인 일기들이 그러했듯이, 이 『도사닛키』의 가장 두드러진 특징으로 수많은 시가들을 담고 있다는 점을 꼽을 수 있다. 즉 이 작품의 많은 부분은 사실상 한두 편의 시가를 중심으로 그 작시와 관련된 상황에 관한 간략한 설명을 곁들인 구성으로 이루어져 있

16) 지금의 시코쿠(四國) 고치현(高知縣)에 해당하는 옛 지명. _옮긴이

다. 예를 들면 다음과 같다.

11일: 비가 조금 내린 뒤에 하늘이 개었다. 상류 쪽으로 배를 저어가면서 우리는 동쪽 제방과 이어진 한 구릉을 보았다. 그것이 야와타(八幡)[17]의 하치만신사[18]라는 사실을 알고 우리는 너무나 기쁜 나머지 겸손히 엎드려 감사기도를 올렸다. 마침내 야마자키 다리가 시야에 들어오자 우리는 더 이상 환희의 감정을 참을 수 없게 되었다. 그래서 오지 사원에서 가까운 곳에 배를 정박한 후 잠시 대기하면서 다음 여행을 위해 이런저런 문제들을 상의했다. 사원 근처의 강변에는 버드나무들이 많았는데, 일행 중 한 명이 수면에 비친 버드나무를 보고는 감흥에 젖어 시를 지었다.

잔물결이 무늬진 듯
수면에 비친 푸른 버드나무 그림자 위로.[19]

『만요슈』에서도 해당 시가를 지은 이유에 대한 설명문이 덧붙어 있는 사례를 찾아볼 수 있는데, 이처럼 어떤 시가를 지은 이유를 설명할 필요성이 일본 산문문학의 발전에 자극을 준 하나의 요인이었다. 어쨌든 일본문학사에서 산문은 일찍부터 시가와 밀접한 연관성을 가지고 있었다. 헤이안 시대의 일기문학에 나오는 시가는 일기를 쓴 당사자가 아닌 다른 사람이 지은 것인데, 이는 통상 시인의 가장 강렬한 느낌을 표현하는 수단이었다. 한편 중세의 노(能)라든가 17, 18세기 중산층의 소설 및 인형극[20]과 같은 후기 문예양식에서, 7음절 및 5음절로 이루어진 운문은 일반적으로 산문서사의 절정부에서 시적 분위기를 띤 표현에 사용되었다.

『도사닛키』의 도입부는 다음과 같다. "일기란 남자들이 쓰는 것으로들

17) 교토부 남부에 위치한 시. _옮긴이
18) 야와타시의 유서 깊은 이와시미즈하치만궁(石清水八幡宮)을 가리킨다. _옮긴이
19) Keene, *Anthology of Japanese Literature*, pp.90~91.
20) 분라쿠(文樂)를 가리킨다. _옮긴이

말해왔다. 하지만 나는 여자도 일기를 쓸 수 있을 것이라 생각한다."[21] 이 최초의 사적 일기는 통상 기노 쓰라유키가 쓴 것으로 여겨진다. 하지만 정작 그는 자기 아내가 쓴 것이라고 둘러댔다. 그렇게 둘러댄 이유는 명백해 보인다. 즉 당시 남자들은 한문이야말로 품위 있는 글쓰기의 유일한 매개 수단이라고 여겼기 때문이다. 남자보다 한문을 배울 기회가 훨씬 적었던 여성들은 기꺼이 모국어인 가나로 자신의 생각을 표현하고자 했다. 그 결과 여성들이야말로 헤이안 시대에 가장 위대한 산문문학의 담지자가 되었던 것이다.

『가게로닛키』

최초의 본격적인 여성 일기로 10세기 후반에 기록된 『가게로닛키』(蜻蛉日記)를 꼽을 수 있다. 이는 이름은 밝히지 않은 채 그냥 '후지와라노 미치쓰나(藤原道綱)의 모친'이라고 칭한 여성에 의해 쓰였다. 『도사닛키』가 매일매일 일어난 일들을 날짜순에 따라 비교적 균형 잡힌 일관성에 입각해서 기록했다면, 『가게로닛키』는 954년에서 974년까지 약 21년간에 걸쳐 일어난 일들을 산발적으로 두서없이 적고 있다. 어떤 날은 아주 상세하게 기재되어 있는가 하면, 장기간 아무것도 적지 않은 시기도 있다. 즉 『가게로닛키』는 느슨한 형식의 일기라 할 수 있다. 사실상 이 일기의 대부분은 21년의 기간 가운데 종반부 혹은 심지어 974년 이후에 쓰인 것으로 추정된다. 그런데 이 일기의 글쓰기는 지극히 사적이고 주관적인 성격을 띠고 있어서, 일종의 자서전 혹은 '사소설'(私小說)이라 칭해질 만하다. 실로 헤이안 문학에서는 일기와 허구적 소설의 차이가 종종 매우 애매하다.

『도사닛키』가 당시 일기 및 기타 사적인 기록의 공통된 주제였던 여행에 초점이 맞추어져 있다면, 『가게로닛키』는 마찬가지로 일반적인 주제였던 남녀 간 로맨스를 다루고 있다. 미치쓰나의 모친은 나중에 궁정황실의 섭

---

21) Keene, *Anthology of Japanese Literature*, p.82.

정이 된 후지와라노 가네이에(藤原兼家, 929~990)와 결혼했다. 다른 헤이안 궁정귀족들과 마찬가지로 가네이에는 성실한 남편이 못 되었다. 신혼 초에는 금실이 좋았지만 미치쓰나가 태어난 후 그는 다른 여자들에게 마음이 팔렸다. 『가게로닛키』의 대부분은 남편이 날이 갈수록 자기를 드물게 찾아오는 것에 대한 필자의 비탄과 초조한 분노를 보여준다. 당시 헤이안 궁정의 여성들에게 공통된 운명이었던 호젓한 삶의 지루함을 어찌할 도리가 없이 그저 홀로 쓸쓸히 버려진 채, 미치쓰나의 어머니는 신경질적인 자기연민에 빠져 다른 사람들의 기분은 아랑곳하지 않고 그저 불평만 늘어놓을 뿐이었다. 『가게로닛키』의 종반부에서 우리는 이처럼 버림받은 여성의 비참한 모습을 엿볼 수 있다.

> 올 한 해의 남은 기간은 약간의 눈보라를 뺀다면 날씨가 참 좋았다. (중략) 한 해 한해가 참 빨리도 지나간다는 느낌이 들었다. 거기에는 하나같이 충족되지 않은 갈망이 따라다닌다. 저 오래된, 결코 고갈될 줄 모르는 슬픔이 되돌아왔고, 나는 그저 멍한 눈으로 조상제사에 참석했다.

그러나 위 인용문에 이어지는 마지막 구절에서 우리는 "섣달 그믐날 밤에 바깥에서 누군가가 문을 두드렸다"는 말을 듣는다. 가네이에는 아직 미치쓰나의 모친을 마음 한구석에 담아두고 있었던 것이다.[22]

『이세모노가타리』

사적 일기와 매우 흡사한 다른 유형의 당대 문학으로 '우타모노가타리'(歌物語)라는 장르를 들 수 있다. 이 장르 가운데 가장 유명한 작품이 바로 10세기 초 무렵에 편찬된 『이세모노가타리』(伊勢物語)이다. 이 작품은 느슨하게 결합된 다양한 길이의 125개 구절 혹은 에피소드로 이루어져 있으

---

22) Edward Seidensticker, tr., *The Gossamer Years*, p.167.

며 각각 한두 수의 시가를 포함하고 있다. 대부분의 시가는 사랑을 노래하고 있는데, 특히 탁월한 궁정 연인이자 시인이었던 아리와라노 나리히라(在原業平, 825~880)의 낭만적인 모험을 다루고 있다. 『이세모노가타리』를 편찬한 여러 명의 편자들은 주로 나리히라가 쓴 시가들을 모아 그의 생애에 관한 전기적 스토리를 묘사한 서사 속에 그 시가들을 배치해놓았다. 외국인의 눈에 그것은 혹 가볍고 중요치 않은 작품으로 보일 수도 있겠다. 그러나 일본인들은 수 세기 동안 이 『이세모노가타리』를 일본문학사상 가장 뛰어난 명작 가운데 하나로 높이 평가해왔다. 그 전형적인 구절을 들자면 이렇다.

옛날에 나리히라라는 한 귀족 남자가 있었다. 그는 성인식을 끝낸 후 옛 수도였던 나라 근처 가스가(春日)로 매사냥을 갔다. 그의 영지인 그곳에는 매우 우아하고 아름다운 자매가 살고 있었다. 시골에 어울리지 않는 이 미인 자매를 훔쳐본 그는 그만 마음이 크게 흔들리고 말았다. 그리하여 나리히라는 입고 있던 넉줄고사리 무늬의 사냥복 옷자락을 잘라내어 거기에 시가를 써서 자매에게 보냈다.

가스가 들판의 어린 자색 꽃이여,
그대가 내 옷자락을 물들게 하는구려.
저 야생의 풀처럼 거칠게 자라나는
내 가슴속 정열 또한
끝없이 넘쳐나는구려.

자매는 이 노래에 감탄했을 법하다. 왜냐하면 그것은 잘 알려진 다음 노래와 동일한 취향으로 지어졌기 때문이다.

미치노쿠(陸奧)의 넉줄고사리 무늬처럼

내 마음을 사로잡아

흔들고 만 것은

모두 그대 때문인 것을.

옛사람들은 이처럼 평이하고도 친근감을 주는 풍류에 뛰어났던 것이다.[23)]

『겐지모노가타리』

헤이안 초기 및 중기 산문의 전개에서 최고의 업적은 1000년경에 완성된 『겐지모노가타리』(源氏物語)라 할 수 있다. 이는 궁중시녀였던 무라사키 시키부(紫式部, 978~1016)가 쓴 장편소설이다. 물론 헤이안 문학에는 뛰어난 작품들이 많이 있다. 하지만 우리에게 당대를 헤이안 귀족의 눈을 통해 생생하게 재현해 보여준 대작으로 『겐지모노가타리』에 필적할 만한 작품은 없을 것이다. 이 소설의 주인공 '빛나는' 겐지는 천황과 낮은 신분의 부인 사이에서 태어났으며, 헤이안적인 모든 덕목을 갖춘 전형적인 인물로 묘사되고 있다. 그는 눈부시게 아름다운 멋진 연인이자 시인일 뿐만 아니라 뛰어난 서예가, 음악가, 무용가로, 사실상 미적 관념에 의해 지배받던 사회에서 나무랄 데 없는 취향과 소양을 갖춘 인물이었다.

다른 동료들과 마찬가지로 젊은 시절의 겐지에게는 후지와라 가문의 대신들이 지배하고 있던 조정 내에서 공적 업무가 주어지지 않았다. 대신 그는 낚시라든가 특히 여성과의 로맨스에 탐닉했다. 그의 여성편력은 끊임없이 그를 로맨틱한 스캔들에 얽히게 했다. 겐지를 둘러싼 전형적인 정사는 엄격하고 까다로운 심미안에 따라 이루어졌다. 가령 연인들은 부채라든가 주의 깊게 선택한 향기로운 편지지에다 와카(和歌)를 쓴 다음 그것을 섬세하게 꽃으로 장식하여 서로 교환하면서 즐겼다. 행여 상대방 여성이 글씨를 잘 못 쓰거나 시가 속의 비유가 적절치 못하거나 또는 편지지 장식물의

23) Keene, *Anthology of Japanese Literature*, pp.67~68.

색채감각이 떨어지는 경우에는 귀족 남성의 열정이 금방 식어버리곤 했다. 다른 한편 은은한 여름밤의 섬세하게 뒤섞인 향수 내음 혹은 잊히지 않을 현악기의 음률은 남자의 열정을 최고조로 자극하여 그로 하여금 엉뚱하고도 무모한 로맨스에 빠지도록 몰아가기 십상이었다. 그 결과 연인들 당사자뿐만 아니라 헤이안 궁정사회의 서로 다 알 만한 지인들 사이에 난처한 상황, 심지어 파멸을 초래하는 상황이 빚어지기 일쑤였다.

비 오는 어느 날 밤에 있었던 유명한 한 장면에서, 겐지와 그의 친구들이 비공식적인 여자 품평회를 개최했을 때, 후지와라 가문의 젊은이인 도노추조와 겐지 사이에 다음과 같은 대화가 오고 간다.

도노추조가 말했습니다. "요즘 들어서야 흠잡을 데 하나 없이 이상적인 여자가 그리 흔치 않다는 것을 알았네. 겉으로야 정을 주는 척 달필로 편지도 술술 쓰고, 상대방이 하는 이야기를 잘 이해한다는 듯 재치 있는 대답도 하는 정도의 여자는 제법 많지. 그러나 본격적으로 한 가지 재능을 꼭 집어 골라내자면 급제할 만한 여자는 찾아보기 어렵단 말일세. 뭐 하나 잘한답시고 제멋대로 자랑하고 거만 떨고 다른 사람을 경멸하는, 그런 몰염치한 여자들만 많다니까. 부모 슬하에서 오냐오냐 응석 부리며 장래가 양양한 처녀시절에야, 하찮은 재주를 소문으로 전해 듣고 마음을 빼앗기는 남자도 있을 터. 용모가 반듯하고 성품도 단정한 젊은 여자가 달리 소일할 일이 없을 때에는, 사소한 재주 하나라도 남이 연습하는 것을 보고 듣고 흉내 내어 자기도 열심히 하게 되는 일도 있으니 한 가지 재주 정도야 저절로 터득하게 되는 법이지 않은가. 하지만 그 여자의 시중을 드는 시녀들이야 그녀의 좋은 면만 과장해서 떠들고 다니게 마련이니까, 본인을 직접 만나기 전에는 설마 그렇게 대단한 정도는 아니겠지 하고 폄하할 수도 없지 않은가. 그러니 정말인가 보다 생각하면서 정작 여자를 만나보면 거짓이 드러나 실망하지 말란 법도 없지."

개탄하듯 이야기하는 모습에 겐지가 압도될 정도로 도노추조는 그 방면에 경험이 풍부한 모양이었습니다. 도노추조의 말이 전부 옳다고 고개를 끄덕일 수야 없지만 겐지도 수긍이 가는 부분이 없지는 않은 듯하였습니다. 이에 겐지가 미소를 지으면서 말했습니다. "하지만 그렇게 칭찬할 만한 구석이 하나도 없는 여자가 과연 어디 있겠는가?"

"자네, 그렇게 한심한 여자를 누군들 가까이하겠는가. 칭찬할 구석이 하나도 없는 한심한 여자든, 정말 좋은 여자라고 감탄할 만한 여자든 그리 흔치는 않은 법일세. 여자는 세 부류로 나눌 수 있네. 가령 신분이 높은 집안에서 태어난 여자 같으면, 주위 사람들도 애지중지 소중히 다룰 터이니 남의 눈에 잘 띄지 않을 것이고, 그러면 자연히 좋게 보이지 않겠는가. 중류계급의 여자는 성품이나 개성, 사고방식을 쉬이 알 수 있으니 다양한 면에서 우열을 가리기 쉬울 터이고, 그보다 낮은 계급의 여자들은 소문조차 들을 수 없으니 아예 관심 바깥일 테고 말이야."[24]

일본의 평자들은 오래전부터 이 『겐지모노가타리』야말로 '모노노아와레'(物の哀れ)라는 미학적 개념을 가장 잘 보여주는 작품이라고 주장해왔다. 실제로 『겐지모노가타리』에는 감동을 나타내는 '아와레'라는 형용사 표현이 1018번이나 나온다.

『마쿠라노소시』

이 '모노노아와레'는 흔히 헤이안 문학의 지배적인 정조라고 일컬어진다. 하지만 최소한 하나의 예외가 있다. 가령 세이쇼나곤(清少納言, 생몰연대 미상)의 『마쿠라노소시』(枕草子)에는 '모노노아와레'와는 정반대의 미적 개념인 '오카시', 즉 가볍고 통통 튀는 재치의 미학이 반영되어 있다. 동시대의 무라사키와 마찬가지로 세이쇼나곤 역시 궁정나인으로 근무했다. 『마쿠라노소시』라는 제목은 실제로 저자 자신이 늘 그 책을 목침 가까이에 둔 데에서 붙여진 듯싶다. 어쨌건 이 책은 메모, 리스트, 일화, 금언, 개인적

---

24) Lady Murasaki, *The Tale of Genji*, tr. by Arthur Waley, pp. 22~23.
무라사키 시키부, 김난주 옮김, 『겐지이야기』 1, 한길사, 2007 참조. _옮긴이

의견 등을 모아놓은 수필집이다. 세이쇼나곤은 특히 그녀가 즐겨 다루었던 인간의 약점이라든가 괴상한 취미 등에 대해 매우 날카로운 안목을 가지고 있었다. 실로 강렬하고 신랄한 어조의 자기주장에 능했던 그녀는 남성들에 대한 행동으로 볼 때 전투적인 여성해방론자의 선구자로 간주될 만하다. 가령 그녀는 나리마사라는 귀족(그녀가 낮게 평가한 인물)이 어느 날 밤 몰래 그녀를 방문했을 때 일어난 일들에 대해 다음과 같은 기록을 남기고 있다.

> 나리마사는 묘하게 쉰 목소리로 여러 차례 불러댔다. "그쪽으로 가도 되겠습니까? 그쪽으로 들어가도 되겠는지요." 그 부르는 소리에 눈이 번쩍 뜨여 쳐다보니, 휘장 뒤에 세워둔 등잔 불빛에 건너편이 환하게 비쳐 보였다. 나리마사가 장지문을 5촌 정도 열고 문틈으로 부르고 있었다. 순간, 이것 참 재미있는 일이 벌어졌다는 생각과 함께, 이런 호색적인 짓은 절대로 안 할 사람인데 중궁께서 자기 집에 납신 것을 구실로 대담해져서 멋대로 행동한다는 생각이 들었다. 옆에 자는 젊은 뇨보를 흔들어 깨워서 "저것 보게. 딴 데서는 못 보던 얼굴이 이쪽을 엿보고 있다네" 하자, 나리마사는 "아니, 그런 돼먹지 않은 마음은 추호도 없소이다. 이 집의 주인으로서 이 방의 주인 격인 당신과 상의할 일이 있어서 말이오"라고 했다. 그래서 내가 "아까는 문에 대해서 말씀드렸소만 그 장지문을 여시지요. 뭐라 말씀하셨는지요?"라고 하자, 나리마사는 "실은 그 일에 대해서도 말씀드릴 일이 있소이다. 그쪽으로 가도 되겠소이까? 그쪽으로 가도 되겠는가 묻고 있소이다"라고 되풀이 말했다. 이때 옆에 있던 뇨보가 "아니, 우리 차림이 이러니까 안 되는 게 뻔하지 않습니까?"라며 웃자, "아 참, 젊은 여성분이 계셨군요"라며 장지문을 닫고 물러갔다. 우리는 한바탕 웃음바다가 되었다.[25]

『마쿠라노소시』는 수필문학의 효시라 할 수 있는데, 이런 장르는 일본문학사에서 후대에 매우 널리 퍼졌다. 일기문학 및 우타모노가타리 장르와

---

25) Ivan Morris, tr., *The Pillow Book*, 1:7~8.
세이쇼나곤, 정분순 옮김, 『마쿠라노소시』, 갑인공방, 2004 참조. _옮긴이

더불어 수필문학은 에마키(繪卷)라든가 렌가(連歌)와 마찬가지로 길고 일관성 있는 예술형식보다 에피소드 중심의 느슨한 예술형식을 더 선호한 일본인의 취향을 반영한다. 물론 장편소설인 『겐지모노가타리』는 이런 기준에서 볼 때 예외적인 사례라 할 수 있다. 문학에서 일본인은 짤막한 문장, 구절, 단어, 음절 등을 다듬는 데에 많은 관심을 기울여왔다. 와카에 대한 일본인의 끊임없는 사랑은 바로 이 점을 가장 잘 보여주는 증거라 할 만하다. 사실 일본인은 이야기의 전개라든가 주의 깊게 구성된 서사적 측면에는 별로 관심이 없었다.

모노가타리와 역사기술

『겐지모노가타리』는 54장으로 이루어져 있기는 하지만 실제로는 크게 두 부분으로 나뉘어 있다. 첫 번째 부분은 겐지의 생애와 사랑편력에 초점을 맞추고 있다. 한편 두 번째 부분은 겐지 사후의 궁정 세대를 다루고 있다. 이 중 전자는 전반적으로 슬픔과 멜랑콜리가 주된 정조를 이루고 있긴 하지만, 진실로 이상적인 사회, 즉 그 구성원들이 자신이 몸담고 있는 사회를 현세에서 최상의 세계라고 믿어 의심치 않았던 그런 사회를 묘사하고 있다. 하지만 그렇다고 해서 겐지와 그 동료들이 딱히 철학적인 사색을 전개한 것은 아니다. 대신 그들은 현실 속의 존재가 발하는 광채에 궁극적인 진리성 내지 실재성을 부여하는 밀교적 세계관을 직관적으로 수용했다. 특히 겐지는 헤이안 귀족을 완벽하게 재현해 보여주었다. 소설의 후반부 첫머리에서 한탄하고 있듯이, 겐지의 죽음과 더불어 이제 그를 대신할 만한 인물은 아무도 없게 되었다.

겐지의 후계자들에게서 우리는 소설의 색조를 바꿀 새로운 회의와 심리학적 불확실성을 발견하게 된다. 즉 중요한 변화를 함축하고 있는 『겐지모노가타리』의 후반부에는 한 세기 후 궁정귀족사회의 쇠퇴 및 지방무사계급의 대두를 예감케 하는 징후가 드러나 있다. 어떤 역사가들은 헤이안의 귀족사회가 그 정점에 도달했을 때조차, 궁정에서의 영달을 추구하던 소수의 특권층(주로 후지와라 가문 및 황실가문)을 제외한 모든 이들을 바보 취급했다는 점을 지적한 바 있다. 또한 『겐지모노가타리』 전반부에서 궁정귀족들의 삶을 이상시한 것과는 반대로, 실제로는 많은 귀족들이 자신들의 운명에 불만이 많았다는 점도 시사하고 있다. 11세기 당시 지방에서는 무사들의 불평불만이 점차 고조되고 있었고, 그것이 지방문제에 대해 외면상 아무렇지도 않은 척하고 있었던 귀족들을 불안하게 만들었음은 분명하다.

'모노가타리' 라는 말은 후지와라 시대에 운문을 수반하는 산문(poem-tale) 내지 소설로서의 다양한 문학작품들을 가리켰는데, 동시에 그것은 새로운 유형의 역사 이야기를 지칭하는 데에도 사용되었다. 『니혼쇼키』는 나라 조정에 의해 중국의 왕조사를 기술한 역사서와 유사한 방식으로 쓰인 일본의 공식적인 최초의 역사서라 할 수 있다. 마찬가지로 887년까지의 일본왕조사를 기술한 육국사(六國史)가 편찬되었다. 이런 역사서들은 모두 한문으로 기술되었다. 이 중 『니혼쇼키』를 차치한다면, 나머지 역사서들은 하나같이 조정에서 일어난 사건들과 사실들을 무미건조하게 나열하고 있다.

어쨌거나 이와 같은 국사편찬의 관례를 포기하게 된 이유로, 9세기 후반에 이르러 대륙에의 공식사절단 파견을 중단하게 되면서 중국식 제도 및 행동양식으로부터 전면적으로 탈피하게 된 점을 들 수 있다. 또한 가나를 사용하면서 일본어로 글을 쓸 수 있는 능력을 새롭게 습득함에 따라 개인적인 일기를 쓰는 일이 촉진되었는데, 이와 마찬가지 방식으로 궁정귀족들 또한 더 다채롭고 다양한 해석방법을 통해 당대의 역사적 사건들을 기록할 책임감을 느꼈다. 구조상 꼭 같지는 않지만, 국사는 관료제 국가인 중국의 공식적인 왕조사 기술방법에 준하여 쓰였다. 하지만 헤이안 시대 일본은 아직 중국식의 관료제 국가는 아니었다. 국가행정에 느슨했던 헤이안 귀족들은 의례화된 그들 자신의 도성생활에 더 자기성찰적으로 열중하게 되었다. 문학에서와 마찬가지로 역사기술에서도 그들은 교토 귀족사회의 공적 및 사적 일들을 다루면서 일본인의 정서에 더 적합한 새로운 표현수단을 발전시켜나갔는데, 이는 매우 자연스러운 귀결이었다.

이 시기에 발전된 새로운 형태의 역사기술방식은 이야기로서의 역사, 즉 '레키시모노가타리'(歷史物語)라 불린다. 이 장르는 픽션으로서의 이야기, 특히 『겐지모노가타리』로부터 많은 영향을 받아 성립되었다. 그것은 역사와 문학의 차이 또는 사실과 픽션의 차이를 모호하게 섞어버린 데에서 생겨났다. 이 점에서 레키시모노가타리는 일종의 '윤색되고 장식화된 역사'라고 간주할 수 있다. 이런 식으로 역사와 문학을 뒤섞어버리는 발상은 실상 『겐지모노가타리』의 한 장면에서 이미 암시적으로 제시되어 나온 바 있다. 거기서 겐지는 교토에 사는 다마카즈라 부인을 방문한다. 이 여성은 로맨스 이야기(모노가타리) 읽기를 매우 즐겼다. 이에 겐지는 우선 다마카즈라가 사실이 아님을 훤히 잘 알면서도 그런 이야기들에 현혹된다면서 그녀를 놀린다. 하지만 이어 정색을 하면서 다음과 같이 말한다. "나는 모든 지어낸 이야기, 즉 모노가타리 안에 참된 감정과 그럴듯한 사건들이 있음을 인정하지 않을 수 없소이다. (중략) 모노가타리는 신대(神代)부터 지금까지 일어난 일들을 기록하고 보존해왔지요. 『니혼쇼키』 같은 책들은 전체적인 진실의 한 조각일 뿐입니다. 모노가타리야말로 진실의 공백을 상세하게 채워주지요."[26] 그러니까 겐지에게 『니혼쇼키』 및 기타 역사서들은 과거에 일어난 큰 사건들과 일들에 대해 부분적으로만 이야기해주는 것에 지나지 않았다. 사람들이 실제로 어떻게 느끼면서 살았고 무엇을 생각했는지 하는 세부적인 이야기는 모노가타리의 '있을 법한' 이야기 방식으로 보충되어야만 한다고 여겼던 것이다.

『에이가모노가타리』

최초의 레키시모노가타리는 11세기 중엽에 궁녀 아카조메 에몬(赤染衛

---

26) Murasaki Shikibu, *The Tale of Genji*, tr. by Edward Seidensticker, 1:437.

門, 생몰연대 미상)이 쓴 『에이가모노가타리』(榮花物語)이다. 이 저자는 구조나 스타일에서 『겐지모노가타리』를 거리낌 없이 모방했다. '육국사'가 한문으로 쓰인 데 비해, 『에이가모노가타리』는 일본어 가나로 서술되었다. 이 최초의 레키시모노가타리의 저자가 여성이라는 점은 매우 자연스러워 보인다. 왜냐하면 새로 창안된 일본어 가나로 글쓰는 능력에 뛰어났으므로 새로운 유형의 모노가타리 글쓰기에서 이미 선도적인 역할을 담당하고 있었기 때문이다.

946년경부터 1028년까지의 시기를 시대적 배경으로 삼고 있는 『에이가모노가타리』는 결혼, 출생, 죽음, 경쟁관계, 낭만적인 밀통 등 헤이안 궁정에서 일어난 온갖 사건들을 한 여성의 시각에서 서술하고 있다. 그것은 제목이 말해주듯이 후지와라 가문, 특히 통상 대표적인 섭정으로 일컬어지는 후지와라노 미치나가(藤原道長, 966~1027)[27]의 영화로운 생애를 묘사하고 있다. 저자 아카조메 에몬이 눈부시게 빛나는 미치나가에게 품은 경외심이 다음 구절에 잘 표현되어 있다.

> 영화를 누리는 자는 쇠퇴할 때가 반드시 있다. 모든 만남 다음에는 이별이 있다. 원인이 있으면 결과가 있게 마련이며, 영원한 것은 아무것도 없다. 어제 번영을 누린 부자는 오늘 쇠할 것이다. 봄의 꽃도 시들고 가을 이파리들도 낙엽이 되어 질 것이며, 봄날의 아지랑이와 가을 안개에 싸인 채 아름다움을 잃어버리게 될 것이다. 한바탕 강풍에 꽃들과 이파리들이 흩날리고 나면, 그것들은 그저 정원 안에 물거품 같은 흔적만 남길 뿐이다. 하지만 이제 마악 피어나기 시작한 저 분〔미치나가〕의 영화만은 수천 번 봄 아지랑이와 가을 안개가 피어나는 동안 내내 사라지지 않을 것이다. 어떤 강풍도 저 영화의 나뭇가지를 해치지 못하리라. 그것은 갈수록 더욱 향기로운 나무로 자라날 것이다. 마치 희귀한 우담바라의 꽃

27) 헤이안 중기의 귀족으로, 후지와라씨 최전성기의 인물이다. 장녀는 이치조 천황의 황후가 되었고 차녀는 산조 천황의 황후, 셋째 딸은 고이치조 천황의 황후, 그리고 넷째 딸은 고스자쿠 동궁의 비가 되는 등 섭정시대의 일세를 풍미했다. _옮긴이

처럼 찬란하게 피어나 가장 아름다운 푸른 수련(水蓮)처럼 비길 데 없이 고귀한 향내음을 뿜어낼 것이다.[28)]

위 구절은 모든 불교적 진리 가운데 가장 근본적인 가르침인 '존재하는 모든 것의 덧없음'을 서정적으로 표현하고 있다. 그런데 여기서 아카조메 에몬은 오직 미치나가의 영화만은 이런 덧없음의 진리에 지배받지 않을 것이며, 미치나가 당대 및 그 후손들의 세대에 걸쳐 수천 년간(영원히?) 지속될 것이라고 주장한다.

『오카가미』

후지와라씨, 특히 미치나가의 영광은 두 번째 레키시모노가타리인 『오카가미』(大鏡)에서도 언명되고 있다. 이 작품은 11세기 후반 혹은 12세기 초엽에 한 궁정귀족이 쓴 것으로 추정되는데, 850년에서 1025년까지의 시기(『에이가모노가타리』의 시대적 배경과 거의 동시대인데, 앞부분이 한 세기 정도 앞서 있다)를 포괄하고 있다. 『에이가모노가타리』가 연대기(chronology) 형식으로 서술되었다면, 이 『오카가미』는 '연보(annals) 및 전기(biography)'[29)] 양식으로 이루어져 있다.[30)] 이 중 연보는 천황에 관한 기록인데, 일률적으로 간결하게 기술되며 전체 분량 중 10퍼센트 정도가 할당될 뿐이다. 한편 전기는 연보에 나오는 천황들의 통치기간 동안 궁정조신으로 봉임했던 두드러진 후지와라씨 인물들의 전기를 가리키며, 전체 분량 중 나머지 90퍼센트 정도를 차지한다. 요컨대 『오카가미』는 무엇보다 미치나가 시대에 영광과 영화의 정점으로 이끌었던 후지와라씨의 역사라 할 수 있다. 다음 인용문에서 저자는 『에이가모노가타리』에서 아카조메 에몬이 처음으로 제기한 '미치나가

---

28) William and Helen McCullough, trs., *A Tale of Flowering Fortunes*, 2:515~516.

29) 역사서술을 구성하는 연대기, 연보, 전기 형식은 모두 중국에서 차용한 것이다. 연보 및 전기 형식의 역사서술은 기본적으로 연대기적인 것이라기보다는 오히려 화제 혹은 주제 중심으로 정렬한 것이었다. 이 중 두 가지 중심적인 주제가 있는데, 하나는 천황의 연보이고 다른 하나는 궁정장관들 및 여타 중신들의 전기이다.

30) 여기서 말하는 연보와 전기 양식은 통상 기전체(紀傳體)라 부른다. _옮긴이

숭배'에 대해 상세하게 설명하면서, 미치나가를 고대 일본사에서 가장 위대한 문화영웅인 쇼토쿠 태자와 일본 진언종(眞言宗)의 창시자인 구카이(空海) 및 거기서 더 나아가 신 또는 붓다에 빗대어 말하고 있다.

> 미치나가는 타의 추종을 불허하는 인물이다. 그는 천지의 신들로부터 특별한 수호를 받는 사람이다. 연일 비바람이 몰아치다가도 그가 어떤 일을 계획하면 실행하기 이틀이나 사흘 전에 언제 그랬냐는 듯이 하늘이 맑게 개고 땅이 마르곤 한다. 혹자는 그를 쇼토쿠 태자의 화신이라고 부른다. 또 혹자는 그가 불교 재흥을 위해 다시 태어난 구카이라고도 말한다. 심지어 까다롭기 짝이 없는 노인들에게조차 그는 죽을 수밖에 없는 평범한 인간이 아니라 신 혹은 붓다의 외경스러운 현현으로 비칠 정도이다.[31]

정토종과 아미타불 신앙

궁정조신들은 현세에서 영적 성취가 가능하다는 사실을 한 번도 의심한 적이 없었는데, 11세기 이후부터는 점차 내세에서 구원을 얻는다고 생각하게 되었다. 이와 같은 구원관은 일본에서 새로운 것이 아니며, 일찍이 7세기 정토불교의 교의를 통해 소개된 바 있다. 정토불교는 초월적 붓다인 아미타불 숭배에 기초하고 있는데, 이 아미타불은 영겁 이전에 누구든 전적으로 자기를 믿기만 하면 모든 중생들을 구제하겠다는 서약을 했다고 한다. 단지 염불(아미타불을 찬미하는 기도문 혹은 주문)[32]을 외우기만 하면 누구든 사후에 지복의 유토피아인 아미타불의 서방정토에 왕생할 수 있다는 것이다.

이와 같은 아미타불 신앙은 특히 '불교적 가르침[法]의 마지막 시대'를 뜻하는 말법(末法)사상이 유행하기 시작한 헤이안 후기 궁정조신들 사이에 널리 퍼졌다. 말법사상은 고타마 붓다가 적멸한 기원전 5세기경 이후에 불

31) Helen McCullough, tr., *Ōkagami*, p.208.
32) 아미타불에 귀의한다는 뜻의 '나무아미타불'을 가리킨다.

교가 세 가지 시대적 변천을 겪게 될 것이라고 주장했다. 불법(佛法)이 융성하는 정법(正法)시대, 불법이 쇠퇴하는 상법(像法)시대, 그리고 마침내 불법이 사라져버리는 타락한 말법시대가 그것이다. 히나야나(소승불교) 신봉자 및 심지어 진언종이라든가 천태종(天台宗)과 같은 밀교적 종파의 일부 마하야나(대승불교) 신도들은 자기 자신의 노력을 통해 해탈에 이를 수 있다고 믿었다. 하지만 말법시대가 시작되면서, 즉 일본의 경우 1052년 이후에는 누구도 더 이상 자신만의 노력으로 해탈할 수 있다고는 믿지 않게 되었다. 말법시대에는 오직 아미타불과 같은 타자의 은총에 의한 구제를 통해서만 정토왕생을 기대할 수 있었다.

결과적으로 정토종은 누구나 실천할 수 있는 손쉬운 수행법과 단순한 구제관을 통해 중세 일본의 모든 계층에 걸쳐 불교가 널리 전파되는 데에 큰 역할을 했다. 그리고 일본불교의 발전과정에서 아미타불 신앙을 특히 미학적인 관점에서 널리 받아들인 주체는 바로 헤이안 궁정조신들이었다. 가령 『오조요슈』(往生要集)에서 천태종 승려 겐신(源信, 942~1017)은 염불 수행법을 적극 권장하면서 정토의 아름다움을 다음과 같이 생생하게 묘사하고 있다.

> 신도가 정토에 왕생하여 연꽃이 최초로 피어나는 기쁨을 체험할 때, 그의 환희는 예전의 백배도 넘게 될 것이다. 그것은 소경이 처음으로 눈을 뜨게 되는 환희 혹은 시골구석을 떠나 처음으로 왕궁에 들어가는 기쁨에 비유될 만하다. 자신의 몸을 보니 자줏빛이 도는 황금빛으로 빛나고 있다. 물론 그의 옷도 보석으로 치장되어 있다. 반지와 팔찌와 보석관 및 온갖 장식물이 치렁치렁 그의 몸을 휘감고 있는 것이다. 붓다로부터 퍼져 나오는 빛을 올려 보았을 때 그는 혜안을 얻게 되며, 전생에서의 온갖 경험으로 인해 그는 모든 존재의 소리들을 다 알아들을 수 있다. 무슨 색깔을 보든지 혹은 무슨 소리를 듣든지 간에 그는 경탄하지 않을 수 없다. 올려다보는 하늘 위쪽이 찬란하게 장식되어 있어 그의 눈은 구름이 지나간 흔적 속에 묻혀버린다. 경이로운 불법의 바퀴 소리가 이 보석의 땅 구

석구석에 울려 퍼진다. 곳곳의 궁성과 회당, 숲과 연못들이 빛으로 반짝거린다. 오리와 거위와 원앙새 떼들이 이리저리 날아다닌다. 마치 갑작스러운 소낙비처럼 이 정토에 왕생한 누대의 수많은 사람들을 볼 수 있다.[33]

라이고

후지와라 시대 예술이 즐겨 취한 주제 가운데 하나로 '라이고'(來迎)라는 것이 있다. 이는 임종 시 정토로 안내하기 위해 아미타불이 신도를 맞이하러 내려오는 장면을 그린 그림이다(그림 23). 가장 유명한 라이고 그림 가운데 통상 겐신 작이라고 하는 세 폭짜리 연속화가 있다. 겐신은 학자이자 동시에 뛰어난 예술가이기도 했다. 하지만 이 작품은 겐신 사후 1세기 이상이 지난 다음에 그려진 것이 분명하다. 어쨌거나 거기에는 25명의 협시보살들을 거느린 아미타불이 소용돌이치는 구름을 타고 지상으로 내려오는 장면이 묘사되어 있다. 이 보살들 가운데 어떤 이는 악기를 연주하고 있고 어떤 이는 합장기도를 올리고 있는가 하면, 또 어떤 이는 봉헌할 공물을 들고 있다. 한편 아미타불은 정면을 향한 채 그림 중앙에 배치되어 있다. 이런 배치방식은 명백히 성화적(iconographic) 양식을 연상케 한다. 그러나 아미타불과 보살들의 부드럽고 미소 짓는 표정은 조간(貞觀) 시대 미술의 이 세상 것이 아닌 듯한 거칠고 무시무시한 형상과는 근본적으로 상이하다. 비단 시각예술뿐만 아니라 후지와라 시대의 문학 또한 부드럽고 친근하며 '여성적'이다. 이와 대조적으로 조간 시대는 험상궂고 비밀스러우며 '남성적'인 이미지를 보여준다.

11세기에 궁정조신들 사이에 아미타불 신앙이 유행하게 된 것은 섭정 후지와라노 미치나가의 행적에서 인상적으로 엿볼 수 있다. 미치나가는 인생의 전성기에서 세계에 대한 그의 만족감을 다음과 같은 환희에 찬 시구로 표현한 바 있다.

33) Tsunoda, deBary, and Keene, *Sources of Japanese Tradition*, pp.202~203.

:: **그림 23** 라이고 〈아미타불과 그 협시보살들의 내방〉(시애틀미술관. 유진 풀러 기념컬렉션)

저 만월처럼 세상이 모두
실로 나의 것만 같구나.
나는 달처럼 빛나니,
구름에 가리는 일 없도다.

하지만 죽음이 가까워졌을 때, 미치나가는 아미타불과 내세에 대해 더 많이 생각하게 되었다. 일본의 일반적인 관례에 따라 그는 임종에 즈음하여 그의 침대를 서쪽으로 향하게 하고 라이고 그림에 나오는 아미타불처럼 손에 색깔 있는 끈을 달아 그를 정토로 인도해줄 아미타불이 강림하기 쉽도록 했다. 후대의 예술가들은 신실한 신도가 빨리 정토에 왕생하도록 신속함을 강조하고 싶어 한 나머지, 아미타불과 보살들이 매우 서둘러 지상에 강림하는 모습(그림 23에서는 완만하고 부유하는 이미지로 묘사되어 있지만)으로 라이고를 그렸다. 라이고의 장면은 극적으로 재현되기도 했다. 가령 기록에 남아 있는 한 남자의 이야기에 따르면, 그는 임종 시에 아미타불과 25명의 협시보살 모습의 복장을 한 일련의 승려들이 자신을 방문하도록 했다는 것이다.

미치나가가 임종을 맞이한 사원인 호조지(法成寺)는 지금은 존재하지 않는다. 들리는 말에 따르면, 미치나가는 정토의 아름다움과 환희를 지상에 재현할 목적으로 이 사찰을 세웠다고 한다. 미치나가의 아들인 섭정 후지와라노 요리미치(藤原賴通, 992~1074) 또한 뵤도인(平等院)을 건립함으로써 정토를 재현하고자 했다. 이 뵤도인은 현재 교토 남쪽으로 수 킬로미터 떨어진 우지시(宇治市)에 위치해 있다(그림 24). 말법시대의 첫해인 1052년에 개원한 뵤도인에는 현존하는 가장 뛰어난 후지와라 시대 건축물들이 남아 있다. 그중에는 많은 사랑을 받는 봉황당(鳳凰堂)이 있다. 이는 비상하는 날개를 가진 봉황새의 형상을 따라 후대에 붙인 이름임에 틀림없는데, 밝고 우아한 구조를 보여준다. 봉황당 안에는 라이고를 표상한 조각작품들이 있다. 즉 중앙에는 아미타불 본존상이 있고, 벽 상부에는 구름을 타고

:: **그림 24** 뵤도인(뉴욕 주재 일본영사관)

우아한 형태의 후광을 가진 보살상들이 조각되어 있다. 후지와라 시대의 부드러운 궁정예술풍의 목조 아미타불상은 조초(定朝, ?~1057)의 작품이다(그림 25). 조초는 당대에 가장 유명한 조각가였는데, 일본사에서 탁월한 장인이자 동시에 개성적인 예술가로서 궁정으로부터 특별한 명성과 영예

:: **그림 25** 조초의 뵤도인 아미타불 본존상(뉴욕 주재 일본영사관)

를 얻은 최고의 인물 중 한 사람이다.

신덴즈쿠리

일본 국내에는 현존하는 헤이안 시대의 건축물이 없다. 하지만 우리는 문헌기록이나 두루마리 그림을 통해 후지와라 시대에 궁정조신들이 어떤 집을 짓고 살았는지를 알 수 있다. 당시 귀족가문 저택의 주요 건축양식은 통상 신덴즈쿠리(寢殿造) 양식이라 부른다. 이는 사실상 뵤도인과 마찬가지로 단층건물 집합으로 이루어져 있다(그림 26).

궁정조신들은 모두 교토 관내에서 살기를 선호했으므로 저택을 지을 부지가 부족할 수밖에 없었다. 그런 만큼 그들은 통상 1만 평방미터 정도의 비교적 좁은 부지에 만족하지 않으면 안 되었다. 전형적인 신덴즈쿠리 양식의 저택은 가장의 침실건물 한 채와 그 밖의 부수적 건물 세 채로 이루어

:: **그림 26** 헤이안 시대 신덴즈쿠리 양식의 저택(아서 플라이셔 그림)

져 있다. 이 중 침실건물은 남쪽을 향해 지어졌고 나머지 건물은 각각 동쪽, 서쪽, 북쪽을 향해 있다. 이 네 채의 건물은 지면에서 30센티미터 정도 떨어진 위쪽에 세워졌으며, 지붕이 있는 회랑으로 서로 연결되어 있다. 이 밖에 남쪽으로 두 개의 부수적인 회랑이 더 있었는데, 그것들은 중앙에 인공섬을 만들어놓은 작은 연못과 이웃한 조그만 낚시 정자로 이어져 있다. 이 연못의 물길은 통상 북동쪽에서 흘러드는데, 종종 저택 바로 아래쪽으로 흐른다. 바로 이 냇가에서 궁정귀족들이 모여 와카 경연대회를 열곤 했다. 그때 술잔을 물 위에 띄워 흘려보내는데, 이 잔이 참석한 손님들 앞에 도달하면 그 당사자가 술잔을 들어 마신 후 와카를 읊는 식으로 경연대회가 행해졌다.

현대 일본인의 저택과 마찬가지로 헤이안 궁정조신들의 저택 또한 칸막이와 미닫이문과 덧문이 있었는데, 이것들은 언제고 간편하게 떼어내어 더 넓은 방으로 트거나 혹은 건물 내부 전체를 옥외에 개방할 수 있는 구조였다. 또한 오늘날 대부분의 일본 저택들이 그러하듯이, 신덴즈쿠리 양식의 저택은 가구가 별로 없었다. 당대에 중국에서는 의자 문화가 일반적이었지만, 헤이안 귀족들은 특정한 의식용을 제외하고는 의자를 사용하지 않았다. 그래서 신덴즈쿠리 양식의 방에 놓는 가구로는 기껏해야 장롱, 화로, 낮은 상들이 전부였다. 그마저도 사용한 다음에는 그 자리에 두지 않고 딴데 치워놓았다.

귀족사회에 특이한 가구로, 공식적으로 사용된 발을 들 수 있다. 헤이안 귀족 여성들은 자신의 얼굴을 드러내지 않은 채 이 발 뒤에서 손님을 맞이했다. 12세기에 그려진 『겐지모노가타리』 두루마리 그림의 이채로운 묘사에 따르면, 이런 발은 재질이 목조이고 높이가 1, 2미터 내외로 가로대로부터 아래쪽으로 완만하게 휘장이 늘어져 있다(148쪽 그림 27의 앞쪽에서도 이 발을 찾아볼 수 있다). 물론 발은 언제든지 손쉽게 치울 수 있는 그런 것이었다. 그것은 낭만적인 밀통을 즐기려는 헤이안의 한량들에게 최후로 제거해야 할 가냘픈 장벽을 표상하기도 했다.

4
새로운 시대의 도래

무사계급의 등장

선사시대 고분에서 출토된 무장한 전사와 말과 수많은 무구(武俱) 모양의 하니와들은 일본인의 전쟁사가 먼 고대에까지 거슬러 올라간다는 사실을 보여주는 명백한 증거물이라 할 수 있다. 나아가 이는 일본의 중부지역에서 대륙의 영향하에 우아하고 세련된 문화생활이 발전한 시대에조차 각 지방에서 전쟁이 빈번하게 일어났음을 강하게 시사한다.

645년 다이카 개신(大化改新)에 이어 중앙집권제 통치를 강화하기 위해 조정에서는 우선 전국에 걸쳐 각 지방의 무사단 조직을 창설했다. 각 지방관이 지배했던 이 무사집단은 농민 출신의 보병 및 관리직에 종사한 지방의 유력가문에서 차출된 기마병으로 구성되어 있었다. 그러나 처음부터 농민 출신의 보병들은 중국의 영향을 받아 석궁(石弓)을 주된 무기로 삼고 있었는데, 그것은 전장에서 그다지 효과적이지 못했다. 이 점은 특히 8세기 후반 및 9세기 초엽에 북방지역의 에미시족과의 전쟁(3장 참조)에서 분명하게 드러났다.

무사단에서 차출된 원정군이 여전히 에미시족과 전쟁을 계속하고 있었음에도 불구하고, 헤이안 천도 2년 전인 792년에 조정은 징병제를 그만두었다. 그 후 조정은 기마병을 구성한다든지 필요한 경우 지방의 반란군이라든가 여타 문제를 처리하고자 할 때 지방호족을 이용했다. 물론 대체로 지방에 대한 조정의 행정력은 헤이안 시대 초기에 점차 쇠퇴했다. 하지만 각 지방의 관청은 여전히 기마병들의 무기라든가 장비를 제공하는 중요한 원천이었다. 이리하여 9세기 후반에서 10세기 초엽에 이르러 이런 기마병들이 뚜렷한 무사계층으로 그 모습을 드러내기 시작했다.

고대 일본의 기마병은 주로 두 가지 무기, 즉 칼과 활에 의존했는데, 그 중 활이 훨씬 더 중요했다. 예를 들면, 우리는 이 점을 일종의 전사직인 '궁마도'(弓馬道)라는 표현에서 엿볼 수 있다. 수 세기 후에 활 대신 다른 무기가 전쟁의 중요한 도구로 자리 잡을 때까지도 이 '궁마도'라는 표현이 '무사도'를 기술하는 데에 사용되었다.

일본에서 지방에 무사계급이 등장하게 된 과정은 간단하지 않으며 지역에 따라 상이한 편차를 보인다. 그중 특히 한 지역, 즉 간토(關東) 동부지방이 무사계급 발생의 중요한 진원지가 되었다. 일찍부터 간토 지방은 가장 뛰어난 전사들의 근거지로 유명했다. 북부 무쓰(陸奧)[1]와 더불어 이 간토인들은 일본에서 가장 좋은 말들을 사육했으며, 어릴 때부터 말타기와 궁술을 비롯한 기타 군사술을 배웠다. 당시만 해도 간토 지방은 모험심에 가득 찬 정착민들을 끌어들일 만한 광대한 들판이 펼쳐져 있는 거칠고 험준한 미개척지역이었다. 여러 기록에 따르면, 거기서는 토지와 권력을 다투는 분쟁들이 끊이지 않았다. 간토 지방에서는 최소한 10세기 초부터 족장들이 일어나 토착적인 기마무사단을 형성했다. 이 무사집단의 구성원들은 처음에는 거의 전적으로 같은 씨족집단에 속해 있었다. 하지만 시간이 지나면서 족장들은 타지 출신의 무사들도 받아들이게 되었는데, 이들은 족장과 봉건군주와 가신의 관계를 맺었다. 이런 무사단들이 점차 서로 충돌하거나 혹은 동맹을 형성하여 특정 지역의 헤게모니를 장악하게 되었으며,

1) 주로 지금의 아오모리현에 해당하는 옛 구니(國)명. _옮긴이

이읏고 대족장들이 나타나면서 더 많은 영토를 차지하기 위한 경쟁이 치열하게 전개되었다.

간토 지방 및 기타 지역에서의 전쟁은 헤이안 시대 중엽까지 사실상 전적으로 기마단끼리의 전투였고 그 규모도 기껏해야 수백 명을 넘지 않았지만, 한편으로 매우 양식화되어 있었다. 예컨대 전투가 벌어지면 양측의 무사들은 대개 일대일로 짝을 지어 싸웠는데, 처음에는 활과 화살을 썼고 그 다음에 칼을 사용하는 근접전을 펼쳤다. 이때 근접전의 목표는 적병을 말에서 떨어뜨리고는 자신도 말에서 뛰어내려 단검으로 적을 찔러 죽이는 데에 있었다. 이렇게 하여 승리한 무사는 전투가 끝난 뒤 보상을 요구하기 위한 증거물 내지 전리품으로서 흔히 적의 목을 베어 취하곤 했다.

지방무사들은 결코 왕조문화에 대한 외경과 존경심을 잃지 않았다. 하지만 그들에게 가장 중요한 가치는 헤이안 조신들이 중시했던 가치와는 상반된 것이었다. 그들은 '섬기는 사람'을 뜻하는 말인 사무라이(侍)였고,[2] 남성다운 오만함과 무용(武勇), 주군에 대한 흔들림 없는 충성과 가문에 대한 공격적인 자부심을 강조하는 불문율에 따라 행동했다.

다이라씨와 미나모토씨

역설적으로 들리겠지만, 가장 위대한 사무라이 지도자는 귀족사회를 배경으로 등장했다. 교토에서 후지와라 가문이 무소불위의 권력가로 부상하면서 궁정 내 다른 귀족들의 출세 기회가 막히게 되었다. 이처럼 기회가 봉쇄당한 계층에는 후지와라 가문에 속해 있기는 했지만 주변적이었던 비주류인물들 및 심지어 황족들도 포함되어 있었다. 이런 이들은 다수가 지방관 자리를 수락하여 교토를 떠났다. 그들은 임기가 끝난 후에도 지방에 계속 눌어붙어 있으면서 무사도를 지지한다든지 무사단 지도자로서 하급 사

2) '사무라이'라는 용어는 오늘날 주로 전근대 일본의 무사를 지칭하는 말로 사용되고 있다. 하지만 전사계층에 대한 지칭은 원래 이 말 말고도 다른 용어가 더 있었다. 그중 아마도 가장 일반적인 용어는 '쓰와모노'(兵)라든가 '부시'(武士)였을 것이다.

무라이 계층을 후원하는 봉건영주가 되기도 했다. 전형적인 사례로 다이라씨(平氏)와 미나모토씨(源氏)를 들 수 있는데, 이들은 모두 황자를 조상으로 하는 귀족가문 출신이었다. 이 두 가문이 사무라이 사회의 전면에 등장하여 토지의 지배권을 둘러싼 경쟁상대로 대치하게 된 것이다.[3]

처음부터 지역별로 양 가문의 영향권이 분명하게 구분되어 있었던 것은 아니다. 그러다가 11세기 후반에서 12세기 초에 이르러 미나모토씨의 한 유력가문이 간토 지방의 헤게모니를 장악하고자 했다. 그들은 무쓰 지방과 데와(出羽)[4] 지방을 비롯한 북방지역의 토착세력들을 정복하고자 1100년대 후반에 두 번의 길고도 처절한 전쟁[5]을 치르면서 군사력을 키워나갔다. 그러는 동안 이세 지방의 다이라씨가 중부와 서부지방의 토지 및 지배권을 획득했다. 하지만 결국 1185년 가마쿠라(鎌倉)에 일본 최초의 무사정권을 수립하는 데 성공한 것은 미나모토씨였다. 이는 미나모토씨가 중부지방보다 대략 10배나 넓은 평원이 펼쳐져 있는 비옥한 간토 지방을 손에 넣었다는 점이 결정적인 요인으로 작용했음에 틀림없어 보인다. 그러나 12세기 중엽 이래 이 두 사무라이 가문 사이에 벌어졌던 장기간에 걸친 전쟁에서 처음에는 다이라씨가 미나모토씨보다 더 유리했다. 이세는 간토 지방보다 교토의 궁성에 더 인접해 있었기 때문이다.

11세기 후반에 전개된 궁정 내의 주요 정치상황 또한 특히 다이라씨에게 유리하게 작용했다. 우지(宇治)의 뵤도인(平等院)을 건립한 섭정 후지와라노 요리미치(藤原賴通, 992~1074) 말년기에 이르러 교토에서 후지와라 가문의 위세는 점점 기울기 시작했으며, 인세이기(院政期)[6]를 열었던 최초의

---

3) '다이라씨' (또는 헤이케[平家]라고도 함)와 '미나모토씨' (또는 겐지라고도 함)는 원래 두 명의 황자에게 주어진 성씨였다. 이 둘은 황실가문의 규모가 지나치게 팽창하는 것을 막기 위해 주기적으로 행했던 일종의 '황족 가지치기' (dynastic shedding) 과정에서 황족의 신분을 박탈당한 황자였다. 황족은 본래 성씨가 없다.

4) 현 야마가타현과 아키타현에 해당하는 옛 구니(國)명. _옮긴이

5) 하나는 '전기 9년전쟁' (前九年の役, 1056~1062)으로, 그리고 다른 하나는 '후기 3년전쟁' (後三年の役, 1083~1087)으로 불린다. 그런데 실제 전쟁 햇수는 각각 6년과 4년으로 상기 명칭과는 차이가 있다.

6) 상황이 원정(院政)을 행한 시대. 1086년 시라카와(白河) 상황에 의해 시작되었다. _옮긴이

상황(上皇)[7]은 종래 황실에서 요구해왔던 명실상부한 천황의 통치를 재주장했다. 여기서 더 나아가 역대 상황들은 이세의 다이라씨 무사가문을 비롯한 여러 가문의 구성원들을 자신들의 측근으로 끌어들임으로써, 조정을 독점적으로 지배하고 있던 후지와라씨의 세력을 약화시키고자 애썼다. 이와 같은 상황들의 보호하에 이세의 다이라씨는 조신이 아니면서도 황궁 알현을 허락받은 최초의 사례가 되었다. 이들은 또한 광대한 토지를 하사받았으며, 혼슈(本州) 서부지방과 규슈의 지방관으로 다수 임명되었다.

상황들의 주장과 노력에도 불구하고 12세기에 교토의 정치적 상황은 점점 악화되었다. 즉 12세기 중엽에는 후지와라 가문과 황실 내에서 심각한 균열이 나타나게 되었고, 다이라씨 및 미나모토씨 가문의 호전적인 무사들이 전례 없이 떼거리로 교토에 몰려들었다. 이리하여 1150년대에 이르러 '꽃의 도성' 교토의 평화는 두 차례의 군사적 충돌로 무참히 깨지고 말았다. 그 첫 번째 전란은 1156년에 일어났는데, 이때는 다이라씨와 미나모토씨가 피아간 서로 뒤섞여 있었다. 하지만 1159년의 두 번째 전란에서는 이세의 다이라씨가 최대 라이벌인 미나모토씨를 확실하게 제압하여 승리를 거두었다. 그럼으로써 이제 다이라노 기요모리(平清盛, 1118~1181)의 지도 아래 20여 년간 지속된 다이라 가문의 궁정지배 시대가 열리게 된 것이다.

이와 같은 이세의 다이라씨 시대는 일본사에서 하나의 과도기적 기간이었다고 할 수 있다. 무사가문임에도 불구하고 다이라씨는 후지와라씨의 선례를 따라 황실과 혼인관계를 맺었으며 조정 내 최고위 관직들을 거의 독차지했다. 이처럼 종래의 전통적인 조정정치를 답습하는 한편 지방을 새로운 형태의 행정으로 통치할 긴급한 필요성은 무시한 결과, 다이라씨는 1180년에서 1185년까지 계속된 미나모토씨와의 본격적인 전쟁[8]을 재개하면서 자멸을 초래했다.

---

7) 퇴위한 천황을 가리키는 말. _옮긴이
8) '겐지'(미나모토씨)와 '헤이케'(다이라씨)의 첫 음을 따서 통상 '겐페이(源平) 전쟁'이라 부른다.

『헤이케모노가타리』

이세 다이라씨의 흥망성쇠에 관한 주요 정보원의 하나로, '군키모노가타리'(軍記物語) 장르 가운데 가장 뛰어난 작품으로 일컬어지는 『헤이케모노가타리』(平家物語)가 있다. 군키모노가타리는 모두 익명의 작가에 의해 쓰이거나 편찬되었는데, 실제 사건을 윤색해서 기술한 무사와 전쟁에 대한 이야기이다. 요컨대 일부는 역사이지만 또 일부는 허구라 할 수 있다. 최초의 군키모노가타리 작품[9]은 10세기 후반 무렵에 등장했는데, 939년에서 940년 사이에 간토 지방의 다이라노 마사카도(平將門, ?~940)[10]가 일으킨 반란사건을 다루고 있다. 이런 군키모노가타리 작품은 17세기까지도 계속 나왔지만, 그 최전성기는 역시 중세 초기인 13세기에서 14세기 무렵이었다.

어떤 작품은 해당 사건이 발생한 직후에 나오기도 했고, 어떤 것은 앞선 시대의 구전전승에 기초하여 쓰이기도 했다. 이세 다이라씨의 대두 및 겐페이 전쟁(1180~1185)에서의 그 종국과 파멸에 대해 적고 있는 『헤이케모노가타리』가 책으로 처음 묶여 나온 것은 아마도 13세기 초 무렵이었을 것으로 추정된다. 그러나 곧이어 이 작품은 맹인 비파승 집단에 의해 덧붙여지고 확장되었다. 이 비파승 집단은 일본 전국을 유랑하면서 가는 곳마다 비파 반주에 맞추어 이 전쟁 이야기를 읊어주면서 사람들을 즐겁게 했다. 중세 내내 성행했던 군키모노가타리 가운데 『헤이케모노가타리』처럼 12세기에 있었던 다이라씨와 미나모토씨의 전쟁을 다루는 작품들은 모든 시대에 걸쳐 일본인들의 특별한 사랑을 받아왔으며, 수많은 연극, 드라마, 무용, 영화 등으로 연출되어왔다. 가령 이런 그칠 줄 모르는 인기를 보여주는 가장 좋은 증거로서, 다음 장에서 다시 살펴보겠지만, 전쟁 이야기를 다루는 노(能, 14세기 후반에서 15세기에 생겨남)의 모든 곡목들이 실제로 『헤이

9) 『쇼몬키』(將門記, '마사카도키'라고 읽기도 함)를 가리킨다. _옮긴이

10) 헤이안 중기의 무장. 섭정 후지와라노 다다히라(藤原忠平)를 모셨는데 자신이 원하던 관직에 오르지 못하자 분개하여 간토 지방으로 달아나 오미노쿠니를 정복하고 939년에는 스스로 신황(新皇)을 칭하는 등 간토 지방에 일대세력을 형성했으나 다이라씨에 의해 토벌당했다. _옮긴이

케모노가타리』에 나오는 등장인물과 줄거리에 기초하고 있다는 사실을 들 수 있다.

후대의 군키모노가타리 작품들은 중세에 그칠 줄 모르고 일어났던 전쟁에 대해 그저 줄줄이 나열적으로 기술하는 식으로 퇴락해버림으로써 여러 작품들 간에 별 차이가 없었다. 그러나 『헤이케모노가타리』를 비롯한 몇몇 작품들은 중세 무사들의 정신이 저장된 값진 보고라 할 만하다. 전쟁이라든가 군사적 명성에 대한 무사들의 강한 욕망은 후대에 종종 낭만적인 것으로 윤색되곤 했다. 하지만 정작 중세 일본의 분위기는 처음부터 어둡고 염세적이고 절망적이었다. 『겐지모노가타리』의 경우에는 시대적 분위기가 헤이안 귀족사회의 완성에 따른 만족감으로부터 현세의 불확실성 및 내세에서의 구원에 대한 갈망으로 바뀌어갔다. 그러나 귀족들은 아미타불의 서방정토가 자신들의 세계를 이상화한 것이라고 여겨, 그것을 건축과 풍경 안에 재창조하고자 시도했다. 이는 귀족들이 실제로는 자신들이 오랫동안 품어왔던 세속적인 가치들을 버릴 생각이 전혀 없었음을 보여준다. 하지만 여러모로 중세의 도래를 말해주는 작품인 『헤이케모노가타리』의 다음과 같은 모두(冒頭) 구절에 표현된 정조는 『겐지모노가타리』와는 크게 다르다.

> 기온지(祇園寺)의 종소리는 존재하는 모든 것의 덧없음을 말해주며, 사라수(娑羅樹) 꽃의 빛깔은 흥한 자는 쇠할 수밖에 없다는 진실을 보여준다. 스스로를 자랑하고 자만하는 자들은 영원히 지속되지 않으리니, 기껏해야 춘야(春夜)의 꿈과 같을 뿐이다. 힘 있고 권세 있는 자들 또한 언젠가는 바람 앞의 먼지처럼 사라져갈 것이다.[11)]

말법시대의 정조(앞 장 참조)가 지배적인 『헤이케모노가타리』는 오만함과 자만심으로 가득 찬 이세의 다이라씨가 기요모리의 지도하에 어떻게 해

11) Paul Varley, *Warriors of Japan, As Portrayed in the War Tales*, p.85에서 재인용.

서 궁정사회의 최정점에까지 올라섰는지, 또한 어떻게 해서 재기한 미나모토씨와의 5년에 걸친 전쟁에서 비참한 최후를 맞이하게 되었는지를 묘사하고 있다. 그러나 크게 보자면 다이라씨는 음울하고 불가해한 말법시대에서의 쇠퇴와 파멸을 매우 웅장한 스케일로 보여준 사례라 할 수 있다. 다이라씨는 교토에 거주하면서 점점 더 궁정 스타일로 바뀌어갔다. 『헤이케모노가타리』에서 그들은 아예 귀족의 대리인처럼 보이기까지 한다. 거기서 귀족들은 다이라씨 가문과 마찬가지로 급속히 쇠락하고 있으며, 역사상 일본의 지배계급이었으나 미나모토씨로 대표되는 신흥 엘리트 무사계급에게 바야흐로 패배하기 일보직전에 있다.

이세 다이라씨에게 내포된 이와 같은 귀족적 특성은 『헤이케모노가타리』 전편을 통해 두드러지게 나타난다. 가령 어떤 다이라씨 청년은 항상 몸에 피리를 지니고 다닌다. 한편 이 청년을 살해하려는 한 미나모토씨 추종자는 미나모토씨 중에는 전장에 피리 같은 것을 지니고 다니는 자가 아무도 없다는 사실을 떠올린다. 또 임종을 앞둔 어떤 다이라씨의 등장인물은 한 유명한 가인(歌人)에게 자신이 지은 와카(和歌) 몇 편을 칙찬(勅撰) 와카선집에 넣어줄 것을 부탁하기도 한다. 그뿐만 아니라 자신이 전장에서 죽을 것임을 예감하는 또 다른 다이라씨 등장인물은 비범한 음악적 재능으로 인해 자신에게 맡겨진 천황 하사품인 명물 피리를 주인에게 되돌려 보낸다. 『헤이케모노가타리』의 전반부만 보자면 우리는 작품 후반부에 나오는 다이라씨 일족의 겐페이 전쟁 패배에 대해 마땅히 그럴 만하다고 느끼기 십상이다. 하지만 막상 전쟁이 시작되는 장면을 읽을 때 우리는 다이라씨에게 연민과 공감의 느낌을 품게 된다. 이는 주로 다이라씨가 귀족적인 고상함을 갖추고 있으며 당황할 때조차 기품 있게 행동하는 등, 도저히 저 거칠고 용맹한 미나모토씨의 군사적 적수가 될 수 없는 캐릭터로 표현되어 있기 때문일 것이다. 가장 슬프면서도 가장 귀족적인 기품을 느낄 수 있게 해주는 『헤이케모노가타리』의 다음 구절은 다이라씨 일족이 1183년 교토에서 쫓겨난 이후 서쪽 지방으로 도망치는 장면을 묘사하고 있다. 그들은 서쪽을 향한 도주여행을 떠나기 전, 내해(內海)[12] 인근의 후쿠하라(福原)[13]에서 하룻밤 머무른다.

날이 밝자 후쿠하라 궁성에 불을 지르고 천황을 비롯해 모두들 배에 오르니 도성을 버리고 떠날 때하고야 비할 수 없었으나 그래도 아쉬움을 금할 길 없었다. 노을 속 피어오르는 소금 굽는 연기에, 새벽녘 짝을 찾아 울어대는 사슴 소리, 그리고 이리저리 해변으로 밀려드는 파도 소리, 또 눈물 젖은 소매에 어린 달빛하며, 풀숲에서 들려오는 귀뚜라미 우는 소리 등, 보이고 들리는 것 그 어느 하나 슬픔을 자아내고 마음을 아프게 하지 않는 것이 없었다. 바로 얼마 전 요시나카를 토벌하러 동쪽으로 향했을 때 오사카(逢坂) 산기슭을 10만 기가 말머리 나란히 나아갔건만, 이제 서해 바다 위로 나가기 위해 밧줄을 푸는 자 고작 7000여 기뿐. 운해(雲海)는 고요한데 해 기우니 쓸쓸한 외딴 섬에 밤안개 서리고 달그림자 바다 위에 드리울 제, 인적 없는 포구의 파도 헤치고 물살에 휩쓸려 배 떠나니 흡사 중천의 구름 속으로 빨려드는 것 같았다. 이렇게 며칠이 흐르다 보니 도성은 이미 산천 저편의 구름 밖 세상이 되고 말아 멀리도 왔다고 생각하니 눈물이 끊임없이 눈앞을 가릴 뿐이었다.[14]

다이라씨라는 이름은 오랜 세월 동안 "결국 바람 앞의 먼지처럼 사라지고 말" 권력이나 자만심과 동의어로 통용되어왔다. 실로 다이라씨는 "도도한 헤이케조차 오래가지 않을 것"이라는 속담까지 낳았다. 그러나 사실 다이라씨는 상당 부분 『헤이케모노가타리』의 문학적 윤색과정으로 인한 피해자라 할 수 있다. 가령 『헤이케모노가타리』는 기요모리를 잔인한 권력광으로 묘사하고 있는데, 이를 입증할 만한 어떤 역사적 증거도 없다. 또한

12) 세토내해(瀨戶內海)를 가리킨다. _옮긴이

13) 1180년 다이라노 기요모리가 교토에서 쫓겨난 뒤 안토쿠(安德) 천황을 모시고 일시적인 신도읍으로 삼았던 곳. 지금의 고베시 효고구(兵庫區)에 해당된다. _옮긴이

14) Paul Varley, "Warriors as Courtiers: The Taira in *Heike Monogatari*," in Amy Heinrich, ed., *Currents in Japanese Culture*, p.62에서 재인용.

이세 다이라씨는 군사적으로 무능한 무사가문으로 서술되어 있지만, 이 또한 근거가 없다. 그뿐만 아니라 귀족적인 궁정무사로 표현되어 나오는 다이라씨의 속성은 역사적 사실이라기보다는 14세기 무로마치 시대의 예술적 취향을 반영한 것일 따름이다. 이 시기는 바로 가장 많이 보급된『헤이케모노가타리』판본[15]이 편찬된 시대였다.

중국 송왕조와의 교류

다이라씨 일족의 교토 지배는 단기간에 그쳤으며, 일본사의 관점에서 보더라도 통치형태의 발전에 기여한 바가 거의 없다. 하지만 다이라씨는 특히 해외무역 및 교류에 주력함으로써 중국의 영향과 관련하여 새로운 흐름의 유입로를 열어주었다. 그리하여 중세 일본에서 문화적 발전의 방향과 속도에 의미 있는 기여를 하기도 했다.

국운이 기울어가고 있던 당왕조와의 공식적 관계가 9세기 후반에 단절되었지만, 일본은 대륙과의 접촉을 완전히 끊어버린 적은 결코 없었다. 예컨대 10, 11세기에 걸쳐 일본은 규슈, 특히 고대 하카타(博多)항을 통해 대륙과의 사(私)무역을 진행했다. 나아가 헤이안 조정은 견당사의 재파견에는 고집스럽게 부정적이었지만, 하카타 근방에 직할령을 설치하고 거기에 항상 관리들을 상주케 했다. 이는 대륙으로부터의 수입무역을 감독하는 한편 교토 귀족들에게 판매하거나 분배하기 위한 고가의 호화 기호품을 징발하기 위한 조처였다. 그러니까 12세기에 궁정 내 상황들의 후원하에 서부지역에서 유력한 세력을 형성했을 때, 다이라씨가 큰 이윤이 남는 대중국 해운무역에 많은 관심을 기울여 마침내 그것을 독점하게 된 것도 지극히 자연스러운 귀결이었다.

수 세기 전에 일본은 다이카 개신을 통해 당왕조시대의 중국을 모방하는 데에 열심이었다. 그러나 송왕조시대(960~1279)의 중국은 당나라의 팽창

---

15) 1371년에 편찬된 '가쿠이치본'(覺一本)을 가리킨다.

주의적, 국제주의적 에토스에서 벗어나 있었다. 따라서 중국은 더 이상 변방의 일본에 세계예술과 문화의 흐름을 전해주는 거대한 수로가 되어주지 못했다. 송왕조는 초창기부터 북방 및 북서쪽에서 압박을 가해오는 이민족들 때문에 골치를 앓고 있었다. 게다가 12세기 초에 다이라씨가 일본의 해외무역을 독점하고 있었을 무렵, 북중국은 이민족의 침입으로 무너지고 말았다. 따라서 통상 남송(1127~1279)으로 불리게 된 송왕조는 수도를 북중국의 카이펑(開封)에서 양쯔강 삼각지 남부에 위치한 항저우(杭州)로 옮기지 않을 수 없었다. 이 신도읍은 1279년 쿠빌라이 칸의 몽골에 의해 멸망할 때까지 중국의 수도였다.

정치적 재난 및 영토 상실에도 불구하고 송대는 중국문명사에서 하나의 위대한 발전기로 평가받는다. 그래서 몇몇 학자들은 당왕조 후기 및 송왕조에 있었던 거대한 규모의 도시들과 상업 및 해외무역이라든가 정부조직의 관료화 등에 깊은 인상을 받은 나머지, 송대가 중국이 '근세'(early modern) 단계에 진입한 시대라고 주장하기도 했다. 한편 송대는 문화적으로도 찬란하게 피어난 시대였다. 송대에 발전한 주요 예술과 종교와 철학들이 대부분 때맞추어 일본에 전해졌으리라는 점은 의심할 나위 없다. 왜냐하면 송나라 측은 일본과의 외국무역을 확대하고자 원했고, 일본의 경우도 다이라씨가 중국과의 해상무역에 쏟은 열성으로 인해 일정 부분 주도권을 획득한 측면이 있었는데, 이 양자의 우연한 결합이 문화 전파과정을 활발하게 촉진했기 때문이다.

이와 같은 대륙문화 전파의 새로운 물결이 낳은 최초의, 그리고 가장 중요한 결과 중의 하나로, 일본에서 순수학문에 대한 관심이 재흥했다는 점을 꼽을 수 있다. 과거 나라(奈良) 조정은 중국을 모델로 삼아 수도에 중심대학을 세우는 한편, 각 지방에도 대학을 설치하도록 명했다. 이윽고 나라시대 중엽에는 유교고전학, 문학, 법률, 수학 등 네 가지 커리큘럼이 확립되었다. 이와 같은 대학시스템의 명백한 목적은 하급귀족(및 지방귀족)의 자제들이 조정관료로 진출할 수 있도록 하나의 통로를 제공하는 데에 있었다. 하지만 이는 현실적으로 거의 효과를 얻지 못했다. 대체로 조정의 관위 및 관직 수여는 여전히 전적으로 출생신분에 따라 결정되었기 때문이다. 이리하여 얼마 가지 않아 대학시스템은 쇠퇴해버렸으며, 유력 귀족가문들은 사적 교육기관을 통해 자제들의 교육문제를 해결해야 할 책임을 떠맡게 되었다. 게다가 헤이안 초기의 귀족들은 주로 (순수)문학에만 열중한 나머지 다른 분야의 학문은 거의 무시했다. 가령 귀족사회는 『논어』에 대한 깊이 있는 지식을 힘겹게 습득한 개인에게 포상을 제공하는 데에 지극히 인색했지만, 뛰어난 와카를 지은 자에게는 후하게 월계관을 씌워주고 불후의 문학적 영예를 약속해주었다.

다른 한편 중국 송대는 학문적으로 매우 뛰어난 시대였는데, 이는 특히 사서와 백과전서 및 예술작품 목록의 편찬에서 두드러진다. 이런 학문활동은 수 세기 전에 중국인이 발명한 인쇄술이 발전하면서 크게 진작되었다.

송나라를 방문한 일본인들은 역사, 불교, 유교, 문학, 의학, 지리학 등을 비롯하여 방대한 주제에 관한 출판도서들을 마음껏 구할 수 있다는 데에서 큰 인상을 받았다. 이들은 귀국 시에 수많은 책들을 가지고 일본에 들어왔다. 다이라 시대에는 중국 도서를 얼마나 가지고 있는가가 상류계급의 지위를 나타내는 중요한 상징이 되었다. 그래서 기요모리는 송나라가 반출을 금한 백과전서류 도서만 1000여 권이나 소장하고 있었다고 한다. 어떤 귀족은 일기에서 자신이 개인적으로는 별 관심도 없는 중국 도서들을 단지 체면상 기를 쓰고 사들였다고 털어놓기도 했다. 하지만 이 시기에 일본으로 유입된 수천수만 권의 중국 도서들은 한편으로 새롭게 지어진 수많은 도서관이 성장하고 발전할 토대를 제공해주었으며, 다른 한편으로 일본인들에게 일본의 책들을 출판해야겠다는 동기를 부여해주었는가 하면, 또한 여러모로 자극을 주어 중세의 다양하고 활력에 넘치는 학문활동을 가능케 했다.

야마토에

헤이안 시대 중후기에 가장 세련된 예술적 업적 중 하나로 일본적 양식의 세속화(世俗畵)를 들 수 있다. 12세기의 이야기 그림두루마리에서 그 정점에 도달한 이 세속화 양식의 그림은 중국화 양식과 구별하여 '야마토에'(大和繪)[16]라 부른다.

7세기에서 9세기까지의 일본회화는 여타의 예술양식처럼 거의 전적으로 중국풍으로 그려졌다. 가령 초상화를 보면 중국인의 얼굴모양을 하고 있고, 풍경조차도 중국의 명승지를 모방할 정도였다. 그러다가 9세기 이후 야마토에가 발전하면서 이와 같은 중국 모방을 벗어나 일본을 배경으로 일본인을 묘사하는 주체적인 회화양식으로 바뀌어갔다.

초기 야마토에의 거의 모든 작품들은 병풍이나 미닫이문에 그려졌다. 하지만 아쉽게도 이런 작품들은 그것을 담고 있던 신덴즈쿠리 양식의 저택과 마찬가지로 현재 남아 있는 것이 없다. 물론 그 형태나 특징에 대해 묘사한 문헌기록은 풍부하게 전해진다. 또한 12세기 〈겐지모노가타리 에마키〉(그림 27)와 같은 후대의 이야기 그림두루마리에서 우리는 야마토에 양식의 장식적 그림들이 그려져 있는 병풍이나 미닫이문을 엿볼 수 있다.

후지와라 시대에 최고조로 유행한 이 초기 야마토에는 자연경치만 그린 것도 있고 혹은 자연풍광 속에서 달구경을 하거나 첫 봄꽃을 따거나 그냥 아름답고 고요한 자연 속에 서 있는 등, 여가를 즐기는 귀족들을 묘사한 것도 있다. 어쨌거나 이런 그림의 주요한 두 가지 주제는 일본의 사계절과 명승지였다.

이 책 2장 말미에서도 언급했듯이, 인류역사상 일본인만큼 문학이나 예술에서 사계절 및 그것이 환기시키는 감정에 집착하고 몰두한 민족은 없을 것이다. 『겐지모노가타리』와 같은 산문작품에는 사계절 및 그것이 헤

---

16) 중국풍의 '가라에'(唐繪)와 구별하여 일본풍의 그림을 지칭하는 말. 또는 헤이안 시대 당나라풍의 양식을 국풍화한 일본적 정취의 세속화 및 그 전통에 입각한 회화의 총칭. 가마쿠라 시대 이후 송나라와 원나라 계열의 회화, 특히 수묵화를 '가라에' 혹은 '간가'(漢畵)라고 하는데, 이에 대한 대비어로 쓰이기도 한다. 나아가 에도 시대 다색목판화인 '우키요에'를 지칭하는 용어로 쓰일 때도 있다. _옮긴이

이안 귀족들의 생활방식과 가지는 밀접한 관계에 대한 예민한 인식이 도처에 깔려 있다. 또한 와카에서 우리는 봄날의 '아침안개'라든가 가을날의 '사슴 울음소리' 같이 특정 계절을 연상시켜주는 어구나 단어를 쉽사리 찾아볼 수 있다. 마찬가지로 야마토에 또한 여름을 시사하는 나팔꽃, 연꽃 연못, 가모(賀茂) 축제라든가 혹은 겨울을 나타내는 산중 마을이나 물새 또는 거룩한 가구라(神樂)춤 등 특정 계절을 연상케 하는 장면들이 많이 묘사되어 나온다.

명승지를 그린 야마토에는 좀 유별난 특징을 보여준다. 즉 대부분의 화가는 정작 자기가 그린 그림 속의 명승지를 실제로는 한 번도 가본 적이 없다. 교토에서 아주 가까운 곳에 위치한 명승지라면 몰라도 말이다. 다시 말해 야마토에 화가들은 전통적으로 그러하리라고 여겨져온 장면을 그리든가 아니면 화가 자신이 상상한 장면을 묘사한 것이다. 헤이안 귀족들이 교토 바깥의 자연과 세상을 순전히 추상적이거나 미학적 관점에서 상상했으리라는 사실을 이것만큼 웅변적으로 잘 말해주는 증거는 없을 것이다.

가나 음절이 개발되고 가나로 지은 와카가 발전하면서 야마토에 화가들은 자신이 묘사하는 특정 계절과 배경풍경에 적합한 시가를 첨가하기 시작했다. 그리하여 야마토에에서는 이제 시가와 서예 그리고 회화라는 세 가지 예술양식이 합쳐지게 되었다. 그 과정에서 화가들은 작품에다 이야기적 혹은 표현적 요소를 부가했다. 이로써 종래에 병풍이나 미닫이문에 그렸던 데에서 벗어나, 야마토에를 책 속의 삽화로 사용하게 되었다. 이리하여 마침내 12세기에 들어서면서 이야기 그림두루마리가 등장하게 된 것이다. 초기 야마토에 양식과의 혼동을 피하기 위해 편의상 '에마키'(繪卷)라고 부르던 양식이 그것이다.

에마키

중국에서는 오래전부터 가로 두루마리를 회화 목적으로 사용해왔다. 그런데 헤이안 후기에 일본인들은 이를 응용하여 주요한 예술양식을 창안해냈다. 헤이안 시대의 에마키로 현존하는 가장 오래되고 가장 찬란한 작품은 12세기 중엽에 그려진 것으로 보이는 〈겐지모노가타리 에마키〉이다(그림 27). 원래는 20첩이나 있었다고 하는데, 현재는 네 첩만 남아 있다. 엄격히 말하자면 이 〈겐지모노가타리 에마키〉는 완전한 이야기 그림은 아니다. 왜냐하면 거기에서는 후대 에마키의 지배적 특징이 된 기법, 즉 동작들이 오른쪽에서 왼쪽을 따라 횡적으로 이어지는 흐름 및 장면들이 서로 겹쳐지도록 하는 기법이 보이지 않기 때문이다. 즉 〈겐지모노가타리 에마키〉는 『겐지모노가타리』 속에 산재하는 여러 독립적인 장면들로 구성되어 있다.

〈겐지모노가타리 에마키〉는 독특한 관행으로 건물의 지붕을 떼어내어 위에서 아래로 건물 내부를 비스듬히 내려다보는 기법을 사용했다.[17] 또한 인물의 얼굴 표현에서 '가늘게 찢어진 눈매와 갈고리 모양의 코'를 양식화했다.[18] 그럼으로써 얼굴표정을 지워버리는 기법은 특히 고정된 이념형을 추구했던 사회의 인물묘사에 적합했던 듯싶다. 대부분의 헤이안 문학작품의 작가들과 마찬가지로 〈겐지모노가타리 에마키〉를 그린 화가들은 특정한 개인과 상황에 대한 묘사보다는 일련의 정조를 창안해내는 데에 더 주력했다(물론 우리는 소설을 통해 에마키 속의 등장인물이 누구이며 또 무엇을 하는 장면인지를 잘 알고 있다).

12세기의 또 다른 뛰어난 에마키 작품으로 〈반다이나곤 에마키〉(伴大納言繪卷)를 빼놓을 수 없다. 이 작품은 866년에 일어난 복잡한 정치적 음모사건을 배경으로 하고 있는데, 거기서 반다이나곤[19]은 헤이안쿄로 연결된 주요 대문 중 하나[20]에 불을 질러 태워버렸다는 혐의를 받고 있다. 1175년경

17) 이를 '후키누키야타이'(吹拔屋台) 기법이라 한다. _옮긴이

18) 이를 '히키메가기바나'(引目鉤鼻) 기법이라 한다. _옮긴이

19) 헤이안 초기의 귀족인 도모노 요시오(伴善男, 809~868)를 가리킨다. 다이나곤이 되어 권세를 누리다가 좌대신 미나모토노 마코토(源信)와의 정쟁에서 밀려나, 866년 오텐몬 방화범으로 체포되어 결국 이즈(伊豆)로 유배당했다. _옮긴이

20) 오텐몬(應天門)을 가리킨다. _옮긴이

:: **그림 27** 〈겐지모노가타리 에마키〉의 한 장면. 그림 배경의 미닫이문에 야마토에가 그려져 있고, 전면에는 호화로운 병풍화가 있다(일본 나고야 도쿠가와미술관)

에 완성된 이 작품은 〈겐지모노가타리 에마키〉와는 성격이 다르다. 즉 〈겐지모노가타리 에마키〉의 미학이 정적이고 양식적인 아름다움을 추구한 것이라면, 〈반다이나곤 에마키〉는 동적인 움직임으로 가득 차 있다. 또한 〈반다이나곤 에마키〉는 주로 헤이안이 배경이면서도 상류계층뿐만 아니라 하류계층의 사람들이 많이 등장한다. 에마키의 오른쪽에서 왼쪽으로 시선을 이동하면서 우리는 이야기의 연속적인 흐름을 재현하는 활기에 찬 인물들을 보게 된다. 거기에는 헤이안쿄 대문의 방화를 낳은 음모사건, 반다이나곤이 그 방화사건에 연루되어 있다는 뜻밖의 발견, 그리고 마침내 헤이안쿄에서 추방되는 반다이나곤 등에 관한 이야기가 전개되고 있다.

이 밖에 초기 에마키 중에서도 특히 기발한 작품으로, 통상 불교승려 도바(鳥羽, 1053~1140)가 그렸다고 알려진 〈조주기가〉(鳥獸戲畵)[21]가 있다. 그런데 연구자들의 양식사적 분석에 따르면, 이 에마키는 전체를 동일한 인물이 그린 것이 아니며 실은 도바 시대에서 13세기 초에 이르기까지 수백 년간에 걸쳐 이루어진 작품이라고 한다. 그중 예술적으로 가장 뛰어난 장면에서는 토끼, 원숭이, 개구리, 여우 등의 동물들이 신나게 떠들면서 이리저리 뛰어노는 모습을 묘사하고 있다(그림 28). 이 동물들은 놀라울 만큼 기교적인 필치로 그려져 있으며, 골계적이고 풍자적인 기법이 사용되었다. 이런 기법은 7세기 후반 호류지(法隆寺) 벽화에 그려진 목탄 스케치라든가 나라 시대 쇼소인(正倉院)에서 발견된 그림들에까지 거슬러 올라간다. 또한 〈조주기가〉 그림두루마리는 사회사적 관점에서 흥미로운 측면을 보여준다. 즉 거기에는 인간을 표상하는 동물들이 당대인들의 삶을 풍자하고 있다. 예컨대 불교승려의 타락한 모습 같은 것을 보여주고 있는 것이다. 원숭이가 등장하는 어떤 장면은 특히 불경스럽기 짝이 없다. 성직자 같은 차림을 한 그 원숭이는 야외의 임시제단 위에 앉아 있는 거대한 개구리 형상의 붓다를 예배하고 있다(그림 29).

---

21) 교토 고잔지(高山寺)에 소장되어 있는 네 권의 에마키. 그중 제1권이 가장 정평이 나 있다. 12세기 중엽의 작품으로 알려져 있지만, 제3권과 제4권은 13세기 이후에 형성된 것이다. _옮긴이

:: **그림 28** 〈조주기가〉의 한 장면(벤리도상사)

:: **그림 29** 〈조주기가〉의 한 장면(벤리도상사)

에마키는 이후 수 세기에 걸쳐 전쟁, 유명한 사제들의 생애, 유력사원의 역사 등을 비롯하여 다양한 테마로 그려졌다. 그 가운데 가장 뛰어난 작품 중의 하나로 〈헤이지모노가타리 에마키〉(平治物語繪卷)가 있다. 이것은 기요모리 지배하에서 이세의 다이라씨가 경쟁자인 미나모토씨를 쳐부수고 교토에서 세력을 장악하기 시작한 1159년 헤이지의 난(平治の亂)을 다루고 있다(그림 30). 이 에마키는 사실상 세 부분으로 이루어져 있는데, 그 첫 번째 부분은 미나모토씨가 고시라카와(後白河) 상황(1127~1192)을 납치함으로써 헤이지의 난을 야기하는 과정에서 산조인(三條院)[22]이 불타는 긴 장면을 연속적으로 보여주고 있다. 이 부분의 에마키는 현재 보스턴미술관(Boston Museum of Fine Arts)에 소장되어 있는데, 원래는 19세기 후반 미국인 어니스트 페놀로사(Ernest Fenollosa, 1853~1908)의 소장품이었다. 참고로 보스턴미술관 하면 오늘날 일본 바깥에서는 가장 뛰어난 일본 미술작품들을 소장하고 있는 미술관으로 알려져 있다.

'불타는 산조인' 부분에서는 오른쪽에서 왼쪽 방향으로(모든 에마키의 줄거리는 오른쪽에서 왼쪽으로 읽는다) 다음 세 장면이 나온다. (1) 무사들을 비롯한 수많은 사람들이 산조인을 향해 뛰어가는 장면, (2) 미나모토씨가 산조인을 파괴하고 불을 질러 연기와 불꽃이 피어오르는 가운데 대혼란에 빠진 장면, (3) 미나모토씨가 산조인으로부터 상황이 탄 가마를 호위하며 나오는 장면. 여기서 나는 세 개의 장면을 마치 독립적인 그림인 양 서술했지만, 실은 이 에마키 부분은 파노라마처럼 하나로 길게 이어져 있다. 〈헤이지모노가타리 에마키〉를 그린 익명의 화가는 세 개의 독립적인 장면들을 하나의 연속적인 파노라마 그림으로 표현하는 기법을 고안해낸 것이다. 이런 기법은 다른 에마키에서도 찾아볼 수 있는데, 거기서는 상이한 시간적 국면들이 마치 동시에 일어나는 양 보이게 한다. 이와 같은 기법에 의해, 이를테면 한 사람이 동일한 하나의 파노라마 그림 안에서 두세 번 등장하

22) 교토에 있던 산조 천황의 거소. _옮긴이

:: **그림 30** 불타는 산조인. 1159년 헤이지의 난을 묘사한 〈헤이지모노가타리 에마키〉의 한 장면(보스턴미술관)

는 경우도 있을 수 있다.

〈헤이지모노가타리 에마키〉에서 특히 그 첫 번째 부분인 '불타는 산조인' 장면은 당대(이 에마키는 13세기에 그려졌다) 일본 화가들이 그림 속 등장인물들, 특히 군중들의 동작 하나하나를 포착하는 데에 비상한 재능이 있었음을 잘 보여준다. 한편 전쟁사의 관점에서 볼 때 〈헤이지모노가타리 에마키〉는 기마, 갑옷, 무기, 전투방법 등 무사들의 존재양식을 보여주는 가장 오래된 그림자료 중 하나라는 점에서 그 의의를 찾을 수 있다.

다음 장에서도 우리는 중세문화의 전개과정에서 에마키가 등장하는 몇몇 장면을 만나게 될 것이다.

5
중세의 미학적 규범

가마쿠라 막부의 성립

겐페이 전쟁(1180~1185) 동안 미나모토군 총사령관으로 부상한 수장은 미나모토노 요리토모(源頼朝, 1147~1199)였다. 1181년에 죽은 다이라씨 일족의 수장이었던 기요모리와는 달리, 요리토모는 교토의 궁정정치와 얽히지 않도록 세심한 주의를 기울였다. 대신에 그는 전쟁기간 동안 내내 간토 지방의 가마쿠라(鎌倉)를 본거지로 삼아 그곳을 떠나지 않았다. 그러면서 이세 다이라씨를 추적해서 괴멸시키는 일보다도 간토 지방의 중심적인 무사집단을 장악하는 일을 더 우선시했다.

요리토모는 조정으로부터 '쇼군'(將軍) 칭호를 수여받았으며, 그가 가마쿠라에 세운 정부는 '막부'(幕府, shogunate)라 불린다. 철두철미 군사적인 이 막부의 창설은 일본사에서 16세기 말 근세가 열리기까지 이어진 중세의 개막을 표상한다.

가마쿠라 막부는 중앙의 조정으로부터 멀리 떨어진 곳에 있었으며, 개인적 충성심에 의한 봉건적 유대에 토대를 둔 무사들이 보좌했다. 이 점에서 보건대 가마쿠라 막부가 일본에서 전혀 새로운 형태의 정부였다는 사실은 의심할 여지가 없다. 하지만 이 막부는 전혀 반란정권이 아니었다. 반대로 가마쿠라 막부는 전적으로 '합법적'인 방법으로 창설되고 운영되었다. 또한 요리토모는 조정에 공적으로 항상 예를 갖추었으며, 중요한 국사에 관해 천황의 재가를 얻는 데에 세심한 주의를 기울였다. 여기서 중요한 국사라 함은 가령 자신의 쇼군 지위 문제라든가, 미나모토씨 일족들을 전국적으로 토지관리인 및 지방장관 등으로 임명함으로써 세력을 확장하는 일 등 막부의 중요한 행정업무들을 가리킨다.

다이라씨와 미나모토씨의 전쟁은 결국 다이라씨의 패배로 끝나고 중세(그 전반부에 해당하는 1185년에서 1333년까지를 가마쿠라 시대라 한다)의 개막으로 이어졌다. 전술했듯이 『헤이케모노가타리』는 이 전쟁을 매우 생생하게 재현하고 있다.

『호조키』

그런데 일본사에서 대단히 중요한 이 시대를 그린 또 하나의 주목할 만한 문학작품으로, 원래 조정귀족이었으나 종교적 은둔자가 된 가모노 조메이(鴨長明, 1153~1216)가 13세기 초에 쓴 『호조키』(方丈記)를 들 수 있다. '납작한 움막'을 뜻하는 제목의 이 책은 본질적으로 『헤이케모노가타리』와 동일한 고전적 일본어 양식[1]으로 쓰인 간결체 수필이다. 또한 『헤이케모노가타리』와 마찬가지로 『호조키』 또한 유명한 모두(冒頭)에서 삶의 덧없음과 세계의 무상함을 말하고 있다.

> 강물은 끊임없이 흘러가지만, 그 강에서 흐르는 물은 시시각각 바뀌어 이젠 옛 물이 아니다. 흘러가다 멈추고 있는 곳의 수면에 떠오른 물거품은 사라지는가 하면 다시 떠올라서, 하나의 물거품이 그 모습 그대로 오래 머물러 있는 적이 없다. 세상 사람들과 그들의 거처 또한 이와 마찬가지다. 헤이안쿄 안에서 용마루를 나란히 하고 있는 기와지붕들이 높이를 겨루고 있는 곳, 즉 신분이 높은 사람

1) 가나와 한문을 섞어 쓴 화한혼효문(和漢混淆文) 양식을 가리킨다. _옮긴이

의 집이건 낮은 사람의 집이건 그들이 살고 있는 집이 우리가 보기에 몇 세대에 걸쳐 이어져 사라지지 않는 듯 보이지만, 사라지지 않은 채 남아 있는 것이 사실인가 하고 발걸음을 가까이 하고 보면, 옛날 그대로 지금까지 남아 있는 집은 너무도 적다. 어떤 경우에는 작년에 불타버려 지금 보이는 집은 금년에 지은 집뿐이다. 또 대궐 같던 큰 집들은 이미 사라져 조그만 집들이 되었다. 그 집에 살고 있는 사람이 옛날 그대로인 경우도 마찬가지로 매우 드물다. 살고 있는 장소도 그대로이고 사람도 예전과 같이 많이 살고 있지만, 내가 이전에 만나 알고 지낸 사람은 스무 명 가운데 겨우 한두 명 정도이다. 한쪽에서 아침에 사람이 죽어가는가 하면 다른 쪽에서는 저녁 무렵에 사람이 태어나곤 한다. 이렇듯 인간세상은 그저 강물 위에 맺혔다가 사라지는 물거품과 같다.[2)]

그러나 『헤이케모노가타리』와 달리 『호조키』는 1180년대 초에 있었던 다이라씨와 미나모토씨 사이의 분란은 직접 언급하지 않는다. 대신 그 기간 중에 도성을 덮친 화재, 폭풍, 기근, 지진 등의 자연재해라든가 전쟁으로 인한 일련의 재난들을 묘사할 뿐이 다. 또한 『호조키』는 불교적인 염세적 관점에서 현세를 오염되고 고통스러운 장소로 보고 있다. 이런 경향은 『헤이케모노가타리』보다도 더 현저하게 나타난다. '호조'(方丈)란 도성 외곽의 산 위에 지은 아주 초라한 움막을 가리킨다. 그것은 작가 조메이가 모든 세상적인 집착을 버리고 사후 아미타불의 정토에 들어가기 위한 준비작업의 일환으로 지은 그의 보금자리다. 하지만 불운하게도 결국 그는 자신이 지상적인 것들로부터 완전히 자유로워지는 데 실패했음을 인정하고 있다. 사실상 그는 저 조그만 움막에 집착하게 된 자신을 보았기 때문이다. 윌리엄 러플러(William LaFleur)의 말대로, 『호조키』에는 전편에 걸쳐 움막(호조)이라는 말이 불교적 무상(無常)의 메타포로, 더 나아가 모든 것들이 덧없이 지나가버리는 불확실한 인생 그 자체에 대한 세련된 메타포로서 주

2) Keene, *Anthology of Japanese Literature*, p.197.
가모노 초메이, 조기호 옮김, 『방장기』, 제이앤씨, 2004 참조. _옮긴이

의 깊게 선택되어 반복적으로 언급되고 있다.[3)]

광야의 움막에 숨거나 아예 사람 사는 곳을 떠나고자 하는 은둔자는 중국의 역사, 문학, 예술 등에도 자주 등장하는 친숙한 캐릭터이다. 특히 가장 두드러지게 나타나는 경우는 인간사회를 떠나 자연과의 합일을 추구하는 도가(道家)의 모습에서이다. 물론 초기 일본문학에서도 이런 은둔자와 움막을 찾아볼 수 있다. 하지만 은둔자와 움막, 특히 움막을 중세적 이상으로 만든 것은 바로 『호조키』였다. 전술했듯이, 가모노 조메이에게 아주 작고 보잘것없는 움막을 세운다는 것은 아미타불의 정토에 들어가기 위한 준비로서 모든 물질주의를 거부한다는 것을 의미했다. 그런데 이런 조메이에게서 우리는 천하고 초라한 움막에서 아름다운 어떤 것을 찾아내려는 경향을 엿볼 수 있다. 뒤에서 다시 언급하겠지만, 그것은 중세에 전개된 '빈곤'의 미학에 기초한 아름다움이라 할 수 있다. 다음과 같은 『호조키』의 다소 편향적인 묘사는 시인 조메이가 어떻게 (아마도 무의식적으로 그랬겠지만) 자신의 움막을 심미적인 메타포로 만들어냈는지를 잘 보여준다.

나는 그저 나무기둥으로 토대를 세우고 간단하게 지붕을 이었으며, 나무와 나무 사이의 이음매에는 고리를 걸어 움막을 지었다. (중략) 지금 히노산(日野山) 깊은 곳에 자취를 감추고 살면서부터 움막 동쪽에 석 자 남짓한 처마를 매달고 그 밑을 장작을 때어 밥 짓는 곳으로 삼았다. 남쪽에는 대나무로 툇마루를 만들어놓고, 그 툇마루 서쪽 끝에다 아미타불상을 안치했다. (중략) 움막 안에는 북향의 미닫이문 위쪽에다 작은 선반을 만들어서 그 위에 검은 가죽을 입힌 고리짝 서너 개를 얹어놓았다. 그 고리짝 안에는 와카와 음악에 관한 책들이라든가 경전의 발췌문 따위를 넣어두었다. 또한 그 옆에는 거문고와 비파를 한 개씩 세워놓았다. 방 안의 동쪽 벽을 따라 고사리 싹이 웃자란 것을 말려 자리에 깔아 푹신한 잠자리로 삼았다. 나는 또한 동쪽 벽에다 작은 창문을 하나 내었고 그 아래에

3) William R. LaFleur, *The Karma of Words: Buddhism and the Literary Arts in Medieval Japan*, pp.60~79.

작은 책상 하나를 놓아두었다. 베개 옆에는 네모난 놋쇠화로를 하나 두고 거기다 잔솔가지를 태웠다. 움막 북쪽의 손바닥만 한 부지에 말뚝을 박고 얼기설기 울타리를 쳐서 정원도 만들었다. 그러고는 거기에 여러 종류의 약초며 화초 따위를 심어 가꾸었다.[4)]

움막이라는 중세적 이상은, 뒤에서 다시 살펴보겠지만, 주로 15, 16세기에 창안된 다도(茶道)에서 정신적, 미학적으로 그 정점에 도달했다. 불교(특히 선불교)의 영향 아래 다인(茶人)은 농가의 움막을 모델로 삼아 다실을 세웠다. 심지어 교토나 나라 같은 도시에 만들어진 다실이라 할지라도 그 양식은 자연경관 등을 비롯하여 마치 산간벽촌에 있는 듯한 분위기를 연출했다. 다인은 세상을 등진 은둔자의 삶 혹은 최소한 복잡한 도시사회와 동떨어진 삶을 사는 자로 여겨졌다. 나아가 다인에게 다도를 통해 해탈까지는 아니더라도 정신적 안정과 평화(spiritual tranquility)를 획득할 것이 기대되었다. 다도는 이처럼 정신적일 뿐만 아니라 철저히 미학적이었다. 따라서 다인의 움집인 다실은 그 배치라든가 가구 등에서 '빈곤의 미학'을 잘 보여주는 대표적인 사례가 되었다.

나라(奈良) 르네상스

전쟁 중에 다이라씨가 나라 도다이지(東大寺)를 무자비하게 파괴한 사건은 당대인들에게 대단히 큰 충격을 던져주었다. 도다이지는 8세기 중엽 황실의 후원 아래 건립된 이래 일본에서 중앙집권적인 조정지배의 주요 상징 가운데 하나로 기능했다. 이런 도다이지의 소실은 말법시대의 많은 이들에게 최종적인 국가적 재난의 뚜렷한 징후로 받아들여졌음에 틀림없다. 하지만 비록 비극적인 사건이기는 했어도, 도다이지의 소실은 현실적으로 나라시대 예술에 소(小)르네상스를 불러일으키는 계기가 되기도 했다.

4) Keene, *Anthology of Japanese Literature*, pp.206~207.
가모노 초메이, 조기호 옮김, 『방장기』 참조. _옮긴이

이 르네상스는 1185년 겐페이 전쟁이 끝난 직후 도다이지 재건을 위한 모금운동이 벌어지면서 시작되었다. 이때 가마쿠라의 새로운 통치자가 된 요리토모를 비롯하여 많은 귀족들과 고위급 무사들로부터 상당한 기부금이 모였다. 이리하여 얼마 지나지 않아 도다이지뿐만 아니라 마찬가지로 다이라씨에 의해 황폐해진 또 하나의 유력사원인 고후쿠지(興福寺) 터에서 재건공사가 시작되면서 나라는 예전의 활기를 되찾게 되었다. 수많은 예술가들과 장인들이 일거리를 얻게 되었고, 황실통치 및 그 예술품들에 새롭게 관심이 집중됨으로써 과거의 영광이 복권되었다.

12세기 후반의 나라 르네상스는 특히 '게이' 학파(慶派)라 불린 일군의 학자들에게 명성을 가져다주었다. 여기서 '게이' 학파란 그 학자들 모두의 이름에 '게이'(慶)가 들어가 있어서 붙여진 명칭이다. 어쨌거나 이 학파 가운데 가장 유명한 인물은 바로 운케이(運慶)[5]이다. 그의 작품으로 인도불교사의 두 역사적 인물을 사실적으로 조각한 목상이 고후쿠지에 소장되어 있는데, 이는 그가 고향인 나라의 덴표(天平) 시대 미술에 정통했음을 잘 보여준다. 양식사적 측면에서 이 목상들은 이 책 2장에서 언급했던 눈먼 승려 감진(鑑眞)상에서와 같은 마른 옻칠의 이미지를 연상시킨다. 주지하다시피 감진은 8세기에 중국에서 이주해온 인물로, 나라 불교의 여섯 종파, 즉 남도육종(南都六宗) 중 하나를 창시했던 고승이다.

운케이는 무사계급이 아니었는데도 사무라이 조각가라고 불린다. 왜냐하면 현존하는 그의 작품들에서 우리는 대개 무사들이 지배한 신시대의 활력과 힘이 배어남을 느낄 수 있기 때문이다. 이는 후지와라 시대 예술의 부드러운 여성성과는 매우 상이한 에토스이다. 이처럼 운케이 작품에 내재된 무사적 활력과 힘의 특질은 일면 그가 덴표 시대라든가 조간(貞觀) 시대처럼 앞선 시대의 예술양식에 정통해 있었던 데에서 비롯된 것임에 틀림없다. 하지만 많은 비평가들은 운케이가 가마쿠라에서 직접 무사들의 생활을

---

5) ?~1223. 가마쿠라 초기의 조각가. 사실적이고 힘찬 양식을 만들어냄으로써 가마쿠라 시대의 조각계를 지배했다. 대표작으로는 고후쿠지 북원당(北圓堂)의 불상들이 있다. _옮긴이

경험했고 그것이 그의 예술에 깊은 영향을 끼쳤다는 점에 주목하기도 한다. 실제로 그는 막부의 고급관리들에게서 조각작품의 제작을 의뢰받고 가마쿠라에서 생활한 적이 있다. 그런 만큼 운케이가 가이케이(快慶)와 합작했다는 도다이지의 두 인왕상(仁王像)처럼 세부까지 사실적이고 역동적인 자세가 표현된 작품들을 '사무라이 작품'으로 간주하는 것도 지극히 당연해 보인다.

이런 운케이 및 그의 동료들과 후계자들의 업적에도 불구하고, 조각(특히 종교적 조각)은 가마쿠라 시대에 점차 쇠퇴해갔으며, 그 후 일본에서 한 번도 주류예술의 자리에 낀 적이 없다. 그렇게 된 주된 이유는 아마도 중세의 몇몇 불교종파가 불상과 같은 도상학적 표상을 강하게 배척하는 한편, 종교적 목적으로 예술을 활용하는 것에 대해서도 엄격하게 비판하는 태도를 취했기 때문인 것으로 보인다.

중세에는 불교조각과 마찬가지로 불교회화 또한 세속적인 예술에 점차 자리를 내주었다. 이 점과 관련하여 당시 회화사에서 가장 중요한 전개는 사실적 초상화의 영역에서 일어났다. 우리가 아는 한, 헤이안 시대의 예술가들은 살아 있는 사람을 있는 모습 그대로 사실적으로 묘사하려는 시도를 한 적이 없다. 몇몇 연구자들에 따르면, 그 주된 이유는 지극히 주술적인 미신에 사로잡혀 있던 헤이안 귀족들이 초상화가 사악한 마술을 거는 데에 이용될 것을 두려워했기 때문이라고 한다. 어쨌건 겐페이 전쟁 무렵에야 비로소 최초의 초상화가 등장하게 되었다. 가장 많이 알려져 있는 초상화 중 하나로 후지와라씨 일족의 화가가 그린 요리토모의 초상화를 들 수 있다.

가마쿠라 막부가 창설되었다고 해서 황실조정이 곧바로 무력화된 것은 아니다. 조정은 최소한 막부 출범 후 한 세기 반 정도는 아직 일정한 세력을 유지하고 있었다. 가령 조정은 군사력을 가진 성주와 나란히 지방을 통치한 지방장관들에 대한 임명권을 가지고 있었다. 그리하여 1333년 가마쿠라 막부가 무너졌을 때 어떤 천황은 교토에서 멀리 떨어진 한 시골지방

을 거점 삼아 절대군주로서의 지위를 되찾고자 시도하기까지 했다.[6]

그러나 중세의 시대적 흐름은 사회의 모든 분야에서 봉건지배의 틀을 확고히 하는 쪽으로 나아갔다. 중세 초기부터 우리는 조정귀족들의 체념적인 인식, 즉 통치 엘리트로서의 과거의 영광을 두 번 다시 회복할 수 없다는 절망감을 확인할 수 있다. 갈수록 정치권력을 박탈당한 조정귀족들은 이제 전통문화의 관리자 내지 후견인 역할에 이전보다 더 집착하게 되었다. 이는 아마도 오랫동안 상류계급에서 가장 존숭받아온 시가 영역에서 가장 잘 엿볼 수 있을 것이다. 와카 짓기 기법이 헤이안 시대 동안 줄곧 귀족들에게 필수적으로 요구된 기본소양이었음은 물론이다. 이것이 중세에 들어서면 하나의 생활방식이 되었다. 즉 와카의 주요 담지자들은 배타적인 도당을 결성해서 서로 치열한 경쟁을 벌였던 것이다. 이때 그들은 와카의 스타일, 어휘선택, 적절한 주제 등에서의 사소한 차이를 두고 격렬하게 대립하곤 했다.

『신고킨슈』와 사비의 미학

말할 것도 없이 중세 시인들은 무사층이 권력을 잡는 과정에 수반된 전쟁과 무질서를 표현하는 데에 와카를 이용하는 일 따위는 결코 하지 않았다. 하지만 그들이 표현하고자 한 정조는 한 세기 전 시인들보다 훨씬 더 어둡고 훨씬 더 감동적이었다. 가령 1205년경에 편찬된 『신고킨슈』(新古今集)는 통상 마지막 칙찬 와카집으로 간주되는데, 그중 다음 두 편의 와카를 음미해보자.

황량한 들판 옆에 서 있는
나무 위에서 들려오는

6) 천황의 직접통치 복권에 뜻을 둔 고다이고(後醍醐) 천황이 호조씨(北條氏)를 멸하고 겐무(建武) 신정을 이룬 후, 아시카가 다카우지(足利尊氏)의 배반에 따라 요시노(吉野)로 들어가 남조(南朝)를 수립한 것을 가리킨다. _옮긴이

비둘기 울음소리여
친구를 부르는가
외롭고 쓸쓸한 저녁에.

세상의 욕망으로부터
자유로워진 사람이라 할지라도
이 슬픔만은 피할 수 없으리니
가을날 저녁의 도요새
날아오르는 늪지에서.[7]

위 두 편의 와카는 사이교(西行, 1118~1190)[8]가 지은 것이다. 사이교는 『신고킨슈』에 가장 많은 편수의 와카가 실려 있는 시인으로, 사람들은 그를 일본역사상 가장 뛰어난 시인 중의 한 사람으로 여긴다. 원래 무사집안에서 태어났으나 승려가 된 사이교는 아마도 일본 최초의 위대한 여행가로 더 많이 기억되는 듯싶다. 헤이안 시대만 해도 궁정귀족사회에서는 지방을 여행하려는 이들이 거의 없었으며, 어쩔 수 없는 상황에서 마지못해 지방에 내려가는 것이 고작이었다. 그러나 중세가 도래하면서 지나치게 도시중심적이 되어버린 헤이안 문화에 대한 반동이 일어났다. 그리하여 사이교 같은 시인들과 예술적 정신을 지닌 이들은 명승지를 그저 상상하는 것에 만족하지 못하고 직접 자신의 눈으로 보고 느끼고자 과감하게 여행길을 떠났다. 이런 부류의 사람들 중에는 불교적 서원(誓願)을 올리고 거반 승려같이 되어 세상을 등진 은자(隱者)가 되는 경우도 많이 있었다.

이리하여 중세에 이르러 여행의 전통이 예술과 결부되었다. 사이교 같은 시인이라든가 15세기 렌가(連歌)의 대가인 소기(宗祇, 1421~1502) 등은 여

7) Keene, *Anthology of Japanese Literature*, pp.195~196.

8) 헤이안 말기에서 가마쿠라 초기에 활동한 승려 가인. 23세 때 무상감을 느껴 출가한 후 고야산(高野山)과 이세(伊勢)를 본거지로 무쓰(陸奧)와 시코쿠(四國) 등도 여행했다. 『신고킨슈』에 94수의 와카가 실려 있다. _옮긴이

행가로서 특히 유명해졌다. 이 밖에 소기와 동시대인이었던 화가 셋슈(雪舟, 1420~1506)[9] 같은 이도 여행을 통해 예술이 더 풍부해진 사례라 할 수 있다. 중세 일본인에게 여행이란 말은 당시 널리 퍼져 있던 불교적 무상감을 표상하는 것이었다. 이때 여행자란 자기 집과 사회를 떠나 멀리 떨어진 외진 곳을 방랑하면서 인생 자체의 참된 본질을 깊이 경험하는 사람으로 여겨지곤 했다.

앞서 인용한 사이교의 두 번째 와카에서 우리는 가슴에 사무치는 감동을 받게 된다. 그것은 '세상의 욕망으로부터 자유로워진' 사람, 즉 불교적 서원을 드리고 세상의 인연을 끊은 사람조차 황량한 가을날 저녁에 한 마리 외로운 도요새가 늪지에서 날아오르는 장면을 보게 되면 슬픔을 느끼지 않을 수 없다고 노래하고 있다. 여기서는 '아와레'(哀れ)를 '슬픔'(sadness)이라고 번역했는데, 이 책 3장에서는 '아와레'가 사물에 접해 감동할 줄 아는 능력을 의미하는 말이라고 언급한 바 있다. 사이교가 살았던 『신고킨슈』 시대에 이런 정조는 특히 슬픔의 뉘앙스가 함축되어 있는 '쓸쓸함', 곧 '사비'(寂)의 미학과 결부되었다. 인간은 본질적으로 외로운 존재이다. 하지만 그런 외로움에 시달리면서도 중세의 일본인들은 사비의 아름다움 안에서 위안을 받을 수 있었다. 그들은 앞의 와카에 나오듯이 황량한 들판이나 혹은 단색의 빛바랜 늪지에서 이와 같은 사비의 미학을 발견했던 것이다.

가마쿠라 시대의 시인들은 『신고킨슈』라는 제목이 시사하듯이 영감의 원천으로서 갈수록 과거 쪽을 바라보는 경향에 젖어들었다. 그들은 특별히 10세기에 나온 『고킨슈』의 와카를 높이 평가했다. 하지만 그러면서도 나라 시대의 기념비적인 『만요슈』로부터 이전보다 훨씬 더 많은 영향을 받기도 했다. 우리는 일본어 음절을 재현하는 데에 한자를 사용한 이두식 표현으로 인해 『만요슈』가 헤이안 시대의 궁정귀족들에게는 너무 난해했다는 사

9) 무로마치 후기의 화승(畵僧). 1467년 명나라에 유학하여 수묵화 기법을 배우고 1469년에 귀국한 후, 산수화와 인물화 및 장식적인 화조화 등을 즐겨 그렸다. _옮긴이

실을 잘 알고 있다. 그래서 중세 이전까지만 해도 의미가 분명하게 이해된 『만요슈』 시가는 전체 4500여 수 가운데 오직 수백 수에 불과했다.[10] 그러나 헤이안 후기의 학문적 르네상스와 더불어 『만요슈』에 대한 관심과 연구가 재흥되었다. 그러다가 13세기에 센가쿠(仙覺, 1203~?)라는 천태종 승려에 의해 최초의 본격적인 『만요슈』 주석집[11]이 나오게 되었다.

후지와라노 데이카(藤原定家, 1162~1241)는 『신고킨슈』의 주요 편자이자 사이교와 더불어 당대 최고의 가인 중 한 사람이었다. 초기 가마쿠라 시대를 살았던 모든 궁정귀족들 가운데 데이카는 현실을 벗어나 예술의 영역으로 들어가고자 열정적으로 애썼던 인물로 가장 잘 알려져 있다. 예컨대 그는 1180년 미나모토노 요리토모가 다이라씨에 맞서 군병을 일으켰다는 소식을 듣자마자, 일기에 이렇게 적고 있다. 즉 전쟁 소식이 귀에 들어박혀도 그런 것에는 아무런 관심이 없으며, 자신이 원하는 유일한 것은 오직 지고하고 아름다운 와카를 짓는 일뿐이라고 말이다.

유현(幽玄)과 여정(餘情)의 미학

최소한 한 가지 점에서 데이카는 당대의 산물이었다. 즉 그는 시인인 동시에 뛰어난 학자였다. 게다가 그는 중세적 감각에 큰 영향을 미친 미학적 원리를 제창하고 적용하는 데에서 하나의 중개자이기도 했다. 이런 미학적 원리와 관련하여 우리는 방금 '사비'를 언급한 바 있다. 새로운 중세의 미학으로 한 가지 더 중요한 개념이 있는데, 그것은 바로 '신비와 깊이'로 번역될 만한 '유현'(幽玄, 유겐)의 미의식이다. 이 중 먼저 데이카 및 여타 『신고킨슈』 시인들이 '깊이'의 요소를 어떻게 생각했는지 살펴보자.

스러져가는 것(perishability), 자연스러움(naturalness), 단순성(simplicity) 등과 더불어 일본인의 미학적 전통에서 기본적 가치 중의 하나로 '암시적인 것'(suggestion)을 들 수 있다. 일본인들은 상고시대 이래 미묘하고

10) Robert Brower and Earl Miner, *Japanese Court Poetry*, p.245.
11) 『만요슈추샤쿠』(萬葉集註釋) 혹은 그 별칭인 『센가쿠쇼』(仙覺抄)를 가리킨다. _옮긴이

암시적인 뉘앙스를 특별히 사랑했다. 그리하여 이른바 여정(餘情, 요조)의 '여운'(resonance)으로 예술적인 효과를 얻고자 무던히 애써왔다. 『신고킨슈』 시대에는 바로 이와 같은 암시를 통해 시적 표현의 여운과 깊이를 얻고자 하는 기법이 실제로 해당 시인을 평가하는 최고의 기준으로 널리 칭찬받았다. 그리하여 31음절만으로 이루어진 와카 형식을 무엇보다 선호하게 된 것이다. 이는 정확히 그런 간결함이야말로 여운과 깊이를 만들어낸다고 여겼기 때문이다. 슌에(俊惠, 1113~?)[12]는 이와 같은 정조를 다음과 같이 아름답게 표명하고 있다.

> 수많은 의미들이 하나의 단어로 압축될 때, 느낌의 깊이가 소진된다 한들 아직 다 표현되지 못할 때, 보이지 않는 세계가 와카의 정취 안에 떠다닐 때, 평범하고 통속적인 것이 우아한 것을 표현하는 데에 사용될 때, 드문 아름다움의 시적 개념이 표면적인 단순성의 양식 안에서 최대한 드러날 때, 그런 개념이 최고조로 고양되어 '굳이 많은 말이 필요 없어질 때', 오직 그럴 때에라야 비로소 와카는 이런 방식으로 가인의 느낌을 표현함으로써 간결한 31음절로 천지를 움직일 만한 힘을 가지게 될 것이며, 또한 신들과 정령들의 마음을 부드럽게 녹일 수 있을 것이다.[13]

여기서 슌에는 간결한 말의 힘에 관해 언급하면서 '와카의 정취 안에 떠다니는 보이지 않는 세계'를 강조하고 있다. 유현미의 두 번째 요소인 '신비'를 구성하는 것은 바로 이런 보이지 않는 세계 혹은 정취의 감각이다. 다음과 같은 후지와라노 데이카의 와카는 이와 같은 유현미의 두 요소인 '신비'와 '깊이'를 잘 드러내 보여주고 있다.

> 봄날 밤의 꿈속에서

12) 헤이안 말기의 가인. 도다이지의 승려로, 가모노 조메이의 스승이다. _옮긴이
13) Earl Miner, *An Introduction to Japanese Court Poetry*, p.102에서 재인용.

배다리 무너질 때
눈을 떠보니
저 하늘의 구름봉우리가
산꼭대기로부터 빠져나오고 있었다네.[14)]

일본 와카에서 꿈이란 종종 슌에가 말하는 '보이지 않는 세계'의 신비로운 분위기를 창출하기 위해 사용되곤 한다. 위 와카의 경우에도 '배다리'〔浮橋〕라든가 '꿈' 등의 시어를 통해 강렬한 여운과 여정(餘情)을 풍기고 있다. 또한 그것은 『겐지모노가타리』 마지막 장의 제목인 '헛된 꿈의 배다리'〔夢浮橋〕를 암시함으로써, 저 유명한 소설이 궁정귀족들의 문화전통을 따라 예시해준 로맨스, 사랑, 아름다움과 같은 멋진 세계를 떠올리게 해준다.

몇몇 귀족들은 데이카처럼 전통예술을 외곬으로 파고듦으로써 새로운 시대의 현실을 회피하려 했다. 또 어떤 이들은 12, 13세기 후반에 일어난 대대적인 종교개혁운동에 빠져들었다. 최소한 8세기부터 일본에는 탁발승들이 드문드문 있었는데, 그들은 종교적 가르침을 전파하는 한편 다리를 놓고 우물을 파는 따위의 공공사업에 힘을 썼다.[15)] 헤이안 시대의 승려 구야(空也, 903~972)는 아미타불 신앙을 민중들에게 전파한 인물로 특히 유명하다. 그는 거리에서 춤을 추면서 다음과 같은 노래를 불렀다고 한다.

단 한 번만이라도
아미타불의 이름을

---

14) Keene, *Anthology of Japanese Literature*, p.194. 『신고킨슈』에 나오는 와카.

15) 저자는 전혀 언급하지 않고 있지만, 대표적인 탁발승으로 한반도계 이주민의 후손인 교키(行基, 668~749)가 일본불교사 및 사상사에서 가지는 중요성은 아무리 강조해도 지나치지 않다. 그는 일본 전국을 유랑하면서 수많은 사찰을 건립하고 민중을 교화하는 한편, 빈민구제소, 양로원, 제방쌓기, 교량가설 등 사회사업에 진력하여 교키보살이라 칭해졌다. 또한 그는 도다이지 대불 조영에서도 핵심적인 역할(간진〔勸進〕)을 맡았으며, 그 후 일본 최초로 불교계의 최고직인 대승정 자리에까지 올랐다. _옮긴이

부르는 자는

반드시

연화정토에 들어가리라.[16)]

가마쿠라 신불교: 정토종과 정토진종

그러나 불교가 일본 구석구석까지 알려지게 된 것은 가마쿠라 시대 이후부터였다. 헤이안 궁정귀족들은 아미타불 신앙에 매력을 느꼈다. 이는 부분적으로 그들이 아미타불 신앙을 통해 문학과 예술에서 정토의 지복(至福) 및 그 정토에 들어갈 사람들을 맞이하러 아미타불이 지상에 하강한다는 환희의 메시지를 재현할 수 있었기 때문일 것이다. 하지만 아미타불의 이름을 읊는 염불은 교의적으로 관대하고 폭넓은 천태종 신자들이 행했던 다양한 수행법 중의 하나일 뿐이었다. 게다가 아미타불 신앙은 전도자 호넨(法然, 1133~1212)의 시대가 되어서야 비로소 하나의 독립적인 종단으로 성립되었다.

가마쿠라 시대의 다른 탁월한 종교지도자들과 마찬가지로, 호넨 또한 처음에는 천태종 본산인 히에이산(比叡山)에 들어가 공부하면서 수행을 쌓았다. 그런데 호넨은 점차 개인적으로 선업(善業)을 쌓음으로써 해탈을 추구하는 종래의 방식이 무언가 충분치 못하다고 느끼게 되었다. 이리하여 그는 아미타불이야말로 타락한 말법시대에 중생들을 구제할 수 있는 유일한 존재라고 여겨, 그런 아미타불에 대한 전적인 믿음과 의존을 강조하게 되었다. 하지만 실제 수행에서 호넨은 중생을 구제하는 아미타불의 은총에 대한 '절대적인' 신앙을 주장하지는 않았다.

정토종 교의가 안고 있는 가장 근본적 문제 중의 하나는, 염불을 한 번만 외워도 되는지 아니면 여러 차례 반복해야 하는지에 있다. 아미타불은 스스로의 무력함을 인정하는 자, 그리하여 아미타불의 무한한 자비에 몸을

16) Tsunoda, deBary, and Keene, *Sources of Japanese Tradition*, p.193.

맡기는 자는 누구든 구제해주겠다는 서원을 올렸기 때문에, 이론상으로 보자면 염불은 단 한 번으로도 족하다. 그러나 대중들은 자연스레 염불을 되풀이하여 많이 외운다면 더 빨리, 더 좋은 구제를 받을 것으로 믿는 경향이 많았다. 이에 따라 끊임없이 염불을 외우는 자는 의식적으로든 무의식적으로든 아미타불에 대한 믿음이 부족하다는 죄의식을 느끼기 십상일 것이다. 왜냐하면 그런 자는 개인적으로 배가의 노력을 기울임으로써 자신의 믿음을 지탱할 필요성이 있다고 여기기 때문이다. 게다가 만일 염불의 반복이 구제에 정말 도움이 된다면, 염불을 외울 시간적 여유가 많은 사람들이야말로 가장 많은 구제의 기회를 가지는 셈이 될 것 아니겠는가.

이런 문제를 궁극적으로 해결한 자는 바로 호넨의 제자 신란(親鸞, 1173~1262)이었다. 그는 아미타불은 큰 소리로 염불을 외우든 않든 상관없이 마음을 다하여 아미타불을 한 번이라도 부르는 자는 누구든 무조건 구제해주겠다는 약속을 했노라고 주장했다. 이처럼 단 한 번의 염불이라도 구제를 보장하기 때문에, 누구든 자신이 원하는 횟수만큼 자유롭게 염불을 외우면 그만이라는 것이었다. 하지만 그렇게 되면 염불 암송은 그저 아미타불에 대한 감사의 표현일 뿐이다. 이미 주어진 정토왕생의 약속에는 변함이 없기 때문이다.

신란은 특히 간토 지방을 비롯하여 주로 지방에서 많은 세월을 보냈다. 그러면서 그는 아미타불에 대한 무조건적인 믿음을 통해 구제받을 수 있다는 그 자신의 메시지를 설파했다. 그는 계율을 파기한 파계승이었지만, 농민들 사이에서 상당한 인기를 얻었다. 실제로 그가 창시한 정토진종(淨土眞宗)은 주된 신자집단이 농민층이었다. 수 세기 동안 이 종단은 일본인들 사이에서 가장 많은 신자들을 획득했으며, 창시자 신란은 일본에서 가장 독창적인 종교사상가 중의 하나로 정평이 나 있다.

정토종 승려로 13세기 후반에 활동한 잇펜(一遍, 1239~1289) 또한 빼놓을 수 없는 인물이다. 그는 전국의 민중들 사이로 파고들어가 아미타불을 노래하는 '유행(遊行) 염불'을 실천했다. 비록 일본 정토종 역사에서 호넨이나 신란만큼 비중 있는 승려는 아니지만, 잇펜은 중세의 가장 뛰어난 에마키 가운데 한 작품으로 불후의 명성을 남겼다. 그의 사후 10여 년이 지난 다음에 나온 〈잇펜쇼닌 에덴〉(一遍上人繪傳)이 그것이다.

이 에마키는 일본 전국을 순회한 잇펜의 편력을 묘사하고 있다. 거기서 잇펜은 놀랍게도 총 250만여 명의 사람들을 아미타불 신앙으로 개종시켰다고 한다. 어쨌거나 이런 〈잇펜쇼닌 에덴〉은 하나의 예술작품일 뿐만 아니라 나아가 13세기 일본의 사회사를 엿볼 수 있는 귀중한 자료이기도 하다. 예술적 측면에서 이 작품은 배경에 묘사된 풍경으로 매우 높은 평가를 받아왔다. 그 풍경들의 제재와 내용은 순수하게 일본적이지만, 양식은 중국 송나라의 강한 영향을 보여준다. 뒤에서도 다시 살펴보겠지만, 15, 16세기에 송나라의 회화는 일본 풍경화의 주류화가들에게 영감의 원천이었다.

사회사적 자료로서 〈잇펜쇼닌 에덴〉은 가마쿠라 시대의 모든 중요한 일상적 생활 및 사회적 행위와 관련된 장면들을 보여준다. 거기에는 도시와 시골에서 노동하고 유희하는 사람들의 모습, 잇펜을 보러 신사와 사원에 모여든 사람들의 광경, 부유층 사람들이 사는 모양 등이 있다. 이 에마키의 특별히 생동감 넘치는 한 장면에서 잇펜은 무아경의 '춤 염불'〔踊念佛, 오도리넨부쓰〕에 빠진 채 일군의 추종자들을 이끌고 있다. 여기서 '춤 염불'이란 작은 손북을 치고 춤을 추면서 아미타불을 찬미하는 노래를 부르는 것을 가리킨다. 이때 춤추는 사람들은 조그만 골조건물 안에 바글바글 모여 있고, 거리 외곽에는 화사한 가마들이 밀집되어 있으며, 상류가문 여성들이 도시서민들 사이에 함께 섞여 있는 모습도 보인다.

가마쿠라 신불교: 일련종

정토종 신봉자들 외에, 믿음을 통한 보편적 구제의 이념을 매우 강력하게 선전, 보급한 인물로 니치렌(日蓮, 1222~1282)을 들 수 있다. 일본사에서 가장 괴팍하고 흥미로운 인물 중 하나인 니치렌은 중국이 아닌 일본에서 기원한 유일한 불교종파인 일련종(日蓮宗, 니치렌슈)을 창설했다. 이 일련종의 성격을 결정지은 주된 요인은 바로 니치렌 자신의 별난 성품이었다. 하지만 이 종파가 왜 그리고 어떻게 13세기 중엽에 생겨났는지를 이해하기 위해서는, 니치렌을 낳고 키운 특수한 정치적, 사회적 조건들도 고려해야 한다.

가마쿠라 막부의 창설자인 미나모토노 요리토모가 1199년에 서거하자, 그의 무능한 어린 아들이 뒤를 이었다. 그러면서 곧 미나모토씨의 유력가신들 사이에서 권력투쟁이 일어났고, 미나모토씨와 혼인관계를 맺었던 호조씨(北條氏)[17]가 13세기 초에 이르러 사실상의 막부지배자로 등장했다. 그러나 호조씨의 수장은 자신이 권력에 눈이 먼 사람이라는 비난을 받지 않도록 신경 썼다. 예컨대 그는 스스로 '쇼군의 섭정'이라는 온건하게 들리는 직함을 쓴다든지, 후지와라 가문의 정치적으로 무력한 어린아이를 쇼군의 고위관리로 임명하기도 했는데,[18] 이는 일본적 특징을 보여주는 제스처라 할 수 있다.

호조씨가 가마쿠라에서 세력을 굳히는 동안, 교토에 거하던 한 상황이 요리토모 사후 내분으로 분열되어 있던 막부를 전복하고자 모의를 꾀했다. 1221년에 이 상황은 호조씨 섭정을 반역자로 선포하면서 전국의 인민들이 일어나 막부를 타도하도록 촉구했다. 하지만 이에 단호하게 대처한 호조씨는 교토로 군대를 파견하여 엉성하고 어설프게 급조된 상황의 군단을 신속하게 진압했다.[19]

단기간에 끝나버린 이 전쟁은 많은 조정귀족들이 상황의 명분에 동참하기를 거부했음에도 불구하고 교토의 구체제[20]에 큰 타격을 입혔다. 이에 반해 호조씨는 승리자로서의 여세를 몰아 자신을 따라준 무사들에게 분배할 엄청난 규모의 토지를 징발하는 한편, 휘하의 무사들을 전국 지방관으로 대

---

17) 요리토모의 부인은 호조 마사코(北條政子, 1157~1225)였다.

18) 다음 한 세기 동안 황자는 후지와라씨 가문에서 나왔다.

19) 여기서 말하는 상황은 고토바(後鳥羽) 상황(1180~1239)을 가리키며, 이 사건을 조큐의 난(承久の亂)이라 한다.

20) 조정의 공가(公家)세력을 가리킨다. _옮긴이

거 임명할 수 있었다. 게다가 이때부터 호조씨는 종래보다 훨씬 강도 높게 조정을 통제하면서 천황 후계자 선정 문제까지도 좌지우지하게 되었다.

니치렌은 이처럼 호조씨 정권을 무너뜨리려던 상황의 시도가 무산된 다음 해에 간토 지방의 한 어촌에서 태어났다. 그는 조정 및 천태종과 진언종을 비롯한 지지세력의 운세가 청년기의 호넨이라든가 신란 때보다 훨씬 쇠약해졌을 무렵에 성장기를 보냈다. 게다가 니치렌은 가마쿠라 시대의 다른 어떤 종교지도자보다도 말법사상의 영향을 훨씬 더 많이 받은 듯싶다. 히에이산의 천태종 본산을 비롯한 여러 곳에서 수년간 공부하면서, 그는 일본이 내부적으로 붕괴할 것이고 외부적으로 침략을 받아 파멸될 것이라는 종말론적 관점을 가지게 되었다. 13세기에 유난히 빈발한 자연재해들은 일본이 내부적으로 붕괴할 것이라는 그의 예언에 대한 확증으로 받아들여지기 십상이었다. 그리고 1274년 및 1281년의 두 차례에 걸친 몽골 내습은 비록 실패로 끝나기는 했지만, 이는 일본이 외부세력에 정복당할 것이라는 예언의 끔찍한 징후로 여겨졌다.

니치렌은 공격적이고 과격한 언사로, 일본이 다른 여러 불교종파들의 잘못된 교의와 그런 종파를 퍼뜨리는 자들의 야비한 행위로 재난을 겪는 것이라고 주장했다. 이리하여 가령 그는 구카이를 '일본 최대의 거짓말쟁이'라고 비난하면서 구카이가 창설한 진언종의 추종자들을 국적(國賊)이라고 매도하는 한편, 선종을 '악마와 귀축(鬼畜)의 교의'로 간주했다. 나아가 나라 불교의 한 종파인 율종에 대해서는 그 추종자들을 '날강도'라고 불렀으며, 염불을 '사악한 수행법'이라고 생각했다.[21] 또한 임박한 몽골 침략에 대비하여 어떻게 일본을 방어하면 좋겠느냐는 호조씨 섭정의 질문에, 그는 막부가 다른 불교종파들을 모두 괴멸시켜야만 한다고 대답했다. 왜냐하면 그런 사악한 불교종파들이 외국의 침략을 불러들일 만큼 일본을 취약하게 만들고 부패시켰기 때문이라는 것이다. 일본에 파견된 몽골 사절단이 참수

21) Sansom, *Japan, A Short Cultural History*, p.334.

형에 처해졌다는 소식을 뒤늦게 듣게 된 니치렌은 다음과 같이 탄식했다고 한다. "죄 없는 몽골인들은 참수하면서 일본의 원수인 저 염불종, 진언종, 선종, 율종의 승려들은 멀쩡하게 내버려두다니, 참으로 안타깝기 짝이 없구나."[22]

니치렌은 궁극적인 종교적 진리가 오직 『법화경』에만 있다고 주장했다. 『법화경』은 대승불교의 기본경전인데, 거기서 고타마 붓다는 모든 존재가 잠재적으로 불성을 가지고 있음을 밝히고 있다. 9세기 초 사이초에 의해 일본에 창립된 무렵부터 천태종은 무엇보다 이 『법화경』에 기초하고 있었다. 그러나 그 후 천태종은 『법화경』의 가르침에서 벗어나게 되었으며, 나아가 『법화경』과 전혀 모순되는 수행법을 내세운 정토종 등의 새로운 종파를 낳았다.

이처럼 니치렌은 타 불교종파에 대한 악의적인 공격과 국사(國事)에 대한 비판을 서슴지 않았는데, 그 결과 니치렌은 종종 막부와 충돌하여 실제로 두 차례나 가마쿠라에서 추방당했으며 심지어 사형선고를 받은 적도 있었다. 하지만 그는 모든 중생과 일본의 구제는 오직 『법화경』에 대한 절대적인 믿음을 통해서만 성취될 수 있다고 주장하기를 멈추지 않았다. 이때 그는 모든 개개인이 다 『법화경』을 읽고 이해하고자 노력할 필요는 없다고 설했다. 그저 염불과 비슷하게 '나무묘법연화경'(南無妙法蓮華經, 『법화경』을 찬미하고 거기에 귀의한다는 뜻)[23]을 외우기만 하면 불성을 얻을 수 있기 때문이라는 것이다.

니치렌(日蓮)이라는 이름은 한자로 '태양'과 '연꽃'을 의미한다. 말할 나위 없이 여기서 '연꽃'은 『법화경』을 표상하고 '태양'은 일본을 상징한다. 니치렌은 말법시대가 파국적인 종말에 이르면(그는 이런 파국이 매우 임박했다고 믿었다), 위대한 불교시대가 새롭게 도래할 것이라는 몽상을 품게 되었다. 그때가 되면 일본은 전 세계 불교도들의 중심지가 될 것이며, 니치렌

22) Ibid.
23) 일련종 계열의 일본불교 종파에서는 이를 '다이모쿠'(題目)라고 한다. _옮긴이

자신은 고타마 붓다와 마찬가지로 종교사에 새로운 기원을 여는 창설자 역할을 담당하게 되리라는 것이다.

많은 연구자들은 이와 같은 일본중심적인 천년왕국주의적 발상에 주목하면서 니치렌을 일본 최초의 내셔널리스트라고 평가하기도 한다. 물론 '내셔널리스트'라는 말은 지극히 현대적인 개념이라서 그것을 13세기의 인물에게 적용하는 데에는 문제가 있어 보인다. 하지만 니치렌이 당대의 여타 불교지도자들과는 확연히 구별되는 국가의식을 가지고 있었음은 분명하다. 실제로 니치렌은 자신이 "일본의 대들보, 일본민족의 눈동자, 일본국가의 혈맥"[24]이라고 선포하기도 했다. 그는 아마도 스스로를 일본 및 일본의 운명과 동일시했던 듯싶다.

가마쿠라 신불교: 선종

이른바 가마쿠라 신불교의 마지막 종파는 선종(禪宗)이다. 일본인들은 아미타불 신앙과 마찬가지로 오래전부터 선불교에 대해 알고 있었지만, 그것이 일본에서 독립적인 종파로 성립된 것은 중세 초기에 이르러서부터이다. 선(禪, 젠)은 원래 '명상'을 의미하는 말이다. 특히 양발을 가부좌로 틀고 행하는 요가 자세의 명상은 가장 근본적인 불교수행법 중의 하나이다. 사실 고타마 붓다도 깊은 명상상태에서 해탈을 성취했다고 한다. 선불교에서의 해탈, 즉 깨달음[覺, 사토리]이란, 부(富)와 권력 등 진짜처럼 보이지만 실은 환상에 불과한 것들에 대한 욕망과 집착이야말로 인간이 겪는 모든 고통의 원인이라는 사실을 궁극적으로 자각한 상태라고 해석될 수 있다. 정토종이나 일련종과 같은 구제 중심[25]의 종파들은 아미타불이나 『법화경』에 대한 절대적인 믿음을 통해 고통으로부터 벗어날 수 있다고 가르쳤다. 하지만 선종은 개개인의 수련과 노력을 통해 자기 안의 불성(佛性,

24) Tsunoda, deBary, and Keene, *Sources of Japanese Tradition*, p.219.

25) 여기서 구제란 아미타불의 은총 또는 『법화경』에 절대적으로 의존하는 타력구제(他力救濟)를 뜻한다. _옮긴이

buddha nature)을 자각하는 깨달음이야말로 모두가 추구해야 할 목표라고 가르쳤다.

전승에 따르면, 선불교는 6세기경에 인도에서 온 달마(達磨)대사[26]에 의해 처음으로 중국에 전파되었는데, 이때 그는 양(梁)나라 무제(武帝)를 만나 다음과 같은 문답을 나누었다고 한다.

> 무제: 황제 자리에 오른 뒤부터 짐은 수많은 사원들을 세우고 수많은 불전(佛典)들을 사경(寫經)하게 했으며 수많은 승려와 여승들을 배출시켰소. 하니 그 공덕이 참으로 크지 않겠소?
> 달마: 그런 건 아무런 공덕도 아니옵니다.
> 무제: 사성제(四聖諦)의 궁극적인 의미는 무엇이오?
> 달마: 그것은 어떤 숭고한 것이 아니라 그저 텅 빈 공(空)일 따름이옵니다.
> 무제: 그렇다면 내가 마주 대하고 있는 당신은 도대체 누구란 말이오?
> 달마: 저도 모르겠나이다, 폐하.[27]

후에 달마대사는 9년 동안이나 면벽수도하면서 깊은 명상상태에 빠져들었다고 한다. 이때 졸음을 막기 위해 그는 눈썹을 하얗게 밀어버렸으며, 너무 오랫동안 꼼짝도 않고 앉아 있었던 탓에 양다리가 말라버려 떨어져 나갔다고 하는 설화도 전해진다. 오늘날 일본에서 대중들에게 인기가 있는 달마 인형에서도 이런 달마대사의 이미지를 찾아볼 수 있다. 그 달마 인형은 양다리가 없이 달걀 모양의 몸뚱이에다 눈은 무언가를 지긋이 응시하는 모습을 하고 있다.

양나라 무제는 자기 질문에 대한 달마대사의 대답을 황당한 난센스라고 여겼음 직하다. 아마도 그는 달마의 대답들이 실은 선불교의 핵심을 담고

26) ?~530?. 선종의 시조. 남인도의 바라문교 집안 출신으로 산스크리트어 이름은 '보디다르마'(菩提達磨, Bodhidharma)이다. _옮긴이

27) Tsunoda, deBary, and Keene, *Sources of Japanese Tradition*, p.234.

있다는 사실을 알아채지 못했을 것이다. 선불교에서의 깨달음은 모든 미망을 떨쳐버림으로써 성취할 수 있는 것인데, 사람들을 가장 기만하는 것은 바로 언어이다. 그리하여 선불교에서는 '교외별전'(教外別傳)이라 하여 언어로 표현된 경전 바깥에 특별한 비언어적 가르침이 있음을 주장하면서, 문자이건 말이건 언어사용을 거부하거나 혹은 최소한도로 자제한다. 그 대신 선불교는 '이심전심'(以心傳心)이라든가 '직지인심'(直指人心)이라 하여, 마음과 마음으로 직접 호소하고 소통하는 직관을 강조한다. 그러니까 양나라 무제의 질문에 대한 달마대사의 난센스 같은 답변은 합리적이고 의미있는 해답이란 애당초부터 세상에 존재하지 않음을 뜻하는 것으로 볼 수 있다. 이런 달마대사처럼, 후대의 어떤 선사[28]는 깨달음의 본질이 무엇인지를 묻는 제자의 질문에 "아마포 두 근"이라든가 "가서 네 밥그릇이나 닦아라"라고 대답했다.

스승과 제자 사이의 이런 대화로부터 공안(公案)이라는 것이 발달했다. 공안은 스승이 제자에게 던지는 문제인데, 그것은 합리적이거나 논리적으로 대답할 수 있는 성격의 물음이 아니다. 따라서 제자는 다른 방식으로 문제에 대한 '해답'을 찾아야만 한다. 이리하여 선불교에서는 여러 가지 공안들 및 그것에 대한 적절한 패턴의 답변방식들이 생겨나서 제자훈련에 사용되어왔다. 이런 선문답의 사례로 다음 두 가지만 더 소개하고 넘어가자.

문: 내 발과 당나귀 발은 어떻게 닮았느냐?

답: 왜가리가 눈 속에 서 있을 때 그 색깔은 같지 않다.

문: 누구나 각자의 업에 따라 본성의 자리가 다르다. 네 본성의 자리는 어디인가?

답: 이른 아침에 나는 쌀죽을 먹었는데, 또 배가 고프다.[29]

---

28) 유명한 조주(趙州)선사를 가리킨다. _옮긴이

29) Heinrich Dumoulin, *A History of Zen Buddhism*, p.126.

공안은 특히 임제종(臨濟宗, 린자이슈)[30]에서 선호하는데, 이 종파는 '돈오'(頓悟, 갑작스러운 깨달음)의 입장에 서 있다. 즉 깨달음의 경지는 순간적으로 번쩍이는 통찰력과 지각으로 체험된다는 것이다. 일본 선종의 또 다른 주요 종파로 조동종(曹洞宗, 소토슈)[31]이 있다. 이 조동종에서는 돈오를 부정하고 대신 '점오'(漸悟), 즉 전적인 좌선을 통해 점진적으로 깨달음을 얻는다고 본다.

자기규율과 제어를 강조한다는 점에서 선불교는 특히 중세 무사계급의 신조로 적합한 측면을 내포하고 있다. 그 결과 선종은 무사적 생활양식의 형성에 많은 영향을 끼쳤다. 하지만 선불교가 중세 무사들에게 하나의 종교로 받아들여진 측면을 지나치게 과대평가해서는 안 될 것이다. 왜냐하면 선불교는 반주지주의(反主知主義)적 입장에서 단순성 및 소통의 직접성을 주창하므로, 투박하고 거친 심성의 무사들보다는 섬세한 심성의 사람들에게 더 매력적인 종교로 받아들여질 수도 있기 때문이다. 사실 중세 무사들의 대다수는 교육받지 못한 거친 남자들이었다. 그들은 잔혹한 전투의 전문가로서 주로 정토종이나 일련종 같은 종파에서 종교적 위안을 찾곤 했다. 선종을 선호한 집단은 일차적으로 지배층을 구성하는 상급무사집단에 한정되어 있었다.

중세 선종의 영향력은 종교의 영역을 훨씬 넘어서서 다른 영역에까지 널리 퍼졌다. 일면 선종의 주된 역할은 종교보다는 미학이나 예술 쪽에서 발휘되었다고 말할 수도 있을 정도이다. 중국 송대의 선승들 가운데에는 문학과 회화를 비롯한 여러 예술분야에서 뛰어난 재능을 보인 경우가 많았다. 물론 이런 예술활동은 선종 본령의 종교적 신념과는 모순된 측면이 있었다. 전술했듯이 선불교에서는 언어야말로 미혹의 주된 원인이라고 보기

---

30) 중국 당나라의 임제의현(臨濟義玄)을 개조로 하는 선종의 한 종파. 일본에서는 에이사이(榮西)에 의해 시작되었으며, 무로마치 막부에 의해 교토와 가마쿠라에 오산(五山)이 지정되어 보호받았다. 공안을 중시하는 간화선(看話禪)의 입장을 내세운다. _옮긴이

31) 중국의 동산양개(洞山良价)와 그 제자인 조산본적(曹山本寂)을 개조로 하는 선종의 한 종파. 일본에서는 도겐(道元)에 의해 시작되었으며, 전적인 좌선을 중시한다. _옮긴이

때문이다. 어쨌든 중세에 일본이 받아들인 선종은 한시 및 한문과 송대 수묵화(일본어로는 '스미에'〔墨繪〕)를 실어 나르는 수레가 되었다. 이에 더하여 선승들은 중국으로부터 도자기와 칠기 등의 공예품뿐만 아니라 서예를 비롯한 예술작품들을 많이 들여왔다. 또한 이 책 7장에서 다시 언급하겠지만, 중세의 선승들은 송대에 발달한 신유교의 사상을 일본에 소개한 중심적인 담지자이기도 했다.

호조씨 섭정은 특히 열성적으로 선종을 후원했으며, 새로운 무사적 수도의 문화를 고양하기 위한 노력의 일환으로 가마쿠라를 선종의 중심지로 만들고자 했다. 호조씨는 선종 장려책의 하나로, 13세기에 중국이 몽골의 지배하에 들어갔을 때(송왕조가 몽골의 침략에 의해 최종적으로 몰락한 것은 1279년의 일이었다) 중국을 빠져나와 일본으로 건너온 뛰어난 선승들을 적극적으로 포섭했다. 중국 출신의 이 선승들은 가마쿠라에서 선종 발전에 주도적인 역할을 했으며, 겐초지(建長寺)[32]라든가 엔가쿠지(圓覺寺)[33] 등과 같은 훌륭한 선종 사원들의 창건에 크게 기여하기도 했다. 가마쿠라 막부가 몰락하고 무사 지배권력의 축이 아시카가(足利) 또는 무로마치(室町) 막부(1336~1573) 통치하의 교토로 이동한 14세기에 이르러, 이제 선불교의 중심 또한 가마쿠라에서 교토로 바뀌게 되었다. 하지만 선불교의 가장 순수한 형태는 역시 가마쿠라 시대에 형성되고 보급되었으며, 그런 가마쿠라를 발원지로 해서 선종이 널리 퍼져나갔다. 그런데 일단 교토가 중심지가 되면서, 선종은 교토의 오래된 불교전통과 그 종파들, 특히 진언종에 의해 많은 영향을 받게 된 것이다.

---

32) 가마쿠라시에 있는 임제종 겐초지파의 본산. 1249년 호조씨가 송나라 출신의 선승인 난계도륭(蘭溪道隆)을 개조로 삼아 창건한 가마쿠라 오산(五山)의 하나이다. 현재 건물은 에도 시대에 재건되었다. _옮긴이

33) 가마쿠라시에 있는 임제종 엔가쿠지파의 대본산. 1282년 호조씨가 송나라 출신의 선승인 무학조원(無學祖元)을 개조로 삼아 창건한 가마쿠라 오산의 하나이다. _옮긴이

몽골의 침공

대체로 호조씨 섭정은 13세기에 무사사회에 대한 확고하고 공정한 지배를 행사한 것으로 보인다. 매우 전제적인 통치를 단행했던 미나모토노 요리토모와는 달리, 호조씨는 국가위원회를 개설하여 동쪽 지방의 유력 무사가문의 수장들이 막부의 정책결정에 참여할 수 있도록 했다. 나아가 호조씨는 새 시대의 법전으로서 1232년에 제정한 '조에이시키모쿠'(貞永式目)[34]를 통치의 기반으로 삼았다. 이 법전에는 토지관리인과 성주의 의무, 봉토의 분배, 무력분쟁의 해결 등을 비롯하여 당시 무사계층 구성원들의 최대 관심사와 관련된 상세한 규정들이 실려 있다.

이리하여 호조씨는 막부를 탄탄한 제도적 기반 위에 구축했는데, 그러는 동안 대륙에서는 중대한 정치적 변동이 일어나 전근대시대의 일본이 겪은 유일한 대외적 위기상황을 초래하게 되었다. 즉 13세기 초에 칭기즈 칸이 이끄는 몽골이 세계사에서 가장 방대한 제국 중의 하나로 부상했다. 북중국을 정복한 몽골은 이윽고 아시아를 넘어서 동유럽까지 영토를 확장해나갔다. 칭기즈 칸 사후에 중국 지역은 손자인 쿠빌라이 칸의 지배를 받게 되었는데, 그는 1279년 남송을 무너뜨리고 마침내 중국 전역을 통일하여 원(元)왕조(1270~1368)를 수립했다. 그런데 그 이전부터 쿠빌라이 칸은 일본에도 눈독을 들여 조공국으로 만들고자 애썼다. 동아시아의 여러 나라들은 오래전부터 이미 강대한 중국과의 조공관계를 당연시하고 있었다. 하지만 일본만은 최소한 7세기 초 쇼토쿠(聖德) 태자 시대 이래 조공관계에 편입되는 것을 완강하게 거부해왔던 것이다.

일본이 쿠빌라이 칸의 오만하고 위협적인 조공요구를 완강하게 거부하면서 심지어 반응조차 보이지 않자, 쿠빌라이 칸은 1274년과 1281년 두 차례에 걸쳐 대군단을 보내 일본을 평정하고자 시도했다. 제1차 침공 때

34) '고세이바이시키모쿠'(御成敗式目)의 별칭. 호조씨가 조큐의 난 이후 당면한 정치적, 사회적 문제에 대처하기 위해 편찬한 51개조의 법전으로, 무로마치 시대에 이르기까지 무가의 근본법으로 기능했다. _옮긴이

몽골군 병력은 9만 명 정도였고 제2차 때는 14만 명 정도에 육박했다. 이 두 차례의 침공 시 몽골군은 무사들이 방어진을 펴고 있던 일본열도 서쪽의 북규슈로 진입했다. 하지만 두 번 모두 실패로 귀결되었는데, 제1차 때는 단 하루 만에 끝났고, 그리고 제2차 때는 거의 두 달 정도 걸렸다. 실패 원인은 바로 태풍이었다. 태풍이 엄습하자 몽골군은 바다에 정박해놓은 선단으로 후퇴했지만 심각한 전력손실(특히 1281년의 태풍에 의해)을 입은 후 대륙으로 되돌아갈 수밖에 없었다.[35)]

제2차 침공 때 규슈의 무사들은 제1차 침공 때보다 훨씬 효과적인 방어를 할 수 있었다. 거기에는 두 가지 요인이 있다. 먼저, 규슈의 무사들은 제1차 침공 때 몽골군이 상륙한 하카타(博多)만 주변에 약 3미터 높이의 방어성벽을 구축해놓았다. 일본 측은 제2차 침공 때에도 몽골군이 마찬가지로 하카타만에 상륙하리라고 예상했던 것이다. 다음으로, 규슈의 무사들은 전투용 소형 배를 많이 준비하여 필요한 경우 그것을 내보내 적들을 교란하는가 하면 심지어 몽골 대선단 근처에까지 접근하기도 했다. 하지만 제1차 침공 때 일본 측의 전술과 전력은 몽골군에 비교할 바가 못 되었다. 그래서 만일 침공 첫날에 때맞추어 우연하게도 대폭풍이 일지 않았다면, 아마도 일본은 크게 참패할 수밖에 없었을 것이다.

일본의 무사들은 우는 화살을 쏘아 전투의 시작을 선포한 다음, 서로 자신의 이름과 가계를 큰 소리로 외치면서 피아간 둘씩 짝을 지어 일대일로 싸우는 방식에 익숙해져 있었다. 다음과 같은 한 일본 측 자료에서, 제1차 침공 당시 몽골군이 이런 식의 일본적인 전투방식에 어떻게 반응했는지를 엿볼 수 있다.

> 몽골군이 상륙했다. 그들은 말을 타고 깃발을 들어 올리고는 공격하기 시작했다. (중략) 한 일본군이 우는 화살을 쏘아 교전을 선포했다. 그러자 갑자기 몽골

35) 몇몇 학자들은 1274년 11월에 단행된 제1차 침공의 경우는 태풍이 아니었다고 주장한다. 11월은 태풍의 계절이 아니기 때문이다.

군들이 너나 할 것 없이 웃어대기 시작했다. 몽골군은 끊임없이 커다란 북을 치고 징을 울려댔다. (중략) 그래서 일본군 말들이 놀라 통제할 수 없을 만큼 날뛰었다. 이에 일본군들은 말들을 어떻게 진정시켜야 할지, 그리고 어떻게 적에 대처해야 할지 몰라 망연자실 허둥댈 뿐이었다. (중략) 몽골군 장수가 높은 곳에 올라가 퇴각을 명하자, 그 신호로 북이 울렸다. 그러다가 그들은 앞으로 전진할 필요가 있을 때에는 공격신호용 북을 울렸다. 그들은 이런 신호에 따라 전투를 수행했다. (중략) 우리 일본군은 승리하건 패배하건 서로 가계를 밝히고 일대일로 싸우는 것을 관습으로 여기지만, 이 전쟁에서 몽골군은 전력을 한곳에 모아 맹렬한 세력으로 몰아붙였다.[36]

몽골군은 전투에서 일본군보다 뛰어난 조직력을 발휘하면서 부대 단위로 일사불란하게 움직였으며 북과 징을 신호용으로 사용했다. 그뿐만 아니라 그들은 투석기라든가 폭탄 및 독화살 등 일본인에게 전혀 새로운 무기를 썼다. 위 인용문에 나오듯이 무사들의 말〔馬〕은 특히 북과 징과 폭탄에 놀라 날뛰었다. 여기서 우리는 일본인이 중국에서 발명된 폭약으로 만든 폭탄을 처음으로 경험했다는 점에 주목할 필요가 있다.

제2차 침공 때 14만 명에 달하는 어마어마한 몽골군 군단은 비록 많은 섬들을 공략하기는 했지만, 결코 규슈 본토에 본격적으로 상륙했다고 볼 수는 없다. 이런 실패의 주된 원인은 크게 두 개의 대군단으로 구성된 몽골군들 사이의 협력과 조정이 원활하게 이루어지지 못한 데에 있었다. 두 개의 대군단 중 하나는 한반도 남부에서 출정한 군단이고 다른 하나는 남중국의 닝보에서 온 군단이었다. 실패의 두 번째 원인으로 일본군이 하카타만 주변에 쌓은 성벽을 들 수 있다. 이 밖에 소형 배를 이용한 무사들의 효과적인 반격도 빼놓을 수 없는 요인이라 할 수 있다. 당시 쌓은 성벽의 흔적이 지금도 하카타에 남아 있다. 또한 우리는 두 차례의 침공 직후인 13

---

36) William Wayne Farris, *Heavenly Warriors*, p.331에서 재인용.

세기 말에 그려진 유명한 〈모코슈라이 에코토바〉(蒙古襲來繪詞)[37]를 통해 몽골군의 침공 장면 및 웅장한 성벽의 모습을 볼 수 있다.

이 에마키에서 우리가 배울 수 있는 가장 흥미로운 사실 중의 하나는 몽골군이 주로 맨발로 싸웠다는 점이다. 그림 속에서는 그들의 지휘관들만 말에 탄 모습으로 등장한다. 지금까지 나는 그저 '몽골군'이라고 뭉뚱그려 말해왔지만, 엄밀히 말하자면 거기에는 수많은 한족(漢族)계 중국인들과 고려인들이 포함되어 있었다. 어쨌거나 이 〈모코슈라이 에코토바〉에 묘사된 침략군의 이미지는 아시아 대부분 및 나아가 일부 동부 유럽과 중동 지방까지도 정복했던, 주로 경기병대로 구성된 몽골군과는 사뭇 다르다.

결국 몽골군을 물리친 것은 태풍이었던 것 같다. 일본인에게 이 태풍은 단순한 자연현상 이상의 의미를 가진다. 즉 신들이 최대 위기에 빠진 일본을 구하기 위해 '신성한 바람'(神風, 가미카제)을 보내주었다는 것이다. 이런 신풍에 대한 믿음은 가마쿠라 시대에 신도(神道)가 재흥하는 데에 한몫했다. 거기서는 일본의 진정한 수호자는 지난 수 세기 동안 불교승려들이 주장해온 것처럼 불보살이 아니라 신도의 가미(神)라고 주장되었다. 후대에 이런 신풍 관념은 일본국 불패의 신화 형성에 결정적인 영향을 끼쳤다. 물론 이 신화는 제2차 세계대전 때 깨지고 말았지만 말이다.

가마쿠라 막부의 쇠퇴와 무로마치 막부의 성립

어쨌거나 몽골의 위협은 13세기 말에서 14세기 초에 이르러 가마쿠라 막부를 쇠퇴시킨 중요한 원인들 중의 하나였다. 일본 전국 곳곳에서 새로운 무사집단들이 우후죽순처럼 등장한 것도 막부 쇠퇴의 또 다른 원인이라 할 수 있다. 이로써 원래 동쪽 지방의 군사적 헤게모니를 장악함으로써 성립된 막부는 점차 관리능력을 상실해갔기 때문이다. 한편 몽골 침공 시기에 황실의 두 계파 사이에서 불거져 나온 황위계승 분쟁도 막부 쇠퇴를 촉

---

37) 몽골 침입 시 징집된 무사 다케자키 스에나가(竹崎季長)가 자신의 전공(戰功)을 보여주기 위해 1293년에 그리도록 했다는 에마키(2권). _옮긴이

진한 요인으로 작용했다.

이 분쟁은 처음에는 사소한 것으로 비쳤다. 왜냐하면 호조씨는 반세기 전에 황실의 모든 정치권력을 박탈해버렸기 때문이다. 이윽고 지묘인(持明院) 계파와 다이카쿠지(大覺寺) 계파가 서로 번갈아가면서 황자를 내도록 하는 협의가 성사되어 당분간은 별문제 없이 지나갔다. 그러다가 1318년 다이카쿠지 계파에 속한 강력하고 고집스러운 고다이고(後醍醐) 천황(1288~1339)의 시대가 되면서, 그는 자신의 후손들만이 황위를 계승할 수 있도록 정했을 뿐만 아니라 나아가 천황 친정의 복권을 도모하기도 했다.

이와 같은 고다이고 천황의 복고운동은 이에 동조한 조정귀족들과 무사들의 연합세력이 1333년 가마쿠라 막부를 쓰러뜨리고 오랜 숙원이었던 천황의 직접통치를 지지하게 되면서 일단 성공한 듯이 보였다. 그러나 과거 후지와라씨에 의해 최초로 천황의 권력이 박탈당하기 이전의 헤이안 시대 초기로 역사의 흐름을 되돌려놓으려던 이 반동적이고 비현실적인 고다이고 천황의 복고운동은 겨우 3년밖에 유지되지 못했다.

통치 면에서 중세의 시대적 요구에 전혀 부응할 수 없었던 복고정권은 1336년 미나모토씨 가문에 속한 유력계보의 수장이었던 아시카가 다카우지(足利尊氏, 1305~1358)에 의해 무너지고 말았다. 고다이고 천황 및 그 잔여 추종자들이 남쪽 요시노의 산악지역으로 피난 간 이후, 다카우지는 지묘인 계파의 인물을 천황으로 옹립했으며 마침내 교토에 아시카가 혹은 무로마치 막부(1336~1573)를 창립했다. 무로마치 시대의 초기 반세기에 해당하는 1336년에서 1392년까지는 남북조시대라고 부르기도 한다. 왜냐하면 이 기간 동안 고다이고 천황과 그의 후계자들에 의해 요시노의 남조 정권이 수립되어, 교토의 북조를 아시카가 막부의 괴뢰정권이라고 비난하면서 자신의 정통성을 주장했기 때문이다.

이와 같은 복고시대와 남북조시대는 대혼돈과 분열의 시대였다. 또한 그것은 일본의 통치에 천황이나 조정귀족들이 적극적인 역할을 수행했던 전근대사의 마지막 시대를 장식했다. 1392년 아시카가 막부는 지묘인 계파와 다이카쿠지 계파가 번갈아가며 황위계승자를 내놓았던 이전의 관례를 회복시켜주겠다고 약속하여 남조의 천황(고다이고 천황의 손자)으로 하여금 교토로 돌아오도록 설득함으로써 천황가 대분열 시대의 막을 내렸다. 하지만 실제로 아시카가 막부는 끝내 약속을 이행하지 않았고, 그 결과 남조 계통의 황실가문은 점차 사람들의 기억 속에서 사라지게 되었다. 북조 계통 또한 겉으로는 계속 황위를 이어가기는 했지만, 통치하는 데 아무런 권위나 힘도 가지고 있지 못했다. 이때부터 천황은 무가정권에게 정당성을 부여해주는 일종의 부적과 같은 존재로 전락해버렸다.

『다이헤이키』

대략 1318년에서 1368년까지의 시기를 다룬 장편 군키모노가타리(軍記物語)인 『다이헤이키』(太平記)는 아마도 14세기의 단일한 문헌으로는 가장 중요한 역사적 기록일 것이다. 물론 이 제목 자체는 전쟁상황에 어울리지 않지만 말이다. 비록 『헤이케모노가타리』에 비해 분명 문학적 가치는 떨어지지만, 『다이헤이키』는 일면 일본인들이 전근대의 무사시대를 바라보는 방식에 더 심대한 영향을 끼쳤다. 한편 『헤이케모노가타리』와 마찬가지로 『다이헤이키』 또한 전국을 편력하는 유랑시인과 이야기꾼들에게 풍부한 이야깃거리를 제공해주었으며, 그 흥미로운 에피소드들은 후대에 전국의 일본인들에게 널리 알려지게 되었다. 하지만 『헤이케모노가타리』가 주로 전쟁서사로서 향유되었다고 한다면, 『다이헤이키』는 오늘날 황실에 대한 충성과 관련된 일종의 사료로 여겨지고 있다.

남조는 아시카가 막부의 통제하에 있던 북조와의 분쟁에서 패배했다. 그리고 확실히 복고시대 동안 고다이고 천황의 통치방식은 부적절했음이 분명하다. 그럼에도 불구하고 중세 이래 후대인들은 점차 고다이고 천황이 아시카가 막부에 의해 부당하게 천황 대권을 박탈당했다고 느끼게 되었다. 이와 동시에 사람들은 아시카가 다카우지와 그의 측근들을 가장 용서할 수 없는 국가반역자로 간주하기까지 했다. 이에 반해 그들은 불운한 남조 정권을 위해 싸웠던 조정귀족들과 무사들의 사심 없는 봉헌과 희생에 관한 『다이헤이키』의 기사에 깊이 감동했다. 이리하여 근대 이래 일본인들은 남조의 지지자들 가운데 널리 알려진 인물을 천황에 대한 흔들리지 않는 충성의 역사에서 가장 두드러진 사례로 숭경해온 것이다.

구스노키 마사시게(楠木正成, 1294~1336)가 바로 그 인물이다. 남조의 모든 영웅들, 아니 일본역사의 모든 영웅적 무사들 가운데 그만큼 많은 존경을 받아온 인물은 없다. 그는 중부지방의 무사로서 고다이고 천황의 대의명분에 가담하여 마침내 아무런 사심 없이 그 대의명분을 위해 자신의 목숨을 바쳤다. 1945년 제2차 세계대전이 끝나기 전까지의 근대 일본에서 마사시게는 천황에 대한 충성을 보여준 지고의 모델로 부각되었다. 그래서 교과서에 나오는 그의 영웅적 행위를 읽은 학생들은 그를 우상시하곤 했다. 또한 전쟁 말기의 가미카제 파일럿들은 스스로를 현대의 마사시게라고 선언하면서 자살공격을 감행했다.

『다이헤이키』에 따르면, 마사시게는 고다이고 천황의 예시적인 꿈속에 처음 나타난 것으로 나온다. 그리고 천황에게 불려 나가자마자 그 앞에서 다음과 같은 조언을 한다.

"동쪽의 오랑캐들(즉 호조씨 세력)은 최근의 반역으로 하늘의 비난을 샀습니다. 이는 그들이 야기한 무질서와 쇠퇴에서 비롯된 귀결입니다. 만일 우리가 이 점을 잘 활용한다면, 하늘의 징벌을 그들에게 가하는 데 무엇이 어렵겠습니까? 하지만 나라를 통합하는 목표는 군사병법뿐만 아니라 세심하게 짠 전략으로 수행해야만 합니다. 우리가 무력으로 그들과 맞선다 해도, 그리고 우리가 일본 전국에 걸쳐 60여 곳 이상의 지방에서 신병을 모집한다 하더라도 (중략) 우리가 승리하기란 쉽지 않을 것입니다. 그러나 지혜롭게 계획을 세워 싸운다면, 동쪽 오랑캐 군사들의 날선 검과 단단한 투구를 부수게 될 것입니다. 그들을 속이기란 간단하오니, 전혀 걱정하시지 않아도 됩니다. 전쟁의 목적은 최종적인 승리에 있으므로, 폐하께서는 특정 전투의 승패에 너무 집착하지 마시옵소서. 이 마사시게가 살아 있다는 소식을 접하시는 한, 언젠가는 폐하의 뜻이 이루어지게 될 것이옵니다."[38)]

특히 중부 및 서부지역의 일본 무사들은 몽골 침공기 이후 게릴라전술을 많이 발전시켰는데, 마사시게는 이런 게릴라전술의 대가였다. 이런 마사시게는 전쟁에서 가장 중요한 것은 최종적인 승리에 있는 것이니 절대 특정 전투의 결과에 연연하지 말라고 고다이고 천황에게 조언하고 있다. 이와 동시에 마사시게는 자신이 살아 있는 한 천황의 뜻이 성취될 것이라고 맹세한다.

사실 호조씨 세력이 가마쿠라 막부를 쓰러뜨릴 만큼 충분히 커질 때까지 고다이고 천황의 황실복고운동의 불길이 중부지방에서 타오르게 한 장본인은 바로 마사시게였다. 이런 그의 업적에 천황은 충분한 보상을 내렸다. 후에 아시카가 다카우지가 복고운동에 대항하는 정책으로 전환했을 때, 마사시게는 다시 고다이고 측을 구원하러 달려왔다. 하지만 『다이헤이키』의 묘사에 따르면, 이때 고다이고 천황은 특정 전투의 승패 여부에 너무 연연하지 말라는 마사시게의 조언(및 그런 조언에 뒤따르는 당연한 귀결, 즉 특정 전투에 지나치게 모험적으로 나서거나 너무 많은 것을 기대하지 말라는 원칙)을 무시하면서, 오히려 오늘날 고베 근방에 있는 세토내해(瀨戶內海) 연안의 미나토가와(湊川)라는 곳에서 마사시게와 다른 장수들에게 다카우지에 맞서 필사적인 입장을 취할 것을 요구한다. 이에 마사시게는 자신이 죽을 것을 알면서도 1336년 미나토가와 전투에 임한다. 이윽고 전황이 기울어지자 그와 그의 동생은 서로를 칼로 찔러 자결한다. 그러기 직전에 형제는 "조정의 적을 쳐부수기 위해 일곱 번 다시 태어나기를"[39)] 바라는 마음을 표현한다. 이는 제2차 세계대전 때의 가미카제 특공대를 비롯하여 일본사

38) Varley, *Warriors of Japan*, p.183에서 재인용.

39) 가미카제 특공대의 파일럿들은 종종 '칠생'(七生)이라는 글귀로 장식된 머리띠〔鉢卷, 하치마키〕를 두르곤 했다.

속에서 언제나 천황중심주의자들의 마음을 뒤흔들고 감동시킨 말이다. 『다이헤이키』는 고다이고 천황의 황실복고운동은 결국 실패할 수밖에 없다고 적고 있다. 왜냐하면 고다이고 천황은 무모하게도 구스노키 마사시게의 전략에 따르기를 거절했기 때문이라는 것이다.

『쓰레즈레구사』

14세기 중반의 다른 중요한 문학작품으로 『쓰레즈레구사』(徒然草)가 있다. 이는 만년에 승려가 된 궁정시인 요시다 겐코(吉田兼好, 1283~1350)의 잡문과 일화 및 개인적 관찰 따위를 모아놓은 수필집이다. 고다이고 천황의 복고시대 무렵에 쓰인 이 작품은 헤이안 시대의 수필집 『마쿠라노소시』(枕草子)와 구조적으로 상당히 유사하다. 하지만 내용에서 두 수필집은 그것을 낳은 시대의 차이를 확연하게 반영하고 있다. 『마쿠라노소시』가 신랄하고 익살맞으며 현대풍이라면, 『쓰레즈레구사』는 삶의 통렬함과 모든 존재의 덧없음에 대한 민감한 감수성에 더하여 과거의 관습 및 생활방식에 깊은 향수를 품고 있었던 중세인의 미학과 정서를 우아하게 표현하고 있다.

가마쿠라 초기를 살았던 『호조키』의 저자와는 달리, 겐코는 삶의 부단한 흐름과 변화에 수반되는 고통과 고뇌를 이겨내지 못한 듯싶다. 그리하여 겐코는 "인생에서 가장 귀중한 것은 삶의 불확실성"이라고 느꼈으며, 어떤 아름다움 앞에서 그 아름다움이 순간적인 것이거나 혹은 이미 쇠잔의 징후를 보여줄 때라야 비로소 기쁨을 느꼈다. 나아가 겐코는 지나간 시간에 대한 그의 사랑을 지루하게 감상적인 상투어가 아니라 다음과 같이 단순한 수사학으로 표현하고 있다.

> 어떤 일이든 지나간 옛 시대가 각별하게 느껴진다. 지금 시대는 정서가 점점 메말라가는 것 같다. 도공이 만든 멋진 그릇도 고풍스러운 모양이 운치를 더해준다. 편지나 글귀 등도 옛 글은 몇 번을 읽어도 그때마다 어떤 감동이 전해온다.

그런데 요즈음에는 직접 입에 담는 말까지도 점차 풍류를 잃어가고 있다. 지금 사람들은 "우차(牛車)를 들어 올려라"라고 하던 것을 "올려라"라고만 하며, "등불을 들어라"라고 하던 것도 "들어라"라고만 한다.[40]

겐코의 『쓰레즈레구사』는 오랫동안 전통적 미학의 참된 바이블로 일본인들에게 사랑받아왔다. 실로 겐코의 미학은 자연스러움(naturalness), 단순성(simplicity), 암시성(suggestion), 덧없는 사멸성(perishability) 등과 같은 일본인의 기본적인 미적 가치에 토대를 두고 있다. 하지만 무엇보다 겐코는 『쓰레즈레구사』의 다음과 같은 유명한 구절에서 알 수 있듯이, 중세적인 미적 감각에서 점차 중요해진 또 하나의 기본적인 미적 가치인 불규칙성(irregularity) 혹은 비대칭성(asymmetry)에 대한 표명으로 가장 많이 기억되고 있다.

어떤 사람이 "얇은 천을 발라서 만든 책표지는 곧 해지기 때문에 좋지 않다"고 말했다. 그러자 돈아(頓阿)[41]는 "얇은 천으로 된 책표지는 위아래 부분이 닳아서 떨어지고 천이 해어져 나간 것에서 더욱 깊은 정취를 느끼고, 또한 자개의 세공이 정교하게 놓인 족자는 조개조각이 떨어져 나간 후의 모양에서 더욱 깊은 정취를 느끼는 법이다"라고 대답했다. 과연 공감이 가는 훌륭한 생각이다. 또한 한 질로 되어 있는 책자도 각 권이 모두 갖추어져야 보기에 좋다고들 하는데, 이에 반해 고유(弘融)[42] 스님은 "물품을 반드시 한 질로 갖추어야 한다고 생각하는 것은 정취를 모르는 사람들의 이야기이다. 갖추어지지 않은 불완전한 상태가 오히려 더 멋스럽다"고 말씀하셨다. 이 또한 정말 공감이 가는 훌륭한 생각이다. 그래서 어떤 이는 "대체로 세상만사 모든 것이 완벽하게 정비되어 있는 것은 별로 좋지 않다. 미완성 그대로 남아 있는 것이 오히려 미래가 남아 있는 듯하여

40) Keene, *Essays in Idleness*, p.23.
요시다 겐코, 채혜숙 옮김, 『도연초』, 바다출판사, 2001 참조. _옮긴이
41) 1288~1372. 남북조시대의 승려이자 유명한 가인. _옮긴이
42) 겐코와 동시대의 승려인데, 정확하게 알려진 것은 없다. _옮긴이

흥미롭고 마음을 편안하게 해준다"고 말한 적도 있다.[43]

기타야마 문화와 선종의 영향

무로마치 시대는 일본사에서 가장 혼란스러웠던 시기로, 2세기 반에 걸친 기간 동안 일본 곳곳에서 항상 전쟁이 끊이지 않았다.[44] 물론 초기 아시카가 막부의 제3대 쇼군인 아시카가 요시미쓰(足利義滿, 1358~1408)는 14세기 말에서 15세기 초에 일본열도의 대부분을 평정하여 일시적으로 질서를 회복시키기도 했다. 이는 북조 지지자들과 남조 추종자들 사이의 분쟁 과정에서 출현한 반(半)자치적인 지방영주들에 대한 효과적인 통제를 통해 이루어졌다. 하지만 요시미쓰 사후에 막부는 점차 쇠퇴의 길을 걸었고, 이후 중앙정부로서의 통제기능을 상실한 채 거의 무력화되고 말았다.

요시미쓰는 탁월한 군사지도자였을 뿐만 아니라 예술가들에게 관대하고 통찰력 있는 후원자이기도 했다. 그는 교토의 궁정귀족과 엘리트 무사들을 위엄 있게 주재하는 한편, 사적으로는 당대의 문화를 꽃피우는 데에 상당한 관심을 기울였다. 그래서 이 시기의 문화는 그가 별장으로 삼았던 긴카쿠지(金閣寺)의 소재지인 교토 외곽의 기타야마(北山)를 본떠 기타야마 문화라고 불린다(그림 31).

요시미쓰는 중국과의 공식적인 교류를 재개했는데, 이는 기타야마 문화에 자극을 준 중요한 요인이 되었다. 중국과의 무역 및 교류는 몽골 침공 이후 매우 미미한 정도였다. 그러다가 14세기 초에 이르러 양국 간 적대감정이 완화됨으로써, 막부통치자들은 두 차례(1325년과 1341년)에 걸쳐 중국에 무역사절단을 파견하기도 했다. 이는 선종 사원의 복구를 비롯하여 재건사업에 필요한 자금을 확보하기 위한 조처였다.

---

43) Keene, *Essays in Idleness*, p.70.
요시다 겐코, 채혜숙 옮김, 『도연초』 참조. _옮긴이

44) 통상 일본사 시대구분에서 무로마치 시대는 1392년부터 1573년까지 아시카가씨가 정권을 잡고 교토의 무로마치(室町)에 막부를 개설한 시기를 가리킨다. 한편 남북조시대(1336~1392)를 이 무로마치 시대 전기에 포함시키는 설도 있는데, 이 책의 저자 또한 이런 입장에 서 있다. _옮긴이

:: **그림 31** 긴카쿠지(金閣寺)(조지프 슐먼 사진)

요시미쓰가 쇼군 자리에 올랐던 1368년에 중국의 원왕조가 무너지고 대신 명왕조(1368~1644)가 들어섰다. 건국 직후에 명나라는 일본에 왜구 진압을 위한 협조를 제안해왔다. 몽골 침공기 이후 창궐한 왜구가 한반도와 중국 해안에서 약탈을 자행하고 있었기 때문이다. 요시미쓰가 명나라와 공식적인 관계를 재개한 것은 표면상으로는 이런 제안에 대한 반응이었다. 하지만 개인적으로 그에게는 중국과의 관계 회복을 통해 이득이 많이 남는 해외무역을 진흥하고자 하는 강렬한 동기가 내재되어 있었음이 분명해 보인다.

후대의 내셔널리즘에 고취된 사가(史家)들은 가차 없이 요시미쓰를 비난했다. 요시미쓰는 일본이 한 세기 전 몽골의 침공을 재촉했을 만큼 800여 년 동안이나 완강하게 거부해온 중국과의 조공관계를 받아들였기 때문이라는 것이다. 하지만 객관적으로 보건대, 요시미쓰 시대부터 무로마치 말기까지 정기적으로 중국에 파견된 사절단은 비단 무역상의 이익뿐만 아니라, 명나라에서 중세 일본으로 부단히 유입된 의미심장한 문화의 흐름을 가능케 해주었다.

교토의 선불교 사원들은 명나라와의 최초 교류단계에서 선도적인 역할을 담당했다. 이는 매우 적절하고 또 당연한 귀결이었다. 왜냐하면 선승들은 막부의 지도적 인사들과 교분이 두터웠으며, 또한 막부와 선불교 사원들은 선승들을 무역상으로뿐만 아니라 문화사절단으로 양성하려는 일반적인 관심사가 서로 일치했기 때문이다. 당시 중국과의 문화적 교류가 낳은 한 가지 중요한 결과로, 흔히 오산(五山, 고잔)[45] 문학이라 불리는 방대한 문학과 학문체계의 수립을 들 수 있다. 이 지도적인 오산의 엘리트 선승들은 전적으로 한문만을 사용하여 시가와 산문을 지었는데, 이에 후대의 많은 평자들은 오산 문학이 지나치게 모방적이며 현학적인 데다가 원래 주지주의 및 언어적 표현을 멀리해야 할 선불교 본연의 자세와 지극히 동떨어진 활동을 했다 하여 신랄한 비판을 가했다. 하지만 다른 한편으로 오산에 의해 뛰어난 학문연구가 이루어졌음도 부인할 수 없는 사실이다. 즉 그들은 불교 및 유교에 대한 주석적 연구에 더하여 사전류와 백과전서 및 기타

45) 중국의 오산 관례를 모방하여 중세 일본인들은 교토 오산(덴류지〔天龍寺〕, 쇼코쿠지〔相國寺〕, 겐닌지〔建仁寺〕, 도후쿠지〔東福寺〕, 만주지〔萬壽寺〕 등의 임제종 5대 사찰_옮긴이)과 가마쿠라 오산(겐초지〔建長寺〕, 엔가쿠지〔圓覺寺〕, 주후쿠지〔壽福寺〕, 조치지〔淨智寺〕, 조묘지〔淨妙寺〕 등의 임제종 5대 사찰_옮긴이)을 선종 최고의 지도적인 사원으로 지정했다.

참고문헌류를 다수 편찬했는데, 이는 전근대 일본에서 거의 모든 학문적 활동의 토대를 제공해주었다.

노(能)와 유현미

기타야마 시대가 낳은 가장 뛰어난 문화적 업적이라면 뭐니 뭐니 해도 노(能)를 꼽을 수밖에 없다. 일종의 무용극 형식인 노의 정확한 기원은 알려져 있지 않다. 하지만 최소한 노의 기원이 다양하다는 점, 그리고 그것이 외국과 국내, 귀족과 서민 모두로부터 영향을 받아 형성되었다는 점은 분명해 보인다. 그 가운데 가장 먼저 영향을 끼친 요소로 7, 8세기에 중국에서 들어온 여러 가지 양식의 춤과 음악, 그리고 마술, 곡예, 주술을 비롯한 오락적 연희 등을 꼽을 수 있다. 이 중 일본인들은 중국적 무용양식을 '부가쿠'(舞樂)라는 엄숙하고 장엄한 궁중무용으로 개조했다. 이 부가쿠는 '가가쿠'(雅樂)의 반주에 맞추어 상연되었다. 그 밖의 다른 중국적 요소들은 일시적으로 유행했다가 대부분 쇠퇴해버렸지만, 일부는 잡다한 민간연희 및 의식들과 뒤섞여 궁극적으로 노의 발전에 기여하기도 했다.

중세 초기에 가장 유행한 두 가지 연극양식은 '사루가쿠'(猿樂)[46]와 '덴가쿠'(田樂)였다. 사루가쿠라는 용어의 정확한 의미는 알 수 없지만, 아마도 익살스러운 흉내내기나 곡예에서 비롯된 것으로 보인다. 한편 덴가쿠는 수확제 때 들판에서 농부들이 노래하고 춤추던 관행에서 유래된 연희이다.[47]

기타야마 시대에 이르기까지 각각의 유파를 가진 사루가쿠와 덴가쿠는 서로 경쟁적인 관계였지만, 실제의 공연 내용은 매우 유사할 정도로 상호

46) 원래 해학적인 흉내와 대사가 중심인 헤이안 시대의 예능이었는데, 가마쿠라 시대에 들어와 연극적 요소가 가미되어 노와 교겐(狂言)으로 발전했다. 이런 연유로 노가쿠(能樂)의 구칭으로 사용되기도 했다. _옮긴이

47) 덴가쿠는 비단 수확제뿐만 아니라 모내기 등의 농경의례에서 피리나 북을 연주하면서 노래하고 춤추던 연희에서 비롯된 예능이다. 가마쿠라 시대에서 남북조시대에는 사루가쿠와 마찬가지로 가무극인 노를 연출하기도 했으나, 그 후 쇠퇴하여 오늘날에는 사사(寺社)의 행사에서만 전승되고 있다. _옮긴이

영향을 주고받았던 것으로 보인다. 문헌을 보면 수도를 비롯한 전국 각지에서 이 사루가쿠와 덴가쿠가 굉장히 인기가 많았음을 알 수 있다. 가령 호조씨의 마지막 섭정은 덴가쿠 및 기타 연희들을 너무 좋아한 나머지 가마쿠라에서의 정사(政事)를 소홀히 할 정도였다고 한다. 또한 1349년에는 교토에서 벌어진 덴가쿠를 보러 온 관객들이 너무 몰려들어 관람석이 무너지고 많은 사람들이 죽은 사건도 있었다고 한다.

사루가쿠는 기타야마 시대에 노(能)로 발전했는데, 이는 일면 우연한 귀결이었다. 즉 1374년에 처음으로 사루가쿠 공연을 본 요시미쓰가 간아미(觀阿彌, 1333~1384)와 그의 아들 제아미(世阿彌, 1363~1443)의 연기에 깊은 인상을 받게 되었고, 그 후 이 부자를 아낌없이 후원했다. 이는 일본문화사에서 매우 중요한 사건이었다. 왜냐하면 무로마치 막부의 제3대 쇼군이었던 요시미쓰의 후원이 없었다면 노의 창안과 완성에 결정적인 역할을 했던 간아미와 제아미의 탁월한 재능이 꽃을 피우지 못했을 것이기 때문이다. 이들의 천재성은 기껏해야 저급하고 속된 대중적 취향에 영합하는 데에 머물렀을 가능성이 크다. 이 두 인물은 교토의 최상류층 사회에 접하면서 사루가쿠를 가장 귀족적인 감수성에 호소할 만한 아름답고 숭고한 연극예술로 승화시켰다.

간아미와 제아미는 배우이자 동시에 극작가였다. 가장 뛰어난 노 곡목 중 많은 작품이 이들 부자에 의해 만들어졌다. 게다가 제아미는 당대의 걸출한 비평가이기도 했다. 실제로 그는 중세 미학 및 연극적 감각에 관련된 훌륭한 평론문을 많이 남기는 한편, 중세 미적 관념의 형성에 큰 영향을 끼쳤다.

제아미가 1374년에 처음으로 요시미쓰를 만났을 때, 그는 열한 살 먹은 어린 소년에 지나지 않았다. 어린 미소년을 총애했던 쇼군 요시미쓰의 마음을 끌었던 것은 무엇보다 제아미의 아름다운 용모였던 것 같다. 1408년 요시미쓰 사후에 제아미와 그의 노 유파는 한때 쇠퇴의 길을 걷지 않을 수 없었다. 이는 그가 요시미쓰 생전에 받았던 특별한 대우를 못마땅하게 여

:: **그림 32** 노의 한 장면(일본정부관광국)

겼던 막부 내 인사들의 견제 때문이었다. 하지만 당시 노의 인기는 확고부동한 것이었으므로 쉽사리 무너지지는 않았다. 이윽고 아시카가 막부의 쇼군들은 노에 대해 다시금 우호적인 태도를 취하여 후원을 아끼지 않았다.

도널드 킨(Donald Keene)은 노를 "비일상적 혹은 초자연적 사건들과 관련된 연극시로서, 조연들 및 시를 낭송하고 노래하는 합창단과 함께 종종 가면을 쓰고 등장하는 무용수에 의해 공연되는 예능"[48]이라고 정의 내렸다. 이때 주연을 맡은 무용수는 '시테'(仕手)라 하고 조연들은 '와키'(脇)라 한다. 와키는 통상 도입부에서 노를 소개하거나 시테에게 질문을 던져 자신의 사연을 말하도록 유도하는 역할을 한다. 이 밖에 '쓰레'(連れ)라 불리는 한두 명 정도의 조연이 등장하기도 한다(그림 32).

처음 접하는 사람들에게 노는 너무 지루할 정도로 템포가 느리고 또한 그 줄거리도 잘 드러나지 않아 아예 없는 것처럼 느껴지기 십상이다. 게다

48) Donald Keene, *Nō: The Classical Theatre of Japan*, p.25.

가 노는 현실감이 희박하다. 사실 노는 매우 양식화되고 제의적인 대사나 몸짓에 입각한 상징주의적 연극이기 때문이다. 거기서는 종종 리얼리즘적 표현을 교묘하게 비껴간다. 그리하여 가령 노인이 젊은 여자의 역할을 연출한다든지 혹은 어린 소년이 쇼군 역을 연출하곤 한다. 덧붙여 말하자면, 노의 모든 배우는 다 남자들이 한다. 어쨌거나 이런 노의 배우에게는 특히 '모노마네'(物眞似, 모방적 흉내) 및 '유현'의 두 가지 특질을 익힐 것이 요청된다. 여기서 모노마네는 물론 사실적으로 연기하는 능력을 가리키는 것이 아니다. 그것은 오히려 와키노모노(脇能物, god play), 슈라모노(修羅物, warrior play), 가즈라모노(鬘物, women play), 자쓰노(雜能, miscellaneous play), 기리노(切能, demon play) 등 노의 다섯 가지 범주에서 각각 요구되는 다양한 상징적 몸짓의 연기능력을 의미한다. 제아미는 이런 모노마네의 철저한 습득을 노의 본질적인 요소로 간주했다. 하지만 이와 더불어 그는 노 배우의 최고 경지는 중세 최고의 미적 가치인 유현미의 신비와 깊이를 전달하는 능력에 있음을 특히 강조했다.

앞에서 나는 유현미를 '신비'와 '깊이'의 관점에서 언급한 바 있다. 제아미 또한 다음과 같은 비평적 글에서 이런 관점에 입각하여 유현미에 관해 논하고 있다.

> 그렇다면 유현미의 경지는 어디서 찾아볼 수 있을까? 먼저 사회적 위치의 관점에서 다양한 계층의 사람들을 검토해보자. 보통 사람을 훨씬 능가하는 외양과 기품 있는 행동양식을 가진 귀족들에 대해 유현미의 단계를 말할 수 있을 것이다. 거기서 우리는 유현미의 본질이 아름다움과 고상함에 있음을 볼 수 있다. 귀족적인 풍모에서 고요함과 우아함은 유현미와 맞닿아 있다. 마찬가지로 언어생활에서의 유현미는 가장 일상적인 화법에서조차 기품이 느껴질 만큼 고상하고 우아한 어법을 완벽하게 구사하는 데에 있다.[49]

49) Tsunoda, deBary, and Keene, *Sources of Japanese Tradition*, p.289.

제아미는 다른 곳에서도 유현미에 관해 많은 언급을 했다. 다른 미학적 개념과 마찬가지로 유현미 또한 단 몇 줄로 깔끔하게 정의 내리기에는 너무 복합적인 개념이다. 그럼에도 불구하고 위 인용문에서 제아미는 유현미를 궁정귀족적 감수성인 '미야비'(雅)와 동일시하고 있다. 다시 말해 노 배우는 귀족처럼 보이고 행동하고 말함으로써 유현미를 전달할 수 있다는 것이다.

〈노노미야〉

노를 한 번도 본 적이 없는 독자에게 노의 감성적 충격력을 적절하게 설명하기란 쉽지 않다. 하지만 가즈라모노에 속한 제아미의 유명한 작품인 〈노노미야〉(野宮)에 대한 간략한 기술을 통해 중세 일본 노 작품의 구조와 표현방식을 보여줄 수는 있을 듯싶다.

〈노노미야〉의 주인공 시테는 『겐지모노가타리』에 나오는 가상적 등장인물인 로쿠조노미야스도코로이다. 겐지의 연인인 그녀는 콧대 세고 질투심 많기로 유명하다. 다른 많은 노 곡목들과 마찬가지로 이 작품 또한 떠돌이 승려의 등장으로 시작된다. 그는 교토의 명소들을 편력하고 있는 중이며, 노노미야를 보러 사가노(嵯峨野) 부근에 가고 싶다고 말한다. 노노미야에는 새로 임명된 순결한 사이구(齋宮)[50]가 이세신궁(伊勢神宮)으로 가기 전에 잠시 머무르고 있기 때문이라는 것이다.

몸을 슬쩍 돌리는 몸짓을 통해, 이 떠돌이 승려는 그가 이미 사가노에 도착했음을 시사한다. 그는 노노미야신사 앞에 무릎을 꿇는다. 그가 기도하는 중에 한 소녀가 들어와 로쿠조노미야스도코로가 언제, 어떻게 해서 이세신궁의 사이구로 임명받은 딸과 함께 노노미야에 머물게 되었는지, 또한 그녀가 언제, 어떻게 해서 겐지를 만나게 되었는지를 이야기한다. 때는 가을이었는데, 이 계절은 일본전통에서 가장 많은 사랑을 받아왔다. 왜냐하

---

50) 천황을 대신하여 이세신궁을 섬기며 제사를 지내던 미혼의 황녀. _옮긴이

면 가을은 모든 것이 불가피하게 사라져간다는 사실을 일깨워주는 계절이기 때문이다. 그래서인가 〈노노미야〉의 시적 대화들은 가을의 멜랑콜리와 외로움으로 흠뻑 뒤덮여 있다. 첫 번째 장면의 끝부분에서 승려는 그 소녀가 사실은 로쿠조노미야스도코로의 생령(生靈)임을 깨닫게 된다. 그녀는 겐지를 향한 지울 수 없는 연정의 불길과 불교적 구원을 성취하고자 하는 바람 사이에서 분열증적으로 갈가리 찢겨 있다. 두 번째 및 마지막 장면에서는 잠시 퇴장했던 주인공 시테[51]가 틀림없는 로쿠조노미야스도코로의 모습으로 다시 등장하여 노의 극적인 클라이맥스를 구성하는 긴 호흡의 춤을 춘다. 춤이 끝났을 때, 로쿠조노미야스도코로는 이 노 곡목의 유일한 소도구인 작은 도리이(鳥居)를 걸어 나간다. 이는 그녀가 속세를 떠나 해탈했음을 암시하는 상징적인 표현이다.

〈마쓰카제〉

아마도 일본인에게 가장 사랑받는 노 곡목은 〈노노미야〉와 마찬가지로 가즈라모노에 속한 〈마쓰카제〉(松風)일 것이다. 이는 간아미가 쓰고 제아미가 편곡한 작품으로, 마쓰카제와 무라사메(村雨)[52]라는 자매의 유령에 관한 슬픈 이야기이다. 이 자매는 생전에 고향인 세토내해(瀨戶內海) 연안의 수마(須磨)에서 소금을 만들던 하층민이었다. 옛날 옛적에 수마에는 유키히라[53]라는 황족이 잠시 머물러 살고 있었다. 자매는 둘 다 이 유키히라를 사랑했는데, 그가 교토로 귀성한 지 얼마 지나지 않아 죽은 후에도 그를 잊지 못해 슬픔에 잠겨 있었다. 노의 마지막 장면은 수마 해변에 강풍이 일고 파도가 출렁이는 광경을 연출하고 있는데, 그때 마쓰카제와 무라사메는 수마로 다시 돌아오겠다던 유키히라의 약속을 믿고 언제까지나 그를 기다리겠다는 맹세를 한다. 하지만 자매를 찾아온 승려의 기도에 힘입어 그녀

---

51) 시테가 무대에서 잠시 퇴장한 사이에 교겐(狂言)이 상연된다. 거기서는 승려가 그 지역에 사는 한 남자와의 대화를 통해 노노미야신사의 역사에 대해 많은 사실을 알게 된다.

52) 여기서 마쓰카제는 '시테'이고 무라사메는 '쓰레'이다.

53) 헤이안 초기의 가인인 아리와라노 유키히라(在原行平)를 가리킨다. _옮긴이

들은 마침내 고통스러운 삶에서 벗어날 수 있었고, 이제 자매의 이름이 뜻하는 '가을비'와 '솔바람'의 기억만 남게 된다.

마쓰카제: 그래서 우린 그가 돌아오기를 기다릴 거야,
늘 푸른 소나무처럼 언제까지라도 영원히.
무라사메: 그러고말고. 우린 그의 약속을 믿어.
합창단: "난 사라져버렸네,
소나무로 뒤덮인 이나바(因幡) 산속으로.
하지만 만일 내가 그대 소나무의 음성을 듣는다면,
난 즉시 돌아올 것이라네."
마쓰카제: 그건 저 머나먼 이나바 산속의 소나무이고,
여기 있는 것은 구불구불한 수마 해변의 소나무라네.
우리의 사랑하는 황자님이
한때 이곳에 사셨지.
그 유키히라 님이 다시 한 번 돌아오신다면,
난 소나무 아래 서서
바닷바람에 몸을 맡긴 채,
그에게 다정하게 말하겠네,
아직도 그를 사랑한다고!
합창단: 소나무숲 사이로 광풍이 불고
수마 해변가에는 흰 파도가 출렁이네.
미쳐 날뛰는 저 밤에
우린 그대에게 왔다네,
거짓된 열정의 꿈속에서.
우리를 위해 기도해다오, 우리의 안식을 위해 기도해다오!
이제 우린 떠난다네.
파도가 솨 소리 내며 저 멀리 빠져나가고

산에서 수마 해변으로 바람이 불어나갈 때.
관문 길 위에서 도요새가 울고,
그대의 꿈은 끝났다네. 그리고 날이 밝았네.
지난밤에 그대는 가을비 소리를 들었지.
오늘 아침에는 모든 것이 떠나고
솔바람만이 불고 있구나, 솔바람만이 일고 있구나.[54)]

〈노노미야〉와 〈마쓰카제〉는 모두 '몽환노'(夢幻能, 무겐노)라는 노의 형태에 속한다. 특히 제아미가 선호했던 이 몽환노는 유현미의 한 요소인 '신비'를 추구하면서 먼 과거의 역사적 또는 가공적 인물의 신비로운 유령들을 등장시킨다. 〈노노미야〉와 〈마쓰카제〉는 바로 이런 몽환노 중 가장 뛰어난 작품으로서, 가즈라모노로 상연된다. 하지만 몽환노 형태는 슈라모노에서도 곧잘 채택되었는데, 이 경우는 모두 『헤이케모노가타리』에 나오는 에피소드에 입각하고 있다. 이와 같은 슈라모노 몽환노 가운데 가장 사람들의 마음을 사로잡는 것은 겐페이 전쟁에서 미나모토씨에게 쫓기면서 결국 파멸해가는 다이라씨의 운명을 재현한 작품이라 할 수 있다. 『헤이케모노가타리』에도 묘사되어 나오듯이, 우리는 다이라씨가 12세기 후반부에 교토에 장기거주하는 동안 귀족적인 무사로 변형되었다는 점에 주목한 바 있다. 예컨대 유명한 와카 시인이 된 다이라씨가 있었는가 하면, 피리나 비파 같은 악기를 다루는 궁정음악가가 된 다이라씨도 있었다. 또 어떤 이는 귀족풍의 낭만적인 연애를 구가하기도 했다. 제아미는 그의 슈라모노 곡목에서 다이라씨의 이런 귀족적인 측면을 부각함으로써 쇼군 아시카가 요시미쓰와 그 측근 무사들의 취향을 만족시켜주었다. 이들 또한 무로마치 시대에 교토에 거주하면서 귀족적인 미적 감각을 습득하여 귀족적 무사로 변모했기 때문이다.

54) Donald Keene, ed., *Twenty Plays of the Nō Theatre*, pp.31~32.

〈아쓰모리〉

전형적인 슈라모노 몽환노로 〈아쓰모리〉(敦盛)라는 곡목을 들 수 있다. 이는 다이라씨의 젊은 지휘관 아쓰모리가 1184년 현 고베(神戶) 근처의 세토내해 해변가에서 벌어진 이치노타니(一谷) 전투 이후 탈출을 기도하다가, 거친 간토(關東) 무사인 구마가이 나오자네(熊谷直實)에게 살해당한 이야기를 소재로 한 작품이다. 여기서 아쓰모리라는 등장인물은 『헤이케모노가타리』에 나오는 이야기에서 그대로 따온 것이다. 이치노타니 전투에서 미나모토씨가 다이라군에 대승을 거둔 이후, 아쓰모리는 앞바다에 대기 중이던 배를 향해 말을 타고 도망친다. 이처럼 그가 배에 접근하는 동안, 해변가에서는 나오자네가 진정한 무사라면 돌아와 한판 붙자며 아쓰모리를 향해 고래고래 고함을 질러댄다. 그러자 아쓰모리는 말머리를 돌려 나오자네에게 달려들지만, 합전 끝에 말에서 떨어져 포박당하고 만다. 이에 나오자네는 아쓰모리의 목을 베기 쉽도록 투구를 벗겨낸다. 그런데 이때 나오자네는 적장이 귀족풍으로 이빨을 검게 물들인 미소년임을 알고는 깜짝 놀란다. 순간 자신의 아들을 떠올린 나오자네는 아쓰모리를 살려주고 싶었지만 그러지 못한다. 다른 미나모토씨 군사들이 둘을 향해 달려오고 있고, 아쓰모리를 그대로 놓아주면 그 군사들에게 더 참담한 죽음을 당할 것이 뻔하기 때문에 나오자네는 결국 아쓰모리의 목을 베지 않을 수 없었던 것이다. 이때 아쓰모리의 허리춤에서 피리 하나가 눈에 띄는데, 이를 본 나오자네는 그날 아침 다이라 진영에서 들려온 피리 소리의 임자가 바로 아쓰모리임을 알게 된다. 다이라씨의 귀족주의적 성격을 입증해주는 이 피리를 앞에 두고 경탄한 나오자네는 향후 성심을 다하여 아쓰모리의 명복을 빌어주겠노라고 맹세한다.

〈아쓰모리〉에서 이치노타니를 찾은 와키는 바로 이 구마가이 나오자네에 다름 아니다. 그는 아쓰모리의 명복을 빌어주겠노라고 맹세한 후 승려식 이름인 렌세이(蓮生)를 자칭했다. 이치노타니에서 렌세이는 수확 중인 농부 몇 사람을 만나는데, 그중 한 사람은 피리를 불고 있다. 이 장면에서 렌세이가 몇 가지 질문을 한 다음, 그 피리 부는 농부가 아쓰모리의 유령임이 드러난다. 아쓰모리는 아직도 자신의 패배와 죽음으로 인한 깊은 고뇌에서 헤어나지 못하고 있다. 이 작품의 마지막 장면에서는 아쓰모리가 렌세이를 죽이겠노라고 위협하기도 하지만, 이윽고 둘은 어떤 기도사의 중재로 화해하게 된다. 이리하여 아쓰모리는 성불하게 되고 렌세이와 불교 안에서 벗이 된다.

〔이치노타니 전투를 회상하며〕
아쓰모리가 뒤돌아보니
구마가이가 자신을 뒤쫓아오고 있다.
그는 추적을 따돌릴 수 없다.
이에 아쓰모리는 말머리를 돌려
요동치는 파도 사이로 질주하며 칼을 빼든다.
두세 차례 칼을 휘두른다.
그러고는 말에 탄 채 두 사람이 뒤엉켜 싸운다.
이윽고 함께 부서지는 파도 속으로 곤두박질한다.
마침내 아쓰모리가 쓰러져 죽고 만다.
하지만 운명적인 어떤 힘이 그를 다시 돌아오게 했다.
(아쓰모리가 일어나 칼을 높이 쳐들고 승려 쪽으로 다가간다.)
그는 "나의 적이 여기 있구나"라고 외치면서 찌르려 한다.
하지만 상대방은 조용히 붓다의 이름을 부르며
아쓰모리가 성불하기를,
그래서 둘이 함께 연화대 위에 환생하기를 기도하고 있다.
"렌세이는 이제 나의 원수가 아니로다.
날 위해 다시 기도해다오, 날 위해 다시 기도해다오."[55]

---

55) Arthur Waley, *The Nō Plays of Japan*, p.73.

교겐

노의 그늘 아래 발전한 또 하나의 연극장르가 있다. 바로 교겐(狂言)인데, 이는 노의 곡목 사이사이에 공연된다. 거기서는 농부라든가 시골 사람이 등장해서 노의 심오하고 난해한 대사보다 훨씬 알기 쉬운 말로 배경지역에 대한 설명이라든가 연극 주역들에 대한 추가적 정보를 일러준다.

어떤 교겐은 독립적인 풍자극으로 만들어져 흔히 노와 함께 사이사이에 공연됨으로써 노에 변화를 주기도 한다. 그럼으로써 일면 무겁고 어두운 노의 분위기를 이완시키는 역할을 담당하는 것이다. 이와 같은 독립적인 교겐 풍자극의 내용은 매우 상스럽고 요란스럽다. 그것은 대개 영리한 하인이 자신의 다이묘(大名) 영주를 익살스럽게 풍자하는 경우가 많다. 어떤 연구자들은 이런 교겐 풍자극을 중세에 사회하층민들이 상류층에 대한 반감과 계급적 적대감을 가지고 있었다는 하나의 증거로 해석하기도 한다. 물론 중세에 사회적 불안과 그로 인한 소요의 사례가 많았던 것은 사실이다. 하지만 그렇다고 해서 교겐 풍자극이 곧바로 '계급적 적대감'을 반영한 것이라고 단정 짓기는 힘들다. 교겐은 어디까지나 오락을 위한 연희로 만들어진 것이기 때문이다. 게다가 종종 말투나 내용이 불손하고 무례하다는 지적을 받기는 했지만, 교겐은 그 풍자대상인 다이묘라든가 기타 높은 신분의 사람들을 비롯한 모든 계층의 청중들에게 환영받고 사랑받았다.

오닌의 난과 히가시야마 시대

기타야마 시대에 발전한 다른 예술양식으로 렌가(連歌)와 다도 및 수묵화 등이 있다. 하지만 이것들은 요시미쓰의 손자인 제8대 쇼군 아시카가 요시마사(足利義政, 1436~1490) 시대에 흥기한 무로마치기의 두 번째 문화 대부흥이라는 맥락에서 더 적절하게 이해될 수 있다.

요시마사는 일곱 살 때인 1443년에 쇼군이 되었다. 당시는 농민봉기에서부터 날뛰는 다이묘들 사이의 분쟁에 이르기까지 일본사회 전반에 걸쳐 격변의 기운이 요동치던 시대였다. 그리하여 가장 강력한 쇼군이라 할지라

도 15세기 중엽에 절묘하게 균형 잡힌 아시카가 헤게모니를 유지하는 데에 급급했을 정도였다. 하물며 응석받이로 자란 데다 퇴폐적이고 무력하기 짝이 없던 요시마사에게서는 쇼군직을 감당할 만한 싹수가 전혀 보이지 않았다. 어쩌면 이 요시마사는 요시미쓰 시대 이래 교토에서 진행된 궁정귀족과 엘리트 무사 사이의 점진적인 융합과정이 낳은 불가피한 산물이었는지도 모른다. 비록 막부의 무사통치자들이 정치적으로는 조정을 통제하고 있었지만, 그들은 갈수록 우아한 궁정적 삶의 방식에 젖어들고 있었다. 그리하여 우리는 요시마사에게서 쇼군임에도 불구하고 군사문제에는 전혀 관심이 없는 귀족화된 명문 무사가문의 자손을 보게 된다. 막부의 이름뿐인 수장이 된 이래 20년 이상이 지난 1460년대에 이르러 요시마사는 쇼군으로서의 모든 의무를 포기하고 사퇴했다. 이는 전적으로 그가 원했던 더 이상적인 삶을 추구하기 위한 것이었다. 하지만 당시는 평화롭고 우아하게 은퇴할 수 있는 시대가 아니었다. 즉 요시마사의 사퇴는 후계계승 문제를 둘러싼 그의 동생과 아들 사이의 분쟁을 촉발했는데, 이는 향후 오닌의 난(應仁の亂, 1467~1477)이라 불린 전대미문의 대전란을 초래하고 말았다.

사실 쇼군 계승을 둘러싼 분쟁은 군사적 우위를 점하려고 갈등을 빚은 두 경쟁적인 다이묘 가문에는 단지 하나의 구실일 뿐이었으며, 쇼군으로서 무능하고 부적절했던 요시마사의 막부는 이들의 분쟁을 견제하거나 저지할 힘이 없었다. 그 결과 벌어진 오닌의 난은 주로 교토 및 그 인근 지역을 무대로 10여 년 이상 계속되었다. 1477년에 마지막 군대가 철수했을 때, 한때 찬란한 문화를 꽃피웠던 교토는 황량한 폐허가 되어 있었다.

오닌의 난은 승자도 없고 패자도 없는 전쟁이었다. 다이묘들은 힘이 다할 때까지 그저 서로 치고받고 싸웠을 뿐이며, 각자의 영지에서 모반사건이 일어나자 귀향한 다이묘들도 많이 있었다. 아시카가 막부는 1573년까지 존속하기는 했지만, 이미 이 오닌의 난을 계기로 이름뿐인 정부가 되어 있었다. 이런 상황에서 일본은 '전국(戰國)시대'라 불리는 난세로 빠져들어갔다.

:: **그림 33** 긴카쿠지(銀閣寺)(조지프 슐먼 사진)

오닌의 난에서 자행된 대학살 및 그에 수반된 대혼란에도 불구하고 요시마사의 시대는 눈부신 문화적 성취를 이루었다. 요시마사는 마침내 오닌의 난이 한창때였던 1473년에 쇼군직을 아들에게 물려주었다. 그리고 전쟁이 끝나고 몇 년 뒤, 그는 교토 교외의 히가시야마(東山)에다 별장으로 요시미쓰의 긴카쿠지(金閣寺)와 대비되는 긴카쿠지(銀閣寺)를 건립하기 시작했다

(그림 33). 요시마사는 쇼군으로서는 한심하기 짝이 없는 실패자였지만, 아마도 예술의 후원자로서는 조부인 요시미쓰보다도 더 주목할 만한 점이 있었던 듯싶다. 어쨌든 요시미쓰가 기타야마 문화의 융성을 표상한다면, 요시마사의 이름은 히가시야마 시대(통상 15세기 후반부에 해당)의 문화적 융성과 떼려야 뗄 수 없을 만큼 밀접하게 연관되어 있다.

그렇지만 특히 노를 비롯한 몇몇 문화영역에서 히가시야마 시대는 전대의 문화적 업적을 능가할 만한 면모를 보여주지 못했다. 물론 요시마사와 그 측근들도 노를 사랑했으며, 때때로 며칠씩이나 계속 이어지는 노 공연을 즐기기도 했다. 하지만 당대에는 간아미나 제아미 같은 인물이 나오지 않았다. 이는 아마도 간아미 및 제아미의 작품들이 후대의 발전을 저해할 만큼 너무 뛰어난 탓이었는지도 모르겠다.

히가시야마 시대의 렌가

그보다 히가시야마 시대에 최고도의 완벽한 수준에 도달했던 예술장르는 무엇보다 렌가라고 할 수 있다. 2인 이상의 사람들이 교대로(혹은 연속적으로) 5·7·5 구절과 7·7 구절의 와카를 짓고 그것을 길게 이어나가는 방식은 새로운 것이 아니다. 이미 헤이안 귀족들도 때때로 여흥 삼아 렌가 경연을 펼쳤기 때문이다. 가마쿠라 시대에 들어서면 이런 렌가 짓기 놀이가 궁정에서 더욱 널리 행해지게 되었다. 하지만 렌가가 하나의 예술장르로 인정받게 된 것은 14세기 이후의 일이다. 이 무렵 누대에 걸쳐 수많은 일본인들에게 아낌없는 사랑을 받아왔던 전통적인 와카는 그 창조적인 잠재성이 거의 다 소진되어가고 있었다. 가령 궁정의 와카 유파는 지나치게 엄격한 시작(詩作) 규칙을 제정함으로써 상상력이 뛰어난 시인들의 자유로운 창작을 억압했다. 기성 시인들 및 시인 지망자들이 무로마치 시대에 들어와 렌가에 눈을 돌린 것은 부분적으로 렌가가 이런 엄격한 규칙으로부터의 자유를 지향했기 때문이다.

14세기 이래 렌가가 크게 유행하게 된 또 다른 이유로 그것이 사회적 교제를 촉진했다는 점을 들 수 있다. 물론 여가시간이 많았던 헤이안 귀족들은 매우 사교적이었고, 시낭송이라든가 경연대회를 비롯하여 늘상 연회를 즐겼던 것으로 보인다. 하지만 우리가 아는 한, 중세 이전의 시대에 여타 계층의 사람들은 사교를 나눌 기회뿐만 아니라 사회적 접촉의 범위도 매우 제한적이었다. 농민, 무사적 농민, 도시민, 장시간 노동자 등은 아마도 가끔 있는 신사 축제라든가 수확제 등을 제외하고는 가족 이외의 사람들과 사회적 관계를 맺을 수 있는 순수한 연회에 접할 시간도 없었고 그것을 좋아하지도 않았을 성싶다.

이에 비해 중세에는 모든 계층의 사람들, 특히 교토와 나라 및 세토내해 연안의 사카이(堺)항 등과 같은 중심도시에서 발흥한 신흥 엘리트 무사들과 수공업자 및 상인 동업조합들에 사교의 기회를 대폭 늘려준 수많은 변화가 있었다. 14세기 초의 문헌들을 보면, 이들이 모여 함께 즐긴 사교적 놀이로 전술한 덴가쿠와 사루가쿠를 비롯하여 공중목욕, 다회(茶會), 음주, 렌가 작시 등이 있었음을 알 수 있다.

물론 대중들이 즐긴 오락을 예술과 혼동해서는 안 될 것이다. 예컨대 놀기 좋아하는 농민과 상인 및 하급무사들이 지은 즉흥적인 렌가들 중 불후의 탁월한 시구가 많이 있었으리라고는 여겨지지 않는다. 그럼에도 불구하고 이런 평민계층 사이에 널리 퍼져 있던 미적 감각이 덴가쿠와 사루가쿠를 통해 노 발전에 공헌했듯이, 마찬가지로 그것이 무로마치 시대의 렌가 발달에 중차대한 영향을 끼쳤다고 볼 수 있는 충분한 근거가 있다.

렌가는 니조 요시모토(二條良基, 1320~1388)라는 궁정귀족에 의해 하나의 공인된 예술양식으로 승격되었다. 요시모토는 1356년에 최초의 칙찬 렌가집을 펴낸 인물이다. 하지만 렌가를 최고 수준으로 끌어올린 것은 바로 15세기의 대가들이었다. 그중 신케이(心敬, 1407~1475)는 탁월한 시가 창작 및 렌가에 관한 비평으로 특히 유명하다. 활동적인 불교승려였던 신케이는 시가와 같은 예술의 추구와 종교적 깨달음의 추구가 본질적으로 하나라고 자주 설했다. 또한 그는 미학을 '아름다움 너머' 춥고 시들고 외로운 영역에까지 확장하고자 중세에 누구보다도 감성적인 글쓰기를 실천했던 인물이다. 가령 그는 렌가집 『사사메고토』에서 다음과 같이 적고 있다.

> 옛적에 한 대가 시인에게 시는 어떻게 지어야 하느냐고 묻자 그는 "황량한 들판의 풀들 / 기운 달"이라고 대답했다.

> 그는 시인이란 모름지기 언어로 표현할 수 없는 것들에 시선을 모아야 하며, '히에'(추운 것)와 '사비'(쓸쓸한 것)의 영역을 알아야만 한다는 점을 이런 식으로 말했다. 시작(詩作)에서 최고의 수준에 도달한 자의 시가는 하나같이 이런 히에와 사비의 미학에 입각해 있다.[56)]

렌가의 대가 중 가장 유명한 인물은 소기(宗祇, 1421~1502)이다. 히가시야마 시대를 살았던 그는 천민 출신의 선승으로, 교토의 귀족과 무사들 및 전국을 편력하는 가운데 만났던 수많은 민중들과의 교류에서 영감을 얻었다. 소기는 가마쿠라 초기의 사이교처럼 여행가로서도 명성을 날렸다. 비록 신케이만큼 탁월한 시인은 아니었지만, 소기는 시구를 이어가기 위한 다른 시인들과의 예술적인 협동작업에 특별한 기술을 요하는 렌가에서 뛰어난 재능을 보였다. 1488년에 소기는 교토 남쪽에 위치한 미나세(水無瀨) 마을의 미나세신궁에서 가인 쇼하쿠(肖柏)[57)]와 소초(宗長)[58)]를 만났다. 거기서 세 사람은 일본사에서 가장 유명한 렌가를 지었다. 그것은 오늘날 「미나세산긴」(水無瀨三吟)으로 알려져 있는 100수짜리 렌가인데, 그 첫 번째 시가는 다음과 같이 시작된다.

> 소기: 잔설이 남아 있는

---

56) Shinkei, *Sasamegoto*, in Kidō Saizō and Imoto Nōichi, eds., *Renga Ronshū, Haironshū*, p.175.
57) 1443~1527. 무로마치 후기의 렌가 시인. _옮긴이
58) 1448~1532. 무로마치 후기의 렌가 시인. 소기의 수제자이다. _옮긴이

산비탈에 안개 자욱한
봄날 저녁에.

쇼하쿠: 저 멀리 강줄기가
자두 향내 가득한 마을 지나 흘러가네.

소초: 버드나무 가득한
강가에 산들바람 불어오니,
봄이로구나.

소기: 노 젓는 소리 청명하구나,
맑은 아침 햇살에.

쇼하쿠: 농무(濃霧) 뒤덮인 들판 너머,
어슬렁거리는 저 달이
하늘에 걸려 있구나.

소초: 서리 깔린 초원이여,
가을이 끝나가는구나.[59)]

위 렌가는 다양한 연상장치를 사용하여 연결구를 이으면서 흐름과 연속성을 유지하기 위해 능란하고 세련된 방식으로 시구를 구성하고 있다. 예컨대 소기가 봄을 말하면, 쇼하쿠는 '자두 향내'와 같이 봄을 느끼게 하는 표현을 구사한다. 또한 쇼하쿠가 가을을 연상시키는 달을 언급하자, 소초는 즉시 가을의 계절을 묘사한다. 미나세의 대가들이 설정한 이와 같은 연

59) Keene, *Anthology of Japanese Literature*, pp.315~316.

상장치들이 재미있기는 하지만, 그것은 렌가 또한 와카와 마찬가지로 관습에 의해 크게 제한받는다는 사실을 보여주고 있다. 따라서 이런 식의 렌가 기법 또한 조만간 참된 창조적 표현수단을 제공해주지 못하게 되었다.

에이사이와 중세의 다도

중세가 낳은 가장 세련된 문화적 업적 가운데 하나로 '자노유'(茶の湯, tea ceremony)[60]에 입각한 다도(茶道, 자도 혹은 사도)를 들 수 있다. 우리가 아는 한, 차는 9세기 초, 즉 헤이안 시대 초기에 불교승려들에 의해 중국에서 일본으로 처음 전래되었다. 중국에서는 당왕조 때 차를 마시는 관습이 하나의 세련된 취미생활로 고양되었다. 이것이 일본에서는 어떤 것이든 중국적인 것에 열광했던 시대에 교토의 궁정에서 유행하게 된 것이다. 나아가 그것은 일본의 불교사원에서 다양한 종교적 의례와 결합되면서 정착되기도 했다. 하지만 6세기 후반에 시작된 이래 오랜 세월에 걸쳐 이어진 중국적인 것의 문화적 차용과정이 9세기 중엽에 일단락되면서, 일본인의 차 마시는 관습도 점차 쇠퇴하거나 혹은 사라지게 되었다.

그러다가 가마쿠라 막부가 창설된 무렵의 12세기 후반에 이르러, 일본 임제종의 창시자인 에이사이(榮西, 1141~1215, '요사이'라고도 한다)라는 선승에 의해 중국에서 일본으로 다시금 차가 전래되었다. 중국인 차 애호가들의 선례에 따라 에이사이 또한 차의 의학적 가치를 강조하면서 『깃사요조키』(喫茶養生記)라는 책을 펴냈다. 이 책은 차를 "인간이 점차 타락하고 쇠약해져서 신체의 네 가지 요소와 다섯 가지 기관이 퇴화하는"[61] 말법시대에 사람들의 수명을 늘려주는 영약이라 하여 다음과 같이 권고하고 있다.

> 다섯 가지 기관(간장, 심장, 폐, 비장, 신장)은 각각 선호하는 음식이 있다. 만일 그렇게 선호하는 음식을 지나치게 편식하게 되면, 해당 기관이 너무 강해져서

---

60) 손님을 초대하여 맛차(末茶)를 대접하는 다회(茶會) 또는 그 작법. _옮긴이
61) Tsunoda, deBary, and Keene, *Sources of Japanese Tradition*, p.244.

다른 기관들을 억누르게 됨으로써 결국 병이 나게 된다. 사람들은 흔히 신 것, 자극적인 것, 단 것, 짠 것은 많이 먹지만 (심장이 선호하는) 쓴 음식은 잘 먹지 않는다. 하지만 심장이 병들면 다른 모든 기관들도 영향을 받는다. (중략) 그러나 만일 (쓴맛을 지닌) 차를 마신다면, 심장이 강해져서 모든 질병으로부터 벗어나게 될 것이다.[62]

또한 에이사이는 선종 사원에서 오랜 시간 좌선하는 동안 졸지 않고 깨어 있도록 일종의 각성제로서 차를 사용할 것을 권하기도 했다.

일본인이 헤이안 중기에 차 마시는 관습을 폐기한 때와 그것이 에이사이에 의해 재도입된 12세기 후반 사이에 중국에서는 차와 관련된 두 가지 관습이 등장했다. 가루차의 사용 및 대나무로 만든 다선(茶筅, 자센)의 출현이 그것인데, 이는 중세 일본에서 창안된 다도의 성격에 결정적인 영향을 끼쳤다. 여기서 다선은 가루차를 뜨거운 물과 섞은 다음 휘젓는 데에 사용하는 도구를 가리킨다. 중국에서는 후대에 가루차 마시는 관습이 사라졌다. 그 후 오늘날 세계에서 유통되는 차들은 홍차(발효차)든 우롱차(절반발효차)든 녹차(미발효차)든 모두 우려내어 마시게 되어 있다. 즉 찻잎을 뜨거운 물에 담가서 우려내는 것이다. 그런데 오직 일본의 자노유에서만 가루차를 사용하고 있다. 물론 일상적으로 일본인들은 세계의 다른 나라와 마찬가지로 차를 우려내어 마시고 있지만 말이다.

13, 14세기의 일본에서는 모든 계층에 걸쳐 차 마시는 관습이 널리 퍼짐으로써 이제 차는 국민적인 음료수가 되었다. 그중 최고의 차로 유명했던 것은 교토 북서부에 있는 산촌 마을인 도가노(栂尾)에서 재배된 차였다. 교토에서는 14세기에 무로마치 막부의 엘리트 무사들이 참가하는 연회에서 '도차'(鬪茶)라는 차 경연대회가 행해지기 시작했다. 이 차 품평회의 목적은 도가노 차와 다른 지역에서 재배된 차를 구별하는 데에 있었다. 이때 도

62) Ibid., p.245.

가노 차는 '혼차'(本茶)라 하여 최고급 차로 높이 평가받은 반면, 그 밖의 다른 차들은 모두 '히차'(非茶)라 하여 내쳐졌다.[63]

대유행을 낳은 이 차 경연대회에는 종종 렌가 대회를 비롯하여 후에는 음주, 공중목욕, 도박 등이 수반되었다.[64] 이런 경연대회와 그 뒤풀이는 활기차고 종종 음담패설로 떠들썩했음에 틀림없다. 사사키 도요(佐々木導譽, 1306~1373)라는 벼락출세한 다이묘는 14세기 중엽에 자주 화려한 다회를 개최한 인물로 유명하다. 이런 다회에서 그는 도자기 등의 다기(茶器)라든가 서예, 병풍, 족자를 비롯하여 자신이 수집한 중국 예술품들을 전시하여 화려함을 과시했다.

도요처럼 외국 물건들을 과시하려는 욕구는 14세기의 신흥 엘리트 무사들 사이에서 중국 것이면 무엇이든 최고로 여겨 소유하고자 했던 일반적인 풍조였다. 그래서 당시 중국에 파견되었던 사신들은 이들을 위해 특히 송대와 원대 화가들의 회화작품을 비롯하여 닥치는 대로 중국 예술품을 사들였다. 그 과정에서 감식능력이 없었던 일본 사신들이 그저 진품이라는 말만 듣고, 혹은 쉽게 날조할 수 있는 인장 하나만 보고 구입한 회화작품들도 상당수에 이르렀다고 한다. 그 결과 사사키 도요 같은 이들의 중국 컬렉션에서 최고의 명품으로 일컬어지는 것 중에는 그 진가가 의심되는 것들이 많이 있다.

그런데 히가시야마 시대에 들어와 일본인들은 그들이 수 세기에 걸쳐 마구잡이로 사들였던 수많은 중국 예술작품과 골동품들을, 재고조사를 통해 주의 깊게 점검하게 되었다. 예컨대 쇼군 아시카가 요시마사는 '도보슈'(同朋衆)라는 일종의 전문가집단에게 당대 일본에서 가장 많은 중국 예술품을 소장하고 있던 쇼군가의 컬렉션을 조사하여 목록을 작성하라고 명했다. 여기서 도보슈는 예술적 재능이 풍부하고 감식력이 뛰어난 사람들로서, 쇼군

63) 후대에는 교토 남쪽의 우지(宇治)에서 재배된 차가 일본 최고의 차로 여겨지게 되었다. 우지 차는 오늘날에도 가장 좋은 차로 인정받는다.
64) 이 밖에 꽃꽂이 대회라든가 향(香) 품평회(고도〔香道〕라고 한다_옮긴이) 등도 인기가 있었다.

이 문화정책을 펴나가면서 신뢰했던 최측근들로 구성되어 있었다. 그중에는 '세 명의 아미'[三阿彌, 산아미][65]라 불린 노아미(能阿彌, 1397~1471), 그의 아들인 게이아미(藝阿彌, 1431~1485), 게이아미의 아들인 소아미(相阿彌, ?~1525)가 있었다.[66] 쇼군가의 예술품 컬렉션에 대한 목록작업은 주로 노아미와 게이아미에 의해 수행되었는데, 어쨌거나 이들 도보슈는 향후 일본의 예술품 감식에 중요한 기준을 설정해주었다.

자노유는 특히 15세기에 발전했다. 이런 발전의 정확한 역사적 단계를 추적하기란 쉽지 않다. 하지만 차를 준비하고 대접하고 마시는 규칙을 정한 것이 그 첫 번째 단계였고, 두 번째 단계에서는 사람들이 모여 차를 마시는 다실이 형성되었으리라고 추정해봄 직하다. 처음에 차는 별도의 부엌이나 바깥 회랑에서 따로 준비되었다가 나중에 다실이 생겨났다. 그러니까 15세기 자노유의 창안자들은 차를 준비하고 대접하고 마시는 모든 과정을 하나의 방(다실)에서 모두 진행함으로써 일종의 소우주적이고 자기충족적인 '차의 세계'를 확립하게 된 것이다.

다실과 쇼인즈쿠리

다실(茶室, 자시쓰)은 '쇼인즈쿠리'(書院造),[67] 즉 15세기에 출현한 새로운 주택건축양식에 영향받아 생겨난 부산물이었다. 과거 헤이안 귀족들의 '신덴즈쿠리'(寢殿造) 주택은 벽과 미닫이문과 병풍 및 기타 이동식 칸막이 등으로 둘러싸인 공간에 지나지 않았다. 마루도 생나무 그대로였고, 방들도 특별히 고유한 특징이 없었으며 가구도 별로 없었다. 필요한 경우에는 마루에다 돗자리 같은 것을 깔고 앉았다. 그러다가 중세에 표준적인 골풀 멍석(다타미)이 점차 마루 전체를 덮게 되었고, 방마다 벽과 미닫이문이 일

65) 여기서 '아미'는 아미타불의 '아미'에서 붙여진 이름이다.
66) 이들은 대대로 아시카가 쇼군들의 도보슈로서 예술에 관한 상담역을 맡았고, 또한 화가로서도 이름을 날렸다. _옮긴이
67) 무로마치 말기에 등장하여 에도 초기에 완성된 주택건축양식. 일본식 주택으로서 현재까지 영향을 미치고 있다. _옮긴이

:: **그림 34** 쇼인즈쿠리 양식의 방. 정면 벽의 오른쪽이 쇼인도코이고 그 왼쪽이 지가이다나이다. 마루에는 다타미가 깔려 있고, 왼쪽 벽에는 후스마 미닫이문 그리고 오른쪽 벽에는 쇼지 미닫이문이 보인다(아서 플라이셔 그림)

정 공간을 차지하게 되었다. 당시 미닫이문에는 두 유형이 있었다. 하나는 전통적인 '후스마'(襖)[68]이고 또 하나는 더 새롭고 밝은 '쇼지'(障子)이다. 이 중 쇼지는 한쪽 면에 반투명의 얇은 고급종이를 바른 나무격자틀로 이루어져 있다.

쇼인즈쿠리 양식의 방은 선종 사원에 있는 승려들의 공부방에서 비롯된 것인데, 현대 일본주택 거실의 원형이 되었다. 바닥 전체에 깔린 다타미와 후스마 및 쇼지에 더하여, 쇼인즈쿠리 양식의 방은 한쪽 벽면에 만들어놓은 마루같이 평평한 쇼인도코(書院床, 일종의 책상), 비대칭적인 구조로 설치한 지가이다나(違い棚, 선반), 도코노마(床の間)[69] 등으로 특징지어진다(그림 34).

다실은 이와 같은 쇼인즈쿠리 방의 변형된 형태로서 주로 16세기에 발전했다. 모든 다실에는 도코노마가 있어 거기에 족자를 걸거나 꽃꽂이 장식

68) 나무로 틀을 짜고 양면에 종이나 헝겊을 붙여 만든 미닫이문. _옮긴이

69) 일본식 방의 객실 상좌(上座)에 바닥을 한층 높게 만들어, 벽에는 족자를 걸고 바닥에는 꽃이나 장식물을 꾸며놓는 공간. _옮긴이

을 한다. 하지만 쇼인도코나 지가이다나가 없는 경우도 있다. 한편 다실에는 자노유 때 사용하는 주전자를 데우기 위한 조그맣고 움푹 들어간 화로가 놓여 있기도 하다. 또한 다음 장에서 다시 살펴보겠지만, 16세기 말부터 다실에는 흔히 '니지리구치'(躙り口)라 불리는 입구가 생겨나게 되었다.

15세기 후반 히가시야마 시대에 최초의 중요한 발전을 이룬 자노유는 다타미 6조에서 8조 크기의 널찍한 쇼인즈쿠리 방에서 이루어졌으며, 이때 차의 준비와 접대를 위한 주전자, 다기, 차 넣는 통, 물단지 등은 모두 중국에서 수입한 것만 사용했다. 자노유에 앞서 이런 모든 다도용품(숯불이 미리 준비되어 있는 경우 주전자는 제외하고)은 '다이스'(台子)라는 중국풍의 검은 옻칠을 한 선반 위에 보관된다. 한편 주인은 도코노마에 중국회화와 꽃꽂이 장식을 배치하는 것이 통상이었다.

무라타 슈코와 와비차

히가시야마 시대에는 이와 같은 자노유 양식이 형성되었는데, 이와 더불어 다른 양식의 맹아도 나타났다. 무라타 슈코(村田珠光, 1423~1502, 주코라고도 한다)는 그런 신양식의 원조이다. 나라를 연고지로 삼았던 상인으로 선불교에 심취했던 슈코는 다음과 같이 말하고 있다.

> 자노유에서는 일본적 취향과 중국적 취향이 조화를 이루도록 세심하게 신경써야 한다. 이 점이 매우 중요하다. 요즈음 잘 알지도 못하면서 비젠(備前) 다기라든가 시가라키(信樂) 다기 같은 것에 집착하여 스스로 만족스러워하는 이들이 많이 있는데, 참으로 어리석기 짝이 없는 일이다. 그들은 다른 사람들의 비난에도 아랑곳 않은 채, 그런 다기들이 '춥고 시든 것'의 미학적 특성을 가지고 있다는 점을 내세우면서 자신들의 다기가 얼마나 뛰어난 것인지를 자랑하며 과시하려고 애쓴다.[70)]

70) Murai Yasuhiko, "Shukō Kokoro no Fumi," in Hayashiya Tatsusaburō, ed., *Kodai-Chūsei Geijutsu Ron*, p.448.

이 인용문은 슈코가 한 제자에게 보낸 것이라고 알려져 있는 편지에 나오는 말인데, 이 편지는 그가 쓴 글 중에서 유일하게 현존하는 자료이다. 차의 명인으로서 슈코에 대해 지금 우리가 알고 있는 정보는 대부분 그의 사후 한 세기가 지나 후대인들이 자노유에 관해 쓴 글들에서 얻은 것이다.

"일본적 취향과 중국적 취향이 조화를 이루도록" 주의하라는 슈코의 권고는 전통적으로, 15세기 후반을 살았던 그가 중국적인 다도용품을 선호했던 우아하고 '귀족적'인 히가시야마 시대 자노유로부터 일본풍 도자기를 사용하게 된 새로운 일본양식의 자노유로의 전환점에 서 있었음을 의미하는 것으로 받아들여졌다. 여기서 일본풍 도자기란 비젠 다기나 시가라키

:: **그림 35** 에도 초기의 시가라키 다기. 물단지(호놀룰루미술학회. 로버트 앨러턴 기증. 1964)

다기처럼 거친 질감과 부드러운 색조, 그리고 종종 하자가 있는 다기를 가리킨다(그림 35). 미학적으로 이는 중요한 의미를 가지는 전환이다. 왜냐하면 그것은 자연스러움과 불규칙성 같은 기본적인 일본적 가치를 중시하는 태도가 다시 나타난 것을 보여주기 때문이다. 이때 비젠 다기와 시가라키 다기를 '춥고 시든 것'의 미학으로 본 슈코의 서술은 그가 16세기에 활동한 그의 후계자들과 마찬가지로 신케이 같은 이들이 정식화한 렌가의 미학으로부터 많은 영향을 받았다는 사실을 반영하고 있다. 자노유에서 춥고 시든 것의 미학은 '와비'(侘)의 미학으로 전개되었다. 사실 슈코에 의해 시작된 새로운 유형의 자노유는 '와비차'(侘茶)로 불린다. 16세기에 주로 슈코의 후계자들이 발전시킨 이 와비차에 대해서는 다음 장에서 다시 살펴볼 것이다.

슈분과 수묵화

무로마치 시대에 융성한 또 다른 예술로 '스미에'(墨繪)라는 수묵화가 있다. 수묵화는 원래 중국 송왕조의 화가들이 수 세기 동안 발전시킨 장르이다. 송나라의 수묵화 화가들은 선승, 민간적 신들, 꽃과 새 등을 비롯하여 다양한 테마의 그림을 그렸는데, 후대의 일본인 수묵화 화가들도 이런 테마의 그림들을 즐겨 그렸다. 하지만 수묵화에서 가장 중심적인 테마는 역시 산수화와 같은 풍경화이다. 송대의 수묵산수화는 중국 예술작품 가운데에서도 단연 뛰어나다. 그것들은 아마도 자연의 웅장함과 광대함에 대한 최고의 감동적인 찬사일 것이다.

송대의 대가들은 자연을 있는 그대로 묘사하려 하지 않았다. 오히려 그들은 안개 자욱한 숲의 장면, 톱날처럼 삐죽삐죽한 낭떠러지, 폭포, 웅장한 산(원경의 산은 종종 소멸점으로 사라지는 듯 묘사되어 있다) 등을 양식화한 윤곽으로 포착하는 대담하고 과감한 화법을 채택했다. 거기서 인간의 모습은 통상 개미처럼 작게 그려져 있다. 때로는 산자락을 따라 천천히 움직이는 고독한 나그네로서, 때로는 우뚝 솟은 산봉우리 옆의 조그만 정자에 앉아 있는 은둔자로서, 마치 압도적인 우주에 삼켜진 사소한 존재인 양 묘사되어 있는 것이다.

송대 화법은 서예기법의 영향을 많이 받았다. 실제로 그것은 중국의 3대 서예기법, 즉 해서(楷書), 행서(行書), 초서(草書) 기법의 관점에서 논해지는 것이 일반적이다. 해서 기법은 두텁고 각진 붓질, 행서 기법은 가늘고 휘어진 붓질, 초서 기법은 표현주의적인 장식과 먹물을 번지게 하는 붓질로 각각 특징지어진다. 이 중 어느 하나의 기법을 중심으로 그리는 것을 선호한 화가들도 있었지만, 대부분은 이 세 가지 기법을 동시에 사용했다. 이때 해서 기법은 전경을, 행서 기법은 근경을, 그리고 초서 기법은 배경으로서의 원경을 각각 묘사할 때 주로 채택되었다.

중세 일본인들은 특히 송대의 수묵화에 매력을 느꼈다. 왜냐하면 먹물이라는 표현수단이 당대의 춥고 시들고 쓸쓸한 것의 미학에 잘 어울렸기 때문이다. 14세기 송대 양식 회화의 최초 단계에서 일본인 화가들은 주로 인물화나 초상화를 많이 그렸다. 하지만 15세기에 들어서면서, 그들은 점차 풍경화에 눈을 돌렸다.

대표적인 15세기 수묵화의 대가로 교토 오산의 하나인 쇼코쿠지(相國寺) 승려[71]였던 슈분(周文, ?~1450)을 들 수 있다. 그는 다양한 기법으로 다양한 주제들을 그린 화가로 평가되고 있지만, 현존하는 그의 작품들은 모두 병풍이나 미닫이문에 그려진 산수화뿐이다. 그런데 전형적인 슈분의 산수화는 전적으로 중국의 풍경을 모델로 하여[72] 상상적으로 재현된 것이라는 점에서 '가공적'인 성격을 지니고 있다(그림 36). 당대의 다른 일본인 화가들의 그림과 마찬가지로 슈분의 작품 또한 표현주의적이라 할 수 있다. 왜

71) 서무회계직을 맡았던 승려(도관[都官])였다. _옮긴이

72) 그러나 일본미술사에 정통한 존 카터 코벨(Jon Carter Covell)에 따르면, 전형적인 슈분 화풍에 등장하는 바늘처럼 뾰족뾰족한 산봉우리의 원경은 중국의 산수라기보다는 한국의 금강산을 모델로 한 것이다. 실제로 슈분은 1423년에 일본 승려 135명과 함께 조선을 방문했다가 다음 해에 귀국했는데, 이때 금강산을 구경했다고 한다. 존 카터 코벨, 김유경 편역, 『일본에 남은 한국미술』, 글을읽다, 2008, 269~274쪽 참조. _옮긴이

:: **그림 36** 슈분의 산수화(시애틀미술관)

냐하면 공간분할이 애매하며(따라서 그림 속 공간분할의 상대적인 깊이를 판단하기 어렵다), 산과 낭떠러지와 기타 요소들이 종종 허공에 떠 있는 것처럼 보이거나 혹은 나머지 풍경들과 잘 통합되어 있지 않기 때문이다. 이와 대조적으로 중국인들이 그린 송대 양식의 산수화는 공간분할이 뚜렷하다. 다시 말해 거기서는 전경, 근경, 원경이 분명하게 구분되어 있으며, 그림의 모든 부분들이 비록 양식화되어 있기는 해도 일관성을 가지는 자연경관의 재현으로서 통합되어 있다.

따라서 송 양식의 중국 화가와 슈분 같은 일본 화가의 산수화에 접근하는 태도에는 근본적인 차이가 있어 보인다. 이는 중국 화가의 경우 미학 못지않게 철학적(정신적) 측면에도 관심이 많았다는 점에서 기인하는 차이인 듯싶다. 즉 유교적 전통에 의존하는 중국 화가는 자연 안에서 인간사회가 이상적으로 그러해야 한다고 본 일종의 조화 혹은 부분들의 전적인 동의를 묘사하고자 했다. 달리 말해 중국 화가는 그림을 통해 사회적 발언을 하고 싶어 한 것이다. 거기서는 화가가 자신의 풍경화 안에 통합하고자 하는 구조와 깊이의 감각이 크면 클수록 작품의 철학성도 커지게 된다.

반면에 일본인들은 어떤 거대한 질서나 구조를 인식하고 이해하고자 노력하는 보편적 감수성을 가지고 예술 속에 자연을 담은 적이 한 번도 없다. 하물며 인간사회에 있어 질서의 이상과 자연의 조화를 연관시키고자 애쓴 적은 더더구나 없다. 오히려 그들은 시가와 그림과 기타 예술에서 특수주의적 관점으로 매우 독특하게 자연을 묘사해왔다. 가령 중국 송대의 화가라면 오래 지속되고 고정된 특질 때문에 산을 존경할 것이다. 하지만 (15세기나 혹은 기타 시대의) 전형적인 일본 화가라면 산의 변화하는 측면에 더 관심을 보일 것이다. 이를테면 일본인들은 눈으로 덮인 산이라든가 혹은 안개나 구름에 살짝 가린 산은 어떻게 보일지에 더 관심이 많았던 것이다.

셋슈

슈분의 제자이자 후계자인 셋슈(雪舟, 1420~1506) 또한 선종 사원인 쇼코쿠지의 승려였다. 오닌의 난이 터지기 직전에 셋슈는 혼슈의 서부지역인 야마구치(山口)를 여행한 적이 있었다. 거기서 그는 오우치(大內) 다이묘가의 후원을 받게 되었는데, 그 후원하에 셋슈는 1467년부터 1469년까지 명나라에서 지낼 수 있었다. 2년간의 중국 체재기간에 그는 중국 곳곳을 여행하면서 많은 산수화와 스케치를 그렸다. 그런데 기이하게도 셋슈는 당대 명나라 화가들의 회화양식에 별 영향을 받지 않았다. 그보다 셋슈의 모델은 고색창연한 송대 수묵화 대가들과 조국 일본의 슈분이었다.

그럼에도 불구하고 우리는 슈분과 비교할 때 셋슈의 산수화에서 극적인 변화를 찾아볼 수 있다. 즉 슈분의 산수화는 '허공에 떠 있는 듯한' 산처럼 몽롱한 분위기인 데다 공간분할이 되어 있지 않았다. 이에 비해 셋슈의 경우에는 평면적인 표면에다 종종 깊이의 관점을 완전히 무시한 듯한 산수화를 그렸다. 가령 대표적으로 〈설경〉(雪景)(그림 37)은 셋슈 회화의 새로운 화풍을 잘 보여준다. 이 그림은 원경에 산을 보여주고 있지만, 깊이의 감각은 전혀 없다. 산들은 삼차원적이 아니며, 오히려 산 모양의 형상을 오려내어 그림 뒤쪽에 평평하게 기대어 세워놓은 듯한 느낌을 준다. 그러나 이 수묵화에서 가장 놀랄 만한 장면은 가운데 위쪽 부분에서 찾아볼 수 있다. 거기에는 길고 뾰족한 묵선이 마치 찢어진 틈새처럼 돌출해 있고, 그 옆에는 근대 큐비즘 화가들의 작품과 놀랍도록 유사한 추상적이고 기하학적인 면들이 모자이크되어 있다.

셋슈의 시대에는 화가들이 자기 작품에 이름을 적거나 인장을 찍는 관습이 일반화되어 있었다. 따라서 현존하는 그의 작품들의 진정성은 의심할 여지가 없다. 셋슈의 가장 유명한 작품 중 하나가 지금도 야마구치의 오우치 가문에 소장되어 있다. 그것은 〈산수장권〉(山水長卷)이라는 제목의 산수화 두루마리로, 세로가 약 40센티미터에다 가로가 약 16미터에 이른다. 이 두루마리 그림은 화가의 시선이 오른쪽에서 왼쪽으로 옮겨가면서 변화무쌍하면서도 통합되어 있는 풍경들과 변전(變轉)하는 계절을 묘사하고 있다. 셋슈는 도끼날처럼 모나고 각진 해서 기법을 선호했는데, 이 작품에서

:: **그림 37** 셋슈의 〈설경〉(도쿄국립박물관)

도 그런 기법이 특히 두드러진다. 거기에는 〈설경〉에서처럼 평평한 기하학적 면들이 많이 사용되고 있는데, 이와 더불어 16세기 이래 일본 화가들 사이에서 점차 유행하게 된 장식적 기법도 두드러지게 나타난다.

교토 북동부 일본해 연안의 미야즈만(宮津灣)에 있는 아마노하시다테(天橋立) 모래톱을 묘사한 족자 그림 또한 셋슈의 걸작 중 하나로 꼽힌다(그림 38). 이 그림에는 산과 바다 및 소나무로 뒤덮인 모래톱이 만 입구를 가로질러 길게 늘어진 장관이 그려져 있는데, 이런 풍경을 재현하는 데에 그가 사용한 부드러운 화법은 셋슈의 특징을 특히 잘 보여준다. 일본 수묵화의 발전과정이라는 관점에서 이 작품이 가지는 더 중요한 의의는, 여기서 셋슈가 중국풍의 산수에 대한 이상적인 재현이 아니라 일본의 실제 풍경을 그렸다는 사실에 있다.

이 밖에도 셋슈는 초상화라든가 화조화 등을 비롯하여 여러 장르의 그림을 그렸는데, 이 또한 일본의 대가라는 그의 평판을 낳는 데에 기여했다. 이 점에 대해 좀 더 언급하고 싶지만 지면이 여의치 않으므로, 여기서는 다만 그에게 특징적인 다른 유형의 수묵산수화, 즉 전적으로 먹물을 번지게 하는 초서 기법에만 의지하여 그린 산수화에 관해 몇 가지 더 언급하고 넘어가는 데에 그치기로 하겠다. 이런 유형의 그림 가운데 가장 유명한 것으로 셋슈가 1495년에 그린 〈파묵산수도〉(破墨山水圖)라는 족자 그림을 들 수 있는데, 이것은 현재 도쿄국립박물관에 소장되어 있다(그림 39). 이 그림을 보면 아주 희미하게 보이는 큰 산의 배경그림과 함께, 전면에는 돌출된 작은 섬 위의 나무들을 추상적으로 묘사하고 있다. 그것은 일견 셋슈가 일필휘지로 단숨에 그려낸 것처럼 보이지만, 자세히 보면 대단히 정교한 계산하에 창안해낸 탁월한 작품임을 알 수 있다. 가령 물가 근처의 건물 지붕이라든가 이제 막 앞바다로 떠난 나룻배의 사공은 매우 정밀하게 묘사되어 있다. 어쨌든 이처럼 극단적으로 형태를 생략한 표현주의적 기법의 그림에서 우리는 셋슈 같은 화가들에게 동기를 부여한 것이 다름 아닌 자연에 대한 직접적이고 강렬한 느낌이었으리라는 사실을 깨닫게 된다.

:: **그림 38** 셋슈의 〈아마노하시다테즈〉(天橋立圖)(뉴욕 주재 일본영사관)

:: **그림 39** 셋슈의 〈파묵산수도〉(도쿄국립박물관)

정원의 미학

일본의 정원은 이상과 같은 무로마치 시대의 수묵화에 큰 영향을 받은 주된 예술형식이라 할 수 있다. 정원에 대한 일본인들의 뿌리 깊은 사랑은 모든 자연 속에 가미(神)가 깃들어 있다고 믿는 신도적 애니미즘에서 비롯된 것임에 틀림없다. 고대의 여명기까지 거슬러 올라가보면, 우리는 일본 정원의 기원을 '이와사카'(磐境)라든가 '히모로기'(神籬) 같은 것에서 찾아볼 수 있다. 이것들은 신성하다고 여겨진 특정 공간을 다른 곳과 구별해놓은 곳인데, 이때 바위나 돌만으로 되어 있는 신성공간을 '이와사카'라 하고 그 바위에 금줄을 둘러놓은 곳을 '히모로기'라고 한다.[73] 후대의 일본 정원에서도 특히 바위는 신이 잘 깃드는 곳이라 하여 이와사카나 히모로기의 바위들을 다듬거나 변형하지 않은 채 천연상태로 정원 안에 배치하곤 했다. 여기서 우리는 수 세기간 일본 정원의 근본적인 특징이었던 자연스러움(naturalness)의 미학에서 그 원형적 사례를 엿볼 수 있다. 양식화되기는 했지만, 일본 정원은 항상 자연스러움의 표상으로 간주되어왔다. 이는 서구인들이 선호하는 기하학적인 정원 배치와 상반된다. 서구인들은 자연에 공간기획의 인간적 개념을 부과해왔다.

사료에 따르면, 최소한 8세기 중반 이래 일본의 귀족들은 관례적으로 저택부지 내에 정원을 가지고 있었다. 앞서 언급한 대로 헤이안 시대에는 사방으로 불규칙하게 퍼진 신덴즈쿠리 양식의 귀족 저택과 함께 상당히 표준적인 유형의 정원이 발달했다. 즉 저택 남쪽에 위치했던 그 정원에는 빙 둘러가며 물길이 나 있는 연못이 있고 그 한가운데에는 조그만 인공섬이 만들어졌다.[74] 풍류를 즐기던 헤이안 귀족들에게 그런 정원은 시각적인 즐거움을 주었을 뿐만 아니라 야외연회에 딱 맞는 분위기를 제공해주

73) 그러나 정확히 말하자면 일반적으로 '히모로기'는 신이 깃든다고 여겨지는 '상록수'에 금줄을 쳐놓은 것을 가리킨다. 히모로기와 이와사카는 통상 일본 신사의 원형이라고 일컬어지는데, 이때 금줄은 히모로기뿐만 아니라 이와사카에도 둘러져 있다. _옮긴이

74) 이런 양식을 '지센시키'(池泉式) 정원이라 한다. _옮긴이

기도 했다.

헤이안 후기에 정토종이 널리 퍼지면서 건물과 정원의 신덴즈쿠리 양식이 불교사원 건축에도 채택되었다. 당시 불교사원은 아미타불의 서방정토를 표상하는 공간으로 여겨지고 있었다. 이와 같은 성격을 지닌 최초의 탁월한 사례로서 말할 것도 없이 우지(宇治)에 있는 뵤도인(平等院)을 들 수 있다.

중세에 걸쳐 연못과 물길(이 중 어떤 곳에는 종종 제방 같은 것을 쌓아 작은 폭포를 연출하기도 했다)과 인공섬 등의 요소로 이루어진 전통적인 정원양식이 계속 남아 있는 가운데, 일본인들은 바위를 사용한 새롭고 추상적인 양식을 실험하기 시작했다. 이런 실험의 선구자는 선승 무소 소세키(夢窓疎石, 1275~1351)인데, 그는 교토 사이호지(西芳寺)에 있는 유명한 이끼정원을 만들었다. 무소와 그의 후계자들은 점차 다양한 형상과 질감의 돌이나 바위를 사용해서 산과 절벽과 폭포와 다리 등과 같은 자연물 및 인공구조물을 재현하고자 했다. 또한 그들은 모래와 작은 흰 돌을 이용해서 '물'을 표현하고자 시도했다. 그 과정에서 어떤 경우에는 종래 수 세기 동안 일본 정원의 핵심적인 특징이었던 연못이 배제되기도 했다.

이리하여 히가시야마 시대를 전후해서 모든 선종 사원의 경내에 '가레산스이'(枯山水)식이라 불린 매우 세련된 중세의 돌정원이 만들어지게 되었다. 그중 가령 교토 다이토쿠지(大德寺)의 다이센인(大仙院)에 있는 가레산스이식 정원은 자연의 축소판이라 할 만큼 전형적인 사례라 할 수 있다. 거기에는 우뚝 솟은 산을 표상하는 몇 개의 큰 바위가 정원 배경으로 놓여 있다. 그리고 한가운데에는 다리처럼 생긴 평평한 바위가 하나 있고 그 아래로 흐르는 '강물'을 상징하는 조그만 흰 돌들이 깔려 있다(그림 40). 이 사례를 비롯하여 다른 많은 가레산스이식 정원들은 삼차원의 입체적인 수묵화를 연상케 하는데, 그것들은 실제로 수묵화와 동일한 미학에 입각하여 만들어졌다. 따라서 셋슈라든가 소아미(相阿彌) 등과 같은 당대의 수묵화 대가들이 뛰어난 정원설계자이기도 했다 한들 그리 놀랄 만한 일이 아

:: **그림 40** 다이토쿠지 다이센인의 정원(조지프 슐먼 사진)

니다.

아마도 가장 많이 알려져 있는 일본의 돌정원은 교토 료안지(龍安寺)의 가레산스이식 정원[75]일 것이다(그림 41). 그것은 15개의 돌을 단독 혹은 복수로 배치하고 장방형의 평평한 바닥은 세심하게 써레질한 흰모래로 덮음으로써 명백히 대양 한가운데 우뚝 튀어나온 섬들을 표상하고 있다. 이처럼 대양 속의 섬을 표상하는 기법은 역사적으로 초기 정원양식에까지 거슬러 올라간다. 가령 헤이안 시대의 신덴즈쿠리 저택에서 찾아볼 수 있는 연못과 섬도 이런 전통에서 생겨난 것이었다. 하지만 오직 돌과 모래로만 구성되어 있는 료안지 정원은 그 철저하고 엄격한 배치로 보건대, 가히 춥고 시들고 쓸쓸한 것을 중시한 중세 미학의 궁극적인 시각적 표현이라고 말할 수 있다. 그것은 하나의 추상예술로서 흰 종이 위에 검은 먹물로 표현한 서예 두루마리 혹은 먹물을 번지게 해서 묘사한 수묵화에 비유될 만하다.

75) 제작자는 소아미(相阿彌)라고 알려져 있다. _옮긴이

:: **그림 41** 료안지 정원(뉴욕 주재 일본영사관)

중세 선(禪)문화

다도와 수묵화 및 정원 등을 비롯하여 이 장에서 언급된 많은 주요 예술장르들은 무로마치 시대 일본의 독특한 '선(禪)문화'를 구성하는 요소들로로 간주되어왔다. 확실히 선승들이 중세 일본문화의 발전을 주도한 장본인이었음은 분명하다. 나아가 중세 중기 및 후기의 거의 모든 예술장르들은 이를테면 단순성과 절제의 미학 및 '사비'라든가 '와비'와 같이 시들고 불완전한 것, 소박하고 금욕적인 것을 선호하는 미적 감각에 지배받았다. 이 모든 것이 다 선불교에서 비롯되었다고 말할 수는 없겠지만, 적어도 선불교적 태도와 밀접한 관계가 있었음은 부인할 수 없다. 하지만 그 '선문화'가 반드시 종교적 문화를 의미하는 것은 아니었다. 물론 모든 참된 예술은 어느 정도 영적 내지 종교적 감동을 주는 것이 사실이다. 그러나 거룩한 대선사의 초상화라든가 혹은 깨달음의 추구와 연관된 장면을 묘사한 일부 그림들을 차치한다면, 무로마치 시대 일본의 선문화는 본질적으로 세속적 문화였다고 보아야 할 것이다. 이는 동시에 중세 선불교의 세속화를 보여주는 유력한 증거이기도 하다. 중세 선불교의 자연관은 범신론적이었고 인간에 대한 관심도 종교적이라기보다는 주로 심리학적 관점에 서 있었기 때문이다.

6
통일의 시대

참담한 오닌의 난(1467~1477)에 이은 무로마치 시대의 마지막 세기는 전국(戰國)시대라 불려 마땅하다. 히가시야마 문화가 꽃피운 처음 몇십 년 간을 제외한다면, 전국시대는 일본사에서 가장 어둡고 힘든 시기로 열도 곳곳에서 전쟁이 끊이지 않았다. 당시 아시카가 쇼군들은 완전히 무력했고, 수많은 다이묘들의 영지는 가신들 간의 피비린내 나는 전투나 혹은 농민봉기들로 산산조각이 나 있었다.

오닌의 난에 의해 가장 직접적이고 불리한 악영향을 받은 자들 가운데에는 오랫동안 일본사에서 전통문화를 담지해왔던 궁정귀족들이 있었다. 많은 귀족들이 전쟁으로부터 안전한 곳을 찾아 이미 수도를 떠나 있었고, 또 어떤 이들은 전쟁을 그만둘 것을 촉구하기도 했다. 이런 와중에 뛰어난 예술적, 학문적 자질을 가진 다수의 유명한 귀족들은 더 안정적이고 재정이 풍부한 지방영주들의 초청을 받아들였다. 이들을 초청한 영주들은 대개 교토의 문화적 광채가 자신들의 지방 거점에 비치기를 원했다.

15세기 후반에 귀족들의 문화적 관심은 지극히 고풍스러운 취향에 쏠려 있었다. 그들은 걸출한 문학작품이나 예술품을 남기지는 않았지만, 그 대신 『고킨슈』나 『이세모노가타리』와 『겐지모노가타리』 같은 헤이안 시대의 찬란한 시가집과 소설작품류에 대한 주석적 연구에 몰두했다. 영광스러운 과거의 후견인이 되기를 열망했던 그들은 고전작품에 대한 비밀스럽고 난해한 해석학을 수립하기도 했다. 이는 갈수록 궁핍해져가는 재정상황에 따라 돈이 될 만한 것을 만들어보려는 시도에서 비롯된 것이었다.

일반 귀족계급과 마찬가지로 황실 또한 전국시대 동안 심각한 어려움을 겪었다. 천황은 원리상으로는 여전히 나라의 통치권자였지만, 실제로는 단지 궁정의식의 집전자에 불과했다. 오닌의 난 무렵부터 점차 천황은 가장 기본적인 궁정업무를 제외하고는 정무에 일절 관여하지 않게 되었다. 심지어 천황이 궁정의식에 필요한 경비조차 감당할 수 없었던 난처한 경우도 적지 않았다. 가령 16세기 초 어떤 천황의 즉위식은 재정 부족으로 20년 이상이나 연기되기까지 했다.

한편 교토 오산(五山)의 선승들 또한 오닌의 난으로 그 영향력을 상당 부분 상실해버렸다. 귀족들과 더불어 오산 선승들은 특히 명나라에 파견된 문화 및 무역사절단을 수행하는 특권과 관련하여 아시카가 막부의 막강한 후원에 의존하고 있었다. 하지만 오닌의 난으로 막부가 중앙정부로서의 기능을 잃어버리면서 명나라와의 무역 주도권은 점차 규슈 및 세토내해 지역의 몇몇 다이묘 가문들에게 넘어가게 되었다. 우리는 앞에서 선승이자 화가였던 셋슈가 오랫동안 공식적으로 교토 쇼코쿠지와 관계를 맺어왔음에도 불구하고 결국 오닌의 난 때 교토를 떠나 오우치(大內) 다이묘에게 몸을 의탁했고, 그 후 오우치가의 후원으로 중국을 여행할 수 있었음을 살펴본 바 있다. 셋슈는 당시 오우치 다이묘의 눈길을 끌었던 가장 뛰어난 인물이었는데, 그 배경에는 영지의 본거지였던 야마구치를 '서쪽의 교토'로 만들고 싶어 했던 오우치가의 문화적 야심이 깔려 있었다.

전국시대는 일견 엄청난 동란과 무질서의 시기였다. 하지만 그 시대를 되돌아보면, 거기서 우리는 중요한 제도들이 많이 시도되었음을 알 수 있다. 특히 일본 지방통치의 역사에서 이런 시도는 16세기 말 일본의 급속한 통일을 가능하게 했던 요인이 되었다. 오우치 같은 일부 다이묘들은 오닌의 난과 그 후유증을 잘 견뎌냈다. 하지만 무로마치 초기의 다른 다이묘가들은 대개 15세기의 마지막 수십 년 사이에 다 쇠멸하고 말았다. 이리하여 16세기 초에 이르면 점차 새로운 지방호족들이 지배세력으로 등장했다. 그들의 영지는 일반적으로 오닌의 난 이전의 다이묘들에 비해 규모가 작았지만, 끊임없는 전란의 시대에 살아남을 수 있는 자율적인 단위로서 더 탄탄하게 조직되어 있었다.

이와 같은 전국시대의 새로운 다이묘들은 진취적이고 강인한 인물들로서, 그들의 영지지배를 강화하고 확장하는 데에 모든 에너지를 쏟아부었다. 그들은 가신들을 모아 더 영구적인 전투 단위를 조직했고, 당대의 변화된 상황에 대처하기 위한 법전을 정비했다. 또한 농업과 상업의 발전을 장려하기 위한 여러 가지 정책들을 채택하는 한편, 나아가 광산사업 등을 비롯하여 영지 내 농업 이외의 자연자원을 개발하고자 시도하기도 했다.

전국(戰國) 삼인방

16세기 중엽에 이르기까지 일본은 대부분 이런 새로운 유형의 전국(戰國) 다이묘들이 통치하게 되었다. 그럼으로써 이들 가운데 더 힘 있는 자들이 일본 전국의 질서 회복이라는 과제를 수행하기 위해 서로 경합하는 단계에 진입할 만한 만반의 태세가 갖추어지게 된 것이다. 이리하여 전국 삼인방이라 불리는 오다 노부나가(織田信長, 1534~1582), 도요토미 히데요시(豊臣秀吉, 1536~1598), 도쿠가와 이에야스(德川家康, 1542~1616) 등에 의해 궁극적으로 전국통일의 과업이 이루어져 더욱 영속적인 군사적 헤게모니가 확립되기에 이르렀다. 이들은 모두 중부와 간토 지방의 중간에 해당하는 지금의 나고야(名古屋) 지역 출신이었다.

노부나가는 1568년 군대를 이끌고 교토에 입성함으로써 통일을 향한 중요한 첫걸음을 내디뎠다. 5년 뒤 그는 이름뿐이던 아시카가 쇼군을 퇴위시키고 지리멸렬하게 끌어오던 빈사 직전의 무로마치 막부의 막을 내리게 했다. 그런 다음 노부나가는 교토 바깥으로 세력을 확장하기 시작했고, 이번에는 여러 다이묘들과 불교종파들 및 농민반란군 등 다양한 적대세력들을 평정했다. 그는 가차 없이 냉혹하고 노련한 지도자로서 종종 그의 반대자들을 잔인하게 응징하기도 했다. 그 대표적인 사례로 1571년 히에이산의 엔랴쿠지(延曆寺) 공격을 들 수 있다. 당시 엔랴쿠지 승려들은 노부나가 수하에 들어오기를 거부했으며, 중부지방의 헤게모니를 차지하기 위한 전쟁에서 중립적인 태도를 취하려 하지도 않았다. 이윽고 히에이산을 포위한 노부나가군은 측면으로 진격하면서 수천 채를 헤아리는 엔랴쿠지의 방대한 사원군을 파괴했을 뿐만 아니라 승려들은 말할 것도 없고 심지어 산상의 피난처를 찾아 몰려든 근방 마을의 일반평민들까지도 닥치는 대로 사정없이 살육했다. 그럼으로써 노부나가는 고대 일본의 가장 위대한 학문적, 종교적 중심지를 확실하게 말살해버렸던 것이다.

하지만 노부나가는 49세 때인 1582년, 적들을 서부지역으로 유도하는 과정에서 최측근 부하 장수의 배반으로 죽고 말았다. 이때 히데요시는 재빨리 군대를 움직여 노부나가의 죽음에 대한 복수를 성공적으로 감행했고, 이후 그는 통일의 과제에 부응하여 8년 만에 일본 전국을 자신의 지배하에 넣었다. 흔히 일본사에서 가장 탁월한 장수로 일컬어지는 히데요시는 농민출신으로서 순전히 자신의 능력만으로 최고 자리까지 오른 입지전적인 인물이다. 그의 눈부신 경력들은 요동치는 전국시대에서도 매우 예외적인 사례였다.

권력을 장악하면서 무적의 불패행진을 과시한 히데요시였지만, 1592년과 1597년의 두 차례에 걸친 조선 침략시도에서는 불명예스럽게 실패하고 말았다. 그의 무모한 침략동기가 정복지에서 새로운 영지를 획득하고 대륙과의 무역통로를 강제로 개설하려는 데에 있었음은 분명해 보인다. 그의 첫 번째 침략은 압록강을 건너 남하한 중국군에 의해 저지되었고, 두 번째 경우는 1598년 그의 죽음으로 인해 끝났다.

히데요시는 어린 아들을 하나 남겨둔 채 사망했는데, 이윽고 벌어진 권력투쟁을 둘러싸고 다이묘들이 두 파로 갈라지게 되었다. 이 중 한 파를 이

끌었던 지도자는 도쿠가와 이에야스였다. 간토 지방의 에도(江戶, 지금의 도쿄)에 근거지를 두었던 그는 원래 노부나가를 충실하게 섬겼던 인물로서 히데요시에게는 마지못해 복종하는 척하고 있었다. 어쨌거나 1600년 세키가하라(關が原) 전투에서 그는 다른 파의 연합군을 결정적으로 패퇴시켰다. 이로써 이에야스는 일본의 새로운 지도자가 되어 19세기 후반 근대의 여명기까지 존속된 도쿠가와 막부를 세웠다.

그리스도교의 전래: 일본에 온 유럽인들

노부나가와 히데요시 및 이에야스에 이르는 이와 같은 통일의 시대는 전근대 일본의 역사에서 특히 생생하고 흥미진진한 시기였다. 거기에는 이 전국 삼인방의 장대한 영웅담뿐만 아니라 일본에 온 유럽인들의 이야기가 가득 차 있다. 15세기 유럽의 대항해시대를 이끌었던 포르투갈인들이 아프리카 해안을 경유하여 아시아로 들어왔던 것이다. 그들은 희망봉을 돌아 1498년 인도에 도달했다. 그로부터 15년 정도가 지나 그들은 중국에 들어가 1559년에는 마카오(Macao)에 항구적인 무역항 기지를 세웠다. 이런 포르투갈 무역상들이 최초로 일본땅에 발을 내디딘 것은 1543년의 일이었다.[1] 중국 정크선[2]을 타고 온 그들은 규슈 해안에서 멀리 떨어진 다네가시마(種子島)라는 작은 섬에 상륙했다.

이런 포르투갈 무역상들의 일본 상륙에 이어 곧 그리스도교 선교사들이 일본에 뒤따라 들어왔다. 당시 유럽은 반종교개혁[3]의 열기로 후끈 달아올라 있었다. 그런 가운데 포르투갈 왕은 생긴 지 얼마 안 되지만 의욕에 넘치고 공격적인 예수회(Society of Jesus)를 후원했다. 사실 일본에 최초의 그리스도교 포교를 시작한 인물은 바로 이런 예수회 지도자 중 하나인 프란시스코 사비에르(San Francisco Xavier, 1506~1552)였다. 1549년부터

---

1) 유럽 쪽 문헌에는, 포르투갈인이 처음으로 일본에 도착한 시기가 1542년이라고 나온다.

2) 바닥이 평평한 중국의 돛배. _옮긴이

3) 16, 17세기 종교개혁에 자극받은 가톨릭교 내부의 개혁운동. _옮긴이

1551년까지의 일본 체류기간 동안 일본을 깊이 사랑하게 된 사비에르는 일본인을 개종시킬 수 있으리라는 지극히 낙관적인 전망을 품고 있었다. 예수회 선교사들이 개종시키고자 했던 다른 민족들과 비교하면서 그는 일본인에 대해 이렇게 격찬하고 있다. "우리가 지금까지 접한 나라의 사람들 중 일본인이 단연 가장 뛰어난 종족이다. 나는 이방 나라 가운데 일본인에 필적할 만한 족속은 없을 것이라 생각한다."[4] 또한 초기 예수회 멤버로 일본에 왔던 어떤 선교사는 이렇게 말했다. "일본인들은 우리의 거룩한 믿음을 세계의 어떤 다른 민족보다도 더 잘 받아들이는 경향이 있다."[5]

그렇다면 사비에르처럼 당시 극동을 방문한 적이 있는 유럽인들이 이처럼 다른 아시아인들보다도 일본인에게 큰 호감을 느낀 까닭은 무엇일까? 아마도 그 하나의 이유로, 전쟁이 많았던 16세기 당시의 봉건적 일본이 분명 그들에게 고향을 상기시켜주었기 때문이라는 점을 들 수 있겠다. 특히 군대식의 질서와 규율을 절대 선호했던 예수회 선교사들은 일본의 지배계급인 무사들의 엄격한 생활방식을 누구보다 잘 이해할 수 있었을 것이다. 다음 몇몇 인용문은 일본인의 무사정신에 대해 그들이 관찰한 바를 잘 보여주고 있다.

"일본인들은 중국인이나 한국인, 혹은 필리핀인이라든가 그 주변 인종들보다 훨씬 용감하고 호전적이다."

"일본인만큼 죽음을 별로 두려워하지 않는 인종은 세계에 없을 것이다."

"나는 세계에서 일본인만큼 자신의 명예에 민감한 인종은 또 없을 거라고 생각한다. 왜냐하면 그들은 한마디라도 자신을 모욕하는 말이나 심지어 조금만 화를 내며 하는 말 한마디조차도 절대 참지 못하기 때문이다."[6]

---

4) Michael Cooper, ed., *They Came to Japan*, p.60.
5) Ibid., p.40.
6) Ibid., p.42.

일본 상륙 이후 초기에는 예수회 선교사들의 포교활동이 포르투갈 상선들이 드나들었던 규슈 지역의 다이묘 영지들에만 한정되어 있었다. 그러다가 이들이 다른 지역, 특히 중부지방에서의 포교활동을 허락받게 된 것은 노부나가 시대에 들어서부터였다. 노부나가는 그리스도교 교부들에게 매우 호의적인 태도를 보였다. 그래서 여러 차례 개인적으로 그들과 만나 이야기를 나누기도 했다. 이처럼 호의를 베푼 유력한 이유 중 하나로 예수회 선교사들이 불교 견제에 도움이 될 것이라는 기대를 생각해볼 수 있다. 다시 말해 노부나가는 당시 자신의 권력에 도전했던 수도 지역의 불교종단들에 대해 예수회가 최소한 교의적으로 견제세력이 되어줄 수 있으리라고 여겼던 것이다.

히데요시 또한 권력을 장악했던 초기에는 예수회에 호의적이었다. 그는 대외무역에 비상한 관심을 보였고, 선교사들에게 호의를 베풂으로써 더 많은 포르투갈 상선들을 일본에 불러들이고자 했다. 또한 히데요시는 해외무역을 위해 주인장(朱印狀)[7]을 소지한 주인선(朱印船)을 파견하기도 했다. 이 시기에 일본 상인들은 멀리 필리핀, 캄보디아, 시암(지금의 타이) 항구에까지 진출했다.

처음에 포르투갈 상선들은 규슈 북부 및 서부 해안의 여러 항구에 정박했다. 그들은 종종 해당 지역의 다이묘들이 그리스도교에 관용적이거나 혹은 수용적인지 여부에 입각하여 기항지를 정하곤 했다. 당시 규슈의 많은 다이묘들이 그리스도교로 개종했는데, 이는 (전체가 다 그런 것은 아니지만) 부분적으로 포르투갈과의 무역에 대한 기대 때문이었다고 보인다. 이와 같은 크리스천 다이묘 중 대표적인 사례로 오무라 스미타다(大村純忠, 1533~1587)를 꼽을 수 있다. 그는 1570년에 자신의 영지인 나가사키항을 포르투갈과의 무역을 위해 개항했고, 10년 후에는 그것을 예수회가 관장하는 영토로 양도하기까지 했다.

7) 해외도항을 해도 좋다는 내용과 함께 관리의 직인이 찍힌 허가장. _옮긴이

이리하여 히데요시가 전국통일을 위해 규슈에 출정했던 1580년대 후반까지, 나가사키는 이전의 조그만 해안가 마을에서 그리스도교로 개종한 주민들의 비율이 상당히 높은 번화한 항구도시로 변모해갔다. 당시 포르투갈 무역상들과 예수회 선교사들이 보는 미래의 전망은 대단히 밝았다. 그런데 1587년 히데요시는 아무런 사전경고나 통고도 없이 나가사키의 국유화를 선언했고, 예수회 선교사들에게는 20일 이내에 일본을 떠나라고 명했다. 물론 실제로 히데요시는 선교사들에 대해 내린 포고령을 철저하게 시행하지는 않았다. 그렇게 했다가는 자칫 포르투갈 무역상들까지도 다 내몰게 되는 결과가 초래될 것을 우려했기 때문이다. 하지만 어쨌든 그가 그런 포고령을 냈다는 사실은 당시 일본의 지배계층 사이에 편만했던 반그리스도교적 태도를 시사한다. 이런 반그리스도교적 감정은 그로부터 수십 년 뒤에 매우 강도 높게 구체화되어 나타나게 된다.

16세기 말에서 17세기 초에 일본을 방문한 포르투갈인을 비롯하여 스페인과 네덜란드와 영국 등의 유럽인들은 당시 일본인들에게 '남쪽의 오랑캐'를 뜻하는 '남만'(南蠻, 난반, 이 표현은 중국의 관습에 따른 것이다)으로 불렸다. 그 유럽인들은 일본에서 볼 때 남쪽으로부터 배를 타고 상륙했기 때문이다. 그러나 당시의 남만문화는 실용적인 목적에 따라 주로 예수회 선교사들에 의해 일본에 소개된 서양기술과 문화 및 일반지식들로 이루어져 있었다.[8] 나가사키는 단연코 이런 남만문화의 대표적인 중심지로서, 1587년 히데요시에 의해 국유화된 이후에도 여전히 예수회와 포르투갈의 강력한 영향권 내에 있었다.

소총의 전래

초창기에 포르투갈인이 일본인에게 전해준 문화 가운데 서양 소총을 빼놓을 수 없다. 그것은 머스킷총[9]보다 좀 작고 라이플총처럼 생긴 전장식

8) 단, 도쿠가와 시대 동안 네덜란드는 '남만'이 아니라 '붉은 머리'를 뜻하는 '고모'(紅毛)로 불렸다.
9) 서양의 구식 보병총. _옮긴이

(前裝式)[10] 화승총으로서 특히 포르투갈과 스페인에서 많이 사용된 소총이다. 머지않아 일본인들은 이 소총을 제작하기 시작했고, 다른 한편으로 유럽에서 가능한 한 많은 소총을 수입했다. 그리하여 10년이 채 못 되어 다이묘들은 전투에서 상당수의 소총을 사용하게 되었다. 시기적으로 이때가 바로 16세기 중엽이라는 점이 흥미롭다. 당시 유럽에서는 전쟁에서 처음으로 소총이 널리 사용되면서 군사적 혁신이 진행되던 때였다. 그리고 당시 유럽에는 잘 알려져 있지도 않았던 극동 지역의 미지의 땅 일본에서도 유럽 소총이 도입되면서 유사한 군사적 혁신이 일어나게 된 것이다. 이는 놀랄 만한 우연의 일치라 하지 않을 수 없다. 일본의 경우 이와 같은 혁신의 지도자는 오다 노부나가로, 그는 일본 군대 역사상 최초로 소총부대를 운영한 인물이었다.

노부나가는 자신의 보병군을 사용 무기에 따라 소총부대, 궁수부대, 창기부대의 세 부대로 구성했다. 당시 소총부대가 안고 있던 가장 큰 문제는 조준의 부정확성 외에도 무엇보다 재장전에 시간이 걸린다는 점이었다. 노부나가가 3개 부대를 편성한 것은 바로 이런 문제를 해결하기 위한 것이었다. 즉 소총수가 재장전을 하는 동안, 궁수와 창기병이 적을 공격함으로써 소총부대를 엄호하도록 한 것이다. 이 밖에 소총부대의 문제는 소총수들을 몇 개의 소부대로 나누어 교대로 사격하도록 함으로써 해결하기도 했다. 사실상 노부나가는 세계에서 가장 먼저 이런 식의 연발사격 전술을 개발한 사령관이라 할 수 있다. 제프리 파커(Geoffrey Parker)는 노부나가의 소총부대가 다케다(武田)군의 최정예 기병부대를 격파한 1575년의 나가시노(長篠) 전투를 언급하면서 다음과 같이 적고 있다. "이 전투에서 사령관 노부나가는 3000명의 소총수들을 복수로 열지어 배치함으로써 연발사격이 가능하도록 지휘했다. 이때 상대편 기병부대는 아이러니하게도 일본 최초로 소총을 사용했던 다케다군이었는데, 노부나가군에게 전멸당하고 말았

10) 총구로 탄환을 재는 방식. _옮긴이

다. 구로사와(黑澤) 감독의 영화 〈가게무샤〉(影武者)에 나오는 전투 장면은 나가시노 전투를 소재로 한 것인데, 상당히 신뢰할 만한 재현을 보여주고 있다."[11] 파커에 따르면, 유럽인들이 연발사격 전술을 처음 개발한 것은 일본보다 20여 년이나 뒤진 1590년대의 일이었다고 한다.

축성술의 발달

한편 16세기 말에서 17세기 초에 포르투갈인은 축성법에서도 일본인에게 영향을 끼쳤다고 종종 여겨져왔다(그림 42). 당시 일본이 축성의 시대였음은 분명하다. 하지만 실제로 성을 쌓을 때 일본인들이 포르투갈인들로부터 직접적인 지도나 도움을 받았음을 말해주는 어떤 증거도 없다. 오히려 전국통일시대의 축성술은 전쟁이 수없이 되풀이되는 가운데 다이묘들이 자신의 영지를 더욱 합리적이고 확고하게 제어하려는 과정에서 자연스럽게 발달된 것이라고 봄 직하다.

중세 초기만 해도 무사들은 강력한 방어용 성채의 필요성을 별로 느끼지 못했다. 때로 강적에 맞서 끝까지 버티려는 무사들도 없지는 않았지만, 중세의 군대는 전투의 흐름이 불리해지면 전열을 가다듬고 다음 전투를 기약하기 위해 일단 후퇴하는 것이 보통이었다. 적어도 오닌의 난 이전까지 일반적이었던 전투 스타일의 경우, 교토와 같은 중심도시를 점령했다 하더라도 총체적인 전략의 관점에서 그것이 결정적인 요인으로 간주되지는 않았다. 따라서 14세기 남북조 사이의 전쟁에서 북조의 아시카가군은 실리가 없어 보이거나 방어하기가 너무 어려울 때는 남조군에게 일시 수도를 내준 적도 여러 차례 있었다. 당시의 전쟁은 대개 전적으로 무사들에 의해 수행되었으며, 농민이나 도시의 상공민들이 의무적으로 군대에 징병되는 일은 거의 없었다. 게다가 시골에서도 식량 등 필요한 것을 얼마든지 조달할 수 있었으므로, 단기간이라면 경제적 측면에서조차 도시가 필수적인 것은 아

11) Geoffrey Parker, *The Military Revolution*, p.140.

:: **그림 42** 히메지성(姬路城)(뉴욕 주재 일본영사관)

니었다. 따라서 오닌의 난 이전까지는 교토가 전쟁의 직접적인 결과로 어떤 물리적인 피해를 크게 입거나 파괴된 경우는 거의 없었다. 전쟁을 치르는 양측 군대들이 왔다가 가고 나면 도시는 평상시 기능을 회복하는 데 별 어려움이 없었다.

전국시대에 새롭게 등장한 다이묘들은 천천히 자신의 영지를 확장했는데, 그럴 때마다 군사적, 경제적, 행정적 필요성 때문에 새로운 유형의 성채를 발전시켰다. 16세기 초만 해도 가장 일반적인 성채는 방어하기 좋다는 이유 하나 때문에 선택된 언덕 꼭대기에 목책을 세운 것이 고작이었다. 영주와 그의 가족 및 가신들은 언덕 밑의 기지에 거했으며, 오직 적의 공격이 있을 때에만 언덕 위 성채를 사용했다. 그런데 다이묘들이 지배하는 영지가 점점 더 광대해지면서, 그들은 언덕이 아니라 평지에 성채를 세우기 시작했다. 이때 어떤 다이묘는 방어하기 좋은 산지를 선택하거나 혹은 배수진을 치기도 했다. 하지만 특히 노부나가 시대에 가장 잘나갔던 성공적인 다이묘들은 자신의 성채를 탁 트인 곳이나 평지에 세웠다. 이처럼 평지에 성을 세운 까닭은, 그 성을 영지의 행정 및 상업의 중심지로 만들기 위해 덜 노출된 산지가 가지는 군사적 효용성을 포기하는 편이 영주로서의 위상을 높이는 데에 더 효과적이라고 판단했기 때문일 것이다.

전국통일시대에 세워진 최초의 본격적인 성들은 하부토대의 축성에 엄청난 분량의 돌을 사용하는 등 그 규모나 위풍에서 종래의 성채와는 확연히 구별되었다. 한 예수회 선교사는 노부나가가 비와호 옆에 지은 아즈치성(安土城)을 보고 놀라움과 감탄을 금치 못하면서 다음과 같이 적고 있다.

노부나가는 도시 중앙부의 언덕 꼭대기에 자신의 궁성을 지었는데, 그 탁월한 건축양식 및 성채 자신이 드러내 보여주는 힘과 부와 영광은 가히 유럽의 가장 뛰어난 건축물들과 견주어 하나도 손색이 없다. 튼튼하고 견고하게 쌓은 성 둘레의 석벽은 그 높이가 약 14미터가 넘는다. 그 석벽 안쪽에는 아름답고 훌륭한 집들이 많이 있는데, 그것들은 모두 금으로 장식되어 있으며 매우 단아하고 세련된 형태를 하고 있어서 우아함의 극치를 보여주고 있다. 성채 한가운데에는 탑이 하나 서 있는데, 그들은 이것을 '덴슈'(天守)[12]라 부른다. 그것은 유럽의 탑들보다

12) 성곽 중심에 있는 최대의 망루로, '天主' 라고도 적었다. 전시에는 전망대 혹은 사령탑 내지 최후의 보루로, 평시에는 영주 권력을 과시하는 상징으로 기능했다. 1576년 오다 노부나가가 세운 아즈치성에 이르러 그 장려한 스타일이 완성되었다. 덴슈카쿠(天守閣)라고도 한다. _옮긴이

훨씬 더 고상하고 눈부실 만큼 장려(壯麗)한 위용을 뽐내고 있다. 7층으로 되어 있는 이 덴슈는 내부와 외부 모두 놀라운 건축설계에 따라 만든 것이다. (중략) 내부의 벽들은 금색 및 기타 색깔로 화려하게 채색된 그림들로 장식되어 있다. 검은색 창문이 나 있는 벽은 일본의 관습에 따라 흰색으로 칠해져 있는데 아름답기 그지없다. 한편 어떤 벽은 붉은색이나 푸른색으로 칠해져 있다. 하지만 가장 중요한 장소의 벽은 전체가 금박으로 입혀져 있다.[13)]

히데요시는 교토와 교토 남쪽의 모모야마(桃山) 및 오사카 등 세 곳에 성을 세웠다. 그중 오사카성(大阪城)이 가장 장대했다고 한다. 하지만 안타깝게도 전국통일시대의 성들은 하나도 남아 있는 것이 없다. 오늘날 일본에 남아 있는 성은 극소수에 불과한데, 모두 전국통일시대 이후에 지은 것들이다. 이는 성채의 소유와 보수를 제한한 도쿠가와 막부의 정책과 아울러 수 세기 동안 계속된 전쟁과 자연재해로 많은 성들이 타격을 입었기 때문이다. 그리하여 도쿠가와 시대에 이르러 많은 성들이 쇠락할 수밖에 없었는데, 여기에 더하여 메이지 유신 때의 전투로 또 많은 성들이 사라져버렸다. 특히 화려했던 나고야성은 2차대전 당시 공습으로 파괴되었다.

비록 지금은 더 이상 존재하지 않지만, 노부나가의 아즈치성과 히데요시의 모모야마성은 전국통일시대에 상당하는 문화사적 시기구분에 그 이름을 남겼다. 이른바 아즈치모모야마(安土桃山) 시대[14)]가 그것이다. 편의상 줄여서 모모야마 시대라고도 부르는 이 시대구분은 전국통일시대라는 저 격동기의 문화적 발달과정에서 성곽이 가지는 중요성(유명한 아즈치성과 모모야마성의 사례에서 알 수 있듯이)에 비추어보건대 썩 잘 어울리는 표기라 할 수 있다. 왜냐하면 당시 성들은 단지 군사적 요새로서뿐만 아니라 '조카마치'(城下町, castle town)의 형태로 번성한 도시문화의 중심으로서, 그리

13) Cooper, *They Came to Japan*, p.134.

14) 오다 노부나가와 도요토미 히데요시가 정권을 잡았던 시대(1573~1598). 또는 노부나가가 교토에 입성한 1568년부터 세키가하라 전투에서 도쿠가와 이에야스가 승리를 거둔 1600년까지의 시대. _옮긴이

고 다이묘의 권위와 물질적 부(富)의 상징으로서 기능했기 때문이다.

해자(垓字)와 탄탄한 방어성벽 외에도, 일본 성곽의 가장 두드러진 특징은 여러 층으로 쌓은 성 중심부의 탑(앞 인용문에서 '덴슈'라고 언급된 것)에서 찾아볼 수 있다. 전형적인 덴슈는 흰 회반죽으로 칠해진 성벽, 복잡한 배치구조, 추녀마루와 박공이 있는 기와지붕, 층이 높아질수록 점점 지붕 크기가 작아지도록 만든 건축설계 등으로 특징 지을 수 있다. 이와 같은 덴슈는 성벽 및 경사진 지붕 구조로 인해 화공(火攻)으로부터 비교적 안전하지만, 대포 공격에는 매우 취약하다. 그러나 일본의 전쟁에 서양 대포가 도입된 것은 히데요시가 전국을 통일하기 직전인 1580년대 후반에 이르러서였다. 어쨌든 16세기 후반 일본 성곽의 덴슈는 일차적으로 마지막 군사적 보루를 의도하고 만든 것이 아니었다. 오히려 그것은 영주의 권력과 위엄의 상징으로서 세워진 것이었다. 따라서 덴슈의 외관은 위풍당당하게, 그리고 내부는 영주 개인막사의 용도로 쓸 수 있도록 세심하게 설계하고 당대의 지배적인 미적 감각에 따라 장식했다. 뒤에서 다시 살펴보겠지만, 모모야마 시대의 가장 뛰어난 예술작품 중에는 실용성 내지 장식을 위해 병풍과 미닫이문에 그려진 것들도 있다.

남만문화

모모야마 시대의 일본문화를 더 검토하기에 앞서, 여기서 잠시 이 시기에 일시적으로 유행했던 포르투갈 무역상 및 예수회 선교사들의 이국적인 남만문화로 되돌아가보자.

당시 일본에서 유럽인들이 펼친 가장 주목할 만한 사업 중의 하나로 예수회 출판사의 운영을 들 수 있다. 1591년에서 1610년에 걸쳐 예수회는 주로 그들이 일본에 전해준 주조활자를 사용하여 라틴어, 포르투갈어, 일본어(로마자와 가나)로 50여 권의 서책을 발행했다. 그 대부분은 그리스도교 포교를 위한 소책자였지만, 개중에는 언어와 문학을 다룬 것도 있었다. 현존하는 문학작품의 사례로는 『이솝 우화집』의 일본어 번역판과 중세의 유명한 전쟁 이야기인 『헤이케모노가타리』를 로마자로 표기한 책이 남아 있다. 당시 로마자로 표기된 『헤이케모노가타리』를 비롯한 다른 일본 고전류는 무엇보다 선교사들이 일본어 공부의 보조교재로 사용하기 위한 것이었다.[15]

예수회 선교사들을 유명하게 만든 것 중의 하나로 선교지에서 그들이 행한 피선교국의 언어 연구를 들 수 있다. 이와 관련하여 일본에 온 초기 예수회 선교사들 가운데 주앙 호드리게스(João Rodrigues, 1561~1634)는 가장 평판이 자자한 인물이었다. 그는 어릴 때 일본에 들어가 나머지 생애의 대부분을 일본에서 보냈다. '번역자 호드리게스'라는 별명이 붙을 만큼 그는 당시 일본을 방문한 유럽인들 중 가장 일본어에 정통했으며, 심지어 최고 권력자 히데요시의 통역자로 일한 적도 간혹 있었다. 호드리게스는 긴 분량의 일본사를 저술하는 한편, 포르투갈어로 된 기념비적 연구서인 『일본어학』을 펴냄으로써 그 분야에 선도적인 역할을 수행했다.[16] 복서(C.R. Boxer)의 견해에 따르면, 호드리게스의 이 『일본어학』은 "일본어를 하나의 언어로서 다룬 과학적 연구의 출발점"이라 할 만하다.[17]

예수회 선교사들이 두각을 나타낸 또 다른 문화적 활동은 서양회화를 유화와 동판화의 형태로 일본에 소개한 것이다. 그들은 특히 봉헌화를 일본에 새로 세운 그리스도교 교회 및 자기 집에 걸어놓기를 원하는 그리스도교 개종자들에게 제공하는 데에 열심이었다. 그런데 이 봉헌화에 대한 수요가 너무 많아서 유럽으로부터의 수입만으로는 대처할 수 없게 되자, 예수회 선교사들은 일본인 화가들에게 서양식 회화법을 가르쳐주었다. 근거 있는 문헌들에 따르면, 일본인들은 서양 회화기법을 재빨리 터득했고 머지

15) 『헤이케모노가타리』 외에 『다이헤이키』(太平記)도 일본어 발음을 로마자로 표기한 형태로 간행되었다. _옮긴이

16) 이 밖에 호드리게스는 선교사들의 일본어 습득을 위해 『일본대문전』(日本大文典, 1604~1608) 및 이를 간략화한 『일본소문전』(日本小文典, 1620) 등 일본어 문법을 체계적으로 기술한 연구서를 펴냈다. _옮긴이

17) C.R. Boxer, *The Christian Century in Japan, 1549-1650*, pp.195~196.

않아 충분할 만큼 원하는 그림들을 스스로 생산할 수 있게 된 것으로 보인다. 그러나 유감스럽게도 이들 일본인 화가들이 그린 그림 및 유럽에서 수입된 그림들의 대부분은 17세기의 그리스도교 박해 때 불타 없어지고 말았다. 지금은 소수의 작품들만이 남아 전해지는데, 이것들을 통해 우리는 전국통일시대를 전후해서 널리 퍼졌던 일본 '그리스도교 미술'의 면모를 다소나마 헤아릴 수 있을 따름이다.

남만미술의 대부분은 도상학적이거나 종교적인 주제를 담고 있다. 하지만 유럽의 도시들과 풍경 및 일반평민들의 모습 등 세속적인 주제를 서양풍으로 묘사한 회화나 동판화도 많이 남아 있다. 이런 세속화 중에는 초상화풍의 그림도 있고, 또 노동과 여가 등의 일상적 활동을 묘사한 풍속화도 있다. 이런 서양의 풍속화는 특히 주목할 만하다. 왜냐하면 일본인들이 새로운 양식의 일본풍 회화를 발전시킨 것이 바로 이 시기였고, 그것이 도쿠가와 시대에 들어서 궁극적으로 저 유명한 '우키요에'(浮世繪)로 이어졌기 때문이다.

16세기 후반까지 거슬러 올라가는 일본 풍속화 중 이른바 '남만 병풍화'라는 것이 있다. 일본에 체재하는 유럽인들을 묘사하고 있기 때문에 '남만'이라는 수식어가 붙어 있지만, 이 병풍화는 사실상 전적으로 일본 고유의 전통 안에서 작업한 일본인 화가들의 창작물이다.

남만 병풍화는 통상 한 벌이 두 장면으로 나뉘어 있는데, 그 주제는 대개 유사하다. 즉 한 장면은 고아(Goa)나 마카오에서 포르투갈 갤리언배[18]가 출항하는 모습을, 그리고 다른 한 장면은 그 배가 나가사키에 입항하는 광경을 담고 있다(그림 43). 이 중 후자의 장면에서 서양 승객들은 통상 해안가에서 도시 쪽으로 들어가고 있으며, 도시에는 그들을 맞이하러 나온 일본인들과 유럽인들이 뒤섞여 있다. 거기서 포르투갈 무역상들은 머리가 아주 작고 다리가 홀쭉하며, 큼직한 판탈롱 바지를 입고 있는 것으로 묘사되

18) 15, 16세기에 사용된 대형 무장상선. _옮긴이

:: **그림 43** 대형 포르투갈 상선이 나가사키에 입항하는 장면을 그린 남만 병풍화(클리블랜드미술관)

고 있다. 한편 예수회 선교사들은 성직자용의 치렁치렁한 검정색 가운을 입고 있다. 어떤 남만 병풍화를 보면 포르투갈인이 흑인 하인(일본인들은 이들을 아주 재미있어한다)을 거느리고 있는가 하면, 아라비아산 말, 사슴, 공작, 코끼리 등과 같은 동물들과 함께 등장한다. 또한 남만 병풍화에는 불교사원과 흡사한 건축양식으로 지어진 그리스도교 교회들도 종종 보인다.

이처럼 다소 정형화된 남만 병풍화가 언제 것인지 그 연대를 정확히 규정하기란 불가능하다. 하지만 그 대부분은 일본에서 서양풍이 가장 유행했던 1590년대 초엽 내지 중엽에 그려진 것으로 추정된다. 히데요시는 1592년 조선 침략을 위해 나가사키 근방에다 군사령부를 설치했는데, 그 결과 엘리트 무사들 사이에서 서양에 대한 호기심이 새롭게 일어나 퍼지게 되었다. 예수회 선교사들은 이런 호기심을 이용해서 근래 히데요시가 실시해온 반그리스도적 정책들을 완화시키거나 혹은 자신들에 대한 좀 더 우호적인 이해를 얻고자 애썼다. 그 덕분인지는 몰라도 예수회는 다행히 4인의 규슈 출신 일본인 크리스천들로 구성된 교류사절단을 끌어내는 데에 성공했다. 이들은 어린 소년사절단으로서 1582년 유럽에 파견되어 로마에서 교황 그레고리우스 13세를 알현하기도 했다. 1590년에 귀국한 이 젊은이들은 유럽에 관한 지식을 직접 습득했을 뿐만 아니라, 예술품과 각종 기계장치 및 지도 따위를 여행 기념으로 가지고 들어왔다.

당시 조선 침략을 획책하고 있던 히데요시와 그 측근들은 서양지도 및 지도제작술에 깊은 인상을 받았다. 이 지도들은 대개 병풍 및 심지어 부채 위에 밝은 색조로 그려졌는데, 그런 지도 제작이 대형 포르투갈 상선의 입항 장면을 묘사한 남만 병풍화만큼이나 널리 유행하게 되었다. 이와 같은 남만풍의 지도들은 대부분 세계지도이거나 아니면 일본지도이다. 세계지도의 경우 아메리카 및 북아시아와 동북아시아의 표현에서 왜곡된 측면이 있는 것을 제외하면, 그 밖의 나머지는 상당한 정확성을 보여준다. 게다가 당시 예수회 선교사들이 설교에서 지구가 태양 주위를 돈다고 주장한 코페르니쿠스의 이론은 여전히 이단시하여 승인하지 않았지만, 세계지도는 새

시대의 새롭게 바뀌어가는 관점에 입각하여 지구가 둥글다는 사실을 명확하게 보여주고 있다.

서양 것에 열중하던 1590년대 일본인들의 경향에는 좀 경박한 측면도 있다. 가령 히데요시 자신을 포함하여 일본인들이 포르투갈풍의 옷을 입고 포르투갈풍의 액세서리를 장식한 채 포르투갈 사람 흉내를 내던 풍속은 그 중 가장 실없는 사례로 꼽힐 만하다. 한 예수회 신부가 쓴 다음 편지 내용은 이런 풍속이 당시 얼마나 유행했는지를 잘 보여준다.

> 간파쿠(關白) 도요토미 히데요시는 포르투갈풍 의상과 복장에 지나치게 심취해 있었다. 일본의 다른 모든 영주들과 심지어 북방 오랑캐들이 그랬듯이, 그와 그의 가신들은 자주 포르투갈 옷을 입고 상의 가슴 위에 목제 로사리오를 달고 그 옆 혹은 허리에는 십자가를 걸고 손목에 스카프까지 맨 정도였다. 또 호기심 많은 어떤 이들은 라틴어 주기도문과 아베 마리아 기도문을 기계적으로 외우면서 거리를 어슬렁거리기도 했다. 이는 크리스천을 조롱하거나 비웃기 위한 것이 아니었다. 다만 그렇게 하는 것이 좋은 일이고 그럼으로써 현세에서 복을 받을 수 있으리라 믿어 정중한 마음으로 뜻도 모르면서 기도문을 암송했던 것이다. 마찬가지 이유로 그들은 유리잔 위에 그려진 예수상과 성모 마리아상의 성물이 들어갈 만한 달걀 모양의 장식품을 비싼 값으로 주문하기도 했다.[19)]

이처럼 일본인들은 남만문화와 포르투갈풍에 유별난 관심을 보였지만, 그것이 갈수록 격화되는 반(反)그리스도교적 정서를 완화시켜주지는 못했다. 그리하여 반그리스도교적 정서는 17세기에 들어와 혹독한 박해로 이어졌으며, 마침내 모든 외국인들을 추방하고 쇄국정책을 채택하는 데에까지 이르게 되었다. 단, 네덜란드인들은 나가사키에서 무역에 종사하도록 허가받았다. 하지만 그리스도교와 서양문화는 대체로 철저히 근절됨으로

---

19) Boxer, *The Christian Century in Japan, 1549-1650*, pp.207~208.

써, 17세기 중반 이후에는 일본에서 남만문화의 흔적을 거의 찾아볼 수 없게 되었다. 기껏해야 소총과 담배와 안경 및 팡(パン, 빵), 카루타(カルタ, 카드), 캇파(カッパ, 비옷으로 사용되는 밀짚망토) 등 몇 가지 포르투갈어만이 남아서, 예수회와 그 후원자들이 근 100여 년간에 걸쳐 일본과 교류했다는 사실을 입증해줄 뿐이었다. 그나마 이런 것조차 없었다면, 그들의 존재와 그들이 끼친 문화적 영향은 아마도 오늘날 일본인들의 기억 속에서 많은 부분이 지워져버리고 말았을 것이다.

모모야마 시대의 가노파

건축양식과 아울러 회화는 전국통일시대 동안 모모야마 시대의 활발하고 팽창하는 문화적 에토스를 가장 잘 포착한 예술양식이라 할 수 있다. 실로 모모야마 시대는 다양한 회화양식과 화단유파들이 등장했던 때이다. 그 가운데 가장 많이 알려져 있고 가장 성공적인 유파는 가노파(狩野派)였다. 이 유파는 중세에서 근대에 이르기까지 직계혈통 및 양자 계보를 통해 이어져 내려왔다.

가노파의 유래는 무사집안 출신으로 슈분(周文)의 문하생이었다고 하는 가노 마사노부(狩野正信, 1434~1530)에까지 거슬러 올라간다. 마사노부는 중국화 혹은 송대 및 원대 수묵화 분야에서 아시카가 막부의 어용화가 직책(셋슈가 사절한 바 있다)을 제의받고 이를 수락했다. 그 후 마사노부는 무사 후원자들의 요구에 응하여 작품 제작을 위탁받는 전문 화가집단으로서의 가노파를 형성하게 되었다.

가노파는 마사노부에 의해 창시되기는 했으나, 그 특성의 형성과 발전과정에 결정적인 역할을 담당했던 인물은 마사노부의 아들 가노 모토노부(狩野元信, 1476~1559)였다. 사람들은 모토노부야말로 참된 의미에서의 절충주의자였다고 입을 모아 말한다. 그는 중국 수묵화풍에 입각한 가노파의 전통을 이어나갔는데, 이런 전통은 16세기에 이르기까지 여전히 모든 일본 화가들의 관심을 끌어 모았다. 하지만 모토노부는 헤이안 시대에 등장하여 12, 13세기의 탁월한 모노가타리 에마키(物語繪卷)에서 그 절정에 도달한 일본풍의 화려한 야마토에(大和繪)도 자유롭게 구사했다.

야마토에는 대륙과의 무역이 재개되고 특히 선승들을 비롯한 일본 화가들의 관심이 점차 중국 수묵화로 기울어지게 된 무로마치 시대 초기에 쇠퇴했다. 한편 가노파가 막부의 어용화가 집단이었듯이, 황실의 어용화가 집단이었던 도사파(土佐派)가 무로마치 시대를 통해 회화양식에서 야마토에 전통을 이어받았다. 하지만 도사파 화가들은 주목할 만한 작품을 거의 내지 못했다. 회화발달사에서 토착적인 화풍이 일본미술의 주류로 재흥한 것은 가노 모토노부가 야마토에와 중국화를 절충함으로써 비로소 가능해진 일이었다. 마치 토착적 화풍과 외래 화풍의 혼합을 형식적으로 승인하려는 듯이, 모토노부는 도사 미쓰노부(土佐光信, 생몰연대 미상)의 딸과 결혼했다. 미쓰노부는 무로마치 시대에 가장 뛰어난 도사파 화가로서, 모토노부 시대에 도사파 화풍을 온건하게 재흥시키는 데에 가장 많은 공헌을 한 인물이었다.

모모야마 시대에 가노파를 대표하는 가장 탁월한 인물로 누구보다도 가노 에이토쿠(狩野永德, 1543~1590)를 꼽지 않을 수 없다. 그는 1573년 아시카가 막부가 멸망한 후 새로운 통치자로 군림한 노부나가와 히데요시에 의해 잇따라 어용화가로 채용된 인물이었다. 1576년 에이토쿠가 노부나가의 초청을 받아 새롭게 축성된 아즈치성의 내부장식을 맡게 된 것은 일본미술사에서 하나의 획기적인 사건이었다. 지금 아즈치성은 남아 있지 않지만, 우리는 꽃, 나무, 새, 바위, 용, 불사조, 불교적 주제, 중국 성인 등이 묘사된 다양한 수묵화와 채색화가 아즈치성에 그려졌음을 문헌으로 확인할 수 있다.[20]

아마도 일본인만큼 자국의 건축술 발달과 연관시켜 예술, 특히 회화를

20) Carolyn Wheelright, "A Visualization of Eitoku's Lost Paintings at Azuchi Castle," in George Elison and Bardwell L. Smith, eds., *Warlords, Artists, and Commoners*, pp.87~111에 나오는 아즈치성의 회화에 대한 기술을 참조하라.

지칠 줄 모르고 열심히 응용하고 개작한 민족은 또 없을 것이다. 적어도 헤이안 시대부터 일본인 화가들은 당시 귀족 주택의 공간분할에 사용된 주요 수단이었던 병풍과 미닫이문에 수많은 세속화를 그렸다. 심지어 무로마치 시대에 주택 건축이 신덴즈쿠리 양식에서 쇼인즈쿠리 양식으로 바뀌어갈 때조차, 일본인 화가들은 새로운 도코노마(床の間)에 거는 족자 그림의 양산을 통해 쇼인즈쿠리 양식의 방에 요구된 장식적 필요성에 맞추어 신속히 적응할 줄 알았다. 그러나 건축양식상의 필요성이 일본회화사에 가장 현저한 영향을 미치게 된 것은 모모야마 시대에 들어와서부터였다. 가노파를 비롯한 당대의 화가들은 전형적인 모모야마 성 거실의 더 넓어진 벽면공간과 미닫이문 및 병풍 따위를 장식하기 위해 획기적인 새로운 예술양식을 창안해내지 않을 수 없었다.[21)]

병풍에 그림을 그리는 관습(일본에서는 후스마식 미닫이문에도 그림을 그렸다)은 원래 중국에서 유래한 것이다. 그래서 나라의 쇼소인(正倉院)에는 8세기 이래 수많은 중국풍의 병풍화가 보존되어왔다. 그러나 송대에 선종의 영향으로 수묵화가 발달하면서 중국 화가들은 더 이상 병풍을 그림 제작의 수단으로 삼지 않게 되었다. 주로 문사계층에 속해 있던 이 화가들은 수묵산수화의 경우 족자와 같은 작은 판형에 그리는 것이 더 효과적이라고 여겨, 병풍화는 가정화가라든가 하급계층의 그림쟁이들이 하도록 내버려두었다. 반면 중세 일본에서는 궁정귀족들과 무사적 귀족들 사이에서 병풍화가 여전히 큰 인기를 누리고 있었다. 따라서 슈분을 비롯하여 가장 뛰어난 풍경화가들까지도 병풍화에 집착하지 않을 수 없었다. 하지만 병풍화 작업에는 많은 어려움이 따랐다. 왜냐하면 미묘하고 암시적인 표현을 요하는 수묵산수화를 높이 1.5미터, 폭 3.5미터 정도에 달하는 여섯 칸짜리 병풍에 담을 경우 종종 어딘가 모자라거나 힘이 없고 무미건조한 느낌을 주기 십상이었기 때문이다.

21) 후스마에(襖繪, 장지문에 그린 그림) 및 병풍화를 비롯하여 건물 내부를 장식한 그림들을 총칭해서 '쇼헤키가'(障壁畵)라 한다. _옮긴이

이런 문제를 해결하기 위해 셋슈는 대단히 힘찬 왕붓질로 큰 화폭에다 수묵산수화를 그렸다. 가노파 화가들 또한 이와 같은 필법을 채택했는데, 그들은 여기서 더 나아가 점차 산수화로부터 화조화 쪽으로 눈길을 돌림으로써 세부적 묘사와 장식적 배치에 더 집중하게 되었다. 셋슈 및 무로마치 시대의 여타 화가들도 일찍이 병풍에다 화조화를 그렸지만, 이와 같은 중국회화의 전통적인 장르를 최대한 이용한 것은 모모야마 시대의 가노파와 그 추종자들이었다.

그러나 쇼헤키가(障壁畫)의 실질적인 수요는 단색화가 아니라 채색화에 있었다. 그리고 토착적인 야마토에 전통에 의존했던 가노파는 모모야마 시대의 쇼헤키가에 높은 예술적 품격을 가미했다. 이때 가노파 화가들이 특히 선호한 것은 금색이었다. 그리하여 금박 배경에다 먹물과 채색안료를 사용한 회화 구성이 모모야마 시대에 가장 두드러진 특징을 이루게 되었다. 이처럼 상당히 자유롭게 금박을 사용하는 기법은 이전에도 알려져 있기는 했지만, 무로마치 시대의 화가들은 그런 기법을 거의 사용하지 않았다. 이와 관련하여 혹자는 일면 모모야마 성채의 다소 어두침침한 거실을 좀 더 밝게 조명할 필요성 때문에 금박 기법이 도입된 것이 아닐까 하고 추정하기도 한다. 어쨌거나 무로마치 시대정신과 모모야마 시대정신은 현저하게 대조적이다. 그와 같은 양자의 두드러진 대비는 중세 일본의 억제된 수묵화로부터 근세로 넘어가는 길목에 서 있던 모모야마 시대 화가들이 선호했던 화려한 채색화로의 전환에서 가장 잘 엿볼 수 있다. 그렇다고 해서 가노파 및 여타 모모야마 시대의 화가들이 수묵화를 완전히 저버린 것은 아니었다. 수묵화도 여전히 그리기는 했지만, 일본회화사에서 그들의 가장 독창적이고 위대한 공헌은 역시 병풍 위에 그린 담대한 채색화에 있다고 말하지 않을 수 없다.

그런데 모모야마 시대의 쇼헤키가를 보면 대체로 서명이 없다. 따라서 오로지 양식 분석이라든가 동시대에 이루어졌던 언급 내지 평가를 통해서만 어떤 작품의 작가가 누구인지를 규명할 수 있을 뿐이다. 그렇다면 무엇 때문에 작가들은 자신의 이름을 밝히지 않았던 것일까? 사실 모모야마 시대의 쇼헤키가를 그린 화가들은 종종 공동작업을 했다. 그러니까 어떤 한 개인이 서명을 하거나 인장을 찍어서 혼자만 공을 차지할 수는 없었을 것이다. 아마도 이것이 익명성에 대한 가장 설득력 있는 설명이 되지 않을까 싶다. 어떤 전승에 따르면, 가노 에이토쿠가 노부나가의 아즈치성을 장식한다든가 하는 거대 프로젝트를 맡았을 때, 그는 다만 자루가 긴 대형 붓으로 그림의 대체적인 윤곽만 스케치했을 뿐이고 나머지 세부작업들은 그의 조수들에게 맡겼다고 한다.

모모야마 시대의 쇼헤키가는 종합적인 디자인과 구성을 가장 중시하는 전적인 장식미술로 전개되었다. 당대 대가들의 대담성은 바위 배경과 대조를 이루는 꾸불꾸불하고 울퉁불퉁한 편백나무라든가 감청색 물빛에다 금박의 구름 등을 묘사한 가노 에이토쿠의 구성에서 잘 엿볼 수 있다. 하지만 후대의 17세기에서 18세기 초에 활동했던 장식주의적 화가들은 이런 에이토쿠의 대담한 구성 및 색채기법에 대해 매우 조심스러운 태도를 보였다. 이는 아마도 시대적 차이에서 비롯된 현상일 것이다. 즉 후대의 화가들이 일본사에서 평화와 안정이 당연시되었던 시대를 살았다고 한다면, 에이토

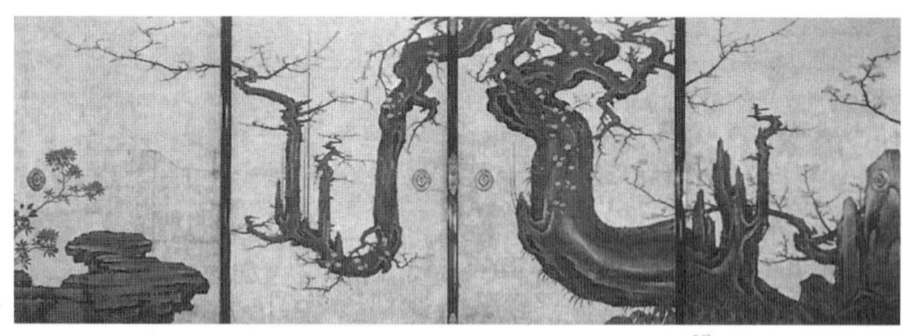

:: **그림 44** 가노 산세쓰의 〈로바이즈〉(老梅圖). 모모야마 시대의 전형적인 쇼헤키가 작품[22](메트로폴리탄미술관. 해리 G.C. 패커드 동양회화 컬렉션)

22) 가노 산세쓰(狩野山雪, 1590~1651)는 에도 초기의 화가이므로 이를 모모야마 시대 작품으로 본 그림 44의 설명문은 오류가 있다. _옮긴이

쿠와 그의 동시대인들은 전국통일의 기운이 꿈틀거리던 영웅적인 모모야마 시대의 거대하고 맹렬한 에너지를 그들의 그림 속에 담으려 했던 것이다(그림 44).

모모야마 시대의 또 다른 중요한 화가로 하세가와 도하쿠(長谷川等伯, 1539~1610)를 들 수 있다. 다른 모든 모모야마 시대의 화가들과 마찬가지로 도하쿠 또한 다양한 장르의 그림들을 그렸는데, 그중에는 그 경쟁자인 에이토쿠라든가 여타 가노파 화가들과 밀접한 관계가 있는 채색장식화도 들어 있다. 하지만 그가 정말 좋아한 장르는 무로마치 시대의 대가들이 그린 수묵화였다. 실제로 그는 자신이 셋슈 전통의 참된 계승자임을 자청했다. 도하쿠는 여섯 칸짜리 병풍 두 짝에 그린 소나무 그림을 비롯한 몇몇

:: **그림 45** 하세가와 도하쿠의 〈쇼린즈 병풍화〉(松林圖屛風)(도쿄국립박물관)

주요 작품에서, 수묵화를 여러 방면에 응용하여 창조적으로 새로운 시도를 함으로써 매우 만족스러운 결과를 얻을 수 있음을 보여주었다(그림 45). 특별한 주 동기나 이유 없이 전경 혹은 후경에 묘사된 소나무 다발들은 저 기다란 병풍의 장식에 전혀 부적합해 보이지 않는다. 오히려 그것들은 최고의 선(禪)적 전통을 연상시키듯, 병풍 표면의 나머지 여백에서 묻어나는 '비어 있음'의 미학을 놀라울 만큼 고양해준다.

모모야마 시대의 풍속화

장식화를 차치한다면, 모모야마 시대에 발달한 가장 중요한 회화양식은 풍속화였다. 사람들의 일상생활을 묘사한 풍속화는 헤이안 시대 이래의 야마토에 및 특히 중세의 후기 두루마리 그림들(에마키)에서도 흔히 찾아볼 수 있다. 하지만 에마키에 나오는 풍속화는 대부분 연속적으로 이어지는 이야기의 맥락 안에 자리매김되어 있으며, 당대인들의 생활상을 특징 있게 묘사하는 단독 작품으로 그려진 것은 아니었다. 물론 예외도 있다. 가령 통설상 헤이안 말기에 그려졌다고 알려진(지금은 그로부터 수 세기 후에 원작 기법을 따라 모사한 모작만이 존재한다) 〈넨주교지 에마키〉(年中行事繪卷)가 그것이다. 이 에마키는 헤이안 귀족들이 그들의 사회적 역법(曆法)에 따라 우아하게 실행한 연중행사들을 묘사하고 있다. 그러나 이 〈넨주교지 에마키〉는 오직 귀족들만을 다루고 있기 때문에 사회사적 가치는 지극히 제한적이다. 다양한 계층의 사람들이 일하고 유희하는 장면을 그린 진정한 풍속화가 일본에 등장한 것은 16세기부터였다.

16세기의 것으로 현존하는 가장 오래된 풍속화는 1525년경에 그려진 〈라쿠추라쿠가이즈 병풍화〉(洛中洛外圖屛風)라는 작품이다. 여섯 칸짜리 병풍 두 짝에 그려진 이 작품은 교토와 그 인근 지역의 장면을 위에서 조감하듯 파노라마처럼 묘사하고 있다. 거기서 우리는 사원과 귀족의 저택 및 산들을 비롯하여 교토 내외의 기타 명소들을 한눈에 알아볼 수 있다. 거리를 산책하는 자, 안뜰에서 느긋하게 쉬는 자, 사원을 방문하는 자, 팔거나 배달할 물건을 나르는 자, 그리고 북적거리는 큰길을 따라 죽 늘어서 있는 수많은 상점과 가게를 들락거리는 자 등, 그림 곳곳마다 사람들이 넘쳐난다. 요컨대 이 그림에 교토 내외의 떠들썩한 상업활동이 강조되어 있음은 분명하다. 그래서인가 많은 학자들은 이 그림이 오닌의 난으로 황폐해진 교토의 재건에 교역이 담당한 결정적인 역할을 기념하여 후세에 전하기 위해 상인들이 제작했거나 혹은 위탁해서 만든 작품일 것으로 추정하기도 한다.

이후 16, 17세기에 걸쳐 가노 에이토쿠의 매우 세밀한 작품을 비롯하여 〈라쿠추라쿠가이즈〉라는 제목의 그림들이 많이 나왔다. 그 그림들은 예술적 가치가 뛰어남은 물론이고, 교토가 일본의 활력 넘치는 행정중심지이자 동시에 문화적 중심지였던 시대(최소한 1600년경까지)에 그 고대 수도가 변모해가는 특징들을 시각적으로 기록하고 있다는 점에서 헤아릴 수 없는 가치를 지니고 있다(그림 46).

모모야마 시대에 들어와서 일본사회는 전반적으로 다시금 안정을 되찾게 되었다. 그러면서 풍속화가들은 〈라쿠추라쿠가이즈〉처럼 그저 지나가는 사람들이나 일상적인 허드렛일을 하는 사람들이 아니라, 여가를 즐기고 쾌락을 추구하는 사람들에게 점차 관심의 눈길을 돌리게 되었다. 모모야마 시대 풍속화의 지극히 다양한 주제 중에는 소풍, 꽃구경, 축제, 경마, 춤, 가부키 배우들, 유곽 여성들 등도 있다. 이 가운데 가부키 배우와 유녀들이 특히 17세기 도시의 광경을 그리던 화가들의 주목을 받았다. 그런 풍속화는 당시 중산층 대상의 대중적 휴머니즘이라 칭할 만한 것이 등장했음을 분명하게 보여준다.

주제에 따른 기법의 변화 또한 당시 풍속화가들의 점증하는 인간중심적인 관심을 잘 보여준다. 그들은 넓은 전망과 엄청난 군중들을 시야에 확보하기 위한, 멀리서 아래로 내려다보는 원거리 관점 대신 점차 가까운 거리에서 직접 관찰한 소수의 남녀 무리 혹은 개인을 묘사하는 근거리 관점을 채택했다. 나아가 후기 모모야마 시대 및 초기 도쿠가와 시대의 풍속화가들은 배경그림을 일체 없애는 대신, 배경 전체에 강렬한 금박을 입힌 다음

:: **그림 46** 〈라쿠추라쿠가이즈 병풍화〉(브루클린박물관. W.W. 호프먼 기증)

그 위에다 주로 화류계 여성들 및 그 단골손님들이 대부분인 테마 대상들을 가능한 한 있는 그대로 진솔하게 표현하고자 했다.

그것들은 노골적으로 에로틱한 춘화와는 다른 장르의 인물풍속화였다. 모모야마 시대의 이와 같은 인물풍속화로 가장 뛰어난 작품 중 하나가 이른바 〈마쓰우라 병풍화〉(松浦屛風)이다(그림 47). 이 작품에는 여러 가지 일상적 일이나 여가를 즐기는 18명의 여성들이 등장하는데, 그 몇몇은 당대에 인기가 많았던 패션이나 유행을 잘 보여준다. 가령 두 여성이 카드놀이를 하고 있는 장면이 나오는데, 이는 포르투갈인들이 전해준 놀이였다. 또한 여성은 동료로부터 담뱃잎이 담겨 있는 기다란 막대파이프를 건네받고

:: **그림 47** 〈마쓰우라 병풍화〉(야마토문화관)

있는데, 담배도 16세기에 서양인들이 일본에 전해준 것이었다. 또 다른 여성은 사미센(三味線)을 뜯고 있는데, 밴조(banjo)[23]처럼 생긴 이 류큐(琉球)의 세 줄 현악기는 1590년대경 처음으로 일본에 알려져 널리 퍼지게 되었다. 이와 같은 그림 속 등장인물들의 풍속 외에도, 〈마쓰우라 병풍화〉는 다음 두 가지 이유에서 주목할 만하다. 하나는 화가가 그림 속에 여성들을 배치하는 능숙한 기법 때문이다. 즉 그림 속의 여성들은 매우 율동감 있게 서로 물 흐르듯 이어져 있는 다양한 자세들을 취하고 있다. 또 하나는 여성들이 입고 있는 눈부시게 양식화된 기모노 때문이다. 이와 관련하여 몇몇 권위 있는 연구자들은 사실상 〈마쓰우라 병풍화〉가 어떤 기모노 상인의 광고용 혹은 전시용 포스터로 제작된 것이라고 추정하기도 한다. 이는 의도적으로 섬세하게 고안된 인물들의 배치라든가 혹은 마치 그림 표면 위에 풀로 오려 붙인 듯이 보이는 기모노 성장(盛裝)의 지극히 평면적인 외형에 입각해서 나온 추정이다. 어쨌거나 이 병풍화는 당대 화가들이 인물풍속화를 그릴 때 구사했던 대단한 기법을 보여준다. 그것은 다음 장에서 다룰 저 유명한 '우키요에'(浮世繪)의 전신이라고도 볼 수 있겠다.

센노 리큐와 와비차

한편 모모야마 문화에서 가장 탁월한 인물 중의 하나로 센노 리큐(千利休, 1521~1591)라는 유명한 차의 명인이자 미학의 대가를 들 수 있다. 사카이(堺)의 한 상인가문에서 태어난 리큐는 점차 고전적인 자노유에 깊이 빠져들게 되었다. 앞 장에서도 언급했듯이, 일반적으로 자노유의 창시자 하면 히가시야마 시대의 인물로 1502년에 작고한 무라타 슈코(村田珠光)가 언급되곤 한다. 이 자노유는 16세기에 이르러 와비(侘)라는 미의식에 입각한 '와비차'(侘茶)로 발전했다. 하가 고시로(芳賀幸四郞)는 와비를 소박한 단순성과 절제의 아름다움, 불완전함과 비대칭성의 아름다움, 청빈과 쓸쓸

23) 서구의 5현 현악기. _옮긴이

함의 아름다움 등 세 가지 아름다움으로 이루어진 미적 개념으로서 정의 내리고 있다.

센노 리큐 자신은 와비의 의미를 헤이안 시대의 궁정시인이었던 후지와라노 이에타카(藤原家隆, 1158~1237)[24]의 다음 시가를 인용하여 보여주고자 했다.

> 오직 꽃을
> 기다리는 자에게만
> 봄이 올 것이니,
> 산속 마을의
> 눈 사이로 돋아난 풀이여.[25]

이 시가에 대한 다음과 같은 하가 교수의 분석은 그 자체로 와비 이해에 큰 도움이 될 것이다.

> 우리는 가을의 일곱 가지 야생풀들이 시들고 찬연한 주홍빛 단풍잎들이 다 져버린 깊은 겨울의 한 산촌을 상상해볼 수 있다. 그것은 외롭고 춥고 황량한 세계이다. 그 세계는 '가을날 황혼 무렵 호숫가의 갈대오두막' 보다도 훨씬 더 비존재(non-being)의 '텅 빈 공허함' 에 깊이 젖어 있다. 일견 이는 극히 음(陰)적인 춥고 시든 세계처럼 보인다. 물론 그것은 단순히 죽음의 세계를 뜻하지 않는다. 그 증거로 우리는 다음과 같은 이에타카의 언급을 들 수 있다. "봄이 오면 세상이 밝아지고, 눈 가운데로 파릇파릇한 싹이 움트며 한 번에 두 개 혹은 세 개의 잎새를 피워낸다." 이것이야말로 '음이 다했을 때 나타나는 양(陽)의 가장 순수하고 완전한 색조' 인 것이다. 이에타카는 이와 같은 관념을 '눈 사이로 돋아난

24) 『신고킨슈』(新古今集) 편자 중 한 사람. _옮긴이
25) Haga Kōshirō, "The *Wabi* Aesthetic Through the Ages," in Paul Varley and Kumakura Isao, eds., *Tea in Japan*, p. 200.

풀'의 봄으로 표현한 것이다. 리큐는 바로 거기서 와비의 완벽한 이미지를 보았다. 따라서 리큐의 와비는 외적으로 볼 때는 빈궁하고 춥고 시든 것을 가리킨다. 하지만 내적으로 보자면, 그것은 생명력과 활기로 가득 차 있는 아름다움이기도 하다. 와비는 한편으로 소극적이고 활기 없는 은둔자의 색 바랜 아름다움 혹은 노년의 자투리 같은 아름다움인 양 보이지만, 다른 한편으로 그 안에는 무한한 에너지와 변화의 가능성이 잠재한 비존재의 아름다움이 내장되어 있다.[26]

센노 리큐는 자노유를 최고의 경지까지 끌어올린 인물로 유명하다. 이미 무라타 슈코도 자노유는 다타미 네 장 반 정도 크기의 작은 방에서 이루어져야 하며, 다기용품과 실내장식은 최소한도로 해야 한다고 시사한 바 있다(그림 48). 후대의 와비차 대가들은 자신의 다실을 가장 하찮은 농부들의 움집처럼 보이도록 하기 위해, 생나무와 진흙벽으로 오두막을 짓고 도코노마에 놓는 한 송이 꽃 혹은 족자를 제외하고는 일체의 장식을 피했다. 하지만 리큐는 거기서 더 나아가 기껏해야 한 번에 두세 사람 정도만 들어갈 수 있는 다타미 두 장 반 크기의 소박하고 꾸밈없는 오두막집을 자신의 다실로 선호함으로써 와비차의 궁극적인 경지를 성취했다.

이런 리큐의 출현은 한 가지 점에서 모모야마 시대 상인계층의 영향력이 문화적 및 상업적 측면 모두에서 증대했음을 보여준다. 즉 노부나가와 히데요시를 아울러 모셨던 리큐는 1600년 이래 도쿠가와 막부하에 번성했던 중산층문화의 도래를 미리 알려준 선구자 같은 인물이었다. 하지만 중산층적인 그의 출신배경에도 불구하고, 리큐에게는 본질적으로 중세인의 특질이 남아 있었다. 그는 시대가 그에게 제공한 사회적, 정치적 출세의 새로운 기회들을 주저 없이 이용했다. 그러나 예술의 영역에서 리큐는 모모야마 시대정신의 과도한 분출을 필요한 만큼 견제하는 역할을 수행했다.

모모야마 시대의 쇼헤키가는 대담하고 사치스럽기는 했지만, 전 시대의

26) Ibid.

:: **그림 48** 교토 우라센케(裏千家) 유인(又隱) 다실의 내부(우라센케의 승인하에 단코샤출판사 제공)

더 전통적인 중국화 및 야마토에에 견고하게 기초하고 있었기 때문에 천박해지거나 하는 일은 없었다. 이에 비해 자노유는 전국통일시대에 새롭게 흥기한 군사지도자들 사이에 자기를 과시하려는 겉치레의 충동적 풍조가 일어남에 따라 크게 위협받게 되었다. 허세 부리기 좋아하는 그런 무장들은 자신의 문화적, 군사적 위용을 과시하고자 하는 욕망 때문에 닥치는 대로 다도 전문가들을 모아들이고 희귀한 다기용품 및 장신구들을 수집하는 등 사치스러운 낭비벽에 빠지게 되었다. 그들은 이런 다기용품을 구입하는 데에 천문학적인 엄청난 비용도 서슴지 않고 내놓을 만큼 탐욕적이었다. 가령 마쓰나가 히사히데(松永久秀, 1510~1577)라는 한 다이묘는 노부나가에게 고가의 다기를 선물함으로써 목숨을 구했다는 이야기도 전한다. 그로부터 몇 년 뒤 노부나가 타도음모에 가담했다가 발각되어 이제 막 패망하기 직전에 이른 히사히데는 또 하나의 보물 다기로 소장하고 있던 주전자를 산산조각 내버렸다고 한다. 이는 물론 그것이 적의 손에 넘어가는 것을 막기 위한 행위였다.

노부나가 세력이 당시 큰 이득이 남는 대중국 무역의 주된 항구였던 사카이를 장악하게 되었을 때, 노부나가는 부유한 사카이 상인들의 수집품 가운데 수많은 보물 다기들을 획득했을 뿐만 아니라 센노 리큐를 비롯하여 사카이의 다도 명인들을 다수 고용했다. 또한 그는 이 다도의 명인들에게 아즈치성의 다실을 꾸미게 했고, 나아가 빈번하게 열린 화려한 다회의 준비도 그들에게 시켰다. 더구나 부하 장수들의 칭찬할 만한 업적에 대한 보상으로 비싼 다기를 하사하는 것이 그의 습관처럼 되어버렸다. 이뿐만 아니라, 그는 공훈을 세운 부하 장수들에게 공식적인 다회를 개최할 수 있는 권리를 부여하기도 했다. 이런 다회 개최의 권리는 오직 노부나가만이 수여할 수 있었던 영예로운 특별대우였다. 1578년 중요한 군사적 승리를 거둔 공으로 이런 명예로운 권리를 수여받게 된 히데요시가 크게 감동한 나머지 노부나가에 대한 감사의 염(念)으로 어쩔 줄 몰라 했다는 기록이 남아 있기도 하다.

노부나가 사후 그의 뒤를 이어 최고 권력자가 된 히데요시는 특히 무엇이든 거대한 규모로 일 벌이기를 너무 좋아했다. 가령 1587년 교토의 기타노텐만궁(北野天滿宮)에서 개최된 초대형 다회를 떠올려볼 만하다. 그 다회는 날씨가 뒷받침해주는 한 무려 열흘 동안이나 계속 진행될 예정이었고, 궁정귀족과 다이묘로부터 도시 상공민과 농민과 심지어 외국인들에 이르기까지 엄청난 수의 사람들이 초대되었다. 단, 손님들은 자기가 마실 다기와 깔고 앉을 돗자리를 스스로 준비해 오도록 했다. 그런데 규슈에서 일어난 분쟁으로 이 다회는 하루 만에 취소되고 말았다. 그럼에도 불구하고 단 하루뿐이었지만 모여든 군중들은 대단히 즐거웠던 모양이다. 그때 히데요시는 그가 가장 아끼는 다기들을 내주어 전시하게 했으며, 사카이 출신의 리큐 및 다른 두 명의 다도 명인들과 함께 손수 수많은 손님들을 접대했다고 한다.

이처럼 화려하고 거창한 것을 유난히 좋아하긴 했지만, 히데요시는 또한 와비차의 숭배자로서 리큐와 친한 친구처럼 지냈다. 그 결과 리큐는 1580년대 후반에 일본의 지배층 사이에서 가장 영향력 있는 인물 중의 하나가 되었다. 그런데 갑자기 재난이 닥쳐왔다. 오늘날까지도 그 분명한 이유는 알려져 있지 않지만, 1591년 히데요시는 그의 유명한 다도 명인에게 할복자살을 명했다. 히데요시는 성급한 성미에다 무시무시하고 변덕스러운 독재자로 악명 높은 인물이었다. 이런 그가 어떤 개인적인 모욕감을 받았기 때문이거나 혹은 리큐에게 집중된 세간의 존경 및 그가 획득한 권력을 견제하기 위해 리큐를 처벌했을지도 모르겠다. 나중에 히데요시는 이 다도 명인을 죽인 것을 크게 탄식했다고 한다. 하여간 중세 최후의 위대한 인물이었던 센노 리큐가 역사상 일본문화의 무대에서 사라짐과 동시에, 이제 저만치 다가온 근세가 그 도래의 시작을 선포하고 있었다.

7
중산층문화의 만개

도쿠가와 막부의 쇄국정책

1600년 도쿠가와 막부의 성립 이후 2세기 반 이상 이어진 대평화의 시대는 주로 막부가 1630년대 후반에 취한 쇄국정책 때문에 가능한 것이었다. 이 정책은 일본인 크리스천 및 외국 선교사들에 대한 끔찍한 박해의 시대에 시행되었는데, 많은 역사가들은 그것이 폭력적이고 지극히 반동적인 조치였다고 본다. 도쿠가와 막부는 정치적 헤게모니를 장악하기 위해 실시한 이런 조치를 통해 서양 제국(諸國)과의 활발한 교류가 이루어진 시대의 막을 내리게 했으며, 일본 전국에 대한 엄격하고 억압적인 봉건지배를 재확립했다는 것이다.

1633년에서 1636년 사이에 발포된 일련의 법령에 의해 시행된 쇄국정책은 일본인들이 일본 바깥으로 나가는 것을 금했으며 유럽 및 동아시아 제국과의 외교통상관계를 엄하게 제한했다. 그런데 근래 연구자들은 쇄국정책하에서도 일본이 일부 외국과 다양한 교역관계뿐만 아니라 매우 제한된 범위이기는 하지만 외교관계 또한 계속 유지했다는 사실에 주목하면서, 도쿠가와 막부가 정말 일본과 세계 제국 사이의 '차단' 내지 '격리'(seclusion)를 의도한 것인지 의문을 제기하고 있다.[1] 실제로 도쿠가와 막부는 네덜란드(교역관계), 중국(교역관계), 조선(교역 및 외교관계), 류큐(교역 및 외교관계) 등과 지속적인 관계를 맺고 있었다. 확실히 쇄국(鎖國, 사코쿠)이라는 용어에는 차단 내지 격리의 의도가 내포되어 있다. 하지만 이 용어가 만들어진 것은 서양이 다시금 일본을 넘보기 시작한 19세기 초 무렵이었다. 그 시점에서 도쿠가와 막부의 지도자들이 이해한 쇄국이라는 용어는 외국, 특히 서양 제국과의 관계 확대를 금지하는 불변적이고 완고한 '닫힌 나라'(closed country)를 의미하는 것이었다. 그러나 쇄국정책이 시작된 17세기만 해도, 거기에는 바깥세계와의 최소한도의 유대관계만 제외하고 그 밖의 관계는 모두 영구히 차단하기보다는, 일본을 중심에 놓는 동아시아의 새로운 국제질서를 수립하려는 의도가 있었을지도 모른다.

그럼에도 불구하고 쇄국정책이 대외관계, 특히 유럽과의 관계를 위축시켰음은 부인할 수 없는 사실이다. 유럽 중에서 오직 네덜란드만이 일본과의 교역을 허용받았다. 그것도 1640년부터는 나가사키항에 인공적으로 조성한 데지마(出島)라는 작은 섬 안에서만 교역을 하도록 함으로써 그 활동범위를 엄격히 제한했다. 이를 위해 도쿠가와 막부는 이 데지마의 네덜란드 상관(商館)에 통상 7, 8명의 일본인 관리들을 상주시켰다. 그런 가운데 네덜란드 대표단은 매년 막부관리들과의 회합을 위해 에도를 방문하도록 허용되었다.[2] 그 외에 소수의 교역중개인이라든가 통역자를 제외하고 네덜란드인들은 일본인과의 접촉이 거의 완전히 차단되어 있었다.

혹자는 일본이 서양의 공업기술과 과학이 눈부시게 발전하기 시작한 단계에 이처럼 스스로를 차단함으로써 엄청난 대가를 지불했다고 주장하기도 한다. 물론 이 점은 어느 정도 사실임에 틀림없다. 하지만 그렇다고 해서 만일 도쿠가와 막부가 쇄국정책을 쓰지 않았다면 일본이 더 순조롭게 서양과의 긴밀한 관계를 발전시켜나갈 수 있었으리라고 단언할 수는 없다.

---

1) 가령 Ronald Toby, *State and Diplomacy in Early Modern Japan* 참조.

2) 1633년부터 1764년까지는 네덜란드인들이 매년 에도를 방문했다. 후에는 2년에 한 번씩, 그리고 나중에는 4년에 한 번씩 갔다. Marius Jansen, "Japan in the Early Nineteenth Century," in Jansen, ed., *Cambridge History of Japan*, 5:89 참조.

서구인들이 볼 때 당시 일본은 여전히 가장 알 수 없는 미지의 나라에 속해 있었다. 그리고 쇄국정책이 시행되기 직전의 시점에서 일본과 서구의 교역 관계는 이미 그 정점에 올라 있었다. 또한 일본은 그저 중국이나 조선 혹은 베트남을 비롯하여 17세기에 서구와의 교역 및 문화적 교류에 매우 폐쇄적이었던 극동 지역의 여러 나라들 중 하나일 뿐이었다. 동서양이 만난 최초의 주요한 단계에서 동양은 대체로 서양을 경원시했다. 하지만 그로부터 2세기가 지난 다음 서양이 산업혁명을 달성한 후 재차 극동 지역을 넘보려 했을 때, 이제 일방적인 쇄국정책만으로는 밀려드는 서양세력을 막을 도리가 없었다.

하지만 도쿠가와 막부가 쇄국정책을 선택한 이유는 서양을 거부하는 동양사적 흐름에 참여하기 위한 것이 아니었다. 그들이 쇄국정책을 쓴 본질적인 이유는 다음 두 가지에 있었다. 첫째, 히데요시 시대 이래 일본의 위정자들 사이에서는 서양 그리스도교가 본질상 일본의 전통적인 사회질서 및 종교신앙과 정반대라는 인식이 증폭되었고, 그런 인식이 점차 서양 그리스도교에 대한 두려움으로 쌓여가면서 쇄국정책을 낳은 한 요인으로 작용하게 된 것이다. 둘째, 세키가하라 전투 이전까지만 해도 도쿠가와 측의 주요 반대세력이었던 서일본 지역의 다이묘들이 유럽인들과 결탁하여 도쿠가와 막부를 전복하려 들지도 모른다는 우려 또한 쇄국정책을 단행하게 만든 중요한 요인이라 할 수 있다.

이 두 가지 이유 가운데 첫 번째, 즉 그리스도교에 대한 막부의 경계심이 얼마만큼 현실성을 가질 수 있는지는 의문이다. 그러나 두 번째 이유는 의문의 여지가 없어 보인다. 규슈 연안의 항구들을 들락거리는 유럽인들이 서일본 지역의 다이묘들에게 무기를 비롯한 각종 군수물자를 조달할 만한 가능성은 충분히 있었으며, 그것은 일본국의 평화를 흔들 만한 매우 현실적인 위협이었기 때문이다. 세키가하라 전투의 승리 이래 일본 전토, 특히 서일본 지역에 대한 더욱 완벽한 지배력을 구축하지 못했던 막부로서는 정권유지를 위해 쇄국정책 외에는 현실적으로 다른 선택의 여지가 없었다.

그리스도교 박해시대

앞 장에서 살펴보았듯이, 히데요시가 1587년에 불쑥 모든 선교사들에게 일본을 떠나라는 포고령을 발했을 때, 이는 그리스도교 박해의 사전경고 같은 성격을 띤 것이었다. 그 포고령은 강제적으로 시행되지는 않았지만, 결코 철회되지도 않았다. 그 후 10년이 지난 1597년에 히데요시가 일련의 선교사들과 일본인 그리스도교 신자들을 처형함으로써, 향후 일본에서 그리스도교의 실질적인 근절을 초래한 40여 년에 걸친 대박해시대가 시작되었다. 이 1597년 사건의 배후 원인 중 하나로 포르투갈의 지지를 받는 예수회 선교사들과 1580년대에 마닐라를 거쳐 스페인 상사(商社)와 함께 일본으로 들어온 프란체스코회 사이의 추한 경쟁을 들 수 있다. 예수회 선교사들이 지배무사층 사이에서 개종자들을 확보하는 데에 큰 관심을 기울였다면, 프란체스코회 탁발수도사들은 주로 하급 빈곤층을 자기편으로 끌어들이는 데에 몰두했다. 또한 예수회 선교사들은 스스로를 엘리트로 여겼던 반면, 프란체스코회 수도사들은 스스로를 낮추고 자발적인 빈곤을 과시하는 데에 자부심을 가지고 있었다.

이와 같은 예수회와 프란체스코회 간의 경쟁이 최고조로 달아올랐던 1596년, 한 스페인 대상선이 시코쿠(四國)섬 연안에 난파되고 그 화물들이 히데요시의 관리들에게 압수당하는 사건이 일어났다. 이에 화물을 빼앗긴 스페인 상선의 선원들은 격분한 나머지 일본의 프란체스코회에 심어둔 밀정들을 활용해서 머지않아 스페인이 군사적인 복수를 감행할 것이라고 일본 관리들에게 경고했다. 이에 대해 프란체스코회 측에서는 밀정활동과 군사적 정복에 관한 이야기가 스페인 선원들의 입에서 나온 것이 아니라 예수회 선교사들에 의해 조작된 것이라고 주장했다. 어쨌거나 히데요시는 재빨리 프란체스코회 수도사들을 검거하여 처벌하도록 명했다. 이리하여 중부지방에서 활동 중이던 여섯 명의 프란체스코회 수도사들이 20명의 일본인 신자들과 함께 체포되어 나가사키로 압송되었고, 그곳에서 이들은 1597년에 십자가형을 당함으로써 일본 최초의 크리스천 순교자들이 되었다.

히데요시가 죽은 1598년 이후 정권을 잡게 된 도쿠가와 이에야스는 당분간은 그리스도교에 대한 공격을 자제했다. 이는 유럽인들, 특히 1600년경 일본에 들어온 네덜란드인 및 영국인과의 교역을 증대시키고자 하는 의도 때문이었다. 그러나 1614년에 도쿠가와 막부는 그리스도교를 금지하는 포고령을 발했다. 이 조치는 아마도 가톨릭 선교사들이 일본 전복음모에 연루되어 있다는 네덜란드 및 영국 개신교 선교사들의 보고에 영향을 받은 듯싶다. 이때부터 5000~6000명에 달하는 유럽인과 일본인 크리스천들의 목숨을 앗아간 대박해의 시대가 시작되었고, 그 박해의 폭풍은 1640년경에 가서야 가라앉았다.

문헌기록만 가지고는 이와 같은 일본사의 어두운 시대에 박해자와 박해당한 자들이 겪었음 직한 감정적 갈등을 충분히 헤아릴 수 없을 것이다. 하지만 이런 문제에 관심 있는 독자의 마음을 빼앗을 만한 소설이 한 권 있다. 현대 가톨릭 작가인 엔도 슈사쿠(遠藤周作, 1923~1996)의 소설 『침묵』(沈默, 진모쿠)이 그것이다. 이 작품은 1633년 나가사키에서 배교(背教)한 포르투갈 신부 페헤이라(Christóvão Ferreira)에 관한 실제 이야기에 근거하여 쓴 것이다. 하지만 소설 속에서 이 페헤이라 신부의 제자로 나오는 다른 두 명의 신부는 가공의 인물이다. 그 두 신부는 스승의 배교가 사실인지 아닌지를 확인하기 위해 은밀히 일본에 잠입한다. 둘은 규슈의 일본인 크리스천들에게서 은신처를 제공받지만, 이윽고 헤어지게 되고 그다음부터는 전적으로 그중 한 명인 세바스티앙 호드리게스 신부에 관한 이야기가 전개된다. 그것은 어떻게 호드리게스 신부가 페헤이라 신부를 찾게 되었는지, 그리고 어떻게 호드리게스 신부 또한 배교할 수밖에 없었는지를 적고 있다.

호드리게스 신부가 배교에 앞서 최초의 신앙적 위기에 직면하게 된 것은, 그가 규슈 마을 사람들의 잔인한 순교 장면을 목격한 이후 "하느님은 무엇 때문에 이런 형벌을 내려주시는 겁니까? 저희는 별로 나쁜 짓을 한

적이 없는데 말입니다"라는 기치지로(신부를 관헌에 밀고한 자)의 원망 섞인 질문을 받았을 때였다.

그냥 들어 넘기면 아무렇지도 않을 저 겁쟁이〔기치지로〕의 어리석은 한탄이 이리도 예리한 바늘끝처럼 제 가슴을 아프게 찌르는 까닭은 무엇인지요. 주님은 무엇 때문에 이 비참한 일본인 농민들에게 박해와 고문이라는 시련을 내려주시는 건지요. 아니, 기치지로가 말하고 싶어 했던 것은 좀 더 다른 무서운 이야기였습니다. 그것은 하느님의 침묵입니다. 박해가 일어난 지 오늘까지 20년 동안 이 땅에는 많은 일본인 신자들의 신음 소리가 가득 넘쳐났으며, 신부들의 붉은 피가 흐르고 교회의 탑이 무너져가는데도 하느님은 자신에게 바쳐진 너무나도 참혹한 희생을 앞에 둔 채 여전히 침묵만 지키고 계십니다. 저는 기치지로의 어리석은 한탄에 그런 하느님에 대한 물음이 내포되어 있다고 느꼈습니다.[3)]

기치지로의 배반으로 막부관리에게 체포당한 호드리게스 신부는 한 심문관으로부터 그가 일본인의 영혼을 구원하러 일본에 왔을지 모르지만, 정작 실제로 그를 위해 죽어가고 있는 것은 바로 일본인들이라는 비난 섞인 말을 듣는다.

신부가 한 사람 체포될 때마다 결국 피를 흘리는 것은 일본인들이오. 그대들의 이기적인 꿈 때문에 죽어가는 것은 일본인들이라고 내가 누차 말하지 않았소이까. 이제 우리를 평화롭게 놓아줄 때가 왔소이다.[4)]

엔도의 소설은 '신의 침묵'이라는 테마와 더불어 일본인들이 외국문화를 수용 또는 거부하는 방식이라는 큰 주제를 다루고 있다. 가령 호드리게스의 심문관은 16세기 후반의 일본인들이 그리스도교를 받아들인 것처럼

---

3) Endō Shūsaku, *Silence*, pp.96~97.
4) Ibid., p.236.

보일 때조차, 실은 그들이 그리스도교의 신을 일본적인 신, 즉 일본의 종교전통에 어울리는 신으로 굴절시켜 받아들였다는 점을 우리에게 보여주고 있다.

참근교대 제도

도쿠가와 일족은 일본 전국 농경지의 4분의 1 정도를 소유하고 있었다. 게다가 그들은 몇몇 중요한 광산뿐만 아니라 교토, 오사카, 나가사키를 비롯하여 수많은 주요 도시들을 직접 관리했다. 이 밖의 나머지 땅들은 '번'(藩, 한)이라 불린, 다이묘들의 영지로 분할되었다. 도쿠가와 시대에는 두 종류의 다이묘가 있었다. 하나는 세습적인 후다이 다이묘(譜代大名)인데, 이들은 세키가하라 전투 이전부터 도쿠가와 일족에게 충성을 서약한 자들로서 이 전투에서의 대승리 이후 다이묘가 되었다. 또 하나는 도자마 다이묘(外樣大名)이다. 이들은 1600년 이전까지만 해도 도쿠가와 일족과 동등한 신분이었는데, 세키가하라 전투 때 도쿠가와 이에야스가 승기를 잡자 그에게 항복한 자들이다. 이 중 후다이 다이묘들은 도쿠가와 가문에 오랫동안 충성해왔으므로 막부정치에 직접 참여하도록 허용되었다. 반면에 도자마 다이묘들은 에도 막부의 정치에는 일절 참여할 수 없었다.

원칙적으로 다이묘들은 각 번을 자율적으로 통치하도록 되어 있었다. 하지만 실제로는 막부가 다이묘들의 행동규칙을 규정했을 뿐만 아니라 심지어 행동의 자유까지 엄격하게 제한했다. 가령 다이묘들은 막부의 허락 없이 혼인을 하거나 영지 내의 성곽들을 보수할 수 없었다. 게다가 특히 막부의 최초 1세기 동안 다이묘들은 이곳저곳 다른 영지에 부임하는 경우도 많았으며, 막부에 의해 금지된 여러 행위들로 인해 영지를 완전히 박탈당하기도 했다.

하지만 도쿠가와 막부가 다이묘들의 통제를 위해 취했던 가장 중요한 조처는 1635년부터 1642년 사이에 완성된 '참근교대'(參勤交代, 산킨코타이) 제도였다. 이는 모든 다이묘들이 2년에 한 번꼴로 에도에 있는 막부의 성에서 지내도록 의무화한 제도로, 전체 다이묘들 중 절반이 1년간 에도에 체재하면 그다음 해에 나머지 절반의 다이묘들이 체재하도록 규정되어 있었다. 다이묘가 1년간의 에도 체재가 끝난 후 자신의 영지로 돌아갈 때는 자신의 처첩과 자식들은 일종의 인질로 에도에 남겨두고 가도록 되어 있었다. 그럼으로써 막부에 대해 반역하거나 선동적인 마음을 품지 못하도록 한 것이다. 나아가 이와 같은 참근교대 제도는 다이묘들에게 과중한 재정적 부담을 지움으로써 막부에 반역행위를 행동에 옮길 수 있을 만한 가능성을 차단했다.

이처럼 참근교대 제도는 일차적으로는 다이묘들에 대한 견제를 의도한 것이었지만 그 밖에도 광범위한 효과를 가져왔는데, 그중에는 막부가 미처 예상치 못했던 것들도 많이 있었다. 이를테면 무사들과 그 가족들 및 하인들, 수많은 직인들과 상인들 및 기타 직종의 사람들이 속속 에도로 유입된 저 엄청난 흐름은 머지않아 에도의 인구를 100만 명 정도까지 폭발적으로 증가시킴으로써 당시 세계에서 가장 큰 도시 중의 하나로 성장시켰다. 그 과정에서 왕왕 수천 명에 이르는 다이묘의 수행원들이 끊임없이 영지와 에도 사이를 왕래하게 되었는데, 이는 일본 전국에 걸쳐 교통수단의 발전에 크게 기여했다. 또한 이는 상업의 확산에도 많은 자극을 주었다. 왜냐하면 이동 중인 수행원들에게 식량 및 기타 필수품을 조달하는 것이 큰 일거리가 되었기 때문이다.

나아가 참근교대 제도는 최초로 진정한 국가적 범위의 일본문화 발전에 기여함으로써 문화적 측면에서도 중요한 결과를 낳았다. 가령 정기적으로 에도를 방문한 전국 각지의 다이묘들과 그 수행원들은 일종의 공용어로서의 에도 말을 전국에 유포하는 역할을 수행함으로써 근대 일본의 표준어가 형성되는 데에 결정적인 토대를 만들어주었다.[5] 또한 그들은 전국의 일본인들에게 공통된 삶의 양식이 형성되도록 기여한 관습, 예의범절, 미적 감

5) Nishiyama Matsunosuke, *Edo Culture*, pp.35~36.

각의 기준, 패션 등의 유포를 촉진하기도 했다.

도쿠가와 사회의 신분제도

도쿠가와 사회는 공적으로 무사〔士〕, 농민〔農〕, 직인〔工〕, 상인〔商〕 등의 네 계급으로 나뉘어 있었다. 하지만 이 중 지배층에 해당하는 무사계급은 히데요시의 시대 이래 향리(鄕里)를 떠나 조카마치(城下町)에 모여 살도록 되어 있었는데, 이들과 평민들 사이에서 주된 사회적 균열이 발생하게 되었다. 즉 무사계급은 자신의 봉토에서 나온 쌀 수확량에 입각하여 고정된 봉급을 받았으며, 칼을 찰 수 있는 대도(帶刀)의 권한 및 자신의 비위를 건드린 평민들을 그 자리에서 벨 수 있는 권리를 비롯하여 수많은 특권을 누리고 있었다.

전국시대에는 무사들 간의 사회적인 신분이동이 상당히 자유로웠다. 즉 재치가 있거나 싸움만 잘하면 농민이라든가 상인계급에 속한 자라 할지라도 누구든 낮은 신분에서 고급무관 자리에까지 올라갈 수 있었다. 예컨대 사이토 도산(齋藤道三, 1494~1556) 같은 이는 원래 기름장수였지만 마침내 미노(美濃)[6] 지방의 다이묘가 되었으며, 자신의 딸을 노부나가에게 주어 혼인관계를 맺기도 했다. 또한 주지하다시피 히데요시는 농민 신분에서 최고 권력자의 자리에까지 오름으로써 전례 없이 급격한 신분상승을 보여주었다. 하지만 도쿠가와 막부는 이런 도산이나 히데요시의 경우 같은 신분상승의 가능성을 철저히 차단하기 위해 무사들 사이에서조차 엄격한 신분제도를 제정했다. 거기서는 가령 주거지의 종류, 의복의 유형, 가마의 형태, 수행원 수, 주고받는 선물의 가격 등을 비롯하여 다이묘의 경우에는 심지어 에도성 내 쇼군 집무소의 좌석 배치에 이르기까지 모든 행동양식에서 매우 세세한 데까지 무사들의 격에 따른 차이를 규정해놓았는데, 이는 신분이동의 가능성을 부정하는 사회적 서열 안에 모든 무사들을 고정시키기

---

6) 지금의 기후현(岐阜縣) 남부에 해당하는 옛 지명. _옮긴이

위한 것이었다.

이에 비해 농민들은 일차적으로 식량생산자이므로 공적인 사회질서에서 두 번째 위치에 자리매김되어 있었다. 하지만 조지 샌섬(George Sansom)이 지적하듯이, "도쿠가와 시대의 위정자들은 농민들이 아니라 농업을 중요하게 생각했을 따름이다".[7] 일반농민들의 생활은 고된 노동에다 낙이라곤 하나도 없었다. 주로 자치적이었던 향리사회에 소속되어 있던 농민들은 소출의 상당 부분(평균 50퍼센트 이상)을 무사들에게 바쳐야 했지만, 무사들은 그 보답으로 농민들을 위해 해주는 일이 아무것도 없었다. 그리하여 도쿠가와 시대 내내 무사계급에 대한 농민들의 반감이 점차 증대해갔으며, 그것은 곳곳에서 빈발하는 농민봉기로 표출되곤 했다. 그런 농민봉기들은 다이묘 지배에 거의 큰 위협이 되지는 못했다. 하물며 막부에는 더욱 미미한 위협에 그쳤지만, 그래도 막부관리들에게는 갈수록 성가시고 신경이 쓰이는 문제로 대두되어 종종 농민들의 요구사항을 들어주지 않을 수 없게 되었다.

통상 합쳐서 '조닌'(町人)이라 불린 직인과 상인들은 사회적으로는 하층계급에 속했지만 상류 무사계급과 더불어 도쿠가와 시대에 가장 큰 번영을 누렸다. 쇄국정책은 외국무역 및 외국으로부터의 기술 도입을 엄격하게 금지함으로써 도쿠가와 시대 일본의 경제성장에 걸림돌이 되었음은 부인할 수 없는 사실이다. 하지만 그것은 일본사회에 항구적인 평화를 뿌리내리게 함으로써 특히 막부 초기의 한 세기 동안 국내경제가 급속히 성장하게끔 해주었다. 가령 17세기에는 농업생산성이 두드러지게 향상되었고, 특히 참근교대 제도 덕택에 교통 및 소통수단이 크게 발달했다. 또한 에도를 비롯하여 일본의 주요 행정 및 교역중심지들의 도시인구가 극적으로 증가했으며, 마찬가지로 특히 참근교대 제도 및 화폐 사용의 확산에 자극받아 상업이 상당히 활발해졌다. 이는 상업활동이 주로 중앙지역 및 규슈의 외국

7) Sansom, *Japan, A Short Cultural History*, p.465.

무역항들에 한정되어 있었던 한 세기 전만 해도 상상조차 할 수 없었던 규모로 전개되었다.

역설적이게도 도쿠가와 시대의 번영은 무엇보다 막부가 단호하게 하급 사회계층으로 내쫓았던 바로 저 도시 상공민들 덕분에 가능했다. 어쨌거나 이는 불가피한 현상이었다. 무사와 농민계층은 모두 전적으로 농업생산물에 의존하고 있었으며, 물가인상이 만연한 결과 항상 실제 수입은 줄어들기만 했다. 이에 반해 물가변동에 적응할 수 있었던 장사치인 도시 상공민들만이 당시의 경제성장으로부터 적절한 이득을 얻을 수 있는 입장이었다. 따라서 17세기 말에서 18세기 초 겐로쿠(元祿) 시대에 최고조로 만개했던 생동감 넘치고 풍성한 문화를 낳은 주체가 바로 도시 상공민들이었다 해도 그리 놀랄 만한 일은 아니다. 겐로쿠 문화를 대표하는 장르는 연극과 회화(주로 목판화) 및 산문소설류였는데, 대부분 일본의 귀족문화적 전통에 입각한 이 장르들은 모두 명백히 대중적이고 중산층적인 예술양식으로 전개되었다.

주자학: 도쿠가와 막부의 관학

그러나 이와 같은 조닌 예술에 대해 언급하기에 앞서, 먼저 도쿠가와 시대 초기의 유교발전사부터 살펴보자. 왜냐하면 가장 중국적인 이 유교의 교의야말로 당대의 지적 분위기를 잘 보여주기 때문이다. 물론 일본인들은 중국과 접촉한 가장 이른 시기부터 이미 유교적 사고를 받아들여왔다. 하지만 1000여 년 이상 동안 가장 일본인들의 지적 관심을 끌었던 것은 불교였다. 그들이 처음으로 열심히 유교를 연구하게 된 것은 도쿠가와 시대에 들어와서부터였다.

즉 도쿠가와 시대에 들어오면서 불교의 활력이 급속히 떨어지고 대신 세속적인 정신풍조가 흥기하게 되었는데, 이는 일본에서 중세로부터 근세로의 전환기가 보여주는 가장 두드러진 특징 중의 하나라 할 수 있다. 16세기 후반 무렵 전국통일의 기운이 무르익어갈 즈음 중세 불교의 각 교단들이 가지고 있던 군사적 잠재력 및 잔존 사원령들은 거의 소멸되어버렸다. 그래도 불교는 아직 일반인들의 일상생활에서 많은 부분을 차지하고 있었지만, 많은 일본 지식인들에게는 더 이상 매력적인 관심의 대상이 되지 못했을 뿐만 아니라 나아가 노골적인 경멸의 대상이 되기까지 했다.

모모야마 시대 예술적 창조성의 힘차고 다채로운 분출은 중세주의의 쇠퇴에 대한 최초의 중요한 반작용이었다. 그 후 도쿠가와 시대의 도래와 더불어 이와 같은 반작용이 지적 영역으로 퍼져나가면서 대대적인 유교 부흥을 촉진했던 것이다. 앞에서도 살펴보았듯이, 흥미롭게도 도쿠가와 시대의 유교연구 붐에 길을 열어준 것은 바로 불교교단들, 특히 선종이었다. 일본의 선승들은 적어도 14세기부터 송대 신유교(Neo-Confucianism)의 교의들을 열성적으로 탐구했으며, 그 후 수 세기에 걸쳐 집성된 연구업적들은 향후 도쿠가와 시대 신유교의 궁극적인 토대가 되었다.

중국 송대에 신유교는, 한편으로 불교가 점차 외래적이고 유해한 사상으로서 비판받기 시작한 당(唐)대 중엽부터 불교에 대한 반작용으로서, 그리고 다른 한편으로는 토착적인 유교적 가치와 제도들을 재흥시키고자 하는 시도로서 전개되었다. 하지만 그 형성과정에서 신유교는 정교한 우주론 및 형이상학적 구조를 비롯하여 상당 부분 근본적으로 불교적인 내용들을 끌어들이지 않을 수 없었다. 중국에서 출현한 다양한 신유교학파들 가운데 마침내 정통 유교교의로 받아들여지게 된 것은 12세기의 위대한 철학자 주희(朱熹, 1130~1200)의 사상체계였다. 즉 14세기 초부터 1905년 과거제가 폐지되기까지 수 세대에 걸쳐 열성적인 유학자들 및 전통적으로 중국 조정이 제수해온 관리로 발탁되어 출세하고자 했던 수많은 선비들이 주희의 신유교, 즉 주자학을 연구하고 재검토하면서 수정을 거듭해왔다.

일본의 도쿠가와 막부 또한 주자학을 정통관학으로 채택했다. 그런데 일반적으로 막부 및 도쿠가와 시대 지식인들은 주자학의 순수하게 형이상학적인 측면에는 비교적 별 관심이 없었다. 그보다 그들은 주자학사상이 17세기 일본에서 형성된 봉건적 사회구조를 변호하거나 혹은 이념적으로 정당화하는 데에 매우 유용하다고 판단했다.

주자학은 원리적인 것을 뜻하는 '이'(理) 및, 영어로 정확히 번역하기는 어렵지만 대체로 '에테르'(ether)라든가 '물질적인 것'(substance)으로 이해되는 '기'(氣) 개념에 입각한 이원론적 사상체계이다. 우주 안에 존재하는 모든 것들의 본질은 이(理)에 있으며, 각 사람 안에는 그것에 상당하는 본래적인 성(性)[8]이 내재되어 있다. 정통 유교에서 인간의 본성(본래적인 성)은 원래 선하다고 여겨져왔다. 하지만 이 본성은 악을 초래하는 다른 감각적 기질[9]에 의해 지배받는 힘, 즉 기의 작용으로 탁해지기 십상이다. 주자학적 실천의 근본적인 목적은 바로 이처럼 탁해진 기를 순화하여 본래의 이(理) 상태를 회복하는 데에 있다. 이와 같은 목적을 성취한 자는 성인(聖人)이라 불리는데, 그의 이는 바로 모든 것을 다스리는 '지고의 궁극자', 즉 태극(太極)이라는 우주적 원리로서의 이로 간주된다.

주자학은 이(理)를 드러내는 두 가지 길을 제시했는데, 하나는 객관적인 방법이고 다른 하나는 주관적인 방법이다.[10] 주희가 쓴 중국 고전인 『대학』(大學)에 따르면, 이 중 객관적인 방법은 '사물에 대한 탐구'[11]를 통해 '참된 앎에 도달'[12]함으로써 얻을 수 있다. 이때 사물에 대한 탐구에서 가장 중요한 것은 역사이다. 우리는 역사를 통해 과거의 위대한 현군들이 어떻게 도덕으로써 세상을 다스렸는지를 알 수 있기 때문이다. 그러므로 위정자들은 올바른 통치를 위해 역사의 교훈을 탐구해야만 한다는 것이다. 이상적인 통치자상에 대한 실제적인 지침 제시 외에도, 역사학적 탐구를 강조한 주자학은 도쿠가와 시대 동안 학문과 지적 교양 일반에 엄청난 자극제가 되었다.[13]

---

8) 주자학에서는 이를 '본연지성'(本然之性)이라 한다. _옮긴이

9) 주자학에서는 이를 '기질지성'(氣質之性)이라 한다. _옮긴이

10) Maruyama Masao, *Studies in the Intellectual History of Tokugawa Japan*, p.24.

11) '격물'(格物)을 가리킨다. _옮긴이

12) '치지'(致知)를 가리킨다. _옮긴이

13) 연구자들에 따르면, 도쿠가와 시대 말엽 일본에서 글을 읽고 쓸 줄 아는 남자들이 40퍼센트 이상이었다고 한다. 이런 수치는 종종 동시대 유럽과 비교되곤 하는데, 일본의 경우가 유럽보다 높다.

이(理)를 드러내는 객관적인 방법이 전적으로 유교전통 내적인 것이라면, 주관적인 방법은 불교, 특히 선불교로부터 거의 직접 도입된 것으로 보인다. 그것은 '진지함을 굳게 유지하면서 자기 마음을 지키는 것'[14]인데, 거기서는 선불교의 명상과 매우 흡사한 방식으로 이(理)를 드러낼 것이 요청된다. 물론 그렇다고 해서 이것이 주자학과 선불교가 엄밀한 의미에서 동일하다는 것을 뜻하지는 않는다. 선불교를 위시하여 불교는 통상 사람들에게 고통과 끊임없는 유전(流轉)으로 가득 찬 이 세상을 부정하고 지복의 초월적 영역으로 들어갈 것(선불교의 경우는 깨달음을 통해)을 촉구했다. 이에 비해 주자학은 물리적 세상이 본질적으로 완벽한 도덕질서에 근거하고 있는데, 그 도덕질서는 이(理)와 태극의 빛을 통해 알 수 있다고 주장했다. 요컨대 불교가 저세상에서의 완전성을 동경했다면, 주자학은 그것을 현세의 이 세상에서 추구했던 것이다.

현세에 대한 주자학의 강조는 공자의 인간중심주의적인 근본적 가르침을 상기시킨다. 이런 관점에서 주자학은 다른 모든 유교학파들과 더불어 일차적으로 '지금, 여기'에 사는 사람들의 삶과 행위에 관심을 보였다. 주자학이 추구한 사회질서는 계층 간의 엄격한 위계질서 및 다섯 가지의 가장 기본적인 인간관계, 즉 아버지와 아들의 관계, 군주와 신하의 관계, 남편과 아내의 관계, 노인과 젊은이의 관계, 그리고 친구와 친구 사이의 관계[15] 등에 의해 부여된 의무에 순응하기를 요구했다. 이런 가르침이 도쿠가와 시대 일본의 통치자들에게 얼마나 매력적인 것으로 받아들여졌을지는 쉬이 상상하고도 남음이 있다. 그것은 모든 사람들로 하여금 이 세상에서 각자에게 주어진 본분과 운명을 의심 없이 수용하면서 부모에 대한 효라든가 주군에 대한 충성과 같은 의무 수행에 가장 높은 가치를 부여하게끔 하는 지극히 보수적인 사회적 구속력을 내포하는 것이기 때문이다. 도쿠가와 시대 일본

14) '궁리'(窮理, 격물치지)와 더불어 주자학적 학문수양의 기본원리를 이루는 '거경'(居敬)을 가리킨다. _옮긴이

15) 부자유친(父子有親), 군신유의(君臣有義), 부부유별(夫婦有別), 장유유서(長幼有序), 붕우유신(朋友有信)의 오륜(五倫)을 가리킨다. _옮긴이

의 사회적 위계질서(지배계층인 무사와 피지배계층인 농민과 직인 및 상인으로 이루어졌다)는 사실상 중세 봉건사회로부터 출현했다. 중국에서 유입된 주자학은 이와 같은 사회적 위계질서를 자연법칙처럼 불변적인 법칙에 입각한 것으로 간주했다.

이와 같은 주자학을 일본에 소개하고 보급한 공적은 전통적으로 통상 하야시 라잔(林羅山, 1583~1657)에게 돌아가곤 했다. 수많은 학문적 업적을 남긴 그는 50년 이상에 걸쳐 네 명의 쇼군을 섬겼다. 유교학자이자 역사가로서뿐만 아니라 법률 전문가로서도 유명했던 라잔은 주자학을 도쿠가와 막부의 관학이념으로 삼는 데에 누구보다도 공훈이 많은 인물이었다고 여겨져왔다. 하지만 근래 연구자들은 막부가 주자학에 관심을 가지게 된 과정에서 라잔이 행한 역할뿐만 아니라, 그것이 관학으로 지정된 구체적인 시기에도 의문을 제기하고 있다.[16)]

도쿠가와 시대 주자학의 첫 번째 과제는 불교와의 관계를 끊는 일이었다. 이 과제는 후지와라 세이카(藤原惺窩, 1561~1619) 및 라잔에 의해 수행되었는데, 둘 다 처음에는 불교승려였다가 이윽고 유학자가 된 인물이다. 그러나 막부가 진지하게 주자학을 관학으로 받아들인 것은 라잔 사후인 17세기 후반의 일이었음이 분명하다. 그 과정에서 라잔의 후손들로 구성된 이른바 '린케'(林家)가 막부의 공식적인 유학 고문으로 확고하게 자리 잡았으며, 이윽고 에도의 막부 학문소(學問所)를 관장하는 대학두(大學頭)를 세습했다.

주자학은 분명 막부의 가치 있는 이념적 도구이자 도쿠가와 시대의 학문에 다대한 자극을 준 것이 사실이다. 하지만 그것은 문학과 예술 일반에는 부정적인 영향을 끼쳤다. 유학자들은 늘 도덕성을 가장 앞세웠으며, 교훈적 문학에 대한 그들의 선호는 종종 무미건조한 문학작품들을 초래하기도 했다. 그러나 유교적 예의범절 및 근신(謹愼)의 감각이 도쿠가와 시대의 예

16) 가령 Herman Ooms, *Tokugawa Ideology*를 들 수 있다.

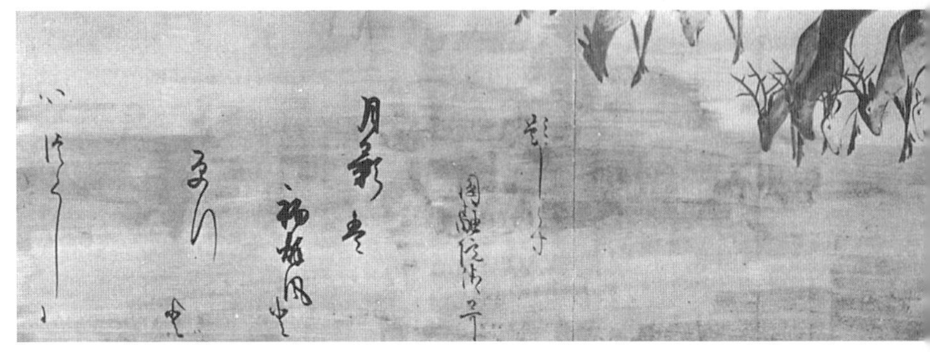

:: **그림 49** 소타쓰와 고에쓰의 시가 에마키(시애틀미술관)

술적 창조성을 얼마나 숨 막히게 했는지를 가장 잘 말해주는 사례는 유명한 가노파 화가들의 역사 안에서 찾아볼 수 있다.

도쿠가와 초기의 회화: 단유, 소타쓰, 고에쓰, 고린

15세기 후반 마사노부의 시대부터 가노파 화가들은 아시카가, 노부나가, 히데요시로 이어지는 일본의 군사적 수장들을 섬겼으며, 도쿠가와 막부가 성립된 직후에는 에도의 새로운 쇼군에게 고용되어 어용화가가 되었다. 가노 에이토쿠의 아들인 가노 미쓰노부(狩野光信, 1565~1608)는 아버지를 도와 노부나가의 아즈치성 장식화를 그렸는가 하면 히데요시를 위해서도 많은 일을 했는데, 말년에는 이에야스의 부름을 받고 도쿠가와 막부의 에도성을 장식했다. 하지만 도쿠가와 시대에 가노파를 공식적인 어용화가 집단으로 재흥시킨 인물은 1614년 에도에 정착한 에이토쿠의 손자 가노 단유(狩野探幽, 1602~1674)였다. 이윽고 막부로부터 봉급을 받고 일하는 가노파에는 네 개의 주류파와 12개의 비주류파가 형성되었다. 나아가 가노씨를 칭하는 수많은 화가들이 다이묘들에게 각 번의 공식적인 어용화가로 고용되었다. 이리하여 다양한 가노파 집단들이 새로운 도쿠가와의 엘리트 무사들 사이에서 화가들에게 열려 있던 직책들을 실제적으로 독점하기에 이르렀다. 유교적 도덕주의에 크게 고취되어 있던 그들의 지극히 보수적인

주군들을 기쁘게 해주는 데에 치중한 나머지, 단유 이래 가노파 화가들은 이렇다 할 가치 있는 작품을 남기지 못했다. 반면, 도쿠가와 시대 최고의 그림들은 다른 화가들에 의해 그려졌다.

17세기 초의 뛰어난 화가이자 일본사 전체를 통틀어 가장 탁월한 화가 중의 하나로 다와라야 소타쓰(俵屋宗達, ?~1643)를 빼놓을 수 없다. 그는 상인집안 출신으로 헤이안 궁정의 고대문화 전통에서 영감을 얻었다. 소타쓰의 개인적 생애는 알려진 바가 거의 없지만, 우리는 그와 당대 또 한 명의 유명한 장인이자 화가였던 혼아미 고에쓰(本阿彌光悅, 1558~1637) 사이의 긴밀한 관계로부터 그가 받은 영향의 일단면을 추정해볼 수 있다.

도검류를 다루던 교토의 상인가문에서 태어난 고에쓰는 자노유, 도자기와 칠기의 제작 및 장식,[17] 그리고 아마도 그를 가장 유명하게 만든 서예 등을 비롯하여 다양한 예능에 재주가 많은 인물이었다. 실로 당대 이후 전해지는 가장 뛰어난 작품으로 고에쓰와 소타쓰가 공동제작한 '시가(詩歌) 에마키'를 들 수 있다. 이 에마키들은 소타쓰가 그린 꽃과 풀과 동물들 그림 위에다 고에쓰가 와카(종종 10세기 『고킨슈』라든가 13세기 초 『신고킨슈』와 같은 고대의 찬연한 시가집에서 따왔다)를 적어 넣은 작품군이다(그림 49).

17) 칠(漆)로 그림을 그리고 거기에 금은 등의 금속가루를 뿌려 연마한 일본 고유의 칠기공예를 '마키에'(蒔繪)라 한다. _옮긴이

고에쓰와 소타쓰는 중세 후기 및 모모야마 시대에 상업적으로 번창했던 중부지역의 교토라든가 나라 및 사카이 등의 도시에 살던 상류층 상인계급을 대표하는 인물이었다. 히가시야마 시대의 다도 명인 슈코로부터 히데요시 시대의 센노 리큐에 이르기까지 수많은 탁월한 예술가들과 교양인들이 이런 도시들의 성공적인 상인가문에서 출현하여 당대 일본의 공가(公家)귀족들 및 무가(武家) 엘리트들을 비롯한 최상층부 사회인사들에게 인정을 받았다. 물론 도쿠가와 시대에는 지속적으로 교역(주로 국내)이 발전했으며, 오사카와 에도 등 더욱 거대해진 새로운 중심도시들이 흥기했다. 이런 도시들은 17세기에 특히 수많은 중류 및 하류계층 도시민들의 욕구를 충족해주는 중산층문화를 낳았다. 그러므로 고에쓰와 소타쓰의 미술은 '고급' 문화의 일부 혹은 도쿠가와 시대 이전부터 있었던 더 전통적인 문화의 일부라 할 수 있다. 그리고 이들은 그 영향력과 위상이 점차 쇠퇴하기 시작한 종래의 특권 상인층에 속한 인물들이었다.

소타쓰는 횡장(橫長) 두루마리 그림과 쥘부채 그림(그의 가문은 부채 제작에 종사했음에 틀림없다) 등을 비롯하여 다양한 유형의 장르에 관여했다. 하지만 그는 주로 모모야마 시대의 가노 에이토쿠 및 당대인들의 기념비적인 장식화 전통에 입각하여 제작한 작품으로 특히 유명하다. 무엇보다 소타쓰는 모모야마 시대를 살았던 그의 선배 작가들에 비해 훨씬 더 '야마토에 화가' 로서의 면모를 가지고 있었다. 왜냐하면 그는 중국보다는 오히려 일본의 문화적 전통으로부터 그의 가장 탁월한 작품들의 테마를 얻었기 때문이다. 『겐지모노가타리』에 토대를 둔 병풍화 및 나라 시대에 유행한 부가쿠(舞樂)[18]에 기초하여 그린 병풍화 등, 가장 많이 알려진 그의 두 작품은 이 점을 잘 보여주고 있다.

소타쓰는 강하고 자신감 넘치는 붓질 기법 및 뛰어난 색채배분(풍부한 장식기법의 특징적인 금박 배경 등)뿐만 아니라, 전대의 누구보다도 멋지게 병

18) 춤이 수반된 아악(雅樂). _옮긴이

풍화에다 기하학적 무늬를 활용할 줄 아는 능력과 디자인 감각을 발휘한 실로 탁월한 장인이었다. 예컨대 〈겐지모노가타리 병풍화〉 같은 작품은 특히 현대인들에게 깊은 인상을 준다. 그 잘 짜인 형식과 화면배치는, 테마는 서로 다르지만 최소한 세잔과 후기 표현주의의 시대부터 서구 화가들이 즐겨 취해온 기법과 대단히 흡사하다.

소타쓰의 후속세대들은 단순한 모방자에 지나지 않았지만, 장식파는 17세기 말에 오가타 고린(尾形光琳, 1658~1716)이라는 또 한 명의 대가를 낳았다.[19] 고린은 고에쓰와는 별 관계가 없다. 하지만 소타쓰 및 고에쓰와 마찬가지로 고린 또한 모모야마 시대 이래 교토에서 번창했던 상인가문의 후손으로서, 히데요시뿐만 아니라 후에는 도쿠가와 가문 및 황실과도 개인적, 사업상의 유대관계를 가지고 있었다. 오가타 가문은 16세기 후반 및 17세기의 복식에 유행한 화려하게 장식된 직물을 취급하던 상가(商家)였다. 이 점에서 보건대, 고린의 지극히 강렬한 디자인 감각은 부분적으로 이와 같은 가정세공품에 친숙했던 데에서 비롯되었음에 틀림없다. 사실 고린은 후에 도쿠가와 시대의 주된 의상이었던 짧은 소매의 고소데(小袖) 기모노에 도안 그림을 그리는 디자이너로도 명성을 날렸다.

고린의 증조부는 고에쓰의 누이와 혼인했으며, 그의 조부는 고에쓰가 교토 외곽의 다카가미네(鷹が峰)에 건설한 예술촌의 활동에 참여했다. 그의 부친 오가타 소켄(尾形宗謙) 또한 고에쓰-소타쓰파에 대한 가문 대대에 걸친 관심을 유지했다. 하지만 불행히도 소켄은 일 때문에 예술에 필요한 여가를 가지지 못했다. 그리고 이 부친 대에 이르러 오가타 가문의 운세가 기울기 시작했지만, 그럼에도 불구하고 고린은 성장시절에 부족한 줄 모르고 컸다. 사람들의 말에 따르면, 그는 빈번히 사창가를 드나들면서 게으름과 주색잡기에 빠진 명실상부한 겐로쿠 탕아가 되었다고 한다.

그는 1693년경 가진 돈이 다 떨어져 할 수 없이, 혼자 힘으로 도예가이

19) 소타쓰와 고린 및 그들의 영향을 받은 화가군을 '린파'(琳派)라 한다.

자 화가로 성공한 동생 오가타 겐잔(尾形乾山, 1663~1743)으로 하여금 담보를 잡혀 돈을 빌리게 했는데, 그가 안정적인 직장을 잡아야겠다고 진지하게 생각하게 된 것은 이때부터였다고 한다. 그는 소타쓰가 고에쓰와 공동작업을 한 방식과 마찬가지로 동생 겐잔과 공동작업을 시작하여 동생이 만든 수많은 도자기에 장식화를 그렸다. 이처럼 그는 온갖 잡다한 작품들을 냈지만, 소타쓰와 마찬가지로 병풍화 화가로서 가장 이름을 날렸다.

고린은 근세 일본 최후의 탁월한 장식화가로서, 장식기법을 최고 완성의 경지까지 끌어올린 인물이라 할 만하다. 그는 소타쓰의 그림에 대단한 외경심을 품은 나머지 저 거장의 많은 작품들을 모사하기까지 했다고 한다. 하지만 소타쓰가 〈겐지모노가타리 병풍화〉 같은 작품을 친근하고 쉽게 이해할 수 있는 테마에 입각하여 그렸다고 한다면, 고린의 가장 유명한 작품들은 순전히 도안적이고 장식적이다. 이 점은 일본의 모든 그림들을 통틀어 가장 유명한 작품 중의 하나라 할 수 있는 〈가키쓰바타즈 병풍화〉(燕子花圖屛風)에서 잘 엿볼 수 있다.

이 병풍화는 실은 10세기의 『이세모노가타리』에 나오는 에피소드에서 영감을 얻었다고 한다. 즉 『이세모노가타리』의 등장인물인 나리히라가 제비붓꽃들이 피어 있는 길가에서 점심을 먹고 있었는데, 어떤 일행으로부터

:: **그림 50** 오가타 고린의 〈제비붓꽃과 다리〉. 이보다 더 유명한 〈가키쓰바타즈 병풍화〉와 동일한 주제의 그림(메트로폴리탄미술관. 루이자 E. 맥버니 기금. 1953)

'가키쓰바타'(燕子花, 제비붓꽃)라는 5음절 단어의 각 음절로 시작되는 '한 여행자의 정조'에 관한 와카를 지어보라는 제안을 받는다. 고린은 이런 에피소드 자체를 재현하려는 시도는 하지 않았다. 다만 강렬한 금박 배경 위에 그것과 대조되는 '해체' 양식으로 제비붓꽃을 묘사했을 뿐이다. 이처럼 병풍의 두드러진 황금빛과 대조를 이루는 푸른 꽃 및 녹색 이파리의 묘사는, 마치 제비붓꽃들이 보는 이의 눈앞에서 춤추는 듯한 느낌을 불러일으킨다(그림 50).

쇼인즈쿠리 양식의 발달

앞에서 우리는 15세기에 쇼인즈쿠리라는 주택양식이 선종 사원의 '덴'(殿, 도서관) 양식을 모델로 하여 발전했다는 점을 살펴본 바 있다. 쇼인즈쿠리 방의 주된 특징은 마루 전체를 덮고 있는 다타미, 후스마 및 쇼지 미닫이문, 도코노마, 비대칭적인 선반, '쇼인'(書院)이라는 낮게 설치된 붙박이 책상(쇼인즈쿠리라는 말은 여기서 나왔다) 등에서 찾아볼 수 있다. 그런데 이런 특징들이 다 합쳐져 원숙한 쇼인즈쿠리 양식을 구성하게 된 것은 모모야마 시대에서 도쿠가와 초기에 이르러서였다. 그 형성과정에서 세 가지 주요 형태가 생겨났다. 첫 번째는 대(大)쇼인즈쿠리 양식인데, 이는 엘리트 무사(쇼군과 다이묘들)의 의례 및 공적 회합을 위한 장소로 마련된 방이었다. 두 번째는 대개 단순하고 소박한 사적 양식인데, 이는 주로 무사 사택(私宅)에 사용되었다. 세 번째는 '스키야'(數寄屋, 문자 그대로 풍류를 즐기는 건물이나 방)라 불린 특별한 양식인데, 이는 자노유의 수요를 위해 변형하여 만든 일종의 다실이었다. 도쿠가와 법령은 무사 외에는 모든 가정에서 이런 쇼인즈쿠리 양식을 사용할 수 없게 금하고 있었다. 하지만 시간이 지나면서 다른 계층의 사람들도 쇼인즈쿠리 양식의 요소를 도입하여 방을 꾸미려 하게 되었다. 그러면서 19세기 말 일본이 근대로의 전환기에 접어든 무렵에 이르러 쇼인즈쿠리 양식의 방은 일본인의 원형적인 주거양식으로 확립되었다. 그것이 오늘날까지 이어지고 있는 것이다.

이처럼 쇼인즈쿠리 양식의 방은 다양한 실내 디자인 및 미적 감각의 요구를 충족해주는 한편, 변형된 양식을 통해 도쿠가와 사회, 특히 무사계층 사이에서 가장 중요시되었던 계층 간 서열 구분의 요구에도 부응했다. 주택 및 건물마다 광택이 나도록 연마한 나무마루가 있었던 옛날에는, 신분이 높은 자는 다타미 위에 앉고 그 밖의 사람들은 그냥 마루 위에 앉거나 혹은 다타미 크기를 다르게 한다든지 문지방 같은 경계를 만든다든지 해서 서열을 구분했다. 그러나 마루 전체에 규격화된 다타미(한 장이 약 1.8미터 ×0.9미터)를 깔게 되면서, 신분상의 차이(최소한 주빈과 그 밖의 사람들의 차이)를 나타내줄 다른 방식이 고안되었다. 즉 문헌기록에 따르면, 사택의 경우 도코노마 앞자리가 상석으로 마련되었다고 나온다. 대쇼인즈쿠리 양식의 방에서 참석자 중 가장 신분이 높은 관리와 그 밖의 사람들 사이의 서열 구분은 바닥보다 약간 높게 만든 마루 부분을 상석으로 삼아 이루어졌다.

교토의 니조성(二條城) 거실은 이런 대쇼인즈쿠리 양식의 방으로서 현존하는 가장 훌륭한 사례라 할 수 있다. 오늘날 교토 관광객들에게 가장 인기 많은 명소 중 하나인 이 성은 쇼군이 교토를 방문할 때 숙소로 삼도록 도쿠가와 이에야스가 건립한 것이다. 제3대 쇼군 도쿠가와 이에미쓰(德川家光, 재위 1623~1651)가 두 차례 사용한 이래 이 성은 마지막 쇼군의 시대에 이르기까지 근 2세기 동안 비워져 있었다. 니조성 거실은 두 부분으로 확연하게 나뉘어 있는데, 상석은 쇼군 자리이고 하석은 쇼군을 모시는 다이묘들의 자리이다. 이와 같은 상석과 하석의 구분은 고작 한 계단 차이에 불과하지만, 장방형의 거실 구조 및 수평면을 강조하기 위해 두 열(한 열은 벽면의 5분의 3 정도 위쪽에, 그리고 다른 열은 천장 모서리에)의 프리즈(frieze)[20]를 사용함으로써 상석에 앉은 자가 더 위풍당당하게 보이도록 했다. 게다가 쇼군 자리의 후면 벽에 대형 도코노마를 설치하여 상석이 더욱 돋보이도록 했다.

전술한 세 가지 쇼인즈쿠리 형태 중 두 번째, 즉 사적 양식은 막부 법령

20) 벽 따위에서 띠 모양으로 장식한 부분. _옮긴이

:: **그림 51** 가쓰라이궁(조지프 슐먼 사진)

에 의해 전적으로 무사들에게만 허용되었다. 도쿠가와 시대 이래 현존하는 가장 훌륭한, 나아가 일본사 전체를 통틀어 진실로 탁월한 걸작 건축물이라 할 만한 사적 쇼인즈쿠리 양식의 사례로 교토 남서쪽에 위치한 가쓰라이궁(桂離宮)을 꼽지 않을 수 없다. 이는 황실의 한 일족이 1616년에서 1660년에 걸쳐 건립한 별장으로, 20세기 일본 및 외국 건축가들에게 다대한 영향을 끼쳤다(그림 51). 구불구불 이어지고 사방으로 불규칙하게 퍼져 있는 이 별장의 구조에는, 깔끔한 선, 단순한 장식, 건축물과 주변 정원 및 연못의 조화, 언제라도 쉽게 해체할 수 있도록 만든 방과 방 사이 공간의 흐름 등, 영원한 미학적 감동과 희열을 느끼게 해주는 일본건축의 여러 요소들이 한데 집약되어 있다.

이 가쓰라이궁에 대한 두 권위자의 다음과 같은 발언에 귀 기울여보자. "가쓰라이궁은 아마도 일본에서 건축물과 그 주변자연의 통합을 가장 완벽하게 보여주는 사례가 아닌가 싶다. 정원 한구석 호젓한 곳의 소박한 다실, 연못에서 쇼인즈쿠리 방들로 이어진 돌들, 개방식 베란다와 이동식 야외병풍 등, 모든 것이 어우러져 그런 상호통합성을 빚어낸다."[21] 여기서 소박한 다실에 관한 언급은 가쓰라이궁에 차를 즐기거나 혹은 자노유를 위한 휴양 공간이 많이 있다는 점에서, 그것이 세 번째 쇼인즈쿠리 형태, 즉 스키야 양식의 현저한 사례이기도 하다는 사실을 환기시켜준다.

끝으로 하나 더 주목할 만한 도쿠가와 시대 건축으로 닛코(日光) 도쇼궁(東照宮)을 들 수 있다(그림 52). 오늘날 도쿄에서 몇 시간 기차를 타고 닛코를 방문하는 여행자들은 그곳의 아름다운 산과 숲의 풍광에 매료당할 만하다. 또한 그들은 경이로운 장인정신으로 만들어진 조각과 장식들로 온통 뒤덮여 있는 화려한 채색건물들이 즐비하게 들어서 있는 도쇼궁 신사를 보고 눈이 휘둥그레질 것이다. 이 대단한 신사는 도쿠가와 이에야스가 영면할 묘소로서 막부에 의해 17세기에 세워졌다. 도쿠가와 일족은 이에야스를 도쇼다이곤겐(東照大權現, 동방을 비추는 위대한 신의 화신)이라 하여 이곳에다 국가 신으로 모셨던 것이다. 도쿠가와 시대의 나머지 기간 동안 도쇼궁에는 역대 쇼군들의 행차를 비롯하여 황실사절 및 외국(조선과 류큐)사절에 이르기까지 방문자들의 발길이 끊임없이 이어졌다.

겐로쿠 문화

겐로쿠 시대는 연호상으로 1688년에서 1703년까지이지만, 겐로쿠 문화기 하면 통상 1675년에서 1725년까지의 약 반세기 동안을 가리킨다. 도시민 중심의 문화가 발흥한 이 시기는 거의 한 세기 동안 계속된 평화와 안정적인 교역의 발달을 그 시대적 배경으로 하고 있다. 물론 이때의 교역 발달이란 대부분 국내교역을 가리키는데, 주로 쇄국정책에 의해 엄격하게 제한받은 외국과의 교역은 겐로쿠 시대에조차 현저하게 감소하는 추세였다. 그럼에도 불구하고 도쿠가와 체제의 초기 1세기 동안 이루어진 교역의 발달은 인구가 현저히 늘고 크게 번창한 상인계층을 일본역사상 최초로 사회

21) Nishi Kazuo and Hozumi Kazuo, *What is Japanese Architecture?*, tr. by H. Mack Horton, p.133.

:: **그림 52** 닛코 도쇼궁(뉴욕 주재 일본영사관)

전면에 부각시키기에 충분했다. 당시 무사지배층에 의해 여전히 열등한 것으로 간주되었던 상인계층은 점차 자신의 사회적, 문화적 독자성을 주창하게 되었다.

겐로쿠 문화의 만개에 기여한 다른 요인으로 17세기에 모든 계층들 사이에서 학문과 교양이 크게 신장되었다는 점과, 중세만 해도 언제나 실제적인 현실이었던 전쟁이 먼 기억에 불과한 것으로 변형되어갔다는 점을 들 수 있다. 무사들은 여전히 칼을 자랑하고 전사다움을 과시했지만, 그들에게 주어진 적절하고도 영구적인 기능은 바로 전쟁기술이 아닌 평화의 기술을 실천하는 데에 있음을 체념적으로 받아들일 수밖에 없었다.

겐로쿠 시대에 이르러 교양인들이 급증하고 또한 특히 상인들을 비롯한 많은 이들이 부를 축적하여 오락과 여가를 즐길 시간이 많아지면서, 그 결과 자노유라든가 꽃꽂이, 향 품평회, 악기연주, 춤, 연극에서의 영창 등 '우아한 유희'에 관한 지식과 지도의 수요가 늘어나게 되었다. 중세에는 이와 같은 '유희'들이 일종의 '도'(道)로 간주되어 매우 진지하게 추구되었다. 그리고 그런 것들에 대한 지식이 종종 일대일(가령 스승에게서 제자에게)로 비밀스럽게 전수되곤 했다. 두 가지 예만 들자면, 중세 일본인들은 화도(花道)라든가 향도(香道)에 대한 탐구를 통해 불교적 깨달음에 도달할 수 있다고 여기기까지 했다.

그런데 도쿠가와 시대에는 이와 같은 중세적 유희에 내포된 비밀주의가 대부분 사라졌으며, 그것을 알고 싶어 하는 모든 이들에게 개방되었다. 이는 각종 유희적인 도(道)들이 상업화되거나 우아한 유희로 변형되는 과정에서 나타난 현상이었다. 그리하여 다양한 유희들을 설명하거나 또는 그것을 추구하는 방법을 알려주는 책들이 봇물처럼 간행되었고, 크고 작은 유파들이 사람들에게 개방되어 각종 유희에 관한 개별적 지도를 제공했다.

이와 관련하여 작가 이하라 사이카쿠(井原西鶴, 1642~1693)는 다음과 같이 적고 있다. "사람은 13세까지는 식별력이 없다. 13세에서 24, 25세까지 그는 부모의 통제하에 있다. 그런 다음 45세까지 그는 혼자 힘으로 일해서 가정을 돌보아야 한다. 하지만 그 후에는 아무런 제한 없이 쾌락만을 추구할 수 있게 된다."[22] 전술한 유희는 바로 이런 쾌락 추구의 한 방법이다. 그렇게 모든 제한과 속박들을 완전히 잊고 쾌락만을 추구한 사람들에 관한 이야기가 많이 전하고 있다. 가령 다음 이야기는 유복한 가정에서 태어나 사이카쿠가 제시한 45세라는 나이에 이르기 전부터 마음껏 쾌락을 향유한

22) Ihara Saikaku, *Nihon Eitai Gura*, pp.112~113.

어떤 상인에 대해 묘사하고 있다.

> 부친 대부터 그는 사치스럽게 자라난 탓에 검약하는 상인정신이라고는 눈곱만큼도 없었다. 그는 화려하게 살면서 좋은 다기와 다실에 미친 듯이 열중했다. (중략) 그는 취미생활에 엄청난 사치를 부리면서 다른 사람들이 엄두도 못 낼 만한 호화로운 다실과 정원을 비롯하여 모든 종류의 건물을 지었다. (중략) 사람들은 아직도 그에 대해 말하고 있다. (중략) 그는 장사에는 전혀 관심이 없었고 오직 오락과 유흥에만 모든 시간을 썼다.[23]

이 상인처럼 오직 쾌락 추구에만 몰두하면서 특히 자노유에 관심을 쏟은 다른 상인의 이야기도 있다.

> 그는 대단히 방탕하게 되어서는 난잡한 것에 빠져 돈을 낭비했다. (중략) 자노유를 직업으로 삼은 후, 그는 42, 43세 때 죽기 전까지 오직 하고 싶은 대로 자노유만 일삼다가 마침내 눈이 멀기까지 했다. 이런 것들 때문에 점차 재산을 탕진하게 되자, 그는 자신의 다기 등을 저당 잡혔다. 다이묘들에게도 접근해보았지만 뜻대로 되지 않자 결국 파산하고 말았다.[24]

도시민문화를 낳은 토양은 에도의 요시와라(吉原), 오사카의 신마치(新町), 교토의 시마바라(島原) 등, 대도시 내의 치외법권 지대 같은 유곽거리와 쾌락이었다(그림 53). 유곽, 극장, 찻집, 공중목욕탕을 비롯하여 기타 오락이나 밀회를 위한 장소들로 가득 찬 도시의 유흥가들은 도쿠가와 시대의 사실적인 화젯거리인 유명한 '우키요'(浮世, 뜬세상)[25]였다. 우키요라는

---

23) E.S. Crawcour, "Some Observations of Mitsui Takafusa's *Chōmin Kōken Roku*," *Transactions of the Asiatic Society of Japan*, 3rd series, vol.8(Tokyo, 1961), p.70.

24) Ibid., p.88.

25) 여기서 '우키'(浮)는 두 가지 의미, 즉 '비참하고 슬프다'는 뜻과 '떠 있다'는 뜻을 나타내며, '요'(世)는 '세상'을 가리킨다.

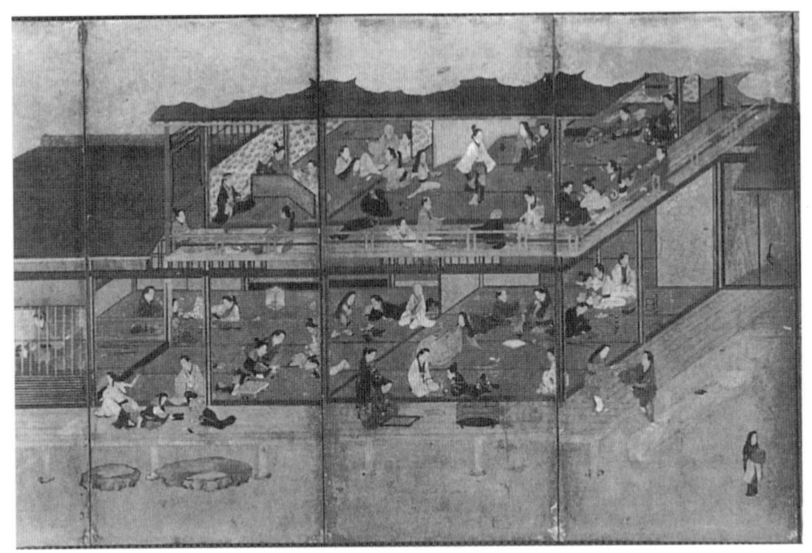

:: **그림 53** 〈유곽〉(세부). 1640년대 중반경(호놀룰루미술학회. 로버트 앨러턴 기증. 1960)

말은 좁은 의미로는 이 무렵부터 화류계를 나타내는 말로 사용되었지만, 넓은 의미로는 우리가 그 속에 빠져 있는, 실체가 없고 끊임없이 변하는 세상을 뜻했다. 그런 세상을 중세 불교도들은 비참하고 슬프기 짝이 없는 세상으로 이해했으며, 따라서 '우키요'라는 말은 항상 인생이 본질적으로 슬픈 것이라는 함의를 담고 있었다. 그러나 겐로쿠 시대에 이르러 이 말은 즐길 만한 세상이라는 뜻으로 널리 받아들여지게 되었다. 왜냐하면 세상은 끊임없이 새롭게 변하고 우리를 들뜨게 만들고 언제나 현대풍이기 때문이라는 것이다.

도쿠가와 사회는 엄격하고 딱딱한 유교적 행동규범에 따르도록 개개인에게 커다란 압박을 가했다. 따라서 가정과 직업의 무거운 책임감으로부터 탈출구를 제공해준 유곽 등의 공간은 오히려 사회적 불안요소를 완화하는 데에 꼭 필요한 안전망과 같은 역할을 했던 것이다. 물론 막부는 항상 유곽 지대를 주의 깊게 감시했다. 하지만 유곽들은 상당한 정도의 자율성을 가지고 있었다. 거기서는 출생이나 신분에 따른 사회적 차이는 별 의미가 없었다. 저 뜬세상(유곽)에서 하루를 보내게 해주는 것은 혈통이나 가문이 아니라 바로 돈이었기 때문이다.

이하라 사이카쿠

시인이자 산문소설 작가인 이하라 사이카쿠는 이런 도시민들의 생활을 최초로 탁월하게 묘사한 대가 중의 한 명이다. 오사카 상인가문에서 태어난 사이카쿠는 마흔 살이 넘어서야 비로소 자신에게 불후의 명성을 가져다 준 소설가의 길로 들어섰다. 그전까지만 해도 그의 주된 문학적 관심은 중세 렌가에서 비롯된 시가형식인 '하이카이'(俳諧)에 있었다. 개혁적인 여러 유파들의 시도(이는 뒤에서 다시 논할 것이다)로 인해, 하이카이는 이전의 고전적인 와카와 마찬가지로 독창적 표현의 잠재적 가능성이 결여된 렌가를 연출한 양식화되고 원칙을 중시하는 여러 제한들로부터 자유롭게 되었다. 나아가 사이카쿠처럼 평이하고 이해하기 쉬운 말들을 구사하는 작가들의 손에 의해 하이카이는 생동감과 재치가 넘치는 시가 창작을 위한 효과적인 도구로 기능하게 되었다. 그러나 시인으로서의 사이카쿠는 질보다는 양에 더 관심이 많았던 모양이다. 가령 그는 일인 하이카이 마라톤 경연대회에서 단 24시간 안에 무려 2만 3500수에 이르는 하이카이를 지어 사람들을 깜짝 놀라게 했다. 이로써 반드시 부러워할 일은 아닐지라도 어쨌든 그는 집중적인 시가 창작 분야에서 무적의 기록을 세웠던 것 같다.

어이없고 실없어 보이기는 하지만, 저 하이카이 마라톤은 왕성한 다작의 시인 사이카쿠가 이전보다 자유로워진 하이카이 시가형식의 한계까지도 넘어섬으로써 만년까지 종사했던 소설쓰기의 전조로 삼으려 했던 시도로 해석될 만한 여지가 있다. 실제로 5음절과 7음절이 교대로 이어진 시적 구절들로 가득 차 있는 사이카쿠의 산문작품을 보건대, 그의 소설이 기본적으로 하이카이적 토대에 입각해 있음을 분명히 알 수 있다.

사이카쿠는 '우키요조시'(浮世草子, 뜬세상의 책)라는 새로운 장르의 산문문학을 창안했는데, 이는 중세 말에 발전한 '가나조시'(假名草子)에서 비롯된 것이었다. 그 명칭 자체가 시사하듯이, 가나조시는 가능한 한 많은 독자들에게 읽히도록 주로 가나 음절로 표기되었다. 도쿠가와 시대 초기에 발전한 인쇄술은 이런 가나조시가 널리 보급되는 데에 기여했다. 그중에는 바람피우는 여자라든가 호색적인 승려와 무사들의 파격적인 탈선 이야기를 다룬 호색서뿐만 아니라, 순수하게 교훈적인 책들을 비롯하여 고전을 각색한 번안물과 여행기 및 초자연적인 이야기들도 있었다. 하지만 대체로 가나조시는 실제 내용과 문체에서든, 아니면 도덕적 교훈을 제시하는 데에 상투적인 문학적 기법을 사용한다는 점에서든 지극히 중세적인 성격을 내포하고 있었다. 이와 대조적으로 사이카쿠의 우키요조시는 사실적이고 현대풍이며, 때로 교훈적인 것도 있지만 기본적으로 도덕과는 무관하며 분석적인 문체로 쓰였다.

사이카쿠 산문소설의 대부분은 호색물(好色物), 도시민을 다룬 조닌물(町人物), 무사를 다룬 무가물(武家物) 등 세 가지 주요 범주로 분류할 수 있다. 이 중 그가 무사계급에는 썩 정통하지 못했던 탓인지 무가물은 좀 어설프다. 이에 비해 그의 최고 작품들은 역시 호색물과 조닌물이라 할 수 있다. 1682년에 나온 그의 첫 번째 소설은 『고쇼쿠이치다이오토코』(好色一代男)[26]라는 호색물이다. 여기서 '호색'이란 말은 단순히 에로틱한 것이라기보다는 엄밀히 말해 방탕하고 음탕한 것을 포함하는 개념이다. 사이카쿠는 이 말을 한편으로는 방탕하거나 혹은 낭만적인 것에서부터 다른 한편으로는 호색적이거나 변태적인 것에 이르기까지 다양한 의미로 사용하고 있다. 어쨌든 새로운 형식의 사랑으로 등장한 '호색'은 겐로쿠 시대에 사이카쿠를 비롯한 여러 작가들에 의해 문학과 시각예술 분야에서 중요한 테마로 굳건히 자리 잡게 되었다. 그 이전 시대까지만 해도 예술작품 속에 상투적으로 표현되어온 사랑은 무엇보다 700, 800년 전 헤이안 궁정귀족들이 발전시킨 것으로서, 주로 에로틱한 것이라기보다는 미학적인 궁정적 사랑의

26) 여기서는 아이번 모리스(Ivan Morris)가 번역한 판본을 사용하고 있다.

원리에 입각한 것이었다.

『고쇼쿠이치다이오토코』는 8세 때 하녀를 유혹하면서 성적 모험의 기나긴 생애를 시작하는 도시민 요노스케의 이야기이다. 일본 여성들이 그에게 줄 수 있는 모든 쾌락을 다 즐긴 다음, 61세에 이르러 그는 배를 타고 여자들만이 사는 섬을 찾으러 여행을 떠난다. 54장으로 되어 있고 각 장마다 요노스케의 생애 중 1년씩을 할당하고 있는 이 『고쇼쿠이치다이오토코』는 지칠 줄 모르는 한 난봉꾼의 상스러운 이야기를 모아놓은 것에 불과하다.

1686년 사이카쿠는 『고쇼쿠고닌온나』(好色五人女)라는 또 한 권의 호색물을 썼는데, 이는 각각 하나의 단편이라 해도 좋을 만큼 분량도 꽤 길고 잘 짜인 다섯 편의 이야기들로 이루어져 있다. 『고쇼쿠이치다이오토코』가 주로 유곽의 생활을 다루고 있다면, 『고쇼쿠고닌온나』는 남부끄럽지 않은 도시민과 농민 출신 여성들에게 초점을 맞추고 있다. 이 여성들은 과도한 열정으로 인해 딱 한 가지 경우를 제외하고는 모두 불명예와 죽음으로 이어진 사건들에 얽히고 만다. 이 작품에서 사이카쿠는 유곽의 허구적 세계에 대한 기술로부터 실제 사건에 입각한 일상적인 삶의 이야기로 시선을 돌렸다. 또한 그는 모든 도쿠가와 문학에서 가장 중요한 사회적 테마 중 하나를 다루었다. '닌조'(人情, 인간적 감정)와 당대의 봉건적 법령 및 도덕규범에 의해 개개인에게 강요된 '기리'(義理, 무거운 의무감) 사이의 갈등이 그것이다.

『고쇼쿠고닌온나』를 썼던 같은 해에 사이카쿠는 다시금 『고쇼쿠이치다이온나』(好色一代女)라는 호색물을 펴냈다. 이는 일인칭 시점에서 사랑의 어두운 측면, 즉 통제되기 어려운 육욕과 타락에 관해 쓴 이야기이다. 여주인공은 색정광(교토의 귀족계급이었던 부친 쪽으로 유전되어 내려온 기질)으로, 평생 재능과 미모와 기지로써 자신의 길을 개척하면서 고급매춘부를 비롯하여 거리의 값싼 창녀뿐만 아니라 무희, 하녀, 여재봉사, 서예 선생 등 안 해본 직종이 없을 정도이다. 그러다가 한 여자로서 사랑(그녀는 이를 궁정적 사랑이라고 여겼다)에 빠지게 되었음을 깨달은 후, 그것을 인생에서 가장 중요한 것으로 생각하게 되었다. 그때 그녀는 12세의 어린 나이로 경험한 최초의 연애사건을 다음과 같이 회고한다.

> 이 세상에 사랑만큼 이상한 것은 없다. 내게 구애해온 많은 남자들은 하나같이 멋쟁이에다 잘생겼다. 하지만 그 누구도 내 안에 애틋한 감정을 일으키지는 못했다. 그런데 한 귀족을 섬기던 하찮은 신분의 무사가 있었다. 대부분의 여성들은 그를 미심쩍은 눈으로 내려다보았다. 그런데 그가 내게 보낸 첫 번째 편지글부터 그의 문장은 나를 꼼짝 못하게 할 만큼 충분히 강렬한 열정으로 가득 차 있었다. 편지마다 구구절절이 그는 자신의 열렬한 감정을 토로했고, 마침내 알지 못하는 사이에 내 마음이 흔들리기 시작했다. 그러나 신분 차가 컸던 우리는 만나기가 쉽지 않았다. 하지만 나는 솜씨를 부려 밀회의 자리를 마련했고 내 몸을 그에게 허락했다.
>
> 우리의 사랑은 궁정의 얘깃거리가 되었고, 어느 날 아침 우리의 밀회는 발각되고 말았다. 그 처벌로 나는 인근 우지바시(宇治橋)로 추방당했다. 말하기 괴롭지만, 내 사랑은 사형당하고 말았다. 그로부터 며칠 뒤, 나는 침대 위에 몸을 던진 채 반쯤 잠들어 있었는데, 비몽사몽간에 놀랍게도 그의 어슴푸레한 모습이 내 앞에 조용히 나타났다. 그것을 본 나는 고뇌 속에서 어떻게든 스스로 목숨을 끊어야만 한다고 생각했다. 그러나 며칠이 지나자 나는 완전히 그를 잊었다. 이것만 보아도 세상에 여자 마음만큼 이기적이고 변덕스러운 것은 없다는 사실을 잘 알 수 있을 것이다.[27)]

세월은 모든 것을 바꿔놓는다. 마침내 나이 들고 가난에 빠진 저 호색적인 여성은 조심성 없는 순진한 고객이 걸려들지나 않을까 하는 비참한 희망을 품은 채 한밤중에 다시금 위험을 무릅쓰고 어둠 속으로 발을 내딛는다.

27) Ihara Saikaku, *The Life of an Amorous Woman and Other Writings*, pp.124~125.

요즘 사람들은 아주 약아져서 거리의 창녀를 선택할 때 단돈 몇 푼이라 해도 부자가 고급매춘부를 선택할 때보다 더 신중에 신중을 기한다. 때로 그들은 횃불을 들고 지나가는 행인이 나타날 때까지 기다린다든지, 혹은 여자를 검문초소의 등롱이 있는 데까지 데리고 가기도 한다. 이는 여자의 외모를 가까이서 찬찬히 뜯어보기 위함이다. 그러니까 한때의 기분전환이라 할지라도 늙거나 추한 창녀인 경우는 즉시 거절하는 것이 요즘 세태인 것이다. "세상에는 눈 밝은 자가 천 명이면, 눈먼 자도 천 명이 있기 마련이다"(目明千人盲千人)라는 속담이 있다지만, 그날 밤에 나는 눈먼 놈씨를 한 명도 만나지 못했다!

마침내 여명이 터오기 시작했다. 먼저 종이 여덟 번 울리고 이어 일곱 번 울렸다. 이 소리에 깨어난 짐수레 마부들이 덜커덕거리며 이른 아침의 햇살 아래 길을 떠났다. 그런데도 나는 대장장이와 두부장수가 문을 여는 시간까지 계속 거리를 떠나지 않고 얼쩡거렸다. 하지만 나의 몰골과 행색은 이 싸구려 창녀 직업에조차 전혀 어울리지 않는 모양이다. 왜냐하면 지난밤 내내 거리를 지나친 남자들 중 날 마음에 들어 한 사람은 아무도 없었기 때문이다. 그때 나는 결심하기를, 이번이 이 뜬세상에서 창녀짓을 하는 마지막 시도라 여겼다. 그 후 나는 두 번 다시 거리로 나가는 일이 없었다.[28]

사이카쿠 문학의 두 가지 주요 테마는 사랑과 돈이었다. 주로 남녀 간 에로티시즘에 대한 연구를 바탕으로 하여 쓴 조닌물 작품에서 그는 열심히 일하고 매사에 지혜롭게 처신함으로써 경제적인 성공을 추구하는 조닌(町人) 윤리를 깊이 다루었다. 돈을 벌거나 날려버리는 이야기들을 모아놓은 『니혼에이타이구라』(日本永代藏)는 아마도 그의 조닌물 중 가장 유명한 작품일 것이다. 하지만 호색물의 경우 낭만적인 사랑의 묘사로부터 『고쇼쿠이치다이온나』에서처럼 지나친 성적 애욕의 파멸적 결과에 대한 디포(Defoe)식 묘사로 전이된 것과 동일한 방식으로, 사이카쿠는 후기의 조닌

28) Ibid., pp. 202~203.

물에서 통상 고된 일에 시달리고 수금원보다 한 발짝 더 앞서고자 애쓰는 중하급상인들의 삶과 애환 쪽으로 관심의 시선을 돌렸다.

우리는 이 장 서두에서 신유교전통(주자학)에서 크게 강조점이 주어졌던 인간중심주의(humanism)에 대해 언급한 바 있다. 하지만 도쿠가와 시대에 전개된 인간중심주의는 르네상스 이래 서구에서 등장한 휴머니즘과는 전혀 다른 성격의 것이라는 점에 주목할 필요가 있다. 근대 서구의 휴머니즘은 개인으로서의 인간에 초점을 맞추어 각자의 개성과 감정과 행동양식 등에 관심을 나타냈다. 이에 비해 도쿠가와 시대의 일본적 휴머니즘은 참된 의미의 개인의 존재는 전혀 관심 밖이었다. 그보다는 '집합적 개념으로서의 인간'에 초점을 맞춤으로써 무사, 농민, 매춘부 등과 같이 본질적으로 유형화된 인간형을 만들어냈다. 우리는 사이카쿠를 비롯하여 도쿠가와 시대의 여러 작가들에게서 이와 같은 일본적 휴머니즘의 태도가 반영되어 나타나고 있음을 확인할 수 있다. 즉 이들 작품 속의 등장인물들은 하나같이 양면성을 보여주거나 혹은 정형화된 상투적 인물(stereotype)로 묘사되어 나온다. 대개의 경우 도쿠가와 문학 속에 나오는 등장인물들의 행동양식은 우리가 그럴 것이라고 예상하는 전형적 틀을 벗어나지 않는다. 거기에는 근대 서구소설의 가장 중요한 특징이라 할 만한 등장인물의 성격발전이 전혀 보이지 않는다.

가부키의 기원과 발달과정

어쨌거나 이처럼 사이카쿠가 새로운 유형의 산문소설을 완성해갈 무렵, 최소한 17세기 초부터 발전하기 시작한 두 가지 대중적 연극형식, 즉 가부키(歌舞伎)와 분라쿠(文樂) 인형극 또한 점차 완성되어갔다.

가부키는 중세의 주요 연극형식이었던 노와 교겐으로부터 많은 영향을 받았다. 이런 영향은 초기 가부키에서 사용된 연극의 종류별 유형과 연출기법 및 음악과 영창반주에서뿐만 아니라 작품의 실제 상연에서도 여실히 엿볼 수 있다. 그러나 더 직접적인 영향은, 겐로쿠 시대의 첫 번째 가부키

붐까지 거슬러 올라가 어떻게 가부키가 그처럼 대중적인 인기를 얻은 오락물이 될 수 있었는지에 대한 설명을 통해 밝혀질 수 있을 것이다.

가부키의 시조는 통상 이즈모노 오쿠니(出雲阿國)라는 여성이라고 알려져 있다. 그녀의 출신배경은 확실치 않지만, 이즈모대사(出雲大社)의 전직 미코(巫女)였음에 틀림없어 보인다. 1590년대 후반 혹은 17세기 초 무렵 오쿠니가 여성 무희들로 구성된 가무단을 이끌고 교토 교외에서 '가부키춤' 공연을 했는데, 이것이 상업적으로 성공하면서 여러 경쟁집단들이 생겨나게 되었다. 여기서 '가부키' 라는 용어는 '가타무쿠'(傾く, 기울다/치우치다)에서 파생된 것으로 당대에 신선하고 희한하며 괴팍스런 행동에 쓰던 말이었다. 이 용어가 '오쿠니가부키'(阿國歌舞伎)라 하여 오쿠니 가무단에 적용되었다는 사실은, 곧 이 최초의 가부키 극단이 당시 사람들에게 매우 신선하고 충격적인 인상을 주었으며 그리 품위 있거나 정통적인 것이 아니었음을 잘 보여준다.

오쿠니 가무단이 공연한 내용 중에는 '넨부쓰오도리'(念佛踊)라는 것이 포함되어 있었는데, 이는 사람들이 종교적 엑스터시에 빠져 아미타불을 찬미하면서 춤추고 노래하던 염불춤이었다. 그것은 10세기 정토종의 순회탁발승이었던 구야(空也)까지 거슬러 올라가는데, 이 염불춤을 특히 일본 전국의 대중들 사이에 널리 퍼뜨린 인물은 가마쿠라 시대의 승려 잇펜(一遍)이었다. 중세 후기에 이르러 이 염불춤은 종교적 목적보다는 하나의 오락적인 민속춤으로서 대중들 사이에 정착되었고, 오늘날까지도 일본에서 매년 한여름 사자(死者)를 위한 '오본'(お盆) 축제 때 추는 '본오도리'(盆踊り) 속에 전승되어 남아 있다.

이 염불춤 외에도 오쿠니 가무단은 익살맞은 소극(笑劇)을 연출하기도 했는데, 거기서는 남자들과 매춘부들의 만남이라든가 혹은 찻집이나 공중목욕탕에서의 밀회 장면이 묘사되었다. 말할 것도 없이 오쿠니 가무단의 여성들은 이런 소극을 대단히 능숙하게 연기해냈다. 그도 그럴 것이 그녀들은 모두 순회공연 틈틈이 실제로 매춘행위를 많이 했기 때문이다. 막부관리들은 무대 위에서건 무대 바깥에서건 이와 같은 여자배우들의 가부키 공연을 단호하게 불허하는 입장이었지만, 아직 어떤 현실적인 조치를 취하는 데에는 우유부단한 모습을 보여주고 있었다.

그러다가 1629년 마침내 여자들이 가부키 배우로 활동하는 것을 전면적으로 금지했다. 이는 여자배우들이 연기한 '온나가부키'(女歌舞伎)의 그늘 밑에서 점차 발전해온 '와카슈가부키'(若衆歌舞伎)가 전면에 등장하도록 자극하는 직접적인 효과를 초래했다. 미소년들로 이루어진 이 와카슈가부키 공연에는 일종의 광대극 및 번뜩이는 검무극이 들어가 있었는데, 이것들은 결국 향후 가부키 공연의 본류에 포함되었다. 하지만 이 미소년들 또한 온나가부키의 여자배우들이 그랬듯이 사회적 물의를 일으켜 막부관리들을 당황케 했다. 그들이 중세 이래 (특히 무사 및 불교승려들 사이에서) 일본사회에 널리 만연했던 동성애 붐을 야기했기 때문이다. 개중에는 가부키 공연 도중 배우들 간의 삼각관계를 둘러싼 꼴사나운 싸움이 공개적으로 벌어진 사건도 있었는데, 그런 일이 있은 후 1652년에 막부는 마침내 와카슈가부키에도 금지명령을 내렸다. 이후부터는 오직 성인남성들(혹은 앞머리를 면도하여 성인임을 나타내는[29] 젊은이들)만이 가부키 무대에 올라 공연할 수 있게 되었다.

도쿠가와 시대 내내 가부키는 많든 적든 막부의 견제를 받았는데, 그와 같은 억압은 가부키 발전에 매우 중요한 영향을 끼쳤다. 하지만 막부관리들은 최소한 다음 두 가지 이유로 인해 가부키 자체를 전면적으로 금지하는 데에는 망설일 수밖에 없었다. 첫째, 그들은 가부키가 유교적 도덕관을 크게 훼손하는 측면이 있었음에도 불구하고 그것을 뜬세상과 마찬가지로 (가부키 자체도 뜬세상의 일부이다) 대중들이 욕구나 충동을 발산할 하나의 배출구로 간주했다. 둘째, 그들은 남녀매춘 자체와 마찬가지로 가부키 또한 완전한 근절이란 불가능하며 따라서 어느 정도 공식적으로 유지하는 편

29) 이런 관습을 '존마게'(丁髷)라 한다. _옮긴이

이 더 낫다고 판단했음에 틀림없다.

가부키에서 여자배우의 금지는 '온나가타'(女形)라 하여 남자가 여자 역할을 하는 독특한 특징을 초래했다. 수 세기 동안 연마되어온 이런 온나가타의 연기적 특질은 너무도 특별해서 설령 오늘날 가부키에서 여성들의 연기가 허용된다 하더라도 그녀들이 온나가타 기법을 익히는 데에 남성들보다 더 유리하지는 않을 것이다.

와카슈가부키가 1652년에 가서야 비로소 금지된 이유 중의 하나로 제3대 쇼군 도쿠가와 이에미쓰(德川家光, 1604~1651)가 미소년 배우들을 특별히 총애했다는 점을 들 수 있다. 이윽고 이에미쓰 사후 조처를 취할 때에도, 막부는 가부키 배우들과 그 후원자들을 청교도 같은 금욕주의자로 전향시킬 수 있으리라고는 기대하지 않았다. 막부의 의도는 그저 가부키 무대 위에서 지나치게 야하거나 난잡한 내용이 공연되지 않도록 제한을 가하는 데에 있었다. 그리하여 막부의 조처는 미소년들을 무대에서 추방하는 동시에, 가부키 관계자들에게 보드빌(vaudeville)쇼[30]의 경우처럼 불법적인 성행위가 본업이고 공연은 부업에 지나지 않은 배우가 아니라 참된 예술가로서의 배우가 되는 데에 전념하도록 촉구하는 데에 그쳤다.

어쨌든 이런 금지명령은 분명 일정한 효과를 거두었다. 그 후 가부키는 점차 본격적인 연극예술로 변모해갔기 때문이다. 예컨대 가부키 배우들에게는 제각각 특정 역할(온나가타 역할 등)이 주어졌으며, 무대막이 도입되어 가부키가 여러 막으로 나뉘어 공연되었다. 또한 각 장면과 무대마다 소도구들이 사용되었고 극장 또한 가부키 용도에 맞게 개조되었다. 이리하여 가부키는 막부가 부과한 제한들로 인해 더욱 정합적인 연극형식을 갖추어 나가게 되었다. 그럼에도 불구하고 도쿠가와 시대 내내 가부키는 공식적으로는 일종의 필요악으로 간주되었다. 이런 상황은 가부키를 더 차원 높은 연극으로 순화하고 승화시키는 데에 방해가 되었다. 그 결과 가부키는 주

30) 희극배우, 가수, 댄서, 곡예사, 마술사 등이 출연하는 미국 쇼. _옮긴이

:: **그림 54** 가부키의 한 장면(일본정부관광국)

로 대중적인 연극에만 머물게 된 것이다.

17세기 후반 이래 가부키 전개과정의 중심은 항상 배우였다. 연극 대본은 기껏해야 배우들을 위한 시나리오 내지 지침에 불과했다. 배우들에게는 대본 내용을 자신의 관점에서 윤색하거나 변형할 것이 기대되었다. 전형적인 가부키에는 극적으로 강조되는 일련의 장면들이 나오는데, 거기서 배우들은 과장된 몸짓이나 자세 혹은 열변 등을 통해 극적 장면의 흥분을 고조시킨다(그림 54).

가부키는 에도 및 오사카와 교토 지역에서 번창했다. 이 가운데 특히 에도 시민들로부터 가장 많은 후원을 받았는데, 그들 중 상당수는 강건하고 거리낌 없는 취향의 무사계층이었다. 17세기 초 및 중엽에 가부키는 에도에서 경쟁관계인 분라쿠와 인기를 다투고 있었다. 그런데 1657년에 발생한 대화재는 에도의 대부분을 파괴했으며, 그 후 현재 도쿄의 아사쿠사(淺草) 지역에 해당하는 요시와라 유곽이 재건되었다. 그 무렵 분라쿠의 중심적 역할을 담당하는 영창자[31)]들이 간사이(關西) 지역(교토, 오사카 등)으로 이동함으로써 이제 에도의 연극계에는 가부키만이 남게 되었다.

겐로쿠 시대의 가부키에서 가장 유명한 두 명의 인물은 에도의 이치카와 단주로(市川團十郞, 1660~1704)와 간사이 지역의 사카타 도주로(坂田藤十郞, 1647~1709)이다. 원래 긴피라(金平)라는 설화적인 영웅의 무용담을 다룬 분라쿠의 초기 형태[32]에 영향을 받은 단주로는 '아라고토'(荒事)라는 연기양식을 발전시켰다. 단주로의 성공과 명성은 너무나도 대단해서 에도의 공연자들이 앞 다투어 이 아라고토 연기양식을 모방할 정도였다. 이리하여 아라고토는 에도 가부키를 대표하는 가장 큰 특징이 되었다. 한편 사카타 도주로는 연기에 '와고토'(和事) 기법을 사용했다. 이 와고토 연기양식은 영웅적이고 남성적인 에도 가부키의 아라고토 양식에 비해 좀 더 친밀하고 여성적인 것을 선호하는 간사이적 특징을 잘 보여주었다. 이와 같은 간사이적 취향은 분라쿠[33]의 경우 더 뚜렷하게 나타난다.

분라쿠

일본사 문헌에 보이는 최고(最古)의 인형사(人形師)는 헤이안 후기의 '구구쓰'(傀儡)라는 집단이다. 이들은 집시처럼 이곳저곳 떠돌아다니면서 공연을 했는데, 그때 남자들은 나무로 만든 인형들을 조작하거나 마술묘기를 보여주었고 여자들은 노래를 불렀다. 첨언하자면, 여자들은 성적으로 자유분방하여 자기 몸을 팔기도 했다. 실제로 일본에서는 일찍부터 매춘과 연극(이 용어를 유연하게 확대하여 사용한다면)이 밀접하게 연관되어 있었음을 알 수 있다. 헤이안 말기 이후 몇 세기 동안 인형극의 전개에 관해서는 알려진 바가 거의 없다. 다만 14세기에 중국에서 줄로 조종하는 인형이 도입

---

31) '다유'(大夫, 太夫)라 한다. _옮긴이

32) 사미센(三味線) 반주에 이야기를 낭송하는 조루리(淨瑠璃)를 가리킨다. 여기에 인형의 요소를 첨가한 것이 닌교조루리(人形淨瑠璃), 즉 후대의 분라쿠이다. _옮긴이

33) '분라쿠'라는 말은 19세기경 오사카에 설립된 유명한 인형극장인 '분라쿠자'(文樂座)에서 비롯되었다. 인형극을 가리키는 다른 용어로 '조루리'(정확히 '닌교조루리'라고 해야 맞다_옮긴이)가 있는데, 이는 초기 인형극에 등장하는 인물인 조루리히메(淨瑠璃姬)에서 따온 것이다.

된 결과 인형극에 대한 관심이 되살아났다는 사실 정도는 말할 수 있겠다.

16세기 후반에서 17세기에 걸쳐 충분히 발달한 분라쿠 예능을 도널드 킨(Donald Keene)은 "악기반주에 맞춘 영창과 인형에 의해 무대예술로 구현한 이야기(storytelling) 형식"[34]이라고 정의 내린다. 분라쿠의 세 가지 요소, 즉 이야기, 악기반주, 인형의 사용 가운데 일본문화사에서 가장 중요한 것은 역시 이야기 요소이고 그다음이 악기반주라 할 수 있다. 이에 비해 인형이라는 요소는 전통적으로 분라쿠 영창자의 파생적 기법을 보완하는 데에 사용된 부차적인 연극형식이었다.

종종 불교승려들이었던 순회영창자들에 의해 수행된 이야기 형식[35]은 중세 내내 유행했다. 이때 영창자들에게 이야기 소재를 제공해준 중요한 문학적 원천 중에는 『헤이케모노가타리』라든가 『다이헤이키』를 비롯한 전쟁서사물들이 있다. 영창자들이 흔히 반주악기로 사용한 것은 류트(lute)[36] 처럼 생긴 네 줄 현악기인 비파였다. 그러나 16세기 후반에 이르러 세 줄 현악기인 사미센(三味線)이 영창자들 사이에 널리 사용되었는데, 중국에서 기원한 이 악기는 류큐를 거쳐 일본에 전해졌다. 대충 밴조와 유사한 사미센은 나른한 비파 음색과는 대조적으로 급하게 깨지는 듯하면서 튕기는 울림소리를 내는데, 특히 영창자들의 발성법과 잘 어울리는 반주악기라 할 만하다. 도쿠가와 시대에 사미센은 가부키와 분라쿠의 주된 반주악기로 사용되었다.

그러니까 고대적인 영창기법에다 사미센을 추가하고 거기에 영창자들의 이야기에 나오는 등장인물들의 동작을 묘사하기 위해 인형을 도입함으로써 분라쿠가 생겨난 것이다. 겐로쿠 시대에 분라쿠를 마침내 본격적인 연극형식으로 발전시킨 최대의 공훈자로 영창자 다케모토 기다유(竹本義太夫, 1651~1714)와 극작가 지카마쓰 몬자에몬(近松門左衛門, 1653~1724)을 꼽을

34) Donald Keene, *Bunraku: The Art of the Japanese Puppet Theatre*, p.31.
35) '조루리'를 가리킨다. _옮긴이
36) 14~17세기 서구의 현악기. _옮긴이

만하다. 독특한 영창기법으로 당대 최고의 찬사를 받았던 기다유는 1684년 오사카에 다케모토자(竹本座)라는 인형극 극장을 개장하고 지카마쓰와 제휴하여 주로 그의 작품들을 무대에 올렸다. 교토의 무사가문 출신인 지카마쓰는 유명한 가부키 배우 사카타 도주로를 위해 쓴 작품으로 이미 상당한 주목을 받고 있던 작가였다.

지카마쓰 몬자에몬

지카마쓰는 가부키 대본도 쓰고 분라쿠 대본도 썼다. 하지만 그가 일본 문학사에서 차지한 불멸의 명성은 무엇보다 분라쿠 작품으로 얻은 것이었다. 그의 분라쿠 작품은 크게 두 유형, 즉 역사물을 다룬 '지다이모노'(時代物)와 당대의 세태를 다룬 '세와모노'(世話物)로 나뉜다. 이 중 지다이모노는 일본의 영창자들이 수 세기 동안 사용해온 것과 동일한 서사적 원천에서 그 소재를 얻고 있는데, 본질상 대담한 행위와 낭만적 사랑에 관한 놀랍고도 터무니없는 이야기들이 많다. 지카마쓰와 기타 분라쿠 작가들은 무대 위 인형극 공연에 열기를 더하기 위해 대본에다 우스꽝스러운 공중제비라든가 초자연적 묘기 등의 순서를 첨가하기도 했다. 관객들은 가부키의 살아 있는 배우들과는 달리 인형들이라서 가능한 이런 퍼포먼스를 매우 좋아했다. 가장 많이 알려진 지카마쓰의 지다이모노 작품은 〈고쿠센야캇센〉(國性爺合戰)인데, 이는 1644년 명왕조를 침략하여 멸망시킨 만주족에 저항했던 한 열혈 중국인에 관한 이야기를 토대로 하여 만든 것이다.

지카마쓰가 최초의 세와모노 작품인 〈소네자키신주〉(曾根崎心中)를 쓴 것은 1703년에 이르러서였다. 당시 오사카에서 최근에 일어났던 실제 사건에 입각한 이 작품을 통해 지카마쓰는 인형극의 새로운 범주를 창안했을 뿐만 아니라, 자신이 가장 잘할 수 있는 매체가 무엇인지를 확실하게 찾아낼 수 있었다. 겐로쿠 시대의 관객들에게 엄청난 인기를 끌었던 〈소네자키신주〉는 하나의 단순한 줄거리를 중심으로 거기에 변형과 장식적 요소들을 가미하여 만든 것인데, 이는 향후 지카마쓰가 쓴 수많은 세와모노 작품들의 토대가 되었다.

〈소네자키신주〉는 오사카 유곽의 매춘부 오하쓰(お初)와 사랑에 빠진 도쿠베(德兵衛)라는 간장 판매원의 이야기다. 막이 오르면 관객들은 첫 장면에서 도쿠베가 그의 주인과 크게 언쟁을 했으며, 그는 주인(실은 도쿠베의 삼촌)이 자기 딸의 신부지참금으로 미리 가불해준 돈을 즉시 갚아야만 하는 형편에 있음을 알게 된다. 이는 도쿠베가 주인 딸과의 결혼을 거절했기 때문이다. 좀 우둔하고 우직하기는 하지만 마음씨 착한 도쿠베는 주인에게 받은 돈을 한 친구에게 잠시 빌려주었다. 그런데 이제 그 돈을 되돌려달라고 하자, 그 친구는 자기는 그런 돈을 빌린 적이 없다고 딱 잡아떼면서 오히려 도쿠베가 자기 도장을 위조했다고 비난하기조차 한다. 계속되는 시비다툼 끝에 도쿠베는 흠씬 두들겨 맞는다. 이에 당황하여 어쩔 줄 모른 채 도쿠베는 오하쓰를 찾아간다. 거기서 두 연인은 대안을 생각할 겨를도 없이 정사(情死)를 결심한다. 그날 밤 둘은 소네자키신사[37]에서 죽음을 향한 '미치유키'(道行)[38]의 길을 떠난다.

세와모노 인형극 작가로서의 지카마쓰는 사이카쿠와 마찬가지로 겐로쿠시대 도시민들의 삶을 그려낸 대표적인 인물이다. 하지만 사이카쿠는 그의 조닌물 작품에서 도쿠가와 시대 일본에 등장한 도시 중산층의 행동양식 및 가치체계를 가능한 모든 측면에서 사실적으로 묘사했다. 이런 사이카쿠와는 달리, 지카마쓰는 주로 하층계급 도시민들의 삶, 특히 당대의 봉건시대에 모든 계층의 구성원들이 안고 살았던 '기리'(義理, 의무)와 '닌조'(人情, 인간적 감정) 사이의 갈등 문제에 관심을 쏟았다.

확실히 지카마쓰는 이와 같은 기리-닌조의 갈등을 잘 묘사한 작가로 유명하다. 하지만 실은 도쿠가와 시대의 다른 문학작품들 중에도 지카마쓰 이상으로 기리-닌조의 갈등을 강렬하게 제시한 작품들이 얼마든지 많이

37) 현재 오사카 소네자키에 소재하며, 일명 '오하쓰텐진'(お初天神)이라고 불리는 소네자키텐진(曾根崎天神)신사를 가리킨다. _옮긴이

38) 조루리나 가부키 등에서 사랑하는 남녀가 춤을 추며 여행을 떠나는 장면. _옮긴이

있다. 대표적으로 복수담을 들 수 있는데, 거기서는 무사가 사회적 규약으로 요청되는 무사로서의 명예를 지키기 위해 자신의 개인적 이익을 주저 없이 포기하거나 심지어 자기 목숨까지 내놓는다. 〈소네자키신주〉의 도쿠베와 오하쓰는 비록 막다른 골목에 내몰린 어려운 상황이기는 했지만, 어쨌든 함께 정사를 결행할 때 외부로부터 큰 강요나 압박을 받은 것 같지는 않다. 오히려 그들은 서로에 대한 사랑의 '순수성'을 지키고자 하는 강박적 신경증 내지, 죽음을 통해 불교적 내세에서 그것을 이루고자 하는 종교적 충동에 사로잡혀 있었던 듯싶다. 이 작품 뒤에 나온 '정사'물에서 지카마쓰는 기리라는 사회적 압력을 더 명확하게 제시했다. 그렇다 하더라도 역시 그가 가장 선호한 주제는 기리와 닌조의 근본적인 갈등보다는 '사랑의 절대성'에 있었다고 하는 편이 더 적절하다고 여겨진다.

정사물의 문학적 정점은 '미치유키', 즉 예정된 숙명을 향해 나아가는 연인들의 여정 묘사에 있다. 지카마쓰의 미치유키 여정은 풍부하게 구성된 매우 아름다운 시가로 이루어져 있다. 아마도 가장 기억할 만한 부분은 다음과 같이 시작하는 〈소네자키신주〉의 한 장면일 것이다.

해설자: 이 세상에 안녕을, 이 밤에 안녕을.
죽음을 향해 나 있는 길을 걸어가는 우리는
무엇에 비유될 수 있으리.
묘지로 이어진 길가의 서리라고나 할까.
한걸음 내디딜 때마다 사라지는 서리처럼,
이 꿈속의 꿈은 얼마나 슬픈지!
도쿠베: 오, 그대는 종소리를 세어보았는가?
일곱 번 중 여명을 알리는 여섯 번째의 종이 울렸고,
나머지 한 번이 우리가 이 세상에서 들을 수 있는
마지막 종소리가 되겠지.
오하쓰: 그건 열반의 지복을 알리는 종소리가 될 거예요.

해설자: 비단 종소리만이 안녕이 아니리니,
그들은 풀과 나무와 하늘도 마지막으로 보는 것,
그들을 무심하게 스쳐 지나가는 저 구름과 강물하며,
수면 위에 밝게 비치는 북두칠성도.
도쿠베: 저 우메다(梅田)다리가
은하수를 가로질러
까치들이 놓은 다리라고 여기자꾸나.
그리고 영원한 부부의 별이 되자고 맹세하자꾸나.
오하쓰: 약속할게요. 저는 영원히 당신만의 아내가 되겠습니다.
해설자: 그들은 서로를 꼭 껴안는다.
강물은 그들이 흘린 눈물로 불어나겠지.
강 건너 찻집 위층에서는
아직도 잠들지 않은 채 술 마시고 흥청대는 이들이
흔들리는 등롱불 아래 왁자지껄 떠들고 있는데,
올해에 발생한 정사사건들이 옳으니 그르니
쑥덕거리고 있음에 틀림없구나.
그들의 수다스런 험담을 듣는
두 연인의 가슴은 철렁 무너져 내리는 듯하구나.
도쿠베: 참으로 이상하구나! 하지만 어제도, 심지어 오늘도,
우린 그런 일들이 우리와는 전혀 무관한 일인 양 말했지.
내일이면 우리도 그들의 입방아에 놀아나겠지.
세상이 우리에 관해 떠들고 싶다면 그렇게 하라지.[39)]

분라쿠는 지카마쓰 사후 1725년경에서 1780년대 무렵까지 반세기에 걸쳐 최전성기를 누렸다. 이 기간에 기법상 중요한 변혁들이 많이 일어났다.

---

39) Donald Keene, tr., *Four Major Plays of Chikamatsu*, pp.51~52.

:: **그림 55** 분라쿠의 장면들(뉴욕 주재 일본영사관)

예컨대 1734년에는 세 명의 인형사가 인형을 조작하는 기법이 도입되었다. 거기서 한 사람은 등과 오른손 및 이마와 눈썹의 조작을 맡고, 또 한 사람은 왼손을 담당하며, 나머지 한 사람은 발 조작을 맡는다(그림 55). 어쨌든 분라쿠가 매우 성행하다 보니 가부키까지도 그 영향을 많이 받게 되었다. 즉 가부키 배우들이 인형같이 딱딱한 몸짓을 흉내 낸다든지 혹은 연출자들이 분라쿠의 무대기법과 표현기법 등을 적용하기도 했다. 그러나 그 전개과정에서 새롭게 등장한 더 생동감 있는 인형극에 비해 지카마쓰의 작품은 너무 언어적 표현에 치중되어 있고 인형들의 동작이 느리다 하여 인기를 잃고 쇠퇴하게 된 것은 안타까운 일이 아닐 수 없다.

마쓰오 바쇼와 하이쿠

사이카쿠가 사실주의자였고 지카마쓰가 낭만주의자였다면, 겐로쿠 시대의 세 번째로 위대한 문학적 인물인 시인 마쓰오 바쇼(松尾芭蕉, 1644~1694)는 다소 신비주의자라고 할 만하다. 하급무사가문에서 태어난 바쇼는 22세 때 주군의 죽음으로 인해 로닌(浪人, 주인 없는 무사)이 되었다. 오래전부터 시가에 관심이 많았던 청년 바쇼는 당시 다른 주군을 찾는 대신, 무사이기를 그만두고 교토에서 한동안 공부를 한 후 막부가 있는 에도로 들어갔다. 그 후 에도는 남은 생애 동안 명목상 그에게 제2의 고향과 같은 곳이 되었다. 하지만 그는 과거의 다른 유명한 시인들(가령 가마쿠라 시대 초기의 사이교〔西行〕라든가 히가시야마 시대의 소기〔宗祇〕 등)과 마찬가지로 빈번한 지방여행을 통해 시가의 영감을 얻었다. 그가 50세 때 오사카에서 질병으로 사망한 것도 나가사키를 최종 목적지로 삼았던 마지막 여행길의 도중에서였다.

앞서 살펴보았듯이 중세 말의 주된 시가형식이었던 렌가는 그 원천이었던 고전적 와카와 동일한 운명에 처했다. 즉 양자 모두 엄격한 형식주의 및 주제의 제한을 고수하는 관례에 지나치게 구애받게 된 것이다. 그러다가 16세기 말에서 17세기에 걸쳐 조닌 문화의 발흥에 자극받아 이런 렌가를 과거의 족쇄로부터 해방하고자 하는 시도가 생겨났다. 이와 같은 시도를 감행했던 가장 중요한 인물 가운데 마쓰나가 데이토쿠(松永貞德, 1571~1653)[40]가 있다. 그의 데이몬(貞門)파는 전통적 렌가의 엄격한 어휘 제한을 넘어서서 시작(詩作)에 더 산문적인 표현 및 심지어 속어까지도 사용할 수 있는 권리를 주장했다. 이처럼 데이몬파의 가인들은 당시 통상 '하이카이'(俳諧, light verse)라 불린 시가의 언어표현과 관련하여 일면 의미 있는 개혁을 시도했다. 그럼에도 불구하고 이들은 전대 시인들의 제한적인 주제 지침이라든가 중세 귀족적 렌가에서 신성불가침한 정신으로 간주된 것에 충실했다는 점에서 여전히 전통주의자에 머물러 있었다. 하이카이가 마침내 언어 및 주제에서 과거 렌가 대가들의 그늘로부터 자유로워진 것은 1670년대 말에서 1680년대 초에 단린(談林)파[41]라 불리는 일련의 시인집단이 혜성처럼 나타나면서부터였다. 사이카쿠는 바로 이와 같은 단린파의 일원으로서 그의 탁월하고도 넘칠 듯한 하이카이의 봇물을 터뜨렸던 것이다.

새롭게 출현한 단린파는 향후 하이쿠(俳句)의 만개를 가능하게 했다는 점에서 중요하다. 하지만 그럼에도 불구하고 단린파는 그 추종자들이 주로 교묘한 언어유희라든가 암시 혹은 유행에 집착함으로써 스스로를 심각한 제한 속에 가두고 말았다. 단린파 시인들은 머잖아 시가에 대한 이런 덧없는 접근방식의 모든 잠재적 가능성을 다 소진해버렸고, 후대에 전해줄 만한 전망이 보이지 않는 시가만 잔뜩 남게 되었다.

이처럼 단린파의 막다른 골목으로부터 벗어나 일본시가를 이끌었던 인물이 바로 바쇼였다. 하이카이 작시를 완전히 포기한 적은 없지만, 바쇼는 17음절의 하이쿠를 자신의 주된 표현수단으로 채택했다. 세계에서 가장 짧은 형식의 시가 중 하나임에 분명한 하이쿠는 고전적 와카의 전반부에서

40) 에도 초기 교토 출신의 하이쿠 가인. 『하이카이고산』(俳諧御傘)이라는 저술을 통해 하이카이의 규칙을 제정하여 데이몬(貞門) 하이카이의 시조가 되었다. _옮긴이

41) 전통적이고 규칙을 중시한 데이몬파에 반하여 경묘(輕妙)한 구어 사용 및 골계적인 발상을 강조한 단린풍(談林風)에 토대를 둔 하이카이 유파. _옮긴이

파생된 것으로서 5·7·5음절로 구성되어 있다. 규칙이 단순하기 때문에 거의 모든 이들이 이 17음절의 정형시를 지을 수 있을 정도이다. 실제로 바쇼 시대 이래 수 세기 동안 모든 계층의 일본인들이 하이쿠를 지었다. 하지만 하이쿠는 그 믿을 수 없는 단순성의 측면에서 무언가 궁극성을 띠고 있다. 다른 한편 무수히 많은 하이쿠가 쏟아져 나오지만, 그중 취할 만한 것은 소수에 지나지 않는다. 바쇼가 쓴 하이쿠는 분량이 대단하지는 않으나(1000편 정도가 전한다), 그 탁월한 수준은 그를 일본의 가장 위대한 시인 중 하나로 만들기에 충분했다.

고작 17음절을 구사하는 하이쿠 작가로서는 무언가 확장된 시적 대화로의 진입을 기대하기 어려운 것이 사실이다. 따라서 그는 특별한 효과를 창출하거나 순간의 감정을 포착한다든지 혹은 인간존재의 진실을 보여주는 극적이고 날카로운 통찰력을 추구하지 않을 수 없다. 바쇼의 경우에는 선불교에서 많은 영감을 얻었으며, 그의 하이쿠 중 최고의 작품들은 대개 인생과 자연에 대한 심오하고도 직관적이며 신비스러운 반응의 산물이라 할 수 있다. 물론 바쇼의 통찰력이 그의 하이쿠 안에 직접적으로 표현되어 나오지는 않는다. 가령 가장 많이 알려진 그의 다음과 같은 하이쿠를 보자.

오래된 연못
개구리 뛰어드는
물소리 퐁당.

이 하이쿠에서 바쇼는 오래된 연못에 구현된 영원한 것과, 개구리의 뛰어듦으로 표상된 순간적인 것, 덧없는 것의 조우를 들여다본다는 것이 얼마나 놀라운가에 대해서는 한마디도 언급하지 않는다. 그런 주관적인 언급 없이 바쇼는 그저 두 개의 이미지를 단순하게 병치할 뿐이며, 거기서 어떤 의미를 찾아내는 일은 독자의 몫으로 남겨두고 있다. 이런 태도는 선불교와 하이쿠 정신의 극적인 만남을 잘 보여준다.

『오쿠노호소미치』

바쇼의 여행 중에서 가장 유명한 것은 바로 1689년 한 길동무와 함께 북부지방의 외진 곳을 돌아다닌 여행으로, 훗날 『오쿠노호소미치』(奧の細道)라는 불멸의 하이카이 기행에 담기게 되었다. 단연코 최상의 사례라 할 만한 이 『오쿠노호소미치』를 비롯하여 바쇼 여행기의 의도는 일기문처럼 자신이 여행한 곳을 자세하게 기록하려는 데에 있지 않았다. 그보다는 자연풍광이 아름다운 곳이라든가 이전에 시인 여행자가 방문했던 곳이라든가 혹은 일본사의 중대한 사건과 연관된 곳으로 유명한 장소를 방문했을 때 그가 느낀 감정이나 정조를 시적으로 환기시키는 데에 그 의도가 있었다. 바쇼가 여러 지방을 여행할 때, 그의 명성을 들어 알고 있던 현지주민들은 종종 그에게 하이쿠를 한 수 써달라고 부탁한다든지 혹은 렌가 짓기 모임에 함께 참석해주기를 요청하곤 했다. 하지만 바쇼의 시심을 고취해준 것은 사람들이 아니라 기억에 남을 만한 풍경이라든가 빼어나게 아름다운 장소 등이었다. 이런 광경을 접할 때면 바쇼는 감동한 나머지 하이쿠를 지었고, 그런 것들이 다음 『오쿠노호소미치』의 한 대목에서처럼 가장 아름다운 구절로 남아 있다.

우리는 먼저 언덕 위의 성채로 올라갔다. 거기서 우리는 북쪽에서 남쪽으로 흐르는 장대한 기타가미강(北上川)을 볼 수 있었다. 여기서 한때 요시쓰네가 몇몇 정예 가신들과 함께 요새를 쌓고 방어를 강화한 적이 있었다. 하지만 그의 영광은 순식간에 이런 황량한 들판으로 바뀌어버렸다. '나라는 멸망해도 산천은 유구하도다. 폐허가 된 성채에도 봄이 오면 다시금 푸른 풀들이 돋아나리니.' 땅바닥에 앉아 있노라니 대나무로 만든 내 모자가 벗겨져 아래로 떨어졌는데, 그때 이런 구절이 내 머리를 스쳐갔다. 거기서 나는 땅바닥에 주저앉아 시간 가는 줄 모르고 얼마나 울어댔는지 모른다.

여름 풀들이여

용감한 병사들의
꿈, 그다음은.

야마가타(山形) 지역에는 류샤쿠지라는 산사가 있는데, 고요하기로 이름난 곳이다. 사람들이 우리한테 거기를 꼭 한번 가보라고 권하기에, 오바나자와(尾花澤)에서 24킬로미터 정도 떨어진 곳까지 여행하기 위해 발길을 돌렸다. 우리가 그곳에 도착했을 때는 아직 한낮이었다. 산기슭에서 만난 한 승려에게 하룻밤 머물게 해달라고 부탁한 다음, 우리는 산꼭대기에 있는 사원을 향해 올라갔다. 산은 온통 둥글고 큰 바위투성이인데, 비탈진 곳에는 오래된 소나무와 삼나무가 자라고 있었다. 흙도 돌도 닳고 닳은 데다 이끼가 잔뜩 껴 있어 미끄러웠다. 산꼭대기에 올라보니 강당의 문들은 모두 닫혀 있고 아무런 인기척이 없었다. 낭떠러지를 빙 돌아 바위들을 기어올라 우리는 마침내 본전에 도착했다. 고요한 경관의 아름다움 앞에서 나는 놀라운 평화가 내 가슴속을 꿰뚫고 지나가는 것을 느꼈다.

돌에 젖어든
고요함이여
매미 우는 소리에.[42)]

아마도 바쇼의 위대함은 다른 일본 시인들(가령 단린파)이 예술적 자유라든가 근대성을 추구하면서 과거의 시적 전통을 함부로 부정하던 때에 옛것과 새것을 함께 취하고자 했다는 점에 있을 것이다. 그는 선불교에 대한 탐구를 통해 중세문화의 핵심을 이루는 미학정신과 소통할 수 있었다. 이와 동시에 그는 한때 단린파의 일원으로서 중세 시가의 엄격한 관습으로부터 충분히 자유로울 수 있었으며, 17세기 하이카이-하이쿠 운동에 중요한 역할을 했다. 이 운동은 중산층의 경제적, 문화적(정치적인 것은 아니었다) 성

42) Keene, *Anthology of Japanese Literature*, pp.369 and 371.

장에 수반되어 일어난 것이며, 또한 그것에 의해 가능한 것이었다. 따라서 바쇼는 사이카쿠라든가 지카마쓰 못지않게 겐로쿠 문화에 속한 인물이었다고 할 수 있다. 그러나 바쇼는 동시대의 탁월한 저 사이카쿠나 지카마쓰보다 훨씬 더 강렬하게 영원한 진리를 물으면서 모든 시대의 모든 사람들에게 말을 걸었다.

우키요에

그런데 겐로쿠 시대에 등장한 또 하나의 중요한 예술형식이 있다. 그것은 아마도 서구에 가장 많이 알려진 일본의 예술형식일 텐데, 바로 '우키요에'(浮世繪)라는 목판화이다. 이 우키요에의 정확한 기원을 추적하고자 한다면 적어도 중세 말 이후 일본에서 전개된 회화사의 수많은 흐름들을 상세하게 검토할 필요가 있을 것이다. 그 흐름들은 대단히 복합적이어서 우키요에의 기원 추적은 결코 쉽지 않아 보인다. 하지만 우키요에의 직접적인 선구자는 앞 장에서 언급한 대로 16세기 말에서 17세기 초에 융성한 풍속화였음에 틀림없다. 사실 이 풍속화와 우키요에를 준별하는 기준이 무엇인가 하는 점에는 논쟁의 여지가 있다. 물론 한 가지 결정적인 차이로, 풍속화가 가노파와 같은 '귀족주의적' 유파의 화가들이 그린 것이라면, 우키요에는 조닌 화가들이 그렸다는 사실을 들 수 있겠다.

우키요에가 하나의 독립적인 예술형식으로 확립된 것은 특히 히시카와 모로노부(菱川師宣, 1618~1694)의 작업에 힘입은 바가 크다. 교토의 한 자수(刺繡)업자 아들로 태어났다는 것 말고는 모로노부의 배경에 대해 알려진 것은 거의 없다. 어쨌든 그가 고대의 수도였던 교토 지역에서 성장하고 거기서 여러 회화유파들을 습득했음은 분명해 보인다. 모로노부는 1660년대에 에도로 이주한 듯싶다. 그 무렵 에도는 1657년에 일어난 대화재 이후 재건이 진행되던 때였다. 이는 에도의 역사에서 중요한 전환기였다. 왜냐하면 재건과정에서 이전의 더 전통적인 간사이 문화적 요소들을 대거 벗겨내고 그 대신 에도 특유의 고유한 외관과 양식들을 도입했기 때문이다. 가령 가부키가 명실상부한 에도의 연극으로 정착된 것도 이 무렵이었다. 또한 새롭게 재건된 도시의 생동감 넘치고 매력적인 정신을 완벽하게 포착한 모로노부라는 화가가 발굴된 것도 이때였다. 도쿠가와 시대 내내 우키요에는 무엇보다도 대표적인 에도의 예술이 되었다.

모로노부는 타고난 예술가적 능력 외에 자신이 우키요에 영역에서 성공적인 선구자가 되도록 해준 두 가지 특질을 지니고 있었다. 첫째, 그는 조닌들의 생활에 개인적으로 밀착하는 농밀한 관심을 보였다. 이는 전대의 풍속화가들이 조닌들의 생활현장과는 일정한 거리를 유지한 채 호기심을 보인 것과는 다른 태도였다. 둘째, 그는 독립적인 화가로서 인정해줄 것을 당당하게 요구할 만큼 자신감에 넘쳐 있었다. 당시 풍속화는 통상 익명으로 그려졌다. 그리고 모로노부의 청년시절만 해도 가노파라든가 도사파처럼 공식적으로 후원을 받는 유파의 일원이 아닌 경우에는 꿈이 있는 화가들을 위한 유일한 기회라고 해봤자 대중서에 익명으로 삽화를 그려 넣는 허드렛일 따위가 전부였다. 이런 상황에서 모로노부는 자기 그림에다 고집스럽게 서명을 남겼을 뿐만 아니라, 가령 '야마토 화가 히시카와 모로노부' 라고 서명함으로써 자신을 당당히 드러내고자 했다. 나아가 그는 자신의 그림을 책에 들어가는 삽화라는 부차적인 역할로부터 해방하고, 그림책[43] 및 낱장 판화를 제작한 최초의 화가이기도 했다.

하지만 모로노부의 획기적인 측면은 육필화(肉筆畵)로부터 목판화로의 전환을 이루어냈다는 점에서 찾을 수 있다. 그를 비롯하여 다른 우키요에 화가들은 여전히 종래 방식으로 그림을 그리기도 했지만, 우키요에의 고유한 성격은 역시 그들이 목판화를 사용함으로써 드러나게 되었다. 목판화는 우키요에라는 서민대중의 예술형식에 대한 대규모 수요에 부응할 만큼 대량생산을 가능케 해주었다. 그뿐 아니라 그것은 우키요에에 독특성을 부여함으로써 다른 장르의 일본미술과 구별되게 해준 수단을 제공해주

43) '에혼' (繪本) 또는 '에조시' (繪草紙) 등을 가리킨다. _옮긴이

었다. 목판에 그림을 새긴 다음 거기에 안료를 묻혀 찍어낸 그림들이 바로 그것이다.

모로노부와 기타 우키요에 화가들이 만든 최초의 작품은 단순한 흑백목판화였다(그림 56). 그러나 점차 화가들은 찍어낸 흑백판화그림 위에 손으로 일일이 색깔(통상 적색이나 홍갈색 및 녹색)을 칠해 넣기 시작했다. 색채를 넣은 이런 초기 형태의 시도는 우키요에의 예술적 장점을 키우는 데에 별 도움이 되지 못했다. 그럼에도 불구하고 색채를 도입하려는 충동은 계속 이어졌고, 18세기 중엽 직후 다색판화 및 색판인쇄 기법이 완성되었다. '니시키에'(錦繪)라 알려진 이 다색판화는 화가, 목판조각가, 인쇄업자 등 3인의 밀접한 공동작업을 필요로 하는, 참된 의미에서의 협업예술이 되었다.

초창기부터 우키요에 화가들은 주로 유녀와 가부키 배우라는 두 주제에 관심을 보였다. 도쿠가와 시대를 통틀어 그들이 그려낸 엄청난 분량의 우키요에들은 대부분 이 두 가지 에도의 밤문화를 그린 것이다. 거기에는 배경이 세밀하게 그려진 것들도 있지만, 아무런 배경 없이 인물만 그려 넣은

:: **그림 56** 모로노부의 흑백목판화 〈요시와라노테이〉(吉原の體)(메트로폴리탄미술관, 해리스 브리즈베인 딕 기금, 1949)

경우가 더 일반적이었다. 이때 우키요에의 유녀와 배우 묘사가 종종 육감적이고 에로틱한 것을 강조한다 해서 그리 놀랄 만한 일은 아닐 것이다. 이 점은 인물들을 통상 객관적으로 묘사함으로써 화가의 주관적 감정을 별로 드러내지 않았던 초기 풍속화의 경우와 대조적이다.

어떤 우키요에 애호가들은 일본의 모든 목판화 중에서 특히 초기의 흑백 판화 혹은 거기에 살짝 채색한 판화물을 최고로 치기도 한다. 하지만 최고의 우키요에 화가 하면 단연코 1765년 스즈키 하루노부(鈴木春信, 1725~1770)가 처음 시도한 다색판화가 발달하면서 활약하기 시작한 화가들을 꼽아야 할 것이다. 하루노부는 뛰어난 색채감뿐만 아니라 꿈꾸는 듯한 분

:: **그림 57** 하루노부의 〈폭포〉(브루클린박물관 제공. 루이스 V. 르두 기증)

위기의 아름다운 미인화로 널리 인기를 얻었다(그림 57). 다른 우키요에 화가들과는 달리 하루노부 그림 속의 여성들은 그 외모가 에로틱하기보다는 오히려 매력적이라는 말이 더 어울린다. 게다가 그녀들의 얼굴과 표정에서 우리는 전술한 일본적 휴머니즘, 즉 사이카쿠라든가 지카마쓰 및 기타 도쿠가와 시대 작가들의 등장인물에서 발견되는, 개인(individual)이라기보다는 이중적 혹은 정형화된 상투적 유형의 집합적인 인간 혹은 일반민중(people) 개념에 입각한 휴머니즘의 투영을 찾아볼 수 있다.

기타가와 우타마로

미인도로 유명한 우키요에 화가들이 많은데, 그중에서도 기타가와 우타마로(喜多川歌麿, 1753~1806)가 가장 널리 알려져 있다. 우타마로의 전형적인 미인도는 버들가지처럼 유연하고 늘씬한 외모에다 나른하고 육감적인 분위기를 내뿜고 있다(그림 58). 그녀들은 종종 한쪽 혹은 양쪽 젖가슴을 노출한 채 머리카락과 옷매무새가 흐트러진 모습으로 세밀하게 묘사되어 있다. 대체로 엄격하고 청교도적인 후대의 미술평론가들은 이런 우타마로의 화풍을 18세기 말 우키요에의 주된 경향이었던 퇴폐주의의 축소판으로 평가하곤 한다. 우타마로가 말년에 일종의 매너리즘에 빠진 것은 사실이다. 또한 19세기 초에 활약한 두 화가, 즉 풍경화 전문가였다는 점에서 이례적이라 할 만한 가쓰시카 호쿠사이(葛飾北齋)와 우타가와 히로시게(歌川廣重)를 차치한다면, 당시 전통적인 우키요에는 사실상 그 활력을 거의 상실해가고 있었다. 그럼에도 불구하고 그의 판화물에서 엿볼 수 있듯이, 우타마로의 예술은 실로 뛰어나다. 자신감 넘치는 선 처리와 전체적인 구성 및 주제를 다루는 섬세함에서 그는 최고의 우키요에 거장들과 어깨를 나란히 할 만하다.

나아가 여성의 육체적 아름다움을 찬미한 우타마로가 일본문화전통의 새로운 사조를 표상한다는 점도 주목할 만하다. 조닌 문화가 개화하고 에로틱한 사랑이 미술의 주제로 확립된 이 시기 전까지만 해도 일본인들은

:: **그림 58** 우타마로의 〈바람기 있는 여자의 관상〉(浮氣之相). 〈부인상학십체도〉(婦人相學十體圖) 중(클리블랜드미술관. 에드워드 로더 휘트모어 유증)

그리스의 경우와는 아주 대조적으로, 남자든 여자든 인간의 몸을 아름다움의 대상으로 보지 않았다. 가령 『겐지모노가타리』의 저자인 무라사키 시키부(紫式部)는 일기문에서 "벌거벗은 나신은 몹시 불쾌하고 끔찍하다. 거기에는 눈곱만큼도 매력이 없다"[44]고 적고 있다. 헤이안 시대 궁정생활의 전성기를 매우 멋지게 재현한 『겐지모노가타리』에서도 사람의 몸에 대해서는 구체적인 묘사가 거의 나오지 않는다. 몸에 대한 묘사가 나온다 해도 주로 얼굴 부위에 한정되었으며, 여성의 경우에는 길고 윤나는 머리카락이 당시 여성적 아름다움을 나타내는 가장 중요한 특징으로 표현되었다. 〈겐지모노가타리 에마키〉에 나오는 궁정 여성들은 하나같이 풍성한 기모노 차림에 오동통한 흰 얼굴과 손을 내밀고 있으며, 키보다도 긴 머리카락을 허리 아래로 치렁치렁 드리운 모습을 보여준다(4장 그림 27 참조). 왕조적 미의식과 왕조적 사랑의 전통은 중세 동안 계속 이어졌다. 심지어 공가(公家) 대신 무가계급이 지배자가 되었을 때조차 인간 신체의 아름다움에 대한 관심이 미술에 반영된 사례는 전혀 찾아볼 수 없다. 그러다가 근세 도쿠가와 시대에 이르러서야 비로소 일본인들은 처음으로 누드의 미학적 희열에 눈뜨게 된다. 우리는 우타마로 및 기타 우키요에 거장들의 작품에서 그런 희열감이 매우 세련되게 묘사되어 나타남을 알 수 있다.

도슈사이 샤라쿠

우타마로의 동시대인들 중에 도슈사이 샤라쿠(東洲齋寫樂, 생몰연대 미상)라는 불가사의한 천재가 있었다. 이 샤라쿠의 정체 및 활동에 관해서는, 1794년의 10개월도 채 안 되는 단기간 동안 집중적으로 가부키 배우들을 그린 145점에 달하는 작품을 남기고 홀연히 사라졌다는 사실 외에는 확실하게 알려져 있는 것이 거의 없다. 우타마로가 유녀를 그린 우키요에 전문가였다면, 샤라쿠는 가부키 배우 전문가였다(그림 59). 두 사람 다 대상을

44) Ivan Morris, *The World of the Shining Prince*, p.202에서 재인용.

:: **그림 59** 샤라쿠의 〈하인 에도베에 배역의 오타니 오니지〉(大谷鬼次の奴江戸秉衛)(시카고미술연구소)

클로즈업한 반신초상을 즐겨 그렸으며, 종종 인물의 배경을 그리지 않았다. 이런 점 외에 양자에게 공통점은 없다. 우타마로의 그림은 섬세하고 절제된 표현에다 구성과 색채가 꼼꼼하다. 이에 비해 샤라쿠의 경우는 투박한 양식을 보여준다. 그의 색채배열은 종종 서로 어울리지 않으며, 일본 화가들에게 전형적으로 나타나는 특징인 대상배치의 안정성이 결여되어 있는 듯이 보인다. 하지만 이와 같은 외관상의 부조화가 오히려 샤라쿠의 장점을 더욱 부각해준다. 즉 그는 그림 속 가부키 배우들의 얼굴과 몸체를 비틀어 극적인 감정을 담아 왜곡함으로써 거기에다 무언가 폭발적이고 근원적인 에너지를 담아냈다. 대부분의 우키요에 화가들과는 달리 샤라쿠는 정형화된 상투적 인간상이 아닌 진짜 사람의 얼굴을 묘사하고자 했다. 그렇게 왜곡하여 묘사한 것에 배우들이 격분했기 때문에 샤라쿠가 작품활동을 그만두었다는 설도 있을 정도이다. 하지만 이는 억측에 불과하다. 왜냐하면 샤라쿠만큼 가부키 정신을 잘 포착해서 그린 화가는 없기 때문이다. 실제로는 그가 모델로 삼아 그린 가부키 배우들이 자신들의 연극기법을 저토록 생생하고 자극적인 방식으로 드러나게 해준 데에 오히려 샤라쿠에게 깊이 감사했을 성싶다.

게이샤

유녀들 및 그 단골손님들과 관련된 내용을 많이 다룬 이 장을 끝내기에 앞서, 유곽과 관련 깊은 또 하나의 직종에 대해 잠시 언급하고 넘어가자. 바로 오늘날 일본문화의 독특한 산물로서 국제적으로 널리 알려져 있는 '게이샤'(藝者)인데, 이들은 자신만의 양식과 정신을 형성했다. 게이샤가 처음 등장한 것은 도쿠가와 시대 중엽으로, 문헌상 게이샤라는 용어가 처음 기록된 것은 1751년의 일이었다. 원래 게이샤는 남자들의 직업이었는데, 점차 여성들만의 영역이 되었다. 통상 게이샤는 유곽에서 일하는 매춘부는 아니지만, 어떤 의미에서는 '가류카이'(花柳界)라 불리는 그네들만의 영역을 가지고 있었다.

게이샤는 뛰어난 노래와 춤 솜씨 및 이야기와 대화술로 '여흥을 돋우어 주는 예능인'으로서, 일차적으로 남자들을 즐겁게 해주기 위해 연회라든가 기타 사회적 모임자리에 고용되곤 했다. 게이샤는 고급매춘부라든가 거리의 창녀와 확연히 구별되었다. 다시 말해 사람들은 게이샤에게서 남자들을 성적으로 만족시키는 매춘업과 전혀 무관한, 다만 철저히 여흥을 돋우어주는 예능인만을 기대했을 따름이다. 하지만 게이샤에게 기대되는 '오락적 위안'(entertainment)과 섹스가 항상 명확하게 구분되는 것은 아니었다. 그래서 주인에게 자신의 몸값을 지불한 남자들의 첩이나 정부(情婦)가 되는 게이샤들도 있었다. 도쿠가와 막부는 게이샤들이 매춘을 하지 못하도록 관리하면서, 심지어 게이샤들이 너무 화려한 기모노를 입지 못하도록 규제한다든지 수수하고 나이 든 여성들이 게이샤가 되도록 장려하기도 했다. 그럼에도 불구하고 게이샤와 매춘업의 문제는 근절되지 않았다.

도쿠가와 시대 말기에는 운신의 자유와 활동범위의 확장을 원한 프리랜서 게이샤들이 유곽 바깥에서 일감을 찾기도 했다. 개중에는 유곽의 대표 유녀[45]처럼 상당한 명성을 얻어 당대 여성들의 패션을 선도한 게이샤도 있었다.

게이샤들은 사미센을 특히 잘 다루었다. 앞에서도 나왔듯이 사미센은 가부키라든가 분라쿠에서도 중요한 요소를 차지하는 악기이다. 오늘날까지도 특히 게이샤들이 연주하는 사미센의 깨어질 듯 튕겨 나오는 소리만큼 도쿠가와 시대의 여흥과 쾌락의 세계가 지닌 느낌과 분위기를 잘 환기시켜 주는 것은 또 없을 것이다. 물론 지금은 게이샤업계가 크게 쇠퇴해 있다. 하지만 정치의 세계에서 호가(好價)를 누리는 게이샤들이 여전히 존재한다. 이런 게이샤들은 고급정치가들의 연회에 참석하여 여흥을 돋우어준다. 거기서는 정치적 밀담이 거침없이 흘러나오며, 때로 중요한 정치적 협상이 진행되기도 한다. 물론 게이샤들은 규칙상 이런 자리에서 들은 이야기를 절대 발설해서는 안 된다. 하지만 흥미롭게도 유력한 정당들은 흔히 자기들만의 믿을 만한 게이샤 집단을 가지고 있으면서 그네들을 후원해준다고 한다.[46]

---

45) 이런 상위유녀를 '오이란'(花魁)이라 한다. _옮긴이
46) Liza Crihfield, "Geisha," in *Kōdansha Encyclopedia of Japan*, 3:15.

8
이단적 사상들

도쿠가와 시대의 통치체제는 1600년에서 1651년까지 재임한 최초의 세 쇼군에 의해 형성되었다. 이 반세기 동안 막부는 쇄국정책 및 참근교대 정책을 비롯하여 한편으로 다이묘 영지를 몰수하고 다른 한편으로 그것을 재분배하는 정책 등을 추구했다. 그럼으로써 막부는 다이묘들뿐만 아니라 나라 전체에 대한 통제를 점차 강화해나갈 수 있었다. 몇몇 연구자들의 추정에 따르면,[1] 만일 막부가 이런 정책들을 더 지속적으로 발전시켜 계속 밀고 나갔더라면, 비교적 느슨한 형태의 통치체제(막부가 주도권만 장악하는 형태)에서 중앙집권적인 군주제적 통치체제로 바뀌었을지도 모른다. 그러나 1651년 이후부터는 권력의 중앙집권화로 귀결될 듯이 보였던 움직임들이 둔화되면서, 나머지 2세기 동안 도쿠가와 막부통치는 사실상 그동안 축적해온 권력의 상당 부분이 누수되는 현상을 방치하다시피 놓아둘 수밖에 없었다.

1651년 이후의 막부는 지극히 보수적인 정권이 되었다. 즉 통치방식에서 통상 중요한 변화나 근본적인 처방에는 미지근한 태도를 보이면서 기존

1) 가령 Harold Bolitho, *Treasures Among Men: The Fudai Daimyō in Tokugawa Japan* 참조.

의 정책과 관례에만 매달리기에 급급했던 것이다. 이에 따라 반(反)막부세력에 대해서는 무자비한 처벌을 단행했지만, 그렇다고 해서 막부의 이와 같은 보수주의가 결코 모든 다양성을 부정하거나 변화의 숨통을 완전히 틀어막았던 것은 아니다. 예컨대 중산층문화의 흥륭은 일본문학과 연극 및 시각예술에서 전통적인 미적 기준의 변형과 변화를 초래했다. 또한 사상면에서도 학자들은 다양한 견해를 개진했는데, 개중에는 반(反)주자학적인 주장들이 많이 있었다. 전술한 대로 일본 주자학은 적어도 17세기 후반부터 하야시 가문의 린케(林家) 주자학자들의 엄호하에 막부의 정통관학으로서 권좌를 차지하고 있었다.

학문영역으로서의 '철학'의 개화는 도쿠가와 시대에 가장 놀랄 만한 발전상의 하나라 할 수 있다. 구카이(空海)라든가 신란(親鸞) 혹은 도겐(道元) 등의 업적과 저술에서도 엿볼 수 있듯이, 도쿠가와 시대 이전의 일본인들은 불교사상의 발전에 많은 공헌을 했다. 하지만 그것들은 아직 철학이라고 말할 만한 것이 못 되었다. 사실 도쿠가와 시대 이전까지만 해도 일본에 과연 철학자라고 부를 만한 사상가가 있었는지 의문이 들 정도이다. 일본에서 1600년 이후에야 비로소 철학이 하나의 학문영역으로 발전하게 된 배경에는 무력으로 얻은 통치권에 정당성을 부여하고자 했던 도쿠가와 막부의 노력이 있었다. 그래서 막부는 처음에 불교 및 신도이론을 통해 통치권의 근거를 설명하고자 시도한 후 마침내 주자학을 관학으로 지정한 것이다. 앞서 언급했듯이, 주자학은 도쿠가와 정권 및 그 사회계층구조를 자연과 마찬가지로 불변적인 법칙에 입각한 것이라 하여 정당화하는 이데올로기를 제공해주었다. 이를 하야시 라잔은 다음과 같이 정식화하고 있다.

> 하늘은 위에 있고 땅은 아래에 있다. (중략) 모든 것에는 위와 아래를 구분하는 질서가 있다. (중략) 우리는 지배자와 피지배자 간 또는 위아래의 관계가 무질서한 것을 용납할 수 없다. 사농공상(士農工商)이라는 네 계급의 구별은 오륜(五倫)과 마찬가지로 천리(天理)의 일부이며, 성인(공자)이 가르쳐준 도(道)

이다.[2)]

반(反)주자학적 양명학파: 나카에 도주

이와 같은 주자학에 도전한 최초의 중요한 학자는 나카에 도주(中江藤樹, 1608~1648)였다. 젊은 날 무사로서 한 주군을 섬겼던 그는 26세 때 그런 봉공의 지나친 엄격성을 비판하면서, 무사이기를 그만두고 출생지인 오우미(近江) 지방의 비와(琵琶)호숫가로 귀향하여 연구와 사색의 삶을 시작했다. 학자로서 도주는 처음에는 열성적인 주자학도였다. 하지만 일본의 신분사회에 대해 고민하면서 거기에 주자학의 기본이념들을 적용한다는 것이 정말 의미 있을까 하는 의문을 품게 되었다. 무엇보다 주자학은 세상에 만연한 우열관계에 수반된 여러 의무들을 아무런 의심 없이 수용하도록 만드는 사회계급구조를 승인하고 있다. 그러나 도쿠가와 일본의 지배계급이 지적 혹은 학문적 능력을 중시하는 중국과 달리 오직 출생신분에 입각하여 특권을 누리는 것이 과연 옳은 일일까?

여기서 더 나아가 도주는 더욱 근본적인 차원, 즉 도덕적 완전성을 지향하는 주자학적 이념에도 의문을 제기했다. 주자학의 견해에 따르면, 인간 본성은 원래 선하며 이(理, 이성)에 의해 지배받는다. 물론 이런 이는 인간의 욕망이나 정욕으로 인해 기(氣, 에테르 또는 물질)로 덮여 가려질 위험이 있다. 하지만 도덕적 훈련을 통해 타고난 본성을 적절히 갈고닦는다면, 인간은 변함없이 선하고 올바르게 행동할 수 있을 것이다. 그러니까 일단 타고난 도덕적 본성을 연마하기만 하면, 그다음에는 누구든 완전히 자유롭게 행동할 수 있어야 한다는 것이다. 그럼에도 불구하고 이와 같은 정통 주자학이 실제로는 정교한 사회적 행동규범과 법규들을 제정하고 강요함으로써 올바른 행위를 확증할 수 있었다는 사실을 도주는 간파하고 있었다.

도주는 인간의 마음 혹은 행위의지〔心〕를 가장 중요한 고찰대상으로 삼

2) Conrad Totman, *Early Modern Japan*, p.171에서 재인용.

야야 한다고 주장했다. 정통 주자학자들은 '이=본성'〔性卽理〕에 대해 말하면서 그런 이를 드러내기 위해 어떻게 행동해야 하는가를 세밀하게 규정했다. 이에 반해 도주는 인간이란 자신의 마음 혹은 '직관'이 명하는 바에 따라 행동해야 하며〔心卽理〕, 전제적이고 자의적인 사회적 행동규범에 순응할 필요성에 구속받아서는 안 된다고 말했다. 그는 중국 명대의 철학자 왕양명(王陽明, 1472~1529)의 저술에 입각한 양명학사상을 받아들였다. 인간은 도덕적으로 행동할 수 있는 직관적인 능력을 타고났다는 점을 강조한 양명학은 도쿠가와 시대에 많은 일본인들에게 큰 영향을 끼쳤다. 개인의 자립성과 행위의 직접성에 대한 양명학의 가르침과 논리적으로 잘 어울리는 계급배경과 견해를 가지고 있던 무사계층의 경우에는 특히 더 그러했다. 하지만 직관에 대한 왕양명의 강조점은 선불교의 정신과도 유사성이 많았다. 그리하여 말년의 도주는 사회적 행위보다는 선불교적인 내면적 평화에 더 관심을 기울였다. 그러나 다른 이들은 특히 혼란스러웠던 도쿠가와 시대 말기에 양명학을 정치적 행동주의를 위한 이론적 근거로 채택하기도 했다.

반(反)주자학적 고학파: 야마가 소코

주자학을 공격한 또 다른 학파로 이른바 '고학파'(古學派)를 들 수 있다. 고학파의 주요 구성원들은 개성도 관점도 제각각 다양하기 때문에 그들을 하나로 묶는다는 것이 다소 부적절해 보이는 측면도 있다. 그럼에도 불구하고 그들은 주자학을 넘어서서 과거로 회귀하려는 지향성에서 최소한도의 공통분모를 가지고 있었다. 즉 지난 2000여 년 동안 유교에 부착된 것들을 모두 떨어내고 원시유교로 거슬러 올라가 공자의 본래적 가르침을 회복하고자 했던 것이다. 물론 중국의 주자학자들도 이런 고학과 동일한 지향성을 가지고 출발했다. 하지만 그것은 결과적으로 고대 중국의 유교 및 현자들의 현실적인 휴머니즘과는 한참 동떨어진 지적 종합물로 귀착되고 말았다. 도쿠가와 일본의 고학파 학자들 사이에서도 유교의 본래적 가르침이 무엇이며 당대 일본의 시대적 조건에 어떤 식으로 유교를 적용해야 할지 해석이 구구했다.

고학파의 첫 번째 주요 인물은 야마가 소코(山鹿素行, 1622~1685)이다. 무사 출신이었던 소코는 신도와 불교 및 일본시가를 비롯하여 에도에서 하야시 라잔 문하에 들어가 배운 유교에 이르기까지 다양한 영역을 철저히 파고들었던 탁월한 학자로 평판이 자자했다. 그는 또한 군사학에도 깊은 관심을 보였다. 그가 주자학이 17세기에는 어울리지 않는다고 비판하게 된 것도 알고 보면 무사도에 대한 그의 관심 때문이었던 것 같다. 소코의 견해에 따르면, 중국 원시유교는 봉건체제하에서 등장한 것임에 반해 송대의 주자학은 중앙집권적 관료체제하에서 형성되었다. 그러니까 도쿠가와 시대의 봉건체제에는 주자학보다 원시유교가 더 친화성을 가질 수 있다는 말이다. 따라서 소코는 형이상학적이고 지나치게 관념적인 주자학의 교의보다는 공자가 설한 실제적인 일상윤리가 도쿠가와 시대 일본인들의 도덕수양에 더 유용하다고 믿었던 것이다.

또한 소코는 무사를 대체로 게으르면서도 봉급만 받는 계층으로 규정하면서 존재의의에 대해 문제를 제기한 최초의 사상가이기도 했다. 1600년 도쿠가와 막부가 성립된 후, 무사들은 자신들의 천직을 수행할 기회가 거의 없었다. 그런데도 전쟁을 본업으로 하는 무사들이 기나긴 평화의 시대 동안 일본을 지배한다는 것은 역사적으로 불합리한 난센스가 될 수밖에 없었다. 그중 어떤 무사들은 막부 및 번의 행정관료가 되었다. 그러나 공적 직책이나 할 일이 없는 무사들도 많았다. 1615년에 발포된 '무가제법도'(武家諸法度)의 첫 번째 항목에서 막부는 무사들에게 일편단심 '평화와 전쟁'의 기술을 연마하도록 명령하고 있다. 소코가 무사들의 행위규범을 정식화한 것은 이와 같은 명령과 밀접한 관계가 있다. 즉 "무사는 농사를 짓지도 않으면서 쌀을 축내고, 용구를 생산하지도 않으면서 그것을 사용하며, 사고팔지도 않으면서 이득만 챙긴다"라고 지적하면서, 소코는 무사계급의 존재를 정당화하는 것이 무엇이냐고 자문한다. 이에 대해 그는 "무사가 할 일은 인생에서 그 자신의 자리를 성찰하는 것, 주군이 있을 경우 그 주군을 성심껏 섬기는 것, 친구에게 신의를 다하는 것, 분수에 맞는 자신의 위치를 잘 지키는 것, 무엇보다 자신에게 주어진 의무를 헌신적으로 수행하는 것 등이다"라고 대답한다.[3] 따라서 소코에 따르면, 무사는 모든 계층의 일본인들에게 고차적인 도덕적 결의의 범례가 되어야 한다는 것이다. 그리고 그런 도덕적 결의의 핵심은 무엇보다도 무사에게 주어진 '의무의 헌신적 수행'에 있다. 어떤 의미에서 이런 의무, 즉 '기리'(義理)는 지카마쓰의 세와모노에 등장하는 조닌 등장인물들의 행동규범과 관련된 바로 그 '기리'를 가리킨다. 어쨌거나 소코가 말한 무사의 도덕적 책무는, 군주에 대한 절대적인 충성 및 도쿠가와 사회의 다른 계층 사람들보다 훨씬 더 무거운 의무에 대한 봉헌을 의미하는 것이었다.

이상과 같은 견해들을 토대로, 야마가 소코는 통상 '무사도'(武士道, 부시도)[4] 규범을 정식화한 인물로 정평이 나 있다. 그는 단순히 전쟁이 끊일 줄 몰랐던 저 중세의 거칠고 무식하고 싸움만 아는 무사라기보다는, 진정한 엘리트 지배자의 일원으로서 무사의 역할을 분석한 선구자였음이 분명하다.

47인의 로닌 이야기

한때 야마가 소코는 널리 알려진 '47인의 로닌'의 지도자 오이시 구라노스케(大石內藏助, 1659~1703)의 스승이었다는 점에서도 유명하다. 일본사에서 아마도 가장 많은 사랑을 받아왔으리라고 여겨지는 47인의 로닌 이야기는 분라쿠와 가부키 및 소설과 영화를 비롯한 여러 미디어를 통해 무수히 재현되어왔다(그림 60). 이 이야기의 의미가 무엇인가 하는 문제는 47인의 로닌들이 복수를 감행한 1702년부터 오늘날에 이르기까지 끊임없는 논쟁거리가 되어왔다. 한 일본인 학자는 좀 과장 섞인 어조로 "주신구라(忠

3) Tsunoda, deBary, and Keene, *Sources of Japanese Tradition*, p.399.
4) 소코는 사실 '무사도'가 아닌 '사도'(士道, 시도)라는 용어를 사용했다.

:: **그림 60** 〈기라 저택을 습격하는 충성스러운 아코 무사들〉. 47인의 로닌 이야기의 한 장면을 그린 시라이 도시노부의 그림(호놀룰루미술학회. 노먼 D. 힐 유증. 1938)

臣藏, 47인의 로닌 이야기)를 깊이 파고든다면, 일본에 관한 모든 것을 이해하게 될 것"[5]이라고 말하기까지 했다. 어쨌거나 잠시 이 로닌 이야기를 상세히 살펴보자.

1701년 서일본의 아코번(赤穗藩) 영주 아사노(淺野)는 쇼군이 거하는 에도성의 의전담당자로 임명받았다. 임무가 끝나는 마지막 날 아사노는 기라라는 막부 고위관리에게 칼부림을 했는데, 이때 기라는 죽지는 않았지만 상해를 입었다. 에도성 안에서는 무기를 쓰지 못하게 한 막부의 엄한 규정을 어긴 죄목으로 아사노는 그날 오후 할복을 명받았다. 그런데 아사노가 왜 기라를 공격했는지 그 이유를 정확히 아는 사람은 아무도 없었다. 아사노는 기라를 공격하기 전에는 무언가 앙심 섞인 '불평'의 말을 한 적이 있었지만, 우리가 아는 한 공격 후에는 아무 말 없이 죽음에 임했다.

이리하여 아사노가 죽자, 그의 가신들은 모두 자동으로 주군이 없는 '로닌'(浪人)이 되고 말았다. 결국 오이시 구라노스케를 필두로 한 47인의 로닌이 주군의 복수를 맹세하는 비밀모임에 결집했다. 그 후 거의 2년이 지

5) 이 일본인 학자는 쓰루미 슌스케(鶴見俊輔)이다. Henry D. Smith II, "Rethinking the Story of the 47 Rōnin: Chūshingura in the 1980s"(1990년 4월 30일 컬럼비아대학교에서 열린 근대일본 세미나 발표논문) 참조.

난 1702년 말에 그들은 에도에 거주하고 있던 기라를 습격하여 살해함으로써 맹세를 이루었다.

아사노가 기라를 공격한 이래 로닌들이 기라를 살해하기까지의 오랜 시간 동안, 앞으로 어떻게 하면 좋을지에 대해 로닌들 사이에 큰 의견 차가 생겨났다.[6] 오이시 구라노스케를 대표로 하는 일단의 로닌들은 아사노 가문 및 그 가산을 구하고 지키는 것이 먼저라고 주장했다. 그러면서 만일 막부가 아사노의 동생이 영주 직책과 영지를 이어받도록 허락한다면 그것으로 족하다는, 다시 말해 기라에 대한 사적인 복수는 불필요하다는 입장을 취했다. 하지만 이에 반대하는 로닌들은 처음부터 기라를 살해하여 주군의 복수를 해야 한다고 생각했다. 결국 막부가 아사노 가문의 유지를 원치 않는다는 점이 분명해지면서, 로닌들은 일치단합하여 복수를 결행하게 된다.

이케가미 에이코(池上英子)에 따르면, 처음부터 기라를 죽여 복수해야 한다고 줄기차게 주장한 로닌들이 그런 입장을 취한 주된 까닭은, 무엇보다도 자신들의 주군은 죽고 상대방은 살아남은 결과를 낳은 저 충돌사건으로 인해 그들의 명예가 개인적으로 더럽혀졌다고 여겨 그 불명예를 씻고자 한 결의 때문이라는 것이다. 그들은 주군이 기라를 공격한 이유조차 모르고 있었지만, 이런 것은 그들에게 중요치 않았다. 그들의 결의는 명예를 중시한 고대의 무사전통에서 비롯된 것이었기 때문이다.

이 로닌들을 어떻게 처리할 것인가를 둘러싸고 관리들과 지식인들이 머리를 맞대고 논의한 끝에 막부는 그들이 '공적' 법을 깨뜨렸기 때문에 죽어야만 한다고 결정 내렸다. 하지만 로닌들에게는 참수가 아닌 할복이라는 명예로운 죽음의 특권이 허용되었다.[7] 당시 사람들은 로닌들의 행위에 대해 '공적'인 측면에서 처벌하기로 한 막부의 결정을 둘러싸고 의견이 분분했을 성싶다. 하지만 대부분은 무사로서의 '사적' 행위의 측면에서 로닌들

6) 이하 의견 차이에 대한 나의 논의는 Eiko Ikegami, *The Taming of the Samurai: Honorific Individualism and the Making of Modern Japan*, pp.228~233에 근거한 것이다.

7) 실제로는 46인만이 할복했다. 나머지 한 명은 기라를 살해한 후 옛 영지 사람들에게 상황을 알려주기 위해 아코로 돌아갔기 때문에 막부에 체포당하지 않았다.

의 복수는 모범적인 행위였다는 점에 동의했을 것으로 보인다. 어떤 일본인들은 로닌들의 죽음을 '의인'의 그것으로 찬미하기도 했다. 그와 같은 찬미는 야마가 소코의 무사도 이념과도 일치한다. 소코의 무사도에 따르면, 도쿠가와 시대의 무사는 충성과 도덕성에서 모범이 되어야만 한다는 것이다. 이때 소코는 어디까지나 유교적 맥락에서 충성과 도덕성을 언급한 것이다. 하지만 이케가미의 분석에 따르면, 로닌들의 복수 관념은 주로 개인적 명예 및 충성과 관련된 더 특수주의적이고 봉건적인 정조에서 비롯된 것이다. 그들의 주된 관심은 보편적 이념으로서의 명예와 충성보다는, '자신'의 명예와 '자신'의 충성에 향해 있었다는 말이다.

〈주신구라〉

47인의 로닌 이야기는 기라가 살해된 지 수 주일 만에 인형극으로 상연되었다. 물론 막부는 이 공연을 금지했지만, 이를 출발점으로 하여 향후 연극 및 기타 미디어에 의한 재현이 끊임없이 이어졌다. 그 가운데 1748년에 상연된 분라쿠 〈주신구라〉(忠臣藏)[8]가 엄청난 성공을 거두면서, 지금까지도 '주신구라' 하면 47인의 로닌이 일으킨 문화현상 전체와 동의어로 여겨질 정도가 되었다.

그렇다면 이런 47인의 로닌 이야기가 그렇게 즉각적이고 지속적으로 인기를 누리게 된 이유를 묻지 않을 수 없다. 물론 이야기 자체가 극적인 서스펜스적 요소를 포함하고 있다는 점도 그 하나의 이유가 될 수 있겠다. 하지만 〈주신구라〉에 열광했던 18세기 초의 일본인들에게 47인의 로닌 이야기는 분명 극적인 서스펜스에 대한 단순한 반응을 넘어서서 더 깊은 곳에서 우러나오는 감정을 불러일으켰을 성싶다.

때는 겐로쿠(元祿) 시대였고, 일본은 지난 한 세기 동안 아무런 방해도 받지 않은 채 평화를 누려왔다. 이 시기를 통해 농업에서 도시의 교역에 이

---

8) Donald Keene, tr., *Chūshingura: The Treasury of Loyal Retainers.*

르기까지 일본경제는 안정적이면서도 여러 가지 측면에서 극적인 발전을 이룩해왔다. 많은 사람들이 이전보다 더 많은 부와 여가시간을 가지게 되었다. 그리하여 겐로쿠라는 말 자체가 소비사회의 화려한 문화적 융성을 경멸적으로 표현하는 상투적인 용어가 될 정도였다. 평화와 번영과 여가와 소비주의가 오랫동안 전쟁을 맛보지 못한 무사들의 상무(尙武)정신을 서서히 좀먹고 있었다. 그래서 도대체 무사가 왜 있어야 하는지 의문을 품는 사람들도 생겨났다. 그러던 중 갑자기 47인의 로닌들이 막부의 분노라든가 자신들의 목숨 및 가족들의 안녕 등 모든 위험을 무릅쓰고 주군의 복수를 단행했다는 놀라운 소식이 들려온 것이다.

'가타키우치'(敵討)[9]라는 형태의 복수는 일부러 장려되지는 않았지만, 사실상 도쿠가와 막부에 의해 암묵적으로 승인된 관습이었다. 막부는 여러 측면에서 복수를 정당한 것으로 인정했던 것이다. 하지만 기록상 남아 있는 정당한 복수의 사례들은 가령 아들이 부친을 살해한 자에게 원수를 갚는 등 모두 친지를 위한 것이었다. 당시 사람들이 예리하게 지적했듯이, 47인의 로닌들이 감행한 복수는 합법적으로 인정된 복수가 아니었다. 게다가 기라는 누구도 죽이지 않았고 오히려 결과적으로 그 자신이 희생자였으므로 로닌들이 행한 일은 엄밀히 말해 복수가 될 수 없었다. 그럼에도 불구하고 기라가 적절한 복수의 대상이었든 아니었든 간에 로닌들의 행위는 복수의 정신에 의해 동기가 부여된 것이 분명했고, 따라서 일본전통 안에서 그들은 멋진 복수자로 우상화되었던 것이다.

1748년에 상연된 분라쿠 〈주신구라〉는 47인의 로닌 이야기에 입각한 것이기는 하지만, 로닌들 외에도 허구적인 인물들을 상정했을 뿐만 아니라 여러 부차적인 줄거리들을 삽입하는 등 실제 사건담을 대대적으로 손질한 복합적인 이야기로 재구성되었다. 그와 같은 플롯상의 복합성에도 불구하고 〈주신구라〉에서 1701년에서 1702년에 걸쳐 일어났던 역사적 사건에

9) 주군, 근친, 친구 등의 원수를 갚는 것으로, 에도 시대에 가장 성행했다. 오늘날에는 일반적으로 치욕을 씻는 것을 의미하는 말로 전화되었다. _옮긴이

내포된 불확실하고 애매한 부분들이 깔끔하게 지워져 일관성 있게 처리되고 있다는 점은 매우 놀랄 만하다. 즉 거기서 로닌들 및 그들의 지지자들은 처음부터 끝까지 오로지 두 가지 정조, 즉 충성(주군에 대한)과 복수의 동기에 의해 움직일 뿐이다. 또한 '기라 역'[10]은 철저히 비열하고 사악한 인물로서 쉽게 죽지 않도록 설정되어 있고, 구라노스케 역을 맡은 등장인물이 이끄는 로닌들은 주군의 가문을 구하는 문제라든가 자신들의 개인적 명예 등은 일체 접어두고 오로지 복수만을 생각한다. 나아가 이들은 궁극적인 충성의 행위인 할복을 통해 기라 역을 죽이는 복수를 완성하고자 도모한다. 이 〈주신구라〉는 로닌들이 막부에 체포되어 판결을 기다리는 장면은 일절 묘사하지 않는다. 다만 로닌들이 주군의 무덤 앞에서 할복하기 위해 주군이 묻힌 사원을 향해 출발하는 장면으로 막을 내리고 있다.

그렇다면 47인의 로닌 이야기가 인기를 얻은 까닭 및 그것을 '주신구라' 신화로 변형한 원동력은 무엇이었을까? 이에 대해 나는 대체로 무사정신이 밑바닥까지 떨어졌던 겐로쿠 시대 당시에 최상의 무사도정신으로 여겨져온 것을 저 로닌들이 직접 행동으로 옮겼다는 점을 그 주된 요인으로 꼽고 싶다. 요컨대 역사상의 로닌 이야기를 허구적으로 대폭 재구성한 〈주신구라〉는 동기라든가 배경에서 실제 사건에 내포된 모든 애매한 부분들을 말끔히 제거하고 그 대신 순수한 무사도정신을 찬양하는 기념비적 작품으로 재탄생한 것이다.

『하가쿠레』

그런데 이런 로닌들의 행동을 못마땅하게 생각한 동시대 인물이 있었으니, 바로 야마모토 쓰네토모(山本常朝)이다. 규슈 지역 출신의 무사였던 그의 이야기와 충언, 전승, 권고 등이 편집되어 1716년 『하가쿠레』(葉隱)라는

---

10) 막부는 에도 시대 당대에 일어난 사건을 소재로 한 작품의 공연을 금했다. 따라서 연극제작자들은 47인의 로닌 이야기의 무대를 무로마치 시대로 각색해야만 했다. 여기서 '기라 역'은 아시카가 다카우지(足利尊氏)의 부관이었던 고노 모로나오(高師直)의 이름으로 등장한다.

제목의 책으로 발간되었다. 쓰네토모는 로닌들이 주군의 죽음 후 곧바로 복수하지 않고 거의 2년이나 기다렸다는 사실에 불만을 토로한다. 쓰네토모에게는 머뭇거림 때문이든 아니면 계획을 짜기 위해서든 간에 복수의 연기는 혐오의 대상일 뿐이었다. 그가 『하가쿠레』에서 주창하는 무사도는 어떤 위기상황에서건 즉각적인 행동, 즉 언제라도 죽음을 예상하고 각오하면서 취하는 행동을 요구한다. 다음 구절은 무사의 복수 감행에 대한 쓰네토모의 권고를 보여준다.

복수의 길은 단지 외곬으로 밀고 나가 죽는 데에 있다. 거기에는 아무런 수치가 없다. 일을 완벽하게 처리해야 한다고 생각하는 것은 시간낭비일 뿐이다. 적의 숫자가 얼마나 되는지를 따지는 사이에 시간은 훌쩍 지나가버린다. (중략) 적이 수천 명이라 해도 그런 것들을 다 무시한 채 죽기를 각오하는 데에 참된 성취가 있을 따름이다.[11]

또한 쓰네토모는 즉각적인 행동의 규칙에 대해 다음과 같이 상술하고 있다.

때가 왔을 때는 머리로 따질 시간이 없다. (중략) 무엇보다 무사도란 다음에 어떻게 될지는 아무도 모른다는 사실을 인식하는 데에 있다. (중략) 승리냐 패배냐 하는 것은 상황에 따른 임시변통적이고 덧없는 문제일 뿐이다. 하지만 수치를 씻는 길은 다르다. 오직 죽음만이 수치를 씻어주는 길인 것이다. 그대가 패배할 것이 틀림없다 할지라도 복수를 감행하라. 거기에 지혜로움이라든가 뛰어난 솜씨 따위가 끼어들 여지는 없다. 진짜 무사라면 승리나 패배는 염두에 두지 않는다. 그는 불합리하고 어리석어 보이는 죽음을 향해 무모하게 돌진할 따름이다. 그럼으로써 그대는 덧없는 꿈에서 깨어나게 될 것이다.[12]

---

11) Yamamoto Tsunetomo, *Hagakure*, tr. by William Scott Wilson, p.29.
12) Ibid., p.30.

불합리하고 어리석어 보이는 죽음을 향해 돌진하라고 말하면서 쓰네토모는 그가 '시니구루이'(死狂, 죽음에의 광기)라고 부른 것을 언급하고 있다. 그런 죽음에의 광기는 위기라든가 불확실한 상황에 직면할 때 무사로 하여금 목표나 목적이 아니라 오로지 행동만을 중시하는 일종의 자기최면적 정신장애상태에 몰입하도록 촉구한다.

이처럼 정신장애에 가까운 폭력적인 불합리성을 극단적으로 옹호한 『하가쿠레』는 많은 사람들에게 충격적인 것으로 받아들여졌을 법하다. 하지만 1930년대 및 제2차 세계대전 중의 군국주의적 일본에서 군인들을 비롯한 많은 일본인들은 이런 『하가쿠레』를 무사적 행동양식에 대한 하나의 바이블처럼 찬미했다. 그뿐만 아니라 전후의 내셔널리스트 작가 미시마 유키오(三島由紀夫) 또한 『하가쿠레』에 고취되어 그 가치를 찬양하는 책을 쓰기도 했다.[13)]

『하가쿠레』 및 47인의 로닌 이야기를 고찰할 때, 우리는 특히 한편으로는 무사적 충성 개념과 다른 한편으로는 무사적 명예 관념 사이에서 찾아볼 수 있는 차이에 주목해야 한다. 물론 그 차이는 앞의 논의에서 이미 어렴풋이나마 윤곽이 드러났지만 말이다. 진정한 무사적 충성은 자신의 군주에 대한 전적인 헌신을 의미했다. 그것은 무엇보다 무사에게 최선이라고 여겨진 것과 일치하는 행위를 통해 드러난다. 이 점에서 무엇보다 먼저 아사노 가문을 구하고자 했던 오이시 구라노스케를 비롯한 일단의 로닌들은 죽은 군주의 영혼에 충성스러운 가신들이었음에 틀림없다. 물론 그런 충성은 기라에게 개인적인 복수를 감행하려 하지 않았다는 점에서 명예의 실추를 의미할 수도 있지만 말이다. 야마모토 쓰네토모는 분명 주군에 대한 충성을 지지한 지조 있는 인물이었고 『하가쿠레』에서도 그런 충성에 대해 누누이 언급하고 있다. 하지만 가령 충성이라는 것이 아사노 가문을 구하기 위해 기라에 대한 복수계획을 포기하겠다는 것을 뜻한다면 그런 충성은 사

13) Mishima Yukio, *The Way of the Samurai: Yukio Mishima on Hagakure in Modern Life*, tr. by Kathryn Sparling.

절하겠다고 나선 로닌들의 경우처럼, 만일 충성이 개인적 명예와 충돌할 경우에는 무사가 어떻게 행동해야 하는가 하는 문제에 대해 쓰네토모는 일절 언급하지 않았다.

사실 쓰네토모의 주된 관심은 충성이 아니라 명예에 있었다. 예컨대 다른 무엇보다도 명예의 치명적인 적(敵)인 수치를 씻어야 한다고 강조한 『하가쿠레』의 두 구절을 앞에서 인용한 바 있는데, 거기서 우리는 충성보다 명예를 더 중시한 쓰네토모의 입장을 잘 엿볼 수 있다. 그가 47인의 로닌들을 비판한 것은 그들이 즉각 행동을 취하지 않았기 때문이다. 그러니까 로닌들은 설령 당시 기라가 이들의 공격에 대비해서 철통같은 경계태세를 갖추었다 하더라도 기라의 저택을 즉각 공격했어야만 한다는 것이다. 그랬다면 물론 로닌들은 모두 죽었을 것이고 아사노 가문의 희망도 함께 무너져 내리고 말았을 것이다. 하지만 로닌들은 그런 죽음에의 광기를 통해 자신들의 철저히 이기적인 사적 명예만은 지킬 수 있었을 것이라는 말이다.

반(反)주자학적 고학파: 오규 소라이

이쯤에서 다시 야마가 소코로 되돌아가보자. 무사도에 관한 저술 외에도 소코는 향후 근대 일본의 내셔널리스트들에게 열렬히 환영받은 또 하나의 주제, 즉 '일본의 위대성'을 강조했다는 점에서도 널리 기억되고 있다.

유교연구는 자연스럽게 일본 학자들로 하여금 많든 적든 중국문명을 선망하게끔 고취했다. 그리하여 어떤 이들은 노골적인 중국 찬양론자가 되기도 했다. 물론 하야시 라잔을 비롯하여 도쿠가와 시대 초기의 다른 유학자들은 중국철학 외에 신도를 포함한 일본전통에도 깊은 관심을 보였다. 하지만 소코야말로 중국적 가치보다 일본문화 및 그 윤리적 가치들이 훨씬 뛰어나다고 주장한 최초의 탁월한 사상가였다고 할 수 있다. 그는 일본의 신성한 기원을 찬양했으며, 또한 중국이 아니라 바로 일본이 세계의 중심〔中華〕이라고 주장했다. 이 점에서 소코는 18세기에 두각을 나타낸 국학(國

學, 고쿠가쿠)의 등장 이래 널리 퍼지게 된 내셔널리즘적 태도와 관련하여 선구자적인 목소리를 냈던 인물이라 할 만하다.

고학파의 또 다른 탁월한 학자로 오규 소라이(荻生徂徠, 1666~1728)를 빼놓을 수 없다. 그는 소코보다도 더 멀리 중국역사의 과거로 거슬러 올라가 공자 이전 고대 성인들의 시대에서 '참된' 유교의 도를 찾고자 했다. 야마가 소코는 인간의 타고난 도덕적 본성을 갈고닦아야 한다고 강조한 주자학의 추상성을 비판하면서, 도쿠가와 일본의 사회질서를 유지하기 위한 수단으로서 더 실제적이고 '근본적인' 윤리에 천착할 것을 촉구했다. 하지만 이런 소코도 본질상 주자학자들과 마찬가지로 주로 도덕성의 문제에 관심을 가졌던 유교의 주류전통 안에 속해 있었다. 그러나 오규 소라이는 도덕성보다는 사회통치를 위해 필요한 법률적, 제도적 통제에 더 주목했다.

일본유교의 전통 안에는 이런 소라이의 입장과 유사한 주장을 펼쳤던 선구적 인물들이 없지 않다. 그런데 외부적 통제 없이 충분히 도덕적으로 살 수 있으리라는 유토피아적 상태까지 인간을 고양하고자 노력하는 대신, 무엇보다 인간에 대한 제도적 통제를 강조한 소라이의 기본입장은 일반적으로 유교가 아닌 중국의 다른 사상유파의 영향을 받은 것으로 보인다. 소라이의 이와 같은 입장은 한편으로 겐로쿠 시대에 도쿠가와 사회가 직면한 새로운 사회적, 정치적 문제들에 대한 대응이라고 할 수 있고, 다른 한편으로 단순히 당대의 많은 이단적 사상가들의 지극히 현실적이고 실용적인 태도를 반영한 것이라고 볼 수도 있다.

도쿠가와 막부가 1세기를 지나면서 직면하게 된 많은 문제들은 오늘날 우리가 말하는 '진보'의 결과였다. 막부는 우선 평화와 번영이 초래한 상업적 교역의 비상한 팽창에 어떻게 대처해야 할지 갈수록 곤란을 겪고 있었다. 조닌들이 겐로쿠 시대의 번영을 마음껏 누리는 동안, 막부와 무사계급은 여전히 수입을 농업에 절대적으로 의존하고 있었다. 그러면서 무사계급은 당대의 시장변동 및 인플레이션 추세의 결과 재정적으로 점점 더 큰 압박을 받게 되었다. 그리하여 1695년 막부는 재정적 어려움을 타개하기 위해 통화 평가절하라는 절망적인 편법에 의존해야만 하는 상황에까지 이르게 되었다.

막부를 괴롭혔던 또 다른 난제는 관료화의 문제였다. 도쿠가와 막부는 종래 수 세대에 걸쳐 오직 전쟁만 알았던 일본을 군사적으로 통제하면서 1600년에 출범했다. 이런 막부의 본질적인 구조는 상당히 견고한 것이었지만, 시간이 흐르면서 달라진 조건들에 대처하기 위해 변화와 확장이 불가피했다. 그중 가장 중요한 변화 중의 하나는 쇼군직과 관련되어 있다. 1651년까지 통치한 세 명의 창업적 쇼군들은 개인적으로 뛰어난 인물들이었다. 하지만 쇼군 업무는 갈수록 복잡해졌으며, 세습적으로 이어진 쇼군들 가운데에는 허약한 인물들도 나타났다. 이에 따라 종종 쇼군 권력의 공백이 생기거나 막부 내에서 노골적인 권력다툼이 점점 빈번히 일어나게 되었다. 개중에는 특별히 강력한 의지를 가진 쇼군이 영향력을 행사하는 경우도 없지 않았지만, 17세기 후반 이래 도쿠가와 막부의 역사에서 우리는 권력 분산 및 누수(모든 관료주의의 명백한 특징이다)의 경향을 쉬이 찾아볼 수 있다.

고학자 오규 소라이가 눈을 돌려 주목한 것은 바로 18세기의 새로운 요청에 부응하기 위해 막부를 제도적으로 강화하는 문제였다. 막부관리들이 주자학에 반하여 법률과 제도를 중시한 형식주의적인 소라이의 이단적 관점에 충분히 귀를 기울이지 않을 정도로, 도쿠가와 정부를 순전한 도덕적 주체(moral agent)로 보는 정통 주자학의 관점에 그렇게 열중한 것도 아니었다는 사실은 매우 흥미롭다.

아라이 하쿠세키

이상에서 나는 도쿠가와 시대의 많은 이단적 사상가들에게 공통된 특징 중의 하나가 더 직접적이고 합리적인 방식으로 문제에 접근하려는 시도에 있음을 강조하고자 했다. 하지만 주자학 진영 내의 학자들 가운데에도 이와 유사한 경향을 제시한 인물이 있다는 점을 간과해서는 안 될 것이다.

1709년부터 1715년까지 두 쇼군의 고문직을 맡았던 로닌 아라이 하쿠세키(新井白石, 1657~1725)가 그 가장 좋은 사례이다. 하쿠세키는 그가 제안한 몇몇 대담하고도 강력한 정책들로 널리 알려져 있다. 가령 그는 1695년의 통화 평가절하 이후 통화가치를 원래대로 회복시키려고 애썼다. 또한 그는 쇼군의 '무가제법도' 반포를 고안해냈을 뿐만 아니라, 나가사키에서 네덜란드 및 중국과의 외국무역을 통해 일본으로부터 금은괴가 유출되는 것을 막으려고 노력하기도 했다. 하지만 문화사의 관점에서 볼 때 하쿠세키의 합리주의는 순수학문의 영역에서 가장 잘 엿볼 수 있다. 그는 고고학, 사회학, 문헌학, 역사학 및 심지어 서양사정(事情)에 이르기까지 실로 폭넓은 분야에 걸쳐 많은 저술들을 남겼다.

자신의 모든 학문적 업적을 통해 하쿠세키는 오늘날까지도 많은 저술들이 가치 있는 참고문헌으로 간주될 만큼 상당한 정도의 합리성과 경험적 실증주의를 보여주었다. 가령 일본의 선사시대를 다룰 때 그는 8세기의 『고지키』(古事記)라든가 『니혼쇼키』(日本書紀)에 나오는 일본국의 기원에 관한 신화적 이야기들을 단순하게 수용하지 않았으며, 고대 일본에 관해 기록한 중국과 한국의 문헌들도 조사해볼 것을 촉구했다. 아마도 가장 많이 알려진 그의 저작인 『도쿠시요론』(讀史餘論)에서 하쿠세키는 헤이안 시대에 후지와라 섭정이 확립된 시기부터 16세기 말에 히데요시가 전국을 통일할 때까지의 일본역사를 인과관계의 맥락에서 세심하게 분석하고 있다. 거기서 그는 특히 발군의 무사계급이 흥륭하는 과정에 초점을 맞추고 있다.

초기 수호학과 국학

아라이 하쿠세키는 상당히 근대적이라 할 만한 역사학적 방법론의 기법을 채용했다. 이에 비해 도쿠가와 시대 초기 및 중기의 다른 학자들은 고전적인 중국 사서의 체제를 모델로 삼아 한문체로 작성한 더 전통적인 방식의 일본사 기술을 시도했다. 가령 린케가 편찬한 『혼초쓰간』(本朝通鑑)[14]과 미토번(水戶藩)에서 형성된 역사학파[15]가 편찬한 『다이니혼시』(大日本史)를 그 사례로 들 수 있다. 이 중 사실상 1906년에 가서야 완성된 『다이니혼시』는 기원전 660년에 최초의 천황에 의해 일본국가가 세워졌다고 하는 신화적 시대로부터 1392년 남북조의 통일에 이르기까지 천황가의 계보를 기술한 연대기이다. 대단히 도덕주의적인 어조의 이 사서는 막부 타도 및 천황권력의 회복을 주창한 도쿠가와 말기의 존황론자들에게 큰 숭경을 받았다. 사실상 미토번의 다이묘[16]는 도쿠가와 일족에 속해 있었으며, 따라서 초기의 수호학파 학자들은 이 사서가 막부 전복에 연루되리라고는 전혀 예상하지 못했다. 그럼에도 불구하고 일본역사에서 천황제의 연속성과 신성성을 강조하는 『다이니혼시』는 1868년 마침내 메이지 유신을 주도한 이들에게 내셔널리즘적 정조를 크게 불러일으켰다.

존황론자들로 하여금 메이지 유신을 도모하도록 고취해준 또 하나의 원천은 국학(國學, 고쿠가쿠)의 저술들이었다. 국학은 『만요슈』라든가 『겐지모노가타리』 등과 같은 고대의 고전을 연구한 학자들에 의해 18세기 무렵 하나의 복고적 문학운동으로 시작되었다. 이 국학자들은 지난 1000여 년 동안 중국으로부터 일본에 들어온 불교 및 유교를 비롯하여 일체의 외국사상과 행동양식에 오염되지 않은 본래의 참된 일본정신을 추구했다(1장 참조).

후대에는 존황론자들을 선동한 측면이 많이 있지만, 원래 국학은 그렇게 극단적이거나 정도를 벗어나지는 않았으며, 오히려 도쿠가와 시대의 다양한 유교학파들로부터 큰 영향을 받아 나타난, 일본정신사에서 하나의 필연적인 발전과정으로 볼 수 있다. 국학의 선구자들은 17세기 유학에 의해 자

14) 하야시 라잔 등이 주자의 『통감강목』(通鑑綱目)을 모델로 1670년에 편찬한 한문체의 일본사. _옮긴이
여기서 거울을 뜻하는 '감'(鑑)이란 말은 중국 및 일본의 사상적 전통에서 역사를 올바르고 도덕적인 통치방식의 '귀감'으로 여긴다는 것을 뜻한다.

15) 수호학(水戶學, 미토가쿠)을 가리킨다. _옮긴이

16) 도쿠가와 미쓰쿠니(德川光國, 1628~1700)를 가리킨다. 미토코몬(水戶黃門)이라고도 불린 그는 유학을 장려하고 『다이니혼시』를 펴냈다. _옮긴이

극받은 학문 일반의 발달에 기여하면서 일본어의 기원에 대한 문헌학적 연구에 착수했다. 이는 향후 18세기 국학을 주도한 두 명의 학자, 즉 가모노 마부치(賀茂眞淵, 1697~1769)와 모토오리 노리나가(本居宣長, 1730~1801)의 연구에 길을 터주는 역할을 했다.

가모노 마부치는 도쿠가와 일족 중 한 방계가문 수장의 강의를 담당하게 된 신사 신직의 아들로 태어났다. 『만요슈』를 아주 좋아했던 그는 이 8세기 시가집의 시들이야말로 참된 일본정신을 보여준다고 주장했다. 그는 이때의 일본정신을 있는 그대로의 순수하고 꾸밈없는 소박함과 자연스러움 및 남성적인 활력으로 규정하면서, 일본에 유입된 중국문화가 그런 본래의 일본정신을 타락시켰다고 비난했다. 그리하여 일본인의 생활양식이 헤이안시대 궁정귀족들의 양식처럼 인위적이고 나약한 계집애풍으로 왜곡되고 변질되어버렸다는 것이다. 따라서 마부치는 가인들에게 『만요슈』풍으로 시가를 지음으로써 고대 일본의 정신을 재이해 혹은 '회복' 할 것을 촉구했다. 앞서 살펴본 대로, 과거의 역사적 황금시대로 되돌아갈 것을 희구하는 이런 복고주의적 정조는 고학파 학자들 사이에서도 널리 퍼져 있었다. 물론 오규 소라이 같은 중국 애호가라면 아마도 고대 중국의 유토피아적 상태로의 복귀를 원했을지도 모르겠다. 하지만 가모노 마부치는 과거에서 찾아야 할 황금시대는 중국이 아니라 일본의 시대임을 명백히 했다.

국학의 대성자, 모토오리 노리나가

한편 모토오리 노리나가는 이런 가모노 마부치를 딱 한 번 만났을 뿐인데도 그의 수제자임을 자청하면서, 『만요슈』를 본래적인 일본정신의 저장소로서 높이 칭송했던 마부치에게 결코 직접적으로 비판적인 이의를 제기한 적이 없다. 하지만 노리나가는 특히 『겐지모노가타리』라든가 『신고킨슈』 같은 왕조시대 문학을 독자적으로 연구하면서 마부치가 말하는 일본정신과는 매우 상이한 관점에 도달하게 되었다. 즉 노리나가는 일본 고유의 가장 중요한 특질은 바로 '모노노아와레' 라는 개념으로 대표될 만한 일본인의 미적 감수성이라고 생각했다. 그는 자신이 보기에 과도한 이성중심적 합리주의에 치우쳐 있는 유학자들을 비난하면서, 일본인은 근본적으로 감성적인 민족이라고 주장했다. 그에 따르면, 『겐지모노가타리』는 헤이안 시대 귀족사회에서 전형적으로 찾아볼 수 있는 이런 주정주의(主情主義)의 고전적 표현물이다. 이리하여 가모노 마부치와 대조적으로 노리나가는 『겐지모노가타리』 등장인물들의 행동양식 및 13세기 『신고킨슈』의 시가들에 특징적인 고도로 세련된 여성적인 감수성을 높이 칭찬하면서, 그것이야말로 일본문화의 가장 뛰어난 산물이라고 언명했다.

여기서 노리나가의 신도적 주정주의 관념을 좀 더 상세히 살펴보자. 『겐지모노가타리』를 논하는 가운데 노리나가는 모노노아와레의 맥락에서 선악 관념을 분석하면서 이와 같은 주정주의의 근본성격을 기술하고 있다. 이 책 3장에서 언급한 대로, 통상적인 미학적 개념으로서의 모노노아와레는 "사물이나 사건 등에 예민하게 반응하는 감수성" 혹은 "사물이나 사건에 감동할 줄 아는 능력"과 관련된 성향을 뜻한다. 그런데 이에 반해 노리나가는 『겐지모노가타리』를 언급하는 다음 구절에서 모노노아와레라는 용어를 "인간존재의 깊은 통렬함(poignancy)이나 근원적 슬픔을 아는 것"이라는 더 좁은 의미의 심리학적 의미로 사용하고 있다.

> 그렇다면 『겐지모노가타리』에서는 인간의 심리적, 윤리적 영역에서 무엇이 선이고 무엇이 악이라고 보는 것일까? 일반적으로 말해 인간존재에 내포된 슬픔의 의미를 아는 자, 곧 인간적 정조〔人情〕에 공감하고 조화를 이룰 줄 아는 자, 다시 말해 모노노아와레를 아는 자는 선하다고 할 수 있다. 이에 비해 인간존재의 통렬함을 알지 못하는 자, 곧 인간적 정조에 공감하고 조화를 이룰 줄 모르는 자, 다시 말해 모노노아와레를 모르는 자는 악한 자라 할 수 있다.[17]

17) Tsunoda, deBary, and Keene, *Sources of Japanese Tradition*, p.533.

『겐지모노가타리』의 지극히 여성적인 남자주인공 겐지의 성격규정과 관련하여, 노리나가는 유교 및 불교적 관점에서 보자면 겐지는 "말도 안 되는 부도덕한 부정을 저지른" 죄인이라는 점에 수긍한다. 그러나 노리나가에 따르면, 『겐지모노가타리』는 이런 유교 및 불교적 주제를 설파한 소설이 아니라, 인간존재의 근원적 슬픔을 속속들이 잘 아는 자, 곧 '선한 자'로서의 겐지의 이미지를 강조한 작품이라는 것이다.

> 『겐지모노가타리』가 지향하는 주제는 연꽃을 너무 사랑한 나머지 그것을 가꾸고 키우기 위해 탁하고 지저분한 흙탕물을 일부러 모으고 저장하는 사람에 비유할 수 있다. 그러니까 『겐지모노가타리』에 묘사된 부정한 불륜의 사랑이라는 더러운 흙탕물은 그것을 찬미하기 위해서가 아니라, 바로 인간존재의 근원적 슬픔을 아는 것의 비유라 할 만한 연꽃을 키우기 위한 목적으로 설정된 것이다. 요컨대 겐지의 행위는 지저분한 흙탕물에 뿌리를 내리고 있으면서도 아름답고 향기로운 연꽃 같은 것이다. 하지만 궁극적으로 『겐지모노가타리』는 그런 흙탕물의 부도덕하고 불순한 세계에 머물러 있지 않다. 그것은 인간존재의 근원적 슬픔을 아는 공감능력이 뛰어나고 부드러운 심성을 지닌 자들 안에 자리 잡고 있기 때문이다. 요컨대 『겐지모노가타리』는 그와 같은 감성이야말로 선한 인간의 토대이자 기준이라는 점을 말해준다.[18]

또한 일본전통의 기원에 도달하려는 시도의 일환으로 노리나가는 마부치가 높이 칭송해 마지않았던 『만요슈』보다 더 멀리 거슬러 올라가 현존하는 최고(最古)의 역사서인 『고지키』 연구에 착수했다. 한문체로 기술된 『니혼쇼키』가 수 세기에 걸쳐 궁정학자들에 의해 연구되어온 데 반해, 『고지키』는 한자를 매개로 하여 일본어 음절을 표기한 복잡성으로 인해 오랜 세월 동안 거의 해독 불가능한 것으로 여겨져왔다. 일본역사상 가장 탁월한

18) Ibid., pp.534~535.

학문적 노작의 하나로 꼽히는 저술[19]을 완성하느라 노리나가는 꼬박 35년의 세월을 바쳐서 『고지키』를 분석하고 번역하여 거기에 꼼꼼한 주석들을 붙였다. 그 결과물은 18세기 일본학문이 얼마나 대단한 수준에 올라 있었는지를 잘 보여주는 증거라 할 만하다.

노리나가는 학문적 중립성에 입각해서 이 『고지키』 번역에 임한 것으로 보인다. 하지만 『고지키』에 대한 그의 개인적 관심은 문화적 차원을 넘어서서 종교적 차원으로 나아갔다. 사실상 그는 『고지키』를 신도의 근본경전으로 확립하고자 의도했던 것이다. 노리나가의 국학은 일본 고유의 가미(神)에 대한 절대적인 신앙에 토대를 둔 것이었다. 그는 불교와 유교의 다양한 교설들 및 잡다한 중국 전승들을 흡수하면서 중세에 형성된 여러 신도유파들을 부정했다. 그 대신 노리나가는 참된 신도란 헤아릴 수 없고 불가해한 신비 그 자체로서, 『고지키』와 『니혼쇼키』 등의 신도에 관련된 부분[20]을 일종의 복음서 같은 것으로 받아들여야 한다고 주장했다.

국학은 모토오리 노리나가의 뛰어난 업적에 힘입어 도쿠가와 시대 후기에 여러 방면으로 전개되어 발전해나갔다. 예컨대 일본문학 및 일본사 부문에 몰두한 국학자들이 있는가 하면, 또 어떤 이는 주로 신도적 측면에 주목하기도 했다. 그런가 하면 정치적 행동주의를 내세워 존황론자가 된 국학자들도 생겨났다.

히라타 아쓰타네의 국학

그중 가장 영향력 있는 국학자로 19세기 초에 활약한 히라타 아쓰타네(平田篤胤, 1776~1843)를 꼽지 않을 수 없다. 아쓰타네는 한 번도 노리나가를 만난 적이 없지만, 저 대가의 업적을 높이 숭경하여 항상 자신이 노리나가의 계승자라고 주장했다. 그럼에도 불구하고 아쓰타네는 노리나가와는 매우 다른 기질과 견해를 가진 인물이었다. 우선 아쓰타네는 열렬한 신도

19) 『고지키덴』(古事記傳)을 가리킨다. _옮긴이
20) 『고지키』와 『니혼쇼키』의 맨 앞에 나오는 '신대'(神代) 부분을 가리키는 듯하다. _옮긴이

가이자 일본중심주의자로서, 일본 및 그 고유한 전승의 우월성을 찬양하기 위해 외국 전래의 가르침 및 다른 나라들을 한데 묶어 비방했다.[21] 이에 비해 노리나가는 나무랄 데 없는 학문적 엄밀성과 부동의 절대적인 종교적 신앙을 결합시켰다. 그는 신대(神代)의 신화적 기사들을 문자 그대로 사실로서 받아들였던 것이다. 물론 지금의 눈으로 보면 이런 그의 태도는 지나치게 고지식하고 단순한 것으로 간주되겠지만 말이다.

여기서 아쓰타네의 그럴듯한 주장들이 어떤 성향을 보여주는지 두 가지 사례만 들어보자. 첫째, 그는 고대 일본인들이 고대 중국인들처럼 도덕에 관해 언명하지 않은 이유는 그들이 태어날 때부터 도덕적이라서 딱히 일부러 도덕을 구분하거나 설할 필요성을 느끼지 않았기 때문이라고 주장했다. 둘째, 아쓰타네는 일본에서 의술이 발달하지 못한 것은 중국이나 서구 나라들과 달리 일본은 본래 깨끗하고 병이 없어서 의술을 필요로 하지 않았기 때문이라고 역설했다. 오직 외부세계와 접촉하면서부터 일본인들도 질병에 시달리게 되었고, 그러면서 병을 치료하고자 애쓰게 되었다는 말이다.

아쓰타네는 네덜란드 학문인 난학(蘭學, 란가쿠)을 비롯하여 매우 해박한 지식을 가지고 있었다. 그는 서구의 발달한 의학에 대해 많은 정보를 가지고 있었음에도 불구하고(혹은 그랬기 때문에?) 위와 같은 언급을 한 것이다. 종교에 관한 아쓰타네의 견해 또한 그리스도교의 영향을 받았을지 모른다. 물론 도쿠가와 시대 내내 그리스도교는 엄격하게 금지되었지만 말이다. 18세기에 난학이 융성하면서, 당국의 금지 노력에도 불구하고 그리스도교에 관한 지식이 다시금 일본에 침투했다. 신도의 창조신이 가지는 중요성에 대한 그의 강조뿐만 아니라 막연하게나마 지나치게 과장된 신도적 내세에 대한 그의 신앙은 모두 부분적으로 혹은 전체적으로 그리스도교에서 비롯된 것이었다. 내세에 대한 그의 자리매김은 특히 신도의 혁신이라는 측면

21) 여기서 저자는 노리나가와 아쓰타네의 차이를 부각하고 있지만, 실상 열광적인 신도가이자 국수주의적인 일본중심주의자로서의 아쓰타네의 측면은 노리나가에게서 배운 것이다. _옮긴이

을 내포했다. 신도에는 항상 내세 관념이 아주 희박했기 때문이다.

난학

난학은 도쿠가와 시대의 마지막 이단적 사상이라 할 수 있다. 앞에서 살펴보았듯이, 일본인은 1540년대부터 1630년대에 걸쳐 한 세기 동안이나 유럽인, 특히 포르투갈인들과 교역관계를 유지한 적이 있음에도 불구하고, 그 당시에 그들이 익힌 서양지식들은 쇄국정책의 시행에 따른 그리스도교 박해의 시대에 대부분 상실되고 말았다. 1641년부터는 유럽인 중 오직 네덜란드인들만이 일본과의 교역을 허락받았다. 당시 일본의 해외무역은 나가사키에서 중국과 네덜란드에만 한정되어 이루어졌는데, 네덜란드인들은 나가사키항 입구에 있는 작은 인공섬 데지마 내의 네덜란드 상관에 근무하던 소수의 관리 및 통역자들을 제외하고는 모두 사실상 일본인들과의 접촉이 차단되어 있었다.

따라서 쇄국정책하의 일본인들은 서양지식과 접촉할 기회가 거의 없었다. 나가사키의 네덜란드인들은 대부분 오직 이득을 챙기는 데에만 관심이 있던 무뚝뚝한 상인들이었다. 또한 나가사키 통역자들의 외국어(17세기 말까지 국제공용어였던 포르투갈어 및 네덜란드어) 능력은 지극히 제한적이어서 네덜란드인과 깊이 있는 대화를 나누기란 거의 불가능했다. 그렇다 해도 과학, 특히 의학 분야에서 네덜란드가 월등히 뛰어나다는 정보 정도는 얼마든지 나가사키로부터 새어나와 일본 학자들의 상상력을 자극하기에 충분했다. 그리하여 서구의학은 몇몇 일본 학자들 사이에서 특별한 관심의 대상이 되었다. 그 한 가지 이유로, 나가사키에 파견된 상단(商團)의 담당 의사들은 네덜란드 상인들과는 달리 대개 폭넓은 지적 배경과 호기심을 갖춘 사람들이었다는 점을 들 수 있다. 독일인 의사 켐퍼(E. Kaempfer, 1651~1716)도 그중 한 사람이었다. 그는 1690년대 초 무렵 데지마에 체재하면서 매년 쇼군을 알현하러 가는 네덜란드인 일행과 함께 두 차례 에도를 방문한 적이 있다. 켐퍼는 나름대로 일본과 일본인의 생활에 대해 속속들이 잘 아는 일본학도로서 후일 유럽에서 『일본사』(*History of Japan*)를 펴냈는데, 이 책은 당시 극동에 대한 관심에 눈뜨기 시작한 유럽인들의 마음을 사로잡았다. 그것은 몽테스키외(Montesquieu)를 비롯한 많은 지식인들의 저술에서 일본에 대한 주요 정보원으로 사용되었다.

18세기 초에 이르러 서양을 배우고자 하는 열망이 일본 학자들뿐만 아니라 심지어 정부관리들 사이에서도 갈수록 널리 퍼지게 되었다. 가령 탁월한 유교적 합리주의자로서 쇼군의 고문이었던 아라이 하쿠세키(新井白石)는 시도티(G.B. Sidotti)라는 이탈리아인 선교사와의 대담에 입각하여 서양 사정에 관한 책[22]을 출간했다. 시도티는 마닐라에서 일본어를 공부한 후 1708년 단신으로 일본에 들어온 인물이었다. 이처럼 서양에 대한 관심이 다시 일어나게 된 한 가지 이유로 다른 이단적 학파들에 의해 촉진된 다양한 지적 탐구의 시도를 들 수 있다. 나아가 일반적으로 도쿠가와 시대 지식인들의 관심이 양학(洋學, 요가쿠)이 제공해주는 실용적 지식 쪽으로 집중되었다는 점도 또 다른 이유로 꼽을 만하다.

난학의 실제적인 출발은 제8대 쇼군 도쿠가와 요시무네(德川吉宗, 1684~1751)에 의해 가능해졌다. 1720년경 요시무네의 측근들은 당시 금지되어 있던 그리스도교와 관련된 것이 아닌 경우에는 외국 서적(가령 중국이나 네덜란드 서적)의 수입규제를 철폐하도록 요시무네를 설득하는 데 성공했다. 한편 요시무네는 무사의 상무정신을 되살리고자 했던 무익하고 헛된 정책을 비롯하여 막부를 개혁하려는 노력을 기울인 인물로 유명하다. 또한 그는 학문을 중시하여 그가 보기에 쓸모 있다고 여겨지기만 하면 어떤 학파든 기꺼이 후원을 아끼지 않았다. 예컨대 그는 소라이의 견해가 당시 관학이었던 주자학의 국가관과 일치하지 않는다 해도 그의 말에 귀를 기울였다. 나아가 그는 양학연구를 허용하는 데에 동의했으며, 막부에 쓸모 있는 실용적 가치를 기대하면서 네덜란드어 연구를 지원하기도 했다.

---

22) 『세이요키분』(西洋紀聞)을 가리킨다. _옮긴이

당시 일본에서 서양과학에 관한 지식은 17, 18세기 중국의 예수회 선교사들에 의해 중국어로 번역된 서양 책들을 통해 얻을 수 있었다. 하지만 새로운 양학도들에게는 더 깊이 있는 연구를 위해 실제적으로 쓸모 있는 네덜란드의 실용지식이 반드시 필요했다. 초기의 난학 선구자들은 난화(蘭和)사전의 편찬이라든가 기술서적의 번역과 같은 지난한 작업을 끈질기게 계속했다. 번역의 경우, 그들은 나가사키의 네덜란드인들 및 통역자들에게 약간의 도움을 받으면서 기껏해야 한 번에 몇 줄 정도만 진척시킬 수 있을 뿐이었다. 어쨌거나 이와 같은 대단한 열정은 가히 찬사받을 만하다. 이렇게 해서 18세기 말에 이르기까지 난학자들은 사전류와 번역서 및 서양 관련 논문들을 비롯하여 상당한 성과물을 낼 수 있었다. 이와 더불어 1811년에는 막부가 에도에 외국 서적의 번역을 위한 기관[23]을 개설함으로써 난학의 발전에 힘을 보태주었다.

초기 난학자들이 의학을 비롯한 서양과학에 기울인 엄청난 관심은 그것들이 실용적이고도 안전한(그리스도교와 직접적으로 연관되지 않는다는 점에서) 학문분야였다는 사실에 더하여, 난학자들 자체의 일반적 기질에서 기인한 측면도 적지 않다. 즉 난학자들은 사물에 대한 지칠 줄 모르는 호기심을 가지고 있었다. 또한 그들은 단지 실험 자체를 위해 실험하기를 좋아했다. 나아가 그들은 천성적으로 삶에 대한 실용적인 감수성이 뛰어났기 때문에, 사회적, 정치적 이데올로기의 문제에 그다지 구애받지 않았다. 그리하여 초기 난학자들은 의학, 식물학, 천문학, 지리학 등을 비롯한 수많은 분야에 조금씩이나마 손을 댔다. 뒤에서 다시 언급하겠지만, 그들은 사실주의적 원근법이라든가 명암법 등을 채용함으로써 서양화 양식의 회화를 시도하기도 했다. 하지만 이에 비해 서양사상 및 철학에 대한 그들의 관심은 그리스도교와 관련된 것을 피하려 했던 사정을 참작한다 해도 지극히

23) '반쇼와게고요'(蕃書和解御用)를 가리킨다. 1855년에는 양학교육 및 통제와 양서 번역 등의 업무를 담당하는 기관으로서 정식으로 '요가쿠쇼'(洋學所)가 설치되었고, 후에 반쇼시라베쇼(蕃書調所), 요쇼시라베쇼(洋書調所), 가이세이쇼(開成所)로 개칭되었다. _옮긴이

낮았다.

그러나 18세기 말에서 19세기 초로 넘어가면서 해방(海防)이나 경제학 및 외국사정 등의 문제에 주목한다든지 혹은 구체적인 행동방침을 촉구하는 양학자들이 많이 나타났다. 그 배경에는 갈수록 심각해진 도쿠가와 시대의 만성적인 문제점들이 깔려 있었다. 즉 여전히 이론상으로는 자연경제에 토대를 둔 국가에서 시장경제의 성장 및 복잡한 통화체계 등이 야기한 사회적 불안정, 쇄국정책으로 인해 국내의 경제적 난국을 해외무역의 증진을 통해 해결할 수 없었던 상황, 그리고 주된 수입원인 토지로부터 유리되어 있던 게으른 집단인 무사계급이 온존하는 상태 따위가 그것이다.

막부는 일련의 대대적인 개혁을 통해 이런저런 문제들을 해결하고자 애썼는데, 그 첫 번째 시도가 전술했듯이 18세기 전반에 요시무네 쇼군이 시행한 개혁이었다. 하지만 토지개간 및 다양한 품종의 곡물재배에 대한 장려라든가 더 공정하고 인간적인 형법의 채용 등 몇몇 쓸 만한 정책을 제외하고, 대체로 이 개혁들은 주로 팽창하는 역동적인 경제로 인해 야기된 문제들을 해결하기에는 너무 구태의연하고 부적절했다. 가령 막부의 개혁자들은 여전히 모든 이들에게 더 검약할 것을 촉구하고 장려함으로써 경제적인 난제를 해결하고자 했다. 하지만 거의 예외 없이 그들은 외국무역을 증진함으로써 국부(國富)를 축적할 수 있으리라는 가능성은 고려하지 않았다.

외국인, 특히 러시아인들이 일본 주변지역에 침투하는 사례가 늘어가면서 도쿠가와 시대 후기 난학자들의 관심과 염려는 더욱 커져갔다. 18세기 말에 이르기까지 러시아인 탐험가들과 상인들은 세계의 북반구를 가로질러 동쪽으로 압박해 들어갔다. 또한 그들은 캄차카반도라든가 알류샨열도 등에 식민지를 건설하는 한편, 홋카이도(당시까지만 해도 전적으로 아이누족만 살고 있었다) 및 쿠릴열도를 비롯하여 일본에 근접한 섬들에 대해 정기적인 탐사활동을 벌였다. 이런 상황에서 난학자들이 외부로부터의 도전과 기회에 직면하여 일본의 북쪽으로 시선을 돌렸다 한들 조금도 이상한 일이 아니다.

혼다 도시아키

이 후기 난학자들 가운데 가장 통찰력이 넘치고 상상력도 뛰어난 인물 중 하나로 혼다 도시아키(本多利明, 1744~1821)[24]를 들 수 있다. 일본 북부 지방에서 성장기를 보낸 도시아키는 수학과 천문학에서 군사학과 지리학 및 항해학에 이르기까지 광범위한 분야의 서양학문을 연구하는 데에 일생을 바쳤다. 또한 그는 일본 전역을 여행하면서 각 지방의 사회적, 경제적 조건들을 관찰했으며, 심지어 배를 타고 캄차카반도를 비롯한 북부 해역을 돌아보기도 했다. 도시아키는 일본이 외국무역을 증대시킬 뿐만 아니라 해외에도 자국영토를 확장해야 한다고 생각했다. 이때 무엇보다 먼저 해결해야 할 긴급한 과제는 홋카이도와 사할린 및 쿠릴열도가 러시아 손에 넘어가는 것을 막기 위해 일본이 이를 식민지화하는 것이었다. 그런 다음 캄차카에 수도를 둔 대일본제국을 세우기 위해 아시아 및 북아메리카의 여러 섬들과 영토를 점령해야 한다고 보았다. 도시아키는 특히 일본을 영국에 비유하기를 좋아했다. 영국이 거대한 제국을 형성한 섬나라였기 때문일 것이다.

이처럼 도시아키는 노골적으로 제국주의적 견해를 피력했다. 그런데 당시 쇄국정책을 탈피하여 일본인의 관심을 해외로 확대해야 한다고 주장한 학자들은 비단 도시아키만이 아니었다. 하지만 18세기 후반의 아주 짧은 기간을 제외하고는, 도시아키 및 그와 비슷한 생각을 했던 이들의 의견은 막부에 별로 받아들여지지 않았다. 이는 일면 린케(林家) 유학자들에게 오로지 정통 주자학만을 가르치도록 요구한 법령이 발포되면서 1790년에 취해진 이단사상에 대한 탄압과 단속 때문이었을 것으로 보인다.[25] 이 법령

24) 혼다 도시아키는 도널드 킨의 『일본의 유럽 발견』(*The Japanese Discovery of Europe*)에서 중요한 부분을 차지하고 있다.

25) 시바노 리쓰잔(柴野栗山)의 건의에 따라 막부가 쇼헤이자카 가쿠몬조(昌平坂學問所)에서 주자학 이외의 유학을 다루지 못하게 금지한 '간세이이가쿠노킨'(寬政異學の禁)을 가리킨다. _옮긴이

은 사상의 다양성이 일본사회에 해로운 영향을 끼칠 것이라고 진지하게 믿는 한편, 한 번 더 정통 주자학의 선전보급을 통해 일본인의 도덕적 기질을 강화하고자 희망했던 막부관리들이 고안해낸 것이었다.

서양풍 회화의 발달

이상에서 살펴본 다양한 이단적 사상들 외에, 도쿠가와 시대 후기에는 회화 부문에서도 이단적 경향이 나타났다. 가령 당시 유행했던 주류파 화단은 사실주의적 세부묘사라든가 명암법 및 원근법 등과 같은 서양의 '과학적' 기법에 많든 적든 영향을 받았다. 메이지 시대 초기(즉 1870년대)까지 일본인들은 서양풍 회화를 너무 좋아한 나머지 일본의 풍부한 회화전통을 거의 완전히 무시할 정도였음을 감안하건대, 18세기 초부터 진행된 서양풍 기법으로의 이와 같은 전환은 분명 급격한 이단적 경향을 보여준다.

18세기의 한 주요 회화유파는 비록 어느 정도 서양의 영향하에 있었다 하더라도, 중국의 문인(文人)화가들로부터 적지 않은 자극을 받은 것이 사실이다(그림 61). 한대(漢代) 후기 이래 중국에서는 지배층 문인계급에 속해 있으면서 회화를 교양인이라면 당연히 갖추어야 할 소양으로 여겼던 아마추어 문인화가들을 여타 전문적 화가들과 구별하는 경향이 생겨났다. 그러므로 그 기원상 문인화라는 장르 구분은 사회적인 것일 따름이었다. 그런데 14세기 무렵부터 본격적인 문인화 양식이 등장했는데, 그것은 주로 부드러운 색조와 가늘고 섬세한 붓질로 특징지어진다. 바로 이런 양식이 18세기에 이르러 마침내 일본에 도입된 것이다. 흥미롭게도 이는 약 4세기 전 무로마치 초기의 화가들이 송대 수묵산수화의 아름다움에 심취한 이래 일본인들이 모델로 삼은 최초의 주요한 중국회화 유파였다.

하지만 중국의 문인화가들과는 달리, 대표적인 일본 문인화가들은 일반적으로 그림을 그려 생계를 유지해야만 했다. 그들은 원래 17세기 무렵 나가사키에 들어온 중국 문인화가들의 영향을 받아 이런 특별한 화법을 채용하게 되었다. 따라서 문인화 양식은 나가사키에서 비롯된 것이라고 말할

:: **그림 61** 남종화(南宗畵) 양식의 풍경화 〈구름 낀 산봉우리의 불교사원〉(호놀룰루미술학회. 런던갤러리 기증. 도쿄. 1975)

수 있다. 나가사키는 포르투갈 남만문화의 중심이자 도쿠가와 시대에는 네덜란드인 및 중국인 거류지가 형성된 곳이기도 하다. 이와 같은 나가사키와의 밀접한 연관성은 많은 문인화 작품에 서양화의 영향이 나타나는 까닭을 설명해주기에 족하다.

18세기 일본의 주도적인 문인화가로 이케 다이가(池大雅, 1723~1776)와 요사 부손(與謝蕪村, 1716~1783)을 꼽지 않을 수 없다. 교토 외곽의 한 농가에서 태어난 다이가는 어릴 때부터 매우 비범한 면모를 보여준 아이였는데, 14세부터 과부가 된 모친을 부양하기 위해 부채화를 그리기 시작했다고 한다. 이윽고 그는 일본 문인화의 창시자로 널리 알려지게 되었다. 하지만 그의 원숙한 회화양식은 사실상 대단히 절충적이며, 무로마치 시대의 수묵화 대가들 및 소타쓰-고린파(린파〔琳派〕)뿐만 아니라 서양화(특히 원근법 및 거리감각의 기법)로부터 받은 영향의 흔적을 보여준다. 다른 모든 문인화가들과 마찬가지로 다이가는 주로 중국화 양식의 풍경과 인물들을 묘사했다. 또한 그의 그림들은 종종 유쾌한 괴팍함과 익살맞은 해학성을 보여주는데, 이는 다이가 자신이 당대의 낙천적이고 재미있는 성격의 인물형에 속해 있었음을 시사한다.

한편 다이가의 친구였던 부손은 화가이자 동시에 하이쿠 명인으로도 유명했다. 다이가처럼 그 역시 일본 전국을 자주 여행했으며, 본질적으로 '중국적'인 풍경화에다 일본적인 요소를 많이 가미했다. 나아가 부손은 다이가와 마찬가지로 지극히 매력적인 풍자화를 그리기도 했는데, 이것이 일본 고유의 풍자화 전통에서 영향을 받은 것임은 말할 나위 없다. 왜냐하면 부손은 12세기 승려 도바(鳥羽)의 〈조주기가〉(鳥獸戲畵) 에마키를 연구했다고 알려져 있기 때문이다. 북부지방을 여행한 적이 있는 하이쿠 작가이기도 했던 부손은 바쇼의 『오쿠노호소미치』(奥の細道)를 묘사한 일련의 그림을 통해 저 놀라운 여행기의 정신을 너무나도 완벽하게 포착해냈다. 그 그림들을 한번 본다면 이보다 더 잘 표현할 수는 없으리라고 여길 정도이다. 실로 부손의 회화는 '하이쿠의 미술'이라고 불릴 만하다. 실제로 그의 몇몇 뛰어난 작품들은 하이쿠 내용을 묘사한 그림, 즉 '하이쿠화'〔俳畵, 하이가〕로 알려져 있다. 이때 하이쿠 텍스트는 통상 화면 상단 우측 구석에 서예기법으로 써서 삽입한다.

시인으로서의 부손에 대한 언급은 화가로서의 부손을 올바르게 평가하는 데에 도움이 될 것이다. 어느 서구 평론가는 부손을 바쇼와 비교하면서 "바쇼는 온화하고 지혜로우며 성실하고 신비스럽다. 한편 부손은 재기가 넘치고 다면적이며, 신비한 측면은 전혀 없지만 주변세계에 대한 지극히 독창적이고 민감한 감수성을 가지고 있다. 외국의 비유법을 빌리자면, 바쇼가 진주라면 부손은 다이아몬드에 비유될 만하다"[26]고 적고 있다. 다음 두 편의 하이쿠는 주변세계에 대한 부손의 독창적이고 민감한 감수성을 잘 엿보게 해준다.

봄비 내릴 제
아직 작은 개구리 배는
젖지 않았다네.

뒤늦은 벚꽃과 함께
망설이듯
지나가는 봄.[27]

다이가 및 부손은 독특하고 뛰어난 특질을 보여주었지만, 그 밖의 다른 문인화가들은 대개 단순한 중국 애호가로서 중국적인 것에 대한 선망의 일환으로 그런 양식의 그림에 관심을 기울였을 따름이다. 한쪽에서는 지독한 외국혐오증과 내셔널리즘적 분위기의 국학이 등장한 시기에, 다른 한쪽에서는 중국에 대한 아낌없는 사랑을 표출한 학자들과 화가들이 있었다는 사

26) Harold G. Henderson, *An Introduction to Haiku*, p.86.
27) Ibid., pp.89 and 101.

실은 흥미롭기 짝이 없다. 이는 양가감정(ambivalence)의 역설적인 특징이라 할 수 있다. 주변세계에 예민하고 잘 순응하는 일본인들은 자기보다 더 뛰어난 바깥세계를, 이를테면 전근대시대에는 중국을 그리고 근대에는 서구를 종종 이런 양가감정의 태도로 대면하곤 했다.

18세기에 발전한 두 번째 새로운 회화유파는 마루야마 오쿄(圓山應擧, 1733~1795)로 대표되는 사실주의적 혹은 자연주의적 유파이다. 이 마루야마파(圓山派)는 서양화의 영향이 매우 두드러지는데, 사실 오쿄의 추종자들은 근대 일본의 주류화단 중 한 유파의 선구자들이었다. 오쿄는 지극히 세밀하고 사실주의적으로 자연을 묘사한 스케치와 그림들을 많이 남겼다. 하지만 그의 가장 흥미로운 작품들은 극동의 전통양식과 서양화 양식을 혼합한 대형 그림들이다.

오쿄 및 기타 사실주의 유파의 절충적 시도와 대조적으로, 난학파 화가들은 공공연히 서양풍을 모방했다. 시바 고칸(司馬江漢, 1738~1818)은 이런 유파를 대표하는 가장 유명한 화가로서, 아마도 가장 극단적인 사례라 할 수 있다. 고칸은 실상 네덜란드어를 공부하지 않았다. 하지만 서양에 대한 다양한 관심 및 과학적, 실용주의적 방법론에 대한 애착으로 보건대 그는 틀림없는 난학자였다. 동판화를 도입한 최초의 일본인이었던 고칸의 그림들은 기법이 뛰어날 뿐만 아니라, 메이지 유신 훨씬 이전부터 일본인들이 서양화 기법을 속속들이 잘 알고 있었음을 보여주는 명백한 증거라 할 수 있다. 사실 고칸의 작품은 그 독창성보다는 기법 면에서 깊은 인상을 준다. 어쨌거나 서양화풍 회화의 발전에 그가 다대한 공헌을 했다는 점은 부정할 수 없다.

후기 우키요에: 호쿠사이와 히로시게

서양화 기법의 영향은 후기 우키요에 화가들에게서도 찾아볼 수 있다. 예컨대 1700년대 초부터 우키요에 화가들은 때때로 사실주의적 원근법과 같은 기법을 써왔다. 하지만 서양화의 영향이 현저하게 나타난 것은 19세기의 탁월한 화가인 가쓰시카 호쿠사이(葛飾北齋, 1760~1849)와 우타가와 히로시게(歌川廣重, 1797~1858)에 이르러서였다.

호쿠사이는 도쿠가와 시대 우키요에의 풍부한 세계에서도 특히 경이로운 인물이었다. 40세 무렵까지도 무명의 인물이었던 호쿠사이는 후에 스스로를 '그림에 미친 늙은이'라고 일컬었다. 그는 일본 것이건 외국 것이건 당시 일본에 알려져 있던 모든 주된 미술기법들의 특징을 다 섭렵했으며, 1849년 89세로 세상을 떠나기까지 믿을 수 없을 만큼 정력적으로 활동하여 실로 다양한 주제와 방대한 분량의 드로잉 및 그림들을 그려냈다. 호쿠사이는 특히 〈후가쿠산주롯케이〉(富嶽三十六景)를 비롯한 풍경판화로 가장 많이 알려져 있다. 일본에서 자연의 보배로 소중히 여겨지는 명산이자 무수한 일본 가인들에 의한 서정적 비상(飛上)의 대상이었던 이 후지산이 이 시기에 이르러서야 비로소 일본 화가들의 주목을 받게 되었다는 것은 다소 기이해 보인다. 아마도 이는 다만 후지산의 빼어난 대칭성이 중국전통의 압도적인 영향하에 있던 수묵산수화의 뾰족뾰족하게 각진 산봉우리의 이미지와 잘 맞지 않았기 때문인 듯싶다. 어쨌거나 서구지향적인 시바 고칸 또한 후지산의 매력에 사로잡혀 철저히 사실주의적인 후지산 묘사를 위해 과학적 기법을 도입하고자 시도한 것은 의미가 있어 보인다. 이에 비해 호쿠사이의 후지산 묘사는 세계적으로 유명한 그림에 나오듯이, 종종 굽이치는 거대한 파도 사이로 눈 덮인 원뿔 모양의 후지산이 언뜻 비치는 식의 인상적인 장면으로 표현되곤 했다(그림 62).

마루야마 오쿄는 의식적으로 극동미술과 서양미술을 융합시키고자 애썼고, 시바 고칸은 서양화를 노골적으로 모방했다. 이에 비해 호쿠사이는 엄청난 에너지와 열정으로 다양한 회화기법들뿐만 아니라 서양기법까지 흡수해버리고는 그것들을 자기만의 독특한 양식을 창출해내는 데에 이용했다. 호쿠사이의 풍경화들은 구성과 배치가 빼어나며, 그런 풍경 속에 나오는 인물들(종종 하층계급)을 측은히 여기는 마음과 따스한 염려가 배어나온다. 서양에서 호쿠사이는 대단한 인기를 누려왔는데, 그의 몇몇 목판화 작

:: **그림 62** 호쿠사이의 〈가나가와 앞바다의 큰 파도〉(神奈川沖浪裏)(메트로폴리탄미술관. 하워드 맨즈필드 컬렉션. 로저스 기금. 1936)

품들은 히로시게의 작품과 더불어 서양전통에서 매우 유명한 걸작품 못지 않게 미술 애호가들 사이에서 널리 알려지게 되었다. 호쿠사이의 경우는 서로 다른 문화 사이의 쌍방향적 영향관계를 잘 보여주는 탁월한 사례라 할 수 있다. 왜냐하면 호쿠사이는 서양화 기법을 차용한 화가이자 동시에 일반적으로 우키요에 유파와 함께 프랑스 표현주의자들 및 19세기 후반의 기타 서양화가들에게 새로운 이국적인 영감의 원천이 되어준 인물이기 때문이다.

한편 히로시게는 호쿠사이와는 상이한 주제를 그렸다. 하지만 히로시게는 비상하리만큼 역동적이고 다재다능했던 호쿠사이보다도 훨씬 더 풍경화의 전문가였다. 예컨대 호쿠사이의 풍경화에서는 종종 배경과 그 속의 인물들이 분리되어 나타난다. 그러나 히로시게의 작품에서는 모든 것이 그림의 배경 및 특히 계절이라든가 날씨 및 하루의 시간대 또는 시선의 각도 등에 의해 설정된 분위기로 수렴되어 나타난다. 또한 호쿠사이 작품 속의 인물들은 각자 개성적인 모습을 보여준다는 점에서 종종 그의 풍경화에 풍

:: **그림 63** 호쿠사이의 〈유모가 설명하는 시 100수〉(百人一首うばが繪とき) 중 〈통나무 자르기〉(브루클린박물관)

:: **그림 64** 히로시게의 〈아즈마노모리의 저녁비〉(브루클린박물관)

속화적 관심의 요소를 부여한다(그림 63). 이에 비해 히로시게 작품 속의 인물들은 통상 광대한 자연과 대조적으로 인간의 보잘것없음을 상기시켜 줄 뿐이다(그림 64). 이 점에서 히로시게는 중국 및 일본의 수묵산수화 거장들의 정신을 이어받은 계승자처럼 보인다. 설령 더 극적인 계절과 날씨 변화를 묘사한 히로시게의 판화 작품이라 할지라도, 거기서도 또한 앞 시대의 수묵화를 상기시키는 고요함이 느껴진다.

히로시게는 교토와 에도를 잇는 대로변 풍경을 묘사한 〈도카이도고주산지〉(東海道五十三次)라는 일련의 판화 작품으로 가장 큰 명성을 얻었다. 일본역사상 가장 중요한 도로였던 이 도카이도(東海道)는, 도쿠가와 시대에 에도를 오가는 장대한 다이묘 행렬뿐만 아니라, 상인들, 편력승려들, 순례자들, 광대들, 모험가들, 심지어 쇼군을 알현하러 에도를 방문하는 네덜란드인들에 이르기까지 수많은 사람들의 물결이 끊임없이 이어지던 길이었다. 이처럼 혼잡했던 도카이도 도로변마다 역참들이 번성했으며, 곳곳의 여관, 주막집, 사창가, 공중목욕탕 등을 방문한 유명인사들 및 특별한 사건들에 관련된 온갖 이야기들과 설화들이 수없이 만들어졌다. 이리하여 도카이도는 작가와 화가들에게 매우 비옥한 상상력의 원천이 되었다. 가령 호쿠사이는 일련의 도카이도 역참 시리즈 판화물을 시도했다. 하지만 히로시게만큼 이 도카이도 및 그 도로변 풍경들을 예술적으로 승화시켜 불멸의 장소로 만드는 데에 성공한 화가는 없을 것이다. 그의 〈도카이도고주산지〉 그림을 본 전 세계의 많은 이들은 일본에 대해 대단히 강렬하고 생생한 인상을 가지지 않을 수 없게 된다. 실로 도카이도를 주제로 한 이 판화 연작은 독특한 일본 자연의 아름다움과 계절의 분위기를 그림 속에 대단히 효과적으로 재현해냄으로써, 오래전부터 일본을 잘 아는 사람들에게조차 부단한 환희의 원천으로 남아 있다.

분카분세이 문화

도쿠가와 시대 말기에는 문화의 중심지가 오사카 및 교토 지역으로부터

에도로 옮겨졌는데, 이는 매우 중요하고도 결정적인 변화였다. 17세기에서 18세기 초에 걸쳐 간사이 지역은 소타쓰, 고린, 사이카쿠, 지카마쓰 등 쟁쟁한 예술가들을 낳았다. 에도로 가서 활동한 바쇼 및 초기 우키요에 화가들을 예외로 친다면, 겐로쿠 시대를 통틀어 가장 뛰어나고 창조적인 화가들은 모두 고대로부터 일본문화의 중심지였던 교토 출신이었다. 하지만 18세기 말에서 19세기 초까지의 분카분세이(文化文政) 시대[28]에 이르게 되면 에도가 문화의 중심적 역할을 인계받게 된다. 그리하여 이제 에도는 출판과 학문의 전당으로서 작가와 화가 및 지식인들의 주요 활동무대가 되었다. 이 시기에 확립된 에도의 문화적 우월성은 지속적으로 이어졌으며, 근대기에는 갈수록 더욱 당연시되었다.

분카분세이기는 그다음 시대에 비하면 그래도 조용한 시대였다. 이어진 도쿠가와 시대의 마지막 수십 년간은 서양세력의 압박이 점차 거세져 마침내 일본을 개항시켜 근대로 접어들게 몰고 간 위기의 시대였다. 어쨌거나 분카분세이기의 회화 분야는 두말할 나위 없이 시바 고칸, 샤라쿠, 우타마로, 호쿠사이, 히로시게 등의 인물로 특징지어진다. 하지만 문학 분야에서는 이들에 비할 만한 두드러진 인물들이 없었다. 도쿠가와 시대 후기 작가들의 작품은 사실상 해학물〔滑稽本, 콧케이본〕이나 호색물〔灑落本, 샤레본〕 아니면 역사소설〔讀本, 요미혼〕의 두 유형으로 확연하게 양극화되어 있었다. 이 두 유형의 차이는 본질적으로 지나치게 천박한 것과 지나치게 진지한 것 혹은 포르노적인 것과 교훈적인 것의 대조를 보여주었다.

도쿠가와 시대의 유곽을 다룬 우키요 문학은 전술한 사이카쿠의 작품에서 이미 정점에 도달해 있었다. 하지만 그것들은 참된 예술적 영감의 지속적인 원천이 되기에는 주제의 범위가 너무 협소했으며, 사이카쿠 이후의 작가들은 극소수의 예외를 차치한다면 하나같이 작품의 질이 현저히 떨어

28) 제11대 쇼군 도쿠가와 이에나리(德川家齊) 치하의 분카, 분세이 연간을 중심으로 한 시대. 기강이 해이해지고 풍속이 퇴폐한 가운데 난숙한 조닌 예술이 발달하여 소설, 희곡, 하이쿠, 우키요에, 서양화, 문인화 등의 분야에서 뛰어난 작가들이 많이 배출되었다. _옮긴이

졌다. 이런 분카분세이기의 작품들은 현대풍 양식과 미적 감각에 대한 사회평론으로서, 특히 에도의 사교계 인사들 사이에서 높이 기려졌던 두 가지 미의식, 즉 '스이'(粹)와 '쓰'(通)의 의미에 대한 평론으로서 흥미로운 측면을 보여준다. 이와 관련하여 샌섬(Sansom)은 '스이'를 '멋'(chic)으로, 그리고 '쓰'를 '수완'(savoir faire)으로 적절하게 번역한 바 있다. 하지만 그 밖에 후대의 잡다한 우키요 문학은 해학물과 호색물을 비롯하여 그저 저급하고 상스러운 대중취향에 영합한 외설적인 싸구려 문학에 지나지 않았다.

19세기 초에 이런 경박한 문학작품으로 가장 큰 상업적 성공을 거둔 작가로 짓펜샤 잇쿠(十返舍一九, 1765~1831)를 들 수 있다. 그는 에도로 이사하여 산문소설에 관심을 돌리기 전까지 인형극 조루리 작가로서 경력을 쌓았다. 큰 인기를 얻은 그의 작품으로 악한을 주제로 한 『히자쿠리게』(膝栗毛, 도보여행을 뜻하는 말)[29] 연작을 들 수 있는데, 이는 두 명의 야비하고 경솔한 악당들이 에도를 출발하여 도카이도를 따라 내려가면서 벌이는 활극담을 그리고 있다. 사이카쿠의 탐구적이고 세련된 작품들과 대조적으로 저속하고 음탕한 골계로 가득 찬 『히자쿠리게』는 호색적인 모험과 참을 수 없는 육체적 쾌락의 세계를 묘사하고 있다.

분카분세이 시대 문학의 두 번째 유형인 역사소설에서 가장 유명한 작가는 다키자와 바킨(瀧澤馬琴, 1767~1848)이다. 잇쿠와 마찬가지로, 하지만 당대의 다른 작가들과는 달리 바킨은 글만 써서 생계를 유지할 수 있었던 작가이다. 그의 걸작인 『난소사토미핫켄덴』(南總里見八犬傳)은 28년간에 걸쳐 쓰인 것으로, 일본뿐만 아니라 중국문학까지 포함하여 아마도 가장 긴 소설일 것이다. 이는 15세기 사토미 무사가문의 재산을 되찾기로 맹세한 여덟 명에 관한 이야기이다. 이와 같은 영웅적이고 중세적인 무대를 배경으로 하여 바킨은 효(孝)라든가 충성, 자비, 이타심과 같은 윤리적 가치들

29) 잇쿠의 해학소설 『도카이도추히자쿠리게』(東海道中膝栗毛)를 비롯한 기행소설 연작의 총칭. _옮긴이

이 주인공들의 삶에서 실제로 어떻게 기능했는지를 적고 있다. 이런 바킨의 교훈주의는 모든 것을 망라한다. 예컨대『난소사토미핫켄덴』의 각 에피소드들은 권선징악의 필연성을 잘 보여주도록 짜여 있다. 도쿠가와 시대의 대부분에 걸쳐 지배적이었던 우키요 문학에 비해, 바킨의 문학은 실로 온건하고 이성적이며 진지한 것이었다. 그럼에도 불구하고 바킨이 큰 인기를 끌었다는 사실은 당대의 시대적 사조가 최소한 사회 일각에서는 더욱 진지한 쪽으로 전환되었음을 시사한다. 실제로 당시에는 유교전통 및 바람직한 무사도정신의 재흥을 갈망한 준비된 이들이 적지 않았다.

18세기의 다도: 센차의 보급

도쿠가와 시대의 이단사상이라는 주제를 끝내기에 앞서, 그런 이단사상들이 어떻게 다도의 세계에까지 침투하게 되었는지에 대해서도 몇 마디 하고 넘어가자. 물론 당시 다도의 '정통'은 '자노유'에 있었다. 앞 장에서 언급했듯이, 자노유는 중세에 발달하여 도쿠가와 시대에 이르러 우아한 '유게이'(遊藝, 여가)의 하나로 크게 융성했다. 앞서 살펴본 대로 자노유의 기본은 가루차 사용에 있으며, 그 중심적인 정신의 토대를 선불교에서 취하면서 의례적으로 정교한 절차가 잘 발달되어 있다. 그런데 18세기에 이르러 자노유 및 가루차 사용을 부정하면서 대신 찻잎을 우려내어 마시는 '센차'(煎茶)를 선호하는 움직임이 특히 문인화가들의 지지하에 널리 퍼져나갔다.

문인화가들이 이런 센차에 이끌린 까닭은 부분적으로 찻잎을 우려내 마신 중국 문인들의 생활양식과 관계가 있어 보인다. 하지만 다른 이들과 마찬가지로 이 문인화가들은 자노유에 대한 하나의 저항으로서 센차를 선호하기도 했다. 그들은 자노유가 지나치게 복잡할 뿐만 아니라 하나의 고상한 여가로서 상업적으로 조달, 공급되면서 점차 품격이 떨어졌다고 여겼다. 이에 비해 센차는 번잡한 규칙 따위에 얽매이지 않으면서 평상적인 친목회 따위에 모인 사람들이 자유롭고 편하게 즐길 수 있는 음료였다.

이리하여 도쿠가와 시대 후반에 센차가 널리 퍼지게 되었는데, 이런 인기는 예전의 전통을 재흥시키고 거기서 영감을 얻고자 과거 쪽으로 시선을 돌린 당대의 지적 경향과도 무관해 보이지 않는다. 가령 우리는 이와 같은 복고적 경향을 유교 고학파라든가 국학파의 사례에서 엿볼 수 있었다. 마찬가지로 센차의 옹호자들은 중국 송대의 산물인 가루차 대신, 특히 8세기 고전인 육우(陸羽)의 『다경』(茶經)[30]을 중심으로 당왕조시대에 형성된 '본래의 다도'로 되돌아갈 것을 촉구했다.

서양의 위협과 쇄국정책의 동요

19세기에 들어와 서양인들의 침략과 유입이 가속화되면서, 러시아뿐만 아니라 영국과 미국의 함선들이 일본 연해에 속속 나타나기 시작했다. 가령 나폴레옹 전쟁기간인 1808년에는 순찰 중이던 영국 함선 페이턴(Phaeton)호가 의심스러운 네덜란드 상인들을 찾고자 나가사키항에 들어왔다. 그러자 나가사키의 일본인 행정관〔奉行, 부교〕은 페이턴호에 떠날 것을 명했으며, 심지어 공격할 준비를 갖추기까지 했다. 하지만 시대에 뒤떨어진 일본의 구식 무기로 50대의 대포가 장착된 페이턴호를 공격하는 것은 너무 무모한 일이었기 때문에 실제 공격은 연기되었다. 그렇게 며칠이 지난 후 페이턴호는 네덜란드 상인들을 체포, 심문하고는 일본에 필요물품을 요청하여 받은 다음 군소리 없이 항구를 떠났다. 이리하여 간단한 사건으로 막을 내리기는 했지만, 그것은 막부에 큰 충격을 던져줌으로써 막부관리들을 비롯한 많은 일본인들에게 외국혐오증을 촉발시켰다.

이 책 7장 서두에서 우리는 17세기에 막부가 실시한 쇄국정책이 일본의 외국 접촉을 크게 제한했음에도 불구하고 그것이 영구적인 '닫힌 나라'로서의 일본을 의도한 것이 아니었음을 살펴본 바 있다. 하지만 18세기 말에서 19세기 초에 걸쳐 서양세력의 잠재적으로 위험한 새로운 위협에 직면하

30) 영역본은 Lu Yü, *The Classic of Tea*, tr. by Frances Ross Carpenter를 참조하라.

게 된 막부지도자들은 1801년에 처음 사용된 '쇄국' 이라는 용어[31]의 문자적 의미 그대로, 도쿠가와 체제의 법률로써 일본을 쇠사슬로 차단한 나라로 고정시키는 정책을 채택했다. 그리하여 막부는 이와 같은 쇄국을 강화하기 위해 1825년 외국인 불청객들을 향해 이른바 '니넨나쿠'(無二念, '두 번 다시 생각하지 않는다' 는 뜻) 정책[32]을 선포하기에 이르렀다. 이 법령은, 외국인들(네덜란드인을 제외한 서양인들을 의미)이 일본 영해에 들어오거나 또는 일본땅에 상륙할 경우 즉시 추방하도록 되어 있다.

아이자와 세이시사이의 『신론』

같은 해인 1825년에 수호학파 학자인 아이자와 세이시사이(會澤正志齋, 1782~1863)는 『신론』(新論)이라는 책을 발간했는데, 이 책은 당대의 가장 영향력 있는 정치서적 중 하나가 되었다. 이 장 앞에서도 언급했듯이 수호학파는 17세기에 미토번에서 형성된 이래, 천황가의 계보에 초점을 맞추어 기원전 660년부터 1392년까지의 시대를 포괄하는 연대기인 대작 『다이니혼시』(大日本史)의 편찬과 연구에 착수했다. 세이시사이는 이 『다이니혼시』 편찬을 시작한 초기 수호학자들과 구별하여 '후기 수호학자' 라 부르는 집단에 속해 있다. 세이시사이를 비롯한 후기 수호학자들은 당시 일본이 직면한 대외적 위협에 대처하고자 『신론』에서 제시된 강력한 이데올로기를 만들어냈다. 국학으로부터 큰 영향을 받은 이런 이데올로기의 근본은 거룩하고 신성한 신국으로서의 일본에 대한 신앙이었다. 중국이야말로 위대한 중화(세계의 중심)라고 여긴 일본인 중국 찬미론자들의 견해를 부정하면서 후기 수호학자들은 전대의 야마가 소코 등과 마찬가지로 일본이야말

31) 이 용어는 켐퍼의 『일본사』(*History of Japan*)를 일본어로 번역하는 과정에서 나가사키의 한 번역자에 의해 만들어진 신조어인 듯싶다. Toby, *State and Diplomacy in Early Modern Japan*, pp.12~14 참조.

32) 이를 일본사에서는 '이코쿠센 우치하라이레이' (異國船打拂令)라 한다. '니넨나쿠 우치하라이레이' (無二念打拂令)로 불리기도 하는 이 법령은 외국선의 추방 및 무단으로 상륙한 외국인의 체포와 사살을 명하고 있으며, 1842년 폐지되었다. _옮긴이

로 세계의 중심이라고 주장했다. 하지만 후기 수호학자들은 소코 등의 주장보다 훨씬 더 나아가 일본의 지정학적, 문화적 우월성을 역설했다. 즉 일본이야말로 세계의 참된 등대이자 빛이라는 것이다. 이와 관련하여 세이시사이는 『신론』에서 다음과 같이 적고 있다.

> 우리의 신국 일본은 태양이 떠오르는 곳, 원초적인 에너지가 비롯되는 곳이다. 이는 위대한 태양신의 후손들이 태초부터 변함없이 만세일계의 황통을 이어받아왔기 때문이다. 일본은 세계의 머리에 해당되므로 만방의 기준이 되는 나라이다. 그리하여 일본은 세계 곳곳에 그 빛을 비추지 않는 곳이 없으며, 아무리 멀리 떨어진 곳이라 할지라도 천황의 찬란한 은덕이 닿지 않는 곳이 없다. 기껏해야 세계의 발과 다리에 불과한 서양 오랑캐들이 오늘날 바다를 가로질러 몰려들어 다른 나라들을 발밑에 짓밟고 가늘게 뜬 눈과 절름대는 다리로 감히 고귀한 나라들을 유린하고 있으니, 이 어찌 오만함의 극치가 아니랴![33)]

후기 수호학자들은 서양 오랑캐를 몰아내자는 양이(洋夷, 조이)정책을 옹호하는 한편, 모든 일본인들에게 신국으로서의 일본의 신성성을 깨닫고, 특히 신적인 천황을 숭배할 것을 촉구했다. 여기서 우리는 이른바 막말 지사(志士)들을 고취한 극단적인 천황숭배의 정신이 꿈틀거리는 것을 엿볼 수 있다. 이 막말 지사들은 19세기 말에 이르러 마침내 도쿠가와 막부를 쓰러뜨리고 말았는데, 이때 천황숭배의 정신은 근대 일본을 세운 유신지도자들에 의해 하나의 신조로 받아들여졌다.

1850년대에서 1860년대에 걸쳐 이와 같은 천황숭배, 즉 존황(尊皇, 손노)은 반(反)막부파 지사들의 슬로건이 되었다. 하지만 1820년대의 아이자와 세이시사이를 비롯한 후기 수호학자들에게 존황은 아직 반막부를 의미하는 것이 아니었다. 한 개인으로서 세이시사이는 도쿠가와 막부의 기존질

---

33) Tsunoda, deBary, and Keene, *Sources of Japanese Tradition*, pp.595~596.

서를 충실히 받아들였기 때문이다. 그가 존황을 외친 것은 일본인들에게 내셔널리즘을 고취하기 위함이었다. 이 점에서 그는 먼저 일본의 위계구조를 분명히 밝혔다. 그런 위계구조에서 머리에 해당되는 것은 천황이지만, 현실적인 문제는 도쿠가와 막부가 담당한다는 것이다.

세이시사이는 서양이 일본에 심각한 군사적 위협을 주리라고는 생각하지 않았다. 당시 이는 사실이었다. 왜냐하면 당시만 해도 아직 서양세력이 세계의 크고 작은 나라들을 위협할 만한 정도까지 산업혁명이 진전되지는 않았기 때문이다. 그보다 세이시사이는 서양의 힘이 무엇보다 그리스도교에 있다고 믿었다. 그리스도교야말로 일본을 내적으로 전복시킬 수 있는 치명적으로 유독한 종교라고 여겼던 것이다. 이리하여 세이시사이는 외적으로는 물리적 힘을 키워 서양인들을 몰아내기 위해 노력하면서, 내적으로는 그리스도교로부터 일본을 지켜야 한다고 생각했다. 그리고 이와 같은 반그리스도교적인 내적 방어는 오직 그가 '국체'(國體, 고쿠타이)라는 개념과 연관시킨 일본 특유의 내셔널리즘을 고취함으로써만 가능하다는 것이다. 여기서 '국체'라는 말은 통상 '국가의 정치형태'(national polity)로 번역될 수 있는 용어이지만, 세이시사이는 그것을 '종교와 국가의 일치'(unity of religion and government)라는 의미를 함축한 말로 사용하고 있다는 점에 유의할 필요가 있다.[34)]

요컨대 아이자와 세이시사이의 『신론』에서 엿볼 수 있는 수호학사상은 서양에 지극히 적대적인 것으로, 1825년의 '니넨나쿠' 정책에 나타나듯 서양과의 접촉을 엄금한 막부의 '양이'적인 강경노선과 썩 잘 어울린다. 하지만 1839년에서 1842년까지 벌어진 아편전쟁에서 중국이 영국에게 패배한 사건을 비롯하여 급격히 변화하는 상황 속에서, '니넨나쿠' 정책을 언제까지나 무기한 유지할 수만도 없었던 막부는 1842년에 이르러 이런 강경정책을 철폐할 수밖에 없었다. 서구 제국들은 너무도 집요했다. 그리

---

34) Bob Wakabayashi, *Anti-Foreignism and Western Learning in Early-Modern Japan*, p.13.

고 일본이 그들에게 어떻게 대처해야 할지를 둘러싸고 의견이 분분한 상황에서 주로 난학자들을 중심으로 일정 부분 서양을 수용해야 하지 않겠느냐는, 일면 어떤 형태로든 쇄국정책의 수정을 의미하는 것으로 이해될 만한 견해 표명이 점차 늘어났다.

비록 이 시기의 수십 년 동안 서양에 대한 일본의 대응은 종종 혼란스럽고 일관성을 결여한 듯이 보일 수도 있겠지만, 그것은 매우 강력하고 역동적인 대응이었다. 비서양권의 다른 어떤 나라들보다도 일본은 서양의 물질적인 우월성에 훨씬 더 깊은 인상을 받았고 또 놀라워하면서 이것에 경각심을 가졌다. 이 점은 막부가 다 끝나갈 무렵 몇몇 학자들에 의해 제기된 '동양도덕과 서양기술'(Eastern morals and Western technology)[35]의 결합 필요성에 대한 관념에서 가장 뚜렷하게 엿볼 수 있다. 이는 향후 일본이 근대화를 추진하면서 직면한 핵심적인 문제들, 이를테면 서양의 과학혁명 및 산업혁명에서 비롯된 물질적 이득을 확실하게 취하면서 동시에 사회적 결속을 보장해줄 만한 전통윤리를 어떻게 유지할 것인가 하는 문제를 시사해주는 슬로건이기도 하다.

35) 이는 아마도 '동도서기'(東道西器)의 번역인 듯싶다. 그런데 이것은 한국에서 나온 슬로건이고 일본의 경우는 '화혼양재'(和魂洋才)이다. 그러니까 이 부분은 '일본정신과 서양기술'이라고 해야 맞다. _옮긴이

9
서양과의 만남

쇄국정책의 종언

1844년 네덜란드 왕 빌럼 2세는 일본의 쇼군에게 편지를 보내, 급변하는 세계정세 속에서 일본의 쇄국정책 유지는 현명하지 못하며 따라서 지지할 수 없다고 경고했다. 가령 증기선과 항해술의 발달로 이제 서양 제국의 함선들은 가장 먼 세계 끝까지도 쉽게 항해할 수 있게 되었다. 주지하다시피 중국은 이미 아편전쟁에서 영국에게 군사적인 패배를 경험했다. 일본 또한 더 이상 급변하는 세계정세로부터 동떨어져 있기를 기대할 수 없게 되었다.

도쿠가와 막부의 관리들은 이런 네덜란드 왕의 서간을 받고 논의를 하긴 했겠지만, 결국 아무런 반응도 보이지 않았다. 당시 막부는 전통적인 개혁의 막바지에 박차를 가하고 있었다. 그러나 이 개혁의 실패는 쇄국정책을 심각하게 재고해야 할 긴박한 필요성에 직면하여 머뭇거리던 우유부단함과 맞물려 막부의 난항을 예고하고 있었다. 확실히 에도 정권은 1840년대만 해도 아직 직접적인 전복의 위협은 받지 않고 있었다. 하지만 쇄국과 관련된 정치적 열기는 점차 고조되어 막부가 이전에 겪은 적이 없는 심각한 도전으로 부딪쳐 올 조짐이 농후했다.

이와 같은 도전은 1853년 여름 미국의 페리(Matthew Perry) 제독이 '흑선'(黑船)이라 불린 함대를 이끌고 에도만에 도착하면서 현실로 바뀌었다. 페리는 일본과의 외교 및 통상관계를 열 가능성이 있는지 탐색하도록 필모어(Millard Fillmore) 대통령이 파견한 인물이었다. 다음 해인 1854년 그는 미국과 일본 간 영사를 교환하는 등의 조항에 합의한 일미화친조약에 조인함으로써 최초의 목적을 달성했다.

이리하여 1856년 첫 번째 미국 영사인 해리스(Townsend Harris)가 일본에 도착한 후 교역조약을 최종적으로 확고히 했다. 그런데 이 해리스 조약(Harris Treaty)[1]은 일본 측이 몇몇 무역항을 개방하도록 했을 뿐만 아니라, 예전에 서양 열강이 중국에 써먹었던 이른바 '불평등조약'의 조항들을 포함하고 있었다. 가령 일본 내에서 서양인이 저지른 범죄행위에 대해 서양의 해당 조약국이 자국의 법에 따라 자국민을 재판할 권리, 즉 치외법권의 원칙을 언명한 조항이 있었다. 또한 무역상 특혜를 받도록 하는 최혜국 조항은 한 서양 국가에게 추가적인 조약상 특권이 부여되면 그것과 유사한 조약을 맺고 있는 다른 모든 서양 국가들에도 자동으로 똑같은 권리가 부여되도록 규정하고 있었다. 이 밖에 일본에 수입되는 모든 상품들에 대한 관세는 약 5퍼센트의 고정관세를 적용하여 징수하도록 하는 한편, 그 징수율은 조약 당사자 쌍방의 동의가 있어야만 변경할 수 있도록 한 조항도 불평등조약에 해당된다. 주요 유럽 열강들이 뒤이은 몇 개월 내에 일본과 교역협정을 맺을 수 있었던 것도 바로 최혜국 조항을 포함하는 해리스 조약에 근거한 것이었다.

페리와 해리스의 도래는 200년 이상 지속되어온 일본 쇄국정책의 막을 내리게 했다. 하지만 그것이 정책에 대한 견해 차이를 해소하지는 못했다. 가령 일본이 어느 선까지 개방해야 하는가 하는 문제가 남아 있었다. 해리스 조약은 다만 수년 내로 외국과 교역을 할 수 있는 항구 몇 군데만 개방

---

1) 일본사에서는 이 일미수호통상조약이 1858년에 시즈오카현 시모다(下田)에서 체결되었으므로 '시모다 조약'이라 한다. _옮긴이

한다는 내용으로 되어 있었다. 그렇다면 일본의 나머지 지역들, 심지어 내륙지역도 서양 상인들과 선교사들과 거류민들에게 개방해야 할 것인가? 만일 개방한다면 기간은 어느 정도로 해야 할 것인가? 완고한 보수적 정치인들은 서양 '오랑캐'들과의 조약은 일본이 신국으로부터 외국인들을 다시 내쫓을 만큼 충분히 강해질 때까지만 유효한, 단순히 전술적인 조처로만 간주되어야 한다고 주장하기를 멈추지 않았다. 이에 비해 서양과의 새로운 관계에 내포된 전반적이고 장기적인 의미에 대해 좀 더 온건하게 검토하기 시작한 일본인들도 있었다.

존황양이 운동

도쿠가와 시대의 혼란스러웠던 마지막 시기는 막부의 멸망으로 이어진 중대한 정치적 사건들로 가득 차 있어서 매우 흥미진진하다. 하지만 그런 사건들은 일본문화사에서 그다지 중요하지 않으므로, 여기서는 간단히 요약하는 정도로 그치겠다. 외국문제를 다루는 막부 방식에 반기를 든 최초의 움직임은 주로 사쓰마번(薩摩藩) 및 조슈번(長州藩)[2]과 같은 서일본 지역의 유력한 도자마(外樣) 지역에서 일어났다. 이 유력한 번들은 자신들을 에도성의 모든 정무로부터 원천적으로 배제해온 도쿠가와 통치체제를 시대착오적인 것으로 간주하고 있었다. 이에 1860년대 초 막부는 유력한 몇몇 도자마 다이묘들을 심의회에 참여시킴으로써 모종의 화해를 도모하고자 했다. 이와 동시에 막부는 쇼군과 황녀의 혼인을 주선함으로써 교토 황실과의 관계를 강화하려는 노력도 기울였다.

이런 상황 속에서 막부 정책에 반대하는 움직임이 사쓰마번과 조슈번 및 기타 도자마 지역의 젊은 행동주의파 무사들 사이에 생겨났는데, 이 무사들은 대부분 봉건적 의무를 거부한 채 로닌이 되어 자신의 정치적 신념을 자유롭게 추구하고자 했다. 지사(志士, 시시)라고도 하는 이 무사들은

2) 사쓰마번은 지금의 가고시마현 서부, 그리고 조슈번은 지금의 야마구치현 서부 및 북부에 해당한다. _ 옮긴이

이어 수년 사이에 맹렬하게 일어난 존황주의 운동의 핵심이 되었다. 1860년대 중반 무렵 이 존황파는 공공연히 막부 타도를 외쳤다. 이때 그들은 막부가 천황의 정당한 통치권을 빼앗았을 뿐만 아니라, 서양 오랑캐들의 침략으로부터 일본을 군사적으로 지켜내지 못했다는 점을 그 이유로 내세웠다. 그들에게 '존황'은 왕정복고를 위한 표어가 되었고, '양이'는 막부에게 더 이상 기대할 수 없는 요구, 즉 일본에서 외국인들을 몰아내자는 것을 의미했다.

이와 같은 존황파와 막부 사이의 대립은, 한편으로 존황파가 반(反)도쿠가와적인 공가(公家)와 제휴하고자 교토로 모여들고 있던 동안, 다른 한편으로 막부가 가장 고분고분하지 않은 조슈번의 존황파를 지난 2년에 걸쳐 두 번째로 진압하고자 시도했던 1866년에 이르러 그 정점에 도달했다. 이런 아슬아슬한 일촉즉발의 순간에 이미 은밀히 조슈번과 동맹을 맺은 사쓰마번이 막부의 원정군에 합류하기를 거절하는 바람에, 뒤이은 전투에서 막부군은 결국 패하고 말았다. 이렇게 막부의 군사력 약화가 노출되면서, 다른 번 출신 지사들의 중재[3]로 연합을 이룬 사쓰마번과 조슈번의 존황파들이 교토에서 쿠데타를 일으켜 왕정복고를 선포하기에 이른 것이다. 이때 막부는 더 이상의 저항이 무익하다고 판단하여 항복했다. 물론 완강하게 버틴 막부 지지자들에 의해 벌어진 산발적인 전투가 없지 않았지만, 왕정복고는 1867년 거의 무혈쿠데타를 통해 이루어졌다.

메이지 유신

1867년 15세의 나이로 황위에 오른 메이지(明治) 천황(1852~1912)의 이름을 딴 메이지 유신은 일본의 통치계급인 무사층 가운데 개명한 젊은 지사들에 의해 촉발된 위로부터의 정치적 혁명이었다.[4] 이들은 '복고'를 외

3) 도사번(土佐藩) 출신 사카모토 료마(坂本龍馬, 1835~1867)의 중재로 삿초(薩長) 동맹이 성사된 것을 가리킨다. _옮긴이
4) 이때 황거가 에도로 옮겨졌고(실은 도쿄 황거가 완성된 것은 메이지 유신 이후 20년이 지난 1888년의 일이었다_옮긴이), 에도는 동쪽의 수도라는 뜻의 도쿄(東京)로 개칭되었다.

쳤는데, 유신 직후에는 특히 본래 8세기 다이호(大寶) 율령에서 비롯된 고대 왕정제도의 일시적 복귀를 통해 과거의 정신과 제도 따위를 복원하고자 하는 성급한 열정에 잔뜩 들떠 있었다. 그러나 무사 및 교토의 몇몇 공가를 비롯한 메이지 신정부의 지도자들은 과거가 아닌 미래지향적 인물들이었다. 그들은 메이지 시대 당초부터 얼마 전까지만 해도 도쿠가와 막부를 당혹하게 만들었던 '양이'의 소리를 조용히 잠재움으로써 이 점을 분명히 했다. 그들은 특히 일본에게 강제로 불평등조약을 맺게 한 서양에 개인적으로 적개심을 품고 있었을 법하다. 하지만 메이지 정부의 지도자들은 대체로 물질적 측면에서 서양의 우월성을 존중하면서, 근대화를 이룩함으로써 서양을 모방하고 뒤따라가고자 한 실용주의적 인물들이었다. 그들은 공통적으로 일본의 영토적 독립을 최우선 과제로 삼았다. 이와 아울러 그들은 근대화가 가져다줄 명백한 이로움과 즐거움 따위를 차치하더라도, 만일 외부로부터의 잠재적인 미래적 위협으로부터 일본을 지키고자 한다면 무엇보다 근대화가 필수적이라고 믿었다. 따라서 그들은 자신들의 정책을 나타내는 일반적인 슬로건으로 중국의 법가사상에서 취한 '부국강병'이라는 어구를 채택했다. 이리하여 일본은 군사적 강화를 일차 목표로 삼으면서 근대화를 통한 부국을 지향했던 것이다.

근대화를 향한 메이지 지도자들의 헌신적 태도는 1868년 천황의 이름으로 발포된 간결한 '5개조 서문'(五ヶ條の御誓文)에서도 잘 엿볼 수 있다. 이 5개조 서문은 신정부의 목표를 매우 광범위하게 잡아 언명한 것으로, 최소한 다음 두 항목은 근대화의 의지를 명확하게 보여주고 있다는 점에서 주목할 만하다.

제4조: 과거의 폐습을 없애고 모든 일을 자연법에 근거하여 처리한다.

제5조: 널리 세계를 통해 지식을 구함으로써 천황가 지배의 기초를 강화한다.[5]

5) Tsunoda, deBary, and Keene, *Sources of Japanese Tradition*, p.644.

일본을 근대국가로 만들고자 하는 결의와 더불어, 메이지 지도자들은 정권을 잡은 최초 10여 년 동안 일본사회에 대한 급진적이고 맹렬한 개혁작업의 일환으로 일련의 조처를 취했다. 가령 봉건적 번을 폐지하고 대신 중앙집권적으로 통제하는 현(縣) 체제를 정비한다든지, 무사계급을 해체하고 모든 사람들의 기본적인 법적 평등을 보장한 조처 등을 들 수 있다. 또한 1873년의 징병제 채용은 종래의 엄격한 계급체계, 특히 우월의식에 우쭐대던 무사들에게 매우 가혹한 타격이었다.

이와쿠라 사절단

이와 같은 사회적 변동은 불가피하게 많은 긴장과 억압을 수반했으며, 전통적인 특권을 빼앗긴 무사들의 불만도 심상치 않았다. 그럼에도 불구하고 1870년대 초의 일본은 전반적으로 복고적 꿈을 포기하고 서구적 발전의 행진에 동참하고자 하는 엄청난 충동에 사로잡혀 있었다. 이로부터 향후 20여 년 동안 일본인들은 서양 '문명개화'의 과실을 따먹고자 거침없이 돌진했다. 그 과정에서 정부는 서양문화를 습득하고자 주도적으로 나섰는데, 이 점은 1871년 유명한 공가귀족인 이와쿠라 도모미(岩倉具視, 1825~1883)를 단장으로 하고 기타 메이지 신정부의 주요 인사들이 대거 포함된 사절단을 파견하여 미국과 유럽 각국을 돌아보고 오도록 한 데에서 잘 엿볼 수 있다. 이때 서양을 여행할 기회가 오기만을 노심초사 기다려왔던 한 어린 소년이 미국에서 공부하고 싶어 이와쿠라 사절단에 끼어 있었는데, 그 소년은 후에 자신과 동료 학생들은 모두가 해외로 나가보지 않고는 참된 인간이 될 수 없는 것으로 굳게 믿고 있었다고 술회했다.

사실 서양에 사절단을 파견한 것은 이때가 처음이 아니었다. 도쿠가와 막부도 해리스 조약을 비준한 뒤 2년 만인 1860년에 미국으로 사절단을 파견한 적이 있었다. 그 후 막부는 1868년 멸망할 때까지 매년 미국과 유럽 등지로 사절단을 파견했다. 이 8년 동안 서양을 방문한 일본인들의 수는 총 300명을 웃돌았다.[6)]

그런데 이와쿠라 사절단에 고급관리들이 상당히 많이 포함되어 있었다는 점은 특기할 만하다. 메이지 정부를 탄생시킨 유신의 대소동 이후 불과 3년밖에 지나지 않은 시점에서 정부의 수뇌급 관리들이 자리를 비운다는 것은 간단한 일이 아니었을 것이다. 하지만 그들은 서양 시찰이야말로 더 중요한 과제이며 따라서 일본을 떠나는 것이 정당하다고 생각했음에 틀림없다. 원래는 1년 정도의 일정이 예정되어 있었지만, 사절단은 거의 2년 동안 귀국하지 않았다. 그사이에 사절단 멤버들은 종종 여러 소그룹으로 나뉘어 미국, 잉글랜드와 스코틀랜드, 프랑스, 벨기에, 네덜란드, 독일, 러시아, 덴마크, 스웨덴, 이탈리아, 오스트리아, 스위스 등을 방문했다. 이밖에 사절단은 이베리아반도의 스페인과 포르투갈도 방문하기를 희망했으나, 스페인 내란 때문에 성사되지 못했다.[7]

이와쿠라 사절단의 공식 목적은 불평등조약의 개정에 있었지만, 사절단 지도자들은 처음부터 일본이 좀 더 강해지고 서구에서 볼 때 더욱 '문명화' 되지 않는 한 개정은 불가능하리라는 사실을 알고 있었던 듯싶다. 그러니까 사절단을 이끌었던 주요 인사들의 진짜 목적은 두 눈으로 직접 서양을 보고 그 근대화의 발전상을 배움으로써 일본을 근대적이고 진보적인 나라로 만드는 데에 있었던 것이다. 약 2000쪽에 달하는 사절단의 공식 일지 덕분에, 우리는 긴 여행기간 동안 사절단 일행들의 생각과 서구에 대한 인상이 어떠했는지에 대해 많은 것을 알 수 있다. 그 일지를 읽으면서 우리는 19세기의 저 사절단 일행이 근대화의 유토피아적 꿈에 얼마나 매혹되어 있었는지, 그리고 그들이 자신들의 장단점과 비교하여 서구 제국을 평가하는 식별력이 얼마나 뛰어났는지, 그뿐만 아니라 그들이 서구 제국으로부터 선택적으로 배워야 할 것이 무엇인지를 판단하는 데에 얼마나 날카로운 능력을 보여주었는지를 알게 되면서 놀라움을 금치 않을 수 없다.

---

6) Hirakawa Sukehiro, "Japan's Turn to the West," in Jansen, ed., *Cambridge History of Japan*, 5:460.

7) Eugene Soviak, "On the Nature of Western Progress: The Journal of the Iwakura Mission," in Donald H. Shively, ed., *Tradition and Modernization in Japanese Culture*, p.12.

이와쿠라 사절단 일행은 서구 제국이 상호협력을 통해서가 아니라, 맹렬하고 때로는 폭력적인 국가 간 경쟁과 함께 부와 세력을 얻기 위한 끊임없는 분쟁을 거쳐 근대화에 도달했다는 사실을 분명히 알게 되었다. 서구의 과학혁명과 산업혁명 및 근대화를 향한 돌진에 수반된 모든 이데올로기 가운데 내셔널리즘이야말로 가장 강력한 동인이었음을 깨달은 이와쿠라 사절단 지도자들은, 무엇보다 일본의 국가적 이익이라는 관점에서 자신들의 근대화를 기획해야 한다는 결론에 지체 없이 도달하게 되었다. 그들은 진보의 시대에 일본이 서구세력에 잠식당하지 않으려면 신속하고 단호하게 서양 근대화의 흐름에 동참해야 한다는 사실을 잘 이해하고 있었다.

이와 같은 서양 시찰은 메이지 시대 초기 일본의 발전에 가장 확실한 수단이 되었다. 당시 유럽과 미국에서 유학한 많은 젊은이들 중 대다수는 문명개화정책의 일환으로 정부가 제공하는 장학금을 받았다. 이들이 귀국하면 현실적으로 출세가 보장되었음은 말할 나위 없다. 한편 정부를 비롯한 많은 기관들은 서구 유학의 기회를 얻지 못한 이들을 위해 수많은 서양인들을 교사와 기술 고문으로 일본에 초청했다. 높은 임금을 받은 그들은 뛰어난 일본인 인재들을 끌어모아 근대화에 필수적인 지식과 전문기술을 전수했다.

이리하여 머잖아 증기선, 철도, 전신국, 체신업무, 산업공장 및 특히 '밤을 대낮처럼 휘황찬란하게 밝혀' 일본인들을 흥분시킨 가스가로등 따위의 근대적인 외적 표지들이 일본 전국, 특히 도쿄와 요코하마 같은 대도시에 속속 출현하기 시작했다. 이런 창안물들은 대부분 근대화에 없어서는 안 될 것들이었다. 하지만 개중에는 그저 부수적인 중요성만을 갖거나 혹은 '서양인처럼 되고 싶어서' 안달이 난 일부 일본인들의 열광을 반영한 우스꽝스럽고 천박스런 유행들도 적지 않았다.

메이지 초기의 서양열풍

서양복장은 유신 이전에 일본군에서 처음으로 채용되었는데, 이윽고 메이지 초기 수년 내로 경찰관, 열차 차장, 공무원 등의 정복이 되었다.[8] 1870년대에는 양복이 더 실용적이고 신식으로 여겨져 도시 남성들이 전통적인 일본복장과 함께 많이 입게 되었다. 가령 긴 바지 위에 기모노를 걸친다든지 혹은 하카마[9]에다 양복 윗도리를 입고 뽐내는 일본 남성들도 많이 눈에 띄었다. 한편 여성들과 시골 사람들의 경우에는 서양복장을 입는 것이 훨씬 늦었다. 게다가 서양 신발은 좀 특별한 문제가 있었다. 왜냐하면 일본인들은 전통적인 나막신〔下駄, 게타〕 때문에 편평족(扁平足)이 많아서 서양에서 수입한 신발이 잘 맞지 않았기 때문이다.

이처럼 서양복장의 수용이 별스럽고 불완전하게 이루어진 반면, 남자들이 서양식 단발을 하는 것에는 민족적인 문제가 걸려 있었다. 일본인들은 다른 사람한테 조롱받거나 비웃음거리가 되는 것에 유난히 민감하다. 이런 민감한 기질은 그들이 역사적으로 외국인과 별로 접촉하지 않았기 때문에 형성된 것임에 틀림없다. 메이지 초기에 '서양 따라잡기'를 추구하면서 그들은, 앞서 이와쿠라 사절단을 언급할 때도 나왔듯이 지극히 현실적인 문제에 직면하게 되었다. 그것은 서양 제국이 일본을 야만적이라고 보는 한, 불평등조약을 개정하여 완전한 독립을 이루기가 상당히 어려우리라는 점이다. 따라서 일본정부는 길가에서 벌거벗고 멱을 감는 행위라든가 문신 또는 춘화물 매매 등, 서양인들이 불쾌하게 여길 만한 것들을 엄금하거나 제한을 가했다. 수 세기간 일본 남자들의 관습이었던 상투 또한 근대 일본의 도시민들에게는 미개하고 꼴사나운 것으로 비쳤다.

서양식 정복에다 모자를 쓰기 위해 최초로 상투를 자르고 단발을 한 것도 일본 군대였다. 메이지 초기에는 천황을 비롯한 모든 저명인사들이 단발을 했으며, 종종 서양 지도자들처럼 콧수염과 턱수염을 기르기도 했다.

---

8) Yomiuri Shinbun Sha, ed., *Meiji Ishin* in *Nihon no Rekishi*, 10:230.

9) 겉에 입는 주름 잡힌 하의. _옮긴이

실로 당시에는 이런 단발이 문명인의 기호처럼 여겨졌다. 그래서 "단발을 두드리면, 그것은 문명개화의 가락을 연주할 것"[10]이라는 유행어까지 나돌 정도였다. 하지만 하층민들은 서양식 복장이나 단발을 쉽게 받아들이지 못했기 때문에, 정부는 종종 문명개화의 지침에 따르라는 포고명령을 내려야만 했다. 시골 마을의 촌장들은 여전히 자신의 상투를 뽐내면서 이런 포고문을 읽었다고 한다. 또 어떤 이들은 단발을 하긴 했지만 대신 '후회의 머리카락'이 잔등까지 흘러내려왔다고도 한다. 일본에서 단발이 일반화된 것은 1890년경에 이르러서였다.

서양풍 유행 가운데 육식은 외국 차용의 우스꽝스러운 측면을 가장 상징적으로 보여주는 사례라 할 수 있다. 불교적 금기 및 사냥감 동물의 부족 때문에 일본인들은 전통적으로 육식을 피해왔다. 그러나 서양인들이 들어오면서 각 도시마다 언제부터인가 '규나베'(牛鍋)라는 소고기 전문식당이 들어서기 시작했다. 당대의 풍자작가 가나가키 로분(假名垣魯文, 1829~1894)은 『아구라나베』(安愚樂鍋)라는 해학적인 작품을 썼는데, 이는 한 소고기 음식점의 손님들이 잡담을 나누면서 소고기를 먹지 않으면 문명인이라 할 수 없다고 결론 내리는 장면을 묘사하고 있다. 그중 한 손님에 대해 가나가키는 다음과 같이 적고 있다.

> 그는 머리에 광택을 내기 위해 오드콜로뉴 향수를 사용한다. 또한 그는 잔뜩 부풀린 비단기모노를 입고 있는데, 그 밑으로 얼룩무늬 속옷이 보인다. 그의 한 손에는 서양풍의 줄무늬 우산이 들려 있다. 때때로 그는 부자연스럽게 억지로 꾸며낸 몸짓으로 소매를 걷고는 싸구려 손목시계를 풀어 시간을 본다.[11]

한편 이 개화한 남자는 이웃사람에게 "일본이 착실하게 진짜 문명국으로 되어가는 바람에 우리 같은 사람들도 소고기를 먹을 수 있게 되었으니

10) Yomiuri Shinbun Sha, *Meiji Ishin*, 10:234.
11) Donald Keene, ed., *Modern Japanese Literature*, p.31.

정말 감사할 일이지요"라고 말한다. 이 무렵 어떤 학생들은 오늘날 많은 외국인들에게 대표적인 일본음식 중 하나로 알려져 있는 스키야키(전골)를 처음으로 창안해냈는데, 이는 당시 소고기가 얼마나 유행했는지를 잘 보여준다.

1872년 메이지 정부는 수 세기 전 중국에서 전해진 일본의 전통적인 음력을 폐지하고 대신 서양식 양력을 채택했다. 이 무렵 정부는 매주 일요일을 공휴일로 정했을 뿐만 아니라 크리스마스를 국가공휴일로 지정하기까지 했는데, 이는 서양관습에 열중한 당시 일본인들의 태도를 보여주는 매우 흥미로운 사례가 아닐 수 없다. 오늘날 일본에서는 크리스천이 얼마 안 되는데도 크리스마스는 매우 열심히 축하하고 있다.[12)]

메이지 초기 서양열풍이 한창일 때 문명개화의 열렬한 옹호자들은 심지어 일본이 영어를 국어로 채택해야 한다고 제안하기까지 했다. 하지만 이보다 더한 극단적인 주장도 있었다. 가령 백인종은 모든 인종 중에서 가장 뛰어나니까 일본인들도 더 우수한 인종적 특질을 취득하기 위해 가능한 한 빨리 백인들과 국제결혼을 많이 해야 한다는 주장도 있었다.

일본에서 근대화로 초래된 가장 심각한 변화 중의 하나는 점차적으로 서양식 건축재료 및 건축양식을 도입한 일이었다. 역사상 일본인들은 주택과 건물을 거의 전적으로 목재만을 사용해서 지어왔다. 그런데 근세에 에도와 오사카 같은 대도시의 성장과 더불어 이런 목조건물은 항상 화재의 위험에 노출되어 있었고, 실제로 도시의 많은 부분을 태워버린 화재가 매우 자주 일어났다. 가령 1657년의 무서운 화재는 에도의 광범위한 지역을 깡그리 불태워버림으로써 그야말로 에도 전체를 재건축해야 할 정도였다. 한편 1874년에는 도쿄의 중심지인 긴자 지역을 송두리째 파괴해버린 화재가 발생했는데, 그 후 정부는 이 혼잡한 거리에 벽돌로 된 2층짜리 상가를 300칸이나 짓도록 지시했다. 당시의 목판화는 동시대 일본인들에게 이 벽돌건

12) Hirakawa, "Japan's Turn to the West," pp.470~472.

물들이 얼마나 장대하고 이국적으로 비쳤는지를 잘 보여준다. 정부는 이 긴자 거리를 모델로 삼아 다른 곳에도 새로운 불연성 건물을 짓도록 권장하고자 했다. 당시 신문들은 이 긴자 거리를 걷는 사람들이 마치 외국에 있는 듯한 매혹적인 느낌을 즐겼노라고 기록하고 있다.[13)]

이리하여 도시마다 서양풍의 공공건물 및 상가건물들이 줄줄이 들어서게 되었다. 하지만 서양식 주택의 도입은 이보다 훨씬 늦게 이루어졌다. 무엇보다 가정용 주택의 건축비용이 만만치 않았기 때문일 것이다. 이와 더불어 일본인들이 전통적인 일본식 주택을 훨씬 더 선호했다는 점도 그 이유로 들 수 있다. 이로써 주택의 경우는 일본에서 서구화의 진척이 거의 이루어지지 않은 분야 중의 하나가 되었다. 오늘날에도 많은 일본인들은 수세기 동안 살아온 방식대로 가구를 거의 비치하지 않은 채 그저 앉거나 잠을 자는 공간으로서의 다타미방으로 이루어진 목조주택에서 살고 있다.

메이로쿠샤와 후쿠자와 유키치

한편 메이지 초기의 문명개화를 향한 두드러진 국가적 추구에 힘입어 지식인들 사이에서 일본을 근대국가로 만드는 문제에 몰두한 수많은 연구 및 토론 그룹이 등장했다. 그중 가장 큰 영향을 끼친 지식인 집단은 1873년 당대의 탁월한 10명의 서양 전문가들이 창설한 '메이로쿠샤'(明六社)였다. 이 메이로쿠샤의 멤버들은 매달 두 차례씩 모여 정치, 경제, 교육, 종교, 일본어, 여성의 권리 등의 주제로 토론을 벌였다. 이들은 자신들의 견해를 글로 써서 출간하기 위해 1874년에 『메이로쿠잣시』(明六雜誌)를 창간했다. 메이로쿠샤 멤버들은 대부분 유신 이전부터 양학을 공부하여 페리의 내항 이후인 1855년 도쿠가와 막부가 설립한 '요가쿠쇼'(洋學所)에서 통역 및 번역가 혹은 강사로 고용된 적이 있는 인물들로 구성되어 있었다. 이 점에서 보건대, 메이로쿠샤는 일본에서 거의 한 세기 반 전에 시작된 유서 깊은

---

13) Yomiuri Shinbun Sha, *Meiji Ishin*, p.230.

난학 전통을 그 유산으로 가지고 있었던 셈이다.

후쿠자와 유키치(福澤諭吉, 1835~1901)는 이런 메이로쿠샤의 지도적 인물이자 실로 그 저서들을 통해 메이지 시대에 가장 많이 읽힌 지식인이었다. 하급무사 출신의 후쿠자와는 개인적으로 야심이 많고 기회에 강한 성격의 인물로, 젊은 시절에는 그가 속한 번의 후원하에 서양 포술과 네덜란드어를 공부했다. 그런데 1858년 해리스 조약이 조인된 직후 요코하마를 방문해서 최근에 들어온 서양인들과 직접 부딪쳤을 때, 그는 당시 모든 난학도들에게 비통한 마음을 불러일으킬 만한 슬픈 사실을 깨닫게 되었다. 즉 네덜란드어는 대부분의 서양인들과 의사소통을 나눌 수단으로서는 전혀 무익하고 실용성이 없다는 사실이었다. 그리하여 후쿠자와는 바로 그다음 날부터 네덜란드어를 때려치우고 대신 영어공부에 착수했다고 한다. 그로부터 2년 후인 1860년에 그는 일본인 승무원만으로 구성된 선박[14]을 타고 일본 최초로 대서양을 횡단하여 미국으로 건너간 막부 최초의 사절단의 일원으로 선택되었다.

후쿠자와는 1861년과 1867년에도 재차 서양에 다녀왔다. 그사이에 그는 『세이요지조』(西洋事情)라는 책을 발간했는데, 이 책은 그를 최고의 서양 전문가 중 한 사람으로 인정받게 만들어주었다. 후쿠자와는 순수한 학자라기보다는 대중적인 지식인이었고, 저널리스트로서 당대 일본인들에게 훨씬 더 많은 영향을 주었다. 후쿠자와야말로 그 누구보다도 근대 형성기 초기의 동시대 일본인들에게 정신적으로 엄청난 영향을 끼친 인물이었다고 해도 과언이 아닐 것이다. 1872년에서 1876년 사이에 집필한 『가쿠몬노스스메』(學問のすすめ, '학문의 권장')는 대중적으로 가장 성공한 책으로 총 350만 부나 팔렸다고 한다. 이 책의 다음과 같은 서두에서 우리는 후쿠자와의 주장이 어떤 색조를 띠고 있는지를 잘 엿볼 수 있다.

14) 유명한 '간린마루(咸臨丸)호'를 가리킨다. _옮긴이

하늘은 사람 위에 사람을 만들지 않고, 사람 밑에 사람을 만들지 않는다는 말이 있다. 이는 인간은 누구나 태어날 때부터 평등한 권리를 가지며, 귀천이나 상하의 차별이 없음을 뜻한다. 모든 인간은 만물의 영장으로서 자유의지와 심신의 활동에 따라 천지간에 존재하는 모든 물자를 이용하여 의식주에 유용하게 활용할 수 있다. 그리하여 누구에게도 거리끼지 않고 서로 폐를 끼치지 않으면서, 각자가 안락하게 이 세상을 살아나갈 수 있어야 한다는 것이 바로 이 말의 참뜻이라 할 수 있다. 하지만 우리 인간사회를 살펴보면, 착한 사람도 있고 어리석은 사람도 있는가 하면, 가난한 사람도 있고 부자도 있으며, 신분이 높은 사람도 있고 낮은 사람도 있어서, 실제로는 하늘과 땅처럼 차이가 있어 보인다. 왜 그런 것일까? 『지쓰고쿄』(實語敎)[15]라는 책에 보면 "사람이 배우지 아니하면 지혜가 없고, 지혜가 없는 자는 어리석은 사람이다"라는 말이 나오는데, 과연 현명한 사람과 어리석은 사람의 구별은 학문에 힘을 쓰는가 그러지 않는가에 따라 결정된다.[16]

영국 공리주의 및 교육을 통한 인간의 완성을 주창하여 당시 널리 유행하던 서양이념으로부터 많은 영향을 받은 후쿠자와는 근대교육의 충실한 옹호자가 되어 특히 현실적인 문제들에 관심을 기울였다. 그는 도쿠가와 봉건주의의 사회적 불평등과 무례함을 맹렬하게 비난하면서, '자연이성'에 입각하여 모든 인간은 자유롭고 모든 나라는 독립적이 되어야만 한다고 선언했다. 이렇게 후쿠자와가 지지한 민주적 이상주의는 동시에 교육에 대한 메이지 신정부의 태도에도 반영되었다. 그리하여 정부는 미국을 모델로 한 초등보통학교의 목표를 이루고자 전념하면서, 1872년 법령을 발포하여 새로운 공립학교 체제를 확립하고자 했다. 거기에는 "어떤 마을에도 배우지 못한 가정이 있어서는 안 되며, 어떤 가정에도 교육받지 못한 사람이 있어서는 안 될 것"이라는 서약조항이 들어가 있다.

15) 에도 시대에 널리 읽힌 쉬운 한문체의 수신서(修身書). _옮긴이
16) Fukuzawa Yukichi, *An Encouragement of Learning*, p.1.

서양의 방식을 찬미하고 일본이 거기에 따라야 한다고 주장하면서, 후쿠자와는 일본의 방식과 전통에 대해 신랄한 비판을 멈추지 않았다.

> 일본인과 서구인의 지식을 비교하자면, 문자나 기술이나 상업이나 산업 등에서 가장 큰 것으로부터 가장 작은 것에 이르기까지 우리가 앞선 것이 하나도 없다. (중략) 세상에서 가장 멍청한 자가 아니라면, 우리의 지식과 사업이 서구 제국과 동등한 수준이라고 말할 자는 아무도 없을 것이다. 그 누가 우리의 손수레와 저들의 기관차를, 혹은 우리의 칼과 저들의 총을 비교할 수 있으랴. 우리는 음양오행을 말하지만, 저들은 60원소를 발견했다. (중략) 우리가 부동의 평평한 대지 위에 살고 있다고 생각할 때, 저들은 지구가 둥글며 태양 주위를 돈다는 사실을 알고 있었다. 우리가 일본이 가장 신성한 신국이라고 믿을 때, 저들은 세계를 돌며 각 지역을 개항시켜 나라를 경영했다. (중략) 일본의 현재 상황에서는 서양을 상대로 자랑할 것이 아무것도 없다. 일본이 내세울 만한 것은 고작 경치뿐이다.[17]

메이로쿠샤의 다른 멤버들과는 달리, 후쿠자와는 메이지 정부에의 참여 요청을 확고하게 거절하면서, 사회비평가로서의 독립성을 유지하는 것이 더 중요하다고 생각했다. 그러나 메이로쿠샤의 계몽주의자들은 대체로 정부 태도의 변화에 민감하게 대처했다. 이는 1875년 정부가 언론을 제한하는 신문지조례(新聞紙條例)[18]를 발포하자, 저 계몽주의자들이 즉각 『메이로쿠잣시』 발간을 중단하고 곧이어 그 모체인 메이로쿠샤 활동까지 종결지은 데에서 잘 엿볼 수 있다. 문명개화에 지속적인 열정을 보이는 가운데, 정부는 1870년대 중반 무렵 새롭게 조직된 정치적 반대당[19]의 출현에 직면하게 되었다. 이때 두드러지게 정부지향적이었던 메이로쿠샤 멤버들은 자신

---

17) A.M. Craig, "Fukuzawa Yukichi: The Philosophical Foundations of Meiji Nationalism," in Robert E. Ward, ed., *Political Development in Modern Japan*, pp.120~121에서 재인용.

18) 각지의 신문에 반정부적 논설이 많이 게재되면서 이를 탄압하기 위해 발포한 법령으로, 1909년 신문지법(新聞紙法)으로 대체되었다. _옮긴이

19) 1874년 결성된 애국공당(愛國公黨)을 가리킨다. _옮긴이

들의 모임이 그런 반정부적 움직임에 찬동하는 조직으로 비칠 것을 우려한 나머지 스스로 해체하는 편이 현명하다고 여겼던 것이다.

메이지 번벌과 그 반대세력

메이지 유신은 '왕정복고'라는 자기도취적인 슬로건하에 이루어졌다. 사실 막말의 복고주의자들은 흔들거리는 막부로부터 권력을 빼앗는 것 외에는 달리 구체적인 정치적 프로그램을 가지고 있지 않았던 듯싶다. 하지만 어쨌거나 메이지 신정부의 지도자들은 문명개화의 길 위에 나라를 올려놓았고, 일본 인민들에게 '독립'과 '자유'와 '개인의 권리' 등의 이념들에 대한 열망을 고취했다. 원래 영국의 자유민주주의에서 가져온 이런 이념들이 메이지 시대의 최초 십수 년 동안 일본 관리들과 지식인들의 사고를 사로잡고 있었던 것이다. 그런 가운데 서구화를 외치는 몇몇 극단적인 열광주의자들은 일본을 공화국으로 만들어야 한다고 주장하기도 했다. 그러나 유력한 인사들 중에 '자유'로운 인민이 또한 그들 자신의 정부를 선택할 권리까지 가져야 한다는 입장을 지지하는 자는 아무도 없었다. 메이지 일본의 새로운 정치 엘리트 지도자들은 거의 대부분 무사계급 출신이었다. 그들은 한편으로 도쿠가와 봉건주의의 폐해를 소리 높여 공격했지만, 다른 한편으로는 인민대중을 본질적으로 타성적이고 어리석은 존재로 내려다보는 봉건적 태도를 유지하고 있었다. 그러니까 인민을 계몽하고자 한 그들의 목적은, 인민이 정치적으로 능동적인 주체가 되도록 하는 데에 있는 것이 아니라 부국강병, 즉 나라를 풍요롭게 만들고 그럼으로써 서양을 상대로 일본의 힘을 강화해나가는 데에 있었던 것이다. 심지어 우상파괴적이고 공리주의적인 사고방식을 가지고 있었던 후쿠자와조차, 인민들에게 정부에 대한 비판적인 태도를 가지도록 장려할 만한 마음의 준비는 전혀 되어 있지 않았다. 1870년대에 정치적 반대당이 생겨난 것은 외부로부터가 아니라 정부 내부의 파벌다툼에서 비롯된 결과였다.

메이지 유신의 지도자들은 주로 사쓰마번, 조슈번, 도사번, 히젠(肥前)

번[20] 출신의 무사들이었다. 그런데 당초부터 사쓰마와 조슈 출신 인물들은 도쿠가와 막부 전복에 대단히 중요한 의미를 가지는 삿초 동맹에 토대를 둔 독립적인 번벌을 구성했으며, 점차 신정부의 실질적 권력을 차지했다. 이에 도사와 히젠 출신 인물들이 불만을 품을 수밖에 없었는데, 이런 갈등은 1873년 정한론(征韓論)을 둘러싼 국가적 문제로 번져나갔다. 이 정한론 정변의 표면적 내용은 외교통상관계를 개설하자는 일본 측의 제의를 거절한 한국에 어떻게 대처할 것인가 하는 데에 있었다. 이에 대해 정부 내 도사 및 히젠 출신 지도자들은 대부분 한국 침공의 가능성을 비롯한 강경노선을 주장했다. 하지만 사쓰마번 출신의 유명한 사이고 다카모리(西鄕隆盛, 1827~1877)를 제외한 나머지 사쓰마-조슈 번벌은 일본이 대외전쟁을 치르기에는 아직 너무 취약하다는 이유로 정한론에 비판적인 입장을 취했다. 이런 '평화' 파의 입장이 우세해지자, 사이고를 비롯한 '전쟁' 파는 정부를 떠났다.

이리하여 사쓰마-조슈 번벌이 정쟁에서 승리하여 정부를 더욱 확실하게 장악했지만, 다른 한편 외부에 강력한 적대세력을 가지게 되었다. 그중 몇몇 적대세력은 대놓고 반란을 일으켰는데, 그 주력부대는 메이지 정부의 근대화정책에 불만을 품은 무사들로 구성되어 있었다. 이 가운데 가장 심각한 반란은 사이고 다카모리가 이끈 1877년의 사쓰마 반란[21]이었다. 사이고는 다른 유신지도자들보다 훨씬 더 무사계급의 이상에 집착했다. 1873년 정한론 정변 때 그가 보인 호전적 태도는 주로 일본 무사라면 외국의 모욕에 즉각적인 군사행동으로 대처해야 한다는 믿음에 근거한 것이었다. 1877년 사쓰마 반란의 주모자로서 사이고는 봉건적 특권을 위한 최후의 용맹한 몸짓을 보여줌으로써 근대 일본의 위대한 낭만적 영웅이 되었다. 이와 동시에 사쓰마 반란의 실패는 그것이 무력으로 메이지 정부에 대항한 최후의 시도였음을 보여주었다.

20) 지금의 사가현 일부 및 나가사키현 일부에 해당하는 옛 지명. _옮긴이
21) '세이난' (西南) 전쟁을 가리킨다. _옮긴이

이것보다 역사적으로 훨씬 더 중요한 의미를 지닌 사건으로, 1873년의 전쟁파에 속했던 다른 무사지도자들이 제기한, 선거를 통한 의회 구성을 통해 국민참여를 확대해야 한다는 요구를 들 수 있다. 즉 도사번의 이타가키 다이스케(板垣退助, 1837~1919)가 이끄는 일군의 무사들은 다음과 같이 전제적인 사쓰마-조슈 정권을 공격하는 청원서를 천황에게 제출했다.

> 현재의 정치권력은 그 선택권이 천황에게 있지도 않고 국민에게 있지도 않다. 그것은 오직 한 파벌에만 집중되어 있다. 이 전제적 관리들이 잘못된 판단을 할 경우, 그것은 곧 국가의 파멸을 의미할 수 있다. 이런 문제를 바로잡을 수 있는 유일한 수단은 민선의회를 구성함으로써 국정에 관한 논의를 널리 확장하는 길밖에 없다.[22)]

이에 정부는 정치에 국민들이 참여할 길을 열어주는 것은 아직 너무 이르다고 답변했다. 사실 청원서를 낸 무사들이 유권자로 국민의 상당수를 염두에 두었으리라고는 여겨지지 않는다. 그들은 당시 메이지 정부를 장악하고 있던 사쓰마-조슈 번벌을 공격하기 위한 주된 수단으로서 의회민주주의라는 이념을 지지한 것이기 때문이다. 어쨌거나 이렇게 해서 민권운동이 시작되었고 결과적으로 모든 성년남자들에 대한 투표권 부여를 포함하는 더욱 완성된 형태의 민주주의를 위한 하나의 캠페인이 되었지만, 그 발단동기는 결코 인민과는 무관한 기획이었다.

민권운동에 대한 대응으로서 정부는 전술한 대로 1875년 메이로쿠샤의 해산을 야기한 신문지조례를 발포했다. 언론 및 집회의 자유를 탄압한 이 신문지조례 및 기타 법률의 진짜 목적은 정치정당을 결성하려는 이타가키 및 그 동조자들의 시도를 제지하려는 데에 있었다. 그럼에도 불구하고 신생당 창설을 옹호하는 자들은 자신들의 요구를 계속 밀어붙였으며, 결국

---

22) 이 청원서에 관한 논의는 Peter Duus, *Modern Japan*, pp.108~109 참조.

같은 해인 1875년에 이타가키는 최초의 정치정당인 '아이코쿠샤'(愛國社)를 창립하는 데 성공했다. 하지만 민권운동 측이 전제적 정부로부터 국민 참여의 기회를 부여하겠다는 공약을 받아낸 것은 1881년에 이르러서였다.

1881년 정부 내 마지막 비(非)사쓰마-조슈계 정치가 중 하나인 오쿠마 시게노부(大隈重信, 1838~1922)가 어느 고위관리의 부패를 폭로한 결과 오히려 자신의 직위를 박탈당한 사건이 일어났다.[23] 오쿠마를 해임하기 직전에 정부는 칙명을 통해 향후 9년 이내 혹은 1890년까지 헌법을 제정하고 국회를 개설하겠다는 공약을 발표했다. 이는 오쿠마가 사쓰마-조슈 번벌로부터 양보를 얻어낸 것처럼 보일지도 모른다. 하지만 사실 정부 측은 언제 그리고 어떻게 일본의 입헌제 정부형태를 구성할 것인지에 대해 오래전부터 검토하고 있었다. 그러니까 1881년의 오쿠마 사건이 특별히 정부의 계획을 변경시킨 것은 아니었다. 물론 정부로서는 그렇게 일찍 입헌제 구상을 공표하고 싶어 하지는 않았겠지만 말이다.

메이지 지도자들은 어떤 기준으로 보든 매우 유능하고 멀리 내다볼 줄 아는, 그러면서도 어떤 문제건 철저히 실용주의적인 관점에서 접근한 인물들이었다. 일단 권력을 장악하고 나면 그들은 무사적 배경에 어울리게 권위주의적으로 흐르는 경향이 있었다. 하지만 이런 성향은 메이지 번벌 집권자들로 하여금 민선정치가들이라면 늘상 겪을 수밖에 없는 분쟁들로부터 면제된 채, 일본의 개량이라는 더 높은 목적을 추구하는 데에 집중할 수 있도록 해줌으로써 오히려 하나의 유리한 이점으로 작용했을 성싶다. 그들은 일본을 명실 공히 근대국가로 만들기 위해 혼신의 힘을 기울였으며, 입헌주의는 당시 어디에서건 근대주의자들이 중시했던 필수적인 요소였다. 메이지 헌법 제정의 책임자는 조슈번 출신의 이토 히로부미(伊藤博文, 1841~1909)였다. 1882년에 그는 서구, 특히 독일 헌법학자들이 제안한 입헌제도

23) 이를 일본사에서는 '메이지 14년의 정변'이라고 한다. 여기서 고위관리의 부패는 홋카이도 개척사 장관인 구로다 기요타카(黑田淸隆)가 거액의 공금을 친구에게 불법적으로 불하한 것을 가리킨다. 이것이 폭로되면서 민권파 신문 및 여론에 의한 정부비판이 들끓자, 위기를 느낀 조슈 출신의 이토 히로부미가 오쿠마를 제거한 것이다. _옮긴이

를 연구하기 위해 유럽을 방문했으며, 1885년에는 일본 내각제하의 첫 번째 수상이 되었다.

한편 민권운동 진영 또한 활발한 움직임을 보였다. 가령 이타가키와 오쿠마는 새로운 정치결사로서 각각 자유당(自由黨)과 개진당(改進黨)을 창립하여 10여 년 이내에 이루어질 의회 개설에 대비했다. 이 두 당의 주요 노선에 어떤 차이가 있었는지를 정확하게 평가하기란 쉽지 않다. 어쨌거나 당시에는 루소(J.J. Rousseau)와 밀(J.S. Mill)을 비롯하여 서양 정치학자들의 저작이 일본어로 많이 번역되어 있었고, 정당인들은 이런 번역서들을 널리 읽고 높이 평가했음이 분명하다. 이 중 이타가키 진영은 특히 프랑스의 천부인권론적 민주주의를 신봉한 듯싶고, 이에 비해 오쿠마 진영은 영국의 공리주의를 받아들인 것으로 보인다. 또한 자유당이 일반적으로 농업에 관심이 많았다면, 개진당은 새로 떠오른 도시 산업계층에 동조하는 경향이 있었다. 하지만 입헌제 이전의 민권운동 단계에서 정당 결속에 토대를 제공해준 것은, 정치적 신조라든가 특별한 쟁점 또는 특정 계층과의 동맹 이상으로 무엇보다 지도자에 대한 개인적 충성과 헌신이었다.

정치정당 외에 메이지 번벌에 대한 급증하는 저항의 중요한 원천은 바로 언론이었다. 유신 직후 초창기 형태의 수많은 신문들은 메이지 신정부의 사쓰마-조슈계 지도자들에게 적대적 태도를 취했던 과거 막부관리 출신들에 의해 발간되었다. 근대적인 언론매체가 지속적으로 성장하면서 반정부적 저항도 대개 저널리스트들에 의해 이루어지게 되었는데, 이들은 주로 정부의 배타적 파벌주의에 의해 배제되어버린 전직 무사 출신들이었다. 새로 등장한 정치정당의 구성원들은 사실상 저널리즘계에서 경력을 시작한 사람들이 많았다. 게다가 메이지 초기의 많은 신문들은 거의 언제나 똑같이 반정부적 색조를 띤 특정 정치적, 사회적 견해의 대변자로서 기능했다. 따라서 근대 일본의 초창기 저널리즘은 명백히 저항적 저널리즘이었다고 할 수 있다. 메이지 번벌 집권자들이 신문지조례를 발포함으로써 신속하고 효과적으로 저널리스트들을 공격한 것도 결정적으로 이런 이유 때문이었다.

교육칙어

1880년대 일본의 추세는 1870년대와는 상당히 달랐다. 유신 직후의 10여 년간 일본인들은 종종 마구잡이식의 대단한 열정으로 서양을 본뜬 일본의 재창조를 추구했다. 하지만 1880년대에 들어서면서 그들은 종래의 무분별한 서구숭배를 수정했을 뿐만 아니라, 자신들의 고유한 전통 안에서 새로운 가치를 발견하고 재평가하기 시작했다. 이 무렵 신정부 지도자들은 입헌제 준비과정의 국가를 위한 일관성 있는 이데올로기를 명확히 선언할 필요성을 절감하고 있었다. 그런 선언과정은 교육에 대한 정책에서 가장 분명하게 엿볼 수 있다.

1872년의 '학제반포'(學制頒布)[24]를 통해 메이지 정부는 일반 초등교육의 목적을 선포했으며, 1870년대 말까지 실용과목을 강조하고 서양식 개인주의적 사고를 장려하는 학습을 일본 학생들에게 제공하고자 노력했다. 하지만 1880년대에 들어서자 정부는 태도를 바꾸어 각급 학교에서 전통적인 수신(修身)학습을 복귀시키고 개인보다는 국가에 대한 봉사를 교육목표로 재규정하는 등 신중한 조처들을 취했다. 이와 같은 새로운 교육정책은 1890년 다음과 같이 시작되는 단문의 '교육칙어'(教育勅語) 발포에서 그 정점에 도달했다.

> 짐이 생각건대 우리 황조황종께서 나라를 시작하시고 널리 덕을 세우심이 심후하도다. 우리 신민들이 충과 효로써 모든 마음을 하나로 하여 세세토록 그 아름다움을 이루는 것이야말로 우리 국체의 정화로다.[25]

---

24) 일본 최초의 근대학교제도에 관한 규정. 구미의 학교제도를 참고로 하여 전국을 대학구, 중학구, 소학구로 나누고 각 학구에 대학교, 중학교, 소학교를 설치하도록 계획했으나, 계획대로 시행되지 못한 채 1879년 교육령 제정에 따라 폐지되었다. _옮긴이

25) John K. Fairbank, Edwin O. Reischauer, and Albert M. Craig, *East Asia: The Modern Transformation*, p.276에 교육칙어 전문이 영역되어 있다.

위의 짤막한 구절에서 우리는 메이지 정부가 초기에 서구 자유주의 및 민주주의 이념에 일시적으로 관심을 가졌다가, 중대한 교육정책과 관련하여 도쿠가와 시대 후기에 새로운 정통사상으로 발전한 신도-유교적 개념에서 비롯된 사회적 이데올로기를 학생들에게 주입시키기로 결정했음을 분명히 엿볼 수 있다. 거기서는 도덕이 다시금 충과 효라는 위계질서적 덕목에 기초하게 되었으며, 교육칙어의 다른 구절에서 "천지와 함께 영원히 이어질 것"〔天壤無窮〕이라고 묘사된 천황이야말로 모든 일본인들의 궁극적인 봉헌대상임을 명시하고 있다. 요컨대 근대의 신생 일본국은 아버지로서의 천황을 정점으로 하여 그에게 순종하는 거대한 유교적 가족국가로 간주되고 있는 것이다.

서구화에 대한 반발과 보수회귀

1880년대에는 비단 정부만이 보수주의로 돌아선 것이 아니었다. 심지어 후쿠자와 유키치 같은 명백한 서구주의자조차 문명개화의 세찬 흐름 속에서 서양 것이라면 무엇이든 무비판적으로 받아들였던 종래의 일본에 대해 재고하기 시작했다. 그와 같은 재고의 경향은 상당 부분 서양에 대한 시각이 더 정교하게 다듬어지면서 생겨난 귀결일 따름이다. 자유민주주의라는 유토피아적 이상에 대한 초기의 열렬한 반응에서 많은 지식인들(이와쿠라 사절단의 지도자들을 제외한) 자신들의 서구에 대한 편향성을 조절하지 못했다. 그들은 서양 열강들이 노골적으로 추구한 이기적인 제국주의 정책을 정당한 것으로 인정하고 오히려 경의를 표했기 때문이다. 실제로 서양 지식인들은 허버트 스펜서(Herbert Spencer)의 사회진화론에 근거하여 제국주의 정책을 정당화하고자 했다. 여기서 사회진화론이란, 세계가 완전한 문명개화의 평화시대를 이룩할 수 있기 전까지는 가장 적합한 인종과 국가에게만 생존을 약속하는 투쟁적이고 폭력적인 선택과정이 계속될 수밖에 없다는 주장을 가리킨다.

메이지 번벌 집권자들은 통상 그들의 비판자들보다 훨씬 더 현실주의적이었으며 항상 부국강병의 목표를 염두에 두고 있었다고 평가받는다. 예컨대 그들은 1873년 정한론 정변 때 현실적으로 일본 국내상황이 너무 위험하다는 판단하에 한국에 대한 군사적 공격을 포기했다. 하지만 그런 때조차 그들은 일본이 언젠가는 식민지제국 경영을 두고 서양과 경합할 수 있게 될 날이 올 것을 마음속에 상상하며 기다리고 있었다. 이에 반해 정부 바깥의 지식인들과 일반대중들은 1880년대까지만 해도 대부분 국가통제주의적인 정책 및 노골적인 내셔널리즘적 목표 추구의 필요성을 수긍하지 않았다.

1880년대 및 1890년대 초에 최우선적으로 중요시된 내셔널리즘적 목표는 불평등조약의 개정이었다. 조약개정을 이루고자 시도한 정부의 거듭된 실패는 서양에 대한 회의를 키웠을 뿐만 아니라 보수적인 일본주의적 정조를 확산시켰다. 1888년의 조약개정회의가 극적으로 결렬되자, 당시 일시적으로 외무장관으로서 정부에 복귀해 있던 오쿠마 시게노부가 한 광신적인 극우파 조직원이 그의 마차에 폭탄을 던지는 바람에 한쪽 다리를 잃은 사건이 일어나기도 했다.

도쿄 도심의 로쿠메이칸(鹿鳴館)이라는 서양식 건물은 조약개정과 관련하여 많은 일본인들이 품었던 좌절감과 실망감 혹은 굴욕감을 상징적으로 잘 보여주는 곳이었다. 외국 외교관들과 고관들을 대접할 목적으로 1883년에 세운 이 로쿠메이칸은 화려한 연회로 늘 법석거리던 사교장이었는데, 그중 1887년 당시 수상이었던 이토 히로부미가 마련한 가장무도회는 가장 악명 높은 연회로 기억될 만하다. 이 댄스파티는 일본의 최고위급 인사들조차 자신이 문명화되었고 세련된 사교술을 알고 있음을 서양인들에게 입증하고 싶어 안달이 난 나머지 얼마나 우스꽝스럽고 바보 같은 행동을 했는지를 가장 잘 보여준 사례라 할 수 있다(그림 65). 10여 년 전 같으면 그런 행동은 아마도 문명개화적인 것으로 칭송받았을 법하다. 하지만 이제 이토와 그 수하의 장관들에게는 조롱하고 폄하하는 의미에서 '춤추는 내각'이라는 별명이 붙고 말았다. 이는 시대적 추세가 변했음을 보여주는 신

:: **그림 65** 하시모토 지카노부(橋本周延, 1838~1912)의 〈헌법발포식 장면〉. 메이지 헌법 공포식장에 참례한 서양식 제복을 입은 남성들과 불룩한 허리받이 드레스를 입은 여성들을 보여주고 있다(호놀룰루미술학회, 노멀 D. 힐 유증, 1938)

호였다.

1880년대의 과잉서구화에 대한 반발 및 보수주의로의 회귀를 일반적인 현상이거나 아니면 예상치 못한 반동적 현상 중 하나일 것이라고 쉽게 단정 지어서는 안 된다. 오쿠마를 습격한 자처럼 극단적인 내셔널리스트들이 행동에 나서 서구화를 반대했지만, 많은 저명인사들은 여전히 서구화에 심취되어 있었다. 심지어 가장 선명하게 전통적 가치의 재평가를 외친 자들조차 종종 일본이 동양과 서양 양쪽 모두에서 도움 될 만한 것을 선택적으로 가려내어 취해야 한다는 입장을 옹호했다. 이와 관련하여 혹자는 서양문명에 관해 다음과 같이 진술한다.

우리는 서양문명이 탁월하다는 것을 인정한다. 우리는 인권, 자유, 평등에 관한 서양이론의 가치를 인정한다. 우리는 서양철학과 도덕을 존숭한다. 우리는 몇몇 서양관습에 호감을 가지고 있다. 무엇보다 우리는 서양과학과 경제 및 산업을 높이 평가한다. 하지만 단지 서양 것이라는 이유만으로 이런 것들을 취해서는 안 될 것이다. 우리는 일본의 발전에 도움이 되는 한에서만 서양 것을 채용해야 한다. 그러므로 우리는 협착한 외국혐오증에 빠져서는 안 된다. 그보다 형재애

의 분위기 안에서 일본정신을 고양해야 할 것이다.[26)]

1880년대 후반의 서구화 대 전통주의에 대한 논쟁은 주로 도쿠가와 시대에서 메이지 시대로 넘어가는 대전환기의 지극히 혼란한 시절에 가장 예민한 지적 성장기를 거쳤던 신세대들에 의해 이루어졌다. 메이지 지도자들이라든가 후쿠자와 유키치 같은 선배세대보다 훨씬 더 심각하게, 이들은 항상 과거를 표상하는 일본과 항상 미래를 대표하는 서양 사이에서 갈가리 분열된 문화적 불확실성을 느꼈다.

민유샤와 세이쿄샤의 대립

이런 신세대 가운데 가장 깊이 있게 서구화를 포용했던 인물 중 하나로 도쿠토미 소호(德富蘇峰, 1863~1957)를 꼽을 수 있다.[27)] 북규슈 구마모토(熊本) 지방의 부농집안에서 태어난 도쿠토미는 어릴 때 고향에서 서양식 교육을 받은 다음 교토의 크리스천 대학인 도시샤(同志社)대학에서 공부했다. 1880년대 중반에 도쿠토미는 도쿄로 건너가 거기서 작가 및 저널리스트로서의 경력을 쌓았다. 그는 '민유샤'(民友社)라는 모임을 설립했으며, 이 모임의 견해를 표명하기 위해 1887년부터 『고쿠민노토모』(國民之友)라는 잡지를 발간하기 시작했다.

이 잡지의 발행부수는 머지않아 엄청나게 늘어났는데, 도쿠토미는 거기서 더 나아가 근대 일본의 발전에 관한 자신의 의견을 책과 논문에 담아 활발히 펴냈다. 이때 그는 후쿠자와 유키치를 비롯한 메이지 시대 초기의 계몽주의자들이 지지했던 서구화에는 비판을 가했다. 그런 종류의 서구화는 오로지 서구문명의 물질적 측면만 받아들였을 뿐이고 그 밑에 깔려 있는 정신은 도외시했다는 것이다. 이와 동시에 도쿠토미는 메이지 정부가 공립

26) Kenneth Pyle, "Meiji Conservatism," in Jansen, *Cambridge History of Japan*, 5:691에서 재인용.
27) 도쿠토미 및 '신세대'에 관한 이 책의 논의는 주로 Kenneth B. Pyle, *The New Generation of Meiji Japan*을 참조했다.

학교에서 유교적 수신과목을 재도입하는 정책을 실시한 것과 같은, 메이지 이전의 '동양도덕과 서양기술'이라는 이념의 추구가 무익하다는 점을 지적하기도 했다. 어쨌거나 이 새로운 정책하에서 일본 학생들은 근대적 실용지식도 배우고 동시에 봉건적 도덕도 몸에 익힐 것을 요구받았다. 이에 비해 도쿠토미의 견해에 따르면, 일본이 근대화에 성공하기 위한 유일한 선택지는 일본의 과거를 완전히 거부하고 전적으로 서구문명의 물질적, 정신적 측면을 배우는 데에 있다는 것이다.

허버트 스펜서의 저술에 많은 영향을 받은 도쿠토미는 진보란 보편적인 현상이라는 점에 근거하여 자신의 극단적인 견해를 정당화하고자 했다. 그에 따르면 서구화는 실질적으로 보편화에 다름 아니기 때문이다. 그러니까 비서구권의 여러 나라들도 근대화에 진전을 이루게 되면 서구 제국에서 엿볼 수 있는 것과 동일한 근대문명의 특징들이 나타나게 될 것이라는 말이다. 일본의 경우는 이미 이런 근대적 특징들이 많이 나타나고 있으며, 따라서 가능한 한 더 빠른 속도로 아직 못다 이룬 근대화를 완성해야 한다는 것이다.

이와 같은 도쿠토미와 민유샤의 견해에 대한 중요한 도전이 1888년 일군의 젊은 작가들과 평론가들이 설립한 세이쿄샤(政敎社)에 의해 가해졌다. 세이쿄샤 멤버들은 민유샤의 『고쿠민노토모』와 경쟁적인 잡지 『니혼진』(日本人)을 발간하면서, 서구화를 공격하는 한편 '국수보존'(國髓保存), 즉 일본국가의 본질 및 정수의 보존을 촉구했다. 아마도 미야케 세쓰레이(三宅雪嶺, 1860~1945)의 『진선미 일본인』(眞善美日本人, 신젠비니혼진)이라는 저서는 이들의 일반적인 입장을 가장 잘 보여준 책일 것이다. 도쿠토미와 동시대를 살면서 오랜 세월 동안 줄곧 그와 경쟁관계에 있었던 철학도 미야케는 스펜서류의 국가 간 분쟁이 역사발전 과정에서 피할 수 없는 것은 사실이지만, 그렇다고 해서 근대화 과정이 필연적으로 보편적 국가를 초래하는 것은 아니라고 주장했다. 그 반대로 각 나라는 다른 나라와 구별되는 자신의 고유한 특질을 살려나감으로써 가장 강력한 경쟁력을 확보할 수 있다는 말이다. 세이쿄샤의 다른 멤버들과 마찬가지로 미야케도 자연지형에 많은 관심을 보였고, 지리와 기후가 인종적 특징 및 민족문화에 끼치는 영향에 특히 주목했다. 또한 그는 인종과 국가의 다양성이 세계진보의 근본적인 요인이며, 각 나라의 고유한 관습을 무시한 채 무조건 다른 나라 것을 취하는 것은 해악을 미칠 뿐이라고 생각했다. 어쨌거나 서구 제국이 공통적으로 근대화를 추진해오면서도 각 나라의 특수한 민족문화를 완강하게 고수해왔음은 분명한 사실이라는 것이다.

이처럼 국수보존을 주창한 이들은 자신들의 반(反)서구화 주장이 정당함을 보여주고자 애쓰면서, 더 진보하고 '우월한' 서양의 엄연한 그림자 안에서 깜짝 놀랄 만한 변화들이 일어났던 20여 년간의 시간이 지난 시점에 이르러 이치상 자국의 문화적 가치야말로 정말 필요한 것이라는 느낌을 일본인들에게 일깨워주었다. 가령 세이쿄샤 운동은, 일본 작가들이 서구문학의 압도적인 영향하에 처음으로 근대문학을 산출하기 시작한 때인데도 불구하고 일본 고전문학에 대한 관심을 파생시켰다. 와카(和歌)집을 비롯하여 고대기 작품들이 잇달아 재간되었으며, 특히 겐로쿠 문학의 재발견에 비상한 관심이 집중되었다. 그리하여 사이카쿠의 산문과 지카마쓰의 인형극과 바쇼의 하이쿠 등이 다시금 대중들 사이에서 큰 인기를 누려 널리 읽혔으며, 주석작업도 활발히 이루어졌다.

하지만 불행히도 '국수보존' 개념은 일본인들에게 정서적으로만 자극을 주었을 뿐 명확히 정의되지 않았으며, 세이쿄샤 작가들은 설득력 있는 실천 프로그램을 전혀 제시하지 못했다. 그들은 일반적으로 합리적인 정신의 소유자들이었음에도 불구하고, 그들의 견해는 외국혐오주의자들과 극단적인 내셔널리스트들에게 연료를 제공해주는 역할을 했다. 그리하여 이윽고 일본이 해외 영토확장에 착수하게 되면서 국수보존은 곧 울트라내셔널리즘과 동의어가 되고 말았다.

근대 일본과 그리스도교

근대적(서구적) 정신이라든가 일본의 국수와 같은 문제를 둘러싼 메이지 중엽의 논쟁에는 그리스도교가 깊이 연루되어 있었다. 메이지 유신의 지도자들은 개인적으로는 그리스도교에 별 관심이 없었다. 물론 민권운동의 선구자인 이타가키 다이스케 등의 몇몇 인사들은 그리스도교가 근대화의 필수적인 요소일지도 모른다고 추측하기도 했다. 이에 비해 도쿠토미 소호를 비롯하여 1880년대 및 1890년대의 신세대 지식인들은 대부분 그리스도교로부터 강력한, 때로는 결정적인 영향을 받았다.

수 세기 동안 계속된 그리스도교 금지는 메이지 유신 이후 곧바로 풀리지는 않았다. 그리스도교의 법적 해금은 이와쿠라 사절단의 관찰 결과 서양인들이 자신의 종교를 얼마나 소중하게 여기는지를 깨닫게 된 이후인 1873년에 이르러서야 슬그머니 이루어졌다. 그러는 사이 서양, 특히 미국과 영국의 프로테스탄트(개신교) 선교사들은 이미 일본에 들어와 영화(英和)사전의 편찬 및 일본어판 성서 번역 등을 비롯하여 활발하게 활동을 전개하고 있었다. 이 선교사들이 한 일들 중 특히 주목할 것은 교육 분야이다. 당시 일본정부는 전국적인 초등교육체계를 확립하고자 전력을 기울이고 있었다. 이에 비해 서양 선교사들과 몇몇 뜻있는 일본인들은 사립학교를 세워 일본의 근대화 프로그램에 필수적인 고등교육을 담당하고자 했다. 이 시기에 창립된 유명 사립대학으로 교토에 있는 그리스도교 계통의 도시샤대학이라든가 후쿠자와 유키치가 세운 도쿄의 게이오(慶應)대학 및 오쿠마 시게노부가 설립한 도쿄의 와세다(早稻田)대학 등을 꼽을 수 있다.

그리스도교로부터 강력한 영향을 받은 청년들의 대다수는 메이지 유신의 성립과정에서 패배하거나 배제된 지역 출신의 무사들이었다.[28] 신정부에 참여할 기회를 차단당한 이 청년들은 하나의 대안으로서 서양학문의 습득을 통해 탈출구를 찾고자 했다. 그들은 서양 크리스천 교사들과의 직접

---

28) 이하 메이지기 그리스도교에 관한 내용은 Irwin Scheiner, *Christian Converts and Social Protest in Meiji Japan*을 주로 참조했다.

적인 접촉을 통해 특히 이 서양인들의 도덕적 인품과 열정적이고 헌신적인 자세에 깊은 감명을 받았다. 젊고 예민한 이 일본인들은 서양 교사들이 일본전통에서의 이상적인 무사 및 유학자들과 매우 흡사한 기질과 특징을 가지고 있다고 느꼈던 모양이다. 그래서인가 1870년대 및 1880년대에 그리스도교로 전향한 많은 일본인들은 그리스도교를 일종의 근대판 유교로 간주했던 것인지도 모른다.

1870년대에 일본에 들어온 미국 선교사들과 평신도 크리스천 교사들은 일본인 학생들을 열정적으로 대했다. 19세기 말 뉴잉글랜드의 종교적 정신으로 무장되어 있던 저 서양인들의 신앙은 드높은 도덕규범 및 크리스천으로서 양심의 명령에 따라 행동하는 개개인에 의해 지상에서의 하느님 사업이 성취된다는 믿음에 근거하고 있었다. 그들은 교리문제라든가 추상적인 신학에는 별 관심이 없었고, 오직 학생들을 강한 인물로 키우고자 했다. 사실 그들은 일본인 제자들에게서 무사적 행동규범과 관련된 장점들을 쉬이 발견할 수 있었다.

도쿠토미 소호는 '구마모토 밴드'라 불리는 35명의 유명한 일본인 청년 그룹에 속한 인물인데, 이 구마모토 밴드의 멤버들은 1875년 규슈 구마모토 소재의 한 언덕에 올라가 그리스도교에 자신을 봉헌하여 일본땅에서 무지를 몰아내고 사람들을 계몽하기 위해 그리스도교 신앙을 전파하겠노라고 맹세했다. 이 청년들은, 웨스트포인트 졸업생으로서 미국 남북전쟁 때 장교로 복무한 바 있는 르로이 제인스(Leroy L. Janes)가 경영하는 구마모토 내 서양학교의 학생들이었다. 이들 중 여럿은 후에 일본 그리스도교의 뛰어난 대변자가 되었다. 도쿠토미의 경우 후대에는 교회와의 공식적인 연관성을 부인했지만, 그는 '내면적 자유' 및 사회적, 정치적 행위를 위한 지침으로서 자신의 독립적인 양심을 사용할 개인적 의무에 대한 개신교도로서의 신앙을 계속 지니고 있었다. 도쿠토미는 메이지 정부가 1880년대 이래 모든 초등학교에서 주입식으로 심어주려 했던 유교적 도덕이 모든 일본인들의 눈을 멀게 하고 국가에 대한 맹목적인 충성을 강요한다 하여 비판하고 공격했는데, 그의 입장은 바로 이러한 크리스천 신앙에 근거한 것이었다.

메이지 중엽 정부의 노골적인 국가통제주의적 정책을 비판한 일본인들에게 끼쳤던 것과 같은 개신교의 영향은 도쿠토미 같은 인물뿐만 아니라 1890년대 초 무렵 사회주의 운동에 가담했던 많은 일본인들에게서도 찾아볼 수 있다. 사실 근대 일본에서 가장 탁월한 크리스천들 가운데 많은 이들은 지도적인 사회주의자들이었다. 하지만 또 다른 크리스천들은 1890년 입헌의회제가 시작된 이후 자신들에 대해 부정적이고 비우호적인 사회적 분위기로 인해 정치사회비평의 무대에서 완전히 물러나 개인적인 종교적 수양에만 몰두하게 되었다. 이런 크리스천의 전형적인 사례가 바로 우치무라 간조(內村鑑三, 1861~1930)이다.

우치무라 간조

무사가문에서 태어난 우치무라는 홋카이도의 그리스도교 계통 농학교에 입학하였고, 거기서 구마모토의 제인스와 마찬가지로 많은 일본 청년들을 신앙의 길로 인도한 미국인 평신도 교사 윌리엄 클라크(William S. Clark) 박사의 가르침을 받았다. 후에 우치무라는 미국 유학길에 올라 애머스트(Amherst)에서 공부했으며, 거기서 크리스천으로 전향했다. 1891년 우치무라는 일본에 돌아와 도쿄의 이름 있는 고등학교에서 교편을 잡았는데, 교육칙어 사본 앞에서 절을 하지 않음으로써 센세이션을 일으켰다. 결국 그는 매국노로 몰려 불경죄를 범했다는 이유로 사직을 강요당했고, 교육칙어에서 신민에게 요구된 천황과 국가에 대한 의무와 양립할 수 없는 신념을 가진 자라고 비난하는 논쟁적인 공격의 표적이 되었다.[29] 이리하여 우치무라는 1870년대의 개방적이고 소박한 국제주의에서 편협하고 악의적인 내셔널리즘에 이르기까지 일본 대중들과 지식인들의 변덕스러운 태도

29) 이 무렵 도쿄제국대학 교수였던 구메 구니타케(久米邦武, 1839~1931)가 신도를 원시적인 제천의식이라고 규정한 논문 때문에 대학에서 쫓겨나는 사건이 일어나기도 했다.

변화의 희생물이 되고 말았다. 그 후 우치무라는 10여 년간 저널리즘에 종사하다가 마침내 공공생활을 떠나 사적인 교수 및 그리스도교에 관한 저술 활동에만 몰두했다.

그를 비방하는 자들의 주장과는 반대로, 우치무라는 국가에 대한 충성을 호도하기 위해 그리스도교를 이용한 적이 없다. 그는 확고하게 두 가지 '제이'(J), 즉 예수(Jesus)와 일본(Japan)에 대한 봉헌을 선언했다. 그러면서 성공회 신도(Anglican)는 본질적으로 영국의 크리스천이고 장로교 신도(Presbyterian)는 원래 스코틀랜드의 크리스천이며 루터교 신도(Lutheran)는 독일의 크리스천이듯이, 그 자신은 일본 크리스천이라고 주장했다. 이와 아울러 그는, 크리스천이자 동시에 일본인이 되고자 함은 크리스천들과 일본인들 모두에게 환영받지 못하기 십상이라는 사실을 다음과 같이 수긍하고 있다.

> 나는 내가 예수와 일본 중에서 어느 쪽을 더 사랑하는지 잘 모르겠다. 나는 동족들로부터는 내가 예수를 사랑하기 때문에 야소(크리스천)라 하여 미움받으며, 서양 선교사들로부터는 내가 일본을 사랑하기 때문에 편협한 내셔널리스트라고 비난받는다. 그래도 상관없다. 내 모든 친구들을 잃는다 해도, 나는 예수와 일본을 잃을 수는 없다.[30)]

나아가 우치무라는 무교회주의 운동을 전개하여 성직자 제도 및 기타 교회 장식물 따위를 제거함으로써 일본 그리스도교로부터 서구 유래의 제도와 전통을 뿌리째 뽑아내어, 궁극적으로 서양적 그리스도교에 일본적 그리스도교의 옷을 덧입히고자 했다. 그의 묘비명은 영어로 다음과 같이 새겨져 있다.

---

30) Tsunoda, deBary, and Keene, *Sources of Japanese Tradition*, p.856.

나는 일본을 위하여,
일본은 세계를 위하여,
세계는 그리스도를 위하여,
그리고 이 모든 것은 하느님을 위하여.[31]

메이지 시대에 최고의 전성기를 누릴 때조차도, 그리스도교 신자 수는 일본 전체 인구 중 매우 미미한 비율(0.5퍼센트 미만)에 그쳤다. 또한 1880년대 후반에서 1890년대에 걸쳐 일본이 보수주의로 전환된 후, 그리스도교는 일본인의 삶에 뿌리내릴 만한 모든 기회를 상실해버리고 말았다. 게다가 설령 그리스도교가 1889년의 메이지 헌법 및 교육칙어를 통해 새로운 정통이 된 국가주의에 전혀 위협적인 것으로 간주되지 않았다 하더라도, 아마 일본 그리스도교는 종파주의로 인해 멍들고 병들어버렸을 것이다. 메이지 시대의 최초 20여 년 동안 개종이 잇따랐던 전성기에 미국의 개신교 선교사들은 종파주의를 경계하여 최소한도로 억제했지만 말이다. 교육이라든가 의학 분야에서 이루어진 공헌 및 전술한 몇몇 인물들에게 끼친 결정적인 영향 등을 차치한다면, 근대 일본에서 그리스도교가 차지하는 중요성은 보잘것없고 미미한 수준이었다.

메이지 헌법과 국체

메이지 헌법 작성은 이토 히로부미와 그의 측근들에 의해 은밀하게 이루어졌으며, 1889년 천황이 하사하는 형식으로 일본인들에게 주어졌다. 보수주의 원리와 자유주의 원리의 교묘한 복합(그중 전자, 즉 보수주의 원리가 후자보다 훨씬 더 중시되고 있다)에 기초하고 있는 이 헌법은, 메이지 번벌 집권자들이 서양 제국 가운데 역사적 배경과 근대화 단계가 일본과 가장 비슷하다고 판단한 독일의 헌법이론으로부터 많은 영향을 받았다. 예컨대 메

31) Ibid., p.857.

이지 헌법의 보수주의적 성격은 다음 몇 가지 특징에서 주목할 만하다.

첫째, 메이지 헌법은 귀족원(貴族院, 임명제 상원)에 중의원(衆議院, 선출제 하원)과 동등한 법률제정권을 부여하고 있다. 둘째, 메이지 헌법은 일본 인민에게 허락된 개인의 자유 조항이 일체 '법에 의해 부과된 제한'에 따르도록 규정해놓았다. 다시 말해 개인의 자유는 양도할 수 없는 천부인권 같은 것이 아니라 정부 법령에 의해 제한받을 수 있다(실제로 종종 그랬다)는 것이다.

하지만 메이지 헌법의 가장 두드러진 보수주의적 특징은 그것이 행정을 담당하는 정부에 엄청난 권력을 허용하고 있다는 점에서 엿볼 수 있다. 그런 권력 허용은 교묘하게도 생략 혹은 누락의 형태로 이루어졌다. 즉 행정부 구성방식이라든가 그 권한의 엄밀한 한계에 관한 규정을 고의로 누락한 것이다. 가령 메이지 헌법에는 수상 임명에 관한 조항이 전혀 없으며, 천황에 대한 책임을 제외하고는 그 밖에 내각장관들의 책임에 관한 단서조항도 없다. 이로써 메이지 번벌 집권자들이 행정부의 강력한 통제력을 확보하고자 했음은 분명해 보인다. 1890년 제1회 제국의회가 개최된 후, 중의원의 정당 멤버들은 자신들이 당분간 통치에 참여할 만한 전망이 희박하다는 사실을 알아챘다. 한편 정부는 의회와는 별도로 원로원(元老院)이라는 입법기구를 설치했는데, 처음에는 온통 정부 내 사쓰마번 및 조슈번 출신의 고위직으로만 구성되었다. 이들이 수상을 선출(자기네들 중에서)하고 정무를 계속 장악하고 있었던 것이다.

정부가 메이지 헌법 및 교육칙어에 명문화한 사회정치적 정통성은 일반적으로 '국체'(國體, 고쿠타이)라 불린다. 이 용어는 문자적으로는 국가의 몸을 뜻하지만, 통상 '국가의 정치형태'(national polity)로 번역된다. 교육칙어와 관련하여 전술했듯이 일본을 거대한 가족국가로 보는 신도-유교적 개념에 입각한 국체는 천황제의 신비를 찬미한다는 점에서 일본인들에게 특별한 호소력을 지니고 있었다. 천황통치권의 계보를 메이지 헌법은 '만세일계'(萬世一系, 반세잇케이)라 하고 교육칙어는 '천양무궁'(天壤無窮, 덴조

무큐)이라 표현하고 있는데, 일본인들은 이와 같은 천황제를 일본 고유의 신성불가침한 제도로 간주했다. 바로 이런 제도 때문에 일본이 세계의 다른 모든 나라들보다 우월한 자격을 가진다고 믿은 것이다. 물론 수 세기 동안 일본의 천황들은 정치적 권력을 전혀 행사하지 못했다. 도쿠가와 시대의 천황은 그야말로 막부에 의해 교토에 갇힌 수인(囚人)이나 진배없었다.

그럼에도 불구하고 천황은 험난하고 위험했던 근대로의 전환기에 내셔널리즘적 정조를 이끌어내는 데에 비할 수 없을 만큼 효과적인 결속의 계기로 기능했다. 자유주의에 도취했던 1870년대에는 천황이 상대적으로 간과되었을지 모르지만, 1880년대에 들어서면서 정부지도자들과 보수적 지식인들에게 천황이 다시금 주목을 받지 않을 수 없게 되었다. 왜냐하면 천황제보다 더 유서 깊고 존숭할 만한 일본적 전통은 없기 때문이었다. 그래서 도덕이건 문화건 전통적 가치를 재흥시키고자 원하는 자라면 누구든, 거의 필연적으로 천황을 일본문명의 원천으로 인식하는 데에서부터 출발하지 않으면 안 되었다. 하지만 근대 일본에서 천황의 역할에 대해 간단명료하게 설명하기란 쉽지 않다. 대체로 천황은 정치보다 상위의 '초정치적'인 존재로 여겨져왔으며, 그의 정무 참여는 거의 예외 없이 일반에 공표되지 않았다. 그러나 천황이 2차대전 기간 동안 살아 있는 국체의 체현자로서 극단적인 내셔널리즘적 정조의 강력한 상징이었음은 의심할 여지가 없다.

한편 평시의 모든 직업 가운데 공무원은 천황에 의해 임명받았다 하여 가장 고귀한 직무로 간주되었는데, 이는 국체 이데올로기의 천황 찬양이 초래한 당연한 결과라 할 수 있다. 사쓰마-조슈 파벌 집권자들이 여전히 원로원을 장악하고 있기는 했지만, 19세기 말 관료제의 방대한 팽창은 정부 내에 모든 계층의 청년들이 탐내는 일자리를 잔뜩 만들어주었다. 나아가 도쿄제국대학이 정부 등용을 위한 정통 코스로 자리 잡게 되었는데, 이는 메이지 중후기의 일본사회 및 그 구성원들의 꿈과 목표가 국가에 의해 조작되기 십상이었음을 보여주는 하나의 증거라 할 수 있다.

메이지 시대의 산문문학

메이지 유신기의 일본 산문문학은 지극히 낮은 수준으로 떨어졌다. 지루한 교훈주의와 음탕한 코미디라든가 피 튀기는 활극 같은 것이 이 시기 작가들의 상투적인 수법이었으며, 외부로부터의 자극이 없는 상황에서 이런 작품들의 질이 이른 시일 내에 개선될 전망은 거의 보이지 않았다. 하지만 이런 어두운 전망은 억측에 불과하다. 왜냐하면 유신 초기의 몇십 년 내로 서양의 영향이 근대기의 여타 일본문화 영역에 끼친 것만큼이나 심대한 변화를 산문문학에도 초래했기 때문이다.

유신을 전후한 시기의 가장 성공적인 작가로 전통적인 해학물〔滑稽本〕을 주로 쓴 '에도 토박이'(江戸っ子, 에돗코) 가나가키 로분(假名垣魯文)을 들 수 있다. 그가 유신 이후에 쓴 작품 가운데 『세이요도추히자쿠리게』(西洋道中膝栗毛)라는 것이 있는데, 이는 전술한 바 있는, 두 명의 악당이 에도에서 교토로 이어진 도카이도(東海道)를 따라 내려가면서 벌이는 유명한 짓펜샤잇쿠(十返舍一九)의 활극담을 모방한 근대판 '도카이도추히자쿠리게'(東海道中膝栗毛)라 할 수 있다. 이 밖에 이 장의 앞에서 소개했듯이, 일본인들의 서양관습(육식) 흉내내기를 패러디한 『아구라나베』(安愚樂鍋)도 유신 이후에 나온 작품이다. 무엇보다 『규리즈카이』(胡瓜遣)라는 작품은 그 제목부터 로분의 빈정거리는 풍자적 익살을 잘 보여준다. 이 제목은 후쿠자와 유키치의 『규리즈카이』(窮理圖解)[32]와 발음이 같다. 하지만 로분은 이것을 '오이의 사용에 관하여'를 뜻하는 한자어로 대체한 것이다. 물론 이런 언어유희는 로분 및 그 패거리 작가들의 많은 작품들이 그러하듯이 실없고 경박한 말장난에 불과한 것이었다. 이들은 한때 문학계의 주류를 점했지만, 오래 남을 만한 가치 있는 작품은 거의 내놓지 못했다. 메이지 문학의 미래는 이제 서양에서 유입된 강력한 예술이념 및 양식에 동화될 처지에 놓여 있었다.

---

32) 정확한 제목은 『군모큐리즈카이』(訓蒙窮理圖解, 1868)이다. _옮긴이

메이지 초기의 10여 년 동안 서양문학에 관심을 기울인 일본 작가들과 학자들은 주로 저명한 서양 저술들을 번역하는 데에 전념했다. 그런데 『로빈슨 크루소』의 번안물은 유신 이전에 이미 완성되었다. 또한 『이솝 우화집』의 일본어 번역판은 예전에 예수회에서 발간한 몇몇 출판물 중 하나로서 근대까지 계속 읽히고 있었다. 이 책은 1540년대에서 1630년대에 걸쳐 서양 가톨릭 국가들과의 모든 접촉 흔적을 말살하려 했던 막부의 탄압 속에서도 용케 살아남았던 것이다. 한편 메이지 시대 최초의 서양 번역물은 새뮤얼 스마일스(Samuel Smiles)의 『자조론』(自助論, *Self-Help*)[33]인데, 이는 그 제목부터가 문명개화의 열광적 추종자들이 매우 솔깃해할 만한, 성공담들을 다룬 책이다.

일본어로 번역된 최초의 서양소설 중 하나로 리턴(Bulwer-Lytton)[34]의 『어니스트 맬트래버스』(*Ernest Maltravers*)를 옮긴 『화류춘화』(花柳春話, 가류슌와)를 들 수 있다. 이는 성공을 추구하는 한 근대인의 창의력과 스스로 동기를 부여하는 적극성에 대한 이야기인데, 번역자가 판매부수를 늘리기 위해 에로틱한 느낌을 주는 제목으로 바꾼 것이다. 메이지 초기의 20여 년간 서양소설 번역자들의 관심은 압도적으로 영국 작가들의 작품에 집중되어 있었다. 이는 영국문명이야말로 다른 서양 제국보다 월등히 뛰어나다고 본 당시 일본인들의 시각을 잘 보여준다. 그리하여 메이지 초기에는 리턴 외에도 스콧(W. Scott)이라든가 디즈레일리(B. Disraeli)를 비롯한 영국 저명작가들의 작품이 일본어로 많이 번역되었다.

일본인들은 쥘 베른(Jules Verne)의 『80일간의 세계일주』(*Le Tour du monde en quatre-vingts jours*)라든가 『달 여행』(*De la Terre à la Lune*) 등의 유행에서도 엿볼 수 있듯이, 특히 근대소설이나 과학소설을 좋아했다. 1880년대 무렵부터 주로 의회정치운동에 대한 반응으로서 그들은 정치소

---

33) 번역자는 나카무라 마사나오(中村正直, 1832~1891)이다. _옮긴이
34) 1803~1873. 영국의 소설가, 희곡작가, 정치가. 소설 『폼페이 최후의 날』 및 희곡 『리슐리외』의 "펜은 칼보다 강하다"라는 멘트가 특히 유명하다. _옮긴이

설에 열중하게 되었다. 이때 디즈레일리나 리턴의 번역물들은 도쿠가와 시대만 해도 엘리트 무사들에게 천박한 것으로 치부되어 경원시되었던 산문적 글쓰기의 관례를 존중할 만한 것으로 인식되도록 하는 데에 기여했다. 1880년대에 이제 막 태동하기 시작한 정당정치인들은 대개 정치소설을 많이 읽었다. 그런 소설들은 현대물이 대부분이었지만, 고대 그리스라든가 중국 명대 혹은 프랑스 혁명기 및 심지어 메이지 173년(1890년 제1회 제국의회 개설로부터 150년째 되는 2040년)의 가상 일본 등 멀리 떨어진 시공간을 배경으로 한 것들도 있었다.

1880년대에는 일본의 업적에 대한 인식이라든가 또는 장래에 일본이 더욱 자신감 있게 국제적 역할을 수행하게 될 것이라는 기대가 점차 높아졌다. 이와 관련된 착상을 필명이 '도카이산시'(東海散士, '동해의 방랑자' 라는 뜻)인 시바 시로(柴四朗, 1852~1922)가 1885년에 쓴 『가진노키구』(佳人之奇遇, '우아한 여성들의 기이한 만남' 이라는 뜻)라는 정치소설 중 한 구절에서 엿볼 수 있다. 이 소설의 제목은 무언가 낭만적이고 정열적인 이야기를 연상시키지만, 실제로는 전혀 그렇지 않다. 『가진노키구』는 한 방랑자가 전 세계를 돌아다니면서 혁명활동을 조사하고 연구하는 이야기이다. 이야기 서두에서 주인공은 기가 막히게 아름다운 스페인 여성 및 아일랜드 여성 등 두 명의 유럽 여성(하지만 저자는 이들에게 중국식 이름을 부여하고 있다)을 필라델피아 '자유의 종'(Liberty Bell)[35] 앞에서 만난다. 거기서 셋은 정치적 억압과 혁명에 관해 심각한 토론을 벌인다. 방랑자가 다른 나라로 떠난 후에도 두 여성은 여행 중인 주인공을 만나러 주기적으로 재등장한다. 이 두 여성이 주인공을 사랑하는 것은 분명하다. 하지만 방랑자는 세상의 자유와 정의를 증진해야 할 필요성에 관해서만 골똘히 생각한다. 언젠가 스페인 여성이 이렇게 말하면서 주인공을 격려한다.

35) 미국 독립선언 때 쓰인 종. _옮긴이

이제 당신 나라는 정부를 일신하여 미국으로부터 유용한 것은 취하고 피상적인 것은 받아들이지 않으면서 갈수록 부유하고 강해지고 있기 때문에, 세계의 모든 눈과 귀들이 당신 나라의 성공에 놀라고 있습니다. 태양이 동쪽 하늘에 떠오르듯이, 당신의 나라도 동방에서 떠오르고 있습니다. 천황은 국민들에게 정치적 자유를 허락해주었고, 국민들은 천황의 통치권에 따르겠다고 맹서했습니다. 국내의 분쟁들도 다 진정되었고 모든 계층들이 자신의 직업에 만족해할 때가 왔습니다. 한국은 사절단을 보낼 것이며, 류큐(琉球)는 당신 나라에 복종할 것입니다. 그렇게 되면 극동에서 대업을 이룰 기회가 찾아올 것입니다. 당신 나라는 지도자가 되어 아시아 연합을 주재하게 될 것입니다. 그리하여 동양인들은 더 이상 위험하지 않게 될 것입니다. 당신 나라는 서쪽으로는 영국과 프랑스의 난폭함을 억제할 것이고, 남쪽으로는 중국의 부패를 저지할 것이며, 북쪽으로는 러시아의 음모를 좌절시킬 것입니다. 마침내 당신 나라는 극동아시아인들을 경멸적으로 다루고 그들의 내정에 간섭함으로써 노예상태로 만들려는 유럽 국가들의 정책에 저항할 것입니다. 따라서 저 수백만의 아시아인들에게 처음으로 자치정부와 독립을 맛보게 해주고 그럼으로써 문명의 빛을 퍼뜨릴 수 있는 곳은 당신 나라밖에는 달리 없습니다.[36)]

서양서 번역자 및 서양풍의 정치소설 작가들은 공통적으로 양식의 문제를 안고 있었다. 도쿠가와 시대의 작가들은 5·7음절을 교대로 사용하는 시적 운율의 기법 및 일본화된 중국풍(Sinico-Japanese) 양식에 이르기까지 다양한 글쓰기 방식을 채용했다. 그런데 이런 고전적 양식과 일상적 구어체 사이의 간극이 너무 컸고 또한 근대 서양소설을 일본어로 재현하는 수단을 찾기가 어려웠기 때문에, 가장 열성적인 메이지 번역자들이라 해도 창의적인 작업을 하기가 무척 힘들 수밖에 없었다. 결과적으로 메이지 초기에 서구소설의 번역은 대부분 엄밀한 의미의 번역이 아니라, 원본을 자

36) G.B. Sansom, *The Western World and Japan*, p.414에서 재인용.

유롭게 번안하는 각색에 불과했다. 1880년대에는 구어체와 문어체를 통일하는 '언문일치' 운동이 시작되었지만, 이는 곧 만만치 않은 난제에 봉착하게 된다. 이와 관련하여 야심만만한 어떤 소설가는 다음과 같이 지적하고 있다.

> 어떤 사람이 구어체와 문어체 사이의 일치가 문명의 훌륭한 증거라고 주장한 이래, 일본인들은 일본어 문체에 관해 걱정하기 시작했다. 하지만 우리는 아직도 관습과 타성 안에 큰 내부의 적을 가지고 있다. 어떤 새롭고 낯선 양식은 사람들을 사물의 표면에만 집착하게 만들어서 '천박하다' 거나 '비속하다' 는 식의 부정적인 비난만 나오게 한다. 그런 비난에 직면하게 되면 누구라도 구어체 양식을 쓰려 하지 않을 것이다. (중략) 혹자는 오늘날 일본에서는 구어체와 문어체를 일치시킨다는 발상이 희망 없다 하여 포기해야 한다고 여기는 듯하다. 하지만 그들은 너무 참을성이 없다. 물론 우아한 문어체에는 구어체에 결여된 무언가가 있다. 그러나 능숙한 작가의 손 안에서 구어체는 우아한 문어체보다 전혀 뒤떨어지지 않는 나름의 규칙으로 형언할 수 없는 우아함을 나타낼 수 있다.[37)]

1880년대 말경에 활동한 후타바테이 시메이(二葉亭四迷, 1864~1909)는 일본 최초의 참된 근대소설 작가이자 동시에 구어체와 문어체 사이의 간극을 메우는 데에 성공한 최초의 인물이기도 하다. 교육체계가 지속적으로 발전하고 매스미디어가 성장하는 한편 도쿄어가 구어체의 표준말로 인정되면서 마침내 근대 일본의 구어체가 생성되었다. 하지만 이런 구어체가 소설가들에 의해 널리 사용된 것은 1894년에서 1895년에 걸친 청일전쟁 이후의 일이었고, 초등학교 교과서 저자들에 의해 사용된 것은 1903년에 이르러서였으며, 또한 신문기자들에 의해 일반적으로 사용된 것은 그 후 10여 년이 더 지나서부터였다.

---

37) 이 소설가는 야마다 비묘(山田美妙, 1868~1910)이다. Masao Miyoshi, *Accomplices of Silence*, pp.3~5에서 재인용.

쓰보우치 쇼요와 후타바테이 시메이

한편 일본에서 근대 산문문학의 글쓰기가 가능하게 된 것은 무엇보다 쓰보우치 쇼요(坪內逍遙, 1859~1935) 덕분이었다.[38] 도쿄제국대학 졸업생이자 셰익스피어 전집의 번역자인 쓰보우치는 1885년에 『소설신수』(小說神髓, 쇼세쓰신즈이)라는 신기원적인 소책자를 발간했다. 거기서 그는 당대 일본문학의 상태를 한탄하면서 다음과 같이 비판하고 있다.

> 일본에서는 소설을 교육의 수단으로 여기는 것이 오래된 관습이다. 그리하여 소설의 주된 기능은 악을 교정하고 덕을 장려하는 데에 있다고 종종 주장되어왔다. 그러나 실제로는 오직 피에 굶주린 잔인한 이야기라든가 포르노물들만이 성행했으며, 좀 더 진지한 작품에 눈길을 주는 독자들은 별로 없었다. 게다가 대중적 작가들은 자존심도 없고 모든 면에서 노예처럼 대중들의 입맛에 맞추려고만 하며 유행만 따르는 아첨꾼이 될 수밖에 없으므로, 시대적 추세에 영합하기 좋아하는 이들보다도 훨씬 더 수단과 방법을 가리지 않은 채 어떤 일이든 서슴지 않고 해치우려 든다. 그들은 무자비하고 비인도적인 역사 이야기를 고안해내며, 외설적이고 저속한 로맨스를 줄줄이 엮어내는가 하면, 헛되이 지나가버리는 것임에도 유행이라면 사족을 못 쓴다. 그러면서도 그들은 '덕을 권장한다' 는 명목적인 핑계를 끝내 포기하지 못한다. 그리하여 그들은 아무것도 아닌 것에 억지로 도덕적인 의미를 갖다 붙임으로써, 원래 표현하고자 했던 감정을 왜곡한다든지 상황을 어긋나게 하여 전체 줄거리를 터무니없는 난센스로 만들어버리곤 한다.[39]

쓰보우치는 소설이란 어디까지나 그 자체로서 평가받는 예술이 되어야만 한다고 주장했다. 나아가 그는 서양문학, 특히 영국문학이 일본에서 모

38) 쓰보우치 및 후타바테이 시메이를 다루면서 후타바테이의 소설 『뜬구름』(浮雲)의 번역문을 싣고 있는 뛰어난 논문인, Marleigh G. Ryan, *Japan's First Modern Novel: Ukigumo of Futabatei Shimei*를 참조하라.

39) Keene, *Modern Japanese Literature*, p.57.

든 교훈주의로부터 자유로우며 인간감정〔人情〕과 삶의 현실적인 조건들을 있는 그대로 사실주의적으로 묘사하는 새로운 방식의 소설 쓰기를 위한 모델로 간주되어야 한다고 역설했다. 당시에는 정치소설을 쓰는 계몽된(것처럼 보이는) 작가들조차도 '권선징악'의 동기에 따라 움직이는 상투적인 등장인물만을 다루고 있었다. 하지만 이제 새로운 소설의 작가들은 인간행위의 원천으로 깊이 파고들어가 솔직담백하게 모든 다양한 측면들을 속속들이 드러내야만 한다는 것이었다.

쓰보우치는 실로 일류급 평론가였다. 하지만 그는 아쉽게도 자신이 열정적으로 주창한 새로운 유형의 근대소설을 써내지는 못했다. 『소설신수』와 함께 같은 해에 발표된 그의 소설 『당세서생기질』(當世書生氣質, 도세이쇼세이가타기)은 1880년대 초 도쿄제국대학 학생들의 삶과 사랑을 다루고 있다. 하지만 그 학생들의 복합적 심리를 세밀하게 표현하고자 했던 그의 노력에도 불구하고, 이 작품은 도쿠가와 시대 작가들의 해학물과 마찬가지로 등장인물에 대한 피상적인 묘사에 그치고 말았다.

사실 쓰보우치가 염두에 두었던 새로운 유형의 근대소설은 그의 친구이자 제자였던 후타바테이 시메이에 의해 실현되었다. 메이지 유신이 일어나기 몇 년 전 에도에서 무사의 아들로 태어난 후타바테이는 1881년부터 1886년까지 메이지 정부의 후원하에 한 외국어학교에서 러시아어를 공부했다. 비상한 언어적 재능을 타고난 그는 학교에서 발군의 성적을 거두었고, 결국 전문번역가 및 작가의 길을 걷기로 결심하게 되었다. 그는 1880년대 중반부터 투르게네프(I. Turgenev) 같은 러시아 작가들의 작품을 번역하기 시작했는데, 이런 그의 작업은 메이지 시대의 문학사에서 대단히 중요한 의미를 가지고 있었다. 왜냐하면 참된 의미의 본격적인 번역으로서는, 이것이 서양문학을 일본어로 번역한 최초의 시도라 할 수 있기 때문이다. 메이지 초기와 중기 번역자들의 자유분방한 번안물들은 종종 많은 부분이 누락되거나 혹은 첨가되기 일쑤였고 때로는 오직 가장 핵심적인 줄거리만 뽑아 싣기도 했다. 서양문학의 일본어 번역이 참된 의미에서 본격화되고 전문적으로 이루어진 것은 후타바테이부터였다.

1886년 외국어학교 공부를 마친 직후에 아직 무명이었던 후타바테이는 대담하게도 『소설신수』에서 제기된 문학적 쟁점들을 토론하고자 쓰보우치를 찾아갔다. 이리하여 둘 사이에 따뜻하고 지속적인 우정이 시작되었는데, 이는 후타바테이에게 무엇보다 1887년에서 1889년 사이에 여러 차례 나누어 발간된 최초의 일본 근대소설인 『뜬구름』(浮雲, 우키구모) 집필을 시작하는 데에 필요한 조건들을 조성해주었다.

구어체를 사용한 사실주의적 소설인 『뜬구름』은 줄거리가 탄탄하고 통일성이 있으며, 주요 등장인물들의 심리적 동기와 감정이 깊이 있게 잘 묘사되어 있다. 이 소설은 숙모집에 얹혀살면서 사촌 오세이를 사랑하게 되고 그녀와 결혼하고 싶어 하는 정부관리 분조에 관한 이야기이다. 이야기 앞부분에서 분조는 직업을 잃고 마는데, 숙모는 원래부터 그를 못마땅해하던 차에 실업자가 된 그를 낙오자로 여겨 더욱 혐오스러운 눈빛으로 바라보게 된다. 분조는 근대화가 약속하는 부와 명성을 얻고자 너도나도 출세에 눈이 먼 세태를 견디지 못해 밀려난 무능한 인간임이 분명하다. 한편 노보루는 분조가 해고당한 바로 그 직장의 동료였는데, 분조와는 확연히 대조적으로 승승장구 승진하여 창창한 앞날을 보여주는 청년이다. 확실히 이런 노보루는 새로운 메이지형 인간이다. 이에 비해 분조는 진보의 희생자로 전락할 수밖에 없는 불쌍한 족속의 사례이다. 어느 날 노보루가 숙모집을 방문하게 되는데, 이는 곤란한 상황을 예감케 한다. 즉 노보루를 본 숙모는 그를 자기 딸의 이상적인 파트너라고 생각하게 된다. 경박하고 천박스러운 오세이는 분조를 버린 채 노보루와 불장난을 시작한다. 그런데 안타깝게도 『뜬구름』의 후반부 줄거리를 다루는 후타바테이의 솜씨는 서투르고 설득력이 떨어진다. 오세이와 노보루의 불장난은 결국 점점 시들해지고, 결말부에 이르러 사고로 몸을 움직일 수 없게 된 분조는 오세이의 단순한 미소에 고취되어 그녀와의 화해를 꿈꾸게 된다. 어쨌든 많은 결함에도 불구하고 『뜬구름』은 근대 일본에서 사실주의 소설의 효시를 이룬 신기원적 작품으로 기억되고 있다.

이처럼 쓰보우치와 후타바테이는 서양적 계보에 입각한 신소설의 창작에 선구적 업적을 남긴 작가들이었다. 이에 비해 일면 지극히 보수주의적이고 일본주의적인 1880년대의 추세에 영향받은 다른 작가들은 일본 고유의 전통에 입각하여 일본문학을 재생시키고자 시도했다. 이들 중 가장 유력한 작가들은 '겐유샤'(硯友社)라는 모임에서 출현했다. 이 모임은 당시 아직 도쿄제국대학 학생이었던 오자키 고요(尾崎紅葉, 1867~1903) 등에 의해 1885년에 결성되었다. 이 겐유샤 멤버들은 『가라쿠타분코』(我樂多文庫, '쓰레기통 문고' 라는 뜻)라는 익살스런 명칭의 잡지를 발간했다. 그러면서 교훈적이라든가 해학적인 것을 비롯하여 과거 분카분세이기 이래 일본 문단을 지배해왔던 주제와 글쓰기 양식을 거부하는 한편, 특히 사이카쿠 작품에서 찾아볼 수 있는 겐로쿠풍의 산문 양식을 회복함으로써 문학 르네상스를 일으켜야 한다고 외쳤다.

동시대 '국수보존' 운동 진영의 학자들과 마찬가지로, 겐유샤 작가들은 단순히 맹목적인 보수반동주의자들이 아니었다. 가령 오자키는 쓰보우치가 『소설신수』에서 제시한 선언, 즉 문학은 도덕이라든가 여타 기준에 의한 정당화를 필요로 하지 않는 독립적인 예술로 간주되어야만 한다는 언명에 동의했다. 나아가 오자키는 쓰보우치가 근대 서양소설에서 추구했던 사실주의는 사이카쿠의 사실주의적 문학 안에서 일본인들에게 더욱 쉽고 적절히 다가갈 수 있다고 믿었다. 실제로 사이카쿠 양식으로 쓰인 오자키의 소설들은 엄청난 인기를 누렸으며, 전술했듯이 겐로쿠 문학의 회복을 촉진했다. 하지만 오자키와 기타 겐유샤 작가들은 1880년대 및 1890년대에 걸쳐 많은 독자들을 확보했음에도 불구하고, 일본 근대소설의 발전에 실질적으로 기여한 바는 아무것도 없었다. 물론 그들은 1880년대 후기 및 1890년대 초기의 문단에서 다수의 가장 중요한 소설 발표란을 지배할 만큼 거의 무소불위의 강력한 세력을 자랑했다. 그러나 1903년 오자키의 예상치 못한 죽음 이후, 그들의 '르네상스 문학' 이라는 표어는 쓰보우치 및 후타바테이의 초기 작품에서 이미 그 발전이 예상되었던 다른 근대소설 양식에 급속히 자리를 내주게 되었다.

근대 일본의 시가

산문문학 및 메이지 시대 문화의 다른 모든 측면에 얽혀 있던 난제, 즉 전통적인 것과 근대적(서양적)인 것 사이의 영향력 다툼은 일본시가의 영역에서도 예외가 아니었다. 그러면서도 시가의 경우에는 또 다른 특별한 문제가 걸려 있었다. 첫째, 시가는 늘상 다른 어떤 장르보다도 일본인들이 가장 깊이 있게 추구해온 '진지한' 문학이었다. 따라서 그것은 경박스러운 것으로 여겨져온 산문 양식보다도 훨씬 더 헤아릴 수 없을 만큼 무거운 전통으로서 근대기를 맞이하게 되었다. 둘째, 문체 및 어휘를 제한하는 규칙들을 다 없앤다고 해도, 시적 표현이 가능한가 그렇지 않은가를 근본적으로 결정하는 일본어의 특수한 성격(가령 각운은 운율법 장치로 사용될 수 없었다)은 일본 시인들의 서양시 모방을 어렵게 만들었다. 끝으로, 서양과 마찬가지로 일본에서도 시가가 근대에 지배적인 문학형식인 소설과 인기 면에서 경쟁할 수 있으리라고는 기대할 수 없었다.

메이지 초기의 많은 시인들에게 고전적인 와카(근대기에는 통상 단카〔短歌〕라는 명칭으로 더 많이 불렸다)는 너무 깊은 과거에 묻혀 있어서 그것을 다시 발굴하려는 시도는 거의 무의미하다고 느껴질 정도였다. 어쨌든 단카와 하이쿠는 그 범위가 너무 제한적인 양식이라서 근대적 이념이나 정조를 표현하는 데에는 적합하지 않다는 것이었다. 따라서 시인들은 대신에 서양시의 번역이라든가 서구적 양식에 입각한 새로운 형태의 운문으로 관심을 돌려야만 했다. 이런 쪽의 중요한 첫걸음은 1882년 『신체시초』(新體詩抄, 신타이시쇼)의 발간으로 이루어졌다. 세 명의 도쿄제국대학 교수들[40]이 편

40) 도쿄제국대학 최초의 일본인 철학교수를 역임한 이노우에 데쓰지로(井上哲次郎, 1856~1944), 식물학자로 로마자 사용론자였던 야타베 료키치(矢田部良吉, 1851~1899), 사회학자 도야마 마사카즈(外山正一, 1848~1900)를 가리킨다. _옮긴이

집한 이 시집은 19편의 번역 영시 및 편집자들이 쓴 다섯 편의 시로 구성되어 있다. 당시의 정치소설과 마찬가지로, 향후 수년 동안 이 새로운 형식의 시가는 대부분 정부 및 사회개혁이라는 주제를 다루었다.

한편 1880년대 중후반 무렵 강력하게 몰아닥친 보수주의 강풍에 힘입어, 전통적 시가양식, 특히 단카의 추종자들은 자신들에게 주어진 기회를 최대한 살려 필사적으로 새로운 시도에 매달렸다. 마치 메이지 유신이 일어나지 않은 것처럼 여전히 시가 짓기에만 여념이 없던 전통적인 단카 유파의 편협한 시인들은 별로 우리의 관심사가 아니다. 하지만 다른 단카 시인들은 새로운 양식을 창안함으로써 다시금 단카에 활력을 부여하고자 적극적으로 노력했다. 1890년대에 처음으로 두각을 나타내기 시작한 이런 개혁주의파 시인들 가운데 아마도 가장 주목할 만한 인물은 마사오카 시키(正岡子規, 1867~1902)일 것이다. 그는 원래 하이쿠 전문가인데, 이 시기에 이르러 비로소 단카를 진지하게 다루기 시작했다. 시키는 『니혼』(日本)이라는 잡지의 기자로 채용되었다. 이 잡지는 미야케 세쓰레이의 『니혼진』(日本人)과 마찬가지로 '국수보존'을 열렬히 추구하는 지향성을 가지고 있었다. 시키가 단카 혁신을 분명하게 외치기로 결심한 것은, 이 잡지의 편집자들이 보존할 만한 가치가 있는 일본 고유예술의 사례로 전통유파의 시인들이 지은 단카집을 발간하기 시작한 데에서 많은 영향을 받았다.

시적 문체의 자유 및 근대어의 사용을 주창함과 아울러, 시키는 사실주의적 묘사를 뜻하는 '사세이'(寫生) 개념을 옹호했다. 나아가 그는 시가의 표준을 규정한 10세기 『고킨슈』의 시대 이래 단카가 일본인의 참된 정신에 어울리지 않는 피상적인 해학과 박약한 감성으로 치장되어왔다고 개탄을 금치 못했다. 시키는 도쿠가와 시대의 국학자 가모노 마부치(賀茂眞淵)의 견해를 강력하게 지지하면서, 『만요슈』의 뛰어난 진가를 찬미했다. 즉 그는 가장 오래된 시가집인 이 『만요슈』의 시가들 안에서 남성적인 활력과 표현의 직접성 및 '마코토'(誠)의 마음을 읽어냈다. 이런 『만요슈』의 특징들은 1894년에서 1895년에 벌어진 청일전쟁에서의 놀랄 만한 군사적 승리로 인해 고양된 팽창주의적이고 제국주의적인 시대 분위기에 편승하여 일본인들에게 특히 가치 있는 것으로 받아들여진 듯싶다.

소설가 오자키 고요와 마찬가지로 시키 또한 가장 가치 있는 '근대적' 미학으로 간주된 사실주의를 일본의 문학전통 안에서 찾아내고자 애썼다. 기실 시키가 '사실주의적 묘사'를 옹호한 것은 로버트 브라워(Robert Brower)가 지적한 대로, "서양풍 회화의 환상적 사실주의(illusionist realism) 개념에 의해 직접적으로 영향받은 유사과학적 원리"[41]였다. 그 시적 효과가 사실상 하이쿠와 지극히 유사한 사실주의적 표현기법을 쓴 시키의 단카 한 수를 사례로 들어보자.

> 베란다 끝에
> 단단하게 휘감긴 어린 질경이풀이
> 그 이파리를 펼치니
> 1.5미터 정도의 푸른 잎들이
> 물대접을 뒤덮고 있구나.[42]

이런 시키뿐만 아니라, 우리는 상당수에 이르는 근대 일본의 학자들과 화가들에게서도 최소한 그들의 경력 중 한 시기에 의식적이든 무의식적이든 자신들의 과거 전통을, 그토록 숭경하고 배우고자 했던 서양 근대문화의 특징들과 연관시키려 한 강한 충동을 찾아볼 수 있다. 하지만 역사는 이런 충동에 대해 냉정했다. 왜냐하면 서양은 근대의 사실주의 문학을 먼저 발전시킨 반면, 일본인들은 그런 사실주의 문학을 독자적으로 발전시켰는지의 여부조차 알 수 없기 때문이다.

---

41) Robert H. Brower, "Masaoka Shiki and *Tanka* Reform," in Shively, *Tradition and Modernization*, p.418.
42) Ibid., p.396.

근대 일본의 회화

서양문학(즉 순수문학)으로부터 받은 비교적 최근의 영향과는 대조적으로, 일본인들이 시각예술, 특히 서양회화를 접한 것은 역사적으로 상당히 오래전부터이다. 언어장벽이 없는 시각예술은 분명 문화 간 전달이 더 용이했을 것이다. 물론 일본의 경우 이는 사실상 일본전통과 서양 근대성의 불가피한 충돌이 문학보다 시각예술 분야에서 더 심화될 수 있었음을 뜻하기도 한다. 한편 샌섬의 지적대로 이는 문학보다도 시각예술에 일본의 미학전통이 서구의 침입에 쉽사리 저항할 수 있도록 해준 요인일 수도 있다.[43]

어쨌거나 일본에 서구의 시각예술이 처음으로 소개된 것은 16세기경 예수회에 의해서였고, 일본 화가들은 이들을 통해 근대적 회화기법을 습득할 수 있었다. 하지만 도쿠가와 막부의 반그리스도교적 정책은 17세기 중반 일본에서 이런 회화뿐만 아니라 거의 모든 서양의 흔적을 말살해버렸다. 그 후 약 한 세기가 지난 다음 난학이 발흥하면서 비로소 서양미술의 지식이 일본에 재도입되었다. 이어 18세기 말에서 19세기 초에 이르러 거의 모든 주요한 일본의 회화유파들은 많든 적든 서양기법의 영향을 받게 되었다. 시바 고칸(司馬江漢)과 같은 몇몇 화가들은 서양기법을 전면적으로 채용하여 매우 세심한 부분까지 서양풍을 모방한 그림을 그렸다. 하지만 기이하게도 고칸과 기타 서양화기법의 선구자들이 수행한 작업은 어둠 속에 묻혀버렸다. 그런 다음 도쿠가와 막부 말기의 몇몇 화가들은 페리에 의한 일본 개항 이후, 그들이 입수할 수 있었던 약간의 외국어교본을 독학으로 익혀 서양화에 관한 지식을 열심히 공부하기 시작했다. 이때 그들은 고칸과 그의 동료 난학자들이 이미 습득했던 성과에 대해서는 전혀 알지 못하고 있었다.

도쿠가와 말기에서 메이지 초기 일본에서 서양화의 발전과 대중화를 위해 노력한 가장 뛰어난 화가로 가와카미 도가이(川上冬崖, 1827~1881)를 들

---

43) Sansom, *The Western World and Japan*, p.404.

수 있다.[44] 문인화 기법을 익힌 가와카미는 1850년대 무렵 네덜란드어를 공부한 후, 곧 유럽회화 쪽으로 관심을 돌렸다. 1857년에 그는 후대에 메이로쿠샤 멤버가 되었던 많은 인물들을 고용한 막부의 '반쇼시라베쇼'(蕃書調所)에 들어갔으며, 몇 년 내로 회화연구를 위해 새로 설치된 부서[45]의 책임자가 되었다. 서양화의 실용적이고 과학적인 측면에 주된 관심을 기울였던 가와카미는 유신 이후 문부성에 근무하면서 회화교수법을 개발하고 공립학교용 미술교본을 제작하기도 했다. 이 밖에 그는 전통적인 일본 수묵화보다는 사실주의적인 연필 데생 등을 비롯하여 미술개혁에 후원을 아끼지 않았다.

1876년 메이지 정부는 서양화 양식을 장려하는 정책을 지속적으로 펴나가면서 공부미술학교(工部美術學校, 고부비주쓰갓코)[46]를 세워 회화와 조각 및 예술 일반의 교육을 위해 많은 이탈리아 예술가들을 초청했다. 그중 가장 중요한 인물 가운데 하나로 안토니오 폰타네시(Antonio Fontanesi, 1818~1882)라는 화가가 있었는데, 그는 약 2년간에 걸친 일본 체재기간 동안 많은 학생들에게 심대한 영향을 끼침으로써 후대의 뛰어난 서양화가들을 다수 배출했다. 그를 고용한 일본정부 내 관리들과의 의견 차이도 있고 해서, 폰타네시는 1878년 이탈리아로 돌아갔다. 하지만 그의 인기는 너무도 좋아서 당시 많은 학생들이 학교를 떠날 정도였다. 그들은 서양화 증진을 위한 모임을 창설해서 일본 근대기 최초의 독자적인 미술운동을 전개해 나갔다.

폰타네시의 귀국은 서양화에 대한 관심에서 벗어나 전통적인 일본화에 대한 관심으로 전이된, 1870년대 후기 및 1880년대에 걸친 시대적 조류의 시작과 관련되어 있음에 틀림없다. 즉 우연의 일치인지는 몰라도 폰타네시가 일본을 떠난 바로 그해인 1878년에 젊은 미국인 어니스트 페놀로사

44) 가와카미에 관한 논의는 John M. Rosenfield, "Western-style Painting in the Early Meiji Period and Its Critics," in Shively, *Tradition and Modernization*을 참조하라.

45) 화학국(畵學局)을 가리킨다. _옮긴이

46) 일본 최초의 관립미술학교로 도쿄 도라노몬(虎ノ門)에 개설되었다. _옮긴이

(Ernest Fenollosa, 1853~1908)가 일본에 들어와, 일본화의 진가에 대한 인식을 크게 고양한 두 명의 지도적 인물 가운데 하나로서 주목할 만한 활동을 전개하기 시작했던 것이다.

페놀로사와 오카쿠라 덴신

하버드대학을 갓 졸업한 페놀로사는 원래 도쿄제국대학의 철학교수로 초빙되었으나, 오래지 않아 극동예술, 특히 일본화에 대한 확고하고도 고집스런 예찬론자가 되었다. 마침내 그는 '동양도덕과 서양기술'의 노선에 입각하여 야심 차고도 원대한 철학적 이론을 전개해나갔다. 그 이론에 따라 페놀로사는 동양의 정신과 서양의 물질 사이의 헤겔 변증법적 종합을 주장하면서 그것이 세계를 새로운 문화적 국면으로 진보하게 만들 것이라고 예견하기도 했다. 좀 더 직접적이고 실제적인 차원에서 그는 제자인 오카쿠라 덴신(岡倉天心, 1862~1913)과 함께 일본화에 대해 자세히 조사하고 연구하는 한편, 일본화의 재흥 및 그 영속적인 발전을 옹호하기 시작했다.

유신 초기에 전통적인 일본화와 일본화 화가들이 열악한 사정에 빠져 있었음은 말할 나위 없다. 가령 과거 가노파(狩野派)에 속한 두 명의 지도적 인물은 생계를 위해 천한 일을 해야만 했다. 페놀로사를 위시한 몇몇 서양인들이 헐값으로 방대한 분량의 미술품을 사들일 수 있었던 것은 당시 일본화에 대한 세간의 관심이 거의 전무했기 때문에 가능한 일이었다. 그들의 수집품은 현재 수많은 서양 박물관의 주요 일본 컬렉션에서 핵심적인 부분을 차지하고 있다.

페놀로사는 사적인 여러 강연에서 일본인들에게 일본화의 영광을 찬양하면서 심지어 그것이 서양화보다 뛰어나다고 선포하기까지 했다. 또한 그는 오카쿠라와 함께 감화회(鑑畵會)를 창설하여 메이지 정부에 일본화 양식의 교육을 후원하도록 촉구했다. 이와 같은 로비활동의 결과, 정부는 1883년에 서양편향적인 공부미술학교를 폐지하는 한편 공립학교의 미술과정에 연필 데생을 위한 필묵화 과목을 집어넣었다. 그러나 페놀로사와 오카쿠라의 가장 큰 업적은 1889년 정부의 후원을 받은 도쿄미술학교(東京美術學校) 창설에 결정적인 역할을 했다는 점에 있다. 이 도쿄미술학교는 오직 극동미술의 교육에만 전념했다. 1886년에서 1887년에 걸쳐 페놀로사와 오카쿠라는 미술교육 및 박물관 경영법을 공부하기 위해 유럽을 여행했으며, 거기서 귀국한 후 몇 년 동안 오카쿠라는 도쿄미술학교장으로 근무하게 되었다.

1880년대에 일본화로의 회귀를 주도했던 이 두 명의 역동적인 인물 중에서도 페놀로사는 훨씬 더 단호한 태도를 취했다. 미술에 관한 한 숨김없는 일본 찬미론자였던 그는 일본미술사에 대한 자신의 개인적인 편견을 타인에게 강요하려 들었다. 예컨대 그는 가노파 회화는 높이 평가했지만, 도쿠가와 시대 중후기의 문인화에 대해서는 싫어하는 내색을 감추지 않았다. 주로 서양인으로서의 이와 같은 선호도 때문에 도쿄미술학교의 커리큘럼에는 문인화가들에 관한 과목이 전혀 들어가 있지 않았다.

이에 비해 오카쿠라는 '국수보존'을 주창한 지식인들이라든가 소설가 오자키 고요 및 하이쿠와 단카 시인인 마사오카 시키 등 이 장에서 언급한 그의 많은 동시대인들과 매우 비슷한 정조를 가지고 있었다. 요컨대 이들은 모두 1880년대 및 1890년대의 반동적인 일본주의에 동조한 인물들이었다. 물론 이들 모두가 소기의 목적을 이룬 것은 아니지만, 그들은 공히 근대 서구적(또는 국제적) 요소를 일본전통에 통합함으로써(그 반대로 일본전통을 서구적인 것에 통합하는 것이 아니라) 일본문화 및 예술을 부활시키고자 열망했다. 하지만 그것이 쉽게 이룰 수 있는 목적이 아니었음은 이들 모두에게 비극이었다. 약간의 서구적 '물질주의'가 많은 동양적 '정신주의'를 빠른 속도로 흩어지게 만들었기 때문이다.

시각예술의 경우, 페놀로사와 오카쿠라에 의해 이루어진 전통으로의 회귀는 지나치게 급진적으로 추진된 감이 있다. 그리하여 얼마 후 서양미술과 일본미술이 상대적인 안정과 균형 잡힌 경쟁의 분위기하에 일본에서 공존하는 추세로 바뀌었다. 이에 불같은 성격의 페놀로사는 1890년에 미국

:: **그림 66** 구로다 세이키의 〈아침 화장실〉(헤이본샤[平凡社])

으로 돌아갔다. 그리고 같은 해에 개최된 한 산업박람회에서 서양풍 그림들이 전시되어 사람들의 이목을 집중시켰다. 이 시기에 더욱 중요한 일이 있었는데, 많은 전도유망한 화가들이 다년간 프랑스와 이탈리아 및 기타 서양 제국에서 공부를 하고 돌아온 것이다. 그들 중 구로다 세이키(黑田淸輝, 1866~1924)야말로 미술계에 가장 큰 영향을 끼친 인물이자 또한 근대 일본 서양화의 진정한 창시자라 할 만하다. 파리에서 10년간 유학한 인상파 화가 구로다는 일본 최초로 누드화를 공개적으로 전시하여(그림 66), 소수의 사람들 사이에 열광적인 환호를 불러일으켰다. 이윽고 그의 영향력과 대중적 인기가 급속히 퍼져나가면서, 1896년에는 오카쿠라의 도쿄미술학교 교수로 초빙되었다. 이는 도쿄미술학교 측에서 보자면 썩 내키는 일은 아니었지만, 어쨌거나 서양풍 미술의 일본 내 지분이 명백하게 승인받았음을 보여주었다.

근대 일본의 음악

한편 일본 전통음악의 발전상은 이제까지 특별히 주목하여 다루지 않았으므로, 메이지 유신 이후 서양음악이 일본음악에 끼친 영향을 검토하기에 앞서 약간의 사전설명이 필요할 듯싶다.

일본음악은 상당 부분 문학과 더불어, 혹은 더 정확히 말하자면 문학의 보조적 역할로서 수 세기에 걸쳐 발전해왔다. 특히 중세시대 이후부터는 확실히 그랬다고 말할 수 있다. 중세 이래 일본음악은 노(能) 및 순회 이야기꾼의 영창을 위한 반주로 사용되었기 때문이다. 순회 이야기꾼들은 『헤이케모노가타리』 같은 문학작품에서 발췌한 부분을 영창하면서, 거기에 맞추어 반주 삼아 류트 비슷한 현악기인 비파를 연주하곤 했다. 물론 음악은 도쿠가와 시대의 두 가지 주요 연극형식인 가부키와 분라쿠의 본질적인 요소가 되었다. 초기 형태의 노와 마찬가지로 가부키와 분라쿠는 재현적(representational)이라기보다는 보여주기 위한 표현적(presentational) 성격을 지닌 연극이었다. 따라서 그것들은 음악뿐만 아니라 흉내내기라든가 곡에 퍼포먼스 및 가부키의 경우에는 춤 따위와 쉽사리 융합될 수 있었다. 물론 순전히 악기 중심의 비언어적인 음악도 많이 있었다. 가령 대표적으로 오랜 전통을 가진 세련된 감각의 악기인 사미센이라든가 치터(Zither) 비슷한 고토(琴) 연주 등을 들 수 있다. 하지만 분명 전근대시대의 일본음악은 대부분 서정적인 노래라든가 연기 및 춤 혹은 독립적인 문학적 특성을 지닌 가사의 영창 따위에 종속되어 있었음이 사실이다.

아마도 근대 일본 최초의 공개적인 서양음악 공연은 1853년 페리 제독이 에도를 방문했을 때 행해진 해군 군악대 연주일 것이다.[47] 그리고 서양식 복장으로의 최초 전환이 그러했듯이, 서양음악 수용의 길을 처음 열어준 것도 일본 군대였다. 메이지 시대 초기의 군부대는 처음에 서양식 편제에 입각한 전반적인 재편의 일부로서 군악대를 만들었다. 하지만 머지않아 이 육군 및 해군 군악대는 자주 공개적인 공연을 제공하기 시작했으며, 이들의 공연은 1880년대 로쿠메이칸에서 열린 사교댄스파티 및 기타 서양식 사교모임 등의 정기행사를 통해 낯익은 풍경이 되었다.

군대음악 외에도 메이지 초기의 일본에는 그리스도교 교회음악 또한 비중 있게 소개되었다. 그중에서도 가장 중요한 교회음악 형식은 개신교 찬송가였다. 어떤 권위자가 지적한 대로, 메이지 시대의 많은 일본 노래들은, 선교사들의 영향을 받은 20세기 아프리카 여러 나라의 초기 국가주의적 노래들처럼 현저하게 '크리스천' 음악의 인상이 짙었다.[48]

그러나 일본인들의 서양음악에 대한 지식과 이해를 위해 취해진 가장 중요한 조처는 공립학교에서 이루어졌다. 이런 조처를 가능케 한 선구자적 인물은 이자와 슈지(伊澤修二, 1851~1917)였다. 미국 유학을 마친 후 이자와는 1879년에 문부성 관리로 임용되어 공립학교에서의 음악교육을 위한 기획 및 음악책 제작 등에 관여했다. 이자와의 주된 목표는 근대 일본을 위

47) 메이지 시대 음악에 관한 이하의 내용은 특히 William p.Malm, "The Modern Music of Meiji Japan," in Shively, *Tradition and Modernization*에 의거한 것이다.
48) Ibid., p.260.

한 새로운 유형의 국가음악을 만들어내기 위해 전통음악과 서양음악의 절충양식을 찾아내는 데에 있었다. 이를 위해 그는 주로 보스턴에서 픽업해 온 미국인 루서 메이슨(Luther Mason) 및 고대 궁정음악가들의 아악(雅樂, 가가쿠) 유파 멤버들과 함께 작업했다. 이때 '절충적' 음악의 작곡에 즈음하여 일본 전문가로서 아악인들을 선택한 것은 특히 흥미롭다. 왜냐하면 이는 이자와 및 그의 동료들이 도쿠가와 시대에 발전한 대중적인 '통속' 음악의 더 생기 넘치는 최신판을 도외시한 채, 그 대신 일본역사상 최소한 1000여 년 이전의 '우아' 하지만 엄격하게 관습적인 음악전통에 의존하기로 결정했다는 것을 의미하기 때문이다.

이런 이자와에 의한 것은 아니지만 메이지 초기의 음악적 절충의 주목할 만한 산물로서, 서양 제국의 경우처럼 국가(國歌)가 있었으면 하는 희망에 부응하여 작곡된 송가인 〈기미가요〉(君が代, '천황이 통치하는 세상' 을 뜻하는 말)를 들지 않을 수 없다. 10세기 가집인 『고킨슈』(古今集)에서 따온 것이 분명한 이 〈기미가요〉는 먼저 1870년대에 한 영국인 군악대원이 양악곡으로 만들고 나중에 한 아악인이 선율을 각색한 것인데, 이것을 다시 독일인 프란츠 에케르트(Franz Eckert)가 오케스트라용으로 편곡했다.

우리가 전통음악과 서양음악을 종합하고자 한 이자와의 시도를 어떻게 평가하든 간에, 그의 시대 이래 공립학교에서 시행된 음악교육은 매우 중요한 결과를 낳았다. 즉 향후 세대의 일본 학생들이 서양음악과 화성법에 익숙해졌으며, 서양 교향악 및 실내악 등 고전음악의 대중화가 이루어졌다. 이리하여 오늘날 바흐라든가 모차르트 혹은 베토벤은 세계의 모든 나라 사람들과 마찬가지로 일본인들도 널리 즐기는 음악이 되었다.

근대 일본의 연극

일본 전통음악을 오케스트라용으로 편곡한 주요 양식들이 연극과 밀접한 관계를 맺게 된 이래, 메이지 유신 이후 전통적인 연극양식의 운명 또한 매우 자연스럽게 그 향방이 결정되었다. 가령 중세풍의 노는 도쿠가와 시대에도 사람들에게 오래된 옛날 것이라는 느낌을 주었다. 오늘날 노는 현대 작가들에 의해 새로운 실험이 이루어지기도 하지만, 기본적으로는 여전히 고전적인 전통예술을 공부하는 학도라든가 전문가들에게 숭경받으면서 유서 깊은 미적 전통에 뿌리내린 연극으로 계승, 발전되고 있다. 인형극 역시 노의 경우와 마찬가지로 전통예술 애호가들의 후원과 지지로 꾸준히 그 명맥을 이어가고 있다. 도쿠가와 중엽의 전성기를 거친 후 분라쿠는 점차 인기가 떨어져갔다. 그러다가 근대에 들어서면서 사실주의적 표현을 요구하는 새로운 움직임이 나타났고, 이에 따라 분라쿠가 예전과 같은 대중적 지지자들을 되찾기란 거의 기대하기 어려워 보인다.

메이지 시대 초기에 연극에 대한 관심은 주로 가부키에 집중되었다. 유신 이후 가부키의 성공은 흥행주인 모리타 간야(守田勘彌, 1846~1897)와 각본작가 가와타케 모쿠아미(河竹默阿彌, 1816~1893)의 노력에 힘입은 바가 컸다. 도쿠가와 정권이 무너지면서 막부가 오랫동안 가부키에 부과했던 많은 규제들도 함께 사라졌다. 이 무렵 모리타는 외진 아사쿠사(예전의 요시와라) 지역에 있던 극장을 도쿄 중심부에 위치한 쓰키지(築地)[49]로 옮겼다. 1872년에 처음 세워졌다가 화재로 무너진 것을 1878년 재건축한 모리타의 극장은 가부키의 새 시대를 열었다.[50] 이리하여 가부키는 근대적인 최첨단의 이념들을 기꺼이 받아들여 스스로를 개량함으로써 사회적으로도 널리 존중받게 되었다.

가령 가부키 개량을 위해 취해진 시도로서 '잔기리모노'(散切物)[51]를 들 수 있는데, 특히 가와타케 모쿠아미의 작품이 유명하다. 이런 잔기리모노는 매우 시사적인 사건이나 최신유행들을 다루었는데, 시사성이 강하다는 점만 제외한다면 이는 전통 가부키의 '세와모노'(世話物)와 구조적으로 아

49) 도쿄 주오구(中央區)의 한 지대로 긴자 거리와 이어져 있다. _옮긴이

50) 현재 도쿄 긴자에 있는 가부키자(歌舞伎座)는 1889년 다른 사람이 세운 것으로, 이 모리타의 가부키 극장과는 별개의 것이다.

51) 메이지 초기 문명개화의 상징으로서 상투를 틀지 않고 가지런히 잘라서 산발한 '잔기리 머리'(散切頭)의 시대적 풍조를 다룬 가부키 세와교겐(世話狂言)의 하나. _옮긴이

주 흡사하다. 이 밖에 1870년대 민권운동이 발흥한 이후에 나온 '가쓰레키모노'(活歷物)[52]도 가부키 개량의 또 다른 사례라 할 수 있다. 정치적 사건에 민감한 시대적 분위기하에서 이런 가쓰레키모노는 이전 가부키에서의 비현실적으로 왜곡한 사이비 역사가 아닌, 사실주의적 역사극의 공연 시도를 보여주었다.

1870년대 말에서 1890년대 말 사이의 정치적 소용돌이 속에서 등장한 더 의미 있는 혁신의 사례로 실제 정당정치인들이 창안해낸 '신파극'(新派劇)을 빼놓을 수 없다. 그 지도적 인물은 전직 가부키 배우이자 열렬한 정치적 자유주의자였던 가와카미 오토지로(川上音二郎, 1864~1911)였다. 가와카미는 전술한 『가진노키구』(佳人之奇遇)를 비롯한 최근작 정치소설에 등장하는 최신 사건이나 소재들을 사용하는 한편, 거기에 특수음향 및 조명효과를 곁들임으로써 시사적 관심사를 더욱 생생하게 살린 연극을 선보이고자 시도했다. 1890년대 중반의 청일전쟁은 가와카미에게 더할 나위 없이 좋은 기회를 제공해주었다. 즉 그는 일본인들 사이에 고양된 애국심을 기화로 삼아, 당시 대륙에서 진행 중인 전쟁을 다룬 광상(狂想)적인 신파극을 무대에 올렸던 것이다.

52) 가부키 지다이교겐(時代狂言) 중에서 메이지 초기, 역사적 사실에 입각하여 연출하고 상연한 작품군. 이 또한 특히 가와타케 모쿠아미의 작품이 유명하다. _옮긴이

10
근대화의 열매

'메이지의 기적'과 그 그림자

일본은 1894년에서 1895년에 걸쳐 중국과 전쟁을 벌였는데, 그 명분을 완곡하게 표현하자면 한국의 독립을 위한 전쟁이라는 것이었다. 한국은 종래 중국에 조공을 바쳐왔고, 중국은 저 '은자'의 나라 한국을 대외적으로 지켜주는 일종의 보호국관계에 있었다. 그런데 1895년 승리를 거둔 일본은 그 전리품으로 타이완과 평후(澎湖)제도를 식민지로 소유하게 되었다.

한편 중국의 경우는 만주족 청왕조의 무력함과 어리석음을 천하에 노출함으로써, 1890년대 후반에 이르러 이른바 '멜론 쪼개먹기'라고 일컬어진 사태, 즉 열강들에 의한 조차지(租借地) 강탈이라는 추악한 일괄협상을 촉진했다. 거기서 가장 큰 멜론 조각을 떼어간 나라는 러시아였다. 이때부터 동북아시아에서 가속화된 러시아의 독단적인 팽창정책은 국익을 챙기려는 열강들 사이에 심각한 충돌을 불러왔고 마침내 일본과의 전쟁을 야기했다.

하지만 이번에도 1904년에서 1905년에 걸친 러일전쟁에서의 놀라운 승리를 통해 일본은 요동반도 및 한국(공식적으로는 1910년에 합병되었다)을 취하면서 제국을 확장했을 뿐만 아니라, 비약적으로 세계열강의 대열에 합류하게 되었다. 이리하여 불과 반세기 만에 일본은 극적으로 근대화 과정에서 '메이지의 기적'을 성취하기에 이르렀다. 이제 전쟁을 통해 중국과 러시아 같은 대국을 물리침으로써 입증해 보인 일본의 힘은 누구도 부정할 수 없는 사실이 되어버린 것이다.

중국과 전쟁에 돌입한 1894년에 일본은 또한 과거 서양 제국과 맺었던 불평등조약의 개정을 이루어냈다(발효는 1899년부터). 그럼으로써 오랫동안 강박적으로 추구해온 국가적 과제로서의 대외정책 목표를 달성한 것이다. 그간 일본이 이룬 근대적 과학기술의 혁혁한 발전 및 극적인 군사적 승리(청일전쟁에서의 임박한 승리)와 더불어, 이 불평등조약의 개정이라는 성과는 일본인들 사이에 공동의 자긍심을 조장했다. 물론 한편으로는 지식인들과 정부지도자들 간에 근대화의 방법론이라든가 그에 합당한 문화적 가치를 둘러싸고 (앞 장에서도 언급했듯이) 의견 차이가 갈수록 벌어졌다.

하지만 1890년대 중반의 일본인들은 국가적 목표에 대해 놀랄 만큼 만장일치의 태도를 보여주었다. 예컨대 청일전쟁에 반대의사를 보이는 일본인은 아무도 없었다. 그러기는커녕 실제로 모든 일본인들은 공공연히 입을 모아 승리의 영광을 격찬할 뿐이었다. 가령 저 노골적이리만치 솔직한 왕년의 서구주의자(근대화론자) 후쿠자와 유키치는 "서양인들은 30, 40년 전만 해도 일본이 큰 전쟁에서 이겨 제국의 명성을 떨치리라고는 상상조차 하지 못했을 것이다. (중략) 이 믿을 수 없는 승리의 행운을 생각할 때마다 나는 마치 꿈을 꾸는 것만 같아 환희의 눈물을 흘릴 따름이다"라고 말했다. 도쿠토미 소호 또한 국가적 자긍심에 들떠 흥분된 어조로 다음과 같이 외쳤다. "이제 우리는 더 이상 세계 앞에서 일본인이라는 사실을 부끄러워할 필요가 없다. (중략) 예전에 우리는 우리 자신을 몰랐고, 세계는 우리를 아직 모르고 있었다. 하지만 지금 우리는 우리의 힘을 입증해 보여주었으므로, 우리는 우리 자신을 알고 세계도 우리를 안다. 나아가 우리는 세계가 우리를 안다는 사실까지도 잘 알고 있다."[1)]

---

1) Kenneth B. Pyle, "Meiji Conservatism," in Jansen, *Cambridge History of Japan*, 5:696.

심지어 독실한 크리스천인 우치무라 간조까지 청일전쟁을 의로운 전쟁이라고 불렀다. 실로 문명개화를 이룬 일본이 아직도 구태의연한 생각에서 벗어나지 못한 동아시아의 다른 나라들에까지 근대화의 성과를 확산시켜 나가야 한다는 책임감을 느끼는 것이 논리적인 필연처럼 여겨졌다.

청일전쟁은 일본인들의 중국 인식에서도 부정적인 결과를 초래했다. 즉 일본인들은 이제 더 이상 중국을 더 수준 높은 문화의 원천이라고 여기지 않게 된 것이다. 메이지 유신 이후 일본의 관심은 중국에서 주된 외국 교사인 서양으로 급속히 옮겨갔다. 하지만 1890년대 당시만 해도 전통적인 중국의 위신은 아직 일본인들 사이에서 매우 높았다. 특히 보수적인 '국수보존' 운동 진영 사이에서는 더욱 그러했다. 그러나 청일전쟁 중의 전시선전용 수사법은 전장에서 드러난 중국의 무력함에 대한 점증하는 경멸감과 맞물리면서, 대부분의 일본 지식인들 및 지도자들로 하여금 천수백 년에 걸친 중국과의 문화적 유대관계를 갈수록 무시하고 망각하도록 만들었다. 청일전쟁 이후 어떤 일본인은 오랑캐 만주족의 구태의연한 청왕조에 대항하여 투쟁하는 중국 개혁가들과 혁명가들을 원조함으로써, 근대적인 일본이 늙어빠진 중국에게 진 문화적 빚을 차제에 자애로운 마음으로 갚아주면 어떻겠느냐고 제안하기까지 했다.

그런데 청일전쟁기에 일본인들이 보여주었던 저 유쾌하리만치 단합된 만장일치의 태도는 전쟁이 끝나면서 산산조각이 나고 말았다. 1896년 러시아와 프랑스 및 독일이 담합하여 일본에 전리품으로 취한 요동반도를 중국에 반환하도록 압력을 가해왔기 때문이다.[2] '삼국간섭'이라 불리는 이 사건은 많은 일본인들을 격분시켰으며, 그들을 이전보다 더 공격적인 내셔널리스트로 만들었다. 하지만 일부 일본인들은 전쟁 직후 중국에서 잇달아 일어난 조차지 강탈의 추한 현실을 목도하고는 대경실색한 나머지, 전쟁을 문명개화의 유효하고도 정당한 도구로서 지지했던 종래의 태도를 철회하

2) 일본은 1905년 러일전쟁에서 승리한 후 다시 이 요동반도를 차지했다.

고 나름대로 평화를 주창하기도 했다. 나아가 이처럼 평화를 옹호한 일본인들 중에는 전쟁 발발에 따른 경제적인 혼란과 궁핍 및 공장노동자들의 해고를 지켜보면서, 일본에서 전개되어온 경제적 근대화의 토대인 자본주의 시스템을 부정하는 한편 사회주의 이론을 받아들인 이들도 나타나기 시작했다.

이처럼 근대화 과정에 불가피하게 수반되는 극심한 이데올로기적 관점의 분화가 일본에서 처음으로 본격화된 것은 바로 청일전쟁 직후의 시기에서였다. 하지만 제국 건설의 초기 단계에 진입한 이 1890년대의 일본이 겪은 내부적 분화와 불화는 아직 시작에 불과한 것이었다. 일본의 대내외적 상황이 좋을 때든 아니든, 이보다 훨씬 더 강도 높은 불화는 결국 메이지 정부 내에서 장기간에 걸쳐 유례없이 우월한 지위를 차지해온 번벌집권자들에 의해 초래되었다.

1890년 최초의 제1회 제국의회가 열린 이후 정당정치 옹호자들이 점차 권력을 획득해간 과정에 대해서는 간단히 개요만 언급하고 넘어가기로 하자. 처음에 그들이 할 수 있었던 것은 의사진행을 방해하는 책략으로 번벌세력을 애먹이는 정도에 지나지 않았다. 그러다가 정당정치인들은 20세기에 들어선 후에야 비로소 정부내각에 참여하게 되었으며, 처음으로 정당지도자가 수상이 된 것은 1918년의 일이었다. 이 무렵에는 메이지 초기의 거물급 지도자들은 대부분 세상을 떠나고 없었으며, 이토 히로부미와 더불어 가장 강력한 번벌세력을 형성하고 있었던 조슈번 출신의 야마가타 아리토모(山縣有朋, 1838~1922)처럼 당시 아직 살아 있던 소수의 거물급 인사들 또한 이전에 비해 그 영향력이 현저히 떨어져 있었다.

1920년대까지 일본에서 발전해온 정당정치는 그 주된 특징에서 명백히 영국의 정치시스템과 흡사했는데, 학자들은 이런 정당정치가 과연 민주적이었는지 아닌지를 둘러싸고 지금까지도 논쟁을 계속해오고 있다. 설령 그것이 민주적인 정당정치였다 하더라도, 2차대전 이전의 정당정치 형태는 지극히 취약하고 깨지기 쉬운 것이었음이 분명하다. 이 점은 1920년대까

지의 정당정치가 1930년대 초 군부에 의해 비교적 손쉽게 무너졌다는 데에서도 잘 엿볼 수 있다. 이와 관련하여 서구 학자들의 최근 연구들은 이른바 '다이쇼 데모크라시'(大正デモクラシー)[3]의 실체가 무엇이었든 간에 그것이 민주주의적이지 않았음을 강력하게 시사하고 있다. 당시 정당지도자들은 현실적으로 메이지 번벌의 권력을 제한하기 위해 '타협의 정치'라는 전략을 채택했다. 다시 말해 그들은 인민대중들의 지지를 얻는 일보다는, 번벌 및 기타 지도적 관료들과의 상투적인 관계를 형성하는 데에 훨씬 더 많은 노력을 기울였던 것이다. 마침내 일본의 모든 성인남자들에게 투표권이 부여된 1925년경 당시에는 주요 정당이 두 개 있었다.[4] 두 정당이 모두 선거에서 가능한 한 다수를 확보하고자 노력했음은 물론이다. 하지만 사실상 양자 사이에 이념적, 철학적인 차이는 별로 없었다. 또한 "정치적 현안을 인민들과 공유"해야 한다고 진심으로 생각한 정당지도자들도 거의 없었다. 그들은 위계질서의 측면에서는 여전히 전통적인, 고도로 구조화된 사회의 꼭대기에 서 있었던 새로운 유형의 통치 엘리트였으며, 과거 일본의 통치자들이 그러했듯이 여러 측면에서 일반대중들이 접근하기에는 너무 멀고 어려운 존재였다.

근대 일본의 사회주의 및 좌익운동

2차대전 이전까지는 사회주의자 및 기타 좌익운동이 현실적으로 거의 힘을 발휘하지 못했다. 하지만 현대 일본 좌익의 기원을 이해하기 위해서뿐만 아니라, 주지하다시피 일본에서 사회주의자 및 좌익은 작가와 예술가 및 지식인 일반에 항상 강력한 영향을 끼쳐왔기 때문에, 이들에 대한 연구는 여전히 중요한 테마라 할 수 있다. 2차대전 이전까지 좌익의 영향력이 미미했던 이유의 하나로 정부로부터 받은 빈번한 탄압을 들 수 있겠다. 가

3) 메이지 천황의 아들 다이쇼 천황이 황위를 이어받은 1912년부터 1926년까지의 다이쇼 시대에 꽃핀 민주주의를 가리킨다.

4) 입헌개진당(立憲改進黨)과 자유당(自由黨)을 가리킨다. _옮긴이

령 1901년에 창설된 최초의 사회민주당(社會民主黨)은 자신의 존재를 선언한 그날로 금지당했다. 정부로부터 이런 취급을 받으면서 좌절감을 맛본 몇몇 사회주의자 지도자들은 의회정치적 수단을 통해서는 결코 자신들의 목적을 이룰 수 없다고 판단하여, 머지않아 노동조합주의라든가 무정부주의 같은 더 급진적인 이데올로기를 수용하기도 했다.

그리하여 러일전쟁 무렵 이처럼 합법적이고 의회정치적인 전법을 부정하기에 이른 사회주의자들과, 내부로부터의 사회개혁을 지속적으로 추구해야 한다고 생각한 사회주의자들 사이에 균열이 생겨나게 되었다. 흥미롭게도 이와 같은 균열은 그 사회주의자들 내부에서 생겨난 크리스천과 비크리스천의 균열과 동시적으로 발생했다. 당시의 크리스천 사회주의자들은 대부분 19세기 말의 개신교 선교사들 및 교사들에게서 감화받은 강렬한 도덕적 목적감각으로 무장하고 있었다. 그런 만큼 이들은 혁명적인 수단을 채택하기를 꺼렸으며, 그보다는 자신들의 프로그램이 일본의 의회정치적 구조를 통해 실현될 수 있고 또 그래야만 한다고 믿고 있었다.

2차대전 이전에 일본에서 일어난 일들 중에서 일본인들에게 가장 충격적이었던 사건을 하나만 꼽으라고 한다면, 아마도 1910년 메이지 천황을 암살하려 했던 무정부주의자들의 모의가 사전에 발각된 사건[5]이 아닐까 싶다. 이 사건으로 여럿이 체포되었고 그중 12명이 사형당했는데, 이들은 실제로는 음모에 연루되지 않은 사람들이 대부분이었다. 급진파에 대한 정부의 이와 같은 가혹한 처사는 당시 효과적으로 모든 좌익활동을 진압했다. 그리고 1차대전 이후나 되어서야 좌익활동이 다시 재개되었다.

일본은 1차대전 때 연합국 진영에 가담했지만, 실제로 일본의 전쟁 참여는 최소한도에 머물렀다. 하지만 결과적으로 일본은 태평양의 독일령 섬들 및 북중국에서 과거 독일이 가지고 있던 이권을 얻어냄으로써 제국을 확장

5) 사회주의자 고토쿠 슈스이(幸德秋水, 1871~1911) 등이 사형된 이 사건을 일본사에서는 '대역(大逆) 사건'이라고 부른다. 러일전쟁을 반대했던 고토쿠 슈스이는 헤이민샤(平民社)를 세우고 『헤이민신문』(平民新聞)을 창간했으나, 이것이 탄압으로 인해 해산당하자 도미(渡美)했다가 귀국 후 무정부주의자로 전향하여 대역사건을 주도했다. _옮긴이

할 수 있었다. 또한 1차대전은 일본에 예상치 못한 경제적 호황을 가져다 주었다. 이때 일본은 유럽 교전국들이 일시적으로 방기한 대부분의 극동 시장을 인수했기 때문이다. 많은 경제학자들은 바로 이 시기에 일본이 궁극적으로 경제적 근대성을 성취했다고 보고 있다. 여기서 근대성이라는 개념을 어떻게 규정하든 간에, 일본은 1차대전 때까지 확실하게 대단히 독점적인 성격을 지닌 자본주의 국가가 되어 있었다. 그리하여 국가산업 및 교역은 상당 부분 소수의 재벌들에 의해 좌지우지되었고, 그런 재벌가문들은 혼인이라든가 기타 유대관계를 통해 일본 관료집단 및 정당의 지도층과 유착하는 금권정치적 측면을 보여주었다.

연합국 측은 "세계를 민주주의 발전에 안전한 곳으로 만들기 위해" 전쟁을 했노라고 주장했다. 윌슨(W. Wilson) 대통령의 이상론[6]은 주로 독일에 대한 처벌이라든가 각국의 이권을 챙기기에 여념이 없던 베르사유 조약의 입안자들에게 무시되었다. 하지만 전후는 확실히 서양식 민주주의가 전 세계에 걸쳐 욱일승천의 기세로 퍼져나가던 시대였다. 이와 동시에 러시아에서의 성공적인 공산주의 혁명은 도처의 급진주의자들 및 혁명가들에게 새로운 희망을 던져주었다. 부분적으로는 이런 상황에 대한 반응으로, 혹은 다이쇼 데모크라시가 꽃피면서 오랫동안 휴지(休止)상태에 있던 좌익이 일본에서 다시 한 번 활성화되었다.

다이쇼 데모크라시와 요시노 사쿠조

아마도 다이쇼 데모크라시의 지도적 이론가 하면 요시노 사쿠조(吉野作造, 1878~1933)를 꼽지 않을 수 없을 것이다. 일찍이 그리스도교로 개종한 요시노는 유럽과 미국에서 공부하고 돌아온 다음 도쿄제국대학에서 정치사상 분야를 담당하는 교수로 임용되었다. 그는 『주오코론』(中央公論)이라는 저널에 기고한 일련의 논문에서 일본 민주주의에 대한 자신의 열망을

6) 민족자결주의를 가리킨다. _옮긴이

유감없이 표출했다. 그중에서 가장 유명한 것은 1916년에 쓴 「입헌정부의 의미에 관하여」라는 논문이다.

본질적으로 요시노는 번벌 혹은 재벌지배에 반대하면서 일본에서 자유민주주의라는 대의를 발전시키고자 애썼다. 그는 전체 성인남자들의 투표권(전술했듯이 1925년에 마침내 채택되었다)을 옹호했을 뿐만 아니라, 선거로 구성하는 중의원(하원)의 권한을 강화하기 위해 귀족원(상원) 및 기타 임명제 기구의 개혁을 촉구했다. 나아가 요시노는 민주주의와 국체 개념의 양립 가능성이라는 예민하고 미묘한 문제를 해결하고자 노력했다. 여기서 국체란 이론상 천황을 모든 국가권위 및 권력의 원천으로 보는 이데올로기를 가리킨다. 그는 천황이 인민의 정조와 복지에 반(反)하는 것은 아니라는 개인적 소신을 피력했다. 이와 아울러 요시노는 '데모크라시'(democracy)에 해당하는 가장 적합한 일본어는 흔히 쓰이는 '민슈'(民主, 인민이 주인이라는 뜻)보다는 '민폰'(民本, 인민이 국가의 근본이라는 뜻)이라고 제시하면서, 입헌군주제라는 외적 형식 안에서 일본 특유의 데모크라시 개념을 정립하고자 했다. 하지만 그가 자주 언급한 '인민의 복지'라는 개념과 아울러 인민을 국가의 근본으로 삼는다는 이념은 한편으로 유교적인 인상을 풍기기도 한다. 전통적인 유학자들도 항상 인민을 '위한' 정부를 주장했기 때문이다. 그러나 유학자들은 인민 '의', 인민에 '의한' 정부가 되어야 한다는 주장의 도덕적 타당성에 대해서는 전혀 고려하지 않았다.

사회주의 및 좌익운동 실패의 근본요인

러시아 혁명이 지극히 급진적인 정신을 가진 자들에게 던져준 자극과 아울러, 1차대전 진행 중 및 종료 후 일본의 특수한 전개과정은 전반적으로 좌익의 확산에 매우 유리했던 것으로 보인다. 가령 재벌의 착취라든가 점점 악화되는 노동조건 등은 도시에서의 대규모적이고 투쟁적인 파업을 초래했으며, 사회적 조건이 메이지 유신 이전과 크게 다를 바 없는 농촌지대에서는 부재지주가 거의 50퍼센트 정도에 육박해 있었다. 게다가 극동 시장을 다투는 유럽 열강들의 재등장은 정부대책의 미비와 맞물려 1차대전 후 이전 점령지의 급속한 반환을 촉진했다. 또한 비단 가격의 하락은 특히 대다수가 양잠업에서 나오는 부수입에 크게 의존하여 그럭저럭 살아온 농가를 심각하게 압박했다.

일견 유리해 보이는 이런 여러 조건에도 불구하고 사회주의자와 기타 좌익진영이 1차대전 이후 현실적으로 거의 아무것도 이루지 못했던 이유는 분명 주목할 만한 연구대상임이 분명하지만, 이 책에서는 상세히 다룰 여유가 없다. 그러나 한 가지 사실만은 지적하고 넘어갈 필요가 있다. 즉 일본사회의 구조 자체가 좌익활동을 어렵게 만들었다는 사실이다. 당시 대다수의 일본인들은 여전히 가족중심적이고 노동집약적인 농사일에 종사하던, 지극히 보수적인 사고를 지닌 농민들이었다. 따라서 그들 사이에서는 천황과 기존질서에 대한 숭경이 매우 강했다. 도시 산업지역의 경우에도 많은 노동자들은 고용자들에 의해 강력한 가부장제적 속박에 묶여 있었으며, 정작 소외된 처지에 있던 프롤레타리아들만큼 그렇게 사회적, 정치적으로 자극을 받지는 않았다. 물론 식량소비의 주요 품목인 쌀값이 폭등하면 종종 파업이나 폭동 등의 형태로 분노가 폭발하기도 했다. 하지만 대체로 농민이든 산업노동자이든 모두 자기 인생의 종속적인 위상을 받아들였으며, 자신들을 지배하는 통치자들의 절대적 권위에 복종했다.

그렇다고 해서 전쟁 전 일본의 대중들이 무지하고 다루기 쉬웠다는 말은 아니다. 전술했듯이 그들은 전통적인 국체론적 가치에 지나치게 편중된 도덕교육을 받기는 했지만, 사실 대부분 글을 읽고 쓸 줄 알았다. 내가 보기에, 일본 국민들이 다루기 쉽고 유순했다는 평가는 실상 전쟁 전 일본사회에는 혁명의 잠재성이 거의 없었음을 뜻하는 것 같다. 이런 일본인들이 어떤 집단행동을 일으킨다면, 그것은 기본적으로 국제주의적 입장에서 특히 국체 이데올로기로 보호받는 엘리트들의 특권에 저항하는 좌익이 아니라, 내셔널리즘적이고 천황숭배적인 우익의 사주 때문일 가능성이 크다.

1890년대 이후의 근대 일본문학

우리는 앞 장에서 1880년대 말과 1890년대 초의 가장 강력한 문단세력은, 일본 근대의 사실주의적 문학이 사이카쿠의 겐로쿠 양식을 모델로 삼아야 한다고 믿었던 오자키 고요를 비롯한 겐유샤 소설가들이었음을 살펴본 바 있다. 오자키와 그의 동료들은 일본이 의회정치 및 제국주의적 팽창의 시대에 돌입한 1890년대의 대부분에 걸쳐 독자대중들 사이에 인기를 누렸다. 하지만 이들의 돌출적인 인기로 인해 그 10여 년 동안 문단 내 다른 작가들의 다양한 창조적 활동 및 상상력의 발효가 가려지고 무색해진 측면도 있었다.

1890년대 이후의 일본문학을 검토할 때 빠지기 쉬운 위험은 다양한 유파에 따라 작가들을 분류하려는 유혹에 있다. 예컨대 낭만주의자라든가 자연주의자라는 식으로 분류함으로써 주요 작가들의 개성을 올바로 평가하지 못할 뿐만 아니라, 문학사조의 흐름을 실제보다도 더 부풀려서 질서정연하게 묘사한다는 인상을 주기 십상이다. 다른 문화적 혹은 지적 탐구와 마찬가지로 19세기 말에서 20세기 초에 걸쳐 일본이 도달한 근대문학의 수준은 굳이 엄격한 분류를 필요로 하지 않을 만큼 다양하고 복합적인 견해와 활동을 수반하고 있었다. 물론 어떤 중요한 특징을 공유하고 있는 특정 작가군에 라벨을 붙여 분류하는 것은 도움이 될 것이다. 하지만 그렇다고 해서 그런 라벨이 곧 일본 근대문학에서 특정 작가의 위치에 대한 고정된 견해로서 해석되어서는 안 될 것이다.

쓰보우치로부터 적어도 메이지 시대 말까지 사실상 모든 일본 작가들에게서 보이는 한 가지 특징으로, 가능한 한 정확하고 사실적으로 인간과 그 행동을 기술하려는 욕망을 들 수 있다. 이런 의미에서 그들 모두는 자신들을 '사실주의' 작가로 여겼음 직하다. 비록 무엇이 사실주의 문학인가 하는 개념에 관해 그들이 가지고 있던 생각은 아주 제각각이었음이 분명해 보이지만 말이다. 예를 들어 흔히 완곡하게 낭만주의자라 불리는 1890년대 작가들은 인간에 대한 정확하고 진실한 묘사는 인간유형이나 범주의 단순한 묘사를 통해서가 아니라, 오직 개개인의 심리적 동기와 느낌을 분석함으로써만 가능하다고 주장했다. 이와 같은 태도의 배경에는 근대 일본에서의 개인주의라는 쉽지 않은 문제가 깔려 있다. 일본 낭만주의 사조를 대변하는 가장 대표적인 잡지로 1893년부터 1898년까지 간행된 『분가쿠카이』(文學界)의 경우 특히 주목할 만한 점이 있다. 즉 이 잡지를 주관한 많은 지도적인 소설가와 시인 및 평론가들은 메이지 말기 일본에서 유일하게 개인의 자유와 정신적 자립을 최우선시했던 개신교 개종자들이거나 혹은 그로부터 많은 영향을 받은 자들이었다. 메이지 헌법에 구현된 절대주의는 개인의 관심을 전적으로 국가에 종속시킬 것을 요구했다. 이에 비해 많은 지식인들과 예술가들은 당시 민권운동이 다양한 의견들을 위한 합법적인 통로를 제공해줄 것이라는 희망을 품고 있었다. 하지만 중일전쟁기에 즈음하여 정당들이 번벌에 대한 반대입장을 철회하고 그 대신 '타협의 정치'로 전향하면서, 이런 희망은 완전히 꺾인 것은 아니라 하더라도 심각하게 약화되었다.

특히 부모에 대한 효와 국가에 대한 충성의 형태로 집단에의 복종을 강요하는 사회에 의해 초래된 좌절감이 수많은 일본 근대 작가들의 작품에 묘사된 소외감의 원천임은 두말할 나위가 없다. 이 작가들은 개인 및 그 사적인 심리와 본질적인 고독의 세계에 비상한 관심을 기울였다. 이와 같은 관심과 더불어 소설가들은 자신들의 주된 표현수단으로서 이른바 '사소설'(私小說, 와타쿠시쇼세쓰)이라는 일기풍의 고백 이야기 양식에 부단히 매달렸다.

모리 오가이

19세기 말 일본 낭만주의를 이끈 지도적 인물 가운데 모리 오가이(森鷗外, 1862~1922)가 있다. 하지만 그의 낭만주의적 작품 창작은 작가이자 번역자 겸 평론가로서 장기간 활약한 그의 다양한 경력 가운데 다만 한 국면일 따름이다. 도쿄제국대학 의학부를 졸업한 모리는 1884년에서 1888년에 걸쳐 일본 육군성의 후원으로 독일에 유학하여 의학을 공부했다. 일본에 귀국하여 문학계에 등단한 이후에도 그는 군의관으로 근무하면서 1916년에 그만둘 때까지 육군 군의총감(軍醫總監)을 역임한 바 있다.

모리는 특정 서구 국가의 문학을 그 원점에서 깊이 있게 연구한 최초의 일본 소설가였는데, 그의 문학에 가장 많은 영향을 준 것이 독일문학이었다 해도 그리 놀랄 만한 일은 아닐 것이다. 그는 후타바테이가 러시아 책을 번역한 직후인 1880년대 말에 독일 문학작품에 대한 최초의 수준 높은 번역물을 내놓았으며,[7] 1890년에는 첫 번째 소설인 『무희』(舞姬, 마이히메)를 간행했다. 모리는 자신의 개인적 경험에 입각한 이 소설을 스스로 사소설이라 칭했다. 『무희』는 도요타로라는 일본인 독일 유학생이 한 독일 여자와 사랑에 빠지지만, 귀국하여 메이지 정부의 관리가 되기 위해 결국 그녀를 떠난다는 줄거리로 되어 있다. 일면 도요타로는 후타바테이의 『뜬구름』에 등장하는 측은한 주인공 분조와 정반대 성격을 보여준다. 급속한 일본 근대화의 와중에서 경쟁에 뒤처진 분조가 한동안 빼앗겼다고 여긴 사랑을 다시 되찾을지도 모른다는 행복한 희망에 젖어 있을 때, 도요타로는 개인적인 야망을 위해 사랑을 거절한다.

러일전쟁기까지 많은 소설가들과 시인들에게 영향을 끼친 낭만주의는 그 후 머지않아 성격이 더 분명한 자연주의 운동에 자리를 내주었다. 특히 졸라(É. Zola)라든가 모파상(G. de Maupassant)의 작품에 자극받은 자연주의자들은 19세기 유럽의 실증주의 철학에서 비롯된 대전제에 입각해 있었다. 가장 하찮고 속되게 보이는 인간행위일지라도 그에 대한 주의 깊은 관찰과 냉철한 기술을 통해, 즉 과학적 사실주의에 입각하여 인간과 사회를 묘사할 수 있다는 전제가 그것이다. 그러나 일본의 자연주의 작가들은 최소한 다음 두 가지 이유 때문에 크게 비난받았다. 유럽의 자연주의 작가들과 달리, 그들은 거의 전적으로 개인에만 집중했으며, 그 개인을 더 큰 맥

7) 모리 오가이는 괴테의 『파우스트』(1913) 번역자로도 유명하다. _옮긴이

락인 사회와 연관시키려는 시도는 거의 하지 않았다는 것이 그 첫 번째 이유이다. 또한 그들은 있는 그대로의 삶을 묘사할 때 오직 자기 자신의 개인적 경험에만 의존함으로써 끝없는 에고이즘에 빠져버렸다는 것이 그 두 번째 이유이다. 하지만 이와 같은 관점과 방법론이 비난받을 만한 이유가 아무리 충분하다 할지라도, 분명 그들은 근대 일본의 많은 소설가들을 가장 강렬하게 사로잡아온 하나의 주제에 관해 열정적으로 묘사하고자 애썼던 것이 사실이다. 바로 개개인의 가장 깊숙한 내면의 심리적, 감성적인 삶에 대한 묘사가 그것이다.

시마자키 도손과 다야마 가타이

1906년에 간행된 시마자키 도손(島崎藤村, 1872~1943)의 『파계』(破戒, 하카이)는 통상 일본 최초의 자연주의 소설로 간주되는 작품이다. 그리스도교로 개종한 시마자키는 원래 잡지 『분가쿠카이』에 낭만주의 시를 기고하던 시인이었다. 이런 그가 자연주의 유파의 선구자적인 소설가로 등장했다는 사실은, 유럽에서는 낭만주의와 자연주의가 역사적 전개과정과 그 맥락에서 현격한 차이를 드러냈음에도 불구하고 일본에서는 양자가 하나로 수렴되어 융합하는 경향이 있었음을 시사한다. 이는 특히 양자 모두 개인에 대한 강렬하고도 자기중심적인 관심을 표명했다는 점에서 잘 엿볼 수 있다. 어쨌거나 『파계』는 일본의 천민계층인 '에타'[8] 출신의 우시마쓰에 대한 이야기를 적고 있는데, 이 우시마쓰는 자신이 천민 출신임을 누구에게도 밝히지 않겠노라고 아버지에게 맹세한다. 이리하여 학교를 졸업하고 교사가 된 이후에도 우시마쓰는 자기 출신의 비밀을 고수한다. 그러면서도 다른 한편으로 에타의 사회적 평등 획득을 위해 투쟁하는 사람들에게 출신을 밝히고 함께 동참하지 못하는 자신에 대해 갈수록 죄의식을 느끼게 된

8) 일본 중세 및 근세의 천민 신분 중 하나. 소와 말의 시체처리라든가 죄인의 처형 혹은 피혁업 등에 종사하면서 통상 거주지와 직업을 제한받았다. 1871년부터 평민 호적에 편입되었지만, 현재까지도 사회적 차별이 남아 있다. _옮긴이

다. 결국 우시마쓰는 자신의 정체를 밝혀야겠다고 결심한다. 하지만 일본에서 약자의 권리를 위한 투쟁에 동참하는 대신, 그는 국외로 추방된 다른 에타 출신이 소유주인 텍사스의 한 목장에서 일하지 않겠느냐는 제안을 받아들인다. 일본의 다른 많은 자연주의 소설들과는 달리 이 『파계』는 중요한 사회적 문제를 다루고 있다. 하지만 그런 문제의식에서 나올 법한 사회적 메시지들은 현실성이 떨어지는 작위적인 결말부 스토리에 의해 크게 훼손되어 있다.

자연주의 유파의 두 번째 주요 작가로 다야마 가타이(田山花袋, 1871~1930)를 들 수 있는데, 그의 1907년 작 『이불』(蒲團, 후톤)은 사소설 장르 중 가장 이른 시기의 순수한 자전적 작품이다. 한 소설가와 그의 젊은 여자 생도 사이의 불행한 정사를 다룬 이 『이불』은 당시로서는 내밀한 남녀관계를 매우 대담하게 그려낸 작품이다. 다야마에게 개인적 고백은 과학적으로 가장 정당하고 '성실한' 문학적 기법으로 여겨졌다. 그리하여 작가활동기 내내 의식적으로 이런 기법을 채용했던 그는 다른 어떤 소설가 이상으로 일본 자연주의의 참된 정신을 전형적으로 보여준 축소판이라 할 수 있다.

나가이 가후

자연주의는 러일전쟁 직후 수년 동안 시마자키와 다야마에 의해 하나의 운동으로서 확립되고 널리 퍼져나갔다. 그러면서 곧바로 자연주의에 반대하는 작가들이 나타나기 시작했다. 하지만 이들도 실은 자연주의자들과 중요한 공통점을 가지고 있었다. 당시 일본사회에 만연해 있던 강요된 도덕주의의 속박으로부터 자유로워지고 싶은 욕망, 그럼으로써 마음껏 인간행위의 원천을 탐색하려는 열망이 그것이다. 예컨대 나가이 가후(永井荷風, 1879~1959)와 그의 제자인 다니자키 준이치로(谷崎潤一郎, 1886~1965)를 비롯한 일군의 작가들은 '탐미주의자' 혹은 '퇴폐주의자'라고 알려지게 되었다. 자연주의자들이 삶의 모든 측면들에 대한 과학적인 관심을 주창했다면, 가후와 다니자키 같은 탐미주의자들은 병적이고 쾌락주의적이며 심지어 인간 안에 숨어 있는 기괴한 행동양식 같은 것에 특히 관심이 많았다.

나가이 가후는 1903년부터 1908년까지 미국과 프랑스에서 지냈다. 그는 미국인들의 삶을 경험하면서 그들의 물질주의적 성향에 가벼운 염증을 느꼈다. 반면에 프랑스에서 경험한 파리 토박이들의 쾌락주의는 가후 작품 속에 가장 지속적으로 나타난 정조를 강화해주기에 족했다. 그 정조란 곧 우아하고 미학적으로 세련된 과거의 것에 대한 노스탤지어였다.

일본에 귀국한 후 가후의 거주지는 당연 화류계였고, 그는 무엇보다 과거 에도의 우키요적 삶의 양식을 재현하고자 하는 욕망에 사로잡혔다. 다른 탐미주의자들과 마찬가지로 그 또한 여성들, 특히 사미센을 연주하는 게이샤들과 그들이 제공해주는 관능적인 희열에 열중했다. 이와 같은 노스탤지어와 관능의 추구를 통해 가후는 끊임없이 근대 일본사회의 현실로부터 탈출하고자 했던 것이다. 그는 메이지 천황의 목숨을 노린 1910년의 음모사건으로 기소된 무정부주의자들을 정부가 가혹하게 탄압한 것에 대해 개인적으로 격분과 충격을 금치 못했다. 하지만 그의 현실도피가 과연 일본에서 벌어지던 개인적 자유의 구속에 대한 깊은 절망감에서 비롯된 것인지는 의문이다. 그보다 가후는 기질적으로 사라져버리고 쇠락한 과거 안에서 환상을 추구하고 자신의 이상을 찾아다니는 성향이 많았던 것으로 보인다. 에드워드 사이덴스티커(Edward Seidensticker)의 지적대로, "건물은 무너지고 황폐해져야만 하며, 문화는 병들고 죽어가야만 했다. 그래야만 가후는 그것들을 진실로 좋아할 수 있었다".[9)]

가후가 옛 도쿄의 사라져가는 세계에 대해 가장 찬사를 아끼지 않은 작품으로 1909년에 쓴 애가체(哀歌體) 소설 『스미다가와』(隅田川)가 있다. 이는 어른이 되어가는 소년 조키치의 이야기이다. 가후에게 어른이 된다는 것은 본질적으로 슬픈 일이다. 왜냐하면 그것은 시간이 경과해야만 이루어질 수 있는 일이기 때문이다. 젊은 시절에 사랑하는 여자를 잃어버린

9) Edward Seidensticker, *Kafū the Scribbler*, p.49.

조키치는 큰 슬픔에 빠져 있다. 그녀는 몸값에 팔려 게이샤가 된 여자인데, 이는 전적으로 그녀의 의지에 반한 일만은 아니었다. 조키치 자신은 고전 가부키 배우가 되어 과거의 전통적인 이야기들을 삶 속에 재현하고자 열망한다. 다음 구절은 이런 조키치의 열망뿐만 아니라 가후의 마음을 온통 사로잡았던 도쿄라는 도시에 대한 그 특유의 감수성을 감동적으로 환기시켜준다.

> 조키치는 우연히 한 이웃집에 거리 이름이 적힌 간판이 걸려 있는 것을 보았다. 그는 즉시 이곳이 그가 얼마 전에 열심히 읽었던 『자두꽃의 캘린더』에 나온 바로 그 거리임을 떠올렸다. 그는 한숨을 내쉬었다. '아하, 그 불운한 연인들이 저렇게 어둡고 불길한 거리에서 살았구나.' 어떤 집들은 책의 삽화에 나온 것과 똑같은 대나무 울타리가 쳐져 있었다. 대나무는 하나같이 말라빠졌고 그 줄기는 밑동부터 온통 벌레 먹힌 자국투성이다. 조키치는 이런 울타리라면 한 번만 차도 아마 와르르 무너질 거라고 생각했다. 판자로 이어진 문지붕 위로는 시들시들 여윈 버드나무 한 그루가 색이 다 바랜 가지들을 축 늘어뜨리고 있었다. 어느 겨울 오후에 은밀히 병든 단지로를 찾아가던 게이샤 요네하치도 틀림없이 이런 문을 지나갔을 것이다. 그리고 또 다른 주인공인 한지로가 어느 비 오는 날 밤 유령 이야기를 들려주다가 용기를 내어 처음으로 연인의 손을 잡은 것도 바로 이런 집의 어떤 방 안에서였음에 틀림없을 것이다. 조키치는 이상한 매혹과 슬픔을 동시에 느꼈다. 그는 저렇게 달콤하고 부드러우면서도 불현듯 차갑고 냉담해지는 운명에 사로잡히고 싶었다. 그의 상상의 날개가 펼쳐지면서 봄날 하늘이 전보다 더 푸르고 더 높아지는 것만 같았다. 그는 멀리서 사탕장수가 부는 조선피리 소리를 들었다. 이런 예기치 않은 곳에서 호기심을 돋우는 낮은 음색의 피리소리를 들으면서, 그는 무어라 형언할 수 없는 멜랑콜리에 빠져들었다.[10]

10) Nagai Kafū, *The River Sumida*, in Keene, *Modern Japanese Literature*, pp.196~197.

그러나 과부가 된 조키치의 엄마(고전적인 극 영창을 가르치는 교사)와 삼촌(하이쿠 교사)은 둘 다 과거의 유물 같은 인물인데, 조키치한테는 극단에 들어가지 말고 학교에 남으라고 설득한다. 그러자 절망감에 빠진 조키치는 건강을 해치게 되고 결국 장티푸스에 걸리고 만다. 비록 삼촌이 조키치를 배우가 되도록 도와줄 것이라는 희망적인 암시가 던져지기는 하지만, 이 소설의 결말은 멜랑콜리 상태로 끝난다. 가후 자신의 과거를 반영하는 등장인물인 삼촌은 자기처럼 조키치가 하이쿠라든가 가부키 등의 고전예술을 추구하는 것이 회사원의 따분한 인생 같은 근대적 삶의 방식보다 단연코 훨씬 더 낫다는 사실을 깨닫는다.

다니자키 준이치로

한편 다니자키 준이치로는 이런 나가이 가후보다 더욱 강렬하고 다재다능한 작가였다. 지나가버린 과거의 에도적 삶에 몰두했던 가후와는 달리, 다니자키의 소설들은 매우 다양한 주제에 걸쳐 있다. 가령 일본의 먼 과거를 배경으로 하는 작품이 있는가 하면, 또 어떤 것은 종종 매우 에로틱한 성격의 내밀한 개인적 주제를 다루고 있다. 그런가 하면 그의 대작인 『세설』(細雪, 사사메유키)[11] 같은 작품은 일본 전통사회를 환기시켜준다. 많은 독자들에게 다니자키는 가장 전형적인 데카당스 작가로 각인되어 있다. 다니자키 작품에는 비상하게 마조히즘적이거나 성도착적인 등장인물들이 매우 많이 나오기 때문이다. 나가이 가후의 주인공들은 대부분 그저 쾌락을 위해 여성을 취하거나 이용할 따름이다. 하지만 다니자키 작품 속의 남성들은 여성의 아름다움을 찬미하기 위해 기꺼이 마조히즘적으로 자신을 비하하거나 희생한다. 아마도 그가 즐겨 묘사한 발〔足〕 페티시즘에서 이 점을 가장 잘 엿볼 수 있을 것 같다. 결코 수작이라 할 수는 없지만, 다니자키의

11) 이 작품을 영어로 번역한 에드워드 사이덴스티커는 제목을 『마키오카 자매』(*The Makioka Sisters*)로 잡았다. 이는 2차대전 이전 시기 오사카의 한 상가(商家)의 몰락을 묘사한 작품이다. 이 작품에 대한 논의는 이 책 11장을 참조하라.

마지막 소설인 『풍전노인일기』(瘋癲老人日記, 후텐로진닛키, 1961)는 병들고 시들어버린 발기불능의 노인이 자기 양녀에게 품고 있는 정념을 집요하게 파헤치고 있다. 이 양녀는 돈 때문에 노인의 비위를 맞추는 전직 카바레걸이다. 노인은 특히 양녀의 발에 열중한 나머지, 자기 무덤 위에 그녀의 발자국을 새김으로써 영원히 그녀의 발 아래서 마조히즘적인 자학적 복종의 희열을 맛보려는 생각까지 품기도 한다.

동서양의 갈등과 충돌이라는 해묵은 문제 또한 다니자키 작품의 중심적인 주제 중 하나이다. 어떤 일본인들에게 이런 주제는 서양 물질주의와 이에 대항하는 동양 정신주의 내지 철학 간의 갈등으로 받아들여졌다. 하지만 다니자키에게 이는 일차적으로 미학적 감수성의 문제였던 것으로 보인다. 후에 스스로 한탄했듯이, 그의 초기 작품들은 서양 및 서구적 근대성에 지나치게 빠져 있었다. 그러다가 중년에 접어들면서 그는 전통적인 일본의 매력을 자각하고 재평가하기 시작했다. 여성과 관련된 테마에 대한 생애에 걸친 집착과 더불어, 다니자키는 『여뀌 먹는 벌레』(蓼喰ふ蟲, 다데쿠무시, 1928)[12]와 같은 소설에서 동서양 간의 갈등이라는 주제를 매우 효과적으로 다루었다.

이 작품의 주인공 가나메는 매우 서구화된 일본인으로서, 불행한 결혼생활로 인해 한 유라시아인 창녀에게서 육체적 만족을 구하는 데에 익숙해져 버린 인물이다. 그런데 이런 그가 점차 장인의 첩인 교토 미인 오히사의 고풍스럽고 귀여운 여성다움에 그만 푹 빠져버리고 만다. 비록 젊지는 않지만 이 오히사는 가나메에게 마땅히 근대적 삶의 복잡성과 불확실성을 해소해줄 만한, 지나간 과거의 무시간적인 고요함과 영원한 평안을 상징하는 존재였다. 작품 속에서 '노인네' 라고 칭해지는 장인은 근래 인형극에 몰두해 있는데, 가나메는 '인형 같은' 오히사와 분라쿠 인형들을 끊임없이 비교한다. 가령 소설 앞부분에 보면, 노인네 및 그의 첩과 함께 극장에 갔을

12) Tanizaki Junichirō, *Some Prefer Nettles*, tr. by Edward Seidensticker.

때 가나메는 "오히사를 바라보았다. 그녀가 약간 얼굴을 틀자 뺨의 선이 보였는데, 그것은 마치 에마키에 나오는 궁정 미인의 그것처럼 동그스름하면서도 단조로운 침울함까지 느끼게 했다. 그는 그녀의 이런 옆모습을 분라쿠 작품 속의 등장인물인 고하루와 비교했다. 그가 오히사와 고하루를 비슷하다고 생각한 것은 무언가 느릿느릿하고 졸린 듯한 표정 때문이었다".[13] 그 후 가나메의 결혼생활이 점점 더 파국에 빠져들어갈 무렵, 그는 노인네로부터 오히사와 함께 셋이서 인형극으로 유명한 세토내해(瀨戶內海)의 아와지섬(淡路島)으로 순례여행을 가지 않겠느냐는 제안을 받는다. 노인네는 순례 코스를 따라가면서 인형극을 보는 것뿐만 아니라, 사장되어가는 기술의 산물인 인형을 손에 넣는 데에 몰두한다. 그리고 근대인 가나메는 아와지섬의 예스러운 매력과 아울러 마찬가지로 예스러운 동행인들의 풍치에 완전히 굴복하고 만다.

노인네는 그날의 인형극 〈이모세야마〉(妹背山)[14]에 실망하여 일찍 돌아갔고, 그 바람에 가나메와 오히사는 저녁 9시에서 12시까지 찬가와 경문에 파묻힌 채 함께 시간을 보냈다. 그 찬가는 그날 아침 오히사가 출발할 때의 여러 장면들과 교차하면서 가나메의 마음속에 떠올랐다. 가령 여관집 주인아줌마가 밀짚샌들 신는 그녀를 거들어주던 장면이라든가 손목과 발목에 빛나는 흰 비단천을 묶은 그녀의 순례자 차림 같은 것 말이다. 가나메는 노인네 및 오히사와 하룻밤을 잘 보냈는데, 그것이 이틀밤이 되고 또 사흘밤으로 늘어났다. 가나메가 이들 옆에 붙어 있었던 것은 일면 인형극 때문이었다. 하지만 다른 한편으로 이는 틀림없이 그가 노인네와 오히사 사이의 관계에 흥미를 느꼈기 때문이기도 했다. 섬세하고 생각이 많은 여자는 그저 성가실 뿐이며, 세월이 지날수록 점점 더 싫어지기 십

13) Ibid., p.26.

14) 정확한 제목은 〈이모세야마온나테이킨〉(妹背山婦女庭訓)이다. 이 작품은 원래 후지와라노 가마타리(藤原鎌足, 614~669)에 의한 소가노 이루카(蘇我入鹿, ?~645)의 멸망이 주제인 조루리 시대물로서 후에 가부키로도 상연되었다. _옮긴이

상이다. 그렇다면 확실히 인형으로서 소중히 키우고 품을 수 있는 그런 종류의 여자와 사랑에 빠지는 편이 훨씬 좋을 것이다. 하지만 가나메는 노인네를 따라 할 만한 능력이 자신에게 없음을 잘 알고 있었다. 그러면서도 자신의 잡다한 집안일이라든가 지겹게 보아온 저 아내의 면상하며 끊임없는 불협화음 따위를 생각할 때, 노인네의 인생은 어떤 연습이나 노력 없이도 이를 수 있는 심원하고 고상한 정신적 평화를 암시해주는 듯싶었다. 말하자면 무대 위의 인형처럼 미리 정해진 아와지섬으로 훌훌 떠나 인형과 동반하면서 오래된 인형을 구입하는 따위의 인생 말이다. 가나메는 자신도 그런 노인네처럼 살 수만 있다면 좋겠다고 생각했다.[15)]

나쓰메 소세키

한편 메이지 말기에서 다이쇼 초기의 가장 탁월한 작가 중 하나로 나쓰메 소세키(夏目漱石, 1867~1916)가 있는데, 그는 특정 운동이나 유파와 전혀 무관했다. 소세키는 도쿄제국대학에서 영문학을 전공한 후 1900년에서 1903년까지 영국 유학을 다녀왔다. 이어 그는 라프카디오 헌(Lafcadio Hearn)의 후임으로 대학에서 잠시 강의를 한 적도 있지만, 나머지 생애의 대부분은 그에게 일본 근대문학사에 우뚝 솟은 거봉으로서의 명성을 가져다준 소설 창작에만 몰두하면서 수많은 작품들을 남겼다.

나쓰메 소세키 문학의 대주제는 인간의 고독과 소외이다. 특히 최근 수십 년 동안 자국 전통의 많은 부분을 부정하면서 외면적으로 서구과학과 산업을 추종하는 데에만 지나치게 집중한 나머지 심각한 정신적 심연의 위기 속으로 내동댕이쳐진 시대의 일본 지식인들이 겪지 않을 수 없었던 고독감과 소외감의 문제 말이다. 우리는 바로 소세키로부터 일본의 근대화 과정에서 '서양기술'을 따라가기에 바빠 '동양도덕'을 상실하고 말았다는, 가장 고뇌에 찬 외침소리를 들을 수 있다. 인간은 본질적으로 소외된 존재

---

15) Tanizaki, *Some Prefer Nettles*, pp.152~153.

이다. 하물며 비인격적인 서양기술이 일본사회의 구조와 연속성 자체를 파괴할 때, 그의 고독은 더더욱 엄청난 시련과 고뇌로 경험되기 마련이다.

고독한 인간의 에고라는 주제를 다루면서 소세키는 근대 일본 작가들이 즐겨 쓰던 '허구적' 자기분석의 고백기법을 채용했다. 『마음』(こころ, 고코로, 1914)과 같은 세련된 소설에서 이런 자기분석 기법의 영향은 거의 압도적일 만큼 강도 높다. 『마음』은 한 젊은이와 '선생님'이라 불리는 연장자 사이의 우정에 관한 이야기이다. 둘 사이의 우정이 전개되면서 우리는 선생님의 과거에 어두운 비극이 깔려 있음을 알게 된다. 그 비극은 선생님에게 철저히 절망적이고 염세적인 인생관을 갖도록 만들었다. 이 소설의 후반부는 사실상 소설 속의 소설이라 할 만한 것으로, 선생님이 자신의 과거 이야기를 젊은이에게 고백하는 편지글 형식으로 기술되어 있다. 그것은 삼각관계에 관한 이야기인데, 선생님은 자신이 친구이자 경쟁자를 배반함으로써 결국 그 친구를 자살로 몰고 갔다고 여겨 극심한 죄책감에 시달린다. 그러나 후에 선생님은 그의 친구(소설 속에서는 그냥 K라고만 나온다)가 사랑의 실패보다 더 절망적인 이유 때문에 자살이라는 극단적인 행동으로 치달았을 가능성에 대해서도 생각하게 된다.

> K가 자살한 것은 현실과 이상의 충돌 때문은 아니었을까? 하지만 그것만이 K가 죽음을 선택한 이유라고 확신할 수는 없었네. 나는 결국 K가 나처럼 홀로 남은 외로움에 어쩔 수 없이 빠른 결정을 내린 게 아닌가 하는 의심이 들기 시작하더군. 그리고 다시 소름이 쫙 끼치더군. 나 역시 K가 걸어간 길을, K와 마찬가지로 따라가고 있다는 예감이, 가끔씩 바람같이 내 마음을 가로지르기 시작했기 때문이라네.[16)]

사실 선생님은 그의 젊은 친구에게 고백적 편지를 다 쓴 후에 자살하고

---

16) Natsume Sōseki, *Kokoro*, pp.240~241.

만다. 그런데 그가 자살한 시점은 그와 모든 일본인들에게 특별히 통절한 느낌을 주었던 1912년의 그때였다.

> 무더운 한여름에 메이지 천황이 돌아가셨네. 그때 나는 메이지 정신이 천황에게서 시작되어 천황에게서 끝이 났다는 그런 생각이 들더군. 메이지의 영향을 가장 많이 받은 우리들이 그 뒤에 살아남는다는 것은 시대착오적인 발상이라는 생각이 강렬하게 내 가슴을 치더군.[17]

메이지 천황의 장례행렬이 도쿄의 황거를 출발했을 때까지도, 일본 전국은 충격적인 소식에 어찌할 바를 모를 정도였다. 그 충격 속에서 러일전쟁의 영웅 노기 마레스케(乃木希典, 1849~1912)는 자기 부인과 함께 자살했다. 그것도 그냥 죽은 것이 아니라 고대 무사들이 주군(천황)을 따라 순사(殉死, 준시)한 방식대로 할복을 해서 센세이션을 일으킨 것이다. 이 사건에 관해 캐럴 글럭(Carol Gluck)은 다음과 같이 말하고 있다. "이 소식을 처음 들었을 때, 나는 메이지 국민생활에서 가장 유명한 인물 중 하나가 순사를 했다는 것을 믿을 수 없었다. (중략) 이제 그들이 이룩한 근대화의 성취를 엄숙하게 기념하고 축하하기에 여념이 없을 때에, 초일류급 군인이 도쿠가와 막부조차 시대에 뒤떨어진 것이라 하여 1663년에 금지한 저 순사 관습을 추종했던 것이다."[18]

혹자에게 노기의 행위는 근대화의 무분별한 추진과정에서 상실되었을지도 모르는 과거의 가치를 극적으로 환기시켜주었다 하여 최고의 찬사를 받을 만한 것으로 여겨지기도 했다. 이처럼 가장 깊은 영향을 받은 이들 가운데 모리 오가이(森鷗外)도 끼어 있었다. 이때부터 그는 주로 일본역사를 다루는 작품들을 쓰는 데에 자신을 바쳤다. 그리고 대중적인 문화에서 노기는 머지않아 14세기의 근왕주의자 무사였던 구스노키 마사시게(楠木正成)

17) Ibid., p.245.
18) Carol Gluck, *Japan's Modern Myths*, p.221.

및 47인의 로닌과 더불어 일본 청년들의 신적 우상 중에서도 첫 번째로 꼽히는 영웅으로 자리매김되었다. 다른 한편 혹자는 노기의 순사를 국가적 수치로 여기기도 했다. 그의 순사는 메이지 시대에 성취한 모든 것을 부정하는 행위라고 보았기 때문이다. 가령 소설가 시가 나오야(志賀直哉, 뒤에서 다시 짧게 논할 것이다)에게 노기는 '멍청한 바보' 일 뿐이었다.[19] 이처럼 많은 일본인들은 노기에 대해 양가감정을 느끼고 있었던 듯싶다. 그래서 어떤 저널리스트는 다음과 같이 적고 있다. "심정적으로 우리는 노기 장군에게 최고의 경의를 표하지만, 이성적으로는 그에게 동의할 수 없음을 안타깝게 생각한다. 단 한 가지 희망사항이 있다면, 그의 행위가 우리의 국가적 도덕의 미래를 망치지 않기만을 바랄 따름이다."[20]

시라카바파 문학과 서양미술

메이지 말기 및 다이쇼 초기의 모든 작가들이 근대화한 일본의 가치에 대해 염세적이거나 혹은 회의적이었다고 볼 수는 없을 것이다. 그 반대로 1910년부터 발간되기 시작한 잡지 『시라카바』(白樺)의 이름을 따서 '시라카바파'(白樺派)로 알려진 일군의 새로운 작가들은 이미 일본사회의 전개과정에 발맞추어 밝고 쾌활하며 이상주의적인 정조, 즉 다이쇼 데모크라시의 대두와 잘 어울리는 정조를 표출하고 있었다. 이 시라카바파 작가들은 대개 명문가 출신의 젊은이들이었다. 가령 이들의 명목상 지도자였던 무샤노코지 사네아쓰(武者小路實篤, 1885~1976)는 교토 귀족가문의 후손이었다. 어쨌거나 이들은 스스로를 세계주의자 혹은 세계시민으로 간주했다. 이들의 관심은 단순한 국민예술보다는 국제적 예술을 촉진하는 데에 있었다. 무샤노코지는 노기의 자살에 일반적으로 부여된 의미, 즉 전통적으로 일본인의 삶과 문화에 스며들어 있던 활기찬 정신의 재긍정이라는 의미를 결코 인정하지 않았던 인물이었다.

19) Kano Masanao, *Taishō Demokurashii*, p.71.
20) Gluck, *Japan's Modern Myths*, p.222에서 재인용.

시라카바파 작가들은 자연주의자들의 지나치게 어둡고 우울한 견해 및 지루하고 따분한 문체에 이의를 제기했다. 대신에 그들은 개인주의의 적극적 가치에 대한 그들 자신의 믿음과, 그것이 다른 곳에서와 마찬가지로 일본에서도 널리 퍼질 것이라는 기대에 관해 긍정적이었다. 또한 그들은 톨스토이류의 휴머니즘을 역설하는 경향이 있었는가 하면, 다양한 방식으로 사회적 평등 이념에도 관심을 기울였다. 심지어 무샤노코지는 1919년 규슈에 '새로운 마을'을 세우기까지 했는데, 그곳의 거주자들에게는 고요한 목가풍의 공동체적 형제애로 살아갈 것이 기대되었다. 하지만 이와 같은 시라카바파 작가들의 휴머니즘은 실천적이라기보다는 지적이고 이론적인 것에 더 가까웠다. 이는 아마도 이들이 엘리트로서의 사회적 신분과 지위가 보장되어 있었기 때문일 것이다. 이에 비해 당대의 급격한 사회적 변동에 대한 가장 강력한 지지는 1920년대 초 무렵 일본에서 마르크스주의의 등장과 더불어 나타난 일군의 프롤레타리아 작가 중에서 찾아볼 수 있다.

어쨌거나 순수문학에 대한 추구에 더하여, 시라카바파 작가들은 『시라카바』지를 통해 서양풍의 시각예술 발전에도 적극적인 자세를 보였다. 당시 서구에서는 표현주의에서 야수파와 입체파에 이르기까지 급진적인 새로운 미술운동들이 일어나고 있었다. 또한 프랑스를 비롯한 유럽 각지에서 공부하고 돌아온 일본인 화가들은, 비록 항상 일관성 있게 이루어진 것은 아니지만, 때맞추어 그와 같은 서양의 여러 사조들을 일본에 소개했다. 물론 당시에는 서양풍 미술이 일본에 탄탄하게 이식되어 있었다. 심지어 국가적 미술전시회의 지원을 책임진 문부성 내에 서양미술을 담당하는 공식기관이 설치되어 있기도 했다. 그런 기관에서 중요한 역할을 했던 핵심 인물로서 구로다 세이키(黑田淸輝)를 들지 않을 수 없다. 전술했듯이 인상파의 영향을 받은 그는 19세기 말의 마지막 수년 동안 일본에 서양미술을 소개하는 데에 적극적이었던 화가였다. 동시대의 유럽 화가들과 마찬가지로 일본의 제도권 화가들은 가령 야수파의 원색적이고 '원시적'인 색채 사용이라든가 미술을 기하학적 선과 면으로 환원시키는 입체파의 기법 등과 같은 지독한 급진주의에 충격을 받았다. 그리하여 이들은 문부성의 지원을 받는 국가적 전시회에서 그런 충격적인 기법과 원리에 입각한 작품들을 배제하고자 했다. 이에 대해 일본의 전위파(아방가르드) 화가들은 제도권 기관에서 탈퇴하고 독자적인 모임을 결성하여 연합으로 연구하거나 전시회를 기획하는 식으로 응답했다.

서양미술사에서 19세기 인상파와, 20세기 근대미술로 확장된 이와 같은 급진주의 운동 사이의 결정적인 전이단계는 세잔과 반 고흐 및 고갱과 같은 후기 인상파의 그림들에서 확인할 수 있다. 이들은 인상파의 한계를 인식하고 있었다. 즉 인상파는 주로 광학적인 문제와 "실제 보이는 그대로의" 자연묘사에 관심을 기울인 데 반해, 후기 인상파 화가들은 자신들만의 개성적인 방식으로 순수하게 회화적인 재현이 아닌, 미술의 새로운 내용이나 의미를 추구했던 것이다. 그리하여 세잔의 작업은 입체파로 이어졌고, 반 고흐의 작업은 표현주의로 발전되었으며, 고갱의 작업은 다양한 형식의 원초주의(야수파 등)로 확장되었다.[21] 하지만 사실 20세기 초 일본의 아방가르드 화가들과 지식인들은 근대 서양미술의 여러 유파나 운동들의 차이에는 별로 관심이 없었다. 그보다 그들은 특정 미술작품이라든가 특히 후기 인상파의 경우에는 화가들 자체에 더욱 민감하게 반응했다. 그들은 예컨대 반 고흐라든가 고갱 같은 화가들의 타협을 모르는 개인주의라든가, 개인의 이상을 위해서라면 기꺼이 모든 예술적, 사회적 관습들을 경멸하고 무시하려 들었던 태도에 깊은 인상을 받았다. 이와 같은 개인주의 내지 개성주의는 서구에서도 흔치 않았으며, 하물며 일본전통과는 거의 완전히 낯설고 반대되는 것이었다. 그런데 특히 세계주의적 정조를 가진 시라카바파 작가들이 이런 개인주의를 환영한 것이다. 이리하여 후기 인상파적 개인주의는 『시라카바』지에 실린 미술 관련 논문들에서 가장 열렬히 지지받은 주제 중의 하나가 되었다.

21) E.H. Gombrich, *The Story of Art*, p.422.

시가 나오야

시라카바파와 관련된 중요한 작가로 전술한 시가 나오야(志賀直哉, 1883~1971)가 있다. 하지만 그는 무샤노코지 같은 인물과는 거의 공통점이 없다. 물론 둘은 평생 동안 친구였지만 말이다. 시가의 명성은 작품 수가 그다지 많지 않다는 점, 그것도 대개는 단편이고 『암야행로』(暗夜行路, 안야코로)[22]만이 유일한 장편소설이라는 점에 기인한다. 그런데 이 유일한 장편이 그야말로 걸작이다. 그것은 아마도 일본의 사소설 장르 중 가장 성공적인 작품일 것이다.

시가의 주된 주제는 항상 자기 자신이었다. 이와 관련하여 한 유명한 일본인 평론가는 이렇게 지적하고 있다. "시가만큼 성실하고 면밀한 태도로 사소설에 집착한 작가는 없을 것이다. 거기서는 일상의 논리가 문학적 창작의 논리로 바뀐다."[23] 우리는 『암야행로』에서 이와 같은 일상적 삶의 논리라는 이념을 엿볼 수 있다. 거기에는 엄밀한 의미에서의 줄거리는 없고 다만 청년 작가 겐사쿠의 생애 중 몇 년에 대한 이야기가 전개될 따름이다. 이 소설 속의 사건들과 환경은 시가의 인생과 꼭 일치하지는 않지만, 좀 비슷하기는 하다. 그리고 윌리엄 시블리(William Sibley)의 말대로 겐사쿠는 모든 시가 작품들에 나오는 남자주인공의 원형이라 할 수 있다.

시가 자신과 마찬가지로 등장인물 겐사쿠는 특별히 지적이지는 않다. 오히려 그는 공포와 예감 및 공상 등 자신의 감정에 충실한 인물이다. 가령 그는 자신의 출생에 관해 어두운 회의를 품고 있다. 그 회의는 동생이 그에게 지금 아버지는 친부가 아니라는 사실을 알려줌으로써 충분히 근거 있는 것으로 입증된다. 또한 그에게는 어릴 때 죽은 엄마의 근친상간적 기억이 남아 있다. 그는 아내가 거의 무심코 그녀의 사촌과 한때의 불장난을 저지르자 깊은 불안감에 사로잡힌다. 아내의 부정에 대한 이런 불안감은 철도역에서의 충격적인 사건으로 이어진다. 아내 나오코로 인해 둘은 기차시간

22) Shiga Naoya, *A Dark Night's Passing*, tr. by Edwin McClellan.
23) William F. Sibley, *The Shiga Hero*, p.1에서 재인용한 고바야시 히데오(小林秀雄)의 언급.

에 늦는다. 이때 겐사쿠는 주체할 수 없는 분노에 휩싸여 기차로 돌진해서 막 떠나려는 객차에 급히 올라탄다.

나오코는 겐사쿠가 서 있는 문 쪽을 향해 기차를 따라 뛰었다. 기차는 아직 남자 걸음걸이 속도보다도 느리게 움직이고 있었다.

"바보!" 겐사쿠가 소리쳤다. "집에 돌아가요!"

"하지만 전 탈 수 있어요. 당신이 내 손을 잡아준다면 문제없이 탈 수 있어요!" 그녀는 이제 기차를 따라잡기 위해 더 빨리 뛰어야만 했다. 그녀는 애원하는 눈빛으로 겐사쿠를 바라보았다.

"너무 위험해요! 그냥 집에 가라니까!"

나오코는 포기하지 않은 채 기차 문손잡이를 잡았다. 기차를 따라 질질 끌리던 그녀는 마침내 한 발을 기차에 올리고 상체를 세웠다. 바로 그 순간 겐사쿠의 한 손이 반사적으로 불쑥 튀어나와 나오코의 가슴을 치는 바람에, 그녀는 플랫폼에 쓰러져 구르고 말았다. 잠시 엎드려 있던 그녀가 다시 얼굴을 들었다.[24)]

나오코는 가볍게 다치는 데에 그쳤지만, 겐사쿠는 자신이 무슨 악령이 끼어서 그런 터무니없는 짓을 한 것인지 자문하게 된다.

그는 다만 복잡한 감정이 복받쳐 오를 뿐, 아무런 대답도 할 수 없었다. 자신이 나오코에게 큰 신체적 상해를 입히지 않은 것은 다행이었다. 하지만 그는 자신의 행동이 앞으로 둘의 관계에 어떤 결과를 초래할지 상상조차 할 수 없었다.[25)]

근대 일본의 대중문화

일반적으로 다이쇼 시대 및 특히 1차대전 발발 후 수년간 일본에서는 본

24) Shiga, *A Dark Night's Passing*, pp.350~351.
시가 나오야, 박영준 옮김, 『암야행로』, 정음사, 1972 참조. _옮긴이

25) Shiga, *A Dark Night's Passing*, p.352.
시가 나오야, 박영준 옮김, 『암야행로』 참조. _옮긴이

격적인 대중문화가 출현했다. 대중교통, 통신, 고등교육, 출판, 저널리즘 등의 진보는 특히 도시 중산층들이 새로운 종류의 최신 '문화생활'에 참여할 수 있는 기회의 확대에 기여한 요인들이다. 메이지 초기의 온갖 문명개화운동과 마찬가지로, 1차대전 이후 문화생활의 추구를 둘러싼 이와 같은 여러 양상들은 서양관습과 유행에 대한 경박스런 모방에 불과한 것이었을지도 모른다. 가령 사람들은 방 한두 곳에다 서양풍 장식을 하고 서양 가구를 놓는 것만으로 '문화적 가정'이 될 수 있다고 여겼다. 또한 긴자 거리에서는 파마에다 미니스커트를 입은 '모던 걸'들이 한가롭게 거니는 모습을 찾아볼 수 있었는가 하면, '모던 보이'들은 '올백' 헤어스타일에다 테 달린 해럴드 로이드(Harold Lloyd) 안경을 쓰고 한껏 뽐내며 돌아다녔다(그림

:: **그림 67** 다이쇼 시대 '모던 걸'의 초상화. 와다 세이카 그림. 1930년대경(호놀룰루미술학회. 1994년 구입)

67). 1923년 도쿄를 황폐하게 만든 대지진은 아이러니하게도 대중문화의 발전에 기여한 측면도 있다. 왜냐하면 도시 재건과정에서 '근대적' 세대가 만나 교제할 만한 장소로서 술집과 카페를 비롯한 유흥 및 오락지구가 엄청나게 늘어났기 때문이다.

문명개화시대에 서양은 자극적이기는 하나 갈피를 잡을 수 없는 유토피아를 표상했으며 서양 것을 누릴 수 있는 자는 극히 소수에 불과했다. 이에 반해 1920년대 대중문화의 전개는 실질적으로 모든 일본인들에게 영향을 미쳤을 뿐만 아니라, 사람들 사이에 과거 그 어느 때에도 전례를 찾아보기 힘들 만한 세계시민적 견해와 높은 국제적 감각을 심어주었다. 아마도 이런 새로운 국제주의적 감각을 불러일으킨 가장 큰 동인으로서 이 무렵에 일어난 서양 스포츠 붐을 들 수 있을 것이다. 가령 미국 야구는 국민들이 열광하는 스포츠가 되었고 지금도 일본에서 인기만점이다. 그리고 골프라든가 테니스 같은 레저 스포츠도 널리 퍼졌다. 나아가 일본인 운동선수들이 점차 올림픽 경기에서도 두각을 나타냈다. 예컨대 1924년 파리 올림픽에서 일본 수영선수들이 보여준 좋은 성적은 각급 공립학교의 수영장 건립을 촉발했다.

때로 교화 목적으로 쓰이기도 했지만, 축음기와 라디오는 새로운 문화의 확산에 크게 기여했다. 특히 이것들은 모든 일본인들이 처음으로 서양음악을 접할 수 있게 해주었다. 지식인들 사이에서는 크라이슬러(F. Kreisler)의 연주라든가 카루소(E. Caruso) 노래의 뛰어난 점에 대한 토론이 유행하기도 했다.

문학 또한 대중문화의 전망을 넓히는 데에 기여했으며, 1차대전 이후의 시기에 매우 다양한 문학작품들이 쏟아져 나왔다. 1920년대 작가들 사이에 어떤 공통적인 정조가 있었다면, 그것은 아마도 개인주의에 대한 관심이 이전보다 더욱 분명해졌다는 점일 것이다.[26] 왜냐하면 당시는 다이쇼

---

26) Kodama Kōta et al., *Nihon Bunka-shi Taikei*(Outline of the Cultural History of Japan), 12:202~203.

데모크라시와 서구의 자유주의 이데올로기가 일본에서 절정에 이르렀으며, 많은 작가들이 근대적 사회의 개인에 관한 근본적인 물음에 충실히 답하고자 애썼던 시기였기 때문이다. 하지만 일본사회 자체는 여전히 매우 비개인주의적인 분위기에 머물러 있었고, 자연주의 유파의 선구자들과 마찬가지로 대부분의 작가들은 진정한 개인주의(고진슈기)보다는 개성(고세이)의 문제에 더 관심이 있었다. 지배적인 사소설 양식은 일차적으로 전체 사회와 개인의 관계보다는 개인(통상 작가 자신)의 에고라든가 기벽을 탐구하는 수단으로 여겨지고 있었다.

아쿠타가와 류노스케

예로부터 일본인들은 기이하고 엽기적인 이야기를 아주 좋아했기 때문에, 중국 전설이라든가 불교의 기적담 혹은 일본 민담 등을 비롯한 수많은 원천자료에서 가져온 소름 끼치고 무시무시한 이야기 문학을 풍부하게 축적해왔다. 근대기에 이와 같은 그로테스크한 문학장르를 가장 중요시한 작가로서 아쿠타가와 류노스케(芥川龍之介, 1892~1927)를 들 수 있다. 병약하지만 지적으로 조숙한 청년이었던 아쿠타가와는 1916년에 도쿄제국대학 영문과를 졸업했는데, 학창시절 내내 성적이 뛰어났다고 한다. 그는 일본과 중국 및 서양의 문학과 학문(특히 철학)에 대해 매우 방대한 지식을 가지고 있었고, 그래서 어떤 동시대인은 그를 당대 최고의 독서가라고 부르기까지 했다.[27] 아쿠타가와는 1914년 한 문학잡지에 첫 번째 단편소설을 발표했으며, 짧은 생애의 나머지 기간 동안 거의 전적으로 단편 창작에 집중했다. 최근의 어떤 평론가는 아쿠타가와의 단편소설을 소재로 가장 뛰어난 삽화를 그린 유럽 화가는 오브리 비어즐리(Aubrey Beardsley)였다고 주장하면서, 아쿠타가와의 작품에 관해 많은 것을 시사하고 있다. 비어즐리와 마찬가지로 아쿠타가와 또한 최고의 기법으로써 '풍부한 장식적 디테일'

---

27) G.H. Healey, Introduction to Akutagawa Ryūnosuke, *Kappa*, tr. by Geoffrey Bownas, p.23. 여기서 동시대인은 기쿠치 간(菊池寬, 1888~1948_옮긴이)을 가리킨다.

을 묘사하면서 특히 '그로테스크한 것에의 집요한 애착'을 보여주었다.[28)]

작품소재로 옛날이야기들을 다루기 좋아한 아쿠타가와는 그것을 탄탄한 줄거리로 재구성하는 데 능했을 뿐만 아니라, 이야기 배후에 깔려 있을 법한 심리적 동인을 종종 믿을 수 없을 만큼 기기묘묘하게 찾아낼 줄 아는 비상한 솜씨를 가지고 있었다. 서구에서 아쿠타가와는 『라쇼몬』(羅生門)의 저자로 가장 많이 알려져 있는데, 이 작품은 이 책 11장에서 2차대전 후에 구로사와 아키라(黑澤明) 감독이 만든 영화판을 다루면서 다시 언급할 것이다. 여기서는 무엇보다 『게사와 모리토』(袈裟と盛遠, 1918)를 중심으로 아쿠타가와 문학을 살펴보고자 한다. 이 작품은 중세의 무사 모리토에 대한 이야기로, 이미 결혼한 궁정 미인 게사에 대한 그의 열정은 부지불식간에 그녀를 살해하게 만든 무서운 결과를 낳는다.[29)] 이 소설의 클라이맥스에서 사랑에 눈이 먼 모리토는 게사에게 그녀의 남편이 잠든 밤에 자기가 그를 죽일 수 있도록 손을 쓰라고 채근한다. 하지만 실제로 남편 침대에 누워 있던 사람은 게사 자신이었다. 그러니까 게사는 남편 대신 자신이 모리토의 손에 죽음으로써 끔찍한 딜레마를 해결하고자 한 것이다. 그러나 아쿠타가와는 저 운명의 밤에 두 연인의 생각이 우리의 상상과 판이하게 다를 수도 있다는 가능성을 제시한다.

모리토: 순전한 욕정이 나를 몰아쳤다. 나는 내가 한 번도 그녀와 잔 적이 없다 하더라도 결코 그것을 유감으로 여기지 않을 것이다. 천박한 육욕의 충족만이 목적이라면 그것은 어떤 여자에 의해서든 채워질 수 있으리라. 하지만 창녀를 취하는 남자라 해도 그렇게 저속하지는 않을 것이다. 어쨌든 그런 동기에서 시작하여 마침내 나는 게사를 사랑하게 되었다. 아니, 나 자신을 그녀에게 밀어붙였다고 하는 편이 맞을지도 모른다. 그리고 이제 나는 나의 최초의 물음으로 되돌아

---

28) Ibid., pp. 29~30.

29) 이 작품 또한 〈지고쿠몬〉(地獄門)으로 영화화되어 대단한 인기를 모았다. 하지만 영화대본은 아쿠타가와가 아니라 기쿠치 간의 각색에 입각한 것이다.

왔다. 내가 정말 그녀를 사랑하는지 아닌지를 계속 물을 필요가 있을까? 때때로 나는 그녀를 미워한다. 특히 모든 것이 끝나고 그녀가 누운 채로 울고 있을 때 말이다. (중략) 그녀를 내 쪽으로 가까이 끌어당겼을 때, 그녀는 나보다도 더 정나미 떨어져 보였다. 마구 헝클어진 머리카락하며 지독하게 더러워진 화장 등 모든 것이 그녀의 추한 몸과 마음을 드러내고 있었다. 만일 그때까지 내가 그녀를 사랑한다고 느낀 때가 혹 있었다면, 그것은 사랑이 영원히 사라져버린 바로 그날이었다. 반대로 그녀를 사랑하지 않는다고 느낀 때가 있었다면, 그것은 새로운 증오가 내 가슴을 파고든 바로 그날이었다. 오늘밤 사랑하지도 않는 여자를 위해 내가 증오하지도 않는 남자를 죽이려 하다니! (중략) 나는 그 여자를 경멸한다. 나는 그녀가 무섭다. 나는 그녀가 지긋지긋하다. 그런데 이는 어쩌면 내가 그녀를 사랑하기 때문일지도 모르겠다.

게사: 마침내 나는 내 송장 같은 몸뚱아리를 그 남자에게 허용했다. 내가 한 번도 사랑한 적이 없는 남자, 나를 증오하고 경멸하는 호색한에게 말이다. 나는 자신의 잃어버린 아름다움을 애도해야 하는 쓸쓸함을 견뎌낼 수 있을까? 난 내 얼굴을 그 남자의 팔에 묻었던 저 무아경의 순간을 쫓아내고자 노력했던 것일까? 만일 그렇지 않다면, 난 그 남자의 추악한 욕정에 의해 흥분한 것인가? 그런 생각을 하기만 해도 수치스럽구나! 창피하고 부끄럽기 짝이 없어! 특히 그 남자가 나가고 내 몸뚱아리가 다시금 자유로워졌을 때마다, 나는 메스꺼운 혐오감을 느끼곤 했다. (중략) 남편을 위해 나 자신을 희생한다는 구실로, 나는 나를 증오하고 경멸하는 그 남자에게, 그의 맹목적이고 사악한 욕정에 대해 복수하고 싶어 하지 않았단 말인가? 그래, 틀림없이 그럴 거야. 그 남자의 얼굴을 들여다보았을 때, 나는 저 기이한 달밤의 상쾌함을 잃어버렸으며 내 가슴은 슬픔으로 얼어붙고 말았다. 나는 내 남편을 위해 대신 죽는 것이 아니다. 나는 나 자신을 위해 죽을 것이다. (중략) 그건 바람이었나? 이 모든 고통이 오늘밤이면 다 끝날 거라고 생각하니 무한한 위로가 된다. 내일 싸늘한 여명이 머리 없는 내 시체 위로 비쳐들겠지. 남편이 그 광경을 본다면 그는…… 아냐, 남편에 대해서는 생각하고 싶지 않아. 남편은 날 사랑하지만, 나는 그의 사랑을 갚아줄 수가 없어. 난 오직 한 남

자만을 사랑했다. 그리고 오늘밤 내 사랑은 날 죽이겠지. 이 마지막 달콤한 고통 속에 등불빛마저 눈부시구나.[30]

1927년 수면제 과다복용에 의한 아쿠타가와의 자살은 당시 가장 센세이셔널한 사건 중 하나였다. 그는 오랫동안 여러 가지 육체적 질병을 앓았을 뿐만 아니라, 정신적으로도 분열증적인 우울증과 발작으로 고통받아왔다. 그럼에도 불구하고 그는 세심한 주의를 기울이고 심사숙고하면서 차분하게 자살을 준비했음이 분명하다. 이는 많은 이들에게 아쿠타가와의 지적, 감정적 절망이 상상한 것보다 훨씬 더 깊었으리라는 점을 느끼게 해주었다. 유서에서 아쿠타가와는 '막연한 불안감'을 언급할 뿐이었다. 하지만 사람들은 그의 자살을 한편으로는 더 큰 사회적 맥락에서(가령 다이쇼 및 초기 쇼와 시대[31] 일본사회의 도덕적 공허감 내지 결핍에 대한 저항으로), 다른 한편으로는 수많은 근대 일본 작가들에게서 찾아볼 수 있는, 창조성의 지독하게 부정적인 측면에 따른 불가피한 최종결과[32]로 해석하고 싶어 했다. 만일 우리가 후자의 해석을 받아들인다면, 아쿠타가와는 전후(戰後) 다자이 오사무(太宰治)라든가 미시마 유키오(三島由紀夫)가 감행한 자살의 모델이었다고 볼 수도 있을 것이다.

근대 일본의 공산주의 운동과 프롤레타리아 문학

그런데 아쿠타가와가 자살한 당대의 문단에 도덕적 진공상태에 관한 공통감각이 있었다고 한다면, 공산주의에 경도된 프롤레타리아 작가들은 최소한 그런 결핍상태를 채우고자 노력한 점이 인정받을 만하다. 1922년에 결성된 일본 공산당은 그 뿌리가 사회주의 운동의 급진적이고 노동조합주의적인 분파에 있다. 일본에서의 사회주의 운동은 20세기 초에 갑작스레

30) Keene, *Modern Japanese Literature*, pp.302~306.

31) 쇼와(昭和) 시대는 1926년부터 1989년까지이다.

32) 즉 창조성의 고갈 때문에 자살을 선택했다는 뜻인 듯하다. _옮긴이

유명세(안 좋은 의미에서)를 탔다가 1910년 메이지 천황 암살음모를 꾀했다는 혐의로 인해 궤멸되었다. 전술했듯이 1차대전 이후 명백히 급진주의가 배양될 만한 호조건이 형성되었음에도 불구하고 일본에서 좌익은 전반적으로 거의 아무것도 이루지 못했다. 특히 공산당은 그 출발부터 큰 난관에 봉착하지 않으면 안 되었다. 이는 주로 이데올로기 문제에 관해 구성원들 사이에 의견일치 내지 합의가 이루어지지 못했기 때문일 것이다. 가령 일부 마르크스주의자들은 일본정부는 완숙한 부르주아지배적, 자본주의적 정권이므로 프롤레타리아들에 의한 전복을 촉진하고자 노력해야만 한다고 주장했다. 그러나 또 다른 마르크스주의자들은 일본은 아직 부르주아 혁명을 겪지 못했으며, 따라서 프롤레타리아 혁명을 고려하기에 앞서 먼저 일본사회에 온존하는 여러 봉건적 요소들을 제거할 필요가 있다고 역설했다. 한편 동아시아에서 제국주의의 역할을 더 중요한 문제로 다루어야 한다고 본 마르크스주의자들도 있었다. 레닌은 일차적으로 중국을 겨냥한 그의 동아시아 테제에서 제국주의를 아시아 인민의 주된 적으로 규정하면서 아시아의 공산주의자들에게 부르주아 민주주의자들의 민족주의 운동 진영(가령 중국 장제스의 국민당)과 연합하여 서양 제국주의자들을 추방할 것을 요구했다. 그러나 당시 일본은 이미 동아시아에서 주요한 제국주의자 대열에 끼어 있었으므로, 이와 같은 레닌의 테제는 일본에 적용할 수 없었다.

설령 이데올로기 문제에 대해 합의가 이루어졌다 하더라도, 전전(戰前)의 일본에서는 공산주의 운동이 일어날 기회가 현실적으로 주어지지 않았다. 왜냐하면 일반인들의 정조가 공산주의에 적대적이었고, 정부당국도 공산주의에 대해 가차 없이 엄격한 태도를 취했기 때문이다. 1930년대로 접어들면서 대륙에서의 군사적 모험이 갈수록 확장되는 가운데, 일본의 공산주의 운동은 무자비한 탄압을 받아 파괴되고 말았다.

이처럼 전전의 공산주의 운동이 실패로 끝났음에도 불구하고, 일본인에게 신조로서의 마르크스주의는 지적 차원에서 여전히 강력한 호소력을 지니고 있었다. 사실 일본의 공산주의 운동이 안고 있던 주된 어려움 중의 하나는, 그것이 주로 지식인들만의 전매특허처럼 되어 있었고, 노동자들을 위한 실천적이고 구체적인 프로그램을 효과적으로 제시하지 못했다는 점이다. 문학의 경우 1920년대 후반 및 1930년대 초반에는 프롤레타리아 작가들이 지배적인 유파를 형성하고 있었다. 어쩌면 그랬기 때문에 당시 문학 일반이 낮은 지위에 처해 있었는지도 모른다. 하지만 다른 한편으로 이는, 프롤레타리아 문학이 과학적이고 물질적인 맥락에서 사회적 관계들을 분석할 수 있다는 마르크스주의 이론 및 노동자들의 유토피아가 미래에 있다는 마르크스주의적 꿈으로써 일부 일본인들의 상상력에 불을 붙이는 데에 성공했음을 보여주는 증거이기도 하다.

고바야시 다키지

고바야시 다키지(小林多喜二, 1903~1933)의 『게공선』(蟹工船, 가니코센, 1929)은 이런 프롤레타리아 문학의 가장 뛰어난 작품 중 하나로 일컬어진다. 아래 인용문은 방금 언급한 이데올로기적 열정에 의해 자극받은 작품에서 불가피하게 나타나기 마련인 조야한 선전투의 분위기를 잘 보여준다. 이 작품은 캄차카 원양에서 조업하는 게잡이 어부들에 관한 이야기인데, 그들은 악마처럼 잔혹한 감독에게 생명을 위협받을 만큼 인간 이하의 취급을 받으며 착취당한다. 본선을 떠나 게잡이를 하던 작업선 한 대가 폭풍우 속에서 조난당해 캄차카 해변가에 표류했을 때 러시아인들에게 구조된다. 이때 어부 중 한 사람이 지독하게 서툰 엉터리 일본어나마 몇 마디 할 줄 아는 중국인을 사이에 두고 한 러시아인과 다음과 같은 대화를 나눈다.

> "당신들, 돈 없다."
> "그렇다."
> "당신들, 가난한 사람들."
> "그렇다."
> "그러니까, 당신들 프롤레타리아. 알아?"

"응."

러시아인이 웃으면서 그들의 주위를 걷기 시작했다. 때때로 멈추어 서서 그들 쪽을 보았다.

"부자들, 너희들을 이것 한다.(목을 조르는 시늉을 한다) 자본가, 점점 커진다.(배가 불룩해지는 흉내) 당신들 아무리 해도 안돼, 가난뱅이 된다. 알아? 일본 나라 안돼. 일하는 사람, 이것.(얼굴을 찡그리고 병자 같은 모습을 흉내 낸다) 일하지 않는 사람, 이것. 에헴 에헴.(거드름 피우며 걸어 보인다)"

그 말들이 젊은 어부들에게는 재미가 있어서, 맞장구를 치며 웃기 시작했다.

"일하는 사람, 이것. 일하지 않는 사람, 이것.(앞 동작을 반복한다) 그런 것 안돼. 일하는 사람, 이것.(이번에는 거꾸로 가슴을 펴고 활개쳐 보인다) 이것, 좋다. 알아? 러시아 나라, 이 나라 일하는 사람뿐이다. 일하는 사람만 이것.(뽐낸다) 러시아, 일하지 않는 사람 없다. 빈들거리는 사람 없다. 남의 목 조르는 사람 없다. 알아? 모두, 모두 휘파람 불며 다닌다."[33]

1920년대의 일본영화

1920년대 대중문화에서 가장 인기 있는 매체 중 하나는 활동사진, 즉 영화였다. 일본에서 최초로 서양영화가 상영된 것은 1894년의 일이었다. 그 후 몇 년 뒤부터 일본인들은 직접 영화를 만들기 시작했다. 그리하여 1차대전 때까지 일본의 영화촬영소들은 전국적으로 확산되고 있던 영화관에서의 증가하는 수요에 부응하고자 부단히 많은 편수의 영화를 제작해왔다. 일본에서 만들어진 가장 이른 시기의 상업영화들은 가부키 및 그 현대판이라 할 만한 신파극의 무대공연 장면을 그대로 필름에 담은 영상기록물에 지나지 않았다. 아직 혁신적인 기술이 없었던 시대에 관객들을 끌어모으기 위해, 이런 영화들은 매 장면마다 그 내용과 줄거리를 설명해주는 변사(辯士, 벤시)의 정감 어린 솜씨에 의존해야만 했다.

---

33) Keene, *Modern Japanese Literature*, pp.336~337.
고바야시 다키지, 이귀원 옮김, 『게공선』, 친구, 1987 참조. _옮긴이

오늘날 일본인들의 기억 속에서는 거의 사라져버렸겠지만, 무성영화 시대의 변사들은 당시 중요한 공연자로 간주되었으며 어떤 경우에는 일급 영화배우에 비견될 만한 스타가 되기도 했다. 서양영화사에는 이런 변사에 상당하는 존재가 없다. 서양영화의 초기 단계에 흥행주들이 실험 삼아 스크린 옆에 내레이터를 내세워보기도 했지만, 무성영화에 생생한 해설을 붙이는 관습은 서양 청중들에게 전혀 인기를 끌지 못했다.

이에 비해 일본영화사에서 변사의 역할은 '어둠의 시인'으로 지칭되기도 한다.[34] 무성영화에 등장하는 사건과 행동을 해설하는 변사의 역할은, 거기서 더 나아가 영화에 '생명력과 활기가 넘치도록' 감정을 불어넣어주었다는 점에서 그 참된 중요성을 말할 수 있다. 탁월한 변사는 연극적인 언어를 통해 관객들이 스크린 쪽을 보는 것보다 그의 말을 듣는 것에 더 몰두하게끔 만듦으로써 영화 자체에 대한 관심까지도 빼앗아버릴 정도였다.

1920년대에 대중적 여흥의 수요를 충족시키기 위해 만든 영화들 중 상당수는 말할 것도 없이 예술적인 가치가 매우 떨어졌다. 그것들은 미국의 상투적인 서부영화에 상당할 만한, '칼부림' 하며 허풍 떠는 과장된 사무라이 활극이 대부분이었기 때문이다. 하지만 자기만의 독자적인 작품세계를 추구하여, 근래 국제적으로 높은 평가를 받고 있는 진지한 장르의 일본 영화전통에서 선구자가 된 인물도 몇몇 있었다. 그런 계통의 영화감독들은 영화를 일본 특유의 고도로 세련된 미학적 감각을 표현하는 수단으로 이용해왔다.

영화의 가장 근본적인 특징이 시각성에 있음은 물론이다. 따라서 영화의 역사란 대체로 감독이 어떻게 사실적인 '카메라의 눈'을 최대한 철저하게 활용하는 법을 발전시켜왔는가 하는 이야기인 것이다. 자연에 대한 감각 및 그런 자연에 대항하기보다는 자연 안에서 살아가고자 하는 감수성이 뛰어난 일본인들에게 영화는 자신의 기호에 적합한 예술매체로 받아들

34) Jeffrey Dym, "Benshi, Poets of the Dark: Japanese Silent Film Narrators and Their Forgotten Narrative Art"(Ph.D. diss., University of Hawai'i, 1998).

여졌다. 이는 초창기 일본 감독들이, 전형적인 중하층 보통사람들의 일상을 다룬 서민극(庶民劇, 쇼민게키) 장르에서 일상의 사회적 측면을 다루기 위한 목적으로 영화를 이용했다는 점에서 가장 분명하게 엿볼 수 있다. 통상 서양 관객들은 보통사람들의 일상이 극적인 사건에 연루되지 않는 한 그런 것에 흥미를 느끼지 않는다. 그러나 일본 관객들은 단순히 일상적인 삶의 생생한 몸짓 하나하나에 매력을 느끼는 모양이다. 그러니까 특별히 거창한 위기 같은 것이 없어도 그만이다. 가족관계의 맥락 안에서 가장 잘 드러나는, 그저 보통사람들이 함께 어울려 살아가는 방식을 보여주는 것만으로도 일본인의 기호를 충족시키기에 충분하다. 가족드라마라는 주제는 다음 장에서 그런 장르의 최대 거장이라 할 만한 오즈 야스지로(小津安二郎)의 영화를 다룰 때 더 상세히 언급할 것이다. 여기서는 다만 서민극 장르의 표현이 어떻게 실제 무대보다 영화에 더 이상적으로 어울리는지 잠시 생각해보자.

서민극은 무엇보다 무대에서는 적절히 재현하기 힘든, 있는 그대로의 자연스러운 생활배경 안에서 펼쳐지는 보통사람들의 삶을 다루는 드라마 형식이다. 어떤 서양인들은 오즈의 영화를 장면 표현기법이 너무 길고 지루하다는 식으로 비판해왔다. 하지만 오즈의 영화가 일본인 관객들을 끌어당기는 가장 중요한 요소는 바로 느긋하고 서두르지 않는 태도로 사물과 세계를 탐색하는 것이라 할 수 있다. 거기서 일본인 관객들은 자신이 현실과 격리된 시선을 통해서가 아니라 인생을 실제 있는 그대로 바라보고 있다는 느낌을 가지게 된다. 그저 시간은 흘러가고, 계절이 바뀌며, 갈등이나 투쟁도 별로 없다. 바로 그런 것에 인생의 본질이 있다는 것이다.[35)]

신극

일본에서 영화가 인기를 끌었던 것과는 대조적으로, 20세기 초 이래 근

35) 이 부분은 Donald Richie, *Japanese Cinema*, pp.70~71에서 시사받았다.

대적 일본연극인 신극(新劇, 신게키)을 발전시키려는 노력은 거의 아무런 성과도 거두지 못했다. 이는 현대연극이 대단한 명성과 상업적 성공을 거두었던 서양의 경우와 비교할 때 더욱 그렇다고 말할 수 있다. 신극운동에서 두 주류의 성립은 소설가이자 평론가인 쓰보우치 쇼요(坪內逍遙) 등이 1906년에 설립한 '문예협회'(文藝協會, 분게이쿄카이) 및 오사나이 가오루(小山內薰, 1881~1928) 등이 1909년에 조직한 '자유극장'(自由劇場, 지유게키조)에까지 거슬러 올라간다. 그중 쓰보우치는 신극을 적어도 메이지 중엽 이래 일본문학 및 연극 일반을 개혁하고자 했던 전반적인 시도의 한 부분으로 보았다. 그는 한때 같은 작품 안에서 셰익스피어의 장면과 가부키를 결합시키는 실험을 시도한 인물로 널리 알려져 있기도 하다. 한편 오사나이와 그의 지지자들은 음악과 춤과 연기가 함께 어우러져 있는 전통적인 일본연극 형식을 철저히 부정했다. 대신 그들은 다음 인용문에서 알 수 있듯이, 근대 서양의 재현적이면서 동시에 본질적으로 '구어체' 적인 연극을 선호했다.

> 이후 마침내 신극계의 독보적인 지도자가 된 오사나이의 열렬한 추종자들은 셰익스피어를 비롯하여 입센 이전의 서양 고전들을 노(能) 및 가부키와 동일한 수준으로 간주했다. 그들은 서양 고전들을 근대인의 중대한 문제와 무관한 세계, 즉 춤과 음악 및 배우의 양식성과 전문성이 비지식인들에게 상업적인 여흥을 제공해줄 수 있는 그런 세계에 귀속시키려 했다. 급속한 근대화로 인해 일본 지식인들은 임박한 새로운 세계에 대한 논의와 메시지를 별로 필요로 하지 않았기 때문이다.[36)]

오사나이와 신극의 전위파들은 자연주의 문학운동에 열성적으로 찬동했다. 이들이 활동을 시작한 무렵에 일본에서는 자연주의의 인기가 절정에

36) Benito Ortolani, "Fukuda Tsuneari: Modernization and Shingeki," in Shively, *Tradition and Modernization*, p.486.

도달해 있었다. 그리하여 이들은 과학적인 엄밀성을 중시하는 자연주의 기법에 의해 있는 그대로의 삶을 사실적으로 재생시킬 수 있으리라고 기대했다. 반(反)자연주의자였던 소설가 다니자키 준이치로는 당시의 자연주의 붐에 대해 이렇게 적고 있다. "자연주의의 전횡이 너무 격해서 삼류 작가들까지도 자연주의 흉내를 내기만 하면 문학적으로 인정받는다."[37] 그리고 어떤 신극 배우는 자연주의가 자신과 동료 연기자들에게 그것을 위해 죽으라면 죽을 수도 있을 만큼 중요한 의미를 가진다고 말하기까지 했다.[38]

오사나이에게 자연주의는 모더니즘과 일치했다. 그는 일본연극의 과거 전통과 단절해야 한다는 열망이 너무 압도적인 나머지 신극 관계자들에게 "전통을 무시할 것"과 서양의 자연주의 연극에 전념할 것을 요구했다. 심지어 그는 최소한 당분간만이라도 특히 입센, 체호프, 고리키 등과 같은 현대 서양연극의 번역 및 공연에만 전적으로 매달려야 한다고 제안하기도 했다. 무엇보다 오사나이 신극의 거의 신(神) 같은 모델이 된 인물은 입센이었다. 입센 연극의 연구에 몰두하던 어느 클럽의 모임에서는 회원들이 "입센의 사랑을 위해서라면 셰익스피어조차 멍청한 바보로 여겨 추방하고 잊을 수 있다"는 식으로 선포했다고 한다.[39]

다카라즈카소녀가극단

이처럼 오사나이 및 그 지지자들이 정통 근대연극의 발전을 위해 노력하고 있던 20세기 초에는 근대적인 뮤지컬 악극과 오페라를 일본에 도입하기 위한 여러 조치들 또한 취해졌다.[40] 일본 최초의 서구 오페라는 도쿄의 제국극장(帝國劇場)에서 1911년에 상연된 글루크(Ch.W. Gluck)의 〈오르페우

37) A. Horie-Webber, "Modernization of the Japanese Theatre: The Shingeki Movement," in W.G. Beasley, ed., *Modern Japan*, p.160에서 재인용.

38) Ibid., p.161.

39) Ibid.

40) 이하 오페라 및 다카라즈카가극단에 대한 논의는 주로 다음 논문에 의존했다. Roland Domenig, "Takarazuka and Kobayashi Ichizō's Idea of *Kokumingeki*," in Sepp Linhart and Sabine Frühstück, eds., *The Culture of Japan as Seen Through Its Leisure*, pp.267~284.

스와 에우리디케〉였다. 이 공연 바로 직후 이탈리아 안무가인 조반니 비토리오 로시(Giovanni Vittorio Rosi)가 일본의 오페라 진흥을 위해 고용되었다. 하지만 그를 비롯한 여러 사람들의 노력은 늘 많은 어려움에 봉착했다. 가장 심각한 문제 중의 하나는 훈련된 좋은 성악가가 부족했다는 점이다. 한동안은 '아사쿠사오페라'(도쿄의 아사쿠사 위락지구에서 주요 활동을 펼쳤기 때문에 붙여진 이름)로 알려진 극단이 일본인의 취향에 맞도록 각색 및 개작한 오페라들을 상연함으로써 성공을 거두었다. 하지만 이 극단의 행운은 1920년대에 들어와 기울기 시작했다. 관객들이 서양음악을 많이 알게 되었고(주로 이 무렵에 시작된 라디오 방송을 통해), 또한 당시 정기적으로 일본을 방문한 서양 극단에 의해 본고장 오페라를 직접 감상할 기회가 훨씬 많아졌기 때문이다. 뮤지컬을 비롯한 '토키'(발성영화)의 등장 또한 아사쿠사 오페라단의 쇠퇴에 한몫했다.

일본 뮤지컬 악극의 발전을 위한 또 하나의 주된 노력은 탁월한 사업가이자 생애 내내 연극광이었던 고바야시 이치조(小林一三, 1873~1957)[41]가 1913년에 다카라즈카소녀가극단(寶塚少女歌劇團)[42]을 창립하면서 시작되었다. 부분적으로, 다카라즈카가극단은 메이지 후기에서 다이쇼 초기에 걸쳐 여권(女權)을 신장하고 종래에 연극 등 실질적으로 남자들만의 전유물이었던 분야에서 여성들의 진출을 도모하려는 노력의 일환으로 성립된 것이었다. 건전하고 근대적인 국민극(國民劇, 고쿠민게키)의 창안을 열망한 고바야시는 가령 『겐지모노가타리』와 〈나비부인〉으로부터 주제를 끌어내어 일본의 전통적인 연극적 요소와 서양음악을 혼합하고자 애썼다. 그리하여 몇몇 다카라즈카 작품은 할리우드풍의 뮤지컬을 모델로 공연되었으며, 또 어떤 것은 당시 국제적으로 유행한 오페라 아리아라든가 일본 민속음악을 가미하여 만들었다.

---

41) 게이오대학 출신으로, 한큐전철(阪急電鐵)과 도호(東寶)영화사를 비롯한 비중 있는 기업들을 창립, 경영하여 간사이 재계의 영웅적 인물로 추앙받는 인물이다. _옮긴이

42) 현재 정식 명칭은 '다카라즈카가극단'이며 다카라즈카시(寶塚市)에 본거지를 두고 있다. _옮긴이

다카라즈카가극단의 공연은 처음에는 아마추어 수준이었지만, 1919년 가극단 소녀들에게 본격적으로 노래와 춤을 훈련시키는 기관으로서 고바야시가 다카라즈카음악학교(寶塚音樂學校)를 설립하면서 전문가극단으로 발전해나갔다. 초창기에 이 가극단은 전체가 어우러져 하나가 된다는 정신하에 특정 배우가 스타로 부각되지 않도록 애썼다. 하지만 1920년대 후반부터 가부키를 연상시키는 에로틱한 요소의 도입과 더불어, 다카라즈카 배우들이 남자 역할을 맡은 '오토코야쿠'(男役)와 여자 역할을 맡은 '무스메야쿠'(娘役)로 나뉘면서 스타 시스템으로 전개되기 시작했다. 특히 남자 역할을 맡은 배우들이 '남장미인'으로서 인기 있는 스타의 대열에 오르곤 했다.[43] 고바야시는 남자배우도 극단에 영입하고 싶어 했지만, 이런 그의 시도는 끝내 성사되지 못했다. 이리하여 배우 전원이 여성만으로 구성된 이 다카라즈카가극단은 일본연극계의 터줏대감이 되었으며, 지금까지도 상당한 인기를 누리고 있다.

앞서 우리는 문학 분야에서 일본 자연주의 작가들이 거의 전적으로 개인의 분석에 관심을 기울였다는 점, 그리고 유럽 자연주의자들처럼 사회적 맥락까지 다루는 데에는 대부분 실패했다는 점을 살펴보았다. 한편 신극운동에 참여한 자연주의자들은 개인보다 사회 쪽으로 관심의 초점을 옮겼는데, 이들이 사회를 바라보는 관점은 좌익적 경향이 두드러졌다. 이런 현상은 특히 1920년대 후반 및 1930년대에 이르러 분명하게 나타났다. 당시 신극운동가들은 공개적으로 스스로를 '프롤레타리아'적이라고 내세움으로써 결과적으로 새롭게 등장한 군부지도자들에게 탄압을 받게 되었다. 2차대전 이전 시기에 신극운동이 그다지 성공하지 못한 데에는 다음 몇 가지 이유가 있었다. 첫째, 신극은 의미 있는 창작극을 만들어내는 데에 실패했다. 둘째, 또한 신극은 이데올로기적 선전을 위해 공연을 이용하는 경향이 있었다. 셋째, 그리고 이런 선전이 당국의 탄압을 자초했다.

43) J.L. Anderson, "Takarazuka Kagekidan(Takarazuka Opera Company)," in *Kōdansha Encyclopedia of Japan*, 7:318.

군부 파시즘의 등장

1920년대 초반과 중반은 서양 열강과 일본이 중국에서의 조차지 소유 및 상업적 이권의 차지와 관련하여 상호협력정책을 채택했으므로 비교적 조용했다. 그러나 1920년대 말에 일본인들은 특히 중국 내셔널리스트들의 강한 저항 및 북방의 러시아가 가하는 압박 때문에 대륙에서의 위상이 점점 더 위협받고 있음을 깨달았다. 1929년에서 1930년에 걸쳐 세계시장이 붕괴되면서, 일본은 서양 열강과의 비생산적인 협력정책을 포기하고 대외 문제에서 강력한 독자적 행보를 취하지 않을 수 없게 되었다. 이에 따라 군부의 목소리가 커졌고, 마침내 1931년 9월에 일본군은 만주 펑톈(奉天) 교외에 위치한 류탸오호(柳條湖) 부근의 남만주철도 노선에서 폭발사건을 일으켰다. 당시 관동군은 이를 중국 측의 소행이라고 떠넘기면서 중국군을 공격하여 1932년 3월에 만주국 괴뢰정권을 세웠으며, 1933년에는 국제연맹을 탈퇴하기에 이르렀다.

일본 군부가 해외침략에 착수하면서 군부 내외의 극우파들은 일본의 위기상황에 책임이 있다는 이유로 자본가와 정당지도자 등에 대한 테러활동을 자행하기 시작했다. 이 극우파들은 전통적인 방식으로 천황의 권력을 회복시키고 불온한 각료들을 처단하자는 이른바 쇼와 유신을 주창했다. 당시 천황은 상당히 온건한 인물로, 제도상 최측근 및 고문들을 제외하고는 외부와 차단되어 있어서 실제 정부권력을 장악하지는 못했던 것으로 보인다. 사실 1930년대에 쿠데타[44]를 일으킨 자들은 자신들의 파괴적인 기도가 성공했다 하더라도 그 후속조치로 무엇을 해야 할지 구체적인 청사진은 가지고 있지 않았던 것 같다. 이와 관련하여 마루야마 마사오(丸山眞男)는 다음과 같이 적고 있다.

〔쿠데타를 일으킨 자들의〕 내실(內實)의 이데올로기는 천황절대주의, 즉 천

44) 극단적인 천황 절대권력에 입각한 군부독재체제를 주장했던 군부 내 황도파(皇道派)에 의해 1936년 2월 26일에 일어났으나 4일 만에 진압된 이른바 2·26사건을 가리킨다. _옮긴이

황의 명령을 받들어 힘써 행하는 주의〔承詔必謹主義〕로서 다분히 관념적입니다. 앞에서도 말한 것처럼, 폭동을 일으키기까지는 계획적이지만 그 후의 일은 생각하지 않는다는 것도 실은 이런 천황절대주의가 근저에 있어서, 어떤 내용적인 것을 계획하는 것은 대권을 함부로 추량하는 것이 된다는 생각에서 나오고 있다는 점도 그냥 지나쳐서는 안 됩니다. 그러므로 어떻게 해서든 군주 측근의 간신들을 제거하기만 하면, 즉 천황을 뒤덮고 있는 검은 구름을 걷어치우기만 하면 그 후에는 자연히 태양이 빛나게 된다는 식의 신화적인 낙관주의로 빠지기 십상입니다.[45)]

이에 앞선 1932년 5월 일군의 청년 해군장교들이 수상[46)]을 암살함으로써 일본의 민주주의 정당정치는 하릴없이 무너지고 말았다. 물론 주요 양대 정당은 1940년 국가통합이라는 이름으로 해체되기 전까지 존속했지만, 1932년 이후 수상직은 군부 출신이거나 혹은 군부에 협조하는 관료들이 독차지했다. 요컨대 1932년의 수상 암살사건은, 태평양전쟁을 야기하여 1945년 결정적인 패배에 이르기까지 일본을 지배한 파시즘 시대의 시작을 고하는 사건이었다. 대부분의 서양 학자들은 당시의 일본 상황에다 근본적으로 유럽적 개념인 파시즘을 그대로 적용하기에는 무리가 있다고 본다. 하지만 국내외적 위기상황에서, 메이지 중엽 이래 일본에서 점진적으로 발전해온 의회민주주의가, 1930년대 후반에 이르러 억압적인 경찰국가를 조성하는 데 성공한 군부의 등장으로 인해 급속히 해체되었음은 분명한 사실이다.

유럽의 파시스트들은 히틀러라든가 무솔리니 같은 이른바 '영웅적 지도자들'에 의해 고취되었고, 바깥쪽에서부터 정치시스템에 밀고 들어간 대중적 정당운동을 통해 권력을 쟁취했다. 이에 반해 일본에는 히틀러나 무솔

---

45) Maruyama Masao, *Thought and Behavior in Modern Japanese Politics*, p.69.

46) 만주국 승인에 반대하여 천황의 지원으로 관동군을 억제하고자 했던 이누카이 쓰요시(犬養毅) 수상을 가리킨다. 이 수상의 암살사건을 5·15사건이라 한다. _옮긴이

리니 같은 인물이 없었다. 또한 군부는 정부에 대한 공격을 지지해주는 대중적 기반을 통해서가 아니라, 단지 의회주의자들(즉 정당주의자들)을 지배적인 국체론적 엘리트들로 대체함으로써 권력을 장악해나갔다. 1930년대 초반 및 중반에 정치적 폭력에 관여했던 수많은 극우파 집단들은 대개 대중적 기반에 입각하지 않은 채 비밀리에 행동했는데, 이들은 군부 등장의 원인이라기보다는 그 징후라고 하는 편이 더 적절해 보인다.

지식인들 및 대중들의 정서에서도 군부는 갈수록 급박한 위기상황에서 국가를 통합할 수 있는 유일한 희망인 전통적 일본정신의 최대 저장소로 간주되기에 이르렀다. 이에 비해 근대화의 물리적 수단들과 더불어 지난 반세기 동안 서구로부터 일본에 도입된 사회정치적 교의와 이데올로기들은 일본 국민들을 교란하는 적으로 규정되었다. 이와 같은 규정은 1937년에 간행된 『국체의 본의』(國體の本義, 고쿠타이노혼기)라는 소책자 안에서 다음과 같이 새롭게 표명된 '국체'(national entity 또는 national polity) 해석의 일환으로 이루어진 것이었다.

> 작금의 이데올로기적, 사회적 혼란과 위기의 시대를 초래한 주범은 바로 서양 및 일본에서 막다른 골목에 이른 개인주의이다. 하지만 우리는 이와 같은 위기상황으로부터의 탈출구를 찾는 문제는 잠시 미루어두고자 한다. 왜냐하면 일본에 관한 한, 우리는 먼저 일본에 고유한 관점으로 되돌아가 불멸의 국체를 분명히 하는 한편, 서양 이데올로기를 추종하고 아첨하는 모든 것을 쓸어내어 본래의 상태를 회복해야만 하기 때문이다.[47]

일본은 (비록 차단되어 비활동적인 존재이기는 하지만) 신적인 천황이 다스려온 신성한 나라이며, 일본 국민들은 그런 천황을 가부장으로 하는 가족국가의 일원으로서 무조건적인 충성심으로 일본과 천황을 섬겨야만 한다.

47) Robert K. Hall, ed., *Kokutai no Hongi: Cardinal Principles of the National Entity of Japan*, p.54.

이때 군부를 비난할 이유는 특별히 없다. 왜냐하면 일본의 영향력을 해외로 확장하는 것이야말로 군부의 신성한 사명이며, 그 사명의 최종적인 책임은 오직 천황에게만 있기 때문이라는 것이다(이는 실질적으로 아무에게도 책임이 없음을 뜻한다).

천황기관설과 국체명징

이와 같은 국체와 양립하기 어려운 견해를 가진 프롤레타리아 작가들과 학자들은 1930년대에 대대적인 탄압을 받았다. 그 결과 당시 문단과 학계는 대부분 침묵에 잠길 수밖에 없었다. 이 무렵 표현의 자유에 대한 탄압과 관련된 유명한 논쟁으로, 1935년에 있었던 미노베 다쓰키치(美濃部達吉, 1873~1948) 및 메이지 헌법을 다룬 그의 이른바 '천황기관설'(天皇機關說)에 대한 공격을 들 수 있다. 도쿄제국대학의 헌법학 교수였던 미노베는 수년 전 메이지 헌법상 천황은 인간 신체의 머리에 비견될 만한 국가 최고의 기관으로 간주되어야 한다는 해석을 내놓았다. 이에 대해 몇몇 학자들은 천황의 외경스러운 권위는 말로 정의 내릴 수 없는 초월적인 것이므로 국가 그 자체로 신비스럽게 간주되어야만 하는 존재인데도 이를 규정했다 하여 미노베를 강력하게 비난했다. 하지만 미노베의 이론은 학계에서 널리 인정받았으며, 후에 그는 귀족원(상원)의원으로 임명받기도 했다. 그런데 1935년 우익 의원 몇몇이 귀족원 연설에서 일반 일본인들은 전혀 알지도 못하고 이해할 수도 없는 천황기관설은 천황제에 대한 심각한 공격이자 모욕이라고 하며 미노베를 비난했다. 이런 비난에 대해 미노베는 다음 주 귀족원 연설에서 이들의 주장이 잘못된 것임을 조목조목 반박함으로써 귀족원 의원들의 따뜻한 박수갈채를 받았다. 이렇게 해서 논쟁이 일단락되는 듯했다. 하지만 얼마 지나지 않아 전국의 재향군인회 및 기타 우익집단들이 벌떼처럼 들고일어나 미노베에 대한 규탄운동을 벌였다. 군부지도자들과 정치가들도 이에 가세하여 이른바 '국체명징'(國體明徵)을 요구하기에 이르렀다. 이리하여 1935년 내내 언론이 이 문제로 시끄러웠으며, 그해 말

미노베는 공식적으로 불경죄를 지었다 하여 피소되었다. 결국 그는 도쿄제국대학 교수직을 사임해야 했고, 귀족원 의원직도 내놓지 않을 수 없었다. 나아가 그의 저술들은 판금되었으며, 다음 해 그는 그의 목숨을 노리는 괴한의 습격을 받아 상처를 입기까지 했다.

임박한 대격변을 예고하면서 군부의 득세와 국내의 정치적 탄압 등으로 어지러웠던 이 시대에 많은 일본인들은 현실도피적인 유흥과 오락에 빠져들었다. 평론가들은 이와 같은 당대의 현상을 '에로티시즘, 그로테스크, 난센스'의 시대풍조로 규정하기도 한다. 댄스홀, 스트립극장, 요요 장난감, 미니골프, 십자말풀이 퍼즐, 마작 등도 이런 오락범주에 들어가 있었다. 맹목적인 애국주의와 외국인혐오증이 널리 확산되었던 시대에 서양에서 들어온 이와 같은 도피주의적 오락들이 유행했다는 것은 흥미로운 사실이 아닐 수 없다.

가와바타 야스나리

대부분의 예술이 침체상태에 빠졌던 군부독재시대에 가와바타 야스나리(川端康成, 1899~1972)의 등장은 예외적인 사례라 할 수 있다. 근대 일본의 가장 뛰어난 소설가 중 한 사람인 가와바타는 1968년 일본 최초의 노벨문학상을 수상했다. 그는 1920년대 중반에 신감각파(新感覺派) 작가의 일원으로 공식적인 작품활동을 시작했다. 그는 문학에 지나치게 과학적이고 냉철하게 접근하는 자연주의 및 프롤레타리아 유파를 공격하면서, 순수하게 예술적인 가치와 서정적인 감수성을 중시하는 소설문학으로 되돌아갈 것을 주장했다. 신감각파는 스스로를 문학적 근대주의의 전위운동으로 여겼고, 다다이즘과 초현실주의를 비롯한 현대 유럽의 예술사조들에 대한 숨김없는 관심을 공언했다. 하지만 이런 신감각파 운동은 분명한 자기정체성을 확립하지 못했다. 그리하여 이 유파의 핵심 멤버였던 가와바타는 결국 기본적으로 서양적인 신감각파의 이념 대신 일본 고유의 문학전통 안에서 가장 깊은 예술적 원천을 찾고자 했다.

"근본적으로 동양의 반논리적이고 직관적이며 비합리적인 감수성에 입각하여 암시와 환기와 전도와 병치의 기법을 구사하는 하이쿠라든가 와카 같은 예술"[48]의 맥락에서 일본 고유의 문학전통을 말하는 마사오 미요시는 가와바타에 관해 다음과 같이 적고 있다.

> 〔가와바타는 그의 소설 속에서〕 그저 언어가 시간의 흐름 안에서 물처럼 흐르면서 스스로 결을 엮어내게 놓아둔다. 그러므로 그의 소설 '형태'는 총체가 부분들을 포괄하는 건축적 혹은 조각적인 것이라기보다는, 뜻밖의 것과 병렬적인 것 혹은 긴장과 이완에 의한 끊임없는 움직임 및 다채로운 리듬과 속도를 수반한다는 의미에서 가히 음악적인 것이라 할 수 있다. 이런 가와바타 문학과 관련하여 종종 렌가 형식이 언급되곤 하는데, 거기에는 그럴 만한 이유가 있다. 즉 렌가 또한 그 작시과정에서 예상치 못한 전개가 이루어지며, 각 부분들이 자연스러운 결말을 향해 가면서 하나의 전체성 안에 오직 소급적으로만 배치된다는 특징을 보여주기 때문이다.[49]

가와바타는 태평양전쟁 전인 1935년에서 1937년 사이에 대작 『설국』(雪國, 유키구니)을 연재했는데, 이 작품은 그 후에도 1940년대 초엽 및 말엽에 개정판이 나왔다. 당시 잡지나 신문에 작품을 연재하는 데에 익숙해져 있던 일본 작가들 사이에서조차, 여러 부분으로 나누어 소설을 쓰는 이런 가와바타의 작업방식은 대단히 드문 사례였다. 그런데 가와바타에게는 그런 연재방식이 성미에 맞았던 모양이다. 왜냐하면 그는 이런 방식을 통해 소설의 소재들을 좀 더 조심스럽고 신중하게 다룸으로써 원하는 만큼 줄거리를 확대해나가거나 혹은 끝낼 수 있었기 때문이다. 『설국』은 세상에 치여 지칠 대로 지쳐버린 시마무라와 온천휴양지의 게이샤인 고마코 사이에 벌어진 정사 이야기이다. 소설의 첫 구절은 이 정사의 무대를 "기차가 국경

---

48) Miyoshi, *Accomplices of Silence*, p.98.
49) Ibid., p.104.

의 긴 터널을 빠져나오자, 눈의 고장이었다. 밤하늘 아래 새하얀 땅바닥이 깔려 있었다"라고 묘사하고 있다. 시마무라가 고마코를 만나러 가는 장면에서 가와바타는, 열차 창문에 비친 영상에 대한 그의 반응을 다음과 같이 놀랄 만한 수사적 기교로 묘사함으로써 남자주인공의 성격에 대해 많은 것들을 나타내고 있다.

> 시마무라는 지루함을 달래기 위해 왼쪽 검지손가락을 이리저리 움직여 바라보며, 결국 이 손가락만이 지금 만나러 가는 여자를 생생하게 기억할 수 있군, 좀 더 선명하게 떠올리려고 조바심치면 칠수록 붙잡을 길 없이 희미해지는 불확실한 기억 속에서 이 손가락만은 여자의 감촉으로 여전히 젖은 채 자신을 먼 데 있는 여자에게로 끌어당기는 것 같군, 하고 신기하게 생각하면서 코에 대어 냄새를 맡아보기도 하고 있다가, 문득 그 손가락으로 유리창에 선을 긋자, 거기에 여자의 한쪽 눈이 또렷이 떠오르는 것이었다. 그는 깜짝 놀라 소리를 지를 뻔했다. 그러나 이는 그가 마음을 먼 데 두고 있었던 탓으로, 정신을 가다듬고 보니 아무것도 아닌, 그저 건너편 좌석의 여자가 비쳤던 것뿐이었다. 밖은 땅거미가 깔려 있고 기차 안은 불이 밝혀져 있다. 그래서 유리창이 거울이 된다. 하지만 스팀의 온기에 유리가 완전히 수증기로 젖어 있어 손가락으로 닦을 때까지 그 거울은 없었다. (중략)
>
> 거울 속에는 저녁 풍경이 흘렀다. 비치는 것과 비추는 거울이 마치 영화의 이중노출처럼 움직이고 있었다. 등장인물과 배경은 아무런 상관도 없었다. 게다가 인물은 투명한 허무로, 풍경은 땅거미의 어슴푸레한 흐름으로, 이 두 가지가 서로 어우러지면서 이 세상이 아닌 상징의 세계를 그려내고 있었다. 특히 처녀의 얼굴 한가운데 야산의 등불이 켜졌을 때, 시마무라는 무어라 형용할 수 없는 아름다움에 가슴이 떨릴 정도였다.[50]

---

50) Kawabata Yasunari, *Snow Country*, pp.6~9.
가와바타 야스나리, 유숙자 옮김, 『설국』, 민음사, 2003 참조. _옮긴이

시마무라는 일본무용 평론가로서 자신의 경력을 쌓기 시작했다. 하지만 이 전통예술 양식의 재흥에 열정적으로 관여하게 되었을 무렵, 그는 갑자기 서양 발레로 시선을 돌렸다. 그런데 정작 발레 권위자가 되자, 그는 공연에 참석하려 하지 않았다. 시마무라는 예술이든 인생이든 거기에 직접 참여하기보다는 환상이나 상상에 빠지기를 더 좋아했던 것이다. 그에게 환상과 상상의 세계는 현실 그 자체보다도 더 실재에 가까웠다. 그에게 뚜렷이 남아 있는 고마코에 관한 단 하나의 회상은 손가락 하나의 촉감에 있다. 그는 직접 그녀를 보기보다는, 창문에 스쳐 지나가는 어슴푸레한 풍경과 겹쳐진 투명한 저세상 같은 이미지를 통해 열차에 탄 소녀를 바라보는 데에 훨씬 더 사로잡혔다. 그는 고마코가 바로 게이샤라는 이유로 그녀에게 매력을 느꼈다. 게이샤야말로 환상의 세계를 불러일으키도록 전문적으로 훈련받은 자이며, "저녁의 거울에 비친 여자의 얼굴처럼 무언가 비현실적인"[51] 존재로 여겨졌기 때문이다.

중일전쟁과 태평양전쟁

2차대전 후 도쿄 국제전범재판을 앞두고 연합국 검찰 측은, 1931년 만주사변을 기점으로 세계정복의 대음모에 관여한 전범으로 체포된 일본인들을 기소했다. 확실히 1931년부터 1945년 무조건 항복에 이르기까지의 15년 동안 일본 군부가 자행한 동아시아 침략은 유죄임이 분명하다. 하지만 일본이 저지른 저 무제한의 외국 정복정책에 대해 행해진 무차별적이고 단계적인 기소는, 일본으로 하여금 1937년 중일전쟁 및 1941년 2차대전에 돌입하게 만든 국제적 사건들의 복합성을 지나치게 단순화하고 왜곡한 감이 없지 않다. 사실 일본은 1937년 7월 중국 북부의 루거우차오(盧溝橋) 부근에서 일어난 중국군과 일본군 사이의 총격전을 기화로 돌연 중일전쟁에 돌입하게 되었다. 일단 전쟁이 개시되자, 일본인들은 참을 수 없는 체면의

51) Kawabata, *Snow Country*, p.24.

손상 없이는 물러설 수 없는 수렁에 빠져버렸다고 느꼈음 직하다. 일본군은 여러 전투에서 승리를 거두면서 광범위한 영토를 손에 넣기는 했지만, 장제스의 국민당 정권은 중국 오지로 깊이 들어가 투쟁을 계속했다. 이리하여 전쟁이 장기화되면서 일본은 엄청난 경제적 손실을 입었고 초반에 거둔 승리들은 그저 허망한 꿈처럼 되어버렸다.

중일전쟁의 장기화라는 불쾌한 현실을 정면으로 직시하지 않은 채, 일본은 더욱 야심찬 계획을 세워 1938년 11월에 동아시아의 신질서를 선포했다. 여기서 동아시아의 신질서란 이제부터 만주국을 비롯하여 중국 전체가 일본의 영향권하에 있는 전체의 일부로 간주되어야 한다는 것을 뜻했다. 나아가 일본이 석유 등의 자원을 찾아 남방 쪽에 눈독을 들이기 시작한 1940년에 이르러, 이 신질서는 동남아시아뿐만 아니라 호주와 뉴질랜드까지도 일본의 영향권하에 있는 자족적인 경제권역으로 끌어들이는 것을 목적으로 한 대동아공영권(大東亞共榮圈, 다이토아쿄에이켄)으로 확장되었다. 1940년 6월의 프랑스 함락을 비롯하여 유럽에서 독일이 거둔 승리에 고무된 일본은 독일과의 연맹이 동아시아에서 자신의 목표를 성취하는 데에 도움이 될 것이라고 믿게 되었다. 그리하여 그해 9월에 일본은 3자간 추축국 동맹조약에 합의했다. 하지만 독일 및 이탈리아와의 동맹은 별 도움이 되지 않았고 오히려 일본에 대한 미국의 반감을 더할 뿐이었다. 그리하여 일본이 동남아시아를 계속 압박해나가자, 미국은 자국 내의 일본 자산을 동결하는 한편 영국 및 네덜란드와 손잡고 석유수출을 비롯하여 일본에 대한 모든 수출을 금지했다.

일본의 침략행위에 대한 미국의 단호한 반대는 불가피하게 1941년의 진주만 공격을 야기했다. 루스벨트 대통령은 1941년 12월 7일을 '일본의 파렴치한 오명으로 남을 날'이라고 비난했다. 하지만 사실 이는 단지 미국이 태평양전쟁에 대비하지 못했음을 말해줄 따름이다. 미국의 대비 소홀은 일본에게 일련의 극적인 승리를 가져다주었고, 이제 대동아공영권의 수립이라는 일본의 꿈도 실현 가능한 것처럼 보였다. 서태평양 및 동남아시아의 많은 지역에 대한 일본의 지배는 근 1년여 동안 별 도전을 받지 않았다. 이는 미국이 본격적인 전쟁준비를 갖추는 데에 시간이 필요했기 때문일 것이다. 또한 연합국 측이 유럽의 전장을 더 우선시했던 것도 그 이유 중의 하나로 꼽을 수 있겠다. 하지만 1942년 6월 하와이제도 최서부에 위치한 미드웨이섬에서 벌어진 해전을 기점으로 흐름이 바뀌기 시작했다. 항공모함에 기지를 둔 비행선단에 의해 수행된 역사상 최초의 해전 가운데 하나인 이 미드웨이 해전에서 미국은 네 척의 일본 항공모함을 격침하는 등 압도적인 승리를 거두었다. 그럼으로써 향후 일본 해군은 철저히 방어 위주로 전환하지 않을 수 없게 되었다.

특히 뉴기니와 솔로몬제도를 위시하여 온갖 전염병들이 들끓는 태평양 남서부 섬들의 정글에서 미국 및 호주 지상군들이 치른 수 개월간의 격렬한 전투 이후 1942년 말에 이르러 연합국은 점진적으로, 그러나 가차 없이 일본군을 일본 본토로 몰아내기 시작했다. 이는 주로 길버트제도, 마셜제도, 캐롤라인제도, 마리아나제도 등으로 이어진, 섬과 섬을 건너뛰는 일련의 공략을 통해 이루어졌다. 이 공략은 일본군 방어진지를 전멸시킬 가공할 만한 화력을 퍼부은 미군에 의해 수행되었다. 많은 경우 일본군은 항복하기보다는 최후의 1인까지 싸우는 쪽을 선택했으므로, 사실상 미군은 그들을 전멸시키지 않을 수 없었다. 1944년 6월 마리아나 해전에서 사이판을 함락한 미국은 일본 본토에 폭격을 가할 수 있을 만한 비행거리 내의 기지를 획득하게 되었다. 그리하여 향후 종전 때까지 미군 폭격기들은 일본의 크고 작은 도시들에 무자비한 폭격을 가할 수 있었다. 종전 몇 달 전에 기록된 다음 인용문은 이와 같은 폭격의 무시무시한 결과를 생생하게 알려주고 있다.

1945년 3월 9일부터 300여 기 이상의 B-29 폭격기들이 야음을 틈타 집중적인 타격을 입히고자 상당히 낮은 고도로 비행하면서 도쿄에 소이탄을 뿌려댔다. 그리하여 40제곱킬로미터가 불타버렸는데, 이는 역사상 최악의 폭격이었다. 최소한 8만 명 정도(아마도 그 이상일 것이다. 정확한 숫자는 아무도 모른다)가 죽었고 100만 명 정도가 집을 잃었다. 설상가상으로 800여 기의 폭격기들이 그 뒤를 이어 일본의 모든 주요 산업기반과 도시 중심부를 쑥밭으로 만들어버렸다.[52)]

루스벨트 대통령을 위시한 미국인들에게 2000명 이상의 자국민을 죽인 진주만 습격은 이루 말할 수 없는 비열한 행위로 각인되었다. 그것은 미국인들을 부추겨 복수의 전의("진주만을 기억하라!")를 불태우게 만들었다. 미국이 태평양전쟁에서 보여준 잔인성은 이 점을 잘 설명해준다. 한편 일본인들은 진주만 폭격을 비열하다거나 파렴치하다거나 '불명예스럽다'고 여기지 않았다. 반대로 그들은 이를 빛나는 승리로 간주했다. 도널드 킨도 언급했듯이, 당시 일본인들은 열광의 도가니에 빠졌고, 많은 저명작가들은 즉각 자신들의 큰 만족감을(어떤 경우에는 정신착란적일 만큼 무아경의 행복감을) 공개적으로 표현했다. 예상했던 전쟁이 마침내 시작되었고, 일본은 일차적인 적국인 미국과 영국(당시 영국 식민지였던 홍콩도 진주만과 같은 날인 12월 7일〔일본시간으로 12월 8일〕 동시에 공격받았다)에 통렬한 타격을 입혔노라고 말이다. 가령 어떤 작가는 신나서 웃으며 "나는 내 생애에 이토록 행복하고 스릴 넘치고 상서로운 경험을 하리라고는 상상도 못했다"고 말했다. 또 어떤 작가는 이렇게 외쳤다. "드디어 우리의 위대한 승리와 함께 전쟁이 개시되었다. 조상이 신이라고 믿은 한 민족이 승리를 거둔 것이다. 이때 나는 단순한 경이로움 이상의 무언가를 느꼈다." 한 시인은 고전적인 와카 형식의 운문을 선택하여 "때가 왔노라, 미국과 영국을 도살할 때가"라고 선포하기도 했다. 또 다른 시인은 우쭐거리며 다음과 같이 낭송했다.

12월 8일을 기억하라!
이날 세계사가 바뀌었노라.
이날 앵글로색슨족의 열강이

52) Dan van der Vat, *The Pacific Campaign*, p.373.

아시아의 대지와 바다 위에서 격퇴되었노라.
그들을 격퇴한 것은 바로 일본이었다.
동쪽 바다의 조그만 나라 일본이여,
살아 있는 신께서 다스리시는
신국 일본이여.[53)]

일본정부가 자국의 놀랄 만한 초전 승리를 떠들썩하게 공표했음은 물론이다. 하지만 패배한 전투는 숨기고 감추었다. 가령 일본정부는 미드웨이 해전에서 일본이 승리했노라고 발표했다. 그것은 그저 진 것이 아니라 해전역사상 가장 결정적인 패배 가운데 하나였는데도 말이다. 엄격한 언론통제에 의해 정부는 미드웨이 해전 이후 전쟁의 실상을 일본 국민들에게 전혀 알려주지 않았다. 그러나 1944년 말부터 일본에 대한 본격적인 폭격이 시작되면서 비로소 모든 일본인들은 진실을 명확히 알게 되었다. 저 무시무시한 도쿄 대공습 때 방공사령부에 근무했던 한 일본인은 폭격에 관해 다음과 같이 말했다고 한다.

중소도시들에 대한 공습은 최악의 결과를 낳았다. 그것들은 실로 일본인들에게 폭격이 무엇인지를 똑똑히 보여줌으로써 전쟁의 결과에 대한 신념을 사정없이 흔들어버렸다. (중략) 도쿄 같은 대도시는 그나마 나은 편이었다. 소도시들의 경우에는 훨씬 더 상황이 안 좋았다. 거기서는 아예 도시 대부분이 황량한 폐허가 되어버렸기 때문이다. 1945년 5, 6월에 이르러 일본인들의 정신은 완전히 꺾이고 말았다. B-29 폭격기들이 경고전단을 뿌리자 사람들의 전의가 지독하게 떨어졌고, 7월의 사기는 바닥을 기게 되었다. 그 무렵에는 더 이상 승리의 희망은 아무 데도 존재하지 않았으며, 모두들 오로지 전쟁이 끝나기만을 바랄 뿐이었다.[54)]

53) Donald Keene, *Landscapes and Portraits*, pp.303~305.
54) van der Vat, *The Pacific Campaign*, p.373.

11
현대 일본문화

더 이상의 저항이 무익하다는 사실을 인정하려 들지 않았던 광적인 군부 지도자들에 의해 마지막 단계에서 터무니없이 늘어진 3년 반 이상의 전쟁 끝에, 마침내 일본은 1945년 7월의 포츠담 회담에서 발표된 연합국 측의 최후통첩을 받아들였고 이어 8월에 무조건 항복을 선언했다. 전쟁 막바지에 이르러 두 가지 참담한 일이 있었다. 하나는 일본이 가미카제 특공대에 의한 공포의 자살공격을 감행한 일이다. 가미카제 특공대원들은 13세기 몽골 침입 때 '신풍'(神風)이 빚어낸 영광스러운 조국수호를 재창조하도록 부추겨졌다. 또 하나는 미국이 히로시마와 나가사키에 원폭을 투하함으로써 빚어진, 이루 말할 수 없는 대참화이다.

1945년 8월 15일의 급작스런 라디오 방송에서 천황은 그의 '신민'(臣民)들에게 "전쟁은 일본에게 반드시 유리한 쪽으로 전개되지만은 않았습니다. 한편 세계의 일반적인 추세도 모두 일본의 이익에 반(反)하는 쪽으로 바뀌었습니다"라고 말했다. 사실 당시 일본의 전쟁 수행능력은 한심할 정도로 저하되어 있었고, 많은 도시들은 새까맣게 탄 숯덩이처럼 변했으며, 수많은 시민들이 기아에 직면해 있었다. 이리하여 일본에는 항복 이외에 다른 선택의 여지가 전혀 남아 있지 않았다. 혹은 천황의 표현을 빌리자면 "참을 수 없는 것을 참고, 견딜 수 없는 것을 견뎌내는"[1] 수밖에 다른 도리가 없었다.

미국의 개혁적 점령정책

이와 같은 천황의 표현은 좀 지나친 감이 있다. 하지만 우리는 패전 직후 수년간 일본인들이 감내해야만 했던 고통을 굳이 축소할 필요는 없을 것이다. 어쨌든 연합국 총사령관(SCAP) 더글러스 맥아더(1880~1964) 장군을 중심으로 미국이 장악한 점령군 사령부는 나름대로 전후복구를 위해 단호한 조치들을 취했다. 일본인들은 집을 잃고 굶주렸을 뿐만 아니라 정신적으로도 황폐해져 있었다. 일자리는 턱없이 부족했고 아예 전무한 지역도 있었다. 물가도 폭등했으며 모든 곳에서 암시장이 판을 쳤다.

이런 일본인들의 비참한 상황과는 대조적으로, 도쿄를 비롯한 곳곳의 거리를 한가롭게 거닌다든지 부대 피엑스 물품들을 생색내며 거래하던 미군병사들은 꿈에도 생각해본 적이 없는 물질적 풍요를 누리고 있는 듯이 보였다. 일본인들은 비단 미군병사들에게서뿐만 아니라 미국영화를 통해서도 그런 풍요로움을 엿볼 수 있었다. 일단 일본에서 다시금 영화를 접할 수 있게 되면서, 전국 극장의 38퍼센트 정도가 전적으로 미국영화만을 상영하도록 지정받았다. 그런 극장의 관객들은 날이면 날마다 영화 속에 나오는 "냉장고, 자동차, 근대적 주택, 고속도로 및 기타 풍족한 생활을 보여주는 의복이며 장신구며 실내비품 따위"[2]를 볼 수 있었다.

전쟁으로 황폐해진 다른 나라들처럼, 일본에서도 담배, 초콜릿, 추잉검, 나일론 스타킹 등과 같은 사치품들이 본래의 용도에 전혀 어울리지 않게 갈구되었다. 또한 미군병사들과 일본 여자들 간의 매춘 및 기타 교제가 널리 퍼져 일상적인 풍경이 되었다. 미국인들은 근대세계에서 그들의 문명이 더 우월함이 입증되었노라고 자랑스럽게 생각하고 있었다. 으스대는 미군

1) Theodore McNelly, ed., *Sources in Modern East Asian History and Politics*, pp.169~170.
2) Asahi Shimbun, ed., *Pacific Rivals*, pp.134~135.

병사들은 체면치레에 남달리 예민한 일본인들에게 참기 어려운 모멸감을 주었음에 틀림없으리라.

하지만 어찌되었건 점령통치는 상당히 성공적이었다. 적어도 점령자와 피점령자 간의 비상한 협력이라든가, 일본인들이 새롭게 미국인 및 미국에 대해 품게 된 매우 호의적인 태도 등을 놓고 볼 때 그렇다고 판단할 수 있다. 가령 일본인들이 수년 동안 치러진 인기투표에서 자신들이 가장 좋아하는 외국 혹은 가장 존경하는 외국으로 미국을 꼽았다는 점에서도 이 점을 잘 엿볼 수 있다.

점령통치의 공식 목표는 일본의 '비군사화 및 민주화'에 있었다. 이런 목표에 따라 일본은 전전(戰前) 반세기에 걸쳐 공들여 획득한 식민지제국을 모두 잃어버렸으며, 일본 육군과 해군은 해산되었고 남은 전쟁설비들도 해체되었다. 전전 수상(및 장군)이었던 도조 히데키(東條英機, 1884~1948)를 비롯한 전범들이 재판에 기소되었고, 정부와 사업계 및 기타 사회 여러 분야에서 부패한 군인들이 광범위하게 일소되었다. 또한 일본을 극동의 스위스로 만들려는 맥아더의 비전에 따라, 연합국 총사령부의 주도로 만들어진 1947년의 일본국 헌법은 "일본 국민은 국가주권으로서의 전쟁을 영구히 포기한다. (중략) 국가의 전쟁행위권은 인정되지 않는다"[3]는 조문을 포함하게 되었다.

한편 민주화를 겨냥한 점령정책은 일련의 전반적인 정치적, 사회적, 경제적 개혁들로 나타났다. 그중 가장 혁신적인(뒤돌아보건대 아마도 가장 지속적이고 성공적이었던) 것은 토지개혁이 아니었나 싶다. 이로써 부재지주가 소유한 대부분의 토지들을 환수하여 실질적으로 소작인들을 없애버렸다. 이 밖에 경찰제도 및 교육제도의 탈중심화, 전전 국체 이데올로기에 입각한 공립학교에서의 수신과목 폐지, 노동조합의 장려, 재벌 때리기 정책을 통한 기업집단의 지역분산화 등과 같은 여러 개혁들이 이루어졌다.

---

3) Hugh Borton, *Japan's Modern Century*, p.572.

연합국 총사령부에 의해 초안이 작성되어 일본정부에 제시된 신헌법은 천황의 신성성에 대한 포기(천황을 전범으로 기소하지 않기로 결정한 이후) 및 그 반대로 일본 국민의 주권에 대한 주장을 전제로 삼고 있었다. 이제부터 천황은 국가의 상징으로, 그리고 국가는 책임 있는 정당정치 시스템을 통해 국민을 대변하는 기구로서 자리매김되었다. 철저하게 앵글로-아메리카적인 이 헌법은 연합국 총사령부가 메이지 헌법의 가장 편협하고 억압적인 특징으로 간주한 것들을 극적으로 뒤집어놓은 것이었다. 미국식 권리장전이 신헌법 조문에 포함된 것은 아마도 민주화에 대한 점령군 당국의 집착을 가장 잘 보여주는 사례라 할 수 있겠다.

이와 같은 신헌법 및 거기에 포함된 인권선언을 공표하기 전에 이미 연합국 총사령부는 전시하의 선전 및 검열기관(점령군 당국 또한 검열을 시행했다)을 폐지했고 모든 정치범들을 석방했다. 그중에는 전전 공산주의가 지독하게 탄압받았던 1920년대 후반 이래 감옥소에 수감되어 있던 마르크스주의자들도 있었다. 이와 같은 정치범 석방 및 기본적인 정치적 자유에 대한 보장은 일본 공산당의 재건을 초래했으며, 이들은 곧 선거에서 10퍼센트 정도의 지지를 확보했다. 일본 지식인들은 종래 금지되어왔던 마르크스주의 이데올로기를 향해 열정적으로 달려나갔다. 종전 직후 10여 년 동안 서구에서는 단순하기 그지없는 역사결정론을 과감하게 폐기했는데, 이 시기에 일본 학자들과 지식인들은 역사는 이미 진보할 만큼 했으며, 결국에는 정확히 마르크스(및 레닌)의 말대로 될 것이라고 떠들썩하게 외치곤 했다.

미국 및 그 전후정책에 비판적인 평자들조차 일본 점령기 전반부에 미국이 실시한 혁신적인 정책은 대단히 진보적인 기획이었다는 점에 동의한다. 하지만 1940년대 후반 냉전이 도래하고 중국이 공산화되는 등 세계정세가 급변함에 따라, 연합국 총사령부는 점령기 후반부(1948년부터 1952년까지)에 이르러 공공연한 반동 혹은 역행이라 할 만한 정책전환을 도모하지 않을 수 없었다. 이 기간에 연합국 총사령부의 수정된 목표는 일본이 점령당한 적국의 처지에서 벗어나 아시아에서의 공산주의 확산에 맞서 싸우는 자유진영의 수호자로 다시 태어나도록 하는 데에 있었음이 분명하다.

한편 전시의 피폐한 상태에서 벗어나지 못하고 있던 일본경제를 활성화하고자 재벌 때리기 정책을 완화한 것은, 점령군이 보여준 역행의 또 다른 측면이라 할 수 있다. 재벌들은 국가 대소사에 행사하던 전전의 지배력을 회복할 힘이 없었다고 하지만, 미쓰이(三井)라든가 미쓰비시(三菱) 같은 재벌들은 과도기에 다시 한 번 일본경제계의 유력한 실체가 되었다. 하지만 한국전쟁(1950~1953) 동안 미군이 일본에서 지출한 전쟁비용이야말로 일본경제를 밀어올린 가장 중요한 원동력이었음은 의심할 나위 없다. 부분적으로 이런 미군의 지출과 더불어 1952년에 점령통치가 끝나(1951년 샌프란시스코 강화조약에 의거하여) 독립하면서 얻은 자유로 인해, 일본은 현대사에서 다른 어떤 나라보다도 가장 활기차고 지속적인 경제성장을 이루었다. 1950년대 중반부터 매년 10퍼센트 정도씩 국민총생산이 증가하면서, 일본은 1960년대 말에 이르러 세계 3위의 경제대국에 올랐다.

전후의 일본문학

전쟁으로 인한 황폐화 및 패전에 따른 대혼란에도 불구하고(혹은 그 때문에) 전후에는 예상 외로 문학작품들이 쏟아져 나왔다. 전시통제하의 엄격한 구속에서 벗어난 작가들은 부리나케 원고를 완성하여 출간했다. 근대 일본에서 전통적으로 문학작품 발간을 위한 가장 중요한 매체였던 신문과 잡지들은 가장 유망한 원고를 확보하여 발행부수를 늘리기 위해 맹렬히 경쟁했다. 군부에 대한 저항의 표현으로서 전시 중에 침묵을 유지했던 나가이 가후 같은 이름난 기성 작가들은 작품에 대한 대가로 막대한 수입을 챙겼다.

어떤 이들은 전후 모든 분야에서 출판 붐이 일어날 가능성을 민첩하게 포착했다. 세이분도(誠文堂) 사장이 그 좋은 사례일 것이다. 그는 지방의 한 철도역에서 천황의 8월 15일 항복담화를 듣고는 그곳에 모여 있던 다른 사람들과 함께 눈물을 흘렸다고 한다. 그날 밤 도쿄로 돌아오는 열차 안에서 그는 신판 일영사전을 간행해야겠다는 아이디어를 떠올렸다. 천황의 담화가 있었던 날로부터 한 달 만에 발행된 이 일영사전은 이미 사전예약 및 주문이 쇄도했고 순식간에 300만 권이 팔려나갔다. 모든 종류의 읽을거리에 대한 사람들의 욕구가 많았기 때문에 인쇄업자와 출판업자들은 턱없이 부족한 종이 양을 어떻게든 확보하고자 혈안이 되어 있었다. 그리하여 머지않아 종이 암시장이 성행하게 되었는데, 그 물량은 대부분 일본 육군과 해군에서 쓰고 남은 잉여물로부터 나왔다.

군부 파시즘 시대의 내셔널리즘적인 배타주의와 외국인혐오증에 대한 반동으로 새롭게 서구 고전문학 및 현대문학을 번역해야 한다는 요구가 특히 강렬하게 일어났다. 전쟁 전 일본에서 번역된 서구문학은 주로 프랑스, 영국, 독일, 러시아 작품들이었다. 하지만 이제 미국과 전쟁을 치렀고 또한 점령군도 미국이 주도하게 되면서, 일본인들은 처음으로 미국문학에 대해서도 알고 싶어 하며 탐구하기 시작했다. 윌리엄 포크너라든가 어니스트 헤밍웨이 같은 주요 작가들이 가장 많은 관심을 끌었으며, 존 허시(John Hersey)의 『히로시마』라든가 노먼 메일러(Norman Mailer)의 『벌거벗은 자와 죽은 자』(*The Naked and the Dead*) 같은 베스트셀러 전쟁물들이 큰 인기를 누렸다. 미국문학과 더불어 장폴 사르트르와 알베르 카뮈 및 이들의 철학적 선구자인 쇠렌 키르케고르 등의 저술들이 정신적으로 방황하면서 실존주의로부터 새로운 진실을 찾고자 했던 일본 지식인들 사이에서 상당히 많이 읽혔다.

일본 평론가들은 공통적으로 매스 커뮤니케이션에서의 폭발적 급증이라는 맥락에서 전후 일본문학을 평가하고 있다. 즉 전후 일본문학이 전전에 비해 훨씬 더 대중문화에 역동적으로 노출된 과정에 주목하면서, 그들은 대중독자들을 설득하려는 노력 및 대중사회의 문제들을 다룰 필요성에 대한 고양된 감각에 관해 언급한다. 전후의 자유와 혁신정신으로 문학적 지평을 확장해야 한다고 주창한 문학단체 가운데 신일본문학회(新日本文學會)

라는 것이 있었다. 이 단체는 전전에 탄압받았던 프롤레타리아 작가들을 일부 수용하는 한편, 민주주의야말로 가장 고귀한 문학이념이라고 선언했다. 그럼으로써 자연주의라든가 신감각파 및 초기 프롤레타리아 작가들의 이른바 사회적 사실주의(social realism) 등 대부분의 전전 문학사조들을 부정하고자 했다.

무뢰파와 다자이 오사무

점령기에 두각을 나타낸 작가들 가운데 가장 극적인 사례로 '무뢰파'(無賴派, 부라이하)라고 완곡하게 지칭되던 이들을 들 수 있다. 무뢰파는 전시 및 그 이전 시기의 작가로서의 형성기에 만연했던 회의와 불확실성과 위기감 등에 의해 깊은 영향을 받았다. 이런 무뢰파를 대표하는 가장 유명한 작가인 다자이 오사무(太宰治, 1909~1948)는 이 세계를 실존적인 무질서와 왜곡된 가치들 및 위선으로 가득 찬 곳으로 보면서, 불안에 휩싸인 나머지 퇴폐적이고 방탕한 삶에 빠진 때조차 그 안에서 어떤 인간적인 것을 찾아내고자 애썼다. 카뮈와 사르트르에게 영향받은 무뢰파 작가들은 전후의 짧은 시기 동안 문단에 유성처럼 나타나 빛을 발하다가 곧 사라지고 말았지만, 일본인들에게 지속적으로 강렬한 인상을 던져주는 낭만주의적인 자기파괴의 흔적을 남겨놓았다.

다자이 오사무는 1909년 북일본의 한 부호집안에서 태어났으며, 1930년대 초에 대단히 다산적인 작품활동을 개시했다. 만성적으로 불안정했던 다자이는 패전 전에 이미 네 차례나 자살을 시도했다. 한번은 술집 여자와 정사(情死)를 기도했는데, 여자만 죽고 다자이는 살아남았다. 그러다가 1948년 애인과 물에 빠져 죽기로 약속한 다섯 번째 자살기도가 성공하여 그는 39세의 나이로 비감한 생애를 마치고 말았다.

다른 무뢰파 작가들과 마찬가지로 다자이는 특히 향후 지속적인 일본 사소설 전통의 주요 테마를 구성한, 전쟁 이전 자연주의 유파의 편협한 에고이즘을 비난했다. 하지만 다자이 자신은 작품의 주된 소재를 자신의 인생 경험에 압도적으로 의존했다. 사실 그의 소설들은 대개 일기체이거나 전기적 서술이 많으며, 심지어 그를 최후의 탁월한 사소설가라고 여기는 이들도 있다.[4] 물론 이런 주장에 다자이 스스로는 동의하지 않았을 것이다. 어쨌거나 양자 사이에 차이가 있음은 분명하다. 즉 자연주의 유파의 사소설이 끊임없이 자기중심적인 것이었음에 비해, 다자이가 자신의 삶을 모델로 묘사했던 일탈행위는 사람들(인류 전체는 아니지만)의 기만과 허위를 고발하는 고뇌에 찬 외침을 나타낸다. 가령 '한 인간으로서의 삶' 을 사는 것에 절망하여 결국 마약의 수렁에 빠진 한 남자에 대한 이야기인 『인간실격』(人間失格, 닌겐싯카쿠, 1948)의 다음 구절에서 다자이는 인간을 혐오하는 염세적인 태도를 보여주고 있다.

> 세상〔世間, 세켄〕. 그게 무엇인지 희미하게나마 내게도 윤곽이 잡히는 듯한 기분이 들었습니다. 세상이란 개인과 개인의 투쟁이며, 더욱이 그 즉석에서의 투쟁이며, 더더군다나 그 자리에서 승리해야만 합니다. 인간은 결코 인간에게 복종하지 않습니다. 노예조차도 노예다운 비굴한 복수를 하는 것입니다. 그러니까 인간에게는 그 즉석에서의 단 한 번의 승부에 의지하는 것 외에는 달리 살아나갈 궁리가 생기지 않는 것입니다. 대의명분 같은 말을 내세우면서도, 노력의 목표는 반드시 개인, 그 개인을 타고 넘어서 또 개인입니다. 세상의 난해함은 개인의 난해함입니다. 대양(大洋)은 세상이 아니라 개인입니다. 그런 까닭에 나는 세상이라는 큰 바다의 환상에 겁을 먹는 일에서 다소간은 해방되고, 예전처럼 이것저것 한도 끝도 없는 걱정을 하는 일도 없이, 말하자면 당분간의 필요에 따라 얼마만큼은 철면피하게 행동하는 법을 체득한 것입니다.[5]

다자이의 가장 유명한 작품은 『사양』(斜陽, 샤요, 1947)이다. 이는 패전

4) 전후 '사소설 전통의 종말' 에 관해서는, Yoshida Seiichi and Inagaki Tatsurō, eds., *Nihon Bungaku no Rekishi*(History of Japanese Literature), 12:410~411 참조.

5) Dazai Osamu, *No Longer Human*, pp.124~125.
다자이 오사무, 송숙경 옮김, 『사양 · 인간실격』, 을유문화사, 2002 참조. _옮긴이

직후의 상황에서 몰락한 어느 황족가문에 대한 이야기이다. 앞부분에는 미망인 모친과 그녀의 이혼한 딸만이 등장하지만, 이윽고 남태평양 전선에서 사망했다고 여겨진, 다자이를 닮은 아들이 집에 돌아온다. 마약중독자인 그는 군입대 전의 퇴폐적이고 자기파멸적인 생활로 되돌아간다. 마침내 얼마 지나지 않아 그는 유서(다자이가 매우 즐겨 사용했던 고백적 표현수단)를 남긴 채 자살한다. 거기에서는 한편으로 세상에 대한 그의 두려움과 혐오감이, 그리고 다른 한편으로는 그의 광적인 행위 밑에 깔려 있는 사랑에 대한 개인적 열망이 교대로 교차하며 드러난다.

> 나는 천해지고 싶었습니다. 강해지고, 아니 횡포해지고 싶었습니다. 그리고 그게 소위 민중의 친구가 될 수 있는 유일한 길이라고 생각했습니다. 술 정도 가지고는 도저히 따라갈 수 없었습니다. 언제나 어찔어찔 현기증 속에 젖어 있어야 했습니다. 그러기 위해서는 마약에 손대지 않을 수 없었습니다. 나는 집을 잊어야만 했습니다. 아버님 가문의 핏줄에 반항하지 않으면 안 되었고, 어머님의 친절한 애정을 거부하지 않으면 안 되었으며, 누나에게 냉정하게 굴지 않으면 안 되었습니다. 그렇게 하지 않고서는 저 민중의 방에 들어갈 입장권을 얻을 수 없다고 생각했던 겁니다.[6)]

『사양』의 중심주제는 일본 구질서의 퇴락이며, 아들이 자살하기 전에 일어난 모친의 죽음은 패전 이후 일본 구질서의 운명을 상징하는 것으로 해석될 만하다. 하지만 수백만의 독자들에게 더 중요하게 받아들여진 것은 은유로서의 '저물어가는 태양'〔斜陽〕이라기보다는 일본 자체를 표상하는 태양이었다. 당시 이 『사양』만큼 종전 후 일본인들을 집어삼킨 정신적 해체의 감각을 효과적으로 표현한 소설은 달리 없었다. 다자이는 오직 누나 가즈코를 통해서만 미래의 희미한 희망을 암시할 따름이다. 술고래에다 결

---

6) Dazai Osamu, *The Setting Sun*, p.166.
다자이 오사무, 송숙경 옮김, 『사양 · 인간실격』 참조. _옮긴이

핵환자인 한 화가의 아이를 임신한 가즈코는 다자이에게 결정적으로 결여되어 있는 강인한 의지를 가지고 이렇게 선언한다.

> 그러나 나는 살아나가야만 한다. 나는 어쩌면 어린애 같지만, 그렇다고 마냥 어리광만 부리고 있을 수만은 없다. 나는 이제부터 세상과 싸워나가야 하기 때문이다. 아아, 아무와도 다투지 않고 미워도 원망조차 하지 않은 채 아름답고 슬프게 생애를 끝낼 수 있는 사람은 어머님이 최후이며, 앞으로의 세상에 어머니 같은 사람은 다시 없을 것만 같다. 죽어가는 사람은 아름답다. 산다는 것, 살아남는다는 것, 그것은 무척 흉측하고 피 냄새가 나는 더러운 것 같다는 생각이 든다. 나는 새끼를 배어 구멍을 파는 뱀의 모습을 다타미 위에 그려보았다. 그러나 내게는 체념할 수 없는 것이 있다. 야비해도 좋아. 나는 살아남아서 마음먹은 일을 완수하기 위해 이 세상과 싸워나갈 것이다. 어머님이 마침내 돌아가신 후 내 로맨티시즘이나 감상주의는 차차 사라지고, 나 자신이 무언가 냉정하고 파렴치한 생물로 변해간다는 느낌이 들었다.[7]

무뢰파 작가들은 패전 및 점령기의 사회적 황폐를 지나치게 극단적으로 묘사한 감이 있다. 한편 이들과 정반대의 극단에서, 전쟁 이전부터 널리 알려져 있던 몇몇 작가들은 전후 마치 아무 일도 일어나지 않은 듯한 태도로 소설을 쓰기 시작했다. 가령 나가이 가후는 다른 많은 작가들이 많든 적든 전쟁과 관련된 이야기를 쓰는 동안 특이하게도 침묵을 지켜오다가, 패전 후 즉시 그가 늘 선호해온 주제, 즉 유곽 이야기를 써서 간행하기 시작했다. 전후세대 작가들을 가장 격앙시킨, 시대에 뒤떨어진 과거 문학과의 연속성을 보여주는 상징은 시가 나오야였다. 앞 장에서 언급했듯이, 시가는 1910년경 문단에 데뷔한 귀족적인 시라카바파 작가들과 관계가 있었다. 그는 작가로서 자기 삶의 느낌과 심리 및 부친이라든가 아내 혹은 기타 친

7) Dazai, *The Setting Sun*, pp.132~133.
다자이 오사무, 송숙경 옮김, 『사양 · 인간실격』 참조. _옮긴이

지들과의 관계에 대한 세밀한 분석과 재분석에 몰두했다. 그는 누구보다도 철저하게 자연주의적이었다. 그의 평자들에 따르면, 시가의 작풍은 매우 자기중심적이다. 시가는 신시대의 총아 중 한 명인 다자이 오사무의 작품에 대한 혐오감을 적나라하게 표출했다. 이에 대해 다자이는 다음과 같이 모욕적으로 시가를 비난하고 있다. "어떤 대가 작가가 내 작품을 무척 싫어하는 모양이다. 하지만 그 대가의 작품들은 어떠한가? 그것들은 '진실'을 말하고 있는 듯이 꾸며대고 있지 않은가? 도대체 무얼 주장하려는 것인가?"[8)]

다니자키 준이치로의 전후문학

전후 시기에 다시 한 번 인기를 누린 유명작가로 다니자키 준이치로와 가와바타 야스나리를 들 수 있다. 다니자키는 전시에 『세설』(細雪)을 분책(分册)으로 출판하기 시작했는데, 군부에 의해 중단되었다가 전후에 출판이 완결되었다. 『세설』은 가장인 부친의 죽음 이후 네 자매들의 삶을 중심으로 한때 부유했던 상가(商家)가 쇠락해가는 이야기를 적고 있다. 아마도 일본의 가장 세련된 근대소설이라 할 수 있는 이 작품은 그 상당한 길이뿐 아니라 구성도 특기할 만하다. 일본소설은 대부분 아주 짧고 구성도 느슨한 단편소설이다. 이는 한편으로 어떤 권위자[9)]가 '침묵의 예술'이라고 평한 것, 즉 충분히 서술적이고 묘사적인 것 대신 암시적인 것을 좋아하는 일본인 고유의 미적 감각을 반영하는 듯싶다. 다른 한편으로 그것은 전체적인 구조보다는 작품 안의 전이적인 요소 또는 경과에 훨씬 더 주의를 기울인다든지 혹은 에피소드에 집중하는 산문작가들의 고전적 전통을 반영하고 있다. 『세설』의 독자들은 자매들의 매우 복잡하고 세부적으로 얽히고설킨 이야기 속으로 끌려들어가기 마련이다. 이들은 한 자매에게 적절한 남편감을 찾아주려 한다든지, 독립적이고 고집불통인 다른 자매에게 힘을 합

---

8) Yoshida and Inagaki, *Nihon Bungaku no Rekishi*, 12:410.

9) Miyoshi, *Accomplices of Silence.*

쳐 대처하는가 하면, 부친의 죽음 이래 그들의 인생을 크게 바꿔놓은 세월의 부침과 맞서 싸우고자 한다. 다니자키는 그저 지나가는 말처럼 시대가 바야흐로 중일전쟁의 전야인 1930년대 말임을 암시할 따름이다. 하지만 머지않아 2차대전으로 이어진다는 사실을 알고 있는 독자들은 매우 강렬한 느낌을 가지고 다니자키가 단지 한 가족의 쇠락뿐만 아니라 실은 전전 일본인들이 겪는 모든 삶의 방식의 퇴락을 증언하고 있다는 사실에 깊이 빠져들게 된다.

가령 이와 같은 쇠락의 느낌은 이 소설의 중심인물인 둘째 사치코가 오사카에 있는 본가를 떠나 이사하려는 언니를 방문하는 장면에서 잘 드러난다. 마키오카 가문의 장사가 잘 안되면서, 언니의 남편(유명무실한 가장)은 은행의 이전 직책에 복직했다. 그 은행이 도쿄로 이전되면서 오사카 집을 팔아야만 하는 상황이 된다.

언니가 지금 살고 있는 우에혼마치(上本町)의 집은 순 오사카식이다. 높은 담장의 문을 들어서면 밖으로 격자창살이 달린 건물이 나온다. 현관의 봉당에서 뒷문까지 뜰이 이어져 있으며, 낮에도 앞뜰에나 살짝 희미한 빛이 들어올 뿐 실내는 어두컴컴하고, 반질반질하게 닦아놓은 솔송나무 기둥이 깊은 빛을 내는 고풍스러운 집이다. 사치코 자매들은 이 집이 언제 지어졌는지 모른다. 아마 한두 대 전의 조상이 지어 별장이나 은거지로 사용하거나 분가한 가족에게 빌려주거나 했던 모양이다. 그러나 아버지의 말년에, 그때까지는 센바의 가게 안채에 살고 있던 자매들은 집과 점포를 따로 쓰는 시대의 유행을 좇아 그 집으로 옮겨갔다. 자매들은 자신들이 살았던 기간은 그렇게 길지 않았으나, 친척이 살고 있던 유년 시절에도 몇 번 가본 적이 있고 아버지가 마지막 숨을 거둔 곳도 그곳이어서, 그 집에 특별한 추억이 있는 셈이었다. 오사카에 대한 언니의 향토애 가운데는 그 집에 대한 애착이 상당히 많은 부분을 차지하고 있을 거라고 사치코는 짐작하고 있었다. 실제로 언니의 구식 기질을 우습게 생각하는 사치코조차 갑자기 전화로 그 이야기를 들었을 때 왠지 가슴이 뭉클해진 것은, 이제 그 집에는 갈 수 없겠구나 하는 생각이 들었기 때문이다. 그러나 평소 유키코와 다에코는 그렇게 햇볕이 안 드는 비위생적인 집은 없을 거라느니, 그런 집에 사는 언니 식구의 속을 모르겠다느니, 우리는 사흘만 있어도 머리가 무거워진다느니 하는 험담을 자주 늘어놓았다. 그래도 오사카의 집이 완전히 없어진다는 것은 태어난 고향의 근거를 잃어버리는 일이므로 사치코의 마음은 말할 수 없이 허전했다.[10)]

군부가 이런 『세설』을 금압한 이유는 무엇보다 모든 국민들이 전심전력을 다해 국가에 봉사해야만 하는 국가적 위기상황에서 그것이 한 가문의 사적인(즉 이기적인) 문제를 너무 세밀하게 묘사했기 때문이다. 그럼에도 불구하고 인간관계의 미세한 음영변화를 섬세하게 다룬 이 작품은 유서 깊은 일본전통에 입각한 것이었다. 다시 말해 그것은 적어도 헤이안 중엽의 『고킨슈』라든가 『이세모노가타리』 또는 『겐지모노가타리』 등의 문학전통까지 거슬러 올라가는 '모노노아와레'(사물에 대한 감수성) 전통에 뿌리를 둔 작품이었다. 앞 장에서도 언급했듯이, 인생 중반부터 일본의 과거 전통에 몰두한 다니자키는 『세설』을 집필하기 시작한 1930년대 말에 『겐지모노가타리』를 현대 일본어로 번역했다. 여러 측면에서 『세설』은 현대판 『겐지모노가타리』라 할 만하다.

다니자키의 탁월한 작품 가운데 하나로 『음예예찬』(陰翳禮讚, 인에이라이산)이라는 수필집이 있다. 14세기의 수필집인 요시다 겐코(吉田兼好)의 『쓰레즈레구사』(徒然草)를 연상케 하는 이 작품은 일본의 전통적인 미적 감각과 삶의 방식을 근대 서양의 그것과 대비해가면서 서술하고 있다. 거기에는 지나가버린 옛날의 미적 감각과 삶의 방식에 대한 향수가 가득 차 있다. 다니자키는 이 책에서 너무도 아름답게 일본의 과거를 예찬하고 있다. 그래서인가 『음예예찬』은 현대 건축가들을 비롯한 많은 이들에게 과거를 보존해야 한다는 느낌뿐만 아니라 현대예술의 원천으로서 과거를 활용해야

10) Tanizaki, *The Makioka Sisters*, p.99.
다니자키 준이치로, 송태욱 옮김, 『세설』, 열린책들, 2007 참조. _옮긴이

한다는 생각을 강렬하게 일깨워주고 있다. 이 책의 제목이 풍기는 의미는 전통적인 일본 가옥의 특징을 묘사하는 다음 구절에서 매우 분명하게 드러나고 있다.

> 만약 다타미방을 묵화에 비유한다면, 장지는 먹 색깔이 가장 옅은 부분이고, 도코노마(床の間)는 가장 진한 부분이다. 나는 풍류를 생각한 다타미방의 도코노마를 볼 때마다, 일본인이 그늘의 비밀을 이해하고 빛과 그늘을 적절히 사용한 그 교묘함에 감탄하곤 한다. 왜인가? 거기에는 이것이다 싶은 특별한 장식이 있는 것이 아니다. 요컨대 오직 청초한 목재와 청초한 벽으로 하나의 움푹 파인 공간을 막아놓으니, 거기로 들어온 광선이 움푹 파인 곳 여기저기에 몽롱한 구석을 생겨나게 한다. 그럼에도 불구하고 우리는 문지도리 뒤나 꽃병 위나 선반 아래 등을 메우고 있는 어둠을 바라보고, 그것이 아무것도 아닌 그늘이라는 사실을 알면서도, 그곳의 공기만이 착 가라앉아 있는 듯한, 영겁불변의 고요함이 그 어둠을 차지하고 있는 듯한 감명을 받는다. 생각건대 서양인이 말하는 '동양의 신비'라는 것은 이처럼 어두움이 갖는 어쩐지 으스스한 고요함을 가리키는 것이리라. 우리 역시 소년시절에는 햇빛이 도달하지 않는 다실이나 서원의 도코노마 안을 바라보노라면, 말할 수 없는 두려움과 차가움을 느꼈던 것이다. 대체 그 신비의 열쇠는 어디에 있는 것일까? 의문을 풀자면, 필경 그것은 그늘의 마법이어서, 만약 구석구석에 만들어져 있는 그늘을 쫓아 없애버리면, 홀연히 그 도코노마는 단지 공백으로 돌아갈 것이다. 우리 선조들의 천재성은, 허무의 공간을 임의로 차단하여 저절로 생겨나는 그늘의 세계에다 어떤 벽화나 장식보다도 뛰어난 그윽한 맛을 갖게 한 데에 있다고 여겨진다.[11]

---

11) Tanizaki Junichirō, *In Praise of Shadows*, pp.20~21.
다니자키 준이치로, 고운기 옮김, 『그늘에 대하여: 다니자키 준이치로 산문선』, 눌와, 2005 참조. _옮긴이

가와바타 야스나리의 전후문학

가와바타 야스나리의 다음 언급은 패전으로 인해 수많은 일본인들이 겪은 엄청난 좌절감을 가장 적절하게 표현하고 있는 듯싶다. "나는 내 삶이 이미 끝났다고 하는, 강렬하고 피할 수 없는 느낌을 받았다. 내게는 이제 과거의 산수(山水)로 회귀하는 고독한 길만이 남아 있을 뿐이다. 지금부터는 죽은 자처럼 오직 일본의 불운한 아름다움에 대해서만 쓸 것이다. 그 밖에는 단 한 줄도 쓰지 않을 것이다."[12] 패전 때문이라고는 하지만, 가와바타가 '일본의 불운한 아름다움'에 빠지게 된 것은 그의 예술적 기질에서 비롯된 귀결이었다. 1920년대 말에서 1930년에 걸쳐 신감각파 및 근대적 유파 여기저기에 손을 대보기는 했지만, 그는 다른 어떤 근대 소설가들보다 전통적인 의미에서 더욱 일본적인 작가라 할 수 있겠다. 앞 장에서 살펴보았듯이, 그는 종종 장면설정 및 분위기의 환기를 위해 절제되고 미학적으로 세련된 시적 언어를 사용하는, 하이쿠 같은 산문을 쓰는 작가로 간주된다. 가령 고대 궁정에서 활약한 대가들의 시가처럼 가와바타의 소설 또한 일본인의 기질을 형성한 특정 자연과 계절을 섬세하게 묘사하고 있다.

1968년에 가와바타는 일본 최초로 노벨문학상을 수상했다. 「아름다운 일본의 나」라는 제목의 수락연설에서 가와바타는 자신의 문학이 일본의 전통문화에 깊이 뿌리내리고 있음을 잘 보여주었다. 이 연설은 일본문화에 대한 가장 감동적이고 뛰어난 찬가 중 하나라 할 수 있다. 그 전문을 실을 만한 가치가 충분히 있지만, 여기서는 다음 몇 줄만 소개하기로 한다.

> 특히 『겐지모노가타리』는 고금을 통틀어 일본의 가장 빛나는 소설로서, 현대에도 이것과 견줄 만한 소설은 아직 없습니다. 11세기에 이렇게 근대적이기도 한 장편소설이 쓰였다는 것은 세계의 기적이라 하여 해외에도 널리 알려져 있습니다. 저는 왠지 모르게 고어에 마음을 빼앗겨왔는데, 소년시절에는 특히 헤이

---

12) John Nathan, *Mishima: A Biography*, p.83에서 재인용.

안 문학의 고전들을 많이 읽었고 그중에서도 『겐지모노가타리』가 제게는 최고의 작품이었습니다. 『겐지모노가타리』 이후 일본 소설가들은 이 명작에 대한 동경과 모방과 개작을 수백 년 동안 계속해왔습니다. 나아가 『겐지모노가타리』는 와카를 비롯하여 미술, 공예, 심지어 조경에 이르기까지 깊고 광범위하게 아름다움의 양식이 되어왔습니다. (중략)

산수(山水)라는 말에는 산과 강, 즉 자연경치라는 뜻을 비롯해서 산수화, 즉 풍경화라든가 정원, 나아가 '고색창연한 것' 혹은 '쓸쓸하고 초라한 것'에 이르기까지 여러 의미가 있습니다. 하지만 '화경청적'(和敬清寂)의 다도가 숭상하는 '와비'나 '사비'가 오히려 마음의 풍요로움을 내장하고 있음은 물론이고, 매우 비좁고 간소한 다실 또한 오히려 무변광대함과 무한한 우아함을 내포하고 있습니다.[13]

일본이 전쟁의 잿더미 위에서 불사조처럼 일어나 거의 믿기 어려운 경제성장을 이룩했을 때조차, 일류급 소설가인 가와바타는 또 하나의 섬세하고 아름다운 일본, 너무도 깨지기 쉽고 연약한 나머지 이윤추구라든가 상업적 착취 혹은 그런 경제적 성공을 이룰 수 있게 도와준 물리적, 문화적 공해와 타락 속에서 살아남지도 못할 것 같은 그런 일본과 관련된 세계를 서사적으로 역설했던 것이다.

가와바타의 전후 작품인 『산소리』(山の音, 야마노오토, 1949)는 『세설』과는 대조적으로 완만하게 흐르는 전형적인 일본소설 양식을 보여준다. 가와바타에게 자연세계 및 그 안에서의 삶은 그 자체의 움직임과 기능을 가지고 있다. 우리에게, 또 우리 주변에서 일어나는 일들은 무한히 다양하며 부단히 변한다. 그런 것들에 대해 너무 과도하게 합리적이고 이성적인 해석을 가하게 되면 실패하지 않을 수 없다. 특히 예술가의 경우 그것은 오류이거나 부정직함이 될 수도 있다. 바로 이와 같은 관점을 통해 가와바타는

13) Kawabata Yasunari, *Japan the Beautiful and Myself*, pp.46~47, 52.

'사물에 대한 탁월한 감수성', 즉 다니자키와 마찬가지로 그 역시 매우 익숙하고 친밀했던 고전문학에 널리 깔려 있는 전통적인 미적 개념인 모노노아와레를 드러낼 수 있었던 것이다. 하지만 다니자키가 『세설』에서 주로 인간관계의 친밀성을 탐구했다면, 가와바타는 그의 작품 속에서 사람들이 살고 있는 자연환경에 대한 미묘한 반응을 다루고자 모노노아와레적 감각을 활용했다고 볼 수 있다.

『산소리』에 나오는 다음 구절은 가와바타가 렌가에서처럼 시적 지각(知覺)을 다룬 사례를 잘 보여준다.

> 달밤이었다.
>
> 기쿠코의 원피스가 덧문 밖에 널려 있었다. 축 늘어진, 마음에 안 드는 희멀건 색이다. 신고는 빨래 걷는 것을 잊었다고 여겼지만, 땀에 젖은 것을 밤이슬에 적시고 있는 것인지도 몰랐다.
>
> "맴, 맴, 맴" 하고 우는 소리가 정원에서 났다. 정원 왼쪽 벚나무 줄기의 매미다. 매미가 이런 기분 나쁜 소리를 내는가 하고 의심했지만, 역시 매미다.
>
> 매미도 악몽에 떠는 일이 있을까?
>
> 매미가 날아와서 모기장 자락에 앉았다.
>
> 신고는 그 매미를 잡았지만 매미는 울지 않았다.
>
> "벙어리다!"라고 신고는 중얼거렸다. 맴맴 하고 운 매미하고는 다른 놈이었다.
>
> 다시 불빛을 잘못 알고 날아오지 않도록 신고는 있는 힘껏 왼쪽 벚나무의 높은 곳을 향하여 그 매미를 던졌다. 반응이 없었다.
>
> 덧문을 잡고 벚나무 쪽을 올려다보았다. 매미가 붙어 있는지 알 수가 없었다. 달밤이 깊어져갔다. 깊은 밤이 자욱이 펴져나가듯 느껴져왔다.
>
> 8월도 아직 초순인데 가을벌레가 울고 있다.
>
> 나뭇잎에서 나뭇잎으로 밤이슬이 떨어지는 듯한 소리도 들린다.[14]

---

14) Kawabata Yasunari, *The Sound of the Mountain*, p.12.
가와바타 야스나리, 신인섭 옮김, 『산소리』, 웅진, 1997 참조. _옮긴이

이 장면에서 지각자는 소설의 주인공 신고이다. 그는 자기 자신의 불행뿐만 아니라 오래전부터 사랑하지 않게 된 부인과, 첩 때문에 자기 아내를 무정하게 못 본 체하는 아들, 비참한 결혼생활을 피해 이제 막 친정집으로 돌아온 고뇌에 찬 딸 등 주변인물들의 불행에 압도당한 60대의 노인이다. 이런 복잡한 개인관계의 와중에서 신고는 점차 자신의 죽음이 가까워졌음을 느낀다. 처음에는 나이 탓인가 했지만 심각한 건망증으로 인해 그는 의식과 꿈, 오래전에 일어난 일과 현재 일어나는 사건 사이에서 지각이 흐려져가고 있었다.

가와바타에게 세계는 하나의 총체이고, 인간과 자연은 하나이다. 그는 신고를 인간관계의 지각자이자 동시에 자연과 자연현상의 지각자로서 멋지게 다루고 있다. 『산소리』의 분위기는 모노노아와레를 함축하는 슬픈 아름다움의 일본적 전통에 속해 있는 듯이 보인다.

오오카 쇼헤이의 전쟁문학

전후에 전쟁 자체를 다룬 작품들의 등장은 불가피한 것이었으리라. 사실상 그것들은 예외 없이 전쟁(모든 전쟁들) 및 그것을 수행한 일본 군부에 대단히 비판적이다. 오오카 쇼헤이(大岡昇平, 1909~1988)의 『들불』(野火, 노비, 1952)은 아마도 한때 승리를 구가했던 일본제국군대의 붕괴를 가장 적나라하고 꾸밈없이 묘사한 작품일 것이다. 이것은 필리핀에서 일본군이 패전할 무렵 부대에서 방출당한 한 군인의 이야기이다. 그가 속해 있던 부대는 더 이상의 전투능력을 상실했을 뿐만 아니라 부대원들에게 최소한의 식량조차 내어줄 수 없는 상태였다. 피신할 만한 은신처를 찾아낼 실낱같은 희망으로 레이테(Leyte) 숲을 헤매던 그는 마침내 황폐한 마을에 이르렀는데, 거기서 그는 일본군 시체들이 교회로 이어지는 계단에 쌓여 있는 것을 보았다. 그리고 교회에서 그는 무심코 소금을 가지러 연인과 함께 마을로 돌아온 무방비상태의 필리핀 여성을 죽이고 만다. 그 마을을 떠난 군인은 그와 마찬가지로 부대와 멀어진 다른 군인들과 만나고, 일본군들 사이에 기근이 널리 퍼져 어떤 자는 사람을 먹기도 한다는 불길한 소문을 듣는다. 그 후 그는 죽어가는 어떤 장교를 만나는데, 그 장교는 숨이 넘어가기 직전에 팔을 들고는 "내가 죽으면 날 먹어도 좋아"라고 외친다. 이 소설의 클라이맥스는 군인이 두 명의 동료를 만나 그들이 준 '원숭이 고기'를 받아먹는 장면으로 이어진다. 얼마 지나지 않아 주인공은 원숭이 사냥을 나간 동료를 목격하면서 그 원숭이 고기의 진짜 정체가 무엇인지를 알게 된다.

그때 멀리서 '팡' 하는 소리가 들렸다.

"잡았다!" 하고 야스다가 외쳤다.

나는 총성이 난 곳으로 달려갔다. 나무가 드문드문하여 강가의 모래밭을 바라볼 수 있는 곳으로 나갔다. 사람의 형체 하나가 그 양지 쪽을 달려가고 있었다. 산발한 맨발의 인간이었다. 녹색 군복을 입은 일본군이었다. 그것은 나가마쓰가 아니었다.

총성이 또 울렸다. 총알이 빗나간 듯, 그 인간은 계속 달렸다.

돌아보면서 쉬지 않고 달려가, 이윽고 총알이 미치지 못한다는 확신을 얻었는지 보행으로 바뀌었다. 그리고 허리를 충분히 펴서 천천히 한쪽 숲으로 들어가버렸다.

이것이 '원숭이'의 정체였다. 나는 그것을 이미 예상하고 있었다.[15]

노마 히로시의 전쟁문학

『들불』이 해외전장에 나간 일본 군인의 타락을 묘사한 작품이라면,[16] 노마 히로시(野間宏, 1915~1991)의 『진공지대』(眞空地帶, 신쿠치타이, 1952)는 국내 병영에 있던 군인의 극심한 타락과 야만성을 보여준다. 젊은 군인 기

15) Ōoka Shōhei, *Fires on the Plain*, p.216.
오오카 쇼헤이, 이재성 옮김, 『들불』, 소화, 1998 참조. _옮긴이

16) 펭귄(Penguin)판 *Fires on the Plain*의 역자 서언에서 아이번 모리스(Ivan Morris)는 주인공이 '가장 혐오스러운 행위'는 하지 않았다고 지적한다. 즉 주인공이 인육을 먹기 위해 다른 사람을 죽이지는 않았다는 것이다.

타니는 상관의 지갑을 훔쳤다는 누명을 쓰고 2년 동안이나 영창에 갇혔다가 방금 집으로 돌아왔다. 일본의 이른바 '성전'(聖戰)은 그 환멸적인 막바지로 치달아 악화일로에 접어들고 있었으며, 계급을 막론하고 모든 군인들은 식량을 확보하는 한편 어떻게든 해외파병을 피해 목숨을 부지하고자 동물적인 쟁투에 여념이 없었다. 그러나 기타니는 오직 자신에게 유죄판결 및 유난히 가혹한 선고를 내린 자들에게 복수하려는 결의, 그리고 그가 사랑했던, 하지만 마찬가지로 그를 배반하고 만 창녀를 다시 한 번 만나려는 결의에 불타고 있었다. 기타니의 사건과 관련된 진실이 점차 밝혀지면서, 우리는 모든 공적 행위가 천황 및 국가에 대한 군국주의적 숭경과 무사(無私)의 헌신이라는 맥락에서 무조건 정당화되는, 총체적으로 부패한 군대시스템의 혐오스러운 내부조작을 알게 된다. 기타니가 뒤를 추적하여 마침내 찾아낸 자신의 고발자인 상관은 다음과 같이 고백한다.

> 군대는 잔인하다……. 이젠 내가 그것을 말하지 못할 이유가 없다. 내지의 군대는 속속들이 뼛속까지 썩었다. 해외에서 근무할 때, 나는 내지의 군대가 명예와 위엄이라는 오래된 전통을 지키고 있다고 들었다……. 불행히도 귀국 후 나는 그 말이 완전히 거짓이라는 사실을, 현실은 내가 상상한 것보다 훨씬 더 형편없다는 사실을 알게 되었다. 처음에 나는 장교로서 할 수 있는 한 품위를 유지하고자 노력했다. 그런데 그것이 나의 몰락을 초래했다. 난 내 마음을 다해 군대를 사랑했다. 그래서 군대를 조롱하거나 손상하는 자들을 보면 참을 수가 없었다. 하지만 나는 대령들과 소령들…… 연대…… 사단 등등 강력한 장애물과의 충돌을 피할 수 없었다. 오직 상관을 기쁘게 해주는 것이 최우선이다. 장교들뿐만 아니라 그들의 가족들까지도 기쁘게 해주어야만 했다……. 나는 전체 부대원 중 하사관급 간부로는 최고 지위에 있던 보급계 하사관을 알고 있었다. 그런데 그의 부인은 대대장 집을 떠날 수 없었다. 왜냐하면 그녀가 거기 들락날락하면서 이것저것 일을 봐주는 것이 남편의 진급에 필수적인 요건이었기 때문이다……. 이런 상황이 날 너무나 부끄럽게 했다……. 배급받은 보급품들은 곧바로 사령

관에게 직행했고 그는 그것들을 사적인 선물용으로 사용했다……. 너 시모라이 중위 알지? 그는 부하들에게 자기 집을 짓게 하고는 지금 거기서 살고 있다. 난 이런 부패를 참을 수 없었다. 그래서 무언가 하려고 애썼지만, 난 지칠 대로 지쳐버렸다. 그건 한 사람이 하기에는 너무 큰일이었지……. 난 결국 해고당하고 병들어버렸다. 난 더 이상 기댈 데가 없었다. 기타니 군, 난 네가 나카보리 중위에게 매수당했다고 생각했다. 그래서 널 군법회의에 넘긴 거였다. 내가 진실을 알았을 때는 이미 너무 늦었다.[17)]

전전부터 좌익계 작가였으며 그 자신이 퇴역군인이기도 했던 노마는 『진공지대』에서 가장 신성하게 지켜져온 천황숭배의 신화와 국체 이데올로기를 단호하게 깨부수고자 시도했다.

이부세 마스지의 전쟁문학

전쟁을 다룬 중요한 작품 가운데 세 번째로 히로시마의 원폭투하를 소재로 한 이부세 마스지(井伏鱒二, 1898~1993)의 『검은 비』(黑い雨, 구로이아메)를 들 수 있다. 원폭으로 야기된 물리적 파괴 및 인간고뇌의 실제 기록에 입각한 『검은 비』는 특히 시게마쓰와 그의 조카딸 야스코를 비롯하여 수많은 사람들의 이야기를 담고 있다. 주로 시게마쓰 및 기타 사람들의 일기문으로 구성된 이 소설에서 우리는 히로시마의 주민들과 그 주변환경을 만나게 된다. 거기서 우리는 피폭 순간의 공포에 찬 그들의 운명을 엿보는 한편, 어찌할 바를 몰라 폐허가 된 도시의 악몽 같은 미로를 헤매는 생존자들의 대열에 참여하게 된다. 소설 속의 현재는 전쟁이 끝나고 몇 년 후로 설정되어 있다. 그리고 원폭 및 그 영향에 대한 이야기가 화자인 시게마쓰에 의해 서술되고 있다. 이때 시게마쓰는 원폭의 방사능에 노출됨으로써 남편감을 찾을 수 없게 된 야스코에 관한 세간의 오해를 풀기를 희망한다. 사실

---

17) Noma Hiroshi, *Zone of Emptiness*, p.286.

야스코는 심각한 방사능 질병을 앓고 있는데, 일단 그 질병의 징후가 명백히 나타나면서 그녀가 겪게 된 고통에 대한 묘사는 우리의 가슴을 저리게 한다.

이 긴 이야기에 포함된 반(半)다큐멘터리적 사실관계는 통상 인기 중심의 자극적이고 선정적인 방식으로 제시될 수도 있었을 것이다. 하지만 저자는 이를 상당히 예술적으로 절제하고자 노력했고, 그 결과 『검은 비』는 전쟁의 악과 무의미를 매우 효과적으로 고발하는 작품이 되었다. 그러나 『검은 비』가 전적으로 어둡고 우울한 이야기라고만 단정 지어서는 안 된다. 때로 희미하게 느껴지는 경우도 있겠지만, 살아가고자 하는 희망과 의지라는 주제가 전편에 깔려 있다. 이런 주제는 결말부에 상징적으로 잘 표출되어 나온다. 문 안쪽에서 사람들이 항복을 선언하는 천황의 방송을 듣고 있을 때, 시게마쓰는 바깥을 어슬렁거리며 냇물을 들여다보다가 문득 놀라운 발견을 한다.

> "이런 깨끗한 물이 여기에 있었던가!"
>
> 허! 이것 보게, 물속에 새끼 뱀장어가 열을 지어 부랴부랴 거슬러 오르고 있다. 수없이 많은 새끼 뱀장어들이 떼 지어 있다. 들여다보고 있노라니 참으로 눈부시다. 메소코라는 뱀장어보다 작고, 보통 시골에서 비리코 또는 다탄바리라고 하는, 몸길이가 8에서 10센티미터 정도 되는 어린 새끼 뱀장어이다.
>
> "야, 오른다, 오른다." 신선한 물 냄새가 풍겨 나오는 것 같다. 줄줄이 뒤를 이어 수없이 오르고 있다. 이 비리코들은 멀리 히로시마강 하류에서부터 힘차게 거슬러 올라온 것이다.[18]

전후의 일본영화

번역소설과 더불어 영화 또한 전후에 일본문화를 서양에 알려주는 가장

---

18) Ibuse Masuji, *Black Rain*, pp.296~297.
이부세 마스지, 김정수 옮김, 『검은 비』, 광주, 1989 참조. _옮긴이

중요한 수단 중의 하나가 되었다. 그리하여 머지않아 일본은 영화의 황금시대를 맞이하게 되었다.[19] 전쟁 전 단기간에 높은 수준까지 올랐던 일본 영화계의 경험이 그 주된 원동력이 되었다. 실제로 일본의 영화산업은 패전 후 곧바로 활동을 재개하여 급속히 확대되었다. 이는 한편으로 쇼치쿠(松竹)와 도호(東寶) 및 다이에이(大映) 같은 주요 영화사의 설비들이 별다른 전화를 입지 않은 채 고스란히 남았기 때문이며, 다른 한편으로 연합국 총사령부가 일본 국민들에게 오락을 제공하기 위해 영화관의 재건을 장려하는 정책을 채택했기 때문이다. 이와 동시에 그 밖의 다른 분야에서 시행한 언론과 표현의 자유에 대한 일반적인 완화정책에도 불구하고, 연합국 총사령부는 영화의 주제에 대해서만은 상당히 광범위한 검열정책을 고집했다. 예컨대 내셔널리즘, 복수, 애국심, 역사적 사실의 왜곡, 인종차별이라든가 종교적 차별, 봉건적 충성, 할복, 여성 억압이나 아내의 폄하, 반민주주의적 태도, 혹은 포츠담 선언의 조항 및 연합국 총사령부의 지령에 반하는 주제들은 모두 금지되었다.

이와 같은 검열에서 살아남거나 혹은 가능하다면 검열의 그물망을 빠져나가고자 노력하는 가운데, 일본의 영화제작자와 감독들은 전략적인 선택과 설득력 있는 주장을 내세우지 않으면 안 되었다. 가령 〈우타마로와 그의 다섯 여자들〉(歌麿をめぐる五人の女, 1946)의 제작 허락을 얻기 위해 미조구치 겐지(溝口健二, 1898~1956) 감독은 연합국 총사령부에, 도쿠가와 후기의 목판화가였던 기타가와 우타마로(喜多川歌麿)는 일본인들에게 문화적 영웅일 뿐만 아니라 현대 민주주의자의 한 원형이기도 하다고 주장했다. 또한 미조구치는 다음 작품에서는 여성의 자유를 테마로 하고 싶다는 뜻을 시사하기도 했다.[20]

미국문화와 관습 및 유행들이 밀어닥쳐 범람하게 되면서, 일본의 영화제작자들은 혁신적이지는 않을지라도 최소한 이목을 끌 만한 새로운 연출기

19) Richie, *Japanese Cinema*, p.58.
20) Joseph L. Anderson and Donald Richie, *The Japanese Film*, p.162.

법과 관행을 실험하기 시작했다. 이런 실험적 시도 가운데 가장 좋은 사례로 키스 장면을 들 수 있다. 패전 전에는 키스 장면이 일본영화에서 엄격하게 금지되어 있었으며, 외국 수입영화에서는 그 부분이 삭제되기까지 했다. 당시 일본인들에게 키스는 "비의술(occult art)까지는 아니라 해도 침실에서만 할 수 있는 전적으로 사적인 행위"로 간주되었기 때문이다.[21] 키스 장면이 일반적으로 용인된 이후에도 그것은 종종 배우들이 카메라로부터 먼 쪽으로 머리를 돌린 채 연기한다든가 아니면 그냥 볼에 뽀뽀하는 식으로 처리되었다. 어떤 배우들은 공공연히 자기 입술을 거즈로 덮거나 혹은 화장을 짙게 함으로써 키스로 인한 불결함을 막고자 애쓰기도 했다.

구로사와 아키라

일본 국내외에서 가장 인기 있는 전후 영화로 〈라쇼몬〉(羅生門, 1950), 〈이키루〉(生きる, 1952), 〈7인의 사무라이〉(七人の侍, 1954) 등을 비롯한 구로사와 아키라(黑澤明, 1910~1998) 감독의 작품들을 들 수 있다. 구로사와는 일본 영화감독 중에서 가장 서구적인 감독이라고 일컬어져왔다. 사실상 그의 영화들, 특히 〈7인의 사무라이〉 같은 액션물이라든가 〈라쇼몬〉처럼 실존주의적, 심리적 탐색으로 사건을 다루는 작품들은 내용상 다른 일본 감독들의 영화보다 훨씬 더 접근도가 높고 보편적으로 이해하기 쉽다. 국제적 기준에 비추어도 전혀 손색이 없는 탁월한 영화계의 장인인 구로사와는 또한 기법의 대가이기도 했다. 실로 그는 일본영화의 양식적 아름다움이라 할 수 있는 특징, 즉 등장인물과 자연환경을 완벽하게 조화시키는 분위기와 배경의 창출 및 인생이나 사물의 본질과 세부사항에 대한 빈틈없는 관심 등에서 뛰어난 능력을 보여준 감독이었다.

아쿠타가와 류노스케(芥川龍之介)의 원작에 입각한 〈라쇼몬〉은 숲에서 산적을 만난 부부를 둘러싸고 일어난 사건에 대해 묘사하고 있다. 사건의

21) Ibid., p.176.

전개과정에서 최소한 두 가지 사실만은 분명하다. 즉 산적이 부인을 겁탈했고, 남편은 살해당했다는 사실이다. 이것들 말고는 실제 무슨 일이 일어났는지를 둘러싸고 실로 상충되는 여러 해석들이 우리 앞에 제시된다. 그리하여 아내, 산적, 죽은 남편(강신무당의 입을 통해 말한다), 우연히 현장을 목격한 나무꾼 등이 차례로 각자 자기가 본 사건에 대해 진술한다. 그들이 말하는 사건의 진상은 제각기 상이하다. 즉 남편이 강간당한 자기 아내의 명예를 위해 산적과 격투하다 살해당했다든가, 남편이 아내가 강간당한 것에 대한 굴욕감으로 자살했다든가, 혹은 남편이 겁탈당한 아내에게 싸늘하고 경멸적인 태도를 보이자 이에 격분한 아내의 다그침에 못 이겨 남편이 산적과 싸우다 죽었다는 등 제각각이다.[22)]

박력 넘치는 액션영화인 〈7인의 사무라이〉는 약탈자 도적떼에 맞서 마을을 지키려는 16세기 용병 로닌(주인 없는 무사)들의 이야기이다. 뛰어난 전쟁영화 중 하나인 이 작품은 극한상황에서 최종적인 선택에 직면한 사람들을 보여준다. 그 선택은 그들 인생의 의미와 관련하여 희미하게나마 가장 견고하게 고수되어온 가치와 인식에 대해 솔직하고도 난폭한 방식으로 의문을 제기한다. 이 이야기의 기초를 구성하는 휴머니즘은 전형적인 구로사와식 영웅인 마지막 사무라이(실은 무사를 가장한 한 농부)의 삶과 죽음에 잘 예시되어 있다. 이 마지막 사무라이 역은 모험과 스릴에 찬 멋진 연기를 보여준 미후네 도시로(三船敏郎, 1920~1997)가 맡았다. 하지만 〈7인의 사무라이〉는 그저 단순한 전쟁영화를 훨씬 넘어서서 그 이상의 것을 보여준다. 그것은 가장 유서 깊은 일본 고유의 전통 안에서 특히 계절의 변화를 통해 경험된 시간의 흐름에 대한, 그리고 자연을 거스르지 않은 채 그 자연 안에서 살아가는 인간의 유한한 속성에 대한 일본인의 영원한 감수성을 시각적으로뿐만 아니라 미학적으로도 잘 드러내 보여준 탁월한 예술작품이

22) 이처럼 이 작품은 하나의 사건에 대해 서로 엇갈리는 해석들이 난무하는 것을 보여줌으로써, 절대적인 진실(객관적 사실)이란 것이 과연 존재하는지, 실은 상대적인 진실(주관적 사실)만이 존재하는 것은 아닌지 묻고 있다. _옮긴이

기 때문이다. 영화의 마지막 장면은 이런 감수성을 가장 웅변적으로 말해준다. 즉 산적들을 다 물리친 후, 마을 사람들은 다시 농사일에 신경을 써야만 하고, 살아남은 무사들은 죽은 동료들의 무덤에 잠시 경의를 표하자마자 다시금 길을 떠나야만 한다. 다시 말해 그들은 사회적 불안정성 및 방향성과 의미가 부재하는 삶을 뜻하는 로닌의 신분으로 되돌아가야만 하는 것이다.

한편 〈이키루〉에서 구로사와는 현대 일본을 배경으로 하여 말기 암을 앓고 있다고 통보받은 한 남자의 위기를 다루고 있다. 정년이 얼마 남지 않은 말단 하급공무원인 주인공 남자는 자신이 오랜 세월 동안 기쁨을 모르는 로봇처럼 개인적인 인생은 텅 빈 채로 오로지 주어진 공무원 업무에만 매달려 살아왔음을 깨닫게 된다. 그는 자신이 죽기 전에 무언가 한 가지라도 사회적으로 의미 있고 좋은 일을 하고자 결심한다. 이때부터 그는 소공원을 건설하는 운동을 펼치기 시작한다. 이는 오래전부터 일단의 인근 주민들이 계속 청원해온 것인데, 주인공 자신을 포함한 관련당국의 무관심과 혼란으로 인해 번번이 미뤄지고 어그러진 사안이었다. 이 점에서 〈이키루〉는 관료주의 및 그 타성적 세계에 단호한 비판을 가하는 영화라 할 만하다.

오즈 야스지로

구로사와가 일본 영화감독 가운데 가장 서구지향적인 인물이었다면, 그 반대편의 가장 일본적인 감독으로 오즈 야스지로(小津安二郎, 1903~1963)를 들 수 있다. 전전부터 영화계를 이끌어온 오즈의 관심은 거의 전적으로 변화하는 일본 가족관계 안에 나타난 근대적인 것과 전통적인 것 사이의 갈등에 집중되었다. 도쿠가와 시대 가부키나 분라쿠의 '세와모노'(世話物)라든가 근대 자연주의자를 비롯한 여러 작가들의 사소설 등은 이런 가족영화(앞 장에서 언급한 서민극)의 전사(前史)라 할 만하다. 도쿠가와 시대 세와모노에서 개인이 직면한 고전적 딜레마는 '기리'(義理, 의무의 요구)와 '닌조'(人情, 인간적 감정의 끌림) 사이의 갈등에 있었다. 가령 자식이 있는 기혼자 상인이 한 창녀를 사랑하게 되었고 결국 '신주'(心中, 둘이 함께 자살하는 것)로 딜레마를 해결한다는 식의 전형적인 이야기가 당시 널리 양식화되어 있었다. 물론 전후의 사회적 제약은 훨씬 완화되었고, 따라서 신주도 거의 사라졌다. 하지만 세와모노적 딜레마는 종종 전통적인 일본 '이에'(家)의 요구를 의미하는 '기리'와 근대적 가족관계를 가리키는 '닌조' 사이에 여전히 남아 있었다.

이는 보편적이라기보다는 특수한 일본적 문제를 보여준다. 그 이유를 이해하려면, 서양에는 일본의 '이에'에 상당하는 것이 거의 없다는 점, 그리고 그것이 일본사회에서 차지하는 엄청난 중요성에 주목할 필요가 있다. 외부의 연구자들이 늘 지적하듯이, 이는 일본인들이 압도적으로 집단지향적이라는 사실을 뜻할 따름이다. 그들은 집단 안에서 일하고 집단 안에서 놀이를 즐긴다. 그들은 집단 안에서 더 행복해 보인다. 집단행동에 대한 이와 같은 비상한 감정은 바로 일본적 가족관계에서 비롯된 것이다. 가족관계에 순응하기를 거부하거나 실패하게 되면, 그것은 일본인에게 사회 일반에서의 자신의 역할에 관한 가장 심각한 문제를 야기하게 된다.

〈도쿄 이야기〉(東京物語, 도쿄모노가타리, 1953)와 같은 강렬하고도 감동적인 오즈의 영화에서, 전통적인 것과 근대적인 것 사이의 충돌은 통상 세대 간 차이라는 맥락에서 전통적인 부모와 독립적인 근대지향적 자녀 사이의 갈등으로 묘사되어 나온다. 하지만 그런 충돌에 내포된 사회적 함의는 그것이 서구보다 일본을 배경으로 설정될 때 훨씬 더 크다. 예컨대 서양 청소년들은 자기 부모가 그저 너무 보수적이라거나 혹은 시대에 뒤떨어져 있다고 생각하곤 한다. 이에 비해 일본 청소년들은 자기 부모가 지금도 암묵적으로 이해되는, 그러면서 모든 일본인들에게 끊임없이 설명을 요구하는 그런 전통적 행동양식을 대표한다는 의식에 깊이 사로잡혀 있다.

오즈는 서사적인 것보다는 연대기적 형식으로 구성된 대본을 더 좋아했다. 그것은 사람들이 평상시 말하는 방식에 더 가까운 대화와 매우 자연스러운 느낌을 주는 장면들을 제공해주기 때문이다(그림 68). 또한 그는 다타

:: **그림 68** 오즈 야스지로 감독, 〈도쿄 이야기〉의 한 장면(뉴요커영화사)

미 위에 앉은 사람의 눈높이에서 단 한 대의 카메라만을 가지고 찍는 이른바 낮은 카메라 앵글의 '다타미 샷'을 선호했다. 도널드 리치(Donald Richie)의 말대로, "이와 같은 전통적인 조망은 정적(靜的)으로 매우 한정적인 공간만을 조감하지만 그것을 완전히 자유자재로 구사한다. 그것은 귀 기울여 듣는 것이라기보다는 응시하는 태도이다. 그것은 노(能)를 관람하거나 자노유(茶の湯)에 참여하는 사람들의 시선에 입각해 있다".[23]

전후 일본영화의 다양한 전개

오즈의 세와모노 드라마 혹은 통속드라마들은 전형적으로 삶(우리가 가와바타의 소설에서 엿볼 수 있는 모노노아와레의 감수성과 같은 종류의 슬픔으로 뒤덮여 있는 삶)이 원래 그랬던 것처럼 앞으로도 계속 이어질 것이라는 메시지를 던져주고 있다. 예컨대 젊은이들은 여전히 근대적인 것에 끌릴 것

---

23) Richie, *Japanese Cinema*, p.64.

이고, 그들의 윗세대는 주의 깊게 닦인 전통세계 안에서 전면적인 위안까지는 아니더라도 계속 만족을 찾을 것이다. 하지만 다른 감독들은 오즈의 이와 같은 무시간적이고 거의 숙명론적인 세계관을 결코 공유하고 있지 않다.

가령 전전부터 활약한 나루세 미키오(成瀨巳喜男) 감독이 그 대표적인 사례라 할 수 있다. 그의 전후 작품으로는 〈여자가 계단을 오를 때〉(女が階段を上る時, 1960)와 〈나가레루〉(流れる) 등이 있다. 나루세는 전통적인 가족 지향성이 오즈의 경우보다도 더 구속력 있다고 보았으며, 거기서 벗어날 수 있는 일본인은 거의 없다고 생각한 듯싶다. 〈여자가 계단을 오를 때〉에서, 도쿄 긴자 지역 도로변에 있는 한 술집의 젊고 매력적인 마담은 직업상의 원칙을 깨고 한 단골손님의 구애를 받아들여 그와의 결혼에 동의한다. 그런데 이 남자는 유부남이다. 그의 부인을 만난 마담은 자신이 근대적이고 자유분방한 사고방식을 가졌다고 여겼음에도 불구하고 한 가정을 파괴할 수는 없다고 생각하게 된다. 결국 그녀는 혼자서 다시 계단을 올라가 자기 술집으로 들어선다. 그녀는 모든 것을 체념한 채 마담의 자리로 돌아가 손님들과 희롱하며 그들의 비위를 맞추어주면서, 결코 그들과 진지한 관계로 얽히지 않고자 한다.

현대 일본영화는 이처럼 대단히 다양하다. 그래서 아무리 중요하다 한들 몇몇 감독들의 영화만으로 우리의 주제를 적절히 망라하기란 무리다. 그럼에도 불구하고 오즈와 구로사와 외에 한 사람 더 언급하지 않을 수 없다. 바로 가장 탁월한 영화의 장인이자 비할 바 없이 아름다운 〈우게쓰모노가타리〉(雨月物語, 1953)[24)]의 감독 미조구치 겐지(溝口健二, 1898~1956)이다. 좀 다른 관점에서 보자면, 미조구치는 일본 감독들 가운데 가장 낭만적인 전통주의자라 할 수 있다. 그뿐만 아니라 그는 근대적인 사회문제에 관심을 가진 예술가이기도 하다. 그의 전통주의적인 측면은 본질적으로 미학적이며,

24) 18세기 말에 나온 우에다 아키나리(上田秋成, 1734~1809)의 『우게쓰모노가타리』를 원작으로 하여 만든 영화. Ueda Akinari, *Ugetsu Monogatari: Tales of Moonlight and Rain* 참조.

:: **그림 69** 미조구치 겐지 감독, 〈우게쓰모노가타리〉의 한 장면(제이너스영화사)

특히 과거 혹은 신화적 고대를 다룬 작품에서 분위기를 창출하고 유지하는 그의 능력을 통해 가장 잘 엿볼 수 있을 듯싶다. 〈우게쓰모노가타리〉가 바로 그 전형적인 사례라 할 수 있다. 이는 내전으로 어지러운 중세에 도자기를 팔러 어떤 도시에 갔다가 한 사랑스러운 여자 손님의 유혹을 받는 도공에 관한 이야기이다(그림 69). 완벽에 가까운 분위기를 창출해낸 이 영화에서, 그 경이로운 감각은 대부분 무엇이 현실이고 무엇이 비현실인지가 불명확한 데에서 비롯된다. 도공은 저 사랑스러운 여성과의 만남이 자신에게 걸린 매혹적인 주술의 일부분임을 깨닫는다. 하지만 집에 있는 아내에게 되돌아가고자 했을 때, 그는 아내가 수년 전에 죽고 더 이상 존재하지 않는다는 사실을 알게 된다.

한편 미조구치의 근대적 측면은 주로 여성을 다루는 방식에서 찾아볼 수 있다. 그런 주제로, 남자에 대한 여성의 사랑이라든가, 아니면 전통적인 일본 봉건사회에서 여성들이 희생당했던 끔찍한 방식 등을 들 수 있겠다. 이

중 후자, 즉 봉건사회에서 여성들의 희생이라는 주제는 〈산쇼다유〉(山椒大夫, 1954)에서 잘 드러난다. 이는 옛날 한 지방관의 아내와 아들과 딸에 관한 너무나도 비극적인 이야기이다. 이들은 무뢰한들에게 납치되어 아들과 딸, 그리고 아내가 각각 다른 곳에 노예로 팔린다. 성장한 아들은 자기 목숨을 내던져 추적자들을 따돌린 누이 덕택에 탈출에 성공한다. 그는 이윽고 높은 관리가 되지만, 어머니를 찾기 위해 관직을 포기한다. 마침내 어머니를 찾았지만, 그녀는 장님이 되어 오랜 세월 동안 창녀로 착취당한 데다 도망치지 못하도록 다리 힘줄까지 끊어져 있었다.

이 〈산쇼다유〉에서 미조구치는 역사 이야기 안에 사회비평적인 내용을 담았다. 하지만 그는 동료인 오즈라든가 구로사와와 마찬가지로 여전히 옛 일본과 그 전통적인 양식에 강렬한 정감을 느끼고 있었다. 이런 태도에 대해 고바야시 마사키(小林正樹) 등의 다른 감독들은 그것을 너무 손쉬운 감상주의라 하여 거부하는 한편, 그 대신 전통사회의 잔인성과 압도적인 불평등에 고집스러운 관심을 집중시켰다. 〈할복〉(切腹, 셋부쿠, 1962)에서 고바야시는 도쿠가와 시대에 먹을 것을 구하러 어느 번을 찾아온 한 로닌이 만일 이런 자신의 청이 거절당한다면 할복하겠노라고 맹세하는 장면을 설정하고 있다. 이 로닌을 그저 귀찮은 존재로만 여긴 번 관리들은 즉석에서 그의 청을 거절하면서 자기들이 보는 앞에서 할복하여 맹세한 것을 지키라고 명한다. 그러자 저 무시무시한 의식을 준비하면서 로닌은 번 관리들에게 다른 로닌 사무라이에 대해 말한다. 즉 얼마 전에 그 사무라이가 자기와 똑같은 청을 했다가 그의 유일한 무기인 대나무검으로 할복을 하지 않을 수 없었다는 것이다. 로닌은 그 사무라이가 바로 자기 아들이며, 그 아들은 굶주린 아내와 자식들을 위해 음식을 구하러 절망적인 심정으로 이 번을 찾아왔음을 밝힌다. 또한 자신은 이미 아들을 죽음으로 몰고 간 세 관리들의 상투를 잘랐음을 고하면서, 칼을 쥐고 고전적인 찬바라[25] 스타일로 수

25) 칼날이 부딪치는 소리를 표현하는 의성어 '찬찬바라바라'를 줄인 말로, 칼싸움 영화를 가리킨다. _옮긴이

많은 적들을 죽이고 마침내 자신도 죽고 만다.

전후의 다른 영화제작자들과 함께 고바야시 또한 근현대 일본사회에 엄격한 비판을 가했다. 가령 그의 가장 야심적인 기획은 만주를 배경으로 한 〈인간조건〉(人間の條件, 닌겐노조켄, 1958~1961)이라는 3부작 드라마인데, 이는 일본의 2차대전 참여가 얼마나 끔찍한 것이었는지를 묘사하고 있다. 미국인 평론가 조앤 멜런(Joan Mellen)과의 인터뷰에서 고바야시는 〈할복〉과 〈인간조건〉에 대해 양자 모두 권위주의적인 사회의 억압하에서 개인의 '강인한 회복력'을 다루고 있다는 점에서 유사한 주제의 작품이라고 말한 바 있다.[26]

전후의 신극과 가부키

한편 근대 신극(新劇, 신게키) 및 가부키를 비롯한 다른 공연예술 분야 또한, 훨씬 규모도 작고 또 아직 특수한 전후 트라우마가 극복되지 않은 시점이었지만, 전후에 널리 융성했다.

그 발단부터 신극은 미국연극의 경우처럼 독립적인 흥행주보다는 극단에 그 토대를 두고 있었다. 전시에는 오직 '분가쿠자'(文學座)라는 극단 하나만이 활동했다. 그나마 신극을 올릴 만한 수많은 극장들은 공습으로 거의 파괴된 상황이었다. 전후의 평화는 종전에 따른 희망의 일부로서 신극 내에 연극적 혁신의 느낌을 고취해주었다.

하지만 전후시대에 신극이 직면한 가장 근본적인 어려움은 이전부터 늘 신극이 겪어온 것과 동일한 어려움이었다. 첫 번째 어려움은 연극(演劇, 엔게키)이라는 단어 자체가 안고 있는 문제에 있었다. 즉 이 단어는 일본인들에게 재현적이라기보다는 표현적인 공연예술로 깊이 각인되어 있었기 때문이다. 특히 그것은 가부키를 의미하는 말이었으며, 따라서 신극 관계자들은 처음부터 자신들의 연극을 '새롭고' '근대적인' 연극으로 준별하고자

26) Joan Mellen, *Voices from the Japanese Cinema*, p.147.

노력하지 않으면 안 되었다. 게다가 신극은 자신만의 연출 및 연극적 전통을 확립하고자 애쓰는 동안에도, 급속히 성장한 영화산업에 상당 부분 인기를 빼앗기고 말았다. 당시 일본영화는 비록 서양에서의 영화보다 뒤처지기는 했지만, 혼자 힘으로 근대적이고 사실주의적인 재현극에 도달하고자 한 발짝 앞으로 나아갈 수 있었다. 한편 그 초기 발전단계에서 신극이 직면한 두 번째 어려움은, 그것을 전적으로 순수한 문학적 혹은 연극적인 매체로 지켜나가기를 원했던 자들과, 그것을 이데올로기적인 연극형식으로 변형하고 싶어 했던 자들 사이의 깊은 균열에서 찾을 수 있다. 앞에서도 살펴보았듯이, 이런 문제점은 1920년대 후반 및 1930년대 신극에서 프롤레타리아 작가들이 지배적 위치에 오르는 결과를 낳았으며, 동시에 군부당국의 신극 탄압을 불러오기도 했다. 그리고 전후시대에 이르러 정치적 이데올로기가 다시 한 번 신극 내 논쟁의 불씨가 된 것이다.

이처럼 신극에 내포된 문제점들이 전후에까지 계속 이어진 만큼, 그 해결을 위한 여러 시도들 또한 새롭다기보다는 상당 부분 익숙한 느낌을 불러일으킬 수밖에 없었다. 가령 신극은 저조한 관중동원율을 높이기 위한 수단의 하나로 셰익스피어의 〈한여름 밤의 꿈〉이라든가 〈로미오와 줄리엣〉 혹은 〈햄릿〉 등을 비롯한 서양번역극들을 무대에 올렸다. 그중 현대 작품으로는 테너시 윌리엄스(Tennessee Williams)의 〈욕망이라는 이름의 전차〉라든가 아서 밀러(Arthur Miller)의 〈세일즈맨의 죽음〉(이 작품은 좌익계 극단이 상연했다) 등이 흥행에 성공했다. 그러나 외국 작품은 결국 일본연극의 발전에 별로 도움이 되지 않았으며, 그보다는 전시기 이래 신극의 융성이 일본 극작가들의 창작에 더 많은 공헌을 했다. 유명소설가 중에 신극 희곡을 쓴 작가로 미시마 유키오(美島由紀夫, 1925~1970)와 아베 고보(安部公房, 1924~1993)가 특히 주목할 만하다.

강렬한 신고전주의적 취향을 보여준 미시마는 일본 및 서양의 고전들을 두루 섭렵한 희곡작가로서 가장 널리 기억될 만하다. 그의 작품 중에는 근대적인 노 및 가부키를 위한 희곡뿐만 아니라, 프랑스 혁명을 시대적 배경

으로 설정한 『사드 공작부인』(サド公爵夫人, 1965) 등과 같이 서양역사에서 소재를 취한 것도 많이 있다. 한편 아베는 『친구』(友達, 도모다치, 1967)라든가 『막대기가 된 남자』(棒になった男, 1969) 등의 희곡에서 엿볼 수 있듯이, 전위적이고 실험적인 연극에 몰두했다. 양자가 선택한 시대적 배경은 각각 달랐지만(미시마는 과거를, 아베는 현재를 선택했다), 그들은 모두 전전의 희곡작가들이 서양연극의 사실주의적 전통과 일치시키는 방향으로 일본 근대희곡을 창작하려 했던 함정에서 벗어남으로써 본격적으로 일본연극을 발전시켰다는 점에 공통점이 있다.[27] 미시마와 아베의 희곡은 사실주의에 구속받지 않은 창작극으로, 진정한 근대 일본연극의 발전과정에서 다른 희곡작가들에게 많은 영향을 끼쳤다.

전후 가부키는 신극과는 사뭇 다른 상황과 전망에 직면했다. 물론 그 기원으로 볼 때 가부키는 당초부터 도쿠가와 막부가 껄끄럽게 여긴 부르주아적 연극이었다. 하지만 근대기까지 가부키는 타의 추종을 불허하는 일본의 대표적인 연극이었다. 물론 초창기의 가부키가 다소 조속(粗俗)한 측면을 가지고 있었던 것은 부인할 수 없는 사실이다. 하지만 당시 일부 가부키 곡목들은 일본의 전통적 도덕 및 전근대 무사계급의 봉건적 가치들의 보고라는 측면을 보여주기도 했다. 전시의 군부가 일반적으로 가부키를 선호한 것도 바로 이런 이유에서였다.[28] 한편 전후에 연합국 총사령부 또한 동일한 이유로 가부키를 편견을 가지고 바라보았으며, 18세기 초 47인의 로닌들이 일으킨 복수사건을 극화하여 국민극이 된 〈주신구라〉(忠臣藏) 같은 '봉건적' 작품들의 상연을 엄격히 금했던 것이다. 그러나 1947년경에 이르러 연합국 총사령부가 가부키에 가했던 제한이 완화된 이래, 가부키는 신속하고 활발하게 되살아나기 시작했다. 오늘날 가부키는 엄청난 인기를 누리고 있으며, 예컨대 반도 다마사부로(坂東玉三郎) 같은 가부키 배우는 로큰롤 가수로서도 대중들의 사랑을 받는 일류급 스타이다.

---

27) Ted T. Takaya, ed. and tr., *Modern Japanese Drama: An Anthology*, p.xxx.
28) 하지만 전쟁 후반부에는 가부키도 불필요한 사치라 하여 금지되었다.

전전의 일본건축사

전쟁에 의한 파괴로 인해 전후 건축은 필연적으로 많은 관심을 끄는 예술영역이 되었다. 도쿄를 비롯한 일본의 많은 대도시들은 연합국의 고성능 소이탄 공습으로 황폐화되었고, 따라서 전후에는 시급히 온갖 종류의 건물들을 새로 건축해야만 했다. 하지만 연합국 총사령부에게 일본 도시의 재건사업은 상대적으로 우선순위가 낮았으며 또한 대규모 건설사업 프로젝트의 입안과 그 실행 사이의 간극이 컸으므로, 일본에서 전후 건설 붐은 1950년대 초에야 비로소 시작될 수 있었다. 당시 재건사업의 방향을 이해하기 위해서는 전전까지 거슬러 올라가 일반적인 건축발전사를 간략히 개관해볼 필요가 있다.

일본의 전통적인 건축은 거의 전적으로 목재만을 사용해왔다. 그러다가 메이지 유신 무렵 서양의 영향을 받아 시멘트와 강철 및 벽돌 등 새로운 건축재료들이 도입됨으로써 광범위한 건축술 혁명이 일어났다. 그 후 근대 자본주의 산업이 일본에서 크게 성장하기 시작한 20세기 초까지, 철근콘크리트 건설기법이 도쿄 및 기타 대도시에 대규모 공장 및 사무실용 건물들을 세울 때 널리 도입되었다.

고딕식, 르네상스식, 바로크식 등을 막론하고 메이지 시대에 세워진 가장 초기의 서양식 건물들은 1877년 일본에 입국한 영국인 조사이어 콘더(Josiah Condor) 같은 외국 건축가들이 설계한 것이었다. 우에노(上野)공원의 국립박물관이라든가, 앞의 9장에서 언급했듯이 19세기 말 일본의 극단적인 서구화 및 서양 흉내를 단적으로 잘 드러내 보여주었던 로쿠메이칸(鹿鳴館)도 콘더가 지은 건물이다. 콘더는 도쿄공학대학(뒤에 도쿄대학 건축과가 됨)에서 학생들을 가르쳤으며, 메이지 후기에 두각을 나타낸 젊은 일본인 건축가들에게 많은 영향을 끼쳤다. 하지만 한 연구자의 지적대로, 당대의 일본 건축가들은 "그 정신적인 배경은 전혀 이해하지 못한 채, 오직 서양 산업문명의 기술과 외면적 형식만을 차용했다. 그 결과 그들이 서양 관습을 차용하면서 주로 공학적 측면에만 중점을 두었다 하더라도 전혀 이상할 것이 없었다".[29] 나아가 정부 차원에서 지진 대비를 위한 내진설계가 중시되었기 때문에 건축의 공학적 측면이 더욱 강조되기도 했다.

서양건축에서 모더니스트 운동이 불기 시작했던 1920년대에 들어서야 일본 건축가들은 근대건축의 문제점 및 가능성에 대해 좀 더 신중하고 분별 있는 태도를 보이기 시작했다. 그들은 발터 그로피우스(Walter Gropius)라든가 르 코르뷔지에(Le Corbusier)[30] 및 기타 서양 건축가들에게서 많은 자극을 받았다. 앞 장에서도 언급했듯이 1차대전 동안 극동 시장을 두고 경쟁했던 유럽 열강들이 철수하면서 일본이 경제적 호황을 누린 결과, 그들에게는 증대된 건설수요로 인해 새로운 기회들이 많이 주어졌다. 이 시기의 일본 건축가들은 기능과 장식의 관계라든가(당시 유럽에서는 기능주의가 대유행이었다), 재료의 특성을 살리거나 강조하기 위해 그것들을 어떻게 사용해야 하는지, 비인간적이 아닌 인간적인 목적을 위한 건축이 되려면 어떻게 해야 가장 좋을지 하는 문제에 직면하기 시작했다.

브루노 타우트의 일본건축 예찬

1차대전 기간 및 그 후에 일본 건축가들이 다룬 가장 중요한 문제는 아마도 일본의 전통적인 건축취향을 서양 근대건축의 여러 가치와 어떻게 접합하느냐 하는 문제였을 것이다. 일본의 전통적인 건축취향 가운데 대표적인 것들을 들자면 다음과 같다. 즉 도색을 하지 않은 채 원목 그대로를 사용한다든지 거친 토벽으로 자연스러움을 살리는 관습이라든가, 특히 얇고 조절 가능한 칸막이를 써서 건물 내부의 한 부분과 다른 부분 사이 및 나아가 건물 내부와 외부 사이에 연속성 내지 흐름의 감각을 창출한다든지, 또는 주로 기둥과 들보를 사용한 고대식 건축기법을 유지함으로써 기하학적으로 고안된 일직선 배열 양식을 강조한다든지 하는 것들 말이다. 이와 같은 특질들은 모두 일본의 전통건축물 가운데 가장 완벽하다고 말할 수 있

29) Kawazoe Noboru, *Contemporary Japanese Architecture*, p.19.
30) 1887~1965. 스위스계 프랑스 건축가. _옮긴이

는 것, 즉 도쿠가와 시대에 세워진 교토의 가쓰라이궁(桂離宮)의 사례에서 가장 잘 엿볼 수 있다. 하지만 1930년대에 나치 독일에서 추방당한 브루노 타우트(Bruno Taut, 1880~1938)가 그 가치를 일깨우기 전까지, 정작 근대 일본인들은 이런 가쓰라이궁의 아름다움을 까맣게 잊고 있었다.

1933년 타우트가 일본에 도착한 직후, 한 일본인 건축 전문가는 이런 말을 했다. "50여 년 전에 유럽인들이 와서 우리에게 '닛코 도쇼궁(東照宮)이 가장 가치 있다'고 말하자, 우리는 그럴 거라고 생각했다. 이제 브루노 타우트가 와서 '가장 가치 있는 것은 이세신궁과 가쓰라이궁'이라고 하자 우리도 그렇게 믿게 되었다."[31] 1936년 도쿄의 국제문화진흥회(國際文化振興會)에서 행한 한 연설에서 타우트는 이세신궁에 대해 다음과 같이 논급했다.

> 이세신궁은 머리에서 발끝까지 예술적입니다. 거기에 일부러 기교를 부린 흔적은 눈곱만큼도 없습니다. 별스러운 특징도 없습니다. 그저 자연 그대로의 목재는 그 자체로 완전무결하고 놀라우리만치 청초할 따름입니다. 이엉으로 엮은 지붕 또한 용마루나 처마의 상승곡선 없이도 그 찬란한 곡선이 완벽하기 짝이 없습니다. 굴립식(掘立式) 나무기둥과 주춧돌의 지면접합부 또한 매우 산뜻하며, 모든 장식적 요소들은 건축물 전체의 구조적 특성에 잘 통합되어 있습니다. 가령 용마루 위에 나란히 늘어놓은 가쓰오기(鰹木) 양쪽 끝에 끼워져 있는 금색의 둥근 금구(金具)들은 이엉지붕 및 히노키(檜) 구조와 썩 잘 어울립니다. 게다가 신에게 바친 사카키(榊)의 푸른 가지와 고헤이(御幣)의 흰 종이들도 신궁 전체 구조와 더할 나위 없는 조화를 보여줍니다.[32]

이런 지적에 이어 타우트는 흔히 일본인들은 오래된 시대의 향기에 특수한 매력을 느낀다고 하지만, 이세신궁은 항상 새롭고 신선하다는 점이야말

31) Bruno Taut, *Fundamentals of Japanese Architecture*, p.6에서 재인용.
32) Ibid., pp.15~16.

로 자신에게는 가장 일본적인 특성으로 여겨진다고 언급했다. 그러면서 가쓰라이궁에 대해 이렇게 말했다.

건축이든 정원이든 그 어떤 요소도 고정된 정형에 종속시키지 않는 뛰어난 자유로운 정신은 오직 가쓰라이궁에만 존재합니다. 이른바 세계의 명건축이라 칭해지는 명소들과 마찬가지로 닛코 도쇼궁의 경우 또한 그 효과는 오로지 부분의 총계, 즉 수량적인 것에 달려 있습니다. 이를테면 20만 군대가 2만 군대보다 더 낫다는 식이지요. 하지만 가쓰라이궁은 모든 요소들이 각각 자유로운 개성을 가지고 있습니다. 그 누구도 강압이 아닌 각자 자기 본성에 따라 스스로를 표현하고 행동하는, 그러면서도 놀라운 조화를 이루는 멋진 사회의 성원처럼 말입니다. 이런 의미에서 가쓰라이궁은 문명세계의 유일한 기적이라 할 수 있습니다. 이 가쓰라이궁이야말로 파르테논신전이나 고딕 대성당 혹은 이세신궁보다도 훨씬 더 탁월한 '영원의 아름다움'을 드러내 보여줍니다. 그것은 우리에게 가쓰라이궁의 정신으로 창조하라고 가르쳐줍니다. 가쓰라이궁에 나타난 원리는 일본에만 한정된 것, 지방적인 것을 넘어서서 절대적으로 현대적이며, 오늘날 어떤 건축에도 완전히 부합되는 원리라 할 수 있습니다.[33]

요컨대 타우트는 일본의 건축예술 중에서 닛코가 가장 하급이며 가쓰라이궁이 최상급이라고 말하고 있다.

프랭크 로이드 라이트의 제국호텔

일본 근대건축사의 일대 사건 중 하나로 1919년에서 1922년에 걸쳐 프랭크 로이드 라이트(Frank Lloyd Wright, 1867~1959)가 도쿄 중심부에 제국호텔을 세운 일을 들 수 있다. 일찍이 1905년에 일본을 방문한 라이트는 열렬한 동아시아 예술 애호가로 불상 및 에도 시대 일본 목판화 등을 다수

33) Ibid., pp. 19~20.

:: **그림 70** 프랭크 로이드 라이트가 설계한 도쿄의 구제국호텔

소장하고 있었다. 근대건축에서 가장 대담한 혁신가 중의 하나인 라이트는 설계 및 건설에 대한 유기체적 접근을 강력하게 옹호했다. 즉 건축가란 건축물의 기능적 특성 속에서 통일성과 조화를 추구해야 할 뿐만 아니라, 또한 이것이 주택이건 사무실이건 혹은 호텔이건 그 특수한 배경과 사회적 맥락 내에서 유기적으로 드러나도록 애써야 한다는 말이다. 황거(皇居)에서 그리 멀지 않은 히비야(日比谷)공원에 면한 제국호텔은 벽돌 외장에 화려한 장식이 된 철근콘크리트 구조로 만들어졌으며, 저층에다 사방으로 불규칙하게 퍼져 있었다(그림 70). 라이트는 호텔 내부의 천장 높이를 자유롭게 높였다 낮추었다 하면서 극적으로 공간을 배치했다. 구조설계 및 장식의 전체적인 통일성을 얻고자, 그는 침대와 의자와 테이블 및 장식용 벽걸이 등을 비롯하여 객실의 성격을 개성적인 사적 공간으로 설계하는 데에까지 나아갔다. 그런데 1923년 간토 대지진 및 2차대전 때의 공습에서도 살아남았던 이 원조 제국호텔은 1960년대 후반에 헐리고 대신 현재의 고층 신제국호텔이 들어섬으로써 많은 이들을 실망시켰다. 하지만 옛 제국호텔

의 구조는 명건축으로서의 고유한 특질 때문만이 아니라, 20세기 초의 가장 개인주의적인 서양 예술가 중 한 명에 의해 일본인들에게 직접 보여지고 경험된 것으로서 역사의 기억 안에 생생하게 남아 있을 것이다.

라이트가 1차대전 후 일본건축에 끼친 영향의 가장 흥미로운 측면 가운데 하나는, 그것이 부분적으로 라이트가 일본인으로부터 받은 영향을 다시 되돌려주는 것이었다는 점이다. 서양인들은 적어도 1870년대 이래 일본건축, 특히 전통식 가옥에 흥미를 보여왔다. 도쿄 근교의 오모리에서 선사시대 조몬 유적을 발굴한 인물로 알려져 있는 미국인 에드워드 모스(Edward Morse, 1838~1925)는 이 시기에 일본의 주택건축에 관해 상세히 연구했으며, 1885년에는 향후 오랫동안 여러 판을 거듭하게 된 저서 『일본 주택과 그 환경』(*Japanese Homes and Their Surroundings*)을 펴냈다. 일본 건축양식은 19세기 후반 박람회와 전시회에서도 소개되었다. 가령 아메리카대륙 발견 400주년을 기념하여 1892년 시카고에서 개최된 '세계 컬럼비아박람회'의 일본전시관이 가장 유명하다. 일본인이 설계하고 만든 이 전시관은 11세기 우지(宇治) 뵤도인(平等院)의 봉황당(鳳凰堂)을 일부 모델로 한 것이었다. 뵤도인의 봉황당은 중앙에 강당이 있으며, 그 양쪽에 날개처럼 퍼진 회랑들이 이어져 있고(그 끝에는 탁 트인 정자가 있다), 꼬리 달린 새 모양을 하고 있다. 하지만 시카고 전시관의 경우 꼬리 부분의 회랑은 제거되고 정자도 울타리로 둘러싸였다. 어쨌거나 이는 지극히 조화로운 디자인으로 연결된 세 개의 구조물 배치를 창출했다. 그것은 위로 올려진 평면 위에 세워졌고, 부드럽게 경사지면서 깊이 파고든 타일 지붕으로 덮여 있었다. 각 구조물의 내부는 후지와라 시대, 아시카가 시대, 도쿠가와 시대라는 일본사의 상이한 세 가지 시대 양식을 보여주도록 설계되고 장식되었다.

1892년 세계 컬럼비아박람회의 일본전시관은 '피닉스 빌라'(Phoenix Villa)라고 불렸는데, 이는 특히 일반전시관에 채택된 숨 막힐 듯이 무거운 건축양식과 매우 대조적이었다. 그 일반전시관들은 "순전한 고전양식 혹은 신고전양식으로 만들어졌으며, 높이 18미터에 달하는 거대한 기둥양식에 의해 통합된 친숙한 기둥 표현형식, 엔태블러처(entablature),[34] 아치, 둥근 천장과 돔 등으로 구성되었다".[35] 세계 전역의 건축가들이 피닉스 빌라를 방문하여 깊은 인상을 받았다. 하지만 1946년까지 시카고시에 제공되어 보존된 이 탁월한 일본식 건축구조와 디자인의 표본을 가까이서 직접 연구함으로써 가장 많은 혜택을 입은 자들은 바로 라이트를 비롯한 시카고 학파였다. 라이트는 일본건축에 대한 열정을 다음과 같이 언명하고 있다.

> 나는 무가치한 것과 무의미한 것을 소거함에 있어 최상의 연구대상이라 할 만한 일본의 전통주택을 보았다. 일본 주택은 그것을 분해했다가 조립하면서 얼마든지 시간을 보낼 수 있을 만큼 너무도 자연스럽게 나를 매료했다. 나는 일본 주택이 구석구석 의미로 가득 차 있음을 알았다. 그들이 집을 지을 때 사용한 단순한 재료들의 아름다움을 인위적으로 끌어내어 광택을 냄으로써 장식을 하는 식으로 덧붙인 것이 거의 없다는 사실을 알 수 있었다. (중략) 기이하게도 나는 이 고대적인 일본 주택이야말로 내가 지금까지 작업해온 근대적 표본화의 완벽한 사례임을 알았다. 다타미는 소제를 위해 뜯어낼 수 있게 되어 있는데, 그 크기는 모두 가로 0.9미터에 세로 1.8미터 정도이다. 모든 주택의 크기와 형태는 이 다타미에 의해 정해진다. 칸막이식 미닫이문들도 모두 다타미 단위로 설치되며, 윤나는 나무기둥들은 모두 다타미의 교차지점에 세워진다.[36]

이런 라이트의 사례 및 일본건축의 새로운 정조와 관련된 좀 더 독립적이고 혁신적인 접근이 이루어질 전망에도 불구하고, 1920년대 및 1930년대에는 여전히 서양건축의 경향을 추종하고 모방하는 종래의 관행이 계속 이어지고 있었다.[37] 가령 타우트가 적극적으로 평가했던 가장 전통적인 방

---

34) 그리스 신전건축 양식에서 기둥이 떠받치는 수평 부분. _옮긴이

35) Clay Lancaster, *The Japanese Influence in America*, pp.76~77.

36) Wright, *Autobiography*, Ibid., p.88에서 재인용.

37) Yamamoto Gakuji, *Nihon Kenchiku no Genkyō*(The Present State of Japanese Architecture), pp.23~24.

식으로 구조가 디자인을 결정하도록 하는 시도(가쓰라이궁과 같이 기둥과 들보 건축양식에 입각하여 일직선으로 배열하는 고전적인 건축기법에서처럼)보다는, 모든 구조적 특징을 배제한 서구적 방식의 대형 벽면 사용기법을 따랐던 것이다. 물론 중일전쟁 및 태평양전쟁이 임박하면서 일본 군부지도자들은 근대건축에서 '일본적 양식'을 촉진하고자 애쓴 것이 사실이다. 하지만 이는 새롭고 발전적인 일본식 건축을 장려한 것이라기보다는 일본 건물에 서양적 요소를 응용하는 시도에 더 가까웠다.

전후의 일본건축

2차대전 이전의 일본건축은 주로 유럽의 건축양식으로부터 영향을 받았다. 이에 비해 전후에는 불가피하게 미국의 영향을 받게 되었다. 그 결과 영국이나 프랑스 및 독일과 같은 나라들이 전쟁으로 파괴된 도시의 재건을 위해 도시설계에 주력한 반면, 일본의 건축계는 도시재건에 대한 미국의 관심 부재로 인해 1950년대 초반에 이르러 본격적으로 전후 재건사업이 시작된 시점에서도 전반적인 도시설계에는 거의 신경을 쓰지 못했다.[38]

일본의 전후 건축 붐 초기에는 주택수요에는 일반적으로 소홀했던 반면, 특히 대도시의 경우 사무실 공간의 확충이 가장 우선시되었다. 또한 미국의 영향하에 일본인들은 새로운 사무실용 건물들에 형광조명 및 에어컨 등 최첨단의 편리하고 쾌적한 시설들을 설비했다. 나아가 도쿄처럼 전통적으로 화재에 취약한 도시의 상업 및 산업체 건물과 주택 등에 불연성 건축재를 사용하도록 적극 권장했다.

일본인들은 통상 한두 세대밖에는 수용할 수 없는 작은 목조주택에서 살아왔다. 따라서 전후 일본에서 고층 콘크리트 아파트 빌딩의 건설은 많은 도시 거주자들의 생활양식에 실로 혁명적인 발전을 초래했다. 물론 미국의 기준에서 볼 때 이런 근대적 아파트 주택은 아직 소규모에 지나지 않았다.

38) Kodama Kōta et al., *Nihon Bunka-shi Taikei*, 13:287.

하지만 일본인들은 그것을, 미국적 모델에 따른 편안한 여가생활을 보장해 줄 지상적 유토피아를 달성하기 위한 첫 단계로 간주했다.

전후 건축 붐이 일면서 건축가들은 일본 건축양식에 대한 자신감과 자긍심의 재생을 경험했으며, 그 결과 일본의 미학적 가치들이 국제적으로 관심을 끌기 시작했다. 이와 같은 전후 일본적 건축미의 재생을 주도한 인물로 마에카와 구니오(前川國男, 1905~1986)를 들 수 있다. 그는 입체파의 영향으로 건축 디자인의 기하학적 형태를 강조한 르 코르뷔지에의 제자였다. 마에카와가 전후에 세운 건축물로 도쿄의 '일본상호은행'(日本相互銀行, 1952)과 '국제문화회관'(國際文化會館, 1955)이 있는데, 이 두 건물은 일본건축학회로부터 '올해의 건축상'을 수상했다.[39] 하지만 일본의 전후건축사에서 가장 뛰어난 명성은 단게 겐조(丹下健三, 1913~2005)에게 돌아갔다. 그는 전시의 건축 콘테스트에서 최우수상을 받았으며, 후에 한동안 마에카와와 교분을 나누기도 했다. 그의 수상작 중에는 '히로시마평화기념회관'(廣島平和記念會館)[40] 및 '도쿄올림픽국립실내종합경기장'(東京オリンピック國立屋內總合競技場, 1964)[41]이 있다(그림 71, 72). 1964년 도쿄 올림픽이 많은 일본인들에게 전후시대의 실질적인 종언 및 일본의 국제적 지위와 위신의 회복을 상징했듯이, 올림픽경기장은 일본의 근대건축사에서 하나의 중요한 이정표를 표상한다. 이로써 일본은 서양의 영향력에서 벗어나 국제건축계의 지도자 중 하나로 우뚝 서게 되었으며, 국내적으로도 건축이 일본문화의 중요한 일부가 됨으로써 일본 국외에 많은 영향을 끼치게 된 것이다.

전후 일본의 정치경제와 대중문화의 확산

흔히 전후 일본의 정치는 1.5정당시스템으로 전개되었다고들 한다. 이는

39) 마에카와의 국제문화회관이 있던 자리에는 현재 더 큰 건물이 들어서 있다.
40) 1955년에 지어졌으며, 현존하지 않는다. _옮긴이
41) 현재의 '요요기체육관'(代々木體育館). _옮긴이

:: **그림 71** 히로시마평화공원(일본정부관광국)

:: **그림 72** 1964년 도쿄 올림픽의 수영경기장. 단게 겐조 설계(뉴욕 주재 일본영사관)

수십 년 동안 일본의 정치권력을 한 보수정당이 승승장구 유지해왔음을 의미한다. 바로 1955년에 출현한 자유민주당(자민당)을 가리킨다. 동 시기에 진보적인 좌파 사회당이 자민당에 대항했으나, 의석수가 3분의 1을 밑돌아 항상 소수파, 즉 야당에 머물렀다.

외견상 일본의 영구적인 통치자로서 자민당은 경제우선정책 및 전(前) 정복국에게 일본의 국가방위 책임을 맡긴 일미상호방위조약(안보조약)에 입각하여 미국과의 긴밀한 동맹정책을 추구했다. 원래 1950년에 조인한 일미상호방위조약은 다른 나라들과 달리 국세 가운데 극히 일부만을 국방비로 부담하게 함으로써 일본에 큰 혜택을 주었다. 동시에 이 조약은 일부 일본인들의 강렬한 반발을 불러일으킴으로써, 전후 특수한 전개양상을 보인 양국관계에서 비롯된 미국에 대한 애증의 감정을 상징하게 되었다.

그러던 중 미국과 일본 사이의 외견상 평등한 관계 내지 파트너십 관계를 회복하는 데에 중요한 사건이 발생했다. 1960년 일미상호방위조약의 개정을 둘러싸고 도쿄에서 데모가 일어난 것이다. 이는 아이젠하워 미국 대통령의 일본 방문을 취소시키는 결과를 낳았다. 좌파에 의해 촉발된 이 데모는 냉전의 혼란스러운 긴장상태(미군이 주둔하고 있는 일본이 러시아와 미국 간 핵전쟁의 첫 번째 목표물이 될지도 모른다는 두려움 등)가 그 배경이었다. 거기에 더하여 일종의 반미적 양가감정과, 조약개정을 추구한 기시 노부스케(岸信介, 1896~1987) 수상의 독단적 전략에 대한 반감도 데모 발생에 일조했다. 일본 좌파들에게 미국은 국제평화의 주된 위협요인으로 간주되었다. 당시 권력을 장악하고 있던 보수파들의 든든한 후원자였던 미국은 1947년의 평화헌법에서 전쟁포기 조항을 삭제함으로써 일본이 더 적극적으로 미국과 군사협력을 하도록 하는 헌법개정안을 옹호하고 있었기 때문이다. 하지만 1960년 당시 대다수의 일본인들은 미국에 대해 매우 다양하고 모순된 견해를 가지고 있었다. 혹자는 미국을 과거의 적으로 보았고, 혹자는 인도주의적이고 고마운 점령자로 보았다. 또 미국을 더할 나위 없이 귀중한 교역상대로 여긴 이들이 있는가 하면, 동아시아의 관문인 일본에 주둔하고 있는 군사대국으로 간주한 이들도 있었다.

비록 아이젠하워 대통령의 방일이 취소되고 기시 수상도 퇴출당했지만, 상호방위조약은 향후 10년 동안 연장되었으며, 데모 이후 좌파계는 내분으로 인해 분열되고 말았다. 그러므로 1960년 사건의 승리자가 과연 누구였는지에 대해 논쟁의 여지가 많이 남게 되었다. 하지만 그 데모는 적어도 한 가지 중요한 결과를 초래했다. 전후 일본 내셔널리즘이 최초로 준동한 것이다. 전쟁에 대한 죄의식 및 굴욕감에서 비롯된 정치적 수동성의 시대가 15년 정도 이어진 후, 비록 모든 일본인들이 지지한 것은 아니라 하더라도 민족주의적인 관심이 행동으로 본격화되어 나타남으로써 이제 빅 브러더로서의 미국의 역할은 부분적으로 약화되기 시작했다.

그렇다고 해서 1960년을 기점으로 일본이 새로운 길을 걷기 시작했다거나 새로운 국가적 목적을 내세웠다는 것은 아니다. 한편 1960년대에 일본은 물질적으로 엄청난 발전을 이루어 국민총생산 세계 3위의 경제대국으로 올라서게 되었다. 그리하여 세대마다 세탁기와 텔레비전 및 자가용을 소유할 만큼 거의 믿기 어려울 정도의 번영을 구가하면서 '레저 붐'이 시작되었다. 이와 동시에 일본인들은 경제발전의 불가피한 산물인 도시의 불규칙한 발전과 오염 및 심리적 긴장과 사회불안 등을 겪지 않으면 안 되었다.

일본은 최소한 1920년대 후반에 이미 대중문화사회를 경험한 바 있다. 당시 신문과 서적 및 잡지 등은 엄청난 발행부수를 기록했으며, 백화점과 극장과 영화관마다 사람들이 법석거렸고, 전국적으로 집집마다 라디오 방송이 흘러나왔다.[42] 온갖 종류의 상품들이 차고 넘쳤으며, 광고와 마케팅이 사람들의 욕망을 부추겨 대중소비를 조장했다. 그로부터 10여 년 동안 일본은 다른 2차대전 참전국들과 마찬가지로 이른바 첫 번째 '대중문화전쟁'에서 소비와 생산을 촉진하기 위해 대중문화의 수단들을 활용했다.

---

42) 당시의 대중문화에 관해서는 Marilyn Ivy, "Formations of Mass Culture," in Andrew Gordon, ed., *Postwar Japan as History*, pp.239~258을 참조했다.

그러나 전시에는 소비상품의 생산을 강화하기 위한 매체로서의 대중문화는 가파르게 쇠퇴했다. 자국보다 10배나 더 큰 경제규모를 가진[43] 적성국 미국과의 전쟁을 선택하면서, 일본은 전쟁수행을 위해 실질적으로 국가의 모든 자원과 부를 총동원하지 않으면 안 되었다. 앞서 언급했듯이, 종전에 즈음하여 일본인들은 식량과 의복을 비롯한 생활필수품 부족으로 인해 끔찍할 정도의 내핍을 겪어야만 했다. 이런 의미에서 전시 일본의 대중문화는 거의 중단상태에 있었다고 볼 만하다.

전후 대중문화가 점차 되살아나면서, 적어도 대중 차원에서는 점령기 및 그 후 시기에 미국이 일본에 미친 영향으로 인해 실질적으로 생활의 '미국화'가 진행되었다. 1955년경 국민들의 기본적인 욕구충족을 달성한 일본정부는 이제 대중소비를 위한 상품생산이라는 새로운 목표를 수립함으로써, 이른바 '일본경제의 기적'을 향해 달려나가기 시작했다. 해가 갈수록 일본은 국민총생산 기록을 경신했다. 일본 소비자들의 욕망을 충족시켜준 이런 경제적 기적의 시대는 '불손'하게도 천황위를 상징하는 '삼종의 신기'(거울, 검, 곡옥)에 빗댄 일련의 슬로건적 신조어를 만들어냈다. 예컨대 일본인들은 1950년대 후반에는 3S, 즉 선풍기(센푸키), 세탁기(센타쿠키), 전기밥솥(스이한키), 1960년대에는 3C, 즉 자가용(카), 에어컨(쿠라=쿨러), 컬러텔레비전, 1970년대에는 3J, 즉 보석류(주에루=주얼), 해외여행(제토=제트기), 주택(주타쿠) 등과 같은 '삼종의 신기'를 소유하고자 욕망했다.[44] 1980년대에 이르러 마침내 경제성장의 시대가 막을 내렸는데, 당시 일본인들은 대중문화사회의 모든 기본적인 물질적 이기(利器)를 대부분 소유하게 되었다.

대중문화의 확산은 취향을 표준화하고 계층 간 차이를 완화하는 경향이 있다. 집단주의적인 일본인들은 다른 민족들보다 더 표준화 및 근래에 계

43) Irie Akira, *Shin-Nihon no Gaikō*(New Japanese Diplomacy), p.24.

44) William W. Kelly, "Finding a Place in Metropolitan Japan: Ideologies, Institutions, and Everyday Life," in Gordon, *Postwar Japan as History*, p.195.

층 간 차이가 실제로 줄어들었다는 인식에 영향받기 쉽다. 그리하여 여론 조사에 따르면 90퍼센트 이상에 달하는 일본인들이 스스로를 중산층으로 여긴다고 한다. 현대 일본사회가 '중산층'으로서 대단히 균질화된 것이 사실이라면, 이는 무엇보다도 균질적이고 전국적인 교육 커리큘럼, 고도의 식자율, 100퍼센트에 가까운 컬러텔레비전 소지율, 세계에서 가장 높은 1인당 신문 발행부수 등에 기인한 것으로 보인다.[45]

전후의 신종교 붐

전후 일본사회의 주요 현상 중 하나로 이른바 신종교 붐을 들 수 있다. 통상 느슨하게 '신'종교로 범주화되기는 하지만, 그중 많은 주요 교단들은 전쟁 이전에 창시되었고 빠른 것은 19세기 중엽에 창립된 교단도 있다. 그러나 신종교가 가장 융성한 시기는 단연코 2차대전 직후라 할 수 있다. 가령 1952년 점령기가 끝날 때쯤 신종교 교단의 숫자는 700여 개를 넘어섰다. 그리하여 한 서구 학자는 이 시기를 '신들의 러시아워'[46] 시대라고 지칭하기도 했다.

신종교는 그 다양성에도 불구하고 일반적으로 공통된 특징이 있다. 가령 일본 신종교는 메이지 초기라든가 2차대전 직후와 같이 긴장이 고조된 위기의 시대라든가 사회적으로 불안정한 시대에 널리 퍼진 경향이 있다. 또한 그 창시자들은 전형적으로 종교적 진리의 계시를 전하는 매개체로 기능한 카리스마적 인물들이었다. 그뿐만 아니라 신종교는 종종 신도라든가 불교 및 심지어 그리스도교까지도 자유자재로 끌어들이는 등 대단히 습합적이다.[47] 나아가 신종교는 전형적으로 지상낙원의 도래를 약속한다는 점에서 천년왕국주의적이다. 게다가 신종교는 통상 근대화의 진행과정에서 뒤처진 사회적, 경제적 약자들에게 인기가 많았다.

45) Ivy, "Formations of Mass Culture," in Gordon, *Postwar Japan as History*, p.239.
46) H. Neill McFarland, *The Rush Hour of the Gods*.
47) Harry Thomsen, *The New Religions of Japan*, p.16.

일본문화사라는 큰 맥락 안에서 볼 때, 신종교의 매력을 좌우하는 요소는 그것이 고대 이래 지속적으로 이어져 내려온 근본적인 종교적 가치와 태도를 얼마만큼 반영하는가 하는 점이다. 이는 신종교의 카리스마적 창시자들, 특히 여성 샤먼적 인물들에게서 가장 잘 드러난다. 이 책 1장에서 언급했듯이, 샤머니즘은 동북아시아에서 발원한 것으로 현세중심적인 일본종교에 엄청난 영향을 끼쳤다. 그 핵심은 샤먼, 즉 인간영매를 통해 신의 뜻이 전달된다고 하는 믿음에 있다. 이런 신적 매개를 통한 신들림 현상은 『겐지모노가타리』 같은 고전작품 안에서도 생생하게 묘사되어 나온다. 그것은 개인적인 고난이나 자연적 재난 앞에서 그것을 일으켰다고 믿어지는 신이 통상 소녀 또는 여성 영매의 몸 안에 들어가는 과정을 수반한다. 일단 신이 여성 영매에 지피면, 그녀는 엑스터시 상태에 빠지며 종종 광적 상태에서 그녀 자신과는 다른 음성으로 노한 신을 진정시키기 위해 무엇을 해야 하는지를 말하곤 한다.

천리교

근대 일본에서 이런 종류의 샤먼을 대표하는 인물로 나카야마 미키(中山みき, 1798~1887)를 들 수 있는데, 그녀는 일본 신종교의 효시이자 가장 성공적인 교단이라 할 만한 천리교(天理教, 텐리쿄)의 교조이다. (다른 많은 교조들처럼) 농가 출신의 여성인 나카야마는 도쿠가와 시대 말기의 대기근이라든가 불행한 결혼생활 및 자녀의 질병과 죽음 등, 젊은 시절부터 수많은 고통을 겪었고 개인적으로 비극적인 일도 많이 경험했다. 그러던 중 1838년 장남의 다리질환을 고치기 위한 굿에서 영매 역할을 맡게 된 나카야마에게 신이 지폈다. 그 신은 나카야마의 입을 통해 자신이 "모든 인간을 구제하기 위해 하늘에서 내려온 참되고 원초적인 신"[48]이라고 선포했다. 그 신은 이후 나카야마의 몸을 자신에게 바칠 것을 요구했다.

48) Carmen Blacker, "Millenarian Aspects of the New Religions in Japan," in Shively, *Tradition and Modernization*, p.575.

이리하여 '참되고 원초적인 신'의 거룩한 계시를 받아 전달하는 도구가 된 나카야마는 거기에 더하여 치유의 능력을 받게 되었다. 이런 신앙치유의 전통은 일본의 민속종교사에서 언제나 있어왔던 강력하고 반복적인 특징이라 할 수 있다.

천리교를 비롯하여 여러 신종교에서 강조하는 신앙치유는, 개인적 행복과 물질적 성취 및 지상낙원에의 참여 등 천년왕국주의적 특성을 보여주는 수많은 구체적인 약속 가운데 하나일 뿐이다. 마찬가지로 신종교를 근대기의 산물로 볼 수 있는 까닭 또한 바로 이와 같은 천년왕국주의적 비전 때문이다. 일본에서 지상적 삶에 관한 초기의 유토피아적 관념은 거의 변함없이 과거 황금시대의 회복 내지 복귀를 강조했으며, 따라서 현존하는 여러 조건 및 질서는 암묵적으로 부정하는 입장이었다.[49] 하지만 신종교는 근대 세계를 부정하지 않을 뿐만 아니라, 오히려 후대의 신자들이 현세적 질서가 제공해줄 최고의 보상을 기꺼이 얻게 될 것이라고 자랑하기까지 한다. 이와 같은 전망을 극적으로 보여주듯, 급격히 확산된 신종교 교단들은 초근대적인 호화스런 설비를 갖춘 거창한 총본부 건물을 속속 세웠다. 그럼으로써 이를 신자들의 방문과 순례를 위한 메카로 삼고자 했으며, 또한 그곳에서 신자들이 해당 교단이 구현해낸 낙원적 달콤함을 맛볼 수 있도록 하고자 했다. 하지만 블래커(Carmen Blacker)가 지적하듯이, 그런 메카 건물 안에서조차 전통으로의 회귀, 즉 "현세에 일종의 신화적 혹은 종말론적 장소를 부과하려는"[50] 시도를 엿볼 수 있다. 이때의 종말론적 장소란 예컨대 전술한 11세기 우지 뵤도인(平等院)의 정원과 봉황당으로 대표되는 정토교적 낙원의 표상과 대단히 흡사한 개념이라 할 수 있다.

창가학회

전후 일본의 가장 두드러진 종교적, 사회적, 정치적 현상 중 하나이자 가

49) 가령 메이지 유신의 정신도 그러했다.

50) Blacker, "Millenarian Aspects," p.587.

장 중요한 신종교 교단으로 창가학회(創價學會, 소카갓카이)를 꼽을 만하다. 1930년대 초에 종교교육의 목적을 위해 창시된 창가학회는 일련종(日蓮宗, 니치렌슈) 계열의 분파에서 비롯된 근대적 산물이다. 지극히 습합적인 여타 신종교들과 대조적으로 창가학회는 다른 종교나 종파에 대해 배타주의적이고 비관용적인데, 이는 역사적으로 일련종의 중요한 특징이었다.

창가학회는 전전에는 그다지 두드러지지 않았으며, 전시에는 국가신도를 숭경하지 않았다는 이유로 지도자들이 투옥되면서 해체된 적도 있었다. 하지만 전후에 이르러 역동적인(그러나 광신적이지는 않은) 도다 조세이(戶田城聖, 1900~1958)의 지도하에 눈부신 발전을 이루었다. '샤쿠부쿠'(折伏, 부러뜨려서 항복시킨다는 뜻)와 같은 공격적이고 위협적인 개종방식 및 개인과 그가 속한 가족 전체를 선교대상으로 삼음으로써, 창가학회는 1960년대 초까지 1000만 명 신자를 확보했노라고 주장했다. 나아가 창가학회는 공명당(公明黨, 고메이토)이라는 정당을 만들고 선거에 뛰어들어 한때 참의원(상원) 내 3위의 의석을 차지하기도 했다.

창가학회는 여러 측면에서 전후 일본 신종교들의 기대를 실현한 하나의 모델이라 할 수 있다. 물론 지식인들의 경우 창가학회를 기피할 수도 있고, 어떤 이들은 창가학회를 네오파시스트라 하여 부정할 수도 있다. 하지만 어쨌거나 창가학회는 일본역사에서 가장 거대한 대중운동 중 하나이다. 방대한 신자집단과 더불어 창가학회는 어마어마한 물질적 부를 소유하고 있다. 이는 후지산 기슭에 있는 화려한 본부건물만 보아도 알 수 있다. 1958년의 개장식 때 이 본부건물에는 200만 명 이상이 수용되었다고 한다. 창가학회의 매력은 많다. 우선 창가학회는 사람들에게 거대하고 활력에 찬 종교단체에 소속할 수 있는 기회를 제공해준다. 그와 같은 기회는 패전에 따른 광범위한 사회적 방향상실 및 정신적 혼란에 처한 일본인들에게 특별한 매력으로 다가섰다. 또한 창가학회는 신앙치유의 능력을 과대선전하면서 심지어 병에 걸리지 않게 할 수 있다는 허풍까지 떤다. 그리하여 창가학회는 단순히 "우리 교단에 들어오라. 그러면 당신은 병에 걸리지 않을 것이다"라는 슬로건에 만족하지 않은 채, "만일 당신이 우리 교단에 들어오지 않으면, 당신은 반드시 병에 걸릴 것이다"라고 위협하는 데까지 나아갔다.[51)]

미시마 유키오

전후 신종교 붐은 일본인들의 비상한 집단본능 및 집단적 지향성에 대한 관심을 다시금 불러일으켰다. 한편 같은 시기에 국체 이데올로기의 반(反)개인주의적인 족쇄로부터 자유로워진 일본에서 개인주의의 문제에 대한 관심 또한 널리 일깨워졌다. 개인주의의 문제는 미시마 유키오와 아베 고보 및 오에 겐자부로(大江健三郎, 1935~) 같은 작가들의 작품에 가장 두드러지게 나타난다. 공통적으로 이들은 상궤(常軌)를 벗어나고 전도된 기묘한 행태의 잠재적 가능성이 개인 안에 끝을 알 수 없는 깊이로 내장되어 있으며, 다른 한편 개인은 종종 사회에 순응해야만 한다는 명령에 대항하여 절망적인 투쟁을 벌이기도 한다는 사실에 주목하면서, 개인의 심리를 매우 강도 높게 분석하는 데에 집중하고 있다.

45세의 나이로 1970년에 할복자살한 미시마는 적어도 외국인의 눈에는 최근 일본역사에서 가장 흥미로운 인물 중의 하나로 비친다.[52)] 중상류층 출신(그의 부친은 제법 출세한 관료였다)의 왜소하고 병약했던 청년 미시마는 광적으로 소유욕과 지배욕이 강한 조모 밑에서 매우 병적인 어린 시절을 보냈다. 그는 열두 살까지 이런 조모와 함께 생활하고 한 침대에서 잤다고 한다. 아마도 이런 어린 시절의 경험이 그의 향후 사회적 행위와 문학적 비전의 중심을 이룬 동성애적 성향을 키웠음이 분명해 보인다.

미시마는 도쿄의 명문 귀족학교에 다녔는데, 거기서 그는 뛰어난 성적을 보였고 1944년 졸업 때에는 학급을 대표하여 천황상을 수여받기까지 했

51) Thomsen, *The New Religions of Japan*, p.90.

52) 네이선 글레이저(Nathan Glazer)는 『아사히신문』의 여론조사를 인용하면서, 미시마는 비록 소수일지라도 미국인들이 그 이름을 알고 있는 얼마 안 되는 일본인 중의 하나라는 점에 주목하고 있다. Akira Irie, *Mutual Images*, p.142 참조.

다. 그는 일찍부터 글쓰기에 뛰어난 자질을 보여주었다. 비록 부친의 강권에 의해 도쿄대학 법학과에 진학하여 1947년 대장성에 들어가 관료가 되기는 했지만, 그는 곧 이 직업을 포기하고 전업작가의 길로 들어섰다. 이리하여 1949년 그는 『가면의 고백』(假面の告白, 가멘노코쿠하쿠)이라는 제목의 비상하리만치 고통에 찬 자서전적 소설을 간행하면서 일약 유명세를 타게 되었다.

『가면의 고백』

『가면의 고백』을 쓰게 된 미시마의 목적 중 하나는 사소설 작가들의 가면을 벗기는 데에 있었다. 그는 많은 사소설가들이 인간심리의 어두운 내면을 깊이 있게 파헤치기는커녕, 그저 자기 삶의 권태로움을 너절하게 늘어놓음으로써 독자들을 괴롭힐 뿐이라고 생각했다. 이런 미시마의 생각대로 사소설 작가들 모두가 작가 자신에 관한 궁극적인 진실 혹은 자기 존재의 근원을 기술하지 않았다고 비난할 수 있을지 어떨지는 잘 모르겠다. 하지만 미시마 자신은 분명 『가면의 고백』에서 자기 삶의 주요 행로와 심지어 죽음방식에 대한 예감을 기술하면서 자기 감정의 정수를 충분히 드러낸 것으로 보인다.

『가면의 고백』에 투영된 미시마는 어릴 때부터 몸에 꼭 달라붙는 작업복 바지를 입은 야간 똥지게꾼의 모습이라든가 병사들의 달짝지근한 땀냄새 및 사내 겨드랑이의 '시꺼먼 덤불' 같은 것에 전율적인 매혹을 느꼈던 자아도취적인 젊은이였다. 하지만 이보다 훨씬 더 중요한 사실은, 그의 동성애적 욕망이 피와 죽음의 미학과 얽혀 있었다는 점이다.[53] 이와 관련하여 『가면의 고백』에 나오는 다음의 유명한 대목은 우리에게 놀라운 인상을 던져준다. 여기서 미시마는 구이도 레니(Guido Reni)[54]의 〈성 세바스티아누스〉[55]

53) 이 주제에 관해서는 Nathan, *Mishima: A Biography*를 참조하라.
54) 1575~1642. 이탈리아의 신고전주의 화가. _옮긴이
55) 3세기경의 로마인 그리스도교 순교자. 전설에 따르면, 디오클레티아누스 황제의 총애를 받던 근위장

라는 그림을 보았을 때 최초의 수음을 경험했노라고 고백하고 있다. 이 그림 속에서 순교자 세바스티아누스는 반나체로 나무에 묶여 있고, 그의 몸에는 화살들이 관통해 있는데, 그것이 미시마에게 미친 영향은 즉각적이고 맹렬하기 그지없었다.

> 그 그림을 처음 본 순간, 나의 전 존재는 어떤 이교도적인 환희에 떠밀려 휘둘렸다. 나의 혈액은 분노한 듯 끓어올랐고, 나의 모든 기관은 분노의 색을 띠었다. 이 거대한, 곧 터질 듯이 부푼 내 몸의 일부는 처음으로 격심하게 나의 행동을 기다리고, 나의 무지를 힐책하면서 분노에 헐떡이고 있었다. 나의 손은 나도 모르게 누구에게도 알려줄 수 없는 움직임을 시작했다. 나의 내부로부터 어둡게 번뜩이는 것이 재빠른 발걸음으로 달려드는 듯한 기척이 느껴졌다. 그와 동시에 저 번뜩이는 것이 핑그르르 아득한 도취와 함께 솟구쳐 올랐다.[56]

『가면의 고백』 후반부는 소노코라는 이름의 처녀에게 구혼함으로써 자신이 정상적임을 입증하려는 미시마의 단호한, 그러나 무익한 시도에 대해 적고 있다. 소설 속의 주인공에 투영된 미시마는 소노코와의 육체적 접촉에서 아무런 쾌감도 느끼지 못한다. 그리고 그녀가 미시마를 사랑하게 되자, 그는 결혼을 주저한다. 하지만 둘은 그녀가 다른 남자와 결혼한 후인데도 다시 만나기로 한다. 소설의 클라이맥스 장면에서 둘이 싸구려 무도장에 들어갔을 때, 미시마는 자신을 '번개'처럼 강렬하게 압도하고 매혹하는 한 젊은 사내를 보게 된다.

> 스물두세 살의, 거칠기 짝이 없지만 거무스레한 빛으로 정리된 얼굴의 젊은이

교였는데, 그리스도교 신자가 되어 순교를 향해 나아가는 그리스도교 신자들을 격려했다는 이유로 나무에 묶여 화살을 맞고 순교했으나, 기적이 일어나 소생하자 황제 앞에 나아가 그리스도의 복음을 전하다가 그 자리에서 맞아 죽었다고 한다. _옮긴이

56) Mishima Yukio, *Confessions of a Mask*, p.40.
미시마 유키오, 양윤옥 옮김, 『가면의 고백』, 동방미디어, 1998 참조. _옮긴이

였다. 그는 반라의 모습으로 땀에 젖어 엷은 쥐색을 띠는 빛바랜 하라마키(腹卷)[57]를 배에 고쳐 매고 있었다. 쉴 새 없이 친구의 이야기에 참견하고 같이 웃어가며, 그는 일부러 그러는 듯이 느릿느릿 하라마키를 배에 감아나갔다. 벗은 가슴은 충실하고 탄탄한 근육으로 불룩거리고, 깊고 입체적인 근육이 만들어내는 움푹 팬 도랑이 가슴 한가운데부터 복부 쪽으로 흘러갔다. 옆구리에는 굵은 밧줄처럼 이어진 살집이 양쪽에서 바짝 조여들면서 엉켜 있었다. 부드럽고 뜨거운, 질량감 있는 몸을 그는 더럽고 빛바랜 하라마키로 팽팽하게 당겨가면서 단단히 감고 있었다. 햇볕에 그을린 어깨는 기름을 칠한 듯이 번뜩이고 있었다. 겨드랑이의 움푹 팬 곳에서는 충충한 검은 덤불이 햇빛을 받아 금빛으로 빛났다.

그것을 본 순간, 그중에서도 탄탄한 팔뚝에 새겨진 목단 문신을 본 순간, 나는 정욕에 휩싸였다. 내 눈은 열렬하게 그 천박하고 야만적인, 그러나 비할 데 없이 아름다운 육체에 가서 꽂혔다. 그는 태양 아래서 웃고 있었다. 몸을 젖힐 때면 볼록 튀어나온 목줄기가 보였다. 심상치 않은 두근거림이 내 가슴의 밑바닥을 스치고 달렸다. 나는 이제 그 모습에서 눈을 뗄 수가 없었다.

나는 소노코라는 존재를 잊어버렸다. 오로지 한 가지만 생각하고 있었다. 그가 여름이 한창인 거리에 저렇게 벗어부친 모습 그대로 뛰어나가 야쿠자들과 한판 싸움을 벌이는 것, 날카로운 비수가 저 하라마키를 뚫고 그의 몸통에 꽂히는 것, 저 더러운 하라마키가 피범벅으로 아름답게 칠해지는 것, 그리고 그 피투성이 시신이 창 덧문의 나무때기로 만든 들것에 실려 다시 이곳으로 돌아오는 것을 말이다.[58]

23세 무렵의 미시마는 무도장에서 본 한 젊은이를 위한 죽음을 몽상하고 있다. 그것은 22년 뒤에 미시마가 선택한 자신의 죽음이기도 했다. 마사오 미요시의 가설에 따르자면,[59] 미시마의 성년기 삶은, 전시에 군입대 신체

57) 배를 따뜻하고 단단하게 보호하기 위해 주로 남자들이 허리에 두르는 천. _옮긴이
58) Mishima, *Confessions of a Mask*, pp.251~252.
미시마 유키오, 양윤옥 옮김, 『가면의 고백』 참조. _옮긴이
59) Miyoshi, *Accomplices of Silence*, p.157.

검사에서 탈락했을 때, 그리고 미군의 폭격마저도 그를 피해갔을 때 그가 거절당했다고 느낀 죽음에 대한 갈망에 지배당하고 있었다. 하지만 뒤돌아보건대, 그는 자신이 미학적으로 완벽한 자기파괴 형식으로 여긴 것을 정신적으로든 육체적으로든 준비할 시간이 많이 필요했음에 틀림없다. 1950년대 중반에 그는 보디빌딩을 시작했으며, 미국이 베트남 전쟁에 끼어든 1960년대의 급진주의 시대에 그는 전통적인 천황숭배에 입각한 정치적 극우파의 입장을 취했다. 미시마는 스스로를 현대적 사무라이로, 오직 한 가지 "날카로운 비수가…… 〔그의〕 몸통에 꽂히는 것"만을 생각하는 순혈(純血)의 정신을 지닌 전사로 변형시켰다.

미시마는 30편 이상의 소설을 비롯하여 많은 희곡과 에세이를 쓴 단련된 다산의 작가였다. 그의 작품들은 수적인 측면에서뿐만 아니라 주제의 다양성에서 보더라도 매우 인상적이다. 하지만 역시 가장 미시마적인 것, 즉 궁극적인 성적 경험 및 지고한 미(美)적 실현으로서의 죽음의 미학에 의해 충동받는 미시마적인 것이 완벽하게 윤곽을 드러낸 것은 『가면의 고백』에서였다.

『금각사』

『가면의 고백』 이후 미시마의 죽음의 미학을 가장 예술적이고 기억에 남는 방식으로 표출한 것은 『금각사』(金閣寺, 긴카쿠지)일 것이다. 1956년에 연재로 발표한 『금각사』는 실제로 1950년에 한 착란상태의 선(禪)수행자에 의해 금각사가 불타버린 사건에서 힌트를 얻어 쓴 것이다. 소설 속에 나오는 젊은 선수행자 미조구치는 말더듬이로, 2차대전 중 금각사에 들어왔다. 예전에 부친과 함께 교토를 방문하여 난생 처음 금각을 보았을 때, 미조구치는 그것이 "그저 조그맣고 어둡고 낡은 3층짜리 건물"에 지나지 않는다고 느껴져 크게 실망했다. 하지만 그날 집에 돌아왔을 때 그는 이런 생각을 하게 되었다.

그토록 실망을 주었던 금각도, 야스오카에 돌아온 후 나날이 내 마음속에서 다시 아름다움을 되살려, 어느덧 보기 전보다도 훨씬 아름다운 금각이 되었다. 어디가 아름답다고는 말할 수 없었다. 몽상에 의해 성장한 것이 일단 현실의 수정을 거쳐, 오히려 몽상을 자극하게 된 것으로 여겨진다.

이미 나는 눈에 보이는 풍경이나 사물에서 금각의 환영을 좇지 않게 되었다. 금각은 점차로 깊숙이, 그리고 견고하게 실재하게끔 되었다.[60]

이리하여 미조구치는 금각사를 외재화된 아름다움의 이상으로 고정시킨다. 이와 동시에 그는 자신의 언어장애로 인해 표현할 수는 없지만 자기 안에서 느끼는 아름다움을 금각사와 동일시하기에 이른다. 전쟁이 계속되는 한 모든 것이 순조롭게 잘 풀릴 것이다. 왜냐하면 금각사는 항상 폭격으로 파괴될 위험을 안고 있으며, 마찬가지로 내 속의 아름다움의 세계 또한 항상 위협받고 있다는 점에서 양자는 같은 세계에 살고 있고, 그래서 균형이 유지되고 있기 때문이다. 하지만 전쟁이 끝나면서 금각사와 미조구치의 관계에 돌연히 비약적이고 무서운 변화가 생긴다.

〔일본이 항복한〕 그날의 금각을 첫눈에 본 순간부터, 나는 '우리'의 관계가 이미 변했다고 느꼈다. 금각은 패전의 충격과 민족적 비애 따위에는 초연했다. 혹은 초연을 가장하고 있었다. 하지만 어제까지의 금각은 이렇지 않았다. 결국 공습으로 불타지 않았다는 사실, 오늘 이후로는 이미 그런 걱정이 없다는 사실, 이러한 사실들이 금각으로 하여금 다시 '옛날부터 나는 여기에 있었고, 미래에도 영원히 여기에 있으리라'는 표정을 되찾게 했음에 틀림없다. (중략)

더욱 기묘한 것은, 금각이 이따금 아름다움을 보여주곤 했지만, 이날만큼 아름답게 보인 적은 없었다는 점이다. 내 심상으로부터, 아니 현실세계로부터도 초탈하여, 변하기 쉬운 모든 것들과는 무관하게 금각이 이토록 견고한 미를 보여준

---

60) Mishima Yukio, *The Temple of the Golden Pavilion*, p.29.
미시마 유키오, 허호 옮김, 『금각사』, 웅진닷컴, 2002 참조. _옮긴이

적은 없었다! 모든 의미를 거절한 채 그 아름다움이 이토록 빛난 적은 없었다.

과장하지 않고 말하겠는데, 보고 있는 내 다리는 떨렸고 이마에서는 식은땀이 흘렀다. 언젠가 금각을 보고 시골에 돌아간 후 그 세부와 전체가 음악과도 같은 대응으로 울려 퍼졌던 것과 비교하면, 지금 내가 듣고 있는 것은 완전한 정지, 완전한 무음(無音)이었다. 그곳에는 흘러가는 것, 변화하는 것이 전혀 없었다. 금각은 음악의 엄청난 중지처럼, 울려 퍼지는 침묵처럼 그곳에 존재하며 우뚝 서 있었다.

'금각과 나의 관계는 끊겼구나' 하고 나는 생각했다. '이것으로 나와 금각이 같은 세계에 살고 있다는 몽상은 깨어졌다. 다시 원래의, 원래보다 훨씬 절망적인 사태가 시작되리라. 미가 저쪽에 있고 내가 이쪽에 있는 사태. 이 세상이 계속되는 한 변함없을 사태 말이다.[61]

이리하여 미조구치는 이런저런 생각 끝에 금각사가 살기 위해서는 그것이 파괴되어야만 한다는 결론에 도달했다. 미시마의 미학이 반영된 이 대목에서, 금각사는 최상의 미(미조구치가 자기 안에 있다고 상상한 미와는 대조적인 미)가 구현된 사물로서, 최상의 잠재적 가능성을 구현하기 위해서는 '죽어야만' 한다는 것이다.

『풍요의 바다』와 죽음의 연출

미시마는 방패회(楯の會)라는 사병(私兵)집단의 몇몇 일원과 함께 도쿄 자위대 본부에서 1970년 11월 25일에 자결을 감행했다. 이에 앞서 그는 대장을 인질 삼아 자위대 대원들을 모아놓게 한 다음, 자신과 뜻을 같이하여 천황의 이름으로 전후의 자유주의적 헌법구조를 깨부수고 '진정한 남자와 사무라이'의 일본을 부활시키자고 열심히 설득했다.[62] 미시마는 생애

---

61) Mishima, *The Temple of the Golden Pavilion*, pp.63~64.
미시마 유키오, 허호 옮김, 『금각사』 참조. _옮긴이

62) Nathan, *Mishima: A Biography*, p.275.

마지막 시기에 극우파의 정치적 입장을 지지했다. 하지만 그것이 정말 미시마의 본심이었는지는 의문이다. 왜냐하면 생애 대부분의 기간 동안 미시마는 확연히 비정치적이었기 때문이다. 앞에서도 시사했듯이, 아마도 그는 이런 극우파적 주장 또한 자신이 그토록 열망해온 영광스럽고 아름다운 죽음의 연출에 필요한 일부분이라고 생각했을 가능성이 크다.

자결한 바로 그날, 그는 자신의 마지막 소설인 방대한 『풍요의 바다』(豊饒の海, 호조노우미) 4부작의 마지막분 원고를 출판사에 보냈는데, 이 또한 죽음의 연출의 일부분이었다. 20세기를 배경으로 한 젊은 일본 귀족의 사령(死靈)이 여러 세대에 걸쳐 화육신한다는 주제를 묘사한 이 소설로써, 미시마는 세계 대작가의 대열에 끼어 불후의 명성을 남기고자 의도했음이 분명하다. 하지만 많은 평론가들이 보기에 이 작품은 미시마의 전성기가 이미 오래전에 끝났다는 슬픈 사실을 말해주는 것일 뿐이었다. 라이언(Marleigh Ryan)의 지적대로, "중심 줄거리와 하부 줄거리, 출생과 재생, 폭력과 질병 등이 묘사된 장장 1400페이지 이상의 4부작에서, 우리는 사실상 미시마가 그의 이전 소설들에서 사용한 모든 주제들이 반복적으로 등장하고 있음을 본다. 가령 작품 속의 제의적 자살 장면에서 우리는 그것이 이전 작품들에 이미 나온 주제임을 알고는 기이하게도 냉정해져 마음이 움직이지 않는다."[63]

인간행위의 원천에 대한 미시마의 깊이 있는 탐구는 지극히 일본적인 특징을 보여준다. 통상 그는 자기 자신의 특수한 심리(비정상적이기는 하지만)를 참된 경험의 유일한 원천으로 여겨, 그 안에서만 글쓰기가 이루어졌기 때문이다.

아베 고보

한편 아베 고보는 수많은 일본 작가들에게서 발견되는 이런 특수주의를

63) Marleigh Ryan, "The Mishima Tetralogy," p.165.

넘어서서 좀 더 보편적으로 근대인의 자아 문제를 다루었다. 카프카(F. Kafka)의 영향을 많이 받은 그는 대단한 상상력으로 기이한 이야기들을 현대인의 존재론적 곤경에 대한 하나의 우화로 엮어냈다. 이때 아베가 몰두한 중심적인 주제는 개인의 자유, 그것을 쟁취하려는 충동, 그런 자유를 스스로 차단하거나 거기서부터 탈출하려는 욕망 등이었다. 가령 『불타버린 지도』(燃え盡きた地圖, 모에쓰키타치즈, 1967)의 주인공은 실종된 한 남자의 행방을 추적하는 사설탐정인데, 그는 결국 스스로를 자신이 추적하는 남자와 혼동하게 된다. 탐정이 실종자의 유력한 목격자와 나누는 다음 대화는 이런 혼동의 원인을 암시한다. 목격자가 먼저 말한다.

"세상은 왜 사람 뒤를 추적할 권리가 있다고 당연시하는 겁니까? 아무런 죄도 짓지 않은 사람을 말입니다. 나는 당신이 어떻게 그런 추적을 당연하게 여기는지 이해할 수 없습니다. 자신의 자유의지로 사라져버린 사람을 추적해서 잡을 권리가 과연 있는 걸까요?"

"뒤에 남겨진 자들 또한 똑같은 이유로 누구든 멋대로 사라질 권리가 없다고 주장할 수 있지요."

"사라지는 것은 권리가 아니라 의지의 문제일 뿐입니다."

"아마도 추적하는 것 또한 의지의 문제겠지요."

"그렇다면 나는 중립을 지키겠습니다. 난 누구의 친구도 적도 되고 싶지 않으니까요." [64]

아베는 사회적 제약 및 단조롭고 지루한 삶에서 탈출하고자 시도하는 이들이 항상 있으며, 이런 이들을 확실하게 추적하여 잡아내려는 사람들도 있다는 점을 우리에게 말하려는 듯싶다. 추적하는 자와 추적당하는 자는 동일한 의지의 동인에 의해 움직일지도 모른다. 이와 같은 특별한 관계 속

---

64) Abe Kōbō, *The Ruined Map*, p.162.

에서 양자는 실로 똑같지는 않겠지만 매우 유사해 보인다.

아베는 지적 이상이 아닌 감정적 욕구로서의 자유에 관심이 있었다. 그가 던지는 메시지는 역설적이다. 즉 자유를 한번 얻고 나면 이전의 실제적인 혹은 상상적인 감금상태에서 탈출하고자 욕망했던 것과 비슷하게, 이번에는 그 자유로부터 탈출하려는 욕망을 자극받는다. 『모래의 여자』(砂の女, 스나노온나, 1962)는 이와 같은 아베의 역설을 탁월하게 묘사하고 있다. 『불타버린 지도』와 마찬가지로 이 작품 또한 한 남자의 실종으로부터 이야기가 시작된다. 평범한 학교교사인 주인공은 휴일이면 바닷가 같은 데로 나가 곤충을 조사하는 아마추어 곤충학자이다. 그는 한편으로 자유로운 곤충 추적자로 보일 수 있다. 그러나 다른 한편으로 자신이 추적하는 곤충들의 자연적 주거지인 모래에 매혹당한 그는 자유를 열망하는 사람으로 비칠 수도 있다. 아베가 종종 모래와 비교하곤 하는 물을 차치한다면, 모래만큼 분명하게 자유 및 그 자유의 잠재적인 부정을 표상하는 것은 달리 없을 것이다. 영원히 자유롭게 끊임없이 변하고 흐르는 모래 또한 한편으로는 부단히 무언가를 추구하는가 하면, 다른 한편으로는 모든 것을 철저히 삼켜버리기 때문이다.

돌아갈 마지막 버스를 놓친 남자는 바닷가 근처 마을에서 하룻밤 머물게 된다. 하지만 아침에 일어나보니 그는 자신이 수인처럼 갇혀버렸다는 사실을 알게 된다. 그는 깊은 모래구덩이 속의 집에 있었고, 거기에는 최근에 과부가 된 한 젊은 여자가 살고 있다. 바닷가에 접한 이 마을에는 이들 말고도 모래구덩이 속의 집에 갇혀 사는 가구가 많이 있다. 그들은 마을이 모래에 묻히지 않도록 날마다 모래를 파야만 한다. 『모래의 여자』의 줄거리는 대부분 자유를 되찾기 위해 무던 애쓰는 남자의 이런저런 모습을 묘사하는 데 할애되어 있다. 하지만 다른 각도에서 보자면, 이는 모래구덩이의 소우주적 세계에 강제로 감금된 주인공 남자가 모래를 통해 삶의 진실을 깨닫게 되는 이야기라 할 수 있다. 즉 대부분의 사람들은 삶이란(모래구덩이에 갇힌 삶이든 그 바깥사회에서의 삶이든) 자유가 억압된 장소인 모래구덩이 같은 것이라고 여기지만, 그것은 쓸데없는 잘못된 생각이라는 깨달음 말이다. 어떤 이들은 자신이 원할 때마다 언제든지 왔다 갔다 할 수 있는 왕복 티켓을 가지고 있다고 여길 것이다. 하지만 그들은 돌아오는 티켓을 잃어버리지 않기 위해, 그리고 나머지 모든 사람들을 위험에 빠뜨릴 편도 외길을 강요받지 않기 위해 젖 먹던 힘까지 다 써야만 할 것이다.

> "Got a one-way ticket to the blues, woo, woo……(이건 슬픈 편도표 블루스야……)"
>
> 부르고 싶으면 얼마든지 불러. 실제로 편도표를 손에 쥔 사람은 절대로 이런 식으로 노래하지 않는 법이다. 편도표밖에 갖고 있지 않은 인종들의 신발 뒷굽은 자갈만 밟아도 금이 갈 만큼 닳아빠져 있다. 그래서 더 이상 걸을 수가 없다. 그들이 노래하고 싶은 것은 '왕복표 블루스'다. 편도표란 어제와 오늘이, 오늘과 내일이 서로 이어지지 않는, 맥락 없는 생활을 뜻한다. 그렇게 상처투성이 편도표를 손에 쥐고서도 콧노래를 부를 수 있는 것은, 언젠가는 왕복표를 거머쥘 수 있는 사람뿐이다. 그렇기에 돌아오는 표를 잃어버리거나 도둑맞지 않도록, 죽어라 주식을 사고 생명보험에 들고 노동조합과 상사들에게 앞뒤가 안 맞는 거짓말을 해대는 것이다. 목욕탕의 하수구나 변기 구멍에서 피어오르는, 절망에 차 도움을 구하는 편도파들의 아비규환을 듣지 않기 위해, 텔레비전을 켜고 아무 채널이나 돌려서 볼륨을 높여놓고는 열심히 편도표 블루스를 흥얼거리는 것이다. 그러니 '왕복표 블루스'가 감금당한 인류의 노래라 한들 전혀 이상할 것이 없으리라.[65]

구덩이를 벗어나려는 헛되고 치욕적인 시도 이후, 남자는 까마귀 발에 쪽지를 묶어 바깥세상에 도움을 요청하기 위해 까마귀 잡는 덫을 지면에 설치한다. 이 시도는 성공할 확률이 매우 낮지만, 그 과정에서 남자는 놀랄

---

65) Abe Kōbō, *The Woman in the Dunes*, pp.161~162.
아베 코보, 김난주 옮김, 『모래의 여자』, 민음사, 2002 참조. _옮긴이

만한 발견을 한다. 즉 덫을 설치한 모래 아래쪽에 마을 사람들에게 없어서는 안 될 물이 고여 있음을 알게 된 것이다. 이런 유수장치와 관련된 비밀스런 지식을 알게 된 남자는 자신이 처한 상황에 대해 태도를 바꾸게 된다. 그로부터 얼마 지나지 않아 마을 사람들이 구덩이 바닥에 내린 밧줄사다리를 깜빡 거두지 않았을 때, 남자는 탈출할 좋은 기회인데도 그렇게 하지 않았다. 이제 그는 '왕복표'를 가지게 되었고 그래서 선택의 여지를 두고 주의 깊게 저울질할 여유가 생겼기 때문이다.

딱히 서둘러 도망칠 필요는 없다. 지금 그의 손에 쥐여 있는 왕복표는 목적지도 돌아갈 곳도 본인이 마음대로 써넣을 수 있는 공백이다. 그리고 그의 마음은 유수장치에 대해 누군가에게 말하고 싶은 욕망으로 터질 듯하다. 털어놓는다면, 이 마을 사람들만큼 좋은 청중은 또 없을 것이다. 오늘이 아니면 아마 내일쯤, 남자는 누군가를 붙들고 털어놓고 있을 것이다. 도주수단은 그다음 날 생각해도 무방하다.[66]

오에 겐자부로

자유라든가 현대사회의 속박으로부터의 탈출이라는 주제는 오에 겐자부로의 작품에서도 매우 중요한 부분을 차지한다. 오에는 그것을 소외와 아노미적 무규범상태의 관점에서 더 분명하게 문제 삼고 있다. 오에의 전형적인 글쓰기 구성에서 개인은 질식할 것 같은 요구를 하는 사회 안에 붙잡혀 있다. 이때 개인은 그 요구에 대처할 수 없으며, 따라서 그는 스스로 실패할 수밖에 없다고 생각하기 십상이다. 자신의 인생이 아무 쓸모도 없고 무의미한 것일지도 모른다는 개인적 소외감과 두려움에 범벅이 된 채, 그는 사회 전체(즉 트랜지스터라디오에 영혼을 쏟아부은 경제동물의 집인 전후 일본사회)가 어디로 나아갈지 알 수 없는 아노미적 사회악에 더 깊이 연루된다.

---

66) Abe, *The Woman in the Dunes*, p.239.
아베 코보, 김난주 옮김, 『모래의 여자』 참조. _옮긴이

존 업다이크(John Updike)의 『달려라 토끼』(*Rabbit, Run*)와 놀랍도록 유사한 개념과 줄거리를 보여주는 오에의 작품 『개인적 체험』(個人的な體驗, 고진테키나타이켄, 1964)의 주인공 버드 또한 이처럼 소외감과 아노미에 사로잡힌 개인이라 할 수 있다. 소설 첫 부분에서 우리는 버드가 27세이며 결혼을 했고 이제 첫 아기의 출생을 기다리고 있음을 알게 된다. 그는 2년 전 결혼한 후 4주간이나 술에 취해 있었고, 대학원을 그만두었으며, 이어서 장인에게 부탁하여 대학입시학원의 강사 자리를 얻어냈다. 아프리카에 갈 꿈을 가지고 있는 버드는 방금 저 먼 아프리카대륙의 미슐랭(Michelin) 지도[67]를 구입했다. 병원으로부터 아내 소식이 오기를 기다리면서 거리를 어슬렁거리던 버드는 용무늬 점퍼를 입은 하이틴 불량배 패거리의 공격으로 주먹을 맞고 둑 풀숲에 쓰러진다.

> 버드는 자기 몸과 둑 사이에 낀 아프리카 지도가 잔뜩 구겨져 주름투성이가 되어 있으리라 생각했다. 그리고 지금 자신의 아기가 태어나려고 한다는 생각 또한, 전에 없던 절실함으로 버드 의식의 최전선으로 튀어나왔다. 갑작스러운 분노와 거친 절망감이 버드를 덮쳤다. 그때까지 그는 경악하고 당황한 나머지 오로지 도망칠 궁리만 하고 있었다. 그러나 지금, 버드는 도망치려고는 생각하지 않았다. 만일 지금 싸우지 않는다면, 아프리카 여행을 떠날 찬스는 영원히 잃어버릴 뿐만 아니라, 내 아이는 최악의 생애를 보내기 위해서만 태어나게 될 것이다. 버드는 어떤 영감 같은 것에 홀려 그렇게 믿었다.[68]

버드는 반격을 가하고, "전투의 기쁨이 그에게 되살아났다. 그건 몇 년 만이었을까. 버드도 용무늬 점퍼를 입은 하이틴들도 가만히 꼼짝 않고 서로의 만만치 않은 적을 살펴보았다. 시간이 흘렀다". 그리고 하이틴들이

---

67) 프랑스의 자동차 타이어 회사인 미슐랭에서 발간하는 여행안내서 및 지도류. _옮긴이

68) Ōe Kenzaburō, *A Personal Matter*, pp.15~16.
오에 겐자부로, 이규조 옮김, 『개인적 체험』, 꿈이있는집, 1994 참조. _옮긴이

철수한다.

인생의 덫에 걸려 방황하던 버드는 용무늬 점퍼를 입은 하이틴 불량배들에게서 자신이 불리함을 딛고 용기 있게 공격할 만한 확실한 적을 본다. 하지만 주먹싸움에서의 승리로 인한 도취감은 이내 날아가고 만다. 아기가 괴물처럼 이마에 뇌가 튀어나온 희귀병 뇌헤르니아를 안고 태어났다는 사실을 알았을 때, 그의 인생의 억압적인 무게는 더더욱 끔찍한 현실이 되어 나타난다. 아프리카도 이제 갑자기 갈 수 없게 되어버린 듯해서, 버드는 아이를 어떻게 해야 해야 할지 모르는 딜레마로부터 탈출하고자 완전히 정반대방향으로 도망친다. 위스키 한 병을 들고 그는 옛날 여자친구의 어둡고 지저분한 방으로 마치 자궁으로의 상징적인 회귀인 양 피난처를 찾아간다. 그 후 아기가 버드의 죄스러운 바람과는 달리 병원에서 죽지 않고 살아나자, 그와 여자친구는 아이를 찾아다 돌팔이 의사에게 마음대로 하도록 넘겨준다. 둘은 아이가 죽으면 아프리카로 가는 버드의 꿈을 현실화하겠다는 계획을 세운다.

오에는 이 대목에서 탄복할 만큼 감동적인 이야기를 써내려간다. 하지만 불가사의하게도 그는 전혀 납득이 가지 않는 간결한 결말로 이야기를 마치고 있다. 즉 이윽고 버드가 정신을 차려 아이를 돌팔이에게서 되찾아와 다시 대학병원에 데리고 가 수술을 받았는데, 알고 보니 아이는 뇌헤르니아가 아니라 단순한 양성종양이었다는 것이다. 이때 버드의 태도는 대단히 성숙하고 안정되어 있다. 이제 그는 아프리카 여행이 아니라 아이의 미래를 계획하고 있다.

1994년에 오에는 가와바타 야스나리에 이어 일본에서 두 번째로 노벨문학상을 수상하게 된다. 수상 수락연설에서 오에는 1968년 가와바타의 「아름다운 일본의 나」라는 연설 제목을 본떠 「애매한 일본의 나」라는 제목을 내걸었다. 오에는 가와바타가 말년에 이르러 일본의 전통적인 문학적, 미학적 가치들, 특히 선불교정신에 대한 자신의 믿음을 재확인할 수 있었다고 보았다. 하지만 오에는 자신의 글쓰기가 전통적인 일본과 근대적인 일본 사이의 '애매함'으로 인해 분열되어 있다고 느꼈다.

> 개항 이래 120여 년간 근대화를 추진해온 일본은 오늘날 애매성의 두 상반된 축 사이에서 분열되어 있습니다. 이 애매성은 그것이 지닌 너무나 강력한 침투력으로 인해, 일본이라는 나라는 물론이고 일본인들까지도 분열증적인 상태로 몰고 갑니다. 그것은 또한 깊이 팬 상흔처럼 작가인 내게 영향을 미치고 있습니다. 이처럼 애매성은 여러 측면에서 분명히 드러납니다. 일본의 근대화는 모방을 통한 서구 학습을 지향해왔습니다. 하지만 일본은 어디까지나 아시아에 위치하고 있으며, 엄연히 아시아적 전통문화를 고수해온 나라입니다. 일본의 애매한 태도와 지향성은 일본을 아시아의 침략자로 치닫게 했으며, 그 결과 일본은 정치적으로뿐만 아니라 사회적, 문화적으로도 아시아 여러 나라들로부터 고립되고 말았습니다. 심지어 일본문화에 상당히 개방적인 서양에서조차 일본은 오랜 세월 동안 알 수 없고 이해하기 힘든 나라로 여겨져왔습니다.[69]

전후의 만화 붐

전후 대중문화의 가장 두드러진 현상 가운데 하나로 만화(코믹스, 망가) 붐이 있다. 미국에서 만화의 인기는 1950년대 이래 주로 텔레비전과의 경쟁에서 뒤처지면서 점차 쇠퇴했다. 하지만 미국과 마찬가지로 세계에서 텔레비전 문화가 가장 깊이 침투한 일본의 경우에는, 줄거리 있는 만화의 인기가 폭발적으로 증가하면서 1980년에는 일본에서 발행된 서적 및 잡지류 중 27퍼센트(18억 권)를 차지할 정도였다.[70] 그러나 이런 출판규모보다도 더 놀라운 것은 젊은 층뿐만 아니라 어른들까지도 아주 열심히 만화를 본다는 사실이었다. 가령 외국인 방문자들이 깜짝 놀랄 만큼, 지하철 안에서 정장 차림의 비즈니스맨들이 만화를 보느라 삼매경에 빠져 있는 모습을 흔히 볼 수 있었다.

---

69) Ōe Kenzaburō, *Japan the Ambiguous and Myself*, p.117.
70) Frederik L. Schodt, *Manga! Manga!*, p.12.

일본에서 만화, 특히 풍자만화의 전통은 고대까지 거슬러 올라간다. 이 책 4장에서 살펴보았듯이, 호류지(法隆寺) 벽화라든가 나라 시대 쇼소인(正倉院) 문서 중에서도 풍자만화 비슷한 스케치를 찾아볼 수 있다. 전근대 일본사에서 가장 유명한 풍자화로 불교승려 도바(鳥羽)가 그렸다고 알려진 〈조주기가〉(鳥獸戱畵)를 들 수 있는데(앞의 그림 28, 29 참조), 이 그림은 바로 위의 스케치들에서 영감을 얻은 것으로 보인다. 도쿠가와 시대의 가쓰시카 호쿠사이(葛飾北齋)는 특히 캐리커처 자화상 및 희화적인 스케치로 유명하며 양식사적으로 볼 때 현대 일본만화의 아버지로 간주될 만하다. 또한 호쿠사이는 지금도 널리 사용되고 있는 '망가'(漫畵)라는 말을 처음으로 만든 인물이라고 한다.

전후 만화가 가장 즐겨 다룬 주제 가운데 하나는 공상과학소설(SF)류의 이야기이다. 그 밖에 남성적 에토스라는 면에서 미국의 카우보이물에 해당할 만한 사무라이물도 많이 다루어졌다. 하지만 미국에서 대인기를 끈 '전쟁만화' 류는 일본에서 전혀 발전하지 않았다. 심지어 2차대전 중에도 예컨대 적을 도살하는 거친 사나이다운 남자로서 일본군을 묘사한 만화나 영화는 없었다. 그보다는 전쟁터에서 맺어진 군인들 간의 끈끈한 유대관계라든가 혹은 조국을 위해 싸우다 죽은 일본군들의 단순하고도 순전한 방식에 초점이 맞추어졌다.[71] 전후의 일본 만화가들은 전쟁을 예찬하려는 시도를 전혀 하지 않았다.[72] 반대로 혹자는 반전만화를 그렸고, 또 혹자는 전쟁으로 황폐화된 일본에서 시민들이 겪은 슬픈 곤궁을 묘사하는 데에 관심을 기울이기도 했다. 가령 나카자와 게이지(中澤啓治)의 『맨발의 겐』(裸足のゲン, 하다시노겐)은 최초의 원폭이 투하된 날 히로시마에 살던 겐이라는 소년의 이야기를 그리고 있다.[73] "하늘에서 떨어지는 지옥을 알지 못한 채, 히로시마는 여느 날과 다름없이 하루를 시작하고 있었다." 학교를 향해 집을

71) Ibid., p.75.

72) 그러나 1990년대 말 이래 특히 고바야시 요시노리(小林よしのり)의 베스트셀러 만화 『전쟁론』(戰爭論)을 필두로 과거의 전쟁을 노골적으로 미화하고 예찬하는 작품들이 많이 나오고 있다. _옮긴이

73) 『맨발의 겐』 영역본은 Nakazawa Keiji, *Barefoot Gen, A Cartoon Story of Hiroshima* 참조.

나선 겐은 한 부인이 학급에 관해 묻는 바람에 가던 길을 멈추어 선다. 이 물음에 대답하면서, 겐은 B-29기 한 대가 하늘을 날고 있는 것을 보고, 왜 공습 사이렌이 울리지 않는지 의아하게 생각한다. 수 초 후 폭탄이 수직으로 떨어지고, 이어 "지옥에서 불어온 바람처럼 굉음을 내며 버섯구름이 히로시마 상공 10킬로미터 정도까지 퍼져 올라갔다. 그러자 도시의 시간은 멈추고 말았다".

겐은 망연자실 돌덩이 파편들을 헤치고 일어선다. 옆에 있던 부인의 얼굴은 알아볼 수 없을 정도로 녹아 있다. 겐이 아빠와 엄마(임신 중이다)와 형제들을 찾아 폐허가 된 도시를 달리면서 만난 사람들은 하나같이 괴물처럼 보인다. 마침내 그는 자기 집을 찾는다. 그의 엄마가 집 옆에 무릎을 꿇은 채 앉아 있고, 아빠와 형제들은 무너져 내린 지붕 아래 갇혀 있다. 겐과 엄마는 횡목을 대고 지붕 잔해를 들어 올리려고 필사의 힘을 다해보지만, 그의 집은 도시 전체를 휩쓴 불길에 삼켜져버린다. 엄마는 비명을 지르면서 남편과 자식들과 함께 죽기를 원한다. 하지만 겐이 그런 엄마를 끌어내고 둘은 불길을 벗어난다. 겐의 엄마는 산기가 있지만, 도움을 줄 만한 사람은 아무도 없다. 결국 엄마는 죽어가는 도시에 새로운 생명을 내놓는다. 이 대목에서 엄마는 태어난 아기를 위로 높이 들고 간청하듯이 "네가 어른이 되면 이런 일이 다시는 일어나지 않도록 해야만 한다"고 외친다.

일본은 세계에서 가장 폭력과 범죄율이 낮은 나라 중의 하나이다. 그런데도 일본에는 피와 살육이 난무하는 장면을 비롯하여 과도한 폭력을 묘사하는 만화가 아주 많다. 가령 쇼트(Frederik Schodt)는 중세기의 고통받는 농민들을 그린 한 만화에 "베어낸 머리들이 뒹굴고 도려낸 눈알과 유혈이 난무하는(붓에다 빨간 잉크를 흠뻑 적셔 뿌려 효과를 낸)" 장면들이 많이 등장한다는 점을 지적한다.[74] 한편 일본은 섹스와 포르노에 상당히 엄격한 나라이다. 그런 일본이 모든 종류의 섹스 묘사가 넘쳐나는 만화에는 관대하

74) Schodt, *Manga! Manga!*, p.124.

다. 물론 만화가들이 노골적인 섹스행위를 묘사하는 것은 금지되어 있다. 하지만 그들은 상상력과 그림기법에 의해 제한적으로나마, 정상적이고 상식적인 섹스행위는 물론이고 독자의 상상력에 아무런 여지도 남겨두지 않는 비정상적인 섹스행위까지도 교묘하게 표현할 수 있다.

일본에서 에로틱한 미술은 오래된 역사를 가지고 있다. 가령 도쿠가와 시대의 목판화가들은 '춘화'(春畵, 슌가)라는 에로틱한 그림들을 대량으로 생산해냈다. 그 춘화들은 인간이 상상할 수 있는(나아가 상상할 수도 없는) 모든 형태의 남녀 간 성애를 매우 적나라하게 보여준다. 그것들은 대부분 남녀 성기를 지나치게 과장해서 묘사한다. 동물과의 성교 장면을 그린 춘화도 있다. 오늘날 일본에서 춘화의 공공적 전시는 금지되어 있다. 하지만 춘화의 정신은 거기에 영향받은 수많은 만화가들의 작품 속에 그대로 살아 있다.

소녀만화

공상과학소설, 폭력, 사무라이 이야기, 스포츠 등은 소년만화의 주된 소재이다. 근래에는 소녀들도 일부 이런 소재들을 선호하게 되었지만, 소녀만화의 양식과 주제는 항상 소년만화와는 많이 달랐다. 한때 소녀만화(현재 이 장르의 만화가는 거의 다 여성들이다)는 전적으로 로맨스와 사랑만을 다루었는데, 이런 주제들은 지금도 거의 모든 소녀만화의 기초를 이루고 있다. 소녀만화의 주인공들은 항상 어리고 귀엽고 순진무구한 얼굴에 큼직하고 꿈꾸는 듯한 눈동자를 가진 인물로 그려진다. 이들은 많은 경우 일본인이라기보다는 서구인에 더 가까운 얼굴을 하고 있다(이 점에서 서양은 로맨스의 장소로 관념된다). 이 등장인물들은 일본 소녀들이 특히 선망하는 판타지 세계에 살고 있다. 이는 일본 소녀들이 적어도 10대까지는 주로 소년들과 격리된 공간에서 지내는 것이 일본의 관습과 도덕규범이라는 점과 관계가 있어 보인다.

소녀만화에는 특히 동성애와 양성애 및 이성(異性)복장이 많이 등장하며, 거기에 나오는 소년소녀들은 늘 그런 것은 아니지만 종종 양성구유적으로 묘사된다. 양성구유적 취향은 일본문화에서 뿌리가 깊다. 이는 부분적으로 일본의 전통적인 남녀 기모노 복장이 완전히 같지는 않더라도 최소한 비슷하다는 사실에서 기인한다. 가령 도쿠가와 시대의 많은 목판화를 보면, 남자와 여자가 아주 흡사한 복장을 하고 있다. 그들의 얼굴 또한 똑같이 양식화되어 있으며, 때때로 머리모양까지 같다. 물론 남자들은 머리 한가운데를 면도하는 것이 통례이므로 여자들과 구별되지만, 개중에는 서로 구별이 안 되는 젊은 남자(머리 가운데 부분을 면도하지 않았다)와 여자의 그림도 있다. 예를 들어 사랑을 나누는 젊은 남녀들이 묘사된 어떤 춘화를 보면, 누가 남자고 누가 여자인지 얼굴이나 복장만 보아서는 알 수 없고 오직 성기로만 구별이 가능하다.

적어도 도쿠가와 시대의 가부키 때부터 일본연극에서는 이성복장 및 동성애라든가 양성애가 일반적이었다. 남자배우들로만 공연되는 가부키에서 '온나가타'(女形), 즉 여자 역을 맡은 남자배우는 이상적인 여성상을 연출한다. 예전에 어떤 온나가타는 일상적인 사적 생활에서도 여자옷을 입고 지냈다고 한다. 앞의 7장에서도 언급했듯이, 온나가타의 특별한 여성적 양식화는 실제 여성보다도 더 여성적이라고 평가받아왔다. 한편 앞 장에서 살펴보았듯이, 여자배우들만 나오는 20세기의 다카라즈카소녀가극단에서는 남장한 여자가 남자 역할을 하며, 이들은 종종 다카라즈카의 스타가 되기도 한다. 다카라즈카의 관객들은 대개 10대 소녀들인데, 그녀들은 흔히 남장여배우에게 반하여 열을 올린다. 이들의 부모들은 딸들의 이런 행태를 반대하지 않으며, 그들을 레즈비언으로 간주하지도 않는다. 앤토니아 리바이(Antonia Levi)의 지적대로, "많은 부모들은 소녀의 첫 번째 애정대상이 남자가 아니라 여자라 해도 그것을 멋지고 '순수한' 것이라고 생각한다".[75]

소녀만화에 묘사된 소년들은 거의 언제나 여성적인 외모를 하고 있거나

75) Antonia Levi, *Samurai from Outer Space: Understanding Japanese Animation*, pp.10~11.

소녀 등장인물들과 마찬가지로 양성구유적이다. 때로 소년들끼리 동성애적인 감정을 느껴 사랑에 빠지기도 한다. 하지만 10대 소녀들이 다카라즈카소녀가극단의 남장여배우에게 매력을 느낀다 해서 그것을 반드시 레즈비언으로 간주하지는 않는 것처럼, 소녀만화에 나오는 소년들끼리의 사랑 또한 진짜 동성애라고 여기지는 않는다. 그 소년들의 경우는 동성애와 이성애 사이의 구별을 넘어서서 고도로 미학적인 양식의 '순수한' 사랑이라는 것이다.

요시모토 바나나

1980년대 후반의 일본 문단에 요시모토 바나나(よしもとばなな, 1964~)라는 재미있는 필명을 가진 젊은 작가가 혜성처럼 나타났다. 그녀의 소설들은 즉시 엄청난 인기를 얻었다. 이름 있는 문학상을 받은 작품들도 적지 않으며, 『키친』이라든가 『N.P.』 혹은 『도마뱀』(とかげ, 도카게)을 비롯한 많은 작품들은 이미 영어로도 번역되어 있다. 요시모토 바나나는 말할 나위 없이 하나의 문화적 현상이라 할 수 있다. 하지만 그녀를 특별하게 만든 것은 다름 아니라 그녀가 대중문화의 세계로부터 출현했다는 점이다. 사실 그녀 스스로도 자신은 만화를 통해 작가가 되어야겠다는 자극을 받았다고 말한다.

많은 평론가들이 요시모토를 아낌없이 칭찬하는 가운데, 어떤 이들은 그녀를 어떻게 평가해야 할지 몰라 한다. 과연 그녀를 '정통문학' 작가라고 할 수 있을까? 아니면 그녀를 다른 대중문화 상품들과 마찬가지로 그저 '소비'를 위한 문학작품의 생산자로 보아야 할 것인가? 요시모토는 새 소설을 발표할 때마다 이전의 다른 소설들을 책방의 서가에서 전부 없애버렸으면 좋겠다는 말을 한 적이 있는데, 이는 그녀에 대한 평가를 더욱 혼란스럽게 만든다.[76)]

---

76) John Whittier Treat, "Yoshimoto Banana Writes Home," in Treat, ed., *Contemporary Japan and Popular Culture*, p.280.

요시모토의 작품세계는 오랫동안 '일본의 전통'으로 여겨져온 것들, 예컨대 견고한 사회조직망(핵가족과 함께 시작된 구조)이라든가 강력한 직업윤리 혹은 확고한 기성관습과 제도 등과 일치하지 않는 부분이 많다. 다시 말해 요시모토의 소설들은 사회조직이라든가 직업윤리 혹은 제도나 관습 등에 관해서는 일절 언급하지 않는다. 대부분의 주요 등장인물들은 의미 있는 가족적 유대를 전혀 가지고 있지 않다. 그들은 그저 피상적으로 급조된 가족이나 문제 있는 가족의 일원으로 묘사되며, 직업에 대한 동기부여가 거의 혹은 전혀 되어 있지 않다. 그들은 정해진 방향 없이 인생이라는 바다 위를 부유하는 듯이 보인다. 그들은 종종 사랑을 갈망하지만, 그것을 찾지 못한 채 절망적이고 외로운 인생이 될까 봐 두려워한다. 죽음 또한 요시모토 문학의 지속적인 주제이다. 등장인물들은 가족이나 연인 혹은 친구의 죽음(때로는 난폭한 죽음)에 의해 홀로 남겨진다. 가령 『키친』의 주인공 미카게가 엄마처럼 생각했던 사람이 참혹하게 살해당했다는 소식을 듣고 그 충격에서 벗어나고자 애쓰는 장면에서, 우리는 죽음과 운명이 어떻게 그녀를 다루는지를 잘 엿볼 수 있다.

> 양친이 돌아가셨을 때 난 아직 아이였다. 할아버지가 돌아가셨을 때는 난 사랑을 하고 있었다. 그리고 할머니마저 돌아가셔서 달랑 혼자만 남게 되었다. 하지만 그때도 지금처럼 깊은 고독이 느껴지지는 않았다.
>
> 앞으로 걸어나갈 길을, 살아간다는 것을 마음 깊은 곳에서 던져버리고 싶었다. 분명 내일이 오고 모레가 오고 그러는 사이에 주말이 오겠지. 그것이 지금처럼 성가시게 느껴진 적은 없었다. 분명 그 시간 속에서도 자신은 슬프고 어두운 마음으로 살고 있으리라는 느낌이 정말로 싫었다. 가슴속에는 폭풍이 몰아치면서도 담담히 밤길을 걷고 있는 자신의 그림자가 낯설게만 느껴졌다.[77)]

---

77) Yoshimoto Banana, *Kitchen*, p.48.
요시모토 바나나, 김난주 옮김, 『키친』, 민음사, 2003 참조. _옮긴이

미카게가 엄마처럼 생각하는 에리코는 실은 성전환한 여장남자이다. 에리코는 유이치의 친부인데, 지금은 그의 엄마 역할을 하고 있다. 미카게는 유일한 친척인 할머니마저 잃고 난 후 유이치와 에리코의 집에 들어가 당분간 함께 사는 동안 유이치와 친해진다. 그리하여 에리코, 유이치, 미카게 이 세 사람은 성격이 잘 맞기는 하지만 좀 기이한 가족이 된다. 『키친』의 중심적 이야기인 미카게와 유이치의 관계는 애매한 구석이 많다. 소설 전편에 걸쳐 둘은 형제자매처럼 지내며 낭만적인 이성애의 암시는 전혀 나오지 않는다. 그들은 둘 다 양성구유적이라는 점에서 비슷하지만, 본질적으로 소녀만화에 등장하는 섹스리스(sexless)적 인물처럼 보이기도 한다.

게이바에서 일하는 에리코는 그녀를 진짜 여자로 착각한 어느 스토커의 칼에 찔려 죽는다. 에리코는 죽어가면서도 카운터에 장식되어 있던 쇠아령을 흔들어 떨어뜨려 범인을 맞아 죽게 함으로써 마지막 용기를 보여준다. 하지만 에리코의 죽음은 '가족'을 무너뜨리고 미카게와 유이치의 인생을 지탱해주었던 상처받기 쉬운 정서적 토대를 아예 파열시켜버린다. 아마도 유이치는 그럭저럭 버틸 것이다. 그러나 에리코의 죽음으로 큰 충격을 받은 데다 원래부터 우울하고 절망적인 인생관의 무게로 힘들어하던 미카게가 잘 헤쳐나갈 수 있을지는 의문이다. 물론 미카게 안에도 살고자 하는 강한 본능이 있어서, 그것은 그녀가 가장 어두운 생각을 할 때조차 어디선가 튀어나온다. "인간은 버러지처럼 계속 당하기만 하면서도, 여전히 먹고 또 잠을 잔다. 사랑하는 사람들이 모두 죽어간다. 그렇더라도 살아나가지 않으면 안 된다".[78]

미카게가 줄곧 고백해온 부엌에 대한 그녀의 사랑 안에서 살아나갈 힘과 목표를 발견하게 되는 것은 바로 이런 의미에서이다. 『키친』의 서두에서 미카게는 우리에게 "내가 이 세상에서 제일 좋아하는 장소는 부엌"이라고 말한다. 며칠 전 그녀의 할머니가 죽었고 이제 "나와 부엌만이 남아 있다.

78) Yoshimoto, *Kitchen*, p.82.

나밖에 없다고 생각하는 것보다는 그래도 나은 느낌이다". 이어서 그녀는 더욱 힘을 주어 "언젠가 죽을 때가 오면 부엌에서 숨을 거두고 싶다"[79]고 말한다. 부엌에 대한 이와 같은 집념에 입각하여 그녀는 요리공부를 시작하고 한 요리선생의 조수가 된다. 이렇게 직업도 얻고 새로 목표를 가지게 된 그녀는, 불현듯 직관적으로 유이치와 함께 살고 싶다는 생각을 하게 된다. 그리하여 『키친』의 끝부분은 둘이 함께 지내게 될 것임을 시사하면서 막을 내린다. 하지만 이 대목에서조차 성적 욕망이라든가 로맨스에 대한 암시는 거의 나오지 않는다. 끊임없는 죽음과 상실이 있는 세계, 항상 외로움에 의해 위협받는 세계에서 미카게와 유이치는 확실한 친구 사이로 지내는 데에 만족 이상의 것을 느끼는 듯싶다.

1980년대 말에서 1990년대 초에 걸쳐 요시모토 바나나의 작가적 명성이 급상승하고 심지어 '바나나 마니아' 들이 일본 전국을 휩쓸고 있을 때, 일본은 큰 변화를 거듭하고 있었다. 일본경제를 세계 3위, 나아가 2위로 끌어올려준 전후의 '경제기적' 은 1980년대가 끝나기 전에 막을 내렸고, 일본은 1990년대 내내 침체기에 빠져들었다. 정치적으로도, 거의 40년 동안이나 자민당이 권력을 장악해왔던 1.5정당시스템 시대가 끝났다. 이는 늘 스캔들이 끊이지 않았던 자민당이 1993년 연립정부를 이끈 야당지도자에게 수상직을 내줌으로써 이루어졌다. 하지만 이와 같은 권력이양이 일본의 경제적 혹은 정치적 문제를 해결하지는 못했다. 1990년대 내내 수상이 여러 번 바뀔 만큼 정치권은 불안정했다. 한편 당시 일본경제는 주로 해외의 부실채권 및 부분적으로 이로 인한 국내 금융시스템의 붕괴로부터 파생된 만성적 침체상태에 빠져들고 있었다. 일본정부는 이와 같은 정치적, 경제적 위기로부터 일본을 끌어올릴 의지든 정책이든 그것을 국내외적으로 확신시키는 데에 실패했다. 경제기적의 저 행복했던 시절에는 21세기가 '일본의 세기' 가 될 것이라는 말까지 나왔다. 하지만 일본이 긍정적인 전

79) Ibid., pp.3~4.

망보다는 더 많은 문제점을 안은 채 새로운 세기를 맞이하면서 이제 그것은 머나먼 꿈이 된 듯한 감마저 든다.

맺음말

이 책의 중심주제는, 전근대시대에는 중국으로부터, 그리고 근대에는 서양으로부터 풍부한 문화적 차용을 해온 역사적 맥락 안에서 일본이 그럼에도 불구하고 자국의 핵심적인 사회적, 윤리적, 문화적 가치들을 유지하고 보존해왔으며, 그럼으로써 일본인들은 항상 외국으로부터 차용한 것을 자신의 취향과 목적에 맞도록 응용해왔다는 사실을 확인하는 데에 있었다.

하지만 일본인들은 근대기에 자신들의 문화를 해외에 수출하기도 했다. 그 과정에서 그들은 세계미술과 유행에 큰 영향을 끼쳤다. 고대 불상과 회화부터 다도용구, 도쿠가와 시대와 메이지 시대 상인들이 사용했던 문장(紋章)에 이르기까지 미술 및 수공예품을 선보이는 전시회에는 미국을 비롯한 여러 나라에서 많은 사람들이 몰려들었다. 또한 분라쿠 인형극과 가부키 등을 공연하는 순회연극단들이 매년 해외에서 인기를 끌었다. 오늘날 건축과 실내장식, 조경술에 발휘된 일본적인 미적 감각은 전 세계에 널리 알려져 모방되고 있다. 미야케 잇세이(三宅一生)[80]라든가 모리 하나에(森英惠)[81] 같은 일본인 디자이너들은 여성패션계에서 매우 높은 평가를 받고 있다. 확실히 일본문화의 주요 측면들은 전 세계 사람들의 생활에 중요하고도 활기찬 요소가 되고 있다.

---

80) 1938~ . 히로시마 출신의 유명 패션디자이너. _옮긴이
81) 1926~ . 시마네현 출신의 유명 패션디자이너. _옮긴이

참고문헌

Abe Kōbō. *The Box Man*. Translated by E. Dale Saunders. New York: Knopf, 1974.

———. *The Ruined Map*. Translated by E. Dale Saunders. New York: Knopf, 1969.

———. *The Woman in the Dunes*. Translated by E. Dale Saunders. New York: Knopf, 1964.

Agency for Cultural Affairs, ed. *Japanese Religion*. Tokyo: Kōdansha, 1972.

Akutagawa Ryūnosuke. *Kappa*. Translated by Geoffrey Bownas. London: Peter Owen, 1970.

Anderson, Joseph L., and Donald Richie. *The Japanese Film*. New York: Grove Press, 1959.

Asahi Shimbun, ed. *Pacific Rivals*. New York: Weatherhill, 1972.

Aston, W.G., tr. *Nihongi*. London: George Allen and Unwin, 1896.

Beasley, W.G., ed. *Modern Japan*. Berkeley: University of California Press, 1975.

Bolitho, Harold. *Treasures Among Men: The Fudai Daimyō in Tokugawa Japan*. New Haven, Conn.: Yale University Press, 1974.

Borton, Hugh. *Japan's Modern Century*. New York: Ronald Press, 1970.

Boxer, C.R. *The Christian Century in Japan, 1549-1650*. Berkeley: University of California Press, 1951.

Brower, Robert H., and Earl Miner. *Japanese Court Poetry*. Stanford, Calif.: Stanford University Press, 1961.

Cooper, Michael, ed. *They Came to Japan: An Anthology of European Reports on Japan, 1543-1640*. Berkeley: University of California Press, 1965.

Covell, Jon Carter. *Under the Seal of Sesshū*. New York: De Pamphilus, 1941.

Crawcour, E.S. "Some Observations on Mitsui Tadafusa's *Chōmin Kōken Roku*." *Transactions of the Asiatic Society of Japan*, 3rd series, vol. 8 (Tokyo 1961).

Dazai Osamu. *No Longer Human*. Translated by Donald Keene. New York: New Directions, 1958.

———. *The Setting Sun*. Translated by Donald Keene. New York: New Directions, 1956.

Domoulin, Heinrich. *A History of Zen Buddhism*. New York: McGraw-Hill, 1963.

Duus, Peter. *Modern Japan.* Second edition. Boston: Houghton Mifflin, 1998.

Dym, Jeffrey. "Benshi, Poets of the Dark: Japanese Silent Film Narrators and Their Forgotten Narrative Art." Ph. D. dissertation. University of Hawai'i, 1998.

Edwards, Walter. "Event and Process in the Founding of Japan: The Horserider Theory in Archeological Perspective." *The Journal of Japanese Studies*, vol. 9, no. 2 (Winter 1983).

Elison, George, and Bardwell L. Smith, eds. *Warlords, Artists, and Commoners.* Honolulu: University of Hawai'i Press, 1981.

Endō Shūsaku. *Silence.* Translated by William Johnston. Tokyo: Tuttle, 1969.

Fairbank, John K., Edwin O. Reischauer, and Albert M. Craig. *East Asia: The Modern Transformation.* Boston: Houghton Mifflin, 1965.

Farris, William Wayne. *Heavenly Warriors.* Cambridge, Mass.: Harvard University Press, 1992.

Fukuzawa Yukichi. *An Encouragement of Learning.* Translated by David Dilworth and Umeyo Hirano. Tokyo: Sophia University, 1969.

Gluck, Carol. *Japan's Modern Myths.* Princeton, N.J.: Princeton University Press, 1985.

Gombrich, E.H. *The Study of Art.* London: Phaedon, 1950.

Gordon, Andrew, ed. *Postwar Japan as History.* Berkeley: University of California Press, 1993.

Hall, Robert K., ed. *Kokutai no Hongi: Cardinal Principles of the National Entity of Japan.* Translated by John O. Gauntlett. Cambridge, Mass.: Harvard University Press, 1949.

Hayashiya Tatsusaburō, ed. *Kodai-Chūsei Geijutsu Ron.* Tokyo: Iwanami Shoten, 1973.

Heinrich, Amy, ed. *Currents in Japanese Culture: Translations and Transformations.* New York: Columbia University Press, 1997.

Henderson, Harold G. *An Introduction to Haiku.* New York: Doubleday, 1958.

Ibuse Masuji. *Black Rain.* Translated by John Bestor. Tokyo: Kōdansha, 1969.

Ihara Saikaku. *The Life of an Amorous Woman and Other Writings.* Edited and translated by Ivan Morris. New York: New Directions, 1963.

———. *Nihon Eitai Gura.* Tokyo: Meiji Shoin, 1975.

Ikegami, Eiko. *The Taming of the Samurai: Honorific Individualism and the Making of Modern Japan.* Cambridge, Mass.: Harvard University Press, 1995.

Imamura, Keiji. *Prehistoric Japan: New Perspectives on Insular East Asia.* Honolulu: University of Hawai'i Press, 1996.

Irie, Akira. *Mutual Images.* Cambridge, Mass.: Harvard University Press, 1975.

———. *Shin-Nihon no Gaikō.* Tokyo: Chūō Kōron Sha, 1991.

Jansen, Marius, ed. *The Cambridge History of Japan.* Vol. 5. Cambridge: Cambridge University Press, 1989.

Kano Masanao. *Taishō Demokurashii.* Tokyo: Shōgakkan, 1976.

Kawabata Yasunari. *Japan the Beautiful and Myself.* Translated by Edward G. Seidensticker. Tokyo: Kodansha, 1969.

———. *Snow Country.* Translated by Edward G. Seidensticker. New York: Knopf, 1956.

———. *The Sound of the Mountain.* Translated by Edward G. Seidensticker. New York: Knopf, 1970.

———. *Thousand Cranes.* Translated by Edward G. Seidensticker. New York: Knopf, 1959.

Kawazoe, Noboru. *Contemporary Japanese Architecture.* Tokyo: Kokusai Kōryū Kikin, 1973.

Keene, Donald. *Bunraku: The Art of the Japanese Puppet Theatre.* Tokyo: Kōdansha, 1965.

———. *The Japanese Discovery of Europe, 1720-1830.* Revised edition. Stanford, Calif.: Stanford University Press, 1969.

———. *Japanese Literature: An Introduction for Western Readers.* New York: Grove Press, 1955.

———. *Landscapes and Portraits: Appreciations of Japanese Culture.* Tokyo: Kōdansha, 1971.

———. *Nō: The Classical Theatre of Japan.* Tokyo: Kōdansha, 1966.

———, comp. and ed. *Anthology of Japanese Literature.* New York: Grove Press, 1955.

———, ed. *Modern Japanese literature: An Anthology.* New York: Grove Press, 1956.

———, ed. and tr. *Twenty Plays of the Nō Theatre.* New York: Columbia University Press, 1970.

———, tr. *Chūshingura: The Treasury of Loyal Retainers.* New York: Columbia University Press, 1971.

———, tr. *Essays in Idleness: The Tsurezuregusa of Kenkō.* New York: Columbia University Press, 1967.

———, tr. *Four Major Plays of Chikamatsu.* New York: Columbia University Press, 1961.

Kidō Saizō and Imoto Nōichi, eds. *Renga Ronshū, Haironshū.* Tokyo: Iwanami Shoten, 1961.

Kondō Ichitarō. *Japanese Genre Painting: The Lively Art of Renaissance Japan.* Translated by Roy Andrew Miller. Tokyo: Tuttle, 1961.

Kuck, Loraine. *The World of the Japanese Garden.* New York: Walker-Weatherhill, 1968.

La Fleur, William R. *The Karma of Words: Buddhism and the Literary Arts in Medieval Japan.* Berkeley: University of California Press, 1983.

Lancaster, Clay. *The Japanese Influence in America.* New York: Walton Rawls, 1963.

Lane, Richard. *Masters of the Japanese Print.* New York: Doubleday, 1962.

Ledyard, Gari. "Galloping Along with the Horseriders: Looking for the Founders of Japan." *The Journal of Japanese Studies*, vol. 1, no. 2 (Spring 1975).

Levi, Antonia. *Samurai from Outer Space: Understanding Japanese Animation.* Chicago: Open Court, 1996.

Linhart, Sepp, and Sabine Frühstück, eds. *The Culture of Japan as Seen Through Its Leisure.* Albany: State University of New York Press, 1998.

Malm, William P. *Japanese Music and Musical Instruments.* Tokyo: Tuttle, 1959.

Maruyama Masao. *Studies in the Intellectual History of Tokugawa Japan.* Translated by Mikiso Hane. Princeton, N.J.: Princeton University Press, 1974.

———. *Thought and Behavior in Modern Japanese Politics.* Edited by Ivan Morris. London: Oxford University Press, 1963.

McCullough, Helen, tr. *Ōkagami, the Great Mirror.* Princeton, N.J.: Princeton University Press, 1980.

McCullough, William, and Helen McCullough, trs. *A Tale of Flowering Fortunes.* Stanford, Calif.: Stanford University Press, 1980.

McFarland, H. Neill. *The Rush Hour of the Gods.* New York: Harper & Row, 1967.

McNelly, Theodore, ed. *Sources in Modern East Asian History and Politics.* New York: Appleton-Century-Crofts, 1967.

Mellen, Joan. *Voices from the Japanese Cinema.* New York: Liveright, 1975.

Michener, James A. *The Floating World.* New York: Random House, 1954.

Miner, Earl. *An Introduction to Japanese Court Poetry.* Stanford, Calif.: Stanford University Press, 1968.

———, ed. *Japanese Poetic Diaries.* Berkeley: University of California Press, 1969.

Minichiello, Sharon A., ed. *Japan's Competing Modernities: Issues in Culture and Democracy, 1900-1930.* Honolulu: University of Hawai'i Press, 1998.

Mishima Yukio. *After the Banquet.* Translated by Donald Keene. New York: Knopf, 1963.

———. *Confessions of a Mask.* Translated by Meredith Weatherby. New York: New Directions, 1958.

———. *The Sailor Who Fell From Grace with the Sea.* Translated by John Nathan. New York: Knopf, 1965.

———. *The Temple of the Golden Pavilion.* Translated by Ivan Morris. New York: Knopf, 1958.
———. *The Way of the Samurai: Yukio Mishima on Hagakure in Modern Life.* Translated by Kathryn Sparling. New York: Basic Books, 1977.
Miyoshi, Masao. *Accomplices of Silence: The Modern Japanese Novel.* Berkeley: University of California Press, 1974.
Morris, Ivan. *The World of the Shining Prince.* New York: Knopf, 1964.
———, ed. *Modern Japanese Stories.* Tokyo: Tuttle, 1962.
———, tr. *The Pillow Book of Sei Shōnagon.* New York: Columbia University Press, 1967.
Murasaki, Lady. *The Tale of Genji.* Translated by Arthur Waley. New York: Modern Library, 1960.
Murasaki Shikibu. *The Tale of Genji.* Translated by Edward G. Seidensticker. New York: Knopf, 1976.
Nagai Kafū. *The River Sumida.* In *Modern Japanese Literature,* edited by Donald Keene. New York: Grove Press, 1956.
Nakazawa Keiji. *Barefoot Gen, A Cartoon Story of Hiroshima.* Philadelphia: New Society Publishers, 1987.
Nathan, John. *Mishima: A Biography.* Boston: Little, Brown, 1974.
Natsume Sōseki. *Kokoro.* Translated by Edwin McClellan. Chicago: Henry Regnery, 1957.
Nishi Kazuo and Hozumi Kazuo. *What Is Japanese Architecture?* Translated by H. Mack Horton. Tokyo: Kōdansha, 1983.
Nishiyama Matsunosuke. *Edo Culture: Daily Life and Diversions in Urban Japan, 1600-1868.* Translated by Gerald Groemer. Honolulu: University of Hawai'i Press, 1997.
Noma, Hiroshi. *Zone of Emptiness.* New York: World, 1956.
Ōe Kenzaburō. *Japan the Ambiguous and Myself.* Tokyo: Kōdansha, 1995.
———. *A Personal Matter.* Translated by John Nathan. New York: Grove Press, 1969.
Ōoka Shohei. *Fires on the Plain.* Translated by Ivan Morris. New York: Knopf, 1957.
Ooms, Herman. *Tokugawa Ideology: Early Constructs, 1570-1680.* Princeton, N.J.: Princeton University Press, 1985.
Paine, Robert T., and Alexander Soper. *The Art and Architecture of Japan.* Baltimore, Md.: Penguin Books, 1955.
Parker, Geoffrey. *The Military Revolution.* Cambridge: Cambridge University Press, 1988.

Pyle, Kenneth B. *The New Generation of Meiji Japan.* Stanford, Calif.: Stanford University Press, 1969.

Richie, Donald. *Japanese Cinema.* New York: Doubleday, 1971.

Ryan, Marleigh G. *The Development of Realism in the Fiction of Tsubouchi Shōyō.* Seattle: University of Washington Press, 1975.

———. *Japan's First Novel: Ukigumo of Futabatei Shimei.* New York: Columbia University Press, 1967.

———. "The Mishima Tetralogy." *The Journal of Japanese Studies,* vol. 1, no. 1 (Autumn 1974).

Sansom, G.B. *Japan, A Short Cultural History.* New York: Appleton-Century-Crofts, 1931.

———. *The Western World and Japan.* New York: Knopf, 1958.

Scheiner, Irwin. *Christian Converts and Social Protest in Meiji Japan.* Berkeley: University of California Press, 1970.

Schodt, Frederik L. *Manga! Manga!* New York: Kōdansha, 1983.

Seidensticker, Edward. *Kafū the Scribbler.* Stanford, Calif.: Stanford University Press, 1965.

———, tr. *The Gossamer Years.* Tokyo: Tuttle, 1964.

Shiga Naoya. *A Dark Night's Passing.* Translated by Edwin McClellan. Tokyo: Kodansha, 1976.

Shively, Donald H. *Tradition and Modernization in Japanese Culture.* Princeton, N.J.: Princeton University Press, 1971.

Sibley, William F. *The Shiga Hero.* Chicago: University of Chicago Press, 1979.

Takaya, Ted T., ed. and tr. *Modern Japanese Drama: An Anthology.* New York: Columbia University Press, 1979.

Tanizaki Junichirō. *Diary of a Mad Old Man.* Translated by Howard Hibbett. New York: Knopf, 1965.

———. *In Praise of Shadows.* Translated by Thomas J. Harper and Edward G. Seidensticker. New Haven: Leete's Island Books, 1977.

———. *The Makioka Sisters.* Translated by Edward G. Seidensticker. New York: Knopf, 1957.

———. *Some Prefer Nettles.* Translated by Edward G. Seidensticker. New York: Knopf, 1955.

Taut, Bruno. *Fundamentals of Japanese Architecture.* Tokyo: Society for International Cultural Relations, 1936.

Terry, Charles S., ed. *Masterworks of Japanese Art.* Tokyo: Tuttle, 1956.

Thomsen, Harry. *The New Religions of Japan.* Tokyo: Tuttle, 1963.

Toby, Ronald. *State and Diplomacy in Early Modern Japan: Asia in the Develop-*

ment of the Tokugawa Bakufu. Princeton, N.J.: Princeton University Press, 1984.

Totman, Conrad. *Early Modern Japan.* Berkeley: University of California Press, 1993.

Treat, John Whittier, ed. *Contemporary Japan and Popular Culture.* Honolulu: University of Hawai'i Press, 1996.

Tsunoda, Ryūsaku, William T. deBary, and Donald Keene, eds. *Sources of Japanese Tradition.* New York: Columbia University Press, 1958.

Ueda Akinari. *Ugetsu Monogatari: Tales of Moonlight and Rain.* Translated by Leon Zolbrod. Vancouver: University of British Columbia Press, 1974.

van der Vat, Dan. *The Pacific Campaign: The U.S.-Japanese Naval War, 1941-1945.* New York: Touchstone, 1992.

Varley, Paul. *Warriors of Japan, As Portrayed in the War Tales.* Honolulu: University of Hawai'i Press, 1994.

Varley, Paul, and Kumakura Isao, eds. *Tea in Japan: Essays on the History of Chanoyu.* Honolulu: University of Hawai'i Press, 1989.

Wakabayashi, Bob Tadashi. *Anti-Foreignism and Western Learning in Early-Modern Japan: The New Thesis of 1825.* Cambridge, Mass.: Harvard University Press, 1986.

Waley, Arthur. *The Nō Plays of Japan.* New York: Grove Press, 1957.

Ward, Robert Edward, ed. *Political Development in Modern Japan.* Princeton, N.J.: Princeton University Press, 1968.

Yamamoto Tsunetomo. *Hagakure.* Translated by William Scott Wilson. Tokyo: Kōdansha, 1979.

Yomiuri Shimbun Sha, eds. *Meiji Ishin.* Vol. 10 of *Nihon no Rekishi.* Tokyo: Yomiuri, 1964.

Yoshimoto Banana. *Kitchen.* Translated by Megan Backus. New York: Washington Square Press, 1993.

찾아보기

ㄴ

ㅂ

ㅅ

ㅇ

ㅈ

ㅊ

ㅋ

ㅌ

ㅍ

ㅎ